指引办案思路的新型工具书

7

民商事典型疑难问题适用指导与参考

金融纠纷卷

主编 / 刘明 李威

◎ 疑难问题汇总
◎ 典型案例参考
◎ 办案依据集成

中国检察出版社

图书在版编目（CIP）数据

民商事典型疑难问题适用指导与参考. 金融纠纷卷/刘明，李威主编.
—北京：中国检察出版社，2013.2
ISBN 978 – 7 – 5102 – 0761 – 7

Ⅰ.①民… Ⅱ.①刘… ②李… Ⅲ.①金融 – 经济纠纷 – 民事诉讼 – 审判 – 中国 Ⅳ.①D925.118.2

中国版本图书馆 CIP 数据核字（2012）第 262027 号

民商事典型疑难问题适用指导与参考
金融纠纷卷
主编／刘明 李威

出版发行：	中国检察出版社
社　　址：	北京市石景山区鲁谷东街 5 号（100040）
网　　址：	中国检察出版社（www.zgjccbs.com）
电　　话：	(010)68630385（编辑）　68650015（发行）　68636518（门市）
经　　销：	新华书店
印　　刷：	三河市西华印务有限公司
开　　本：	720 mm × 960 mm　16 开
印　　张：	40.5 印张
字　　数：	742 千字
版　　次：	2013 年 2 月第一版　2013 年 2 月第一次印刷
书　　号：	ISBN 978 – 7 – 5102 – 0761 – 7
定　　价：	98.00 元

检察版图书，版权所有，侵权必究
如遇图书印装质量问题本社负责调换

出版说明

近十余年来，在合同、侵权、婚姻家庭、金融等民商事领域的司法实践中，出现了很多新情况、新问题，其中不乏具有典型性、疑难性的法律适用问题，针对这些问题，急需进行归纳总结，并得出具有参考和借鉴价值的处理和认定思路。基于上述现实需求，我们倾力组织法学专家、资深法官、检察官及律师等编撰并推出《民商事典型疑难问题适用指导与参考丛书》。

本丛书分为婚姻家庭继承纠纷卷、物权纠纷卷、合同纠纷卷、知识产权与竞争纠纷卷、劳动争议与人事争议卷、公司企业纠纷卷、金融纠纷卷、侵权纠纷卷、土地房地产与建设工程纠纷卷共九卷。各卷紧密结合各地司法实践，归纳提炼出百余个司法典型疑难问题并作出精准解析，同时附以具有权威性的指导、参考案例对同类案件的案情、诉辩情况、裁判结果、裁判理由等核心要素加以介绍，以帮助读者寻求破解疑难问题的办案思路、标准和尺度。各卷还提供了各类型纠纷全面、准确的办案依据。《民商事典型疑难问题适用指导与参考丛书》所提炼的问题凸显典型性、疑难性，解答思路具有很强的指导、参考和专业性，参考案例具有真实性、权威性，办案依据提供了便捷查询的通道，特别适合公检法人员、律师等法律专业人士使用。

受时间和能力所限，丛书在编撰过程中难免出现不足或错漏，敬请读者批评指正，以便我们在再版时予以修订。

编　者
2013 年 1 月

目 录

第一章 证券纠纷

第一节 证券权利确认纠纷

一、股票权利确认纠纷 ………………………………………… （1）

1. 公司股东对外转让股权是否需获得其他股东认可？ ……… （1）
2. 以股权作为赠与的标的能否实现股权的转移？ …………… （1）
3. 如何完成股权的有效转让？ ………………………………… （3）
4. 依法取得股权的形式要件有哪些？ ………………………… （3）
5. 股东能否按公司章程的具体约定获得红利？ ……………… （4）

二、国债权利确认纠纷 ………………………………………… （6）

6. 国债权利确认纠纷的性质如何？ …………………………… （6）
7. 证券登记结算机构与证券交易委托人之间是何种法律关系？ … （7）

办案依据集成 ………………………………………………… （12）

第二节 证券交易合同纠纷

一、股票交易纠纷 ……………………………………………… （13）

8. 商业风险是否属于情势变更的范畴？ ……………………… （13）
9. 违约行为所导致的扩大损失如何归责？ …………………… （13）
10. 具有从事受托管理投资业务的公司应否承担股票价格波动所带来的风险？ ………………………… （13）

二、公司债券交易纠纷 ………………………………………… （19）

11. 公司中的职能部门能否独立对外承担民事责任？ ………… （19）
12. 企业丧失主体资格后的债权债务由谁承担？ ……………… （19）

三、国债交易纠纷 ·· (25)
    13. 购买国债如何认定为透支交易？ ························· (25)
    14. 受托方是否有权根据"质押式回购"的特殊交易形式强
        制要求为委托方平仓？ ·································· (26)
    15. 什么是质押式回购？ ··································· (29)
    16. 未经证券交易委托人授权的质押式回购是否有效？ ········ (29)

四、证券投资基金交易纠纷 ·· (34)
    17. 合同相对人能否以未细研究合同条款文字为由质疑合同效力？ ··· (34)
    18. 委托证券投资中的投资风险应由谁来承担？ ··············· (34)

    📖 办案依据集成 ··· (40)

第三节　金融衍生品种交易纠纷

    19. 申报人（购买权证持有人）是否应承担尾盘申报所带来
        的风险？ ·· (44)
    20. 由受托证券机构的过失造成申报人购买权证过期无法行
        权的损失的赔偿范围如何界定？ ························· (44)

    📖 办案依据集成 ··· (52)

第四节　证券承销合同纠纷

一、证券代销合同纠纷 ·· (55)
    21. 证券发行代理人（承销人）是否对到期证券负有兑付义务？ ······ (55)
    22. 代销协议属何种性质的合同？ ··························· (55)

二、证券包销合同纠纷 ·· (60)
    23. 包销方与代销方的责任承担有何区别？ ··················· (60)
    24. 承销协议较一般协议具有哪些特殊性？ ··················· (60)

    📖 办案依据集成 ··· (65)

第五节　证券投资咨询纠纷

    25. 预期违约承担责任的方式具体有哪些？ ··················· (76)

26. 针对违约方的违约行为守约方没有及时提出请求权导致损失扩大应如何归责? ……………………………………（76）

　　办案依据集成 …………………………………………………（80）

第六节　证券回购合同纠纷

一、国债回购合同纠纷 ……………………………………………（83）

27. 证券登记结算机构是否对证券交易的受托方（代理委托方进行有价证券买卖）的回购登记申请负有审查义务? ……（83）

二、质押式证券回购纠纷 …………………………………………（88）

28. 买断式回购与质押式回购存在哪些区别? …………………（88）

　　办案依据集成 …………………………………………………（92）

第七节　证券交易代理合同纠纷

29. 企业间借贷有哪些表现形式? 其效力如何? ………………（95）

30. 债务加入后新债务人的责任有哪些? ………………………（95）

　　办案依据集成 …………………………………………………（100）

第八节　证券上市保荐合同纠纷

31. 保荐机构的职责有哪些? ……………………………………（104）

32. 如保荐机构未履行法定职责应承担何种法律责任? ………（104）

　　办案依据集成 …………………………………………………（111）

第九节　证券返还纠纷

33. 什么是证券返还纠纷? ………………………………………（115）

34. 证券公司能否挪用客户交易结算资金? ……………………（115）

　　办案依据集成 …………………………………………………（120）

第十节 证券欺诈责任纠纷

一、证券内幕交易责任纠纷 ……………………………………（122）

35. 对内幕交易行为的认定存在哪些疑难问题？……………（122）
36. 内幕交易应承担何种责任？………………………………（122）

二、证券虚假陈述责任纠纷 ……………………………………（126）

37. 上市公司的实际控制人以上市公司名义实施虚假陈述行为给投资人造成损失应如何归责？……………………（126）
38. 如何理解证券市场中的系统风险？………………………（126）

三、欺诈客户责任纠纷 …………………………………………（136）

39. 如何认定证券欺诈行为？…………………………………（136）
40. 证券交易所能否超量创设权证？…………………………（136）

办案依据集成 …………………………………………………（141）

第十一节 证券托管纠纷

41. 什么是证券托管？…………………………………………（144）
42. 证券公司（受托方）是否对受托证券尽到合理审查与勤勉义务？……………………………………………………（144）
43. 如未履行上述义务造成托管人的损失应承担何种责任？……（145）

办案依据集成 …………………………………………………（148）

第十二节 证券登记、存管、结算纠纷

44. 托管协议中的保底条款效力如何？………………………（151）
45. 分级结算制度下登记结算机构的职责有哪些？…………（151）

办案依据集成 …………………………………………………（159）

第十三节 客户交易结算资金纠纷

46. 如何实现债权的让与？……………………………………（162）
47. 如何防范证券公司挪用客户资金？………………………（162）

48. 享有债权的银行能否直接扣划证券公司对其的债务以实现债权？ ……………………………………………………（162）

办案依据集成 ………………………………………………（169）

第二章　期货交易纠纷

第一节　期货经纪合同纠纷

49. 对于期货交易指令是否系由委托人发出的举证责任应如何分配？ ………………………………………………（171）

50. 期货交易会员单位转租交易席位的法律效力如何？ ………（178）

办案依据集成 ………………………………………………（185）

第二节　期货透支交易纠纷

51. 透支交易的风险应由谁来承担？ ……………………………（189）

办案依据集成 ………………………………………………（200）

第三节　期货强行平仓纠纷

52. 期货公司强行平仓的必要条件是什么？ ……………………（201）

53. 如何执行强制平仓？ …………………………………………（201）

办案依据集成 ………………………………………………（220）

第四节　期货交易代理合同纠纷

54. 如何理解期货客户代理人与客户、期货公司之间的法律关系？ …（222）

办案依据集成 ………………………………………………（228）

第五节　期货欺诈责任纠纷

55. 期货经纪公司是否应对其工作人员的过错行为承担责任？ …（230）

办案依据集成 ………………………………………………（235）

第三章 信托纠纷

第一节 民事信托纠纷

56. 信托合同的无效事由为何? ……………………………………（238）

57. 信托合同无效的法律效果为何? ………………………………（238）

  办案依据集成 …………………………………………………（246）

第二节 营业信托纠纷

58. 如何理解信托受益权的转让? …………………………………（252）

  办案依据集成 …………………………………………………（260）

第四章 保险纠纷

第一节 财产保险合同纠纷

一、财产损失保险合同纠纷 ……………………………………（266）

59. 保险利益对于保险合同效力有何影响? ………………………（266）

60. 保险标的所有权转移对于保险合同效力的影响怎样? ………（271）

61. 雇员忠诚保险的法律性质是什么? ……………………………（273）

62. 财产一切险的保险范围为何？对于财产损失原因的举证
  责任应如何分配? …………………………………………（279）

二、责任保险合同纠纷 …………………………………………（282）

63. 如何理解保险人向投保人"明确说明"免责条款? …………（282）

64. 如何判断保险合同中特别约定条款的效力? …………………（286）

65. 如何认定保险合同中免责条款的法律效力? …………………（289）

66. 投保人与第三人之间达成的调解协议是否能够作为保险
  人向其支付保险金的计算依据? …………………………（292）

67. 责任保险中的"第三者"的范围应如何确定? ………………（294）

三、保证保险合同纠纷 …………………………………………（301）

68. 如何理解保证保险合同的法律性质? …………………………（301）

四、保险人代位求偿权纠纷 ……………………………………（305）
　69. 如何理解保险人代位求偿权的行使对象及行使方法？ ………（305）
　70. 无过错侵权导致保险标的损害时，保险人可否向无过错
　　　第三人主张代位求偿权？ …………………………………（306）
　71. 如何确定被保险人的家人和其组成人员的范围？ …………（308）
　　📖 办案依据集成 ……………………………………………（318）

第二节　人身保险合同纠纷

一、健康保险合同纠纷 ……………………………………………（326）
　72. 如何判断保险合同条款的性质是否属于免责条款？ ………（326）
二、人寿保险合同纠纷 ……………………………………………（331）
　73. 如何理解和适用《保险法》中的不利解释原则？ …………（331）
　74. "被保险人自杀"应如何判断？ ……………………………（334）
　75. 被保险人自杀的在保险法上的法律效果如何？ ……………（334）
三、意外伤害保险合同纠纷 ………………………………………（340）
　76. 保险合同何时生效？生效要件是什么？ ……………………（340）
　77. 如何理解投保人不履行告知义务的法律后果？ ……………（347）
　78. 人身保险是否适用损失补偿原则？ …………………………（359）
　79. 意外伤害保险是财产保险还是人身保险？ …………………（359）
　　📖 办案依据集成 ……………………………………………（367）

第三节　再保险合同纠纷

　80. 如何理解再保险合同的法律属性？ …………………………（370）
　　📖 办案依据集成 ……………………………………………（379）

第四节　保险经纪合同纠纷

　81. 如何理解保险经纪人与保险人和保险公司之间的关系？ …（380）
　　📖 办案依据集成 ……………………………………………（385）

第五节　保险代理合同纠纷

82. 如何理解个人保险代理人与保险公司间的法律关系？……（387）
83. 保险代理人因过错给保险人造成损失应如何处理？…………（391）

办案依据集成 ………………………………………………（397）

第六节　保险费纠纷

84. 投保人逾期交付保险费，保险人是否继续承担保险责任？…（399）

办案依据集成 ………………………………………………（401）

第五章　票据纠纷

第一节　票据付款请求权纠纷

85. 被背书人可否以票据无因性对抗背书人主张的对价请求？…（405）
86. 背书在票据转让法律关系中起到何种作用？………………（405）
87. 托收人是否享有持票人的票据权利？………………………（408）
88. 付款人在票据法律关系中享有怎样的地位？………………（409）
89. 票据债务人对具有直接债权债务关系的持票人主张抗辩权时应承担何种举证责任？………………………………（415）
90. 出质人与质权人未在背书中记载"质押"字样，是否能够产生票据质押效力？……………………………………（418）
91. 票据质权人在质权实现后是否取得票据权利人的地位？…（418）
92. 持票人逾期提示付款的情况下是否还享有票据权利？……（423）

办案依据集成 ………………………………………………（426）

第二节　票据追索权纠纷

93. 在票据抗辩部分成立的情况下，持票人是否因此丧失全部票据追索权？……………………………………………（434）
94. 空白票据的法律效力是什么？………………………………（437）

95. 已行使过付款请求权并获得拒绝证明的持票人在自愿移
转票据占有后，能否继续行使票据追索权？……………（442）
96. 持票人未在法定期限内对出票人行使票据权利，其后能
否再主张票据权利？………………………………………（445）
97. 行使票据追索权的法律要件是什么？……………………（449）
98. 追索权人和再追索权人的追索对象范围是什么？………（449）

办案依据集成 ………………………………………………（452）

第三节　票据返还请求权纠纷

99. 票据丢失人能否对抗票据的合法持票人？票据丢失人的
合法权益如何保护？………………………………………（461）
100. 空白背书的法律效力是什么？……………………………（464）
101. 补记权人的权限范围是什么？……………………………（464）

办案依据集成 ………………………………………………（469）

第四节　票据损害责任纠纷

102. 付款人履行票据审查义务的标准是什么？付款人未履行
票据审查义务的法律后果是什么？………………………（477）

办案依据集成 ………………………………………………（483）

第五节　票据利益返还请求权纠纷

103. 持票人在何种情况下能够主张票据利益返还请求权？………（491）
104. 票据利益返还请求权应向谁主张？可在多大范围内主张
利益的返还？………………………………………………（491）
105. 如何理解票据利益返还请求权的诉讼时效与票据权利的
除斥期间的差别？…………………………………………（494）
106. 公示催告的适用条件是什么？……………………………（494）

办案依据集成 ………………………………………………（499）

第六节　票据保证纠纷

107. 票据保证与一般保证有何区别？……………………………（500）

📖 办案依据集成 ………………………………………………（504）

第七节　确认票据无效纠纷

108. 如何确定空白票据的补记权人？……………………………（512）
109. 如何判断补记权人是否构成权利滥用？……………………（512）
110. 票据除权判决的法律效果是什么？…………………………（518）
111. 合法持票人在票据被除权后如何维护自身合法权益？……（518）
112. 如何理解持票人恶意取得票据？……………………………（521）
113. 恶意取得票据的法律效果是什么？…………………………（522）

📖 办案依据集成 ………………………………………………（528）

第八节　票据回购纠纷

114. 如何理解票据回购行为的法律性质？………………………（536）

📖 办案依据集成 ………………………………………………（541）

第六章　信用证纠纷

第一节　委托开立信用证纠纷

115. 应如何理解委托开立信用证行为中各方主体间的法律关系？…（549）

📖 办案依据集成 ………………………………………………（557）

第二节　信用证开证纠纷

116. 银行可否在征询买方意见后放弃不符点并同意承兑？………（559）
117. 如何理解第三方付款担保的主合同关系？…………………（559）
118. 如何处理无真实贸易背景而向银行申请开立信用证的行为？…（564）
119. 应如何处理委托开证行为与开立信用证行为的关系？………（565）

120. 对委托开立信用证纠纷应如何适用法律？………………………（565）

📖 办案依据集成 ……………………………………………………（571）

第三节　信用证议付纠纷

121. 如何理解议付行为？………………………………………………（573）
122. 如何确定议付行身份？……………………………………………（573）
123. 如何判断单证相符？………………………………………………（573）
124. 何为不符点？………………………………………………………（582）
125. 非实质性不符点能否作为银行拒付理由？………………………（582）
126. 汇票是否属于信用证项下的单据？………………………………（588）

📖 办案依据集成 ……………………………………………………（594）

第四节　信用证欺诈纠纷

127. 应如何理解信用证欺诈例外与信用证独立性原则间的关系？…（596）
128. 应如何有效区别合同违约与信用证欺诈之间的差别？…………（596）
129. 倒签提单是否必然导致信用证欺诈例外？………………………（606）

📖 办案依据集成 ……………………………………………………（613）

第五节　信用证融资纠纷

130. 何为打包贷款？……………………………………………………（615）
131. 打包贷款与外汇贷款的区别是什么？……………………………（615）
132. 何为进口押汇？……………………………………………………（619）

📖 办案依据集成 ……………………………………………………（627）

第一章 证券纠纷

第一节 证券权利确认纠纷

一、股票权利确认纠纷

1. 公司股东对外转让股权是否需获得其他股东认可？

《公司法》明确规定了股东的优先购买权，即在股东对外转让股权时，在同等条件下，原其他股东可优先选择是否购买。股东的优先购买权建立在有限公司人合性因素及股东固有地位的基础上。经股东同意转让的股权，其他人表示愿意购买的，股东可在同等条件下享有优先受让股权的权利。如果两个以上的股东都主张行使优先购买权的，则由他们协商确定各自的购买比例；协商不成的，按照转让时各自的出资比例行使优先购买权。因此，如股东在对外转让时并未告知其他股东，实际上是剥夺了原其他股东的优先购买权，如这些股东主张其权利，其转让行为可依法认定无效。其次，股权转让依《公司法》或公司章程的具体约定也须经过其他股东半数以上的认可。

2. 以股权作为赠与的标的能否实现股权的转移？

股权的性质学界上存有争论，有的认定其为物权的一种，有的认为是一种债权，有的则直接将其独立为一种权利。无论是哪一种权利，股权转让得以实现后，受让人自然成为新股东，享有作为股东的权利。股权是股东身份的凭证，也是个人向公司出资后取得的财产权凭证。以股权作为赠与的标的也属股权转让的一种形式，只是转让的方式一般为无偿。凡涉及股权转让，首要考

> 虑的就是原其他股东的认可与优先购买权。满足以上条件才具备了股权转让的基础。

典型疑难案件参考

黄浩泰与黄加荣股票权利确认纠纷案（浙江省诸暨市人民法院裁判文书〔2011〕绍诸璜商初字第74号）

基本案情

黄伟罗与被告黄加荣曾系夫妻，双方于1988年10月9日生育儿子黄浩泰，于2003年1月17日在诸暨市璜山镇司法所签订了离婚协议书一份，其中，约定儿子黄浩泰随被告黄加荣生活，由黄伟罗支付抚育费3万元，以夫妻共同财产中分得的第三人浙江鑫盛黄金有限公司处的10000元股权抵作抚育费交与被告黄加荣。同日，黄加荣与黄伟罗登记离婚。2003年10月22日，被告黄加荣出具"协议"一份，将第三人浙江鑫盛黄金有限公司处的9000元股权赠与原告黄浩泰，股权会员证交与黄伟罗保管，现原告持有该会员证。另查明，被告黄加荣原系第三人浙江鑫盛黄金有限公司职工，现已与第三人解除劳动合同，以黄加荣名义登记于第三人处的股权尚余9000元。现第三人进行股权改革，要求原公司职工股东退股，原告遂持证退股，第三人以原告并非股权登记的股东不予办理，被告也不予协助。现原告起诉要求确认以被告名义登记在第三人处9000股股权归原告所有，由被告及第三人协助原告办理相应股权变更登记手续。庭审中，原告要求变更诉请及事实部分被告黄加荣在第三人浙江鑫盛黄金有限公司处9000股股权为9000元股权。

诉辩情况

原告黄浩泰起诉称：

被告黄加荣立下协议一份，确认其在第三人处的9000股股权归原告所有，股权证交给黄伟罗保管。协议签订后，黄伟罗将股权证交由原告保管至今。原告请求实现9000元股权。

被告黄加荣答辩称：

原告诉称的被告与黄伟罗生育儿子（原告黄浩泰）、与黄伟罗签订离婚协议并离婚属事实；离婚后，原告与被告共同生活，由被告支付抚育费、医疗费等；被告持有的股份由第三人公司持股会统一管理，虽被告出具协议将股权赠与原告，协议出具后该股权一直由被告享有和持有，权利未发生转移，故协议不具有效力，被告有权收回职工持股会会员证。

第三人浙江鑫盛黄金有限公司答辩称：被告在第三人处股权为9000元，若股权依法归原告所有，第三人会办理相应退股手续。

裁判结果

浙江省诸暨市人民法院经审理，判决如下：驳回原告黄浩泰的诉讼请求。

裁判理由

浙江省诸暨市人民法院经审理认为：

被告黄加荣出具书面凭证将第三人浙江鑫盛黄金有限公司处的股权9000元赠与原告黄浩泰，鉴于有限公司股权具有的人身附属性特点，依据法律及第三人公司章程、股东持股会章程规定，被告向股东以外的第三人转让、赠与股权，依法应经其他过半数股东同意，且应就转让、赠与事项书面告知其他股东。本案中，原告、被告、第三人至今未依法通知公司其他股东，违反法律规定，被告的赠与行为无效。现原告起诉要求以该赠与合同确认以被告名义登记在第三人处9000元股权归原告所有，由被告及第三人协助原告办理相应股权变更登记手续，事实和法律依据不足，法院不能予以支持。

3. 如何完成股权的有效转让？

股权转让须公司股东依法将自己的股份让渡他人。让渡的形式一般以股权转让合同为主，在此不论让渡的理由。在合法的前提下，原股权所有人按相关法律规定及程序自愿将股权转让他人即可实现股权的转让。原股权所有人与让渡人之间是否存有债权债务关系不属影响转让的事由。

4. 依法取得股权的形式要件有哪些？

形式要件即以符合法律规定的外观形式作为取得股东资格的要件。即使行为人没有出资，只要符合法律规定的外观形式，就可以认定其具备股东资格，换言之，即使行为人违反出资义务，也应确认其股东资格。这种外在形式主要有三种：公司章程记载、股东名册记载和工商部门登记。至此，行为人如已以出资的

> 形式合法获得股权，也满足各形式要件，即使原股权人并未除名，不影响对该股权已取得的认定。

5. 股东能否按公司章程的具体约定获得红利？

> 依《公司法》的相关规定，股东参与公司的分红属股东的基本权利之一，公司股东依法享有资产收益、参与重大决策和选择管理者等权利，并按实缴出资比例进行分红。除股东违反法律法规的禁止性规定或违反公司章程及被除名等情形，不得剥夺股东分红的权利。

典型疑难案件参考

陈巍文与湘潭创益建材有限责任公司及第三人湖南湘铝有限责任公司股权确认及公司盈余分配纠纷一案（湖南省湘乡市人民法院裁判文书〔2009〕湘法民二初字第415号）

基本案情

被告湘潭创益建材有限责任公司和第三人湖南湘铝有限责任公司均系独立的法人，但其前身湘乡铝厂创益实业公司是第三人湖南湘铝有限责任公司的下属辅业企业。原告陈巍文原系第三人湖南湘铝有限责任公司职工。2005年年底，第三人湖南湘铝有限责任公司实施"主辅分离、辅业改制"的企业改制措施。原告属于改制后到被告湘潭创益建材有限责任公司就业的职工之一。2005年12月29日，原告与第三人湖南湘铝有限责任公司解除了劳动关系，原告并应获得改制经济补偿金31625元。2006年元月1日，原告与被告签订了劳动合同，并由原告出资31625元（由第三人转账）入股到被告湘潭创益建材有限责任公司，由被告发给了原告出资证明书（股权证），原告成为被告的正式职工和在册股东。2008年5月4日，湘潭市中级人民法院裁定宣告第三人湖南湘铝有限责任公司破产。第三人湖南湘铝有限责任公司在《湖南湘铝有限责任公司政策性破产职工安置工作方案》、《职工安置方案审核意见书》等文件中通过审批后明确在职职工在此次破产政策中可享受提前5年退休政策。2008年8月1日，被告湘潭创益建材有限责任公司第一届十四次股东会通过的《创益公司股改方案》，规定：（1）所有改制员工仍保持原有股权数不变；

（2）股改工作以 2008 年 8 月 31 日为界，在此之前按原股份分配红利。2008年 8 月 8 日，原告按要求向第三人湖南湘铝有限责任公司出具了《关于申请办理破产企业职工提前退休的报告》。8 月，原告在第三人湖南湘铝有限责任公司处办理了退休手续。2008 年 9 月 1 日，被告湘潭创益建材有限责任公司的在职职工的股权在原有股权基础上均增加了 30%。2009 年 1 月至 8 月，被告湘潭创益建材有限责任公司的在职职工按原有股权 30% 的比例按股分得了红利，所分红利按月分成 8 次打入了职工工资存折。据此，原告要求按股分红18975 元，但被告以原告已没有股权为由拒绝支付。原告遂诉至法院。

诉辩情况

原告陈巍文诉称：

原告系被告湘潭创益建材有限责任公司员工。2006 年元月 1 日，原告出资 31625 元入股该公司，被告向原告出具了股权证。2009 年元月，该公司股东会议决定，对公司前三年的赢利以 60% 的比例按股分红，原告应分得红利 18975 元。但被告拒不给付。请求法院确认原告所持湘潭创益建材有限责任公司的股份股金继续有效并判令被告支付给原告股金分红 18975 元。

被告湘潭创益建材有限责任公司辩称：

原告所诉不实，原告没有出资，公司也未召开股东会议决定分红。原告的第一项诉讼请求不明确，第二项诉讼请求没有事实依据，请求法院依法驳回原告的诉讼请求。

第三人湖南湘铝有限责任公司述称：（1）原告所述的股份、股金不清，确认股金有效的诉讼请求不合法，请求依法予以驳回。（2）在 2006 年改制时，是第三人以原告的改制补偿资金为原告在被告处入的股权，现原告在第三人处办理了退休手续，依政策原告不能再享受原补偿资金，故原股权应属第三人所有。（3）被告没有召开过关于分红的股东大会，也没有股东会议决议。

裁判结果

湖南省湘乡市人民法院于 2010 年 10 月 12 日以〔2009〕湘法民二初字第415 号民事判决，认定：

一、确认原告陈巍文所持被告湘潭创益建材有限责任公司的股份股金继续有效。

二、由被告湘潭创益建材有限责任公司支付给原告陈巍文股金分红 18975元。限在本判决生效后 5 日内履行完毕。

如果未按本判决指定的期间履行义务的，依照《中华人民共和国民事诉讼法》第229条之规定加倍支付迟延履行期间的债务利息。

> **裁判理由**

湖南省湘乡市人民法院经审理认为：

股权，是指股东因出资而取得的、依法定或者公司章程的规定和程序参与公司事务并在公司中享受财产利益的、具有可转让性的权利。包括自益权和共益权。其中自益权是专为该股东自己的利益而行使的权利，如股息和红利的分配请求权、剩余财产分配请求权、新股优先认购权、股权转让权等。其中股权转让必须依照法律和公司章程规定并依法律程序才能进行。本案中，被告依公司章程发给了原告出资证明书（股权证），确认了原告股东身份，虽原告的出资来源于第三人湖南湘铝有限责任公司的经济补偿款，但该款在第三人支付后，其所有权转移至原告陈巍文，原告以此出资依法取得的股权，未经合法的除权程序，应当认定原告具有股东资格，享受股东权利，故原告取得的股权合法有效，法院依法予以确认。第三人通过会议的形式收回原告股权的行为违反了法律和公司章程规定，是无效的。被告及第三人认为原告对买断和提前退休两项政策不能同时享受的观点是正确的，第三人可以在法院确认原告享有股权后废除原告在第三人处的退休手续。原告要求被告分红的请求，属于公司盈余分配请求权的行使，而公司盈余的分配应通过公司股东大会的决议。本案中，原告提供了被告于2008年8月1日在第一届十四次股东会通过的《创益公司股改方案》，并提供了被告按股权60%的比例按股分红的相关证据，依其举证能力已完成了自己的基本举证责任，依法可认定被告已按股派股（30%）和分红（30%）的事实。依法出资取得股权的原告应当依法享受股东应有的权利。被告不给原告按股东会议决议按股派股分红的行为违反了《公司法》的相关规定，是对原告合法股东权益的侵犯。原告要求分红的诉讼请求，法院依法予以支持。

二、国债权利确认纠纷

6. 国债权利确认纠纷的性质如何？

我国现行《国库券条例》规定的国库券即为政府债券的一种。国债权利确认纠纷，是指因国库券权利归属产生争议引发的纠纷。即国债权利确认纠纷属于由权利归属不明所引发的一种权利之争。只是系争标的具有一定特殊性。国债实质上为持有人对债务人的债权凭证，也可认定为一种债权归属之争。

7. 证券登记结算机构与证券交易委托人之间是何种法律关系？

现行的国债交易一般实行二级托管和二次结算制，即证券交易委托人购买的国债托管在证券公司，证券公司负有妥善保管责任，而证券公司所托管的委托人的国债，则统一托管登记在登记结算机构，登记结算机构上仅与作为结算参与人的证券公司进行结算，证券公司再与指定交易的委托人进行结算。这就意味着，证券登记结算机构与证券交易委托人之间没有直接的联系，一般也无合同关系。换言之，证券登记结算机构对回购账户的申报登记是否为证券交易委托人的真实意思表示以及融资额度是否也为其享有均不负有核实义务。

典型疑难案件参考

甲研究院与乙登记结算公司上海分公司、丙证券公司某营业部国债交易纠纷案［上海市第一中级人民法院裁判文书〔2010〕沪一中民六（商）初字第19号］

基本案情

2002年4月26日，原告与被告丙证券公司某营业部签订一份《指定交易协议书》，约定被告丙证券公司某营业部为原告证券指定交易代理商。原告同时在被告丙证券公司某营业部开户，账户编号B880817867。2002年5月8日，原告该证券账户在被告乙登记结算公司上海分公司做了账户回购登记。2003年5月，原告与丙证券公司签订一份《国债购买和托管协议》，约定原告于2003年5月19日前，将1亿元一次性划入原告在丙证券公司指定营业部开设的资金账户，委托丙证券公司购买85851手2002记账式十五期国债（7年期）010215以及9706手2001记账式十五期国债（7年期）010115；原告将购买的上述国债托管在丙证券公司席位上，托管期限为12个月，自2003年5月19日至2004年5月18日止；协议到期后，原告有权收回托管国债，丙证券公司应于协议到期日的次个工作日撤销原告所做的指定交易，任何因丙证券公司原因所造成的资产延期交接，丙证券公司须向原告支付托管资产（按国债面值计）每日万分之二点四的滞纳金。协议签订后，原告于2003年5月20日通过被告丙证券公司某营业部代理买入010115国债9706手，成本价为103.03元。

2004年6月1日，因丙证券公司对被告乙登记结算公司上海分公司发生国债回购资金透支，系争9706手010115国债在丙证券公司048席位上被冻结并被非交易过户。原告于2004年8月3日就国债被非交易过户向被告乙登记结算公司上海分公司提出书面异议，要求乙登记结算公司上海分公司查明事实并予以纠正。2004年10月29日，原告就其与丙证券公司签订的《国债购买和托管协议》向北京仲裁委员会申请仲裁，请求丙证券公司支付协议项下国债按每日万分之二点四计算的滞纳金。北京仲裁委员会于2005年1月19日出具〔2005〕京仲裁字第0004号裁决书查明：除上述协议，原告与丙证券公司另签订一份《国债购买和托管补充协议》，约定丙证券公司对原告购买的国债进行远期协议回购，丙证券公司将根据市场情况合理地安排投资组合，确保原告在托管协议期间年投资收益率达7.8%（含国债利息）；丙证券公司于2003年10月31日支付原告国债收益780万元，并将于2004年5月18日购买原告账户内国债，价款合计1亿元；同时约定补充协议与主协议有冲突的地方，以补充协议为准，补充协议没有约定的，以主协议为准。仲裁庭认定补充协议因有保底条款而无效，最终裁决丙证券公司违约，应向原告支付自2004年5月19日至2004年10月18日的滞纳金3508853.04元，并支付自2004年10月19日起至实际返还国债之日止按国债面值9555.70万元的每日万分之二点四计算的滞纳金。

中国证监会先后于2004年10月16日及2005年委托中国东方资产管理公司成立托管经营组和清算组，对丙证券公司实施托管经营及进行清算。清算期间，丙证券公司东方清算组向被告乙登记结算公司上海分公司发出《请求对账和解决国债回购相关事宜的函》、《关于要求提供丙证券公司回购资金专户的资金余额及历史变动情况的函》，被告乙登记结算公司上海分公司于2007年7月27日向丙证券公司清算组回函，称因丙证券公司回购业务存在重大风险隐患，乙登记结算公司上海分公司于2004年6月1日对丙证券公司国债回购质押券进行了转移占有（包含本案讼争国债），于2004年11月17日及2007年3月6日分别对丙证券公司已被转移占有的72.17亿元国债质押券及0.94亿元司法冻结已到期的国债质押券进行了处置，处置收入已用于冲抵丙证券公司国债回购透支。

2008年7月18日，福建省福州市中级人民法院受理了丙证券公司清算组申请宣告丙证券公司等合并破产还债案。原告向丙证券公司破产管理人申报了系争《国债购买和托管协议》项下的债权。2009年10月16日，丙证券公司破产管理人向原告发出债权审查结论通知书，审查结论中称，关于原告账户内9706手010115国债赔偿款，因原告就该国债向法院起诉，诉讼程序尚未终结,故管理人在本次债权审查中对该等国债灭失而形成的债权暂不作处理,待诉讼程序终结后再行处理。2009年10月28日,福州市中级人民法院裁定宣告丙证券公司破产。

本案审理中,被告丙证券公司某营业部书面告知法院,原告向丙证券公司申报的涉案债权,因涉及诉讼,丙证券公司破产管理人依法对申报债权分配额进行了提存,并暂缓审核,待法院判决后,再依法确认债权。

诉辩情况

原告诉称:

原告于2002年4月经被告丙证券公司某营业部代为办理开设了上海证券交易所股票账户,并指定被告丙证券公司某营业部为代理交易机构。2003年5月20日,被告丙证券公司某营业部为原告购买了9706手010115可流通记账式国债,总成本人民币10000091.80元(以下币种相同,略)。2004年6月1日,被告乙登记结算公司上海分公司以被告丙证券公司某营业部总部欠债为由,擅自冻结并划走原告账户内上述国债,原告提出异议,但两名被告均未予理会。原告认为,上述国债属于其合法财产,被告乙登记结算公司上海分公司无权因其与被告丙证券公司某营业部之间的债务划走原告财产,该行为侵犯了原告的财产权利;被告丙证券公司某营业部无视原告撤销指令的正当要求,导致原告财产发生损失,故两名被告均应当就其侵权行为向原告承担赔偿责任。据此,原告诉请判令两名被告返还原告账户内的国债,或在国债灭失的情况下赔偿原告损失本金10000091.80元并支付该款利息(自2004年5月19日计算至实际还款之日,按日利率万分之二点四计算);两名被告承担本案诉讼费用。

被告乙登记结算公司上海分公司辩称:乙登记结算公司上海分公司与原告之间无直接法律关系,在原告与被告丙证券公司某营业部之间发生国债纠纷时,应当由过错方承担责任,乙登记结算公司上海分公司不应承担责任。乙登记结算公司上海分公司根据上海证券交易所的相关规定进行国债交易及质押登记和转移交易,本案中的国债回购质押关系合法有效。

被告丙证券公司某营业部辩称:原告的诉讼请求无事实依据,被告丙证券公司某营业部已经进入破产程序,原告应当向破产管理人申请取回国债或申报债权,经管理人确认后才能进行财产分配,不能要求优先受偿。请求驳回原告的诉讼请求。

裁判结果

上海市第一中级人民法院经审理判决如下:

一、被告丙证券公司某营业部应于本判决生效之日起10日内赔偿原告甲研究院人民币10000091.80元；

二、驳回原告甲研究院的其余诉讼请求。

裁判理由

上海市第一中级人民法院经审理认为：

原告与丙证券公司签订《国债购买和托管协议》后，委托被告丙证券公司某营业部购入国债的事实，因被告丙证券公司某营业部并无异议，且有相关证据予以佐证，法院依法确认。根据《国债购买和托管协议》的约定，原告在协议到期后，有权收回托管国债，现国债已灭失，对此丙证券公司应当向原告承担因不能返还而导致的赔偿责任。系争国债的购买成本共计10000091.80元，为原告未能取回国债而形成的损失，被告丙证券公司某营业部应当向原告支付此金额的赔偿款。被告丙证券公司某营业部虽然辩称原告应当向破产管理人申请取回国债或申报债权，经管理人确认后才能进行财产分配，但同时也向法院确认，对于系争国债灭失而形成的债权暂不作处理，待诉讼程序终结后再行处理。根据被告丙证券公司某营业部的上述陈述，结合原告已向丙证券公司破产管理人申报了债权，但目前尚未获得破产财产分配的事实，法院对被告丙证券公司某营业部的答辩意见不予采纳。

关于原告请求被告丙证券公司某营业部支付滞纳金的问题。原告曾于2004年10月29日就《国债购买和托管协议》项下未能取回国债而导致的滞纳金向北京仲裁委员会提请仲裁。从合同依据来看，原告在本案中主张的利息实际属于上述滞纳金请求的一部分。由于北京仲裁委员会于2005年1月19日对原告的仲裁请求作出了裁决，故法院对原告的相关利息请求不再予以处理。

原告另主张被告乙登记结算公司上海分公司无权因其与被告丙证券公司某营业部之间的债务划走国债，侵犯了原告的财产权利。对此，法院认为，根据证券法以及现行的交易规则和登记结算制度，上海证券交易所国债交易实行二级托管和二次结算制，即客户购买的国债托管在证券公司，证券公司负有妥善保管责任，而证券公司所托管的客户国债，则统一托管登记在被告乙登记结算公司上海分公司；被告乙登记结算公司上海分公司仅与作为结算参与人的证券公司进行结算，证券公司再与指定交易的客户进行结算。被告乙登记结算公司上海分公司系整个证券市场集中统一的服务机构，依法履行登记、存管、结算以及中央担保交收等法定职能。原告证券账户被丙证券公司申报登记为回购账户时，其证券账户内的国债即被自动折合成标准券记到丙证券公司国债结算席位上，成为丙证券公司的可融资额度。由于实行二级托管和二次结算制度，被告乙登记结算公司上海分公司对回购账户的申报登记是否为客户的真实意思表示以及融资额度是否为客户享有均不负有核实义务。当丙证券公司结算席位上的标准券已不足以担保其已发生的融资额度时，即发生欠库，此时被告乙登记结算公司上海分公司为履行中央担保交收清算职能，有权将丙证券公司结算席位的全部标准券包括原告购买的国债实施非交易过户，故被告乙登记结算公司上海分公司在整个交易流程中依法履行其法定职能，不存在过错，不应承担任何法律责任，相应回购登记及非交易过户行为合法有效，原告的上述主张，缺乏事实与法律依据，法院不予采信。

证券权利确认纠纷办案依据集成

中华人民共和国公司法（2005年10月27日修订）（节录）

第一百二十九条　股票采用纸面形式或者国务院证券监督管理机构规定的其他形式。

股票应当载明下列主要事项：

（一）公司名称；

（二）公司成立日期；

（三）股票种类、票面金额及代表的股份数；

（四）股票的编号。

股票由法定代表人签名，公司盖章。

发起人的股票，应当标明发起人股票字样。

第一百三十条　公司发行的股票，可以为记名股票，也可以为无记名股票。

公司向发起人、法人发行的股票，应当为记名股票，并应当记载该发起人、法人的名称或者姓名，不得另立户名或者以代表人姓名记名。

第一百三十一条　公司发行记名股票的，应当置备股东名册，记载下列事项：

（一）股东的姓名或者名称及住所；

（二）各股东所持股份数；

（三）各股东所持股票的编号；

（四）各股东取得股份的日期。

发行无记名股票的，公司应当记载其股票数量、编号及发行日期。

第一百三十三条　股份有限公司成立后，即向股东正式交付股票。公司成立前不得向股东交付股票。

第一百五十八条　公司发行公司债券应当置备公司债券存根簿。

发行记名公司债券的，应当在公司债券存根簿上载明下列事项：

（一）债券持有人的姓名或者名称及住所；

（二）债券持有人取得债券的日期及债券的编号；

（三）债券总额，债券的票面金额、利率、还本付息的期限和方式；

（四）债券的发行日期。

发行无记名公司债券的，应当在公司债券存根簿上载明债券总额、利率、偿还期限和方式、发行日期及债券的编号。

第一百六十三条　发行可转换为股票的公司债券的，公司应当按照其转换办法向债券持有人换发股票，但债券持有人对转换股票或者不转换股票有选择权。

第二节　证券交易合同纠纷

一、股票交易纠纷

8. 商业风险是否属于情势变更的范畴？

所谓情势变更是指合同有效成立之后、履行之前，如果出现某种不可归责于当事人原因的客观变化，若仍然履行合同会给一方当事人造成显失公平的结果，法律允许当事人变更或解除合同而免除违约责任的承担。就此，情势变更所体现的是在价格规律与市场经济规律调整范围之外的社会因素所引起的变更。该制度旨在维护公平和保障交易安全。股票的价格波动，取决于市场经济的规律性变化，处于正常的风险值内。就受托管理投资业务的公司而言，代管委托人股票的抛售，由股票价格变动所带来的收益或亏损应归类于正常的商业风险，而非适用情势变更，不可免责。

9. 违约行为所导致的扩大损失如何归责？

通说认为，由违约行为所导致的损失一般由违约方承担责任，不论是实际损失还是预期损失。对于扩大损失而言，如扩大损失属违约方的直接违约行为所导致，可归于实际损失或预期损失，由违约方承担责任。此处存在两个例外情形：一种为违约相对人放任损失的扩大，明知会产生扩大损失而不予理会；另一种就是合同到期后，仍然持续的损失。以上情形一般可以减轻或免除违约方的责任。

10. 具有从事受托管理投资业务的公司应否承担股票价格波动所带来的风险？

由证监会所核准的管理投资业务的公司具备了从事受托管理投资业务的资格，在管理投资业务的同时，须对委托人的财产尽

> 谨慎与勤勉义务。此外，对于商业风险须有一定的预判与防范能力并最大限度地保障委托人的利益。就股票价格波动而言，属于正常的市场行情变化，作为专业的管理投资业务公司有义务对市场变化采取必要的应对措施，并承担由此所带来的风险。

典型疑难案件参考

中国港湾建设（集团）总公司与国泰君安证券股份有限公司委托股票交易纠纷案

基本案情

2001年7月18日，原告与被告签订《资产管理委托协议书》（以下简称"协议书"）。协议书约定，原告委托被告将其所有的1000万股"路桥建设"股票以每股16.5元作为双方约定的期初余额的计算依据，交被告在规定的期限内全部变现，期限为一年。原告应于2001年7月25日将委托的股票托管于被告指定的席位，并在被告处以指定证券账户（股东名称：中港集团；编号：B880345983）的名义开立资金专户。被告有权根据市场自主决定将指定证券账户项下的委托资产变现，但原则上价格不得低于每股18元。如确需变现而委托资产市场价格又低于该价格的，被告应和原告协商一致后进行。被告应本着勤勉负责的精神，在规定期限内尽早将指定证券账户项下的委托资产全部变现。被告应将委托资产变现资金全额存入资金专户，并在每次委托资产变现后60日内将变现资金汇入原告指定银行账户，同时向原告提供相关证券交易资料。协议书第6条第2款（1）约定，除协议另有规定外，被告应严格遵守现行法律的各项规定和协议的各项约定，谨慎与勤勉地进行资产管理服务，确保委托资产的安全；如导致委托资产损失的，则应对委托资产的损失予以赔偿，赔偿范围以足以弥补委托资产期初余额为限。该条第2款（3）约定，在委托期限终止后的五个工作日内，被告将委托资产之期末余额扣除业绩报酬后支付给原告。该条第2款（4）约定，在委托期限终止时被告应向原告提供资产管理报告。关于违约责任问题，该协议书第8条约定：被告如未能按期履行协议第6条第2款（3）的支付义务，被告应向原告支付滞纳金，每延迟一天的滞纳金按应支付款项的万分之三计算。如果该协议中的任何一方违背协议项下的义务或因其自身的违反法律、法规规定的行为而使对方在该协议项下的权利不能实现或遭受损失时，违约方应向对方支付该协议项下委托资产期初余额5%的违约金，并给予对方完全、有效的赔偿。关于业绩分成，协议书第7条规定，委托资产的变现价格低于或等于每股17.5元时，被告不收取业绩报酬；委托资产的变现价格高于17.5元时，原告应向被告支付业绩报酬，业绩报酬以超额累进方法，按比例计算：实际变现价格高于17.5元，但低于或等于18.5元时，被告的业绩分成比例为30%；高于18.5元，但低于或等于19.5元时，被告分成比例为40%；高于19.5元，但低于或等于20.5元时，被告分成比例为50%；高于20.5元，但低于或等于21.5元时，被告分成比例为60%；高于21.5元以上时，被告分成比例为70%。该协议书还约定了双方其他权利、义务和免责条款。该协议签订后，原告依约将委托资产交被告托管，并办理了委托资产的开户及资金专用账户等手续。

被告从2001年7月25日开始按协议对委托资产进行管理。自2001年7月26日至2001年8月9日期间，被告在7月26日、27日，8月1日、2日、3日、6日、8日、9日8个交易日内共抛售"路桥建设"股票2060455股，平均每天抛售股票约257557股，变现资金共计39431999.10元（平均每股抛售价格为19.14元），并将资金划入原告账户。至2001年8月16日，"路桥建设"股票开始下跌，一直在委托价格18元以下波动。被告曾于2002年4月向原告汇报了委托股票的盈亏情况。2002年7月22日，委托期限即将届满，被告发函给原告，提出以低于约定价格卖出一部分股票，剩余股票双方另行签订委托协议进行处理。原告当天回函表示：不同意被告的处理方案，要求被告按原协议履行，即以委托资产期初余额扣除已支付的款项差额部分，总计125568000.90元以现金方式支付给原告，同时原告将剩余的"路桥建设"股票7939545股转至被告名下，原协议终止。因双方分歧较大，未能就剩余股票处理问题达成一致。时至2002年7月25日，协议约定的委托期限届满，"路桥建设"股票当日收盘价为12.13元，被告未能将剩余股票按约定价格变现，也未按约根据委托期初余额的每股16.5元变现价格支付给原告。此后，虽经双方多次协商，均未达成一致解决方案，遂涉讼。

诉辩情况

原告认为，被告在协议期间有能力履行协议项下义务，保证原告资金安全，但被告未按约履行谨慎、勤勉义务和在规定时间内尽早抛售股票的约定，未及时采取措施，造成原告委托资产损失和扩大损失，依法应承担过错责任。故原告向法院提起诉讼，要求法院判令被告支付委托资产125568000.90元，违约金6278400.05元，并承担本案诉讼费、保全费。

被告辩称：原告的事实陈述不完整，双方协议中没有保底条款，原告以期初余额计算损失没有依据，以每股16.5元计算股票价格也没有合同上的依据，也不符合法律规定。在整个委托期间，被告在股票操作方面不存在任何违规行为，被告尽到了谨慎勤勉的义务。被告没有卖出全部股票，不是被告的违约所致，而是市场风险造成的。原告要求被告按约定的价格赔偿损失及违约金没有依据，原告应自行承担因市场风险带来的亏损。此外，从购置成本来看，原告持有的"路桥建设"股票的购置成本为7300万元（1000万×7.3元/股），按委托期满时资产的价值为135738679.95元（已变现39431999.1元+委托期满日该股票收盘价12.13元/股×7939545股），原告没有实际经济损失。对于未卖出的股票，其处分权属于原告，协议终止后未卖出的股票损失也应由原告承担。综上所述，被告要求法院驳回原告的全部诉讼请求。

▶ **裁判结果** ◀

一、被告国泰君安证券股份有限公司于本判决生效之日起10日内向原告中国港湾建设（集团）总公司赔偿损失人民币12094870.85元；

二、被告国泰君安证券股份有限公司于本判决生效之日起10日内向原告中国港湾建设（集团）总公司支付违约金人民币6278400.05元；

三、对原告中国港湾建设（集团）总公司的其余诉讼请求不予支持。

▶ **裁判理由** ◀

法院认为被告作为一家经证监会批准从事证券受托投资管理业务的综合类证券公司，具有受托投资管理业务的经营资质，其与原告之间签订的《资产管理委托协议书》，属双方当事人协商一致的结果，是当事人的真实意思表示，符合相关法律的规定，其约定应认定为有效。原告作为战略投资者将其合法持有的1000万股"路桥建设"股票作价1.65亿元作为委托资产的期初余额计算依据，符合该股票当时的市场行情和双方的意思表示，原告以此计算股票交易的盈亏并无不当。但该价格仅能作为双方计算盈亏和收益分配的标准，不能视为被告承诺赔偿的保底条款。并且根据证券法律的相关规定，被告作为证券公司也不得对客户的证券交易作出赔偿承诺。故原告要求被告按资产交付之初的价格进行赔偿的诉请，法院不予支持。

关于原告的损失计算问题，在原告的诉请中，其要求被告赔偿损失高达125568000.90元，其计算方式是以其与被告约定的资产交付时的1.65亿元作为基数，扣除在委托管理期间被告已支付的股票变现款项得出的损失赔偿额。但不可忽略的事实是，本案中原告委托被告管理的股票在委托期满时被告未能全部抛售变现，到期后该部分股票已由原告自己持有和控制，被告已无权管理和处分。到期后该部分股票的盈亏已与被告无关，故原告的损失计算应以委托期满日即 2002 年 7 月 25 日的股票市值作为计算依据计算实际损失。依此计算，原告的实际损失为 34695811.65 元〔7939545 ×（16.5 − 12.13）〕，本案审理范围也应以此为限。原告的诉请中赔偿额的计算未剔除协议到期时未抛售股票的市值，明显超出了委托管理期间的实际损失，其 1.65 亿元仅扣减已变现部分的金额作为赔偿依据计算损失，明显诉请不当。

  关于被告违约问题，在委托管理股票期初，被告按照合同约定高于 18 元的价格有计划、有步骤地抛售了部分股票，部分地实现了合同的目的。但自 2001 年 8 月 16 日开始，"路桥建设"股票的价格开始下跌，至委托合同期满从未达到每股 18 元，被告在此期间内已无法按照协议书的要求卖出股票，使原告欲通过抛售股票实现资产变现增值的目的未能完全达到，造成了原告一定损失。对于该损失的形成，市场行情变化导致股价下跌是主要原因，但被告在从事受托管理期间亦有一定过错。被告作为从事证券交易的专业机构，对于股市风险的认识和防范应高于普通机构，并且双方签订的协议书也约定被告应尽早抛出股票，故被告对于该股票未能完全抛售在主观上存在判断的过错。从双方提供的"路桥建设"股票的行情来看，该只股票在被告受托管理期间，一共有 16 个交易日即从 2001 年 7 月 26 日至 2001 年 8 月 16 日股票价格均高于 18 元，被告分别在 7 月 26 日、27 日，8 月 1 日、2 日、3 日、6 日、8 日、9 日 8 个交易日内共抛售"路桥建设"股票 2060455 股，平均每天抛售股票约 257557 股，变现资金共计 39431999.10 元（平均每股抛售价格为 19.14 元）。在此期间，另有 8 个交易日该股票价格一直高于 18 元，符合协议书约定的抛售条件，但被告没有抛出股票，明显违反了协议书的约定。虽然协议书约定的委托期为一年，被告抛售股票的时间有一定的选择权和股票操作技术层面上的考虑，但在此 8 个交易日内未抛售股票变现，与被告对于该股票价格走势的判断失误有一定的关系。被告应当按照协议书的约定尽可能及早变现剩余股票中的部分股票，现被告未能变现，应对可能变现的部分股票损失承担赔偿责任。该部分应予变现的股票数量应比照已变现的 8 个交易日的平均数计算，股票价格可按协议书约定的每股 18 元计算。鉴于委托期满被告已将未予抛售的剩余股票归还给原告，故原告的诉请中应扣除该部分剩余股票在 2002 年 7 月 25 日的市值（按当日"路桥建设"股票的收盘价每股 12.13 元计算）。据此，按照 8 个交易日应抛售 2060455 股、每股按均价 18 元计算，该部分股票变现资金为 37088190.00 元，扣除该部分股票在 2002 年 7 月 25 日的市值 24993319.15 元，被告应赔偿原告可得利益损失 12094870.85 元。至于原告要求被告在委托期初的前 16 个交易日内抛售全部 1000 万股"路桥建设"股票，明显缺乏合同依据且不符合股票交易惯例，故对于其要求被告赔偿未能抛售全部股票的可得利益损失的诉讼请求，法院难以完全支持。

2001年8月16日以后，由于"路桥建设"股票持续走低，直至2002年7月25日委托期满，该股票跌至每股12.13元，其间该只股票的成交价格一直低于18元。被告在客观上已无法按每股18元的价格抛出股票，在此期间，被告虽提出以低于约定价格抛出部分股票以减少损失，也因双方分歧较大而最终未能协商解决。对此，法院认为，在此期间被告未能将委托的剩余股票变现，完全是由于股票的客观行情风险所造成的，被告按约履行明显缺少履行条件，其主观上并无过错，原告仍然要求被告按期初约定的每股16.50元赔偿损失不符合当时股票市场的客观情况。"路桥建设"股票在2001年8月16日跌破每股18元之后，被告已无条件按协议约定的价格抛售剩余股票，按照协议书第3条第2款的规定，在此情况下如确需变现而委托资产市场价格又低于该价格的，被告应和原告协商一致后进行。现有证据表明，在股价下跌过程中，双方在委托期间未能就重新确定变现价格达成一致，故被告已无权低价处分原告的股票，原协议在委托期限内已在事实上不能履行。在此情形下，原告完全可以采取适当措施防止损失的扩大，但原告未能采取适当措施致使损失扩大，对此，被告没有过错，原告不应就扩大的损失部分要求赔偿。

关于被告是否应当支付违约金问题，法院认为，违约金的支付以一方违约为前提，有约定从其约定。本案中，根据协议书第8条第2款的规定，违约金适用的前提是一方违反协议项下的义务或因其自身的违反法律、法规的行为，而使对方在协议中的权利不能实现或遭受损失。该违约金的约定属于概括性约定，并未具体区分违约行为。鉴于本案被告在履行协议的过程中具有一定过错，给原告造成了部分损失，故被告的履行不符合协议书的约定，构成部分违约。根据协议书的规定，被告应向原告支付委托资产期初余额的5%的违约金，该基数在扣除被告已支付的款项后计算违约金的实际数额为6278400.05元。依此，法院对于原告要求被告支付约定的违约金的诉请可予支持。

综上，原告与被告之间签订的协议书合法、有效，被告在委托期限内部分履行了合同义务，但在合同履行过程中，被告作为专业的证券机构未完全尽到必要的谨慎、勤勉的管理人义务，给原告造成了履行利益的部分损失，被告应根据其过错承担相应的赔偿责任，并依据合同的约定向原告支付违约金。对于因不可归责于被告的原因造成的扩大损失，原告因未及时采取措施防止损失扩大，其无权就扩大的损失部分请求被告赔偿。对于该部分的损失，应由原告自行承担。

二、公司债券交易纠纷

11. 公司中的职能部门能否独立对外承担民事责任？

具备法人资格的公司即具备了独立的责任能力。法人作为拟制人格的存在旨在分离公司与出资人并将其作为独立的人格体进行商事活动。法人须依法成立，并有独立的财产、自己的名称与承担责任的能力。俗称责任独、名义独与财产独。换言之，不具备此"三独"的特征毫无疑问不是法人。就公司内部的职能部门而言，由于其没有独立的法人资格，进而不具备独立承担民事责任的能力，其对外的民事行为无疑属公司的行为，责任应由公司来承担。

12. 企业丧失主体资格后的债权债务由谁承担？

企业丧失主体资格的情形有多种，如破产、兼并、撤销、到期终止等。一般而言，企业在丧失主体资格后，清算组织会介入来清算企业丧失资格前的债权债务。就下列案件而言，中国人民银行发布公告关闭中农信公司。并于同年3月6日发布《公告》指定中国建设银行承接、管理中农信公司的债权债务。中农信公司所属证券经营机构由中国信达信托投资公司接收，债权债务统一由信达公司承担，证券经营机构继续正常营业。

典型疑难案件参考

中国农业银行与中国信达信托投资公司清算组债券兑付委托协议纠纷案（《中华人民共和国最高人民法院公报》2003年第8期）

基本案情

1992年11月，国家原材料投资公司、国家交通投资公司、国家能源投资公司及17家电力企业委托中国农村发展信托投资公司（以下简称中农信公司）为国家投资公司第二期债券、国家投资公司第三期债券、中国电力企业投资第二期债券的承购包销和兑付工作的总代理。1992年11月10日，中国农业银行（以下简称农业银行）与中农信公司签署了三份债券兑付协议。协议约定：中农信公司委托农业银行办理1992年国家投资公司第二期、第三期债券和中国电力企业投资公司第二期到期后的兑付工作。上述三种债券发行总金额为人民币24.80亿元，期限三年，年利率10%，不计复利，逾期不计息。农业银行在接到中农信公司兑付资金的三至五天内，在全国农行组织通兑。兑付手续费为2.5‰，由中农信公司在划拨兑付款时一次划给农业银行。三份债券兑付协议的甲方为中农信公司，乙方为农业银行，但在甲方签章处加盖的是中国农村发展信托投资公司北京证券业务部（以下简称中农信北证）的公章及负责人签名，在乙方签章处加盖的是农业银行财务会计部的公章及负责人签名。1995年11月中农信公司发布兑付公告，由农业银行在全国组织通兑，兑付联系单位是中农信北证。中农信北证系中农信公司的内部职能部门，1995年10月6日中农信公司签发授权委托书，授权中农信北证代表该公司办理国家投资公司第二、三期债券和中国电力企业投资债券第二期的兑付工作，授权期限至事项终结止。中农信北证分别于1995年11月7日、11月24日、11月27日、11月28日、12月5日、12月8日及1996年1月3日、2月6日划付农业银行债券兑付款共计人民币23.668亿元。农业银行垫付了不足的兑付资金。1997年1月4日，中国人民银行发布公告关闭中农信公司。并于同年3月6日发布《公告》指定中国建设银行承接、管理中农信公司的债权债务。中农信公司所属证券经营机构由中国信达信托投资公司（以下简称信达公司）接收，债权债务统一由信达公司承担，证券经营机构继续正常营业。1997年4月15日，中农信北证与农业银行签订了《关于三种债券兑付协议的补充协议》。补充协议对1992年国家投资公司第二期、第三期债券和中国电力企业投资公司第二期债券到期后由农业银行进行债券兑付事宜的善后处理工作进行了约定。补充协议确定在双方共同组成的债券复点销毁小组对债券清点完毕后，由中农信北证按实际清点的债券总额将所欠代垫款项及手续费、宣传费在清点结束三日内一次性划付。宣传费用为50万元。同时，在补充协议中还确定了中农信北证欠款利息的起息日为1996年3月1日，利率按中国人民银行规定金融机构备付金存款利率计算。1996年3月1日至1996年5月1日，月利率为7.65‰；1996年5月1日至1996年8月23日，月利率为7.35‰；1996年8月23日至点券结束日，月利率为6.6‰，支付时间亦为清点结束后三日内。1997年4月28日，中农信北证向农业银行出具《中农信北证给农总行划拨国投二期三期、电力二期债券兑付款项的情况说明》，再次确认中农信北证应于1997年4月30日向农业银行支付拖欠的兑付款23316.23万元，兑付手续费 499.99275 万元，利息 2302.0114 万元，兑付宣传费和补偿费 50 万元。1997 年 5 月 5 日、1998 年 2 月 12 日，中农信北证划付给农业银行兑付款人民币 10363.12978 万元和人民币 5000 万元。1998 年 4 月 27 日，信达公司在给中国人民银行非银司《关于请求确认中国信达信托投资公司债权主体资格的请示》中表述：原中农信公司证券事业部和北京证券业务部虽然属原中农信公司内部机构，但长期以来，一直独立核算、自主对外经营，形成了不少债权债务。为了有效清收这些债权，清偿债务，特请求对信达公司承接由原中农信公司证券事业部和北京证券业务部名义所形成债权债务的主体资格给予确认。1998 年 4 月 29 日，中国人民银行办公厅在银办函〔1998〕137 号文《关于中国信达信托投资公司接收原中农信公司证券经营机构有关问题的批复》中确认：原中农信公司证券事业部和北京证券业务部均属于信达公司承接的对象。1999 年 5 月 17 日，信达公司在给农业银行何林祥行长的回函中确认了尚欠农业银行债券兑付款一事，但所欠款项未再予以支付。2000 年 11 月 29 日，农业银行向北京市第一中级人民法院起诉并交纳诉讼费，请求判令信达清算组归还代垫的债券本金人民币 7953.10022 万元，兑付债券手续费人民币 499.99275 万元，宣传费人民币 50 万元，代垫款项的利息人民币 2321.9467657 元，逾期付款的利息人民币 3886.672155 万元（暂计算至 2000 年 10 月 10 日）。后因级别管辖问题案件移送北京市高级人民法院审理。2001 年 2 月 28 日，中国人民银行发布公告，撤销信达公司，由中国信达信托投资公司清算组（以下简称信达清算组）负责清理该公司的债权债务。

▶ 一审诉辩情况

原告诉请被告偿还代垫债权兑付款及利息，并偿付所涉手续费与宣传费以及因逾期偿付所产生的利息。

被告辩称：信达清算组关于本案涉及的债务是中农信公司存续期间的债务，应由中国建设银行解决，与清算组无关。

▶ 一审裁判结果

一、信达清算组于判决生效之日起 10 日内给付农业银行代垫债券兑付款人民币 7953.10022 万元、兑付债券手续费人民币 499.99275 万元、宣传费人民币 50 万元；

二、信达清算组于该判决生效之日起 10 日内给付农业银行 1996 年 3 月 1 日至 1997 年 4 月 30 日期间垫付债券兑付款本金 23316.23 万元的利息共计

2302.0114万元（利息分段计算：1996年3月1日至1996年4月30日，按月利率7.65‰计算；1996年5月1日至1996年8月22日，按月利率7.35‰计算；1996年8月23日至1997年4月30日，按月利率6.6‰计算）；

三、信达清算组于该判决生效之日起10日内给付农业银行逾期付款利息（自1997年5月1日起至付清之日止，按中国人民银行规定的同期逾期罚息计算标准计付。1997年5月1日至1997年5月4日，按人民币23866.22275万元计算本金；1997年5月5日至1998年2月11日，按人民币13503.09297万元计算本金；1998年2月12日至付清之日止，按人民币8503.09297万元计算本金）。

▶ 一审裁判理由

北京市高级人民法院审理认为：1992年11月10日，中农信公司与农业银行签订的三份《兑付协议》，是双方当事人的真实意思表示，未有违反法律法规之处，应认定合法有效。虽然在三份协议的签章处加盖的是中农信北证的公章及其负责人签名，但中农信北证系中农信公司的内部职能部门，未领取营业执照，不具有以自己的名义独立地对外从事民事活动的资格。不论其是自行对外进行经营活动，还是经中农信公司授权代表中农信公司进行经营活动，中农信北证都不可能对外形成独立的债权债务关系，其一切经营活动形成的债权债务关系的主体均应是中农信公司。因此，这三份协议的债权债务主体在中农信公司关闭前应为中农信公司及农业银行。1997年1月4日中国人民银行宣布关闭中农信公司后，中国人民银行办公厅《关于中国信达信托投资公司接收原中农信公司证券经营机构有关问题的批复》（银办函〔1998〕137号），明确了中农信北证的债权债务由信达公司承接。对于如何认定中农信北证的债权债务，如前所述，中农信北证作为中农信公司的职能部门，未领取营业执照，其一切经营活动所形成的债权债务的主体均应是中农信公司。因此银办函〔1998〕137号文中"中农信北证的债权债务由信达公司承接"的表述，只能理解为将中农信北证经手处理过的全部债权债务从中农信公司的债权债务中剥离出来，由信达公司承接，区分其自行对外进行经营活动形成的债权债务与其作为职能部门经办中农信公司业务而对外形成的债权债务，没有任何意义。同时，中农信北证在中农信公司关闭后，于1997年5月5日及1998年2月12日又归还了共计15363.12978万元欠款的行为也表明，本案涉及的债务并未纳入中农信公司的清算范围，而是转由中农信北证承担。信达清算组关于本案涉及的债务是中农信公司存续期间的债务，应由中国建设银行解决的抗辩理由与事实不符，不予支持。关于本案诉讼时效的问题，1999年5月17日，信达公司在给农业银行何林祥行长的回函中确认了此笔债务，诉讼时效因此中断。农业银行于2000年11月29日向北京市第一中级人民法院起诉并交纳诉讼费，并未超出两年的诉讼时效期限，故信达清算组关于农业银行的权利因法定时效的届满而不应受法律保护的抗辩与事实不符，不予采信。1997年4月28日，中农信北证向农业银行出具《中农信北证给农总行划拨国投二期三期、电力二期债券兑付款项的情况说明》，再次确认中农信北证拖欠农业银行的兑付款、兑付手续费、利息、兑付宣传费及补偿费的数额。但除1997年5月5日及1998年2月12日，其归还了共计15363.12978万元欠款外，其余款项至今未予归还，故农业银行请求判令信达清算组给付代垫款本息、兑付手续费、宣传费、逾期付款利息的诉讼请求合法有据，应予支持。

二审诉辩情况

上诉人称：（1）原审认定事实错误，对原中农信公司债务的认定上没有区分证券业务与非证券业务之间的性质。（2）原审错误地将中农信公司关闭前的债务认定为是关闭后信达清算组自己经营形成的债务，规避了国家有关清算中农信公司的法律、政策规定，加重了信达清算组的法律责任、造成巨大经济损失。原中农信北证是原中农信公司内设部门，没有主体资格，其行为应依法认定为公司法人行为，而中农信公司关闭后国家有统一的债务兑付政策和规定，不应因其一个部门的划转而改变了原有债务的兑付政策和规定，原审判决则回避了这一事实。信达清算组不是原中农信公司所从事业务的继承者和延续者，这种主体变更是由国家行政机关中国人民银行发布的《公告》确定的，是行政法律关系调整的结果。行政法律关系的调整与民事法律关系调整的最大不同在于民事法律关系调整体现的是主体间的平等关系，而行政法律关系调整的主体具有不平等性。因此代替原中农信公司偿付债务时理应适用行政法律关系调整时确定的"还本不付息"的原则。

被上诉人辩称：（1）原中农信公司所欠农业银行有关债券兑付项下的债务并未纳入中农信公司的清算范围，因此不应按照中国人民银行《公告》第2条的精神处理。在中农信公司清算过程中，农业银行曾向中国建设银行中农信公司托管办了解债权登记事宜，其答复此笔债券兑付垫款属于农业银行与中农信北证之间的债权债务，故不属于登记范围，不予受理。中农信北证一直在正常营业，应该继续向中农信北证催收。中农信公司关闭后，中农信北证与农业银行又签订了补充协议以及中农信北证向农业银行出具的债券兑付款、相应利息等，并且实际归还了部分款项。以上说明本案涉及的债务并未纳入中农信公司的清算范围。（2）本案不应按最高人民法院《通知》进行审理。《通知》只适用涉及审理中农信公司为被告的经济纠纷案件，而原中农信北证的债权债务已发生了转移，本案被告是信达清算组。由于中农信北证已由信达公司接收，本案债务已经转由信达公司承担，中国人民银行《公告》第1条中并没有规定对债务只承担本金，故信达公司应对中农信北证的全部债务包括利息承担责任。（3）在农业银行与信达公司来往的函件中，信达公司一直承认原中农信北证欠付农业银行债券兑付款及利息等事实，但信达公司只是要求双方以其他债权债务互相对冲，也并未表明只付本金不付息的态度。

二审裁判结果

驳回上诉，维持原判。

二审裁判理由

最高人民法院认为，依照中国人民银行《公告》决定，在依法关闭中农信公司以后，中农信公司的债务划分为两种情况清理：一是中农信公司所属的证券经营机构由信达公司接收，其债权债务统一由信达公司承接；一是中农信公司总部及其金融性分支机构的债务本金，由中国建设银行全额偿付，不支付利息。此后经中国人民银行确认，中农信北证亦属于信达公司所接收的对象。故原审法院认定中农信北证的债权债务自中农信公司关闭后，已由信达公司承接，本案所涉债务亦包括其中，有事实依据。信达清算组在二审审理中对此已不持异议。

关于信达清算组提出的对中农信公司债务的接收，应区分证券业务与非证券业务两种性质，以确定适用国家有关兑付债务政策的上诉主张。根据中国人民银行前述《公告》决定，信达公司接收的是中农信北证的全部债权债务，而根据中农信北证长期自主经营所形成债务的特殊性，其所涉及的债务应是多方面的，且在涉及接收中农信公司证券机构的所有文件中，均没有依证券业务与非证券业务所形成不同债务而采取不同偿付政策的规定，因此，可以认定，对中农信北证债务的接收应是对其所有债务的接收。虽然《公告》第1条中有证券经营机构正常营业、客户保证金继续保证支付的内容，但不能因此得出本条规定仅适用于因证券业务所产生的债务，而非证券业务产生的债务应适用《公告》第2条决定的结论。故信达清算组的上诉主张不能成立，法院不予采纳。信达清算组以上述主张为由，提出本案的判决应依照中国人民银行《公告》第2条和法院《关于审理涉及中农信公司经济纠纷案件有关问题的通知》第2条的规定，不承担债务利息的上诉请求，由于中国人民银行《公告》已对关闭中农信公司时有关债务的处理作了明确界定，即对中农信公司总部及金融性分支机构的境内法人机构的债务进行清算，在偿付该部分债务时只支付本金不支付利息；而对中农信北证的债务不予清算，转由信达公司接收并继续经营，对该部分债务，并没有规定不支付利息的政策。法院《关于审理涉及中农信公司经济纠纷案件有关问题的通知》，是针对中国人民银行《公告》第2条所确定的主体，即以中农信公司总部和金融性分支机构为被告的案件，规定人民法院在判决时对资金利息不再予以保护。本案涉及的债务主体是信达清算组，故法院《关于审理涉及中农信公司经济纠纷案件有关问题的通知》的规定，不能适用于本案。

关于信达清算组提出的原审认定中引用了中国人民银行办公厅银办函〔1998〕137号文，即"中农信北证的债权债务由中国信达信托投资公司承接"，而该文件中并无此文字，依此推导出来的法律结论是错误的这一上诉主张。经查，该137号文件中确无这样表述。但中国人民银行于1997年3月6日、1998年2月24日发布的公告、信达公司于1998年4月27日致中国人民银行非银司的请示以及中国建设银行（托管办）下发的通知，均明确了中农信北证的债权债务由信达公司承接，原审法院虽在引用文件时有欠准确，但并不影响其结论的正确性。

综上，信达清算组的上诉理由没有事实依据和法律依据，法院不予支持。原审判决认定事实清楚，适用法律正确，应予维持。

三、国债交易纠纷

13. 购买国债如何认定为透支交易？

透支交易通常适用于期货交易的情形。具体分为三种形式，即无意形透支交易、合意形透支交易与因全权委托产生的透支交易。运用到购买国债中，即购买方无足够资金但通过上述三种形式仍获取了数量高于原资金所能购买的国债，进而构成了透支购买国债的事实，可依此认定为以透支交易的形式购买国债。此种形式违反了《证券法》的禁止性规定。

14. 受托方是否有权根据"质押式回购"的特殊交易形式强制要求为委托方平仓？

"质押式回购"，即是一种将资金作为交易标的、将国债作为担保物的交易品种。根据国债回购交易登记、结算规则，在托管制度上实行二级托管，投资者的国债托管于券商，券商及其所托管的投资者的国债托管于登记结算公司；在结算制度上也实行二级结算，登记结算公司仅与作为结算参与人的券商进行结算，券商再与指定交易在券商处的投资者进行结算；在券商以及投资者的国债余额不足以担保已发生的融资时，登记结算公司有权对券商实施欠库扣款或强制平仓。

典型疑难案件参考

华联集团资产托管有限公司与申银万国证券股份有限公司上海中华路证券营业部国债交易纠纷案〔上海市第二中级人民法院裁判文书〔2005〕沪二中民三（商）初字第230号〕

基本案情

2004年2月12日，原告华联集团资产托管有限公司持B880325501股票账户向被告申银万国证券股份有限公司上海中华路证券营业部提交资金账户开户申请书，申请的交易方式为网上委托和分析自助。同日，双方签订了《证券交易委托代理协议书》、《指定交易协议书》和《网上委托协议书》，协议书载明：原告同意遵守有关证券市场的法律、法规、规章及证券交易所交易规则；原告开设资金账户时应同时自行设置交易密码和资金密码，也可以随时修改密码；原告进行自助委托，必须输入正确的密码；原告应注意密码的保密，任何使用原告密码进行的委托均视为原告亲自办理，原告自行承担由于其密码失密给其造成的损失。原告于同日出具委托书，委托魏瑞国为原告代理人，办理申请开户、交易买卖及资金提存取事宜。同年3月2日，原告资金账户（账号23318）余额为282095.13元。当日，原告账户买入03国债（1）16059手，交易资金为15170289.61元。同年4月21日，买入同品种国债536手。在此前一日，通过卖出股票，原告账户资金余额为509779.46元。同年4月28日，买入同品种国债340手。在此之前，通过卖出股票，原告账户资金余额为308368.42元。2005年2月17日，买入同品种国债200手。在此之前，通过卖出股票，原告账户资金余额为110912.62元。以上几次国债交易，累计买入17135手。

从原告的资金流水单反映，在2004年3月2日首次买入国债前，资金账户余额为282095.13元。在2004年3月2日买入16059手国债的当日，进行了国债回购交易，通过回购融入资金14899888.25元。此后直至本案诉讼，原告账户及其下挂账户持续有国债回购、申购新股和买卖股票的交易记录。2005年6月13日，原告账户的回购品种到期，资金账户余额为-14476435.57元。同月14日，被告将原告持有的17135手03国债（1）全部予以抛售。次日，被告在原告账户买入同品种国债2471手。故被告实际抛售03国债（1）14664手，尚余2471手。此外，2003年3月1日，上海市服装鞋帽有限公司（以下简称"服装鞋帽"）在被告处申请开户（账号为18377），魏瑞国是其授权的代理人，其代理权限为开户并指定交易、证券交易、资金划转、撤销指定交易及销户。在"服装鞋帽"账户内，存在国债买卖、国债回购、新股申购和股票买卖的交易记录。2003年6月26日、2003年12月23日和2004年2月3日，魏瑞国先后签署了三份确认书，对"服装鞋帽"账户106笔回购交易予以确认。2003年3月14日，"服装鞋帽"账户转入两笔资金，金额分别为509229.55元和113万元。该两笔资金系从同在被告处开户的名为"徐长富"的资金账户转出而来，魏瑞国在转入113万元资金的存款凭单上签字。同月20日，"服装鞋帽"账户转出资金2560万元，该笔资金转入"徐长富"账户，魏瑞国在转出凭证上签字。2004年3月4日，"服装鞋帽"在抛售股票后，不再有证券交易，其账户余额为8222315.99元。次日，经魏瑞国在取款凭证上签字，该账户余额全部提取，其中14248.99元根据"服装鞋帽"出具的授权委托书，转入原告新设立的23318资金账户。同时，魏瑞国办理了"服装鞋帽"账户的销户手续。

诉辩情况

原告诉称：

近查，被告将原告所有的17135手03国债（1）无根据质押，该国债现价值约人民币1675万元（以下币种均为人民币）。根据有关规定，国债质押回购须办理委托手续，但该国债回购质押并未获得原告同意，显然已损害原告合法权益。故请求判决确认将原告所有的17135手03国债（1）质押的行为无效，解除质押手续。

庭审前，原告重新提交起诉状称，上述国债已被被告全部抛售，后又在次日补回2471手，实际抛售14664手。因此变更诉讼请求为：判令被告返还原告14664手03国债（1）或同等价值的资金。

被告辩称：

原告诉称完全不是事实。（1）原告是透支买入国债，并通过国债回购方式才填补了透支款缺口。（2）由于原告没有资金弥补透支款，被告不得已根据其账户透支情况对系争国债进行了平仓。（3）本案原、被告之间的关系并非证券代理关系，实系债权债务关系。由于被告根据原告的透支情况进行了平仓，双方的债权债务关系已归于消灭，原告的诉请没有依据，应予驳回。

裁判结果

法院作出判决如下：对原告华联集团资产托管有限公司的诉讼请求不予支持。

裁判理由

首先，从原告资金账户记录看，在2004年3月2日首次买入16059手国债前的资金余额仅为282095.13元，此后并无与国债交易金额相对应的资金入账。即便嗣后通过抛售股票变现为一定数额的资金，但始终远远不足以达到其买入国债所需要的资金量。关于原告称其关联企业"服装鞋帽"账户余额15929716.94元转入原告账户，故而不存在透支交易一节，经法院查证，亦与事实不符。"服装鞋帽"账户记录反映出该账户销户时仅有14248.99元按照"服装鞋帽"出具的授权委托书转入了原告账户。此前，该账户在存续期间经"服装鞋帽"授权的代理人魏瑞国签字，提取或转账了全部资金。因此，不论是原告账户的原有资金还是"服装鞋帽"账户的转入资金，均不足以购买系争国债。原告透支购买国债的事实，应予认定。

其次，原告对国债回购交易是否确认的事实，关键是对双方争议的交易确认书的认证。由于该份证据被告不能出示原件，因此其不能单独作为认定本案事实的依据，只有在有其他证据佐证补强的情况下，才能作为认定的依据。本案中，根据被告提供的其他证据和原告的质证情况，法院认为存在可以佐证原告确认国债回购交易事实的补强证据。

最后，"质押回购"规则构成原、被告证券交易代理合同的一部分，双方均应予遵守。本案中，截至原告账户的回购品种到期日2005年6月13日，其资金账户余额为-14476435.57元，表明尚有这一金额的融资款未归还。在此情形下，被告可以要求原告补足交易资金或欠库头寸。若原告不予及时补足，被告有权基于国债回购这一特殊的交易、结算机制，对与未还融资款价值相适应的国债实施平仓。因此，不同于股票交易和纯粹的国债买卖规则，系争国债虽属原告持有，但被告在本案中的抛售行为并不违反有关规定，而且在事实上也未对原告造成损失。

综上所述，在原、被告的证券交易代理关系中，双方构成事实上的合意透支关系，原告利用被告提供的资金购买国债并用于回购交易。双方的透支交易行为违反了证券法的禁止性规定，当属无效，原告理应返还透支资金。现被告通过强制平仓方式收回相应资金，并无不当。原告的诉讼请求，法院难以支持。

15. 什么是质押式回购？

质押式回购是交易双方以债券为权利质押所进行的短期资金融通业务。在质押式回购交易中，资金融入方（正回购方）（融资方）在将债券出质给资金融出方（逆回购方）（融券方）融入资金的同时，双方约定在将来某一日期由正回购方向逆回购方返还本金和按约定回购利率计算的利息，逆回购方向正回购方返还原出质债券。正回购方即以券换资，以债券抵押获得融资。逆回购方即以资换券，以出借资金获得被抵押的债券。

16. 未经证券交易委托人授权的质押式回购是否有效？

质押式回购交易一般需要委托人的正式授权，即签订授权委托协议。但证券交易公司（受托方）在为委托人进行质押式回购交易时委托人并未提出相反意见，且双方长时间默认以质押回购交易的方式买卖债券，实质上可被认为是双方发生交易委托的惯例性做法。即便没有正式办理以质押式回购为交易方式的委托相关手续，应认定委托人对此交易方式已予以确认。当属有效。

典型疑难案件参考

上海凯恩宾馆有限公司与申银万国证券股份有限公司上海中华路证券营业部国债交易纠纷案〔上海市第二中级人民法院裁判文书〔2005〕沪二中民三（商）初字第231号〕

基本案情

2002年5月13日，原告（上海凯恩宾馆有限公司）持B880809830股票账户向被告（申银万国证券股份有限公司上海中华路证券营业部）提交资金账户开户申请书，申请的交易方式为自助划卡、电话委托和分析自助。同日，双方签订了《证券交易委托代理协议书》和《指定交易协议书》，协议书载明：原告同意遵守有关证券市场的法律、法规、规章及证券交易所交易规则；原告开设资金账户时应同时自行设置交易密码和资金密码，也可以随时修改密码；原告进行自助委托，必须输入正确的密码；原告应注意密码的保密，任何使用原告密码进行的委托均视为原告亲自办理，原告自行承担由于其密码失密给其造成的损失。原告职员魏瑞国根据原告的书面授权，办理了上述开户手续。原告另分别在2002年5月13日和2003年3月1日出具两份授权委托书，授权魏瑞国为原告代理人，有权处理证券交易委托、资金存取与划转、指定或撤销指定交易、修改密码等事宜。上述协议签订当日，原告向其在被告处设立的资金账户（账号为18098）存入资金。自2002年5月13日至同年12月13日，原告账户及其下挂账户有国债买卖、国债回购、申购新股和买卖股票的交易记录。同年12月16日，原告从其资金账户提取了全部余额20488551.26元。2002年12月18日，原告重新向其资金账户存入资金21468551.26元，并从当日开始买入02国债（3）累计达22440手，分别为：2002年12月18日买入12000手，同月19日买入8493手，同月20日买入977手，2004年4月19日买入500手，同月28日买入470手。其中，2002年12月19日买入8493手国债后的资金余额为-2466356.63元。从原告的交易流水单和资金流水单反映，自即日起，原告账户进行了国债回购交易，回购融入资金在其下挂账户用于股票交易。在2004年4月28日买入470手国债前一日的资金余额为1301.68元，在当天卖出部分股票后的资金余额为402107.66元，然后用于购买了上述470手国债。原告买入国债和进行回购交易系通过柜面委托，股票买卖系通过自助系统委托。其间，魏瑞国于2002年12月20日在一份"证明"上签字，内容为："以下股东账户由我公司提供，若有任何法律纠纷，由我公司承担（账户清单见附件）。"根据该"证明"，被告将41个个人股票账户作为分账号下挂在作为主账号的原告资金账户下。2003年12月8日，魏瑞国在指定交易撤销申请书上签字，撤销了7个下挂账户的指定交易，随后又重新指定了这7个下挂账户的指定交易。次日，魏瑞国签字取消了另5个下挂账户的关联关系。目前，下挂于原告资金账户下的股票账户内尚有大量股票未抛售。2005年6月13日，原告资金账户余额为-17447337.69元。同月14日，被告将原告所持有的22440手02国债（3）全部予以抛售。次日，被告在原告账户买入相同的国债3990手。故被告实际抛售02国债（3）18450手，尚余3990手。原告资产受损，遂诉讼。

诉辩情况

原告诉称：近查，被告将原告所有的22440手02国债（3）无根据质押，该国债现价值约人民币2105万元（以下币种均为人民币）。根据有关规定，国债质押回购须办理委托手续，但该国债回购质押并未获得原告同意，显已损害原告合法权益。故请求判决确认将原告所有的22440手02国债（3）质押行为无效，解除质押手续。

庭审前，原告重新提交起诉状称：上述国债已被被告全部抛售，后又在次日补回3990手，实际抛售18450手。因此变更诉讼请求为：判令被告返还原告18450手02国债（3）或同等价值的资金。

被告辩称：原告诉称完全不是事实。第一，原告一直是以国债回购方式操作国债，回购融入资金也直接融入其资金账户，完全由其占有和运作。（1）原告资金账户自2002年5月13日开户当天就买入国债，并于15日进行了回购，直至12月13日卖出全部国债。原告于12月16日取款后，账户资金为零。原告对上述操作并无异议。（2）系争国债自2002年12月18日起买入，自次日起就已进行了回购，并不断进行回购交易。对其上述操作，至2005年6月7日前原告从未有异议。（3）系争国债回购交易经原告授权代理人魏瑞国签字确认，每次回购融入资金均进入原告资金账户，原告对此从未有异议。第二，由于原告没有资金弥补透支款，被告不得已根据其账户透支情况对系争国债进行平仓。回购业务的本质是以国债为质押物而进行的借款行为，原告以最初资金买入国债，然后通过国债回购融入资金用于股票买卖。为解决其自身资金链问题，原告必须反复进行回购操作，只要一旦停止操作且不补充新的资金，其账户就会出现透支。为此，被告曾多次致函催告，但原告既不汇入资金，也不办理继续操作的手续，导致其账户在2005年6月13日出现透支17447337.69元，故而被告对系争国债进行了平仓。被告认为，原告诉请完全没有事实根据，应当予以驳回。

▶ **裁判结果**

上海市第二中级人民法院判决如下：对原告上海凯恩宾馆有限公司的诉讼请求不予支持。

▶ **裁判理由**

法院认为，原、被告之间为证券交易代理关系，原告应自己承担其委托或确认的交易结果，被告则应按照证券法规和交易规则的规定履行券商应履行的职责。本案的争议焦点为：第一，原告对国债回购交易是否确认；第二，原告对下挂账户的股票交易是否确认；第三，被告抛售原告购买的国债有无依据。

关于争议焦点一，即原告对国债回购交易是否确认的事实，关键是对双方争议的交易确认书的认证。由于该份证据被告不能出示原件，因此其不能单独作为认定本案事实的依据，只有在有其他证据佐证补强的情况下，才能作为认定的依据。本案中，根据被告提供的其他证据和原告的质证情况，法院认为存在可以佐证原告确认国债回购交易事实的补强证据。首先，从被告辩称其无法出示证据原件的理由来看，该理由与魏瑞国在2004年11月3日向被告暂借"服装鞋帽"授权书原件用于其所属单位审计的事由相同，而对借用"服装鞋帽"授权书原件的事实，魏瑞国确认无异议。因此，被告所说的没有证据原件的原因，具有一定的可采性。其二，从确认书内容来看，既有系争国债的买入交易记录，又有系争国债用于回购的交易记录。原告及其证人魏瑞国一方面承认买入国债经其委托或确认，另一方面否认在同一确认书上记录的回购交易事实，两者之间显然存在矛盾。其三，在另案中，从同样由魏瑞国代理操作的"服装鞋帽"账户交易记录来看，从2003年3月起就有大量的国债回购交易，魏瑞国多次对交易结果予以了确认。故签署确认书，实质上可被认为是双方发生交易委托的惯例性做法。魏瑞国称其对国债回购毫不知情的说法，有悖于事实。其四，从魏瑞国的作证表现看，魏瑞国系原告的财务经理，应当具有与其职务相符的职业知识和经验。同时，其接受单位委派，先后担任"服装鞋帽"和原告的交易代理人，其证言内容与其自身和原告均具有直接的利害关系。综合分析魏瑞国在本案中三次作证的客观表现及其主观状况，根据民事诉讼证据规则的有关规定，其证言中不利于被告主张部分的内容，法院难以采信。综上，基于对上述证据的审核判断，法院认定双方所争议的交易确认书并非虚构，该份证据的存在具有合理性。由此，被告关于原告对国债回购交易确认的事实可予采信。

关于争议焦点二，即原告对下挂账户的股票交易是否确认的事实，法院认为可以从以下几方面进行判断：第一，原告提供41个个人股票账户并下挂于其资金账户下操作,有经魏瑞国签字的"证明"所证实。尽管魏瑞国作证时否认其知晓"证明"附件上所记载的账号,但是从"证明"的文字表述,特别是从魏瑞国事后又三次签字指定或撤销部分分账号与主账号关联关系的事实看,其所称不知情的说法明显不具有合理性。第二,从交易流水单反映,原告账户买卖股票系通过自助委托方式操作,用此委托方式应当输入交易密码。按照证券交易代理规则和原、被告的协议约定,若不能证明他人擅自使用了原告的交易密码进行操作,该交易行为应视为原告的行为。现原告没有相应证据予以证明,故无法认定上述操作行为非原告所为。第三,从已查明的事实可以看出,原告开立资金账户后,以原告提取全部账户资金和重新存入资金为界限,分为两个交易阶段。原告对第一阶段的全部交易结果并不持异议,但第二阶段的交易产生了巨额亏损,从而引发纠纷。根据资金、交易流水单,不论在第一阶段还是在第二阶段,均存在使用下挂账户买卖股票的交易记录,且亦是通过自助委托方式完成股票交易。原告对此事实,同样不能作出合理的解释。第四,在系争全部国债中,2004年4月28日买入的470手国债系在原告账户卖出一部分股票后购买的,而在前一日的资金账户余额不足以购买这一数量的国债。可见,原告是在其资金不足的情况下,于当天通过抛售股票后购买的国债。现原告及其证人魏瑞国只对国债交易予以确认,却表示对与此相关的股票交易和购买国债的资金来源不知情,明显有违常理,法院难以采信。

关于争议焦点三,被告能否抛售系争国债,涉及国债回购交易制度的规定。目前上海证券市场的国债回购交易属"质押式回购",即是一种将资金作为交易标的、将国债作为担保物的交易品种。根据国债回购交易登记、结算规则,在托管制度上实行二级托管,投资者的国债托管于券商,券商及其所托管的投资者的国债托管于登记结算公司;在结算制度上也实行二级结算,登记结算公司仅与作为结算参与人的券商进行结算,券商再与指定交易在券商处的投资者进行结算;在券商以及投资者的国债余额不足以担保已发生的融资时,登记结算公司有权对券商实施欠库扣款或强制平仓。上述规则构成原、被告证券交易代理合同的一部分,双方均应予遵守。本案中,截至原告账户的回购品种到期日2005年6月13日,其资金账户余额为-17447337.69元,表明尚有这一金额的融资款未归还。在此情形下,被告可以要求原告补足交易资金或欠库头寸。若原告不予及时补足,被告有权基于国债回购这一特殊的交易、结算机制,对与未还融资款价值相适应的国债实施平仓。因此,不同于股票交易和纯粹的国债买卖规则,系争国债虽属原告持有,但被告在本案中的抛售行为并不违反有关规定。原告要求被告返还国债或赔偿等价值资金的诉讼请求,法院难以支持。

四、证券投资基金交易纠纷

17. 合同相对人能否以未细研究合同条款文字为由质疑合同效力？

《合同法》对于合同无效及可撤销与可变更的情形作出了具体规定。以未细研究合同条款文字为由可适用重大误解与显失公平等一般条款，但须存在重大误解与显失公平的实情。如合同条款并不隐晦，也未隐瞒风险与重要内容，而属明文表达，且文字所表达内容属一般人可理解的范畴，此时，合同相对人不能以未细研究合同条款文字为由质疑合同效力。合同签订时双方当事人均为真实意思表示，该合同有效。

18. 委托证券投资中的投资风险应由谁来承担？

无疑，证券投资者是证券市场的资金提供者及证券持有者。在证券市场参与各方中，投资者是证券市场的基础和支柱。一般的证券投资者均会委托投资机构为其投资，由此所带来的风险原则上由委托投资者承担。除对投资者本身要求具备一定的市场经济规律预判能力外，受托机构须履行对等的义务，如告知风险义务、定期汇报义务、到期如约结算投资盈亏与本金义务等。

典型疑难案件参考

刘某某与某某银行股份有限公司上海武宁支行、某某银行股份有限公司证券投资基金交易纠纷案〔上海市第二中级人民法院裁判文书〔2009〕沪二中民三（商）终字第428号〕

基本案情

2007年9月21日，刘某某作为甲方、某某银行作为乙方签订《某某银行2007年第七期万利宝——"兴业基金宝"人民币理财协议书》约定，甲方参加乙方本期理财计划，接受乙方提供的投资理财服务。乙方作为甲方的理财顾问，根据自身的市场运作经验以及甲方的投资偏好、投资目标，为甲方设计投资方案。甲方授权乙方根据甲方认可的投资方案对甲方的资金进行运作，投资风险由甲方承担。乙方承诺严格按照相应的理财计划向甲方支付理财收益，返还理财本金。产品名称：2007年第七期万利宝——"兴业基金宝"；产品描述：人民币非保本浮动收益型投资产品；投资方向：本期理财资金由某某证券有限责任公司（以下简称某某证券）作为投资管理人进行实际投资操作，乙方代表本期产品全部投资者与某某证券签署《受托投资管理合同》。主要投资范围：开放式证券投资基金和封闭式证券投资基金，包括ETF、LOF等；现金类资产，包括银行存款、银行票据、货币市场基金和债券逆回购等；申购的新股。理财启动日：2007年9月26日；理财到期日：2008年9月30日。收益支付频率：到期时一次性支付；投资收益计算方式：本理财产品预收益率为8%—25%，上不封顶。若收益率R低于8%（含），则甲方按照理财产品年收益率享有投资收益。投资收益＝理财本金×理财产品年收益率×实际投资运作天数/365。若理财产品年收益率R高于8%（含），则乙方可享有超过8%部分的30%收取业绩分成。甲方可享有的年收益率＝8%+（R-8%）×70%；甲方投资收益＝理财本金×[8%+（R-8%）×70%]×实际投资运作天数/365。管理费：在产品到期时或乙方提前终止时，乙方按照甲方理财本金的1%（年率）收取管理费；甲方到期理财产品净收益＝甲方投资收益-管理费。风险提示：本产品为非保本浮动收益型投资产品。投资风险：主要包括但不限于基金业绩风险、投资政策风险、经济周期风险。在投资运作过程中，有可能发生认/申购的证券投资基金、债券的市场价值可能出现低于初始价值，新股上市价格低于成本等情形，导致客户收益甚至本金遭受损失。为提高资产管理运作效率，作为投资管理人的某某证券投入自有资金1亿元，与客户共担风险共享收益。该协议书风险提示栏中注明：本理财计划有投资风险，预期收益率并不代表一定获得的保证收益，您应仔细阅读本理财协议条款，充分认识投资风险，谨慎投资。合同中还用粗体黑字等载明：甲方声明：本人已知晓本协议书所述风险，并明确本理财计划为委托代理性质，同意接受本理财计划的投资方案与资产运作方式，愿意承担投资风险，并授权乙方根据该方案进行投资。委托金额为8.5万元。乙方声明：在签署本产品协议书以前，乙方已就本产品协议书及有关交易文件的全部条款和内容向甲方进行了详细的说明和解释，甲方已认真阅读本产品协议有关条款，对有关条款不存在任何疑问或者异议，并对协议双方的权利、义务、责任与风险有清楚和准确的理解。合同还对其他条款作了规定。合同由刘某某在甲方栏签字，武宁支行作为某某银行的经办行在乙方栏盖章。同日，刘某某按约定将8.5万元存到指定账户6229092×××9669310。2008年10月10日，刘某某提取理财本金64315.41元（含利息）。某某银行于2007年9月20日与某某证券签订《某某银行2007年第七期万利宝——"兴业基金宝"理财产品定向资产管理合同》约定，某某银行将其通过发行某某银行2007年第七期万利宝——"兴业基金宝"理财产品募集的全部理财资金10亿元委托某某证券进行投资管理。某某证券出具某某银行2007年第七期万利宝——"兴业基金宝"资产管理报告，报告期间2007年9月30日至2008年9月30日，该产品的报告期末产品总净值为756566098.24元；报告期末产品单位净值为0.756566元，期末净值增长率 -24.34%。刘某某因此没有得到预期的投资回报，认为某某银行没有履行协议所约定义务，遂涉讼。

▶ 一审裁判结果

刘某某的诉讼请求，不予支持。

▶ 一审裁判理由

某某银行与武宁支行之间为委托代理关系，某某银行为发行人，武宁支行代为销售。因为刘某某、某某银行签订的《某某银行2007年第七期万利宝——"兴业基金宝"人民币理财协议书》中，明确表明合同一方为某某银行。此外，某某银行与某某证券签订的《定向资产管理合同》也证明了某某银行发行人的身份，某某银行、武宁支行之间为委托代理关系。因该理财产品产生纠纷，而需对外承担民事责任的主体应为某某银行。在系争协议中，有体现风险提示的部分，在该部分里有"本产品为非保本浮动收益型投资产品。投资风险，可能导致客户收益甚至本金遭受损失。本理财计划有投资风险，预期收益率并不代表您一定获得的保证收益，您应仔细阅读本理财协议条款，充分认识投资风险，谨慎投资"。此段文字的陈述，以书面的形式，清晰明确地提示合同相对人注意投资风险。另外，协议中还用醒目的黑体字注明"甲方声明：本人已知晓本协议书所述风险，并明确本理财计划为委托代理性质，同意接受本理财计划的投资方案与资产运作方式，愿意承担投资风险，并授权乙方根据该方案进行投资"。相反，刘某某并无证据证明武宁支行在代为销售过程中未尽对客户的风险提示义务。刘某某作为一名具有完全民事行为能力的自然人，应对自身的行为负责，其在购买理财产品时对相关投资风险应有一个基本的认识。其没有仔细阅读协议内容，对协议没有充分的认识和理解，应视为是其个人放弃自己的知情权，由此产生的后果，应由刘某某自行承担。此外，虽然某某银行2007年第七期万利宝——"兴业基金宝"到期入账时交易摘要显示为"代发工资"，与实际名称不符，但是其金额是符合根据某某证券的资产管理报告计算出的理财产品到期时的净值的。系争协议是在平等、自愿的基础上签订的，是双方真实意思表示，且武宁支行作为委托代理方在协议上代为盖章确认，就应视为委托人某某银行对协议的确认。该协议是合法有效的，双方均应恪守。刘某某、某某银行系委托理财关系，某某银行按协议约定履行了义务，刘某某应对合同约定的后果承担责任。根据某某证券的资产管理报告，刘某某委托所购买的理财产品到期单位净值为0.756566元，亏损24.34%，因此理财产品到期时的净值与刘某某提取的理财本金是相符的，没有违反协议，故刘某某的诉讼请求不予支持。

二审诉辩情况

上诉人（原审原告）称：第一，关于系争协议的签订及履行问题。被上诉人武宁支行与上诉人签订的系争理财协议，以及在签订该协议的过程中，违反了中国银行业监督管理委员会（以下简称银监会）制定的〔2006〕285号文件和《商业银行个人理财业务风险管理指引》的相关规定。协议签订后，被上诉人又未按协议及银监会相关规定履行。第二，关于证据问题。被上诉人在一审中提交的部分证据与本案无关，如外地法院的民事判决书。此外，被上诉人某某银行先后提供的两份其与某某证券共同制作的资产管理报告有24处被修改。第三，关于被上诉人做假账的问题。上诉人在南京取款时查询发现该理财产品的当期余额为0（实际当时应为8.5万元），而到期入账时交易摘要显示为"代发工资"，与实际不符，违反了我国会计法的相关规定。同时，被上诉人存在变相高息揽储及账外运作的经营活动。第四，其他问题。（1）原审法院对案由确定有误、增加原审被告有误；（2）系争协议上，无法人合法签字或授权确认签字的手续；（3）原审判决中所谓"上诉人作为完全行为能力的自然人未仔细阅读协议内容应视为个人放弃自己的知情权"，缺乏事实依据和法律依据。综上，请求撤销原审判决，改判支持上诉人的原审诉请。

被上诉人（原审被告）辩称：第一，该协议是上诉人与被上诉人的真实意思表示，属合法有效。被上诉人武宁支行系被上诉人某某银行的下属分支机构，其与上诉人刘某某签订系争协议是有被上诉人某某银行授权及确认的。第二，被上诉人不存在欺诈和虚假宣传的情况。（1）上诉人购买的"兴业基金宝"是非保本浮动收益型投资产品，在系争协议中"风险提示"部分已经明确该理财产品是非保本的。（2）该协议也写明了某某证券是该产品的投资管理人。上诉人在系争协议中签字声明其知道投资风险并同意投资计划。（3）系争协议约定的是预期收益率，预期收益率并不代表可以获得的收益。上诉人对预期收益率理解有误。（4）系争协议相关条款符合银监会《商业银行个人理财业务风险管理指引》的规定。第三，上诉人认为被上诉人擅自修改该理财产品的投资方向，缺乏依据。综上，原审判决查明事实清楚，适用法律正确，请求驳回上诉，维持原判。

二审裁判结果

终审法院作出判决如下：驳回上诉，维持原判。

二审裁判理由

本案系一起因个人委托银行理财而引发的商事纠纷。现就双方当事人存在的主要争议焦点分析如下：第一，关于系争协议签订是否存在欺诈的问题。鉴于双方当事人对协议签订时的具体情形存在争议，且均无直接证据可还原争议情境，故法院根据现有证据所反映的协议签订时的客观要件和主观要件进行判断。(1) 从客观要件分析，被上诉人某某银行推出2007年第七期万利宝——"兴业基金宝"理财产品，事前曾向银行监管部门备案。协议系列文本中格式条款的各主要部分，文字表述并无歧义，可以达到投资者理解的程度；系争协议中对投资方向、投资收益的计算方式等内容，约定明确，更无免除受托人过错责任和主要义务的违法条款。因此在客观要件方面，系争协议在形式上、内容上均未有隐瞒风险和其他相关重要内容之情形。(2) 从主观要件分析，一方面，投资者对于金融理财产品的投资风险相比较银行储蓄为高本应有相当的估计，对于特定投资产品的盈亏预期，也应当作出合理的判断。另一方面，银行不得利用优势地位订立不公平的格式条款，同时还应履行必要的告知义务。本案中，被上诉人已在系争协议中进行了风险提示，产品描述中更明确表明为"非保本"产品。虽然文字表述与监管部门的相关指引未能完全一致，但实质内容是相同的，且上诉人刘某某已在系争协议上签名，应视为上诉人在缔约时已认识到该委托理财产品存在一定的商业风险。同时，上诉人基于投资盈利目的购买系争非保本理财产品"兴业基金宝"，其所从事的是投资行为，应当承担较一般民事行为中民事主体更高的审慎注意义务。现上诉人称其未细研文字内容就在协议上签字，显然不符合上诉人作为投资者应有的谨慎态度，因此在主观要件方面，上诉人所称的被上诉人存在欺诈的理由，同样难以成立。综上所述，系争理财产品协议的签订和履行系双方当事人的真实意思表示，该协议不违反法律、法规的强制性规定，当属合法有效。至于上诉人所称被上诉人武宁支行推销系争理财产品的环境和服务不到位等，均不足以影响系争协议的效力。第二，关于被上诉人是否构成违约的问题。(1) 系争协议合法有效，双方当事人均应恪守。被上诉人某某银行已履行了主要义务，即按系争协议约定将资金交由某某证券作为投资管理人进行实际投资操作，到期后将余款返还上诉人，现因投资期间（2007年9月至2008年9月）沪深股票市场出现大幅下跌，甚至新股亦跌破发行价，由此产生的损失理应由上诉人按协议约定自行承担。（2）关于上诉人所称的定期披露信息、售后理财服务等问题，系争协议中并未对此作出特别约定，上诉人在庭审陈述中亦表示未要求被上诉人提供相关服务或对协议进行补充修改，故被上诉人不存在上诉人所称的违约行为。即使被上诉人存在上诉人所称售后服务不到位、未安排理财顾问、没有定期披露相关信息、未告知金融危机对理财产品的影响等情形，亦与上诉人因购买相关理财产品所遭受的经济损失之间没有必然的因果关系。（3）上诉人亦无证据证明被上诉人将资金变更投向或挪作他用。据此，上诉人认为被上诉人违约应赔偿相应损失的请求，缺乏事实依据和法律依据，法院不予支持。第三，至于上诉人提出的其他问题，如协议主体、会计账目处理有误等，原审判决已作详述，法院予以认同，不再赘述。第四，上诉人认为被上诉人有制作假账、高息揽储、泄露存款人秘密等其他违规行为，不属本案审理范围，上诉人可向相关监管部门反映。综上，原审判决并无不当，应予维持。

证券交易合同纠纷办案依据集成

1. 中华人民共和国公司法（2005年10月27日修订）（节录）

第一百三十八条　股东持有的股份可以依法转让。

第一百三十九条　股东转让其股份，应当在依法设立的证券交易场所进行或者按照国务院规定的其他方式进行。

第一百四十条　记名股票，由股东以背书方式或者法律、行政法规规定的其他方式转让；转让后由公司将受让人的姓名或者名称及住所记载于股东名册。

股东大会召开前二十日内或者公司决定分配股利的基准日前五日内，不得进行前款规定的股东名册的变更登记。但是，法律对上市公司股东名册变更登记另有规定的，从其规定。

第一百四十一条　无记名股票的转让，由股东将该股票交付给受让人后即发生转让的效力。

2. 中华人民共和国证券投资基金法（2003年10月28日主席令第9号公布）（节录）

第二条　在中华人民共和国境内，通过公开发售基金份额募集证券投资基金（以下简称基金），由基金管理人管理，基金托管人托管，为基金份额持有人的利益，以资产组合方式进行证券投资活动，适用本法；本法未规定的，适用《中华人民共和国信托法》、《中华人民共和国证券法》和其他有关法律、行政法规的规定。

第三条　基金管理人、基金托管人和基金份额持有人的权利、义务，依照本法在基金合同中约定。

基金管理人、基金托管人依照本法和基金合同的约定，履行受托职责。基金份额持有人按其所持基金份额享受收益和承担风险。

第五条　基金合同应当约定基金运作方式。基金运作方式可以采用封闭式、开放式或者其他方式。

采用封闭式运作方式的基金（以下简称封闭式基金），是指经核准的基金份额总额在基金合同期限内固定不变，基金份额可以在依法设立的证券交易场所交易，但基金份额持有人不得申请赎回的基金。

采用开放式运作方式的基金（以下简称开放式基金），是指基金份额总额不固定，基金份额可以在基金合同约定的时间和场所申购或者赎回的基金。

采用其他运作方式的基金的基金份额发售、交易、申购、赎回的办法，由国务院另行规定。

第五十一条　开放式基金的基金份额的申购、赎回和登记，由基金管理人负责办理；基金管理人可以委托经国务院证券监督管理机构认定的其他机构代为办理。

第五十二条　基金管理人应当在每个工作日办理基金份额的申购、赎回业务；基金合同另有约定的，按照其约定。

第五十三条　基金管理人应当按时支付赎回款项，但是下列情形除外：

（一）因不可抗力导致基金管理人不能支付赎回款项；

（二）证券交易场所依法决定临时停市，导致基金管理人无法计算当日基金资产净值；

（三）基金合同约定的其他特殊情形。

发生上述情形之一的，基金管理人应当在当日报国务院证券监督管理机构备案。

本条第一款规定的情形消失后，基金管理人应当及时支付赎回款项。

第五十四条　开放式基金应当保持足够的现金或者政府债券，以备支付基金份额持有人的赎回款项。基金财产中应当保持的现金或者政府债券的具体比例，由国务院证券监督管理机构规定。

3. 中华人民共和国证券法（2005年10月27日修订）（节录）

第二条　在中华人民共和国境内，股票、公司债券和国务院依法认定的其他证券的发行和交易，适用本法；本法未规定的，适用《中华人民共和国公司法》和其他法律、行政法规的规定。

政府债券、证券投资基金份额的上市交易，适用本法；其他法律、行政法规另有规定的，适用其规定。

证券衍生品种发行、交易的管理办法，由国务院依照本法的原则规定。

第三十七条　证券交易当事人依法买卖的证券，必须是依法发行并交付的证券。

非依法发行的证券，不得买卖。

第三十八条　依法发行的股票、公司债券及其他证券，法律对其转让期限有限制性规定的，在限定的期限内不得买卖。

第三十九条　依法公开发行的股票、公司债券及其他证券，应当在依法设立的证券交易所上市交易或者在国务院批准的其他证券交易场所转让。

第四十条　证券在证券交易所上市交易，应当采用公开的集中交易方式或者国务院证券监督管理机构批准的其他方式。

第四十一条　证券交易当事人买卖的证券可以采用纸面形式或者国务院证券监督管理机构规定的其他形式。

第四十二条　证券交易以现货和国务院规定的其他方式进行交易。

第四十三条　证券交易所、证券公司和证券登记结算机构的从业人员、证券监督管理机构的工作人员以及法律、行政法规禁止参与股票交易的其他人员，在任期或者法定限期内，不得直接或者以化名、借他人名义持有、买卖股票，也不得收受他人赠送的股票。

任何人在成为前款所列人员时，其原已持有的股票，必须依法转让。

第四十四条　证券交易所、证券公司、证券登记结算机构必须依法为客户开立的账户保密。

第四十五条　为股票发行出具审计报告、资产评估报告或者法律意见书等文件的证券服务机构和人员，在该股票承销期内和期满后六个月内，不得买卖该种股票。

除前款规定外，为上市公司出具审计报告、资产评估报告或者法律意见书等文件的证券服务机构和人员，自接受上市公司委托之日起至上述文件公开后五日内，不得买卖该种股票。

第四十六条 证券交易的收费必须合理，并公开收费项目、收费标准和收费办法。

证券交易的收费项目、收费标准和管理办法由国务院有关主管部门统一规定。

第四十七条 上市公司董事、监事、高级管理人员、持有上市公司股份百分之五以上的股东，将其持有的该公司的股票在买入后六个月内卖出，或者在卖出后六个月内又买入，由此所得收益归该公司所有，公司董事会应当收回其所得收益。但是，证券公司因包销购入售后剩余股票而持有百分之五以上股份的，卖出该股票不受六个月时间限制。

公司董事会不按照前款规定执行的，股东有权要求董事会在三十日内执行。公司董事会未在上述期限内执行的，股东有权为了公司的利益以自己的名义直接向人民法院提起诉讼。

公司董事会不按照第一款的规定执行的，负有责任的董事依法承担连带责任。

4. 股票发行与交易管理暂行条例（1993年4月22日国务院令112号公布）（节录）

第二十九条 股票交易必须在经证券委批准可以进行股票交易的证券交易场所进行。

第三十条 股份有限公司申请其股票在证券交易所交易，应当符合下列条件：

（一）其股票已经公开发行；

（二）发行后的股本总额不少于人民币五千万元；

（三）持有面值人民币一千元以上的个人股东人数不少于一千人，个人持有的股票面值总额不少于人民币一千万元；

（四）公司有最近三年连续盈利的记录；原有企业改组设立股份有限公司的，原企业有最近三年连续盈利的记录，但是新设立的股份有限公司除外；

（五）证券委规定的其他条件。

第三十一条 公开发行股票符合前条规定条件的股份有限公司，申请其股票在证券交易所交易，应当向证券交易所的上市委员会提出申请；上市委员会应当自收到申请之日起二十个工作日内作出审批，确定具体上市时间。审批文件报证监会备案，并抄报证券委。

第三十二条 股份有限公司申请其股票在证券交易所交易，应当向证券交易所的上市委员会送交下列文件：

（一）申请书；

（二）公司登记注册文件；

（三）股票公司发行的批准文件；

（四）经会计师事务所审计的公司近三年或者成立以来的财务报告和由二名以上的注册会计师及其所在事务所签字、盖章的审计报告；

（五）证券交易所会员的推荐书；

（六）最近一次的招股说明书；

（七）证券交易所要求的其他文件。

第三十三条　股票获准在证券交易所交易后，上市公司应当公布上市公告并将本条例第三十二条所列文件予以公开。

第三十四条　上市公告的内容，除应当包括本条例第十五条规定的招股说明书的主要内容外，还应当包括下列事项：

（一）股票获准在证券交易所交易的日期和批准文号；

（二）股票发行情况、股权结构和最大的十名股东的名单及持股数额；

（三）公司创立大会或者股东大会同意公司股票在证券交易所交易的决议；

（四）董事、监事和高级管理人员简历及其持有本公司证券的情况；

（五）公司近三年或者成立以来的经营业绩和财务状况以及下一年的盈利预测文件；

（六）证券交易所要求载明的其他事项。

第三十五条　为上市公司出具文件的注册会计师及其所在事务所、专业评估人员及其所在机构、律师及其所在事务所，在履行职责时，应当按照本行业公认的业务标准和道德规范，对其出具文件内容的真实性、准确性、完整性进行核查和验证。

第三十六条　须经国家有关部门批准，具体办法另行规定。

国家拥有的股份的转让，不得损害国家拥有的股份的权益。

第三十七条　证券交易场所、证券保管、清算、过户、登记机构和证券经营机构，应当保证外地委托人与本地委托人享有同等待遇，不得歧视或者限制外地委托人。

第三十八条　股份有限公司的董事、监事、高级管理人员和持有公司百分之五以上有表决权股份的法人股东，将其所持有的公司股票在买入后六个月内卖出或者在卖出后六个月内买入，由此获得的利润归公司所有。

前款规定适用于持有公司百分之五以上有表决权股份的法人股东的董事、监事和高级管理人员。

第三十九条　证券业从业人员、证券业管理人员和国家规定禁止买卖股票的其他人员，不得直接或者间接持有、买卖股票，但是买卖经批准发行的投资基金证券除外。

第四十条　为股票发行出具审计报告、资产评估报告、法律意见书等文件的有关专业人员，在该股票承销期内和期满后六个月内，不得购买或者持有该股票。

为上市公司出具审计报告、资产评估报告、法律意见书等文件的有关专业人员，在其审计报告、资产评估报告、法律意见书等文件成为公开信息前，不得购买或者持有该公司的股票；成为公开信息后的五个工作日内，也不得购买该公司的股票。

第四十一条　未依照国家有关规定经过批准，股份有限公司不得购回其发行在外的股票。

第四十二条　未经证券委批准，任何人不得对股票及其指数的期权、期货进行交易。

第四十三条　任何金融机构不得为股票交易提供贷款。

第四十四条　证券经营机构不得将客户的股票借与他人或者作为担保物。

第四十五条　经批准从事证券自营、代理和投资基金管理业务中二项以上业务的证券经营机构，应当将不同业务的经营人员、资金、帐目分开。

第三节　金融衍生品种交易纠纷

19. 申报人（购买权证持有人）是否应承担尾盘申报所带来的风险？

尾盘申报即是在购买权证到期的最后时刻进行行权申报，从理论上而言，尾盘申报仍处于合法有效的申报期内，并没有超出申报期而使得购买权证失效，应认定为有效申报。但尾盘申报无疑加大了风险，容易造成申报的延误，再加之如果申报手段较为单一，最终可能导致购买权证的过期。在尾盘申报中，申报人应就自己的行为与过失承担相应的风险。

20. 由受托证券机构的过失造成申报人购买权证过期无法行权的损失的赔偿范围如何界定？

此种情形的赔偿范围系争两个部分。一部分为申报人买入权证的成本损失，另一部分为行权成功后获得标的股票的行权价格与申报人自行确定的抛售价格之间的差价。对于第一部分而言，买入权证的成本实际为申请人投资权证的初始成本，权证价格的波动是权证投资人必须承担的风险，因而申报人行权与否实际上与权证购买的成本无关，不应将此纳入赔偿范围。第二部分的损失应为实际损失，即开盘后的价格与行权价的差额为每股的实际损失，此部分应属赔偿范围。

典型疑难案件参考

侯湘与邯郸钢铁集团有限责任公司、中国证券登记结算有限责任公司上海分公司、光大证券股份有限公司惠州下埔路证券营业部、光大证券股份有限公司、上海证券交易所证券衍生品种交易纠纷案

基本案情

2003年12月23日，原告侯湘与被告光大证券惠州营业部签订《证券交

易代理委托协议书》、《风险提示书》、《权证风险揭示书》、《自助委托协议书》等系列文件，原告在被告光大证券惠州营业部处开立资金账户（账号：19871），选择自助委托方式委托被告光大证券惠州营业部代理证券交易业务。原告选择的自助委托方式包括小键盘热自助委托、热键自助委托、电话委托等三种方式。此后，原告一直在被告光大证券惠州营业部进行证券买卖。

2006年4月2日，被告邯钢集团发布《邯郸钢铁集团有限责任公司关于邯郸钢铁股份有限公司人民币普通股股票之认购权证上市公告书》（以下简称《邯钢认购权证上市公告书》）。公告书称，邯钢集团发行以邯郸钢铁流通A股股票为标的证券的认购权证，将于2006年4月7日在上海证券交易所挂牌交易。该权证存续期自股权分置改革方案实施之日起一年，即2006年4月5日至2007年4月4日，行权日为权证存续期内最后五个交易日，即2007年3月29日至4月4日的5个交易日，行权方式为欧式，仅可以在权证存续期内最后五个交易日行权。认购权证交易代码：580003，认购权证交易简称：邯钢JTB1，行权价：2.8元/股，行权比例：1∶1，即一份认购权证可按行权价向邯钢集团购买1股邯郸钢铁A股股票，结算方式：股票给付方式结算，即认购权证持有人行权时，应向邯钢集团交付依行权价格及相应股票数量计算的价款，并获得相应数量的邯郸钢铁股票。认购权证持有人行权时，应委托上交所会员通过上交所交易系统申报，当日行权申报指令，当日有效，当日可以撤销。邯钢集团已经根据《上海证券交易所权证管理暂行办法》的规定和交易所的有关要求，在登记结算公司开立认购权证行权履约担保专用账户，并将认购权证行权可能支付的公司所持有的邯郸钢铁925705299股股票存管于该账户内，以确保认购权证持有人能够顺利行权。

在邯钢JTB1上市交易后，原告在该权证存续期内多次进行买卖。2007年3月28日，被告邯钢集团第三次发布关于邯钢JTB1认购权证行权提示性公告称，邯钢JTB1认购权证的最后一个交易日为2007年3月28日，从2007年3月29日起停止交易；行权期限为2007年3月29日至2007年4月4日期间的5个交易日；邯钢JTB1认购权证经分红除息调整后的行权价格为2.73元；投资者每持有一份邯钢JTB1认购权证，有权在上述行权期内的5个交易日以2.73元的价格向邯钢集团购买一股邯郸钢铁股票。截至2007年4月4日，原告持有该权证140000份。据被告光大证券惠州营业部出具给原告的客户综合信息载明：2007年4月4日14时59分33秒，原告委托被告光大证券行权，委托数量为91000份，委托价格2.730元/份。原告委托方式均为电话委托。由于被告光大证券惠州营业部交易系统显示的时间晚于被告上交所交易系统主机时间，故该行权指令发出时，上交所交易系统主机已关闭，原告行权未能成功。由被告上交所出具的当天交易时段最后30秒内的订单申报中没有该笔权证行权申报指令显示。2007年4月5日,邯钢集团发布公告称,截至2007年4月4日,共计907552748份邯钢JTB1认购权证成功行权,相应数量的邯郸钢铁股票从邯钢集团账户转移至成功行权的认购权证持有人账户,创设人创设的邯钢JTB1认购权证在行权日前已全部注销。根据公开的股票信息,经法院查询,2007年4月5日,标的证券邯郸钢铁(600001)股票当日开盘价为6.51元/股。

另查明,被告光大证券作为被告上交所的会员单位,在进行集中交易时,向被告上交所出具了一份《会员集中交易接入报备承诺书》,承诺在实行集中交易时,因自身电脑主机系统、总部与各营业场所之间的通信系统发生故障而产生的一切法律后果,由被告光大证券承担全部责任。

原告因行权失败与被告光大证券惠州营业部进行交涉,未果,遂涉讼。

诉辩情况

原告诉称:被告邯钢集团未按认购权证上市公告书的承诺,在原告行权后履行股票交付义务,属于违约行为,应当承担所有责任,包括认购权证被注销的直接损失346710元和间接损失410410元(以每股11.05元计算)。鉴于邯钢集团已将用于认购权证的股份在被告中登公司办理了相关履约担保手续,中登公司应当在确认本事实的基础上承担连带赔偿责任。原告通过光大证券惠州营业部委托上交所的交易系统代理买卖股票及行权,造成经济损失,光大证券惠州营业部和上交所作为证券买卖代理机构及证券交易机构在此过程中应当对原告的损失承担连带赔偿责任。被告光大证券惠州营业部是被告光大证券的分支机构,光大证券应当对原告的损失承担连带责任。

1. 被告邯钢集团辩称:原告因行权失败造成的损失与我公司无关,不应承担任何责任。请求驳回原告的诉讼请求。

2. 被告中登公司辩称:原告提起本案诉讼的基础是违约之诉,其又认为第二被告作为代理人应承担连带返还责任。但违约之责与返还责任是不同的法律关系,不应在一个案件中处理。原告要求我方承担责任是没有事实和法律依据的,请求法庭驳回原告的诉请。

3. 被告光大证券惠州营业部、被告光大证券共同辩称:光大证券惠州营业部已经履行了相应义务,不存在过错。原告对尾盘申报的风险应由自身承担全部责任。同时原告自助交易方式有多种,但其仅选择电话委托方式,也应对只采用该委托方式承担由此产生的风险。此外,原告损失计算错误。认购权证的可得利益应按照上海证券交易所规定的《权证管理暂行办法》计算(标的股结算价－行权价－行权费用；标的股结算价为行权日前10个交易日标的股每日收盘价的平均价），根据该计算标准应为333165.5元。

4. 被告上交所辩称：原告与上海证券交易所之间没有代理关系，也不存在直接的关系，因此原告无权要求我方对其损失承担连带赔偿责任。

裁判结果

法院作出判决如下：

一、被告光大证券股份有限公司惠州下埔路证券营业部应于本判决生效之日起10日内向原告侯湘给付人民币343890元，并赔偿原告自2007年4月5日起至实际支付之日止的资金利息损失，以中国人民银行公布的同期人民币贷款利率计付。

二、如被告光大证券股份有限公司惠州下埔路证券营业部不能足额清偿上述债务，被告光大证券股份有限公司在不足范围内承担补充赔偿责任。

三、驳回原告侯湘的其余诉讼请求。

负有金钱给付义务的当事人，如未按本判决指定的履行期间履行金钱给付义务，应当按照《中华人民共和国民事诉讼法》第229条的规定加倍支付迟延履行期间的债务利息。

裁判理由

法院认为，本案是一起因原告持有的认购权证到期行权失败而引发的纠纷。原告侯湘作为系争认购权证的合法持有人，在认购权证公告的行权期内进行行权申报，符合权证交易规则，应当受到法律保护。原告依据合同关系要求五被告承担违约责任，其提起的是违约之诉，法院应按照原告的诉请基础进行审查，从而确定原告与各被告之间的法律关系。

本案系认购权证行权纠纷，被告邯钢集团作为认购权证的发行人，其应当按照认购权证发行公告中的承诺履行行权后的股票交付义务。鉴于系争认购权证采用集中上市交易方式在交易所进行，权证合法持有人只有在规定的行权期成功行权后，权证发行人对于成功行权的权证持有人的股票或资金交付义务才能确定。故权证持有人在行权成功后可以依据发行人发布的公告承诺内容要求发行人履行相关义务，发行人履行的并非契约义务而是法定义务。根据以上分析，本案原告侯湘在二级市场买入系争认购权证，成为合法的权证持有人，其因最后行权期届满前行权失败造成损失，现原告选择合同关系主张权利，根据合同相对性原则和上述法律规定，原告只能向与其存在直接合同关系的当事人即被告光大证券惠州营业部及其法人单位被告光大证券主张合同权利，而其余被告与原告之间并不存在直接合同关系，不属于证券交易代理合同请求权的范围，故原告诉请被告邯钢集团、被告中登公司、被告上交所直接承担合同责任，没有事实和法律依据。本案仅就原告与被告光大证券惠州营业部及其光大证券之间的证券交易代理合同关系进行审理，其余被告属不适格主体，原告起诉不当，法院予以驳回。

根据原告侯湘与被告光大证券惠州营业部之间证券交易代理协议的约定和证券法的规定，证券公司应当根据投资者的委托，按照证券交易规则提出交易申报，根据成交结果承担清算交收责任。原告侯湘在系争权证行权日最后一天的有效时段申报权证行权，被告光大证券惠州营业部对该次申报进行了确认，视为原告行权申报有效。鉴于认购权证行权本身的特性，不存在交易撮合问题，故行权不成功，被告光大证券惠州营业部应承担主要责任。被告光大证券惠州营业部提出，原告未能及时进行行权申报是行权失败的主要原因，应自行承担行权失败的风险。对此，法院认为，根据上交所的交易规则和权证管理规定，上市权证每日交易时段与股票交易时段是一致的，故原告在当日14时59分33秒申报行权符合交易规则，如果不发生证券公司交易系统时间与上交所交易系统主机不一致的情况，该笔行权申报应当能够成功。而上交所提供的最后30秒交易申报清单中并不存在该笔申报，由此可以断定，被告光大证券惠州营业部的交易系统时间与交易所主机时间存在误差，原告进行行权申报时交易所主机已经关闭，不再接受任何申报。因此，被告光大证券惠州营业部的交易系统时间迟于交易所主机时间是导致原告行权申报不成功的直接原因。作为投资者，原告是根据被告光大证券惠州营业部的交易系统时间进行申报的，该申报得到了营业部的书面确认，原告有理由相信其是在有效交易时段内提出申报的，被告光大证券惠州营业部也接受了其申报委托。被告光大证券惠州营业部因其自身交易系统时间与交易所交易系统主机未能形成对接造成原告行权申报失败，应当按照双方间订立的证券交易代理合同的约定承担相应违约责任。被告光大证券惠州营业部辩称，券商及其营业部不可能与交易所时间保持实时同步，如因时间不同步应由交易所承担责任。对此，法院认为，根据上交所交易规则的规定，依据交易规则达成的交易，其交易结果以上交所交易主机记录的成交数据为准。被告光大证券作为上交所的交易会员，也在进行集中交易时，出具了集中交易报备承诺书，承诺因自身电脑主机系统发生故障而产生的一切法律后果均由其承担全部责任。因此，鉴于交易规则的普遍约束力和公开性，以及保证交易时间的一致性，被告光大证券及其营业部应当切实遵守交易规则、履行相关承诺，及时采取措施保证交易系统时间与交易所交易系统主机时间的一致。因交易时间的不一致，责任不在交易所，应由券商自行承担客户交易不能的损失。被告光大证券主张应由被告上交所承担责任，不符合交易规则和其作为交易所会员的相关承诺，其抗辩理由不能成立，法院不予采信。

关于原告在行权过程中是否存在过错问题，被告光大证券提出，原告申请行权时其用于支付股款和行权费的资金账户内的余额明显不足，其行权失败是因其自身原因造成的，应自行承担损失。对于该项抗辩，法院认为，根据《上海证券交易所权证管理暂行办法》第38条的规定，权证行权采用证券给付方式结算的，认购权证的持有人行权时，应支付依行权价格及标的证券数量计算的价款，并获得标的证券。邯钢认购权证上市公告书亦对此项规则进行了披露。但上述规则并没有将投资者交付资金作为其申报行权的前提条件，而是在行权结算时如违反该项义务，则权证发行人可拒绝支付相应股票。由于权证不同于股票，权证到期不行权则丧失任何价值，基于对投资者利益的保护，券商作为受托人应履行谨慎勤勉的义务，不应因投资者账户资金不足或迟延支付而拒绝为客户申报行权。由此而造成损失，原告虽有失审慎，但主要原因仍在于被告光大证券惠州营业部对投资者未尽到必要的通知、保护、协助义务，应当承担相应民事责任；而原告自身的过失可以适当减轻被告光大证券惠州营业部的责任。关于交易方式问题，被告光大证券认为，原告在自助委托交易协议中，选择了多种交易委托方式，然而，原告在进行交易委托时仅采用电话委托方式，正是原告采取这种单一的委托方式才造成行权延误，由此而造成的损失应由原告自行承担。对于被告光大证券的这一辩称，法院认为，既然双方协议中约定的委托方式包括电话委托方式，原告在规则允许的交易时段提出行权申报都应视为有效申报，而不必强求原告采取其他方式进行委托，本案原告采用电话委托方式进行行权申报符合双方的协议约定。当然，原告在系争认购权证的最后一个行权日的最后时段提出行权申报，仍采用电话委托方式，客观上增大了行权风险，亦应自行承担风险利益损失。

关于损失计算问题，原告诉请中包括两项损失：一是买入权证的成本损失；二是差价损失即在行权成功后获得标的股票的行权价格与原告自行确定的抛售价格之间的差价。对于上述诉请，法院认为，原告第一项诉请中的买入权证的成本实际为原告投资权证的初始成本，权证持有人是否决定行权虽然与买入成本有关，但权证价格的波动是权证投资人必须承担的风险，在原告主张行权时，仅应考虑正股价格和行权价格之间的价差，而投资者的买入成本仅对投资收益具有参考意义，故原告主张以其买入该权证的成本价计算损失，依据不足，法院对于原告的第一项诉请不予支持。第二项诉请涉及原告行权失败后的直接损失计算问题，原告称，其是以通常的操作习惯确定其意欲抛售所获股票的价格，从而计算该价格与行权价格之间的价差。对此，法院认为，采用股票交付方式进行支付的认购权证，认购权证行权价格是行权必须支付的对价，只有在行权日标的股价格高于行权价格时，行权才有价值；由于股票本身存在客观风险，原告取得股票后何时卖出是无法确定的，且个股的操作在不同时间具有不同特点，故原告以其通常操作其他股票的手法来确定其抛售时间和股价，明显带有较强的主观随意性，亦没有法律依据，法院对其计算依据不予采纳。根据《合同法》第113条的规定，当事人一方不履行合同义务或者履行合同义务不符合约定，给对方造成损失的，损失赔偿额应当相当于因违约所造成的损失，包括合同履行后可以获得的利益，但不得超过违反合同一方订立合同时预见到或者应当预见到的因违反合同可能造成的损失。邯钢认购权证公告书中亦载明，邯钢认购权证采取股票给付方式结算，权证持有人选择行权应交付依行权价格及相应股票数量计算的价款，并获得相应数量的邯郸钢铁股票。现原告未能行权，其直接损失的是依据公告书以行权价格购买标的股票从而获取差价的机会，认购权证的行权价格与标的证券交付时的价格之间的差价应当为原告未能行权的直接损失。至于该股票支付后原告是否继续持有、股价的变化等因素则属于无法预见的风险利益或损失，双方在合同中也没有明确约定，且本案系争认购权证行权失败亦与原告资金交付、委托延迟等因素存在关联，故法院对于原告主张的超额利益损失不予支持。由于系争权证行权结算已经完毕，依据交易规则形成的交易结果已不能改变，被告光大证券惠州营业部应当根据前述计算方式折价赔偿原告损失。本案系争邯钢JTB1认购权证行权价格为2.73元/份，标的证券邯郸钢铁股票最后一个行权交易日为2007年4月4日，以行权结束后的下一个交易日即2007年4月5日邯郸钢铁股票的开盘价6.51元/股作为标的证券价格计算的差价为6.51－2.73＝3.78元/股，再乘以原告可持有的邯郸钢铁股票91000股，得出原告的实际损失为343980元，以此为基数，被告光大证券惠州营业部还应支付自2007年4月5日至实际支付之日止的资金利息损失，以中国人民银行公布的同期人民币贷款利率计付。

综上所述，原告侯湘与被告邯钢集团、被告中登公司、被告上交所不存在直接的证券交易代理合同关系，其起诉上述三被告没有法律依据，原告对三被告的诉请应予驳回。被告光大证券惠州营业部未能履行受托行权申报义务，应当承担违约责任，应赔偿原告因行权失败的直接损失343980元，并承担相应资金利息损失。被告光大证券惠州营业部系被告光大证券的分支机构，在法人的授权范围内进行经营，依法领取了金融机构分支机构的营业执照，具有一定的财产和偿付能力，可先由其单独承担本案确定的民事责任，无须由其法人单位光大证券直接承担，故原告要求被告光大证券对被告光大证券惠州营业部的债务承担连带责任的请求,法院亦不予支持。如被告光大证券惠州营业部的财产不足以清偿本案债务,被告光大证券应在不足清偿范围内承担补充责任。

金融衍生品种交易纠纷办案依据集成

1. 中华人民共和国证券法（2005年10月27日修订）（节录）

第二条第三款 证券衍生品种发行、交易的管理办法，由国务院依照本法的原则规定。

2. 银行业金融机构衍生产品交易业务管理办法（2011年1月5日银监会令2011年第1号修订）（节录）

第二条 本办法所称银行业金融机构是指依法设立的商业银行、城市信用合作社、农村信用合作社等吸收公众存款的金融机构以及政策性银行。依法设立的金融资产管理公司、信托公司、企业集团财务公司、金融租赁公司，以及经中国银行业监督管理委员会（以下简称中国银监会）批准设立的其他银行业金融机构从事衍生产品业务，适用本办法。

第三条 本办法所称衍生产品是一种金融合约，其价值取决于一种或多种基础资产或指数，合约的基本种类包括远期、期货、掉期（互换）和期权。衍生产品还包括具有远期、期货、掉期（互换）和期权中一种或多种特征的混合金融工具。

第四条 本办法所称银行业金融机构衍生产品交易业务按照交易目的分为两类：

（一）套期保值类衍生产品交易。即银行业金融机构主动发起，为规避自有资产、负债的信用风险、市场风险或流动性风险而进行的衍生产品交易。此类交易需符合套期会计规定，并划入银行账户管理。

（二）非套期保值类衍生产品交易。即除套期保值类以外的衍生产品交易。包括由客户发起，银行业金融机构为满足客户需求提供的代客交易和银行业金融机构为对冲前述交易相关风险而进行的交易；银行业金融机构为承担做市义务持续提供市场买、卖双边价格，并按其报价与其他市场参与者进行的做市交易；以及银行业金融机构主动发起，运用自有资金，根据对市场走势的判断，以获利为目的进行的自营交易。此类交易划入交易账户管理。

第五条 本办法所称客户是指除金融机构以外的个人客户和机构客户。银行业金融机构向客户销售的理财产品若具有衍生产品性质，其产品设计、交易、管理适用本办法，客户准入以及销售环节适用中国银监会关于理财业务的相关规定。对个人衍生产品交易的风险评估和销售环节适用个人理财业务的相关规定。

第四十四条 银行业金融机构应当高度重视衍生产品交易的风险管理工作，制定完善客户适合度评估制度，在综合考虑衍生产品分类和客户分类的基础上，对衍生产品交易进行充分的适合度评估：

（一）评估衍生产品的风险及复杂程度，对衍生产品进行相应分类，并至少每年复核一次其合理性，进行动态管理；

（二）根据客户的业务性质、衍生产品交易经验等评估其成熟度，对客户进行相应分类，并至少每年复核一次其合理性，进行动态管理。

第四十五条　银行业金融机构应当根据客户适合度评估结果，与有真实需求背景的客户进行与其风险承受能力相适应的衍生产品交易，并获取由客户提供的声明、确认函等能够证明其真实需求背景的书面材料，内容包括但不限于：

（一）与衍生产品交易直接相关的基础资产或基础负债的真实性；

（二）客户进行衍生产品交易的目的或目标；

（三）是否存在与本条第一项确认的基础资产或基础负债相关的尚未结清的衍生产品交易敞口。

第四十六条　银行业金融机构与客户交易的衍生产品的主要风险特征应当与作为真实需求背景的基础资产或基础负债的主要风险特征具有合理的相关度，在营销与交易时应当首先选择基础的、简单的、自身具备定价估值能力的衍生产品。

第四十七条　银行业金融机构应当制定完善衍生产品销售人员的内部培训、资格认定及授权管理制度，加强对销售人员的持续专业培训和职业操守教育，及时跟进针对新产品新业务的培训和资格认定，并建立严格的管理制度。通过资格认定并获得有效授权的销售人员方可向客户介绍、营销衍生产品。在向客户介绍衍生产品时，销售人员应当以适当的方式向客户明示其已通过内部资格认定并获得有效授权。

第四十八条　银行业金融机构应当以清晰易懂、简明扼要的文字表述向客户提供衍生产品介绍和风险揭示的书面资料，相关披露以单独章节、明白清晰的方式呈现，不得以页边、页底或脚注以及小字体等方式说明，内容包括但不限于：

（一）产品结构及基本交易条款的完整介绍和该产品的完整法律文本；

（二）与产品挂钩的指数、收益率或其他参数的说明；

（三）与交易相关的主要风险披露；

（四）产品现金流分析、压力测试、在一定假设和置信度之下最差可能情况的模拟情景分析与最大现金流亏损以及该假设和置信度的合理性分析；

（五）应当向客户充分揭示的其他信息。

第四十九条　在衍生产品销售过程中，银行业金融机构应当客观公允地陈述所售衍生产品的收益与风险，不得误导客户对市场的看法，不得夸大产品的优点或缩小产品的风险，不得以任何方式向客户承诺收益。

第五十条　银行业金融机构应当充分尊重客户的独立自主决策，不得将交易衍生产品作为与客户开展其他业务的附加条件。

第五十一条　银行业金融机构应当建立客户的信用评级制度，并结合客户的信用评级、财务状况、盈利能力、净资产水平、现金流量等因素，确定相关的信用风险缓释措施，限制与一定信用评级以下客户的衍生产品交易。

第五十二条　与客户达成衍生产品交易之前，银行业金融机构应当获取由客户提供的声明、确认函等形式的书面材料，内容包括但不限于：

（一）客户进行该笔衍生产品交易的合规性；

（二）衍生产品交易合同、交易指令等协议文本的签署人员是否获得有效的授权；

（三）客户是否已经完全理解该笔衍生产品交易的条款、相关风险，以及该笔交易是否符合第四十五条第二项确认的交易目的或目标；

（四）客户对于该笔衍生产品交易在第四十八条第四项所述最差可能情况下是否具备足够的承受能力；

（五）需要由客户声明或确认的其他事项。

第五十三条 银行业金融机构应当及时向客户提供已交易的衍生产品的市场信息，定期将与客户交易的衍生产品的市值重估结果以评估报告、风险提示函等形式，通过信件、电子邮件、传真等可记录的方式向客户书面提供，并确保相关材料及时送达客户。当市场出现较大波动时，应当适当提高市值重估频率，并及时向客户书面提供市值重估结果。银行业金融机构应当至少每年对上述市值重估的频率和质量进行评估。

第五十四条 银行业金融机构对于自身不具备定价估值能力的衍生产品交易，应当向报价方获取关键的估值参数及相关信息，并通过信件、电子邮件、传真等可记录的方式向客户书面提供此类信息，以提高衍生产品市值重估的透明度。

第五十五条 银行业金融机构应当针对与客户交易的衍生产品业务种类确定科学合理的利润目标，制定科学合理的考核评价与长效激励约束机制，引导相关部门和人员诚实守信、合规操作，不得过度追求盈利，不得将与客户交易衍生产品的相关收益与员工薪酬及其所在部门的利润目标及考核激励机制简单挂钩。

第五十六条 银行业金融机构应当制定完善衍生产品交易业务的定期后评价制度，包括对合规销售、风险控制、考核激励机制等内部管理制度的定期后评价。

银行业金融机构应当通过实地访问、电子邮件、传真、电话录音等可记录的方式建立完善对客户的定期回访制度，针对合规销售与风险揭示等内容认真听取客户的意见，并及时反馈。

第四节 证券承销合同纠纷

一、证券代销合同纠纷

21. 证券发行代理人（承销人）是否对到期证券负有兑付义务？

证券承销可分为代销与包销两种。由于当前的法律规定，证券一般要求以间接发行的方式流入市场，即由投资银行替发行人承销证券。在此基础上，代销实质上是一种代理关系，代理人的义务一般取决于代理合同，此处即代销合同的约定与交易习惯，如约定承销人须兑付到期债券，承销人便有此义务。

22. 代销协议属何种性质的合同？

相比包销合同的复杂性，就代销而言，承销协议即为一般的代理合同，承销人是代理人，发行人是委托人，承销人自主在销售期内代发行人出售证券并获取佣金。发行人与承销人的权利义务除法定以外，均来自合同条款的约定。

典型疑难案件参考

南昌市商业银行与江西江南信托投资股份有限公司代销企业债券纠纷案（《中华人民共和国最高人民法院公报》2002年第5期）

基本案情

1995年12月，江西共青服装大厦经中国人民银行江西省分行审批，依法发行企业债券1500万元，期限为9个月，年利率为13.98%。并由其委托原中国农业银行江西省信托投资股份有限公司（系江南信托公司前身，以下简称农行信托公司）代理发行，江西共青垦殖场提供担保。1995年12月18日，农行信托公司以自己的名义与原南昌市城市信用联社（系南昌商行前身）签订一份代销企业债券协议。约定由南昌市城市信用联社为农行信托公司代销江西共青服装大厦短期融资债券600万元；南昌市城市信用联社应在债券开始发行日后每5天划款一次,保证其代销的债券款到达农行信托公司账上;债券兑付时,农行信托公司应督促发行债券的企业在债券到期日前2天保证将兑付款转到南昌市城市信用联社账上,逾期按日万分之八支付违约金;农行信托公司按代销债券面值总额的7‰付给南昌市城市信用联社手续费。此外,农行信托公司还与南昌市银德城市信用社、南昌市高新城市信用社(现均属南昌商行下属机构)于1995年12月20日、31日和1996年1月3日分别签订三份分销企业债券协议。约定由该两家信用社分销共青企业债券700万元和300万元,共计1000万元,并约定债券兑付时,农行信托公司债券到期日前1天和前3天保证将兑付款转到两信用社账上,手续费为债券面额10‰。

1996年9月,江西共青服装大厦经批准,滚动发行企业债券1500万元,期限为9个月,年利率为9.3%。农行信托公司继续代理发行,江西共青垦殖场提供担保。1996年10月15日,农行信托公司与南昌市城市信用联社签订一份代销企业债券协议。约定南昌市城市信用联社为农行信托公司代销江西共青服装大厦短期融资债券600万元;由于本债券系滚动发行,南昌市城市信用联社已垫付的资金本息近600万元,因此债券发行后先归还南昌市城市信用联社垫付的款项;兑付1995年债券的利息62.91万元,及由1996年9月始由南昌市城市信用联社所垫的兑付款,农行信托公司按银行对企业流动资金贷款同期利率计付利息,并于1996年12月上旬前将款项划至南昌市城市信用联社账户,逾期未划按日万分之五支付违约金;债券到期兑付时,农行信托公司保证在到期日前两天将兑付款转到南昌市城市信用联社账上,逾期则按日万分之五支付违约金。此外,农行信托公司还分别于1996年9月30日、10月4日、15日、21日、11月8日、19日与炜欣、银穗、高新三家城市信用社(现均为南昌商行下属机构)签订六份分销企业债券协议。约定由该三家信用社为其代销共青债券共计900万元,其中600万元债券(银穗400万元、高新100万元、炜欣100万元)兑付时,农行信托公司在债券到期日前保证将兑付款转到该三家信用社账上,如逾期则按约定支付违约金。

1997年6月,江西共青羽绒厂经批准发行企业债券4800万元,期限为9个月,年利率9.3%,江西共青垦殖场提供担保,农行信托公司代理发行。1997年6月23日,农行信托公司与南昌市城市合作银行筹备办(该城市合作银行亦为南昌商行前身)签订一份代卖债券协议,要求城市信用社为其继续代卖,以解决1996年债券兑付资金,并约定:按批准数额比例滚动发行,发行比例为将到期债券本息和的74%,按此比例城市信用社为农行信托公司代卖江西共青债券1110万元；由于滚动发行有一个时间差，城市信用社为农行信托公司代垫资金的利息按月息9.24‰在债券发行完毕后，由农行信托公司负责支付给代兑付社；如果本次债券发行差额部分企业申请贷款解决，则农行信托公司必须付给南昌城市合作银行（筹备办）本次发行债券的差额资金；发行期满未销售完毕，由农行信托公司负责办理有关延期手续，在延期代卖期间仍未销售完毕的，代卖社将未销售完毕的债券退给农行信托公司，退券款由农行信托公司在3个月内负责归还代卖社；手续费按代销债券面值总额的10‰计付。上述协议签订后，南昌城市合作银行筹备办所属高新、银穗、炜欣等信用社共代卖债券1060万元，并为兑付1996年9月发行的债券本息垫资544.625万元。1998年4月，上述1060万元债券到期，但债券发行人、担保人和代理发行人农行信托公司无资金兑付，为维持社会稳定和金融秩序，南昌城市合作银行及所属信用社垫资1000万元以兑付到期债券。

1992年6月30日和8月10日，南昌城市信用联社曾委托农行信托公司向共青垦殖场发放委托贷款1000万元。1996年1月10日和17日，农行信托公司代共青垦殖场向南昌城市信用联社归还贷款本金1000万元及其利息181万元，共计1181万元。

南昌商行以共青债券到期，江南信托公司拒不兑付该行垫付资金1544.625万元为由，向江西省高级人民法院提起诉讼，请求判令江南信托公司偿付其代垫债券资金1544.625万元及违约金212.540625万元，并承担本案诉讼费用。

初审判决江南信托公司败诉，被告不服判决，遂上诉至最高人民法院。

一审裁判结果

江南信托公司于该判决生效后一个月内向南昌商行清偿债券到期兑付所垫资金1544.625万元及其利息（其中544.625万元利息自1997年6月23日起计算，1000万元利息自1998年4月30日起计算，均按中国人民银行同期企业流动资金贷款利率计算），逾期按《中华人民共和国民事诉讼法》第232条规定执行。

一审裁判理由

原审法院认为：江南信托公司前身农行信托公司在先后三次代理发行江西共青服装大厦和江西共青羽绒厂企业债券的同时，以自己的名义相应地先后三次与南昌商行之前身南昌市城市信用联社、南昌市合作银行筹备办及银穗、高新、炜欣信用社签订代销、分销及代卖共青企业债券协议，意思表示真实，并且双方三次协议独立于发行人江西共青服装大厦、江西共青羽绒厂和担保人江西共青垦殖场之外，构成了双方之间的合同关系，合法有效。江南信托公司单纯以企业债券代理发行人的身份主张企业债券发行的兑付与其无关，忽略了其作为代销合同主体的事实，与事实不符。同时，江南信托公司提出在代销协议中没有承诺兑付由南昌商行代卖债券的到期兑付义务，实际上其第一、二次与南昌商行签订的代销、分销协议中，均从整体上承诺了债券到期兑付前，负有将兑付款转至南昌商行所属信用社账户的义务，并且约定逾期按日万分之五计息。特别是第三次与南昌市合作银行筹备办的代卖共青企业债券协议中，约定了原南昌市四家城市信用社代垫资金的利息由其按企业流动资金月息9.24‰计算，并且负责接受原南昌市合作银行未销售的债券和支付债券发行的差额资金，已在客观上承诺了债券到期兑付的义务。因此，江南信托公司关于没有承诺南昌商行代卖债券的到期兑付义务的主张，不能成立。其对造成南昌商行垫支债券兑付本息1544.625万元，负有民事过错责任，应予清偿。江南信托公司还提出南昌商行从债券发行人所融企业债券资金中收回了委托贷款本息1181万元，是造成南昌商行垫支的原因。该院认为：江西共青垦殖场向南昌商行还贷，与本案双方当事人之间的债券代销纠纷没有法律上的联系，不属本案审理范围。鉴于本案的特殊情况，南昌商行关于违约金的诉讼请求，根据公平原则不予支持。

二审诉辩情况

上诉人江南信托公司（原审被告）称：1996年和1997年代卖企业债券协议约定的以新还旧、直接作扣等内容实际是改变短期融资债券的使用用途，严重违反金融法规，应为无效。即使上述协议被认定为有效，江南信托公司也无法定兑付义务和约定的兑付义务。江南信托公司仅是共青债券的发行代理人，按照代卖协议的约定只有到期转款义务，而不承担债券兑付义务。代卖协议中约定的逾期按日万分之五计息，只是对上诉人江南信托公司逾期转款的一种约定，而并非是债券到期不能兑付的罚息。江南信托公司代共青垦殖场于1996年1月10日、17日向南昌商行支付的1181万元与本案有直接联系。原审判决认定事实不清，请求撤销原审判决，判令江南信托公司无承兑债券款的义务。

被上诉人南昌商行答辩（原审原告）称：南昌商行前身南昌市城市信用合作社不具备承销企业债券的资格，而江南信托公司具备该资格，其与共青垦殖场签有承销合同，双方是一种承销关系。当事人双方签订的协议明确约定了江南信托公司在债券到期前将兑付款转至南昌商行账上，因此江南信托公司应承担偿还南昌商行代垫资金1544.625万元的义务。江南信托公司代共青垦殖场向南昌商行归还贷款本息1181万元与本案是两个不同的法律关系，不属本案的审理范围。原审判决认定事实清楚，适用法律正确，故请求予以维持。

二审裁判结果

驳回上诉，维持原判。

二审裁判理由

最高人民法院认为：江南信托公司之前身农行信托公司与南昌商行之前身南昌市城市信用联社、南昌城市合作银行筹备办及银穗、高新、炜欣等信用社所签订的代销、分销及代卖共青企业债券协议，是协议各方当事人真实意思表示，其内容并不违反法律、行政法规的规定，应为合法有效。江南信托公司以上述协议约定内容违反国家金融法规应为无效的上诉主张，于法无据，法院不予支持。江南信托公司之前身农行信托公司虽与债券发行人江西共青服装大厦和江西共青羽绒厂以及担保人江西共青垦殖场签订有代理债券业务协议，但其又分三次以自己的名义与南昌商行之前身南昌市城市信用联社、南昌城市合作银行筹备办及银穗、高新、炜欣等信用社分别签订了代销、分销及代卖相关企业债券协议，故其作为协议主体，应对协议约定的义务负有履行责任。在前两次代销、分销企业债券协议中均约定，农行信托公司在债券到期日前保证将债券兑付款转到作为南昌商行前身的相关金融机构的账户上，逾期则向对方支付违约金。该约定应视为农行信托公司向协议另一方支付债券兑付款的承诺。第三次代卖企业债券协议中，虽未明确约定有保证转款的内容，但该协议约定此次发行债券系原发行债券总额按比例滚动发行，并要求南昌城市合作银行筹备办为其继续代卖，故此次债券发行与前两次债券发行具有事实上和法律上的密切联系。在该协议中还特别约定南昌城市合作银行筹备办为其代垫资金的利息在债券发行完毕后由农行信托公司负责支付给代兑付社，并由农行信托公司向南昌城市合作银行筹备办支付本次发行债券的差额资金和接受未销售完毕的债券等。根据以上约定及民法的诚实信用原则，故不能免除农行信托公司向南昌城市合作银行筹备办所承担的支付债券兑付款的责任。综上，对于南昌商行所垫支的债券兑付款本息1544.625万元，江南信托公司应负清偿责任。江南信托公司称其对兑付共青企业债券无法定义务和约定义务的上诉理由，法院不予支持。江南信托公司称其代江西共青垦殖场向南昌商行之前身南昌市城市信用联社归还贷款本息1181万元与本案具有直接联系的主张,因该委托贷款关系与本案系两个不同的法律关系,不属于本案的审理范围,故该项上诉理由法院亦不予支持。原审判决认定事实清楚,适用法律正确,应予维持。

二、证券包销合同纠纷

23. 包销方与代销方的责任承担有何区别?

就包销协议而言,不同于代销协议双方的代理关系,传统的包销可定义为一种买卖关系。即发行人是卖方,承销人是买方,买卖一旦成交,发行人得到价金,其集资活动视为结束,余下的责任承担与其无关。此时的承销人自行出售债券,全部出售与否或由于未全部出售所带来的损失自行承担,与发行方无关,也就是俗称的套牢。可以做这样的理解,在包销协议中,包销方支付价金取得证券的发行权后,对于债券持有人而言应履行与代销关系中发行人同等的义务。值得注意的是,有的包销协议虽名为包销,但实际却约定了代销方式、佣金等代理内容,应视为代销关系而非包销。

24. 承销协议较一般协议具有哪些特殊性?

除了与普通代理与买卖合同同样具有的特点外,为了保护承销人的利益,可在承销协议中约定补偿承销人因发行人公开失真而向投资者赔偿的损失,即补偿条款。或是发行人承诺在承销期及以后的一定期限内不发行相同种类的证券以避免与承销人的竞争,即靠边站条款。诸如此类。

典型疑难案件参考

中国农业银行成都市锦江支行与国泰君安证券股份有限公司成都市人民中路证券营业部企业债券包销协议纠纷案（四川省成都市中级人民法院裁判文书〔2000〕成经初字第535号）

基本案情

1997年3月5日，四川省计划委员会与中国人民银行四川省分行共同审查、批准康达公司1997年3月中旬前，在内江市发行企业债券1000万元，并说明该债券由白塔公司担保。1996年12月19日，白塔公司出具担保书写明：同意为康达公司发行的1000万元企业债券作经济担保，若康达公司到期无力偿还，白塔公司代为偿还债券本息1220万元。该担保书经威远县公证处公证。1997年4月2日，康达公司与内江办事处签订了一份企业债券代理发行协议约定：内江办事处代理发行康达公司企业债券1000万元，该债券发行期限为2年，年利率11%；该债券发行期满，康达公司按债券到期日前一个星期兑付本息，一次性划拨内江办事处指定账户，如有逾期按每日万分之五计滞纳金。1997年2月，内江办事处与成都营业部签订了一份代理分销企业债券协议书约定：成都营业部分销内江办事处代理发行的400万元企业债券，面额壹仟元券肆仟张，年利率11‰；债券发行期自1997年2月至1997年4月；该债券于1999年2月到期，内江办事处按发行进度到期日前一个星期将款项划入成都营业部指定账户。该协议双方均签字加盖了公章。1997年3月28日，成都营业部又与农行锦江支行签订了一份企业债券包销协议书，该协议约定：农行锦江支行包销成都营业部代理发行的康达公司企业债券300万元；农行锦江支行包销的企业债券须加盖农行锦江支行的公章，负责销售及兑付并承担其中所发生的差错责任；本次债券发行期自1997年3月18日至1997年3月28日，农行锦江支行承诺于所包销的债券发行开始后10日内将本次包销的债券款项共计300万元划至成都营业部指定账户，成都营业部按包销债券总额的15‰给付手续费45000元。本次债券期满兑付前，成都营业部于1999年3月24日将应付本息366万元一次性划拨至农行锦江支行指定账户。双方均在该协议上签字加盖了公章。该协议签订后，农行锦江支行分别于1997年3月21日、1997年3月24日、1997年3月26日向成都营业部付款50万元、150万元、100万元，共计300万元。康达公司于1997年4月15日、4月22日、5月26日向成都营业部开出了三份400万元的收款收据。1995年10月13日，成都营业部付给农行锦江支行发售债券手续费42000元。债券兑付期到期后，农行锦江支行于1999年3月22日开始至1999年12月28日止，向债券持有人兑付了债券款本息366万元。农行锦江支行将债券兑付后，成都营业部于1999年4月19日分两次支付农行锦江支行债券款75万元，其余债券款本息291万元及利息未付，致纠纷产生。

诉辩情况

原告农行锦江支行诉称：1997年3月21日，农行锦江支行与国泰证券有限公司成都营业部（以下简称成都营业部）签订企业债券包销协议约定：由农行锦江支行包销康达公司企业债券300万元，年利率11%，债券期限为24个月，农行锦江支行须在所包销的债券上加盖其印章，并负责销售、兑付及承担其中所发生的差错责任，在该债券期满兑付前，成都营业部于1997年3月24日将应付本息366万元一次性划至农行锦江支行指定账户。该协议签订后，农行锦江支行于1997年3月分三次共划款300万元至成都营业部的账户。该批债券到期后，农行锦江支行按约对社会公众所持债券进行了承兑。成都营业部也分别于1999年6月8日、1999年10月划款60万元、15万元共计75万元至农行锦江支行的账户，其余欠款未付。另外，本案是农行锦江支行与成都营业部签订的企业债券包销协议，在法院追加了债券发行人、担保人之后，农行锦江支行才知道担保人是白塔公司。据此，请求人民法院判令：宣布农行锦江支行与成都营业部签订的企业债券包销协议无效；国泰证券营业部返还农行锦江支行垫付债券款291万元并赔偿损失。

被告国泰证券营业部辩称：根据《中华人民共和国民法通则》有关代理的规定，代理人以被代理人名义实施的民事法律行为，均应由被代理人承担。本案债券款本息的支付义务应由第三人即债券发行人康达公司和担保人白塔公司承担，被告不负有偿付义务。根据内江市中级人民法院2000年4月20日的〔1999〕内法经初字第128号民事判决书认定，也应是债券持券人向债券的发行人主张民事权利。

裁判结果

一、四川康达建材工业（集团）公司应于本判决生效之日起10日内偿付中国农业银行成都市锦江支行债券款本息291万元及利息（利息的计算：以中国农业银行成都市锦江支行债券兑付本息之日起，按中国人民银行同期贷款利率计算。从1999年3月22日起以本金3225500元计算；从1999年3月23日起以本金3352660元计算；从1999年3月25日起以本金3488840元计算；

从 1999 年 3 月 26 日起以本金 3534380 元计算；从 1999 年 3 月 30 日起以本金 3576400 元计算；从 1999 年 3 月 31 日起以本金 3608960 元计算；从 1999 年 4 月 1 日起以本金 3633160 元计算；从 1999 年 4 月 12 日起以本金 3640420 元计算；从 1999 年 4 月 20 日起减去已还债券款 75 万元，以本金 291 万元计至付完全款之日止）。

二、驳回中国农业银行成都市锦江支行对国泰君安证券股份有限公司成都市人民中路证券营业部的诉讼请求及其余诉讼请求。

裁判理由

法院认为，根据国务院《企业债券管理条例》第 5 条、第 7 条、第 21 条、第 23 条的规定：企业债券是指企业依照法定程序发行、约定在一定期限内还本付息的有价证券；企业债券持有人有权依照约定期限取得利息、收回本金；企业发行债券，应当由证券经营机构承销；非证券经营机构和个人不得经营企业债券的承销和转让业务。据此认定：（1）不记名债券本身已载明了债券持有人与债券发行单位之间的法律关系，谁持有债券，谁就可以主张民事权利。且承销债券，应由证券经营机构承担。康达公司发行债券的总承销商内江办事处及分销商成都营业部，是合法的债券承销机构。本案债券发行，是经具有审批权的四川省计划经济委员会、人民银行四川省分行会审批准的，债券发行有效；白塔公司的担保合同有效。发行人康达公司与内江办事处签订的企业债券代理发行协议，是双方当事人的真实意思表示，该协议属于有效协议。（2）内江办事处与成都营业部签订的代理分销企业债券协议，主体合法，内容是双方当事人的真实意思表示，该协议属于有效协议。成都营业部与农行锦江支行 1997 年 3 月 28 日签订的企业债券包销协议，实属于农行锦江支行代理成都营业部发售债券的行为，根据代理发行债券的背面加盖发行单位、代理发行单位和发售机构公章这一事实，可以认定农行锦江支行代理发售康达公司企业债券，康达公司是认可的。农行锦江支行主张因其不具有销售企业债券的业务范围及主体资格，故该企业债券包销协议无效。根据最高人民法院《关于适用〈中华人民共和国合同法〉若干问题的解释（一）》第 4 条、第 10 条的规定，当事人超越经营范围订立合同，人民法院不因此认定合同无效。但违反国家限制经营、特许经营以及法律、行政法规禁止经营规定的除外。本案在审理中，法院要求农行锦江支行举出法律及行政法规不允许总承销商将其代理发行的债券委托金融机构代理发行的法律、法规强制性规定，农行锦江支行未能举出以上规定。故对农行锦江支行提出的其与成都营业部签订的企业债券包销协议无效的主张，法院不予以支持。对于内江办事处提出的该批债券的发行地域超出了149号文件规定的范围而无效,该问题是属于行政机关依法处理的范围。发行地域不符合行政机关文件规定的范围,并不影响合同效力,故该合同为有效合同。(3)本案债券款应由债券发行人承担。其理由为:一是根据《中华人民共和国民法通则》第63条第2款的规定,代理人在代理权限内,以被代理人的名义实施民事法律行为。被代理人对代理人的代理行为,承担民事责任。本案中,农行锦江支行作为发售人,与代理人成都营业部处于同一代理地位,其代理行为应由被代理人康达公司承担。二是不记名债券的本身是债券凭证,债券本身载明了债券持有人与债券发行人之间的债券民事法律关系,谁持有债券,谁就可以作为债权人向债券发行人主张民事权利。故农行锦江支行兑付债券款后,便取得了债券持有人的地位。债券发行人康达公司应当向债券持有人农行锦江支行偿付尚欠的企业债券款291万元及利息。农行锦江支行要求承销商国泰证券营业部返还债券款本息,不符合法律规定,法院不予以支持。内江办事处也不应当承担偿还债券款本息的责任。(4)白塔公司于1997年4月19日向康达公司提供的担保书中,未约定保证期间,根据《中华人民共和国担保法》的规定,保证期间未约定的,保证期间为主债务履行期届满之日起6个月,保证责任方式约定不明的,保证人应承担连带担保责任。据此规定认定,农行锦江支行在兑付债券款成为持券人后,于2000年7月19日向法院提起诉讼,农行锦江支行向白塔公司主张权利,已超过法律规定的保证期间,故白塔公司不应再承担保证责任。

证券承销合同纠纷办案依据集成

1. 中华人民共和国公司法（2005年10月27日修订）（节录）

第八十八条　发起人向社会公开募集股份，应当由依法设立的证券公司承销，签订承销协议。

2. 中华人民共和国证券法（2005年10月27日修订）（节录）

第二十八条　发行人向不特定对象发行的证券，法律、行政法规规定应当由证券公司承销的，发行人应当同证券公司签订承销协议。证券承销业务采取代销或者包销方式。

证券代销是指证券公司代发行人发售证券，在承销期结束时，将未售出的证券全部退还给发行人的承销方式。

证券包销是指证券公司将发行人的证券按照协议全部购入或者在承销期结束时将售后剩余证券全部自行购入的承销方式。

第三十条　证券公司承销证券，应当同发行人签订代销或者包销协议，载明下列事项：

（一）当事人的名称、住所及法定代表人姓名；
（二）代销、包销证券的种类、数量、金额及发行价格；
（三）代销、包销的期限及起止日期；
（四）代销、包销的付款方式及日期；
（五）代销、包销的费用和结算办法；
（六）违约责任；
（七）国务院证券监督管理机构规定的其他事项。

第三十三条　证券的代销、包销期限最长不得超过九十日。

证券公司在代销、包销期内，对所代销、包销的证券应当保证先行出售给认购人，证券公司不得为本公司预留所代销的证券和预先购入并留存所包销的证券。

第三十四条　股票发行采取溢价发行的，其发行价格由发行人与承销的证券公司协商确定。

第三十五条　股票发行采用代销方式，代销期限届满，向投资者出售的股票数量未达到拟公开发行股票数量百分之七十的，为发行失败。发行人应当按照发行价并加算银行同期存款利息返还股票认购人。

第三十六条　公开发行股票，代销、包销期限届满，发行人应当在规定的期限内将股票发行情况报国务院证券监督管理机构备案。

第一百九十条　证券公司承销或者代理买卖未经核准擅自公开发行的证券的，责令停止承销或者代理买卖，没收违法所得，并处以违法所得一倍以上五倍以下的罚款；没有违法所得或者违法所得不足三十万元的，处以三十万元以上六十万元以下的罚款。给投资者造成损失的，应当与发行人承担连带赔偿责任。对直接负责的主管人员和其他直接责任人员给予警告，撤销任职资格或者证券从业资格，并处三万元以上三十万元以下的罚款。

第一百九十一条 证券公司承销证券，有下列行为之一的，责令改正，给予警告，没收违法所得，可以并处三十万元以上六十万元以下的罚款；情节严重的，暂停或者撤销相关业务许可。给其他证券承销机构或者投资者造成损失的，依法承担赔偿责任。对直接负责的主管人员和其他直接责任人员给予警告，可以并处三万元以上三十万元以下的罚款；情节严重的，撤销任职资格或者证券从业资格：

（一）进行虚假的或者误导投资者的广告或者其他宣传推介活动；
（二）以不正当竞争手段招揽承销业务；
（三）其他违反证券承销业务规定的行为。

3. 股票发行与交易管理暂行条例（1993年4月22日国务院令112号公布）（节录）

第二十条 公开发行的股票应当由证券经营机构承销。承销包括包销和代销两种方式。发行人应当与证券经营机构签署承销协议。承销协议应当载明下列事项：

（一）当事人的名称、住所及法定代表人的姓名；
（二）承销方式；
（三）承销股票的种类、数量、金额及发行价格；
（四）承销期及起止日期；
（五）承销付款的日期及方式；
（六）承销费用的计算、支付方式和日期；
（七）违约责任；
（八）其他需要约定的事项。

证券经营机构收取承销费用的原则，由证监会确定。

第八十一条 本条例下列用语的含义：

（一）"股票"是指股份有限公司发行的、表示其股东按其持有的股份享受权益和承担义务的可转让的书面凭证。

"簿记券式股票"是指发行人按照证监会规定的统一格式制作的、记载股东权益的书面名册。

"实物券式股票"是指发行人在证监会指定的印制机构统一印制的书面股票。

（二）"发行在外的普通股"是指公司库存以外的普通股。

（三）"公开发行"是指发行人通过证券经营机构向发行人以外的社会公众就发行人的股票作出的要约邀请、要约或者销售行为。

（四）"承销"是指证券经营机构依照协议包销或者代销发行人所发行股票的行为。

（五）"承销机构"是指以包销或者代销方式为发行人销售股票的证券经营机构。

（六）"包销"是指承销机构在发行期结束后将未售出的股票全部买下的承销方式。

（七）"代销"是指承销机构代理发售股票，在发行期结束后，将未售出的股票全部退还给发行人或者包销人的承销方式。

4. 证券发行与承销管理办法（2012 年 5 月 18 日修改）

第一章 总 则

第一条 为了规范证券发行与承销行为，保护投资者的合法权益，根据《中华人民共和国证券法》、《中华人民共和国公司法》，制定本办法。

第二条 发行人在境内发行股票或者可转换公司债券（以下统称证券）、证券公司在境内承销证券，以及投资者认购境内发行的证券，适用本办法。

发行人、证券公司和投资者参与证券发行，还应当遵守中国证券监督管理委员会（以下简称中国证监会）有关证券发行的其他规定，以及证券交易所、证券登记结算机构的业务规则和中国证券业协会的自律规则。证券公司承销证券，还应当遵守中国证监会有关保荐制度、风险控制制度和内部控制制度的相关规定。

第三条 为证券发行出具相关文件的证券服务机构和人员，应当按照本行业公认的业务标准和道德规范，严格履行法定职责，对其所出具文件的真实性、准确性和完整性承担责任。

第四条 中国证监会依法对证券发行和承销行为进行监督管理。

第二章 询价与定价

第五条 首次公开发行股票，可以通过向询价对象询价的方式确定股票发行价格，也可以通过发行人与主承销商自主协商直接定价等其他合法可行的方式确定发行价格，发行人应在发行公告中说明本次发行股票的定价方式。上市公司发行证券的定价，应当符合中国证监会关于上市公司证券发行的有关规定。

询价对象是指符合本办法规定条件的证券投资基金管理公司、证券公司、信托投资公司、财务公司、保险机构投资者、合格境外机构投资者、主承销商自主推荐的机构和个人投资者，以及经中国证监会认可的其他投资者。

主承销商自主推荐询价对象，应当按照本办法和中国证券业协会自律规则的规定，制定明确的推荐原则和标准，建立透明的推荐决策机制，并报中国证券业协会登记备案。自主推荐的询价对象包括具有较高定价能力和长期投资取向的机构投资者和投资经验比较丰富的个人投资者。

第六条 询价对象及其管理的证券投资产品（以下称股票配售对象）应当在中国证券业协会登记备案，接受中国证券业协会的自律管理。

第七条 机构投资者作为询价对象应当符合下列条件：

（一）依法设立，最近 12 个月未因重大违法违规行为被相关监管部门给予行政处罚、采取监管措施或者受到刑事处罚；

（二）依法可以进行股票投资；

（三）信用记录良好，具有独立从事证券投资所必需的机构和人员；

（四）具有健全的内部风险评估和控制系统并能够有效执行，风险控制指标符合有关规定；

（五）按照本办法的规定被中国证券业协会从询价对象名单中去除的，自去除之日起已满 12 个月。

个人投资者作为询价对象应当具备 5 年以上投资经验、较强的研究能力和风险承受能力。主承销商应当严格按照既定的推荐原则、标准和程序进行推荐。

第八条 下列机构投资者作为询价对象除应当符合第七条规定的条件外，还应当符合下列条件：

（一）证券公司经批准可以经营证券自营或者证券资产管理业务；

（二）信托投资公司经相关监管部门重新登记已满两年，注册资本不低于 4 亿元，最近 12 个月有活跃的证券市场投资记录；

（三）财务公司成立两年以上，注册资本不低于 3 亿元，最近 12 个月有活跃的证券市场投资记录。

第九条 主承销商可以在刊登招股意向书后向询价对象提供投资价值研究报告。发行人、主承销商和询价对象不得以任何形式公开披露投资价值研究报告的内容，但中国证监会另有规定的除外。

第十条 投资价值研究报告应当由承销商的研究人员独立撰写并署名，承销商不得提供承销团以外的机构撰写的投资价值研究报告。出具投资价值研究报告的承销商应当建立完善的投资价值研究报告质量控制制度，撰写投资价值研究报告的人员应当遵守证券公司内部控制制度。

第十一条 撰写投资价值研究报告应当遵守下列要求：

（一）独立、审慎、客观；

（二）引用的资料真实、准确、完整、权威并须注明来源；

（三）对发行人所在行业的评估具有一致性和连贯性；

（四）无虚假记载、误导性陈述或者重大遗漏。

第十二条 投资价值研究报告应当对影响发行人投资价值的因素进行全面分析，至少包括下列内容：

（一）发行人的行业分类、行业政策，发行人与主要竞争者的比较及其在行业中的地位；

（二）发行人经营状况和发展前景分析；

（三）发行人盈利能力和财务状况分析；

（四）发行人募集资金投资项目分析；

（五）发行人与同行业可比上市公司的投资价值比较；

（六）宏观经济走势、股票市场走势以及其他对发行人投资价值有重要影响的因素。

投资价值研究报告应当在上述分析的基础上，运用行业公认的估值方法对发行人股票的合理投资价值进行预测。

第十三条 招股说明书（申报稿）预先披露后，发行人和主承销商可向特定询价对象以非公开方式进行初步沟通，征询价格意向，预估发行价格区间，也可通过其他合理方式预估发行价格区间。

初步沟通不得采用公开或变相公开方式进行，不得向询价对象提供除预先披露的招股说明书（申报稿）等公开信息以外的发行人其他信息。

第十四条 采用询价方式定价的,发行人和主承销商可以根据初步询价结果直接确定发行价格,也可以通过初步询价确定发行价格区间,在发行价格区间内通过累计投标询价确定发行价格。

第十五条 首次公开发行股票招股意向书刊登后,发行人及其主承销商可以向询价对象进行推介和询价,并通过互联网等方式向公众投资者进行推介。

发行人及其主承销商向公众投资者进行推介时,向公众投资者提供的发行人信息的内容及完整性应当与向询价对象提供的信息保持一致。

第十六条 发行人及其主承销商在推介过程中不得夸大宣传,或以虚假广告等不正当手段诱导、误导投资者,不得干扰询价对象正常报价和申购,不得披露除招股意向书等公开信息以外的发行人其他信息;推介资料不得存在虚假记载、误导性陈述或者重大遗漏。

承销商应当保留推介、询价、定价过程中的相关资料并存档备查,包括推介宣传材料、路演现场录音等,如实、全面反映询价、定价过程。

第十七条 采用询价方式确定发行价格的,询价对象可以自主决定是否参与初步询价,询价对象申请参与初步询价的,主承销商无正当理由不得拒绝。未参与初步询价或者参与初步询价但未有效报价的询价对象,不得参与累计投标询价和网下配售。

第十八条 询价对象应当遵循独立、客观、诚信的原则合理报价,不得协商报价或者故意压低或抬高价格。

第十九条 主承销商的证券自营账户不得参与本次发行股票的询价、网下配售和网上发行。

与发行人或其主承销商具有实际控制关系的询价对象的自营账户,不得参与本次发行股票的询价、网下配售,可以参与网上发行。

第二十条 发行人及其主承销商在发行价格区间和发行价格确定后,应当分别报中国证监会备案,并予以公告。

第二十一条 询价对象应当在年度结束后一个月内对上年度参与询价的情况进行总结,并就其是否持续符合本办法规定的条件以及是否遵守本办法对询价对象的监管要求进行说明。总结报告应当报中国证券业协会备案。

第二十二条 发行人与主承销商自主协商确定发行价格,或采用询价以外其他合法可行方式确定发行价格的,应当在发行方案中详细说明定价方式,并在发行方案报送中国证监会备案后刊登招股意向书。

第三章 证券发售

第二十三条 首次公开发行股票数量在4亿股以上的,可以向战略投资者配售股票。发行人应当与战略投资者事先签署配售协议,并报中国证监会备案。

发行人及其主承销商应当在发行公告中披露战略投资者的选择标准、向战略投资者配售的股票总量、占本次发行股票的比例,以及持有期限制等。

第二十四条 战略投资者不得参与首次公开发行股票的初步询价和累计投标询价,并应当承诺获得本次配售的股票持有期限不少于12个月,持有期自本次公开发行的股票上市之日起计算。

第二十五条 发行人及其主承销商应当向参与网下配售的询价对象配售股票。发行人及其主承销商向询价对象配售股票的数量原则上不低于本次公开发行新股及转让老股（简称为本次发行）总量的50%。

询价对象与发行人、承销商可自主约定网下配售股票的持有期限。

第二十六条 股票配售对象限于下列类别：

（一）经批准募集的证券投资基金；

（二）全国社会保障基金；

（三）证券公司证券自营账户；

（四）经批准设立的证券公司集合资产管理计划；

（五）信托投资公司证券自营账户；

（六）信托投资公司设立并已向相关监管部门履行报告程序的集合信托计划；

（七）财务公司证券自营账户；

（八）经批准的保险公司或者保险资产管理公司证券投资账户；

（九）合格境外机构投资者管理的证券投资账户；

（十）在相关监管部门备案的企业年金基金；

（十一）主承销商自主推荐机构投资者管理的证券投资账户和自主推荐个人投资者的证券投资账户；

（十二）经中国证监会认可的其他证券投资产品。

机构投资者管理的证券投资产品在招募说明书、投资协议等文件中以直接或间接方式载明以博取一、二级市场价差为目的申购新股的，相关证券投资账户不得作为股票配售对象。

第二十七条 询价对象应当为其管理的股票配售对象分别指定资金账户和证券账户，专门用于累计投标询价和网下配售。指定账户应当在中国证监会、中国证券业协会和证券登记结算机构登记备案。

第二十八条 股票配售对象参与累计投标询价和网下配售应当全额缴付申购资金，单一指定证券账户的累计申购数量不得超过本次向询价对象配售的股票总量。

第二十九条 发行人及其主承销商通过累计投标询价确定发行价格的，当发行价格以上的有效申购总量大于网下配售数量时，应当对发行价格以上的全部有效申购进行同比例配售。

第三十条 主承销商应当对询价对象和股票配售对象的登记备案情况进行核查，对有下列情形之一的询价对象不得配售股票：

（一）采用询价方式定价但未参与初步询价；

（二）询价对象或者股票配售对象的名称、账户资料与中国证券业协会登记的不一致；

（三）未在规定时间内报价或者足额划拨申购资金；

（四）有证据表明在询价过程中有违法违规或者违反诚信原则的情形。

第三十一条 发行人及其主承销商网下配售股票，应当与网上发行同时进行。

网上发行时发行价格尚未确定的，参与网上发行的投资者应当按价格区间上限申购，如最终确定的发行价格低于价格区间上限，差价部分应当退还给投资者。

投资者参与网上发行应当遵守证券交易所和证券登记结算机构的相关规定。

第三十二条 首次公开发行股票的发行人及其主承销商应当在网下配售和网上发行之间建立双向回拨机制，根据申购情况调整网下配售和网上发行的比例。

网上申购不足时，可以向网下回拨由网下投资者申购，仍然申购不足的，可以由承销团推荐其他投资者参与网下申购。

网下中签率为网上中签率的2至4倍时，发行人和承销商应将本次发售股份中的10%从网下向网上回拨；4倍以上的应将本次发售股份中的20%从网下向网上回拨。

第三十三条 初步询价结束后，公开发行股票数量在4亿股以下，提供有效报价的询价对象不足20家的，或者公开发行股票数量在4亿股以上，提供有效报价的询价对象不足50家的，发行人及其主承销商不得确定发行价格，并应当中止发行。

网下投资者在既定的网下发售比例内有效申购不足，不得向网上回拨，可以中止发行。网下报价情况未及发行人和主承销商预期、网上申购不足、网上申购不足向网下回拨后仍然申购不足的，可以中止发行。中止发行的具体情形可以由发行人和承销商约定，并予以披露。

中止发行后，在核准文件有效期内，经向中国证监会备案，可重新启动发行。

第三十四条 上市公司发行证券，存在利润分配方案、公积金转增股本方案尚未提交股东大会表决或者虽经股东大会表决通过但未实施的，应当在方案实施后发行。相关方案实施前，主承销商不得承销上市公司发行的证券。

第三十五条 上市公司向原股东配售股票（以下简称配股），应当向股权登记日登记在册的股东配售，且配售比例应当相同。

第三十六条 上市公司向不特定对象公开募集股份（以下简称增发）或者发行可转换公司债券，主承销商可以对参与网下配售的机构投资者进行分类，对不同类别的机构投资者设定不同的配售比例，对同一类别的机构投资者应当按相同的比例进行配售。主承销商应当在发行公告中明确机构投资者的分类标准。

主承销商未对机构投资者进行分类的，应当在网下配售和网上发行之间建立回拨机制，回拨后两者的获配比例应当一致。

第三十七条 上市公司增发股票或者发行可转换公司债券，可以全部或者部分向原股东优先配售，优先配售比例应当在发行公告中披露。

第三十八条 上市公司非公开发行证券的，发行对象及其数量的选择应当符合中国证监会关于上市公司证券发行的相关规定。

第四章 证券承销

第三十九条 证券公司实施证券承销前，应当向中国证监会报送发行与承销方案。

第四十条 证券公司承销证券，应当依照《中华人民共和国证券法》第二十八条的规定采用包销或者代销方式。上市公司非公开发行股票未采用自行销售方式或者上市公司配股的，应当采用代销方式。

第四十一条 股票发行采用代销方式的，应当在发行公告中披露发行失败后的处理措施。股票发行失败后，主承销商应当协助发行人按照发行价并加算银行同期存款利息返还股票认购人。

第四十二条 证券发行依照法律、行政法规的规定应当由承销团承销的，组成承销团的承销商应当签订承销团协议，由主承销商负责组织承销工作。

证券发行由两家以上证券公司联合主承销的，所有担任主承销商的证券公司应当共同承担主承销责任，履行相关义务。承销团由3家以上承销商组成的，可以设副主承销商，协助主承销商组织承销活动。

第四十三条 承销团成员应当按照承销团协议及承销协议的规定进行承销活动，不得进行虚假承销。

第四十四条 承销协议和承销团协议可以在发行价格确定后签订。

第四十五条 主承销商应当设立专门的部门或者机构，协调公司投资银行、研究、销售等部门共同完成信息披露、推介、簿记、定价、配售和资金清算等工作。

第四十六条 证券公司在承销过程中，不得以提供透支、回扣或者中国证监会认定的其他不正当手段诱使他人申购股票。

第四十七条 上市公司发行证券期间相关证券的停复牌安排，应当遵守证券交易所的相关规则。

主承销商应当按有关规定及时划付申购资金冻结利息。

第四十八条 投资者申购缴款结束后，主承销商应当聘请具有证券相关业务资格的会计师事务所（以下简称会计师事务所）对申购资金进行验证，并出具验资报告；首次公开发行股票的，还应当聘请律师事务所对向战略投资者、询价对象的询价和配售行为是否符合法律、行政法规及本办法的规定等进行见证，并出具专项法律意见书。

第四十九条 首次公开发行股票数量在4亿股以上的，发行人及其主承销商可以在发行方案中采用超额配售选择权。超额配售选择权的实施应当遵守中国证监会、证券交易所和证券登记结算机构的规定。

第五十条 公开发行证券的，主承销商应当在证券上市后10日内向中国证监会报备承销总结报告，总结说明发行期间的基本情况及证券上市后的表现，并提供下列文件：

（一）募集说明书单行本；

（二）承销协议及承销团协议；

（三）律师见证意见；

（四）会计师事务所验资报告；

（五）中国证监会要求的其他文件。

第五十一条 上市公司非公开发行股票的，发行人及其主承销商应当在发行完成后向中国证监会报送下列文件：

（一）发行情况报告书；

（二）主承销商关于本次发行过程和认购对象合规性的报告；

（三）发行人律师关于本次发行过程和认购对象合规性的见证意见；

（四）会计师事务所验资报告；

（五）中国证监会要求的其他文件。

第五章　信息披露

第五十二条　发行人和主承销商在发行过程中，应当按照中国证监会规定的程序、内容和格式，编制信息披露文件，履行信息披露义务。

第五十三条　首次公开发行股票申请文件受理后至发行人发行申请经中国证监会核准、依法刊登招股意向书前，发行人及与本次发行有关的当事人不得采取任何公开方式或变相公开方式进行与股票发行相关的推介活动，也不得通过其他利益关联方或委托他人等方式进行相关活动。

发行人和承销商在发行过程中披露的信息，应当真实、准确、完整，不得片面夸大优势、淡化风险、美化形象，误导投资者，不得有虚假记载、误导性陈述或者重大遗漏。

第五十四条　发行人及其主承销商应当将发行过程中披露的信息刊登在至少一种中国证监会指定的报刊，同时将其刊登在中国证监会指定的互联网网站，并置备于中国证监会指定的场所，供公众查阅。

第五十五条　发行人披露的招股意向书除不含发行价格、筹资金额以外，其内容与格式应当与招股说明书一致，并与招股说明书具有同等法律效力。

第五十六条　发行人及其主承销商应当在刊登招股意向书或者招股说明书摘要的同时刊登发行公告，对发行方案进行详细说明。

发行人及其主承销商应当在发行价格确定后，披露网下申购情况、网下具体报价情况。

第五十七条　发行人及其主承销商应公告发行价格、发行市盈率及发行市盈率的计算方法。发行人还可以同时披露市净率等反映发行人所在行业特点的发行价格指标。

第五十八条　首次公开发行股票向战略投资者配售股票的，发行人及其主承销商应当在网下配售结果公告中披露战略投资者的名称、认购数量及承诺持有期等情况。

第五十九条　上市公司非公开发行新股后，应当按中国证监会的要求编制并披露发行情况报告书。

第六十条　本次发行的证券上市前，发行人及其主承销商应当按证券交易所的要求编制信息披露文件并公告。

第六章　监管和处罚

第六十一条　发行人、证券公司、证券服务机构、询价对象及其直接负责的主管人员和其他直接责任人员违反法律、行政法规或者本办法规定，中国证监会可以责令其整改，对其直接负责的主管人员和其他直接责任人员，可以采取监管谈话、重点关注、出示警示函、责令公开说明、认定为不适当人选、市场禁入等监管措施，并记入诚信档案；依法应予行政处罚的，依照有关规定进行处罚；涉嫌犯罪的，依法移送司法机关，追究其刑事责任。中国证券业协会应当根据自律规则对有关单位和个人采取自律惩戒措施。

第六十二条　证券公司有下列行为之一的，除依法承担法律责任外，中国证监会可以自确认之日起责令其暂停36个月证券承销业务：

（一）承销未经核准的证券的；

（二）在承销过程中，进行虚假或误导投资者的广告或者其他宣传推介活动，以不正当手段诱使他人报价或申购股票，或者披露的信息有虚假记载、误导性陈述或者重大遗漏，情节严重的；

（三）以自有资金或者变相通过自有资金参与网下询价和配售，或者唆使他人报高价、限制报低价，严重干扰正常报价秩序的。

第六十三条 证券公司有下列行为之一的，除依法承担法律责任外，中国证监会将视情节轻重自确认之日起责令其暂停3至12个月证券承销业务：

（一）提前泄露证券发行信息；

（二）以不正当竞争手段招揽承销业务；

（三）向询价对象提供除招股说明书（招股意向书）等公开信息以外的发行人其他信息；

（四）在承销过程中的实际操作与报送中国证监会的发行方案不一致；

（五）违反相关规定撰写或者发布投资价值研究报告；

（六）违反规定直接或通过其利益相关方向参与认购的投资者提供财务资助或者补偿；

（七）向推荐的询价对象输送利益。

第六十四条 发行人及其直接负责的主管人员和其他直接责任人员有下列行为之一的，除依法承担法律责任外，中国证监会可以责令其整改，对其直接负责的主管人员和其他直接责任人员视情节轻重采取监管谈话、重点关注、出示警示函、责令公开说明、认定为不适当人选、市场禁入等监管措施，并记入诚信档案：

（一）向询价对象提供除招股说明书（招股意向书）等公开信息以外的发行人其他信息；

（二）违反规定直接或通过其利益相关方向参与认购的投资者提供财务资助或者补偿；

（三）在发行人股票上市前，进行虚假或误导投资者的广告或者其他宣传推介活动，以不正当手段诱使他人报价或申购股票，或者披露的信息有虚假记载、误导性陈述或者重大遗漏，情节严重的；

（四）唆使他人报高价、限制报低价，严重干扰正常报价秩序。

第六十五条 询价对象有下列情形之一的，中国证券业协会应当将其从询价对象名单中去除：

（一）不再符合本办法规定的条件；

（二）最近12个月内因违反相关监管要求被监管谈话3次以上；

（三）未按时提交年度总结报告。

第七章 附 则

第六十六条 上市公司其他证券的发行和承销比照本办法执行。

第六十七条 本办法自2006年9月19日起施行。《证券经营机构股票承销业务管理办法》（证委发〔1996〕18号）、《关于禁止股票发行中不当行为的通知》（证监发字〔1996〕21号）、《关于坚决制止股票发行中透支等行为的通知》（证监发字〔1996〕169号）、《关于禁止证券经营机构申购自己承销股票的通知》（证监机字〔1997〕4号）、《关于加强证券经营机构股票承销业务监管工作的通知》（证监机构字〔1999〕54号）、《关于法人配售股票有关问题的通知》（证监发行字〔1999〕121号）、《关于股票上市安排有关问题的通知》（证监发行字〔2000〕86号）、《关于证券经营机构股票承销业务监管工作的补充通知》（证监机构字〔2000〕199号）、《关于新股发行公司通过互联网进行公司推介的通知》（证监发行字〔2001〕12号）及《关于首次公开发行股票试行询价制度若干问题的通知》（证监发行字〔2004〕162号）同时废止。

第五节　证券投资咨询纠纷

25. 预期违约承担责任的方式具体有哪些？

预期违约指一方虽无正当理由但明确表示其在履行期到来后将不履行合同，或者其行为表明在履行期到来后将不可能履行合同。作为违约行为的形态之一，预期违约承担违约责任的方式主要有四种，即继续履行合同、赔偿损失、支付违约金和适用定金原则。无论何种方式，旨在规制违约方以保护合同相对人。

26. 针对违约方的违约行为守约方没有及时提出请求权导致损失扩大应如何归责？

在违约方确有违约行为后，相对人应及时并积极地采取措施防止损失的扩大，如请求违约方继续履行合同，解除合同并赔偿损失等。如只是消极的不作为致使损失的扩大，相对人亦存有一定的过失与责任，对于扩大损失，应据此适当减轻违约方的责任。

典型疑难案件参考

钱某与某公司证券投资咨询纠纷案〔上海市卢湾区人民法院裁判文书〔2010〕卢民二（商）初字第486号〕

基本案情

2009年6月25日，原告与被告签订"某投资会员服务合同"一份，约定：原告成为被告专家组级别会员，享受被告提供的专业服务，原告支付被告咨询服务费50000元，服务期限为6个月即自2009年6月26日至2009年12月25日；被告向原告提供服务的内容包括：证券投资信息、分析、预测或咨询意见，个股研究成果及操作建议，服务范围包括深沪证券交易所挂牌的交易品种；被告向原告提供服务的方式采用手机短信或传真、电话、电子邮件、软件、现场指导等其中任意一种；被告向原告提供证券买卖建议，仅供原告参考，不承担原告投资损失；原告已经知晓被告告知的风险提示，基于独立判断自行决定证券投资，承担投资损失。在合同记载的风险提示中，被告承诺诚信提供专业服务，不承诺投资者获取投资利益，也不与投资者约定分享投资收益或分担投资损失。同日，双方又签订补充协议一份，约定原告成为被告客户后，由被告客户咨询服务部提供原告买卖股票操作建议，被告其他人员（包括营销人员）一律不得参与指导、推荐原告买卖股票，被告不得代理原告直接操作、买卖股票等。合同签订后，原告当即支付被告咨询服务费50000元。被告于2009年6月26日起至7月17日期间向原告提供南洋股份、联华科技、代码为601006的大秦铁路、代码为600320的振华重工，同年7月代码为002237的恒邦股份、代码为002103的广博股份的股票买卖建议，也发送投资信息短信等。原告的股票交易记录反映原告按照被告的建议进行了上述股票的买卖。2009年7月20日左右，原告因没有得到被告分析师邵某提供的服务，在证实邵某调离被告单位后（于同年8月份左右调离）向被告提出异议，要求退还5个月咨询费。被告没有同意，但表示愿意向原告继续提供服务，但原告不同意。双方发生纠纷。为此，原告先后于2009年10月26日和同年11月2日向有关证监部门进行投诉，有关证监部门于同年12月4日通知被告该情况，并于同年12月间主持双方调解，但没有结果。嗣后，因原告坚持要求被告退还咨询费而被告不同意，故原告诉至法院。

诉辩情况

原告诉称：2009年4月初，被告工作人员曹某等人多次打电话劝原告成为被告会员。同年6月25日，曹某携带加盖被告公章的合同和发票至原告家，签订合同之前，曹某承诺让被告最好的分析师邵某老师对原告一对一、点对点指导服务半年，咨询费用从原来谈妥的人民币（以下币种同）3万元增加至5万元。当时，被告工作人员张某和原告保姆均在场。在此情况下，原告与被告签订合同，原告当即支付咨询费5万元。嗣后，邵某老师对原告仅指导不到1个月即突然中断与原告的联系。原告向被告询问，被告称邵某暂时有事先让其他老师替代。经原告了解，邵某老师于同年7月20日已经离开被告单位至其他单位工作。被告的诚信存在问题。原告与被告约定，原告支付咨询费5万元是由被告的邵某老师对原告提供半年一对一、点对点的指导服务，邵某老师离开被告单位，原、被告间合同即失去标的物。既然邵某老师不能向原告提供约定的服务，理应提前5个月解除合同并退回原告咨询费，但被告以抽调其他老师继续服务为由拒绝退回咨询费。同年

10月中旬，原告向有关证监部门投诉此事，同年12月由有关证监部门主持双方调解，原告提出解约，但被告坚持以其他老师继续提供服务为由拒绝退回咨询费。现合同事实上已经终止。被告保证收益和投资安全的承诺违反了证监会的规定，其工作人员的承诺违反了补充协议。为此，请求判令被告退还5个月咨询费41660元；案件受理费由被告负担。

被告辩称：原、被告双方系第二次履行证券投资咨询合同，原告对被告的服务范围和服务方式是清楚的。在第　次合同履行终止后，原告曾以各种借口要求退还服务费，被告因业务繁忙无力与原告纠缠，最终同意了原告的无理要求，使原告免费享受了被告的服务。曹某是被告公司的业务营销员，邵某是被告分析师，但经被告了解曹某从未承诺由邵某对原告提供一对一的服务。邵某曾对原告进行过服务，但不是一对一服务，与原告联系的是被告客服咨询人员，并没有确定由邵某直接服务原告。被告专家组七八人每日集体讨论作出决定后通过短信平台发送给客户。邵某于2009年8、9月调离被告单位。合同主体是原告和被告，被告向原告提供服务的是被告公司而非邵某个人，邵某离职也不是双方解约的理由。原告要求解约的理由不能成立。被告在双方争议期间仍为原告提供服务直至合同期届满。原告本次诉讼是为了再次享受无偿服务。故不同意原告的诉请。

裁判结果

法院作出判决如下：

被告某公司于判决生效后10日内退还原告钱某咨询服务费人民币20833.32元。

如果未按本判决指定的期间履行给付金钱义务，应当依照《中华人民共和国民事诉讼法》第229条之规定，加倍支付迟延履行期间的债务利息。

裁判理由

法院认为：涉案合同，原告诉称是格式合同，因原告请求权基础为合同有效、被告违约，而涉案合同并没有加重原告的责任、排除原告主要权利、免除被告责任以及有《中华人民共和国合同法》第52条、第53条规定的情形，且系双方真实意思表示，故确认该合同有效。本案主要争议是被告是否构成违约并是否应承担退还原告5个月咨询费的责任。原告诉称原、被告达成由被告分析师邵某向原告提供一对一服务的口头协议，故咨询费由原来的3万元增加至5万元，鉴于原告没有就该称提供确切证据，而证人与原告有一定利害关系，在没有佐证的情况下，其证言证明力不足，且原、被告签订的补充协议明确约定由被告客户咨询服务部向原告提供服务，故原告上述所称依据不足，法院无法采信。原告称其曾于2009年8月和同年12月提出解约，但没有提供依据，法院无法采信。因原告自认在邵某调离被告单位后被告提出让其他人员继续向原告提供服务而原告不同意，在口头合同没有成立的前提下，原告以上述"邵某提供一对一服务"为由不同意被告提供其他工作人员的服务，构成预期违约。被告在没有解约和主张原告预期违约的前提下应继续履行合同或中止履行合同减少损失，但被告既没有提出解约也没有中止履行，而辩称履行合同直至合同期届满。因被告没有提供涉案合同履行期限内自2009年7月20日之后被告继续向原告提供服务的确切证据，而被告提交的证据资料，没有证明被告在2009年7月20日之后按照合同约定将其研究成果向原告发送、送达，向原告提供证券买卖的建议，向原告提供证券投资信息，分析、预测或咨询意见等服务，被告应对其履行合同的辩称依法承担举证不力的相应后果。从原告提供的交割单来看，也不能证明被告继续提供服务的观点成立。因此，原告称被告于2009年7月下旬即停止对原告提供服务成立，被告也构成违约。被告作为一个具有证券投资咨询经营资质的专业单位，应严格履行合同约定的义务，但被告没有按照合同约定的期限提供完整的服务，履行存在瑕疵，应承担相应违约责任。原告确认被告履行1个月而请求退还5个月咨询费，鉴于原告有预期违约的行为，双方均有过错，故法院支持原告的部分诉请，即被告酌情返还原告咨询费，相当于2.5个月的费用。

证券投资咨询纠纷办案依据集成

1. 中华人民共和国证券法（2005年10月27日修订）（节录）

第一百六十九条 投资咨询机构、财务顾问机构、资信评级机构、资产评估机构、会计师事务所从事证券服务业务，必须经国务院证券监督管理机构和有关主管部门批准。

投资咨询机构、财务顾问机构、资信评级机构、资产评估机构、会计师事务所从事证券服务业务的审批管理办法，由国务院证券监督管理机构和有关主管部门制定。

第一百七十条 投资咨询机构、财务顾问机构、资信评级机构从事证券服务业务的人员，必须具备证券专业知识和从事证券业务或者证券服务业务二年以上经验。认定其证券从业资格的标准和管理办法，由国务院证券监督管理机构制定。

第一百七十一条 投资咨询机构及其从业人员从事证券服务业务不得有下列行为：

（一）代理委托人从事证券投资；

（二）与委托人约定分享证券投资收益或者分担证券投资损失；

（三）买卖本咨询机构提供服务的上市公司股票；

（四）利用传播媒介或者通过其他方式提供、传播虚假或者误导投资者的信息；

（五）法律、行政法规禁止的其他行为。

有前款所列行为之一，给投资者造成损失的，依法承担赔偿责任。

第一百七十二条 从事证券服务业务的投资咨询机构和资信评级机构，应当按照国务院有关主管部门规定的标准或者收费办法收取服务费用。

第二百二十六条 未经国务院证券监督管理机构批准，擅自设立证券登记结算机构的，由证券监督管理机构予以取缔，没收违法所得，并处以违法所得一倍以上五倍以下的罚款。

投资咨询机构、财务顾问机构、资信评级机构、资产评估机构、会计师事务所未经批准，擅自从事证券服务业务的，责令改正，没收违法所得，并处以违法所得一倍以上五倍以下的罚款。

证券登记结算机构、证券服务机构违反本法规定或者依法制定的业务规则的，由证券监督管理机构责令改正，没收违法所得，并处以违法所得一倍以上五倍以下的罚款；没有违法所得或者违法所得不足十万元的，处以十万元以上三十万元以下的罚款；情节严重的，责令关闭或者撤销证券服务业务许可。

2. 证券、期货投资咨询管理暂行办法（1997年12月25日 证委发〔1997〕96号）（节录）

第二条 在中华人民共和国境内从事证券、期货投资咨询业务，必须遵守本办法。

本办法所称证券、期货投资咨询，是指从事证券、期货投资咨询业务的机构及其投资咨询人员以下列形式为证券、期货投资人或者客户提供证券、期货投资分析、预测或者建议等直接或者间接有偿咨询服务的活动：

（一）接受投资人或者客户委托，提供证券、期货投资咨询服务；

（二）举办有关证券、期货投资咨询的讲座、报告会、分析会等；

（三）在报刊上发表证券、期货投资咨询的文章、评论、报告，以及通过电台、电视台等公众传播媒体提供证券、期货投资咨询服务；

（四）通过电话、传真、电脑网络等电信设备系统，提供证券、期货投资咨询服务；

（五）中国证券监督管理委员会（以下简称中国证监会）认定的其他形式。

第三条　从事证券、期货投资咨询业务，必须依照本办法的规定，取得中国证监会的业务许可。未经中国证监会许可，任何机构和个人均不得从事本办法第二条所列各种形式证券、期货投资咨询业务。

证券经营机构、期货经纪机构及其工作人员从事超出本机构范围的证券、期货投资咨询业务，应当遵守本办法的规定。

第十九条　证券、期货投资咨询机构及其投资咨询人员，应当以行业公认的谨慎、诚实和勤勉尽责的态度，为投资人或者客户提供证券、期货投资咨询服务。

第二十条　证券、期货投资咨询机构及其投资咨询人员，应当完整、客观、准确地运用有关信息、资料向投资人或者客户提供投资分析、预测和建议，不得断章取义地引用或者篡改有关信息、资料；引用有关信息、资料时，应当注明出处和著作权人。

第二十一条　证券、期货投资咨询机构及其投资咨询人员，不得以虚假信息、市场传言或者内幕信息为依据向投资人或者客户提供投资分析、预测或建议。

第二十二条　证券、期货投资咨询人员在报刊、电台、电视台或者其他传播媒体上发表投资咨询文章、报告或者意见时，必须注明所在证券、期货投资咨询机构的名称和个人真实姓名，并对投资风险作充分说明。证券、期货投资咨询机构向投资人或者客户提供的证券、期货投资咨询传真件必须注明机构名称、地址、联系电话和联系人姓名。

第二十三条　证券、期货投资咨询机构与报刊、电台、电视台合办或者协办证券、期货投资咨询版面、节目或者与电信服务部门进行业务合作时，应当向地方证管办（证监会）备案，备案材料包括：合作内容、起止时间、版面安排或者节目时间段、项目负责人等，并加盖双方单位的印鉴。

第二十四条　证券、期货投资咨询机构及其投资咨询人员，不得从事下列活动：

（一）代理投资人从事证券、期货买卖；

（二）向投资人承诺证券、期货投资收益；

（三）与投资人约定分享投资收益或者分担投资损失；

（四）为自己买卖股票及具有股票性质、功能的证券以及期货；

（五）利用咨询服务与他人合谋操纵市场或者进行内幕交易；

（六）法律、法规、规章所禁止的其他证券、期货欺诈行为。

第二十五条　证券、期货投资咨询机构就同一问题向不同客户提供的投资分析、预测或者建议应当一致。

具有自营业务的证券经营机构在从事超出本机构范围的证券投资咨询业务时，就同一问题向社会公众和其自营部门提供的咨询意见应当一致，不得为自营业务获利的需要误导社会公众。

第二十六条 证券经营机构、期货经纪机构编发的供本机构内部使用的证券、期货信息简报、快讯、动态以及信息系统等，只能限于本机构范围内使用，不得通过任何途径向社会公众提供。

经中国证监会批准的公开发行股票的公司的承销商或者上市推荐人及其所属证券投资咨询机构，不得在公众传播媒体上刊登其为客户撰写的投资价值分析报告。

第三十二条 未经中国证监会许可，擅自从事本办法第二条规定的证券、期货投资咨询业务的，由地方证管办（证监会）责令停止，并处没收违法所得和违法所得等值以下的罚款。

第三十三条 证券、期货投资咨询机构有下列行为之一的，由地方证管办（证监会）处一万元以上，五万元以下的罚款；情节严重的，地方证管办（证监会）应当向中国证监会报告，由中国证监会作出暂停或者撤销其业务资格的处罚：

（一）向证券监管部门报送的文件、资料有虚假陈述或者重大遗漏的；

（二）未按照本办法规定履行报告和年检义务的；

（三）未按照本办法规定履行对本机构有关情况发生变化的变更手续的；

（四）本机构证券、期货投资咨询人员违反本办法规定，受到证券监管部门行政处罚的；

（五）干扰、阻碍地方证管办（证监会）检查、调查，或者隐瞒、销毁证据的。

第三十四条 证券、期货投资咨询机构违反本办法第十八条、第十九条、第二十条、第二十一条、第二十二条、第二十三条、第二十四条、第二十五条、第二十八条规定的，由地方证管办（证监会）单处或者并处警告、没收违法所得、一万元以上十万元以下罚款；情节严重的，地方证管办（证监会）应当向中国证监会报告，由中国证监会作出暂停或者撤销业务资格的处罚；构成犯罪的，依法追究刑事责任。

第三十五条 证券经营机构、期货经纪机构违反本办法第二十六条规定的，由地方证管办（证监会）责令改正，并处以警告或者一万元以上五万元以下罚款。

第三十六条 证券、期货投资咨询人员违反本办法第十八条、第十九条、第二十条、第二十一条、第二十二条、第二十四条的规定或者未按本办法规定向证券主管部门履行报告、年检义务的，由地方证管办（证监会）单处或者并处警告、没收违法所得、一万元以上三万元以下罚款；情节严重的，地方证管办（证监会）应当向中国证监会报告，由中国证监会作出暂停或者撤销其业务资格的处罚；构成犯罪的，依法追究刑事责任。

第六节 证券回购合同纠纷

一、国债回购合同纠纷

27. 证券登记结算机构是否对证券交易的受托方（代理委托方进行有价证券买卖）的回购登记申请负有审查义务？

行为人对其行为承担侵权赔偿责任，须违反法定的注意义务，证券法律制度和交易所交易规则未规定证券结算机构须对国债回购登记申报进行审查。根据证券法规定，证券登记结算机构为证券交易提供集中的登记、托管与结算服务，对交易所上市证券交易进行清算和交收是其履行的职能之一。但证券法并未规定证券登记结算机构须对交易所交易参与人的交易申报履行监管审查职责。除此之外，证券交易的电子化特性决定了证券登记结算机构无法对回购登记申报进行审查。我国证券市场的证券交易实行全面的无纸化电子交易，国债回购业务亦不例外。

典型疑难案件参考

淮安市住房公积金管理中心与中国证券登记结算有限责任公司、中国证券登记结算有限责任公司上海分公司、南方证券股份有限公司国债交易纠纷案〔上海市高级人民法院裁判文书〔2009〕沪高民二（商）终字第75号〕

基本案情

1999年9月27日，原审原告淮安公积金中心与原审被告南方证券下属淮阴营业部签订证券交易委托协议书，约定由该营业部代理淮安公积金中心在上海证券交易所及深圳证券交易所进行有价证券买卖，该营业部为淮安公积金中心指定交易代理商，指定交易的证券账户为"B880382642"，该协议对双方的其他权利义务亦作了约定。同日，淮安公积金中心开立了账户号为B880382642的证券账户，相应资金账户号为11491。2001年11月14日，上述营业部出具特殊业务处理单，载明将淮安公积金中心11491账户上的国债抵押成人民币5000万元（以下币种同，略）标准券，将11491账户做回购指定，并在此账户中作 5000 万元七天回购。2002 年 10 月 25 日，原审被告中登上海公司出具记名证券数量余额查询单，记载系争账户状态正常。2003 年 4 月 18 日，淮安公积金中心汇入 1021.40 万元。2003 年 4 月 25 日，营业部出具交易成交报告单，载明系争账户内已于 2003 年 4 月 24 日买入 010303 国债 1000 万元。2003 年 8 月 6 日、8 月 18 日，淮安公积金中心分两次又汇入 600 万元。2003 年 9 月，营业部出具交易成交报告单，载明系争账户内已于 2003 年 8 月 29 日买入 010303 国债 587.40 万元。2003 年 9 月 25 日，淮安公积金中心又汇入 400 万元。2003 年 10 月 10 日，营业部出具交易成交报告单，载明系争账户内已于 2003 年 10 月 9 日买入 010303 国债 415.40 万元。2004 年 7 月 19 日、2004 年 10 月 12 日及 2005 年 1 月 11 日，南方证券分别出具函件及委托书，确认系争国债已于 2003 年 12 月因南方证券欠库而被中登上海公司非交易过户。2006 年 9 月 28 日，中登上海公司出具投资者记名证券持有变动记录，载明系争国债已于 2003 年 12 月 25 日非交易过户。2006 年 10 月 12 日，中登上海公司出具南方证券相关数据登记表，载明系争国债已于 2004 年 7 月 2 日由中登上海公司最终处置。南方证券已于 2006 年 8 月 16 日被广东省深圳市中级人民法院宣告破产清算，淮安公积金中心已至破产清算组申报了包括本案系争损失在内的债权。2007 年 11 月 23 日、2008 年 11 月 28 日，南方证券破产清算组分别作出第一次及第二次破产财产分配方案，上述破产财产分配方案已由广东省深圳市中级人民法院裁定予以认可，淮安公积金中心债权对应的破产财产已予以分配，淮安公积金中心已领取了第一次破产财产分配的财产。淮安市住房公积金管理中心（下称淮安公积金中心）因与被上诉人中国证券登记结算有限责任公司（下称中登公司）、中国证券登记结算有限责任公司上海分公司（下称中登上海公司）、南方证券股份有限公司（下称南方证券）国债交易纠纷一案，不服上海市第一中级人民法院〔2009〕沪一中民三（商）初字第 17 号民事判决，向上海市高级人民法院提起上诉。

一审诉辩情况

淮安公积金中心认为，其在南方证券开设证券账户购买国债，南方证券擅自将国债予以质押回购，构成侵权。中登上海公司强行将国债非交易过户，违反了国家规范性文件，侵犯了投资者的财产所有权，故系争账户的相关回购登记及非交易过户行为应属无效。中登上海公司作为投资者证券账户的管理者，未对南方证券的侵权行为尽审查义务，且事后又在相关查询记录上隐瞒质押事实，构成欺诈。因中登上海公司系中登公司的分支机构，故起诉请求判令三名原审被告共同返还面值 2002.80 万元的国债及应兑付的国债利息 1702380 元，并返还交易资金2824.51元或给予等值赔偿。

一审裁判结果

驳回原审原告淮安市住房公积金管理中心的诉讼请求。

一审裁判理由

原审法院认为,淮安公积金中心在南方证券淮阴营业部开户、存入资金并购买国债的事实成立,南方证券对此亦无异议,予以确认。现南方证券未经淮安公积金中心授权,擅自将系争账户予以回购登记,并进行国债回购业务,导致系争国债灭失,应承担相应民事责任。但南方证券现已被宣告破产清算,《中华人民共和国企业破产法》第44条规定:人民法院受理破产申请时对债务人享有债权的债权人,依照本法规定的程序行使权利。依照上述法律规定,破产企业的债权人只能在破产法规定的范围内行使其权利,不得另行向破产企业提出主张,现淮安公积金中心在破产程序外另行向南方证券主张其权利缺乏法律依据;且本案中,淮安公积金中心就本案系争债权已向破产清算组进行了债权申报,并已领取了第一次破产财产分配的财产,故淮安公积金中心就本案系争债权已向南方证券主张过相应权利,南方证券亦已在破产财产中承担了相应民事责任,故现淮安公积金中心再次要求南方证券承担相应民事责任的诉讼请求,不予支持。

淮安公积金中心另主张系争账户的相关回购登记及非交易过户行为应属无效,中登上海公司对淮安公积金中心持有的国债实施非交易过户构成侵权。对此原审法院认为,根据证券法以及现行的交易规则和登记结算制度,上海证券交易所国债交易实行二级托管和二次结算制,即客户购买的国债托管在证券公司,证券公司负有妥善保管责任,而证券公司所托管的客户国债,则统一托管登记在原审被告中登公司;中登公司仅与作为结算参与人的证券公司进行结算,证券公司再与指定交易的客户进行结算。国债质押回购交易则是一种将一定时间的资金使用作为交易标的、将融资证券公司结算席位登记回购的国债折合成标准券作为担保品的可融资行为,在交易制度和流程上同样实行二级托管和二次结算。中登公司系整个证券市场集中统一的服务机构,依法履行登记、存管、结算以及中央担保交收等法定职能。淮安公积金中心证券账户被南方证券擅自申报登记为回购账户时,其证券账户内的国债即被自动折合成标准券登记到南方证券国债结算席位上,成为南方证券的可融资额度。由于实行二级托管和二次结算制度,被告中登公司对回购账户的申报登记是否为客户的真实意思表示以及融资额度是否为客户享有均不负有核实义务。南方证券违规经营被依法撤销时，其结算席位上的标准券已不足以担保其已发生的融资额度，导致欠库。中登公司为履行中央担保交收清算职能，有权将南方证券结算席位的全部标准券包括淮安公积金中心购买的国债实施非交易过户。况且，淮安公积金中心作为掌管巨额社会公众托管资产的具有国有法人资格的证券交易参与者，在与相关券商签订证券交易委托协议时，理应依照协议中有关风险指示等规定精神，为规避风险充分了解并知晓上述交易法规和行业规则及相应的风险。同时，中登上海公司亦有理由相信淮安公积金中心已知晓相关交易和清算规则及相应风险。故中登公司、中登上海公司在整个交易流程中依法履行其法定职能，不存在过错，不应承担任何法律责任，相应回购登记及非交易过户行为合法有效，淮安公积金中心的诉讼主张，缺乏事实与法律依据，不予采信。

淮安公积金中心还主张中登上海公司在质押行为发生后隐瞒事实，在相关查询单上将系争账户状况记载为正常，导致淮安公积金中心损失扩大。对此原审法院认为，被告中登上海公司出具的相关记名证券数量余额查询单主要记载内容仅为系争账户内的证券数量，仅凭该查询单不能反映系争账户内发生的所有交易行为，而对于相关证券账户是否已经申请回购登记，中登上海公司另有专门的账户回购登记状况记录供相关民事主体查询，故中登上海公司在系争账户不存在其他非正常状态的情况下，在该查询单上记载系争账户状况为正常并无不当，中登上海公司的此种记载亦并不能必然导致淮安公积金中心损失扩大的结果，故淮安公积金中心的上述主张，缺乏事实与法律依据，不予采信。

综上所述，淮安公积金中心诉讼请求缺乏事实与法律依据，不予支持。

二审诉辩情况

上诉人称：（1）根据证券法及证券交易规则的规定，中登公司是投资者证券账户的管理人，履行证券账户的管理职责。因此，结合证券法和担保法的立法精神与原则，中登公司当然对质押式国债回购交易的出质人是否享有对证券账户的所有权、处置权负有审查义务，证券市场的二级托管原则并不能免除中登公司的该项审查义务。现南方证券未经授权，擅自将上诉人国债进行回购登记，中登公司不予审查即予以登记，显然负有怠于履行职责之过错，且违反当时《证券法》第150条第2款之规定。故涉案国债回购登记行为及中登公司的处置行为均属无效，中登公司和南方证券应当对上诉人的损失承担连带赔偿责任。（2）在上诉人国债被南方证券擅自挪用进行回购质押登记后，中登上海公司作为负有向投资者提供查询服务的法定机构，竟然在上诉人审慎要求查询涉案国债余额数量的情况下,将涉案国债标注为"处于正常状态",导致上诉人无法及时发现涉案国债被非法挪用之事实,致使上诉人丧失了挽回损失的唯一机会。因此,中登上海公司隐瞒了涉案国债被质押的事实,构成欺诈侵权。(3) 证券交易规则不能与国家法律法规相抵触。中登公司的业务规则明显是将自身怠于审查引起的结算风险转嫁给普通投资者,是违背证券法关于保护投资者利益的相关规定的。其他省市法院的生效判决已经明确判定中登公司的交易规则侵犯了投资者的合法权益,中登公司的处置行为应属无效。(4) 上诉人所购国债被南方证券违规挪用,完全是上诉人作为国债投资者根本无法预料和防范的非交易风险。原审法院判决上诉人应当知晓,并承担相应风险后果,是缺乏依据的。综上,一审判决认定事实不清,适用法律不当,请求二审法院依法改判,判令各被上诉人连带赔偿上诉人国债及应兑付的国债利息。

被上诉人中登公司与中登上海公司共同辩称,根据我国证券法规定的证券登记结算制度和证券登记结算机构职能,证券交易实行二级托管和二次结算制度,登记结算机构不参与投资者的证券交易,只是对具有结算参与人资格的券商之间的交易结果进行登记。因此,中登公司是不可能,也没有法定义务对南方证券用于回购登记的国债进行账户审查。上诉人委托南方证券办理证券指定交易,因南方证券违规经营所造成的财产损失,应当追究南方证券的法律责任,中登公司和中登上海公司无须承担连带责任,故请求二审法院驳回上诉,维持原判。

被上诉人南方证券辩称,南方证券确实存在擅自挪用客户国债的违规行为,但因资不抵债已被裁定宣告破产,对外债务应当按照企业破产法的相关规定进行清理。现上诉人已在破产程序中申报债权并参与分配,南方证券依法不应在破产程序之外,另行对上诉人承担债务清偿责任。据此,请求二审法院驳回上诉人的上诉。

二审裁判结果

法院作出终审判决如下:驳回上诉,维持原判。

二审裁判理由

终审法院认为:本案是一起券商擅自挪用客户证券账户内的国债进行质押式国债回购交易,在回购到期日券商发生资金交收违约,导致质押国债被证券登记结算机构处置而引发的纠纷。本案的争议焦点是证券登记结算机构(中登公司及其分支机构中登上海公司)应否对淮安公积金中心的国债损失承担侵权赔偿责任。本案中，将上诉人国债用于质押的是南方证券，而非中登上海公司。中登上海公司只是依据业务规则，对南方证券的回购申报办理登记，并在南方证券违约时依规则处置回购登记账户内的国债。故上诉人认为中登上海公司违法将上诉人国债用于质押，是对法律规定的误读，也不符合客观事实。

根据当时的质押式国债交易业务规则，上诉人的国债余额数量记录未反映质押状态，不能认定中登上海公司未尽法定查询职责，或者故意隐瞒质押事实。如前所述，2006年5月之前实施的国债回购交易规则，不要求用于回购担保的国债必须质押入库，并办理出质登记，而只是对证券账户进行回购登记。因此，上诉人若需查询其持有的国债是否被质押，应当通过查询证券账户是否做过回购登记的方式进行。中登上海公司在上诉人持有国债余额数量记录上将涉案国债标注为"处于正常状态"，未加注质押标记，难谓其违反了法定查询职责，更不可谓其故意隐瞒质押事实，实施欺诈行为。诚如上诉人所言，其将住房公积金购买记账式国债，是符合国家政策和法律规定的，而且已经尽到了必要的审慎管理职责。上诉人购买的国债遭受损失，完全是南方证券违规经营造成的，上诉人本身并无任何过错，亦无法预见、防免此类非属正常国债交易产生的财产损失风险。但是，过失责任是我国侵权法律制度对一般侵权行为规定的基本归责原则，在证券登记结算机构没有过错的情形下，上诉人要求证券登记结算机构承担侵权赔偿责任，是缺乏法律依据的，法院难以支持。对于南方证券违规经营所造成的投资者权益损失，相关证券监管机构已通过一定的制度安排进行了风险处置。由此，上诉人的上诉请求缺乏事实和法律依据，法院不予支持。

二、质押式证券回购纠纷

28. 买断式回购与质押式回购存在哪些区别？

债券买断式回购是指债券持有人（正回购方）将债券卖给债券购买方（逆回购方）的同时，与买方约定在未来某一日期，由卖方再以约定价格从买方买回相等数量同种债券的交易行为。债券质押式回购是指债券持有人（正回购方）将债券质押给资金融出方的同时，与买方约定在未来某一日期，以约定的价格从资金融出方买回该债券。二者最根本的区别在于买断式回购的逆回购方在期初买入债券后享有再行回购或另行卖出债券的完整权利,而质押式回购在获取债券后在回购到期之前不享有卖出债券的权利,即并未完整地获得待回购债券的所有权。换言之,买断式回购的逆回购方拥有债券的所有权,只需要在回购时间交出相同数量的相同债券即可。而质押式回购的逆回购方需要归还正回购方出质的债券。

典型疑难案件参考

新疆证券有限责任公司上海长寿路证券营业部与泰阳证券有限责任公司证券回购合同纠纷案〔上海市第二中级人民法院裁判文书〔2004〕沪二中民三(商)初字第20号〕

基本案情

1995年7月18日,新疆上证与湖南证券签订《有价证券回购交易成交合同》一份,约定:新疆上证于1995年7月18日以500万元的价格向湖南证券购入1995年3年期国债(面额500万元),湖南证券于同年10月18日以528.98万元的价格向新疆上证回购上述国债。当日新疆上证即按照湖南证券的指令将500万元资金电汇至湖南证券账户,而湖南证券未向新疆上证实际交割国债或开具有效的等价债券代保管单,对此新疆上证亦未提出异议。新疆上证已于1998年8月10日注销,其债权债务划归新疆证券公司上海赤峰路证券交易营业部。现该部迁址并更名为新疆证券有限责任公司上海长寿路证券营业部。湖南证券现已更名为泰阳证券有限责任公司。

诉辩情况

原告诉称:2002年,原告通过上海市万隆众天审计事务所对自身账目的审计发现,新疆维吾尔自治区证券公司上海业务部(以下简称新疆上证)与湖南证券股份有限公司(以下简称湖南证券)于1995年7月18日签订一份《有价证券回购交易成交合同》,双方约定:新疆上证于1995年7月18日以500万元向湖南证券购入1995年3年期国债500万元,湖南证券于同年10月18日以528.98万元的价格向新疆上证回购上述国债。当日新疆上证即按照湖南证券的指令将500万元资金电汇给湖南证券,但湖南证券收到此款后既未向新疆上证交付国债,又未向新疆上证偿还该500万元。现新疆上证已迁址并变更为原告新疆证券有限责任公司上海长寿路证券营业部,湖南证券已更名为被告泰阳证券有限责任公司。故请求判令:(1)被告归还所欠原告的国债回购本金人民币 500 万元；（2）被告支付合同期内的利息人民币 28.98 万元；（3）被告支付逾期利息人民币 241.395 万元（按每天万分之二点一计算，自 1995 年 10 月 19 日至 2003 年 12 月 31 日），此后亦按每天万分之二点一计算至判决生效。

被告辩称：其与原告签订证券回购合同确是事实，但因没有实际办理证券的交割或封存手续，违反了国家关于证券回购交易的有关规定，故该合同应为无效合同。合同中所约定的利率也明显高于中国人民银行的有关规定，其超出部分不应受到法律保护。且被告已根据原告出具的委托划款函，于 1995 年 9 月 21 日归还了 500 万元，故原、被告之间的系争债权债务已清偿完毕。另合同无效不应影响诉讼时效制度的适用，本案诉讼已过法定诉讼时效。

原告针对被告的辩称认为，无效合同的诉讼时效应从法院或仲裁机构确认合同无效之日起计算；且根据系争合同第 7 条"本合同自签约之日起生效，至甲方回购款全部划至乙方账户之后失效"的约定，本案也没有超过诉讼时效。

裁判结果

一、新疆维吾尔自治区证券公司上海业务部与湖南证券股份有限公司于 1995 年 7 月 18 日签订的《有价证券回购交易成交合同》无效。

二、对原告新疆证券有限责任公司上海长寿路证券营业部的诉讼请求不予支持。

裁判理由

法院认为：依照财政部、中国人民银行关于证券回购的规定，证券交易必须有足额的有价证券，且必须向购券方办理交割或者由对方封存。本案中，新疆上证与湖南证券虽然订立了《有价证券回购交易成交合同》，但并无真实的国债实物券交易发生，原、被告对此事实亦予确认，故根据上述规定以及最高人民法院关于审理证券回购纠纷案件的有关意见，本案所涉《有价证券回购交易成交合同》应当确认无效。

系争合同项下的款项是否已经归还，是本案的一个争议焦点。被告称其根据原告的委托划款函，已于 1995 年 9 月 21 日将系争款项 500 万元归还给原告，双方此笔债权债务已经结清。但被告未能提供充分、有效的证据证明这一主张，故对被告此辩称意见不予采纳。

本案是否已超过诉讼时效是案件的另一争议焦点。民法通则规定，诉讼时效期间从知道或者应当知道权利被侵害时起算。本案系争合同中明确约定了被告的履行期为1995年10月18日，被告未履行合同时，诉讼时效应从履行期限届满之次日即1995年10月19日起计算。本案中，原告在其应收债权期限届满后长达8年之久方以诉讼方式向被告主张权利，又未举证证明发生了时效中止或中断的法定事由，明显已超过了诉讼时效。关于原告所称"无效合同的诉讼时效应该从法院或仲裁机构确认合同无效之日起计算"一节，法院认为，考察诉讼时效制度的目的、适用客体、诉的划分目的与标准可知，诉讼时效制度的适用，并不因诉的种类或合同的效力不同而有所区别，仍应根据具体民事权利被侵害的时间来起算诉讼时效。另外，双方在系争合同中对合同有效期的约定并不影响诉讼时效法律规定的适用。故法院认为原告起诉已超过诉讼时效，对于原告的诉讼请求法院不予支持。

证券回购合同纠纷办案依据集成

1. 中国人民银行、财政部、中国证券监督委员会关于重申进一步规范证券回购业务有关问题的通知（1995年8月8日）

经查，一些金融机构从事证券回购业务严重违规。为维护金融市场秩序，保证证券回购业务健康发展，现重申证券回购业务有关规定并就进一步规范如下：

一、证券回购业务是指债券持有人在卖出一笔债券的同时，与买方签订协议，约定一定期限和价格，买回同一笔债券的融资活动。人民银行各级行要根据《信贷资金管理暂行办法》、《关于坚决制止国库券卖空行为的通知》、《关于1995年国库券发行中有关问题的紧急通知》等有关规定，切实加强对证券回购业务的管理。各类金融机构必须按规定开展证券回购业务。

二、凡未经国务院和中国人民银行批准的证券交易场所和融资中心，一律不得开办证券回购业务。所有金融机构也不得参与这些场所和中心开设的证券回购市场。非金融机构、个人以及不具有法人资格的金融机构一律不得直接参与证券回购业务，任何交易场所、融资中心不得接受其为会员。禁止在国家批准的证券交易场所之外私下从事证券回购业务。

三、证券回购券种只能是国库券和经中国人民银行批准发行的金融债券；回购期限最长不得超过1年；回购资金不得用于固定资产投资，不得用于期货市场投资和股本投资，不得以贷款、拆借等任何名义用于企业。

四、回购方必须有百分之百的属于自己所有的国库券和金融债券，并将国库券和金融债券集中在中国人民银行省、自治区、直辖市、计划单列市分行指定的一家证券登记托管机构保管。代保管单只能由该机构出具。凡出具虚假代保管单的，比照全国人大《关于惩治破坏金融秩序犯罪的决定》中的第十条、第十五条等规定惩治。返售方在回购期内不得动用回购证券。禁止任何金融机构挪用个人或机构委托其保管的证券。

五、禁止任何金融机构以租券、借券等方式从事证券回购业务。

六、凡从事证券回购业务的金融机构必须在8月30日以前到当地人民银行逐笔填写《证券回购业务登记表》由人民银行省、自治区、直辖市、计划单列市分行汇总并报中国人民银行总行和财政部。逾期不登记者，取消其从事证券回购业务的资格。

七、文到之日前所有在证券回购业务上的违规行为必须按本通知规定限期纠正。回购方必须在10月30日之前，将其所开具的代保管凭证中纪录的代保管证券如数交由上述人民银行指定的证券登记托管机构保管。逾期不交者，返售方必须将资金抽回。文到之日起新开办的证券回购业务一律按本通知规定执行。

八、严禁金融机构以出售国库券代保管单等形式盗用国家信用，非法集资或变相高息吸收存款。

九、违反本通知规定者，人民银行有权视其情节轻重，给予以下处罚：

（一）没收非法所得；

（二）处以违规金额每日万分之五的罚款；

（三）连续两次违规，取消违规者从事证券回购业务资格；情节严重者，给予通报批评，并责令撤换法定代表人直至吊销其《金融机构法人许可证》或《金融机构营业许可证》。

十、证券公司及证券兼营机构必须每月向当地人民银行如实上报"资产负债表"、"损益表"、"证券回购（返售）业务明细表"，由中国人民银行省、自治区、直辖市、计划单列城市分行汇总报中国人民银行总行。凡连续两个月不报送报表的金融机构，中国人民银行有权责令其撤换法定代表人。

以上要求，请人民银行省、自治区、直辖市、计划单列市分行及时通知辖区内各金融机构。

2. 全国银行间债券市场债权交易管理办法（2000年4月30日中国人民银行第2号发布）（节录）

第一条 为规范全国银行间债券市场债券交易行为，防范交易风险，维护交易各方合法权益，促进全国银行间债券市场健康发展，根据国家有关法律法规，制定本办法。

第二条 本办法所指全国银行间债券市场债券交易（以下称债券交易）是指以商业银行等金融机构为主的机构投资者之间以询价方式进行的债券交易行为。

第三条 债券交易品种包括回购和现券买卖两种。

回购是交易双方进行的以债券为权利质押的一种短期资金融通业务，指资金融入方（正回购方）在将债券出质给资金融出方（逆回购方）融入资金的同时，双方约定在将来某一日期由正回购方按约定回购利率计算的资金额向逆回购方返还资金，逆回购方向正回购方返还原出质债券的融资行为。

现券买卖是指交易双方以约定的价格转让债券所有权的交易行为。

第四条 本办法所称债券是指经中国人民银行批准可用于在全国银行间债券市场进行交易的政府债券、中央银行债券和金融债券等记账式债券。

第八条 下列机构可成为全国银行间债券市场参与者，从事债券交易业务：

（一）在中国境内具有法人资格的商业银行及其授权分支机构；

（二）在中国境内具有法人资格的非银行金融机构和非金融机构；

（三）经中国人民银行批准经营人民币业务的外国银行分行。

第九条 上述机构进入全国银行间债券市场，应签署债券回购主协议。

第十六条 进行债券交易，应订立书面形式的合同。合同应对交易日期、交易方向、债券品种、债券数量、交易价格或利率、账户与结算方式、交割金额和交割时间等要素作出明确的约定，其书面形式包括同业中心交易系统生成的成交单、电报、电传、传真、合同书和信件等。

债券回购主协议和上述书面形式的回购合同构成回购交易的完整合同。

第十七条 以债券为质押进行回购交易，应办理登记；回购合同在办理质押登记后生效。

第十八条 合同一经成立，交易双方应全面履行合同规定的义务，不得擅自变更或解除合同。

第十九条 债券交易现券买卖价格或回购利率由交易双方自行确定。

第二十条 参与者进行债券交易不得在合同约定的价款或利息之外收取未经批准的其他费用。

第二十一条 回购期间，交易双方不得动用质押的债券。

第二十二条 回购期限最长为365天。回购到期应按照合同约定全额返还回购项下的资金，并解除质押关系，不得以任何方式展期。

第二十三条 参与者不得从事借券、租券等融券业务。

第七节 证券交易代理合同纠纷

29. 企业间借贷有哪些表现形式？其效力如何？

根据市场规律与风险，通常情况下证券交易委托协议书会约定风险的承担，但不会约定固定的本息回报。如在此类协议中约定固定的回报率，实质性质应为借贷协议。就企业间借贷而言，一般有五种表现形式：直接以借款合同出现；名为联营，实为借贷；名为投资，但投资方设定保底条款，亦不承担风险；委托理财形式，设置保底条款，无论怎样都有回报收益；以货易货和预付购销、融资租赁合同等形式，实为企业之间借贷的合同。以证券交易委托书协议约定固定回报率正是企业间借贷的表现形式。根据最高人民法院《关于对企业借贷合同借款方逾期不归还借款应如何处理问题的批复》规定：企业借贷合同违反有关金融法规，属无效合同。

30. 债务加入后新债务人的责任有哪些？

债务加入涉及三方主体，即债权人、债务人和第三人。第三人基于其与债权人之间的合同关系负担新的债务，这一新的债务具有担保债务人履行义务的作用，因而就性质而言，与保证合同并无区别。新的债务履行合同之债，其内容由合同本身所决定，当事人可以就原债务的部分或整体，以及清偿期限、条件等进行约定，从而成立不同于原债务的新债务。原债务与新债务具有主次之分，虽是相互并存、各自独立的关系，但债务加入的担保属性决定了新债务与原债务不能叠加清偿，债权人的最终受偿额一般应以原债权数额为限。通常认为，新债务与原债务相互构成连带之债。因而债务加入后的新债务人对自身所承诺的债务负有偿还的义务。

典型疑难案件参考

深圳冠懋房地产开发有限公司与中富证券有限责任公司证券交易代理合同纠纷案〔上海市第二中级人民法院裁判文书〔2009〕沪二中民三（商）初字第51号〕

基本案情

2003年11月14日，原告与德恒证券福明路营业部签订《证券交易委托代理协议书》、《股票自助委托、电话委托交易协议书》各一份，约定原告委托德恒证券福明路营业部代理证券交易。同日，原告在德恒证券福明路营业部开立资金账户0000000021××，并在该资金账户内存入交易保证金人民币3000万元。同时，原告向被告中富证券出具《承诺书》一份，承诺其在德恒证券福明路营业部存入的资金人民币3000万元，自2003年11月14日至2004年5月13日期间不抛售、不转托管或撤销指定交易。被告中富证券、德恒证券福明路营业部于同日分别向原告出具《承诺书》，均承诺原告于2003年11月14日存入德恒证券福明路营业部的资金人民币3000万元，自2003年11月14日至2004年5月13日期间享有2.8%的年收益，在2004年5月13日无条件地将本利人民币3042万元划入原告指定账户。2004年5月10日，原告经查询发现上述保证金于2003年11月17日以支票形式被强制取出。2004年6月1日，原告向被告中富证券及德恒证券福明路营业部发函，要求德恒证券福明路营业部及被告中富证券返还上述交易保证金及收益。然德恒证券福明路营业部及被告中富证券均未履行还款义务。2005年8月31日，重庆市第一中级人民法院作出〔2005〕渝一中刑初字第177号刑事判决，认定德恒证券有限责任公司面向社会不特定的单位和个人，以出具书面承诺书、与客户签订国债委托投资合同等多种形式，违背国家有关法律的规定，以承诺到期后归还委托资产本金，并支付3%—22%的固定收益率为诱饵，非法开展资产管理业务，构成非法吸收公众存款罪。2007年9月7日，法院立案受理被告中富证券的破产申请。2007年9月10日，法院作出〔2007〕沪二中民三（商）破字第2-2号民事裁定，宣告被告中富证券破产还债。2004年12月9日、2006年1月6日，原告向被告中富证券申报了系争债权。2006年3月1日，被告中富证券向原告签发了《债权确认函》。2007年11月14日，原告又向被告中富证券破产管理人进行了债权申报，中富证券破产管理人经审查作出债权人资格不予确认的审查结果。2008年2月1日，原告向被告中富证券破产管理人提出书面异议。2009年8月21日，被告中富证券破产管理人向原告发出债权审查结果通知书，明确表示经复议，债权人资格不予确认。原告遂诉诸法院。2009年12月24日，原告向德恒证券有限责任公司破产管理人发出撤回债权申报申请，明确表示原告曾于2004年12月14日向德恒证券有限责任公司破产管理人申报本案所涉债权，因原告已向被告中富证券申报破产债权，并已向法院提起诉讼，故在本案审理终结前先撤回上述债权的申报。

诉辩情况

原告请求判令被告中富证券立即归还原告证券交易保证金人民币3000万元及相应利息（自2003年11月14日至2004年5月13日的利息为人民币42万元，自2004年5月14日至实际清偿之日止，以人民币3000万元为基数，按中国人民银行规定的同期五年期贷款利率7.65%计算，暂计算至2009年9月10日为人民币1222.96万元）并请求确认原告对中富证券与德恒证券的债权。

被告中富证券辩称：（1）被告中富证券因违规操作，出现巨大风险，于2006年7月28日被行政清理。清理后发现被告中富证券严重资不抵债，于2007年9月7日申请破产还债。2007年9月10日，法院宣告被告中富证券进入破产还债程序。2007年11月，原告向被告中富证券破产管理人申报债权，经管理人审核认为原告申报的债权无法确定。2008年3月27日、2009年8月21日，被告中富证券破产管理人两次通知原告，对其债权不予确认。根据《破产法》的有关规定，原告理应提起确认之诉，而不应在明知被告中富证券已进入破产程序后依然提起给付之诉。（2）原告所主张的债权，是其与德恒证券福明路营业部非法委托理财形成的对德恒证券福明路营业部的债权。在被告中富证券及其主要责任人被追究非法吸收公众存款行为的刑事责任时，相关法院均未认定原告的债权。被告中富证券出具的《承诺书》只是证明德恒证券福明路营业部的履约能力，并无被告中富证券承担担保之责的意思表示。原告在德恒证券有限责任公司行政清理及破产期间主张的均是担保之债，现原告主张被告中富证券属于债务加入，依法不能成立。（3）即使本案系争债务成立，因企业之间借贷属于非法，故原告主张的债务利息亦不应得到支持。现被告中富证券已进入破产程序，理应按照同期存款利率计算债务利息。综上，请求驳回原告的诉讼请求。

裁判结果

上海市第二中级人民法院作出判决如下：

一、确认被告中富证券有限责任公司应向原告深圳冠懋房地产开发有限公司承担归还人民币 3000 万元证券交易保证金的责任；

二、被告中富证券有限责任公司应于本判决生效之日起 10 日内向原告深圳冠懋房地产开发有限公司偿付人民币 3000 万元；

三、被告中富证券有限责任公司应于本判决生效之日起 10 日内向原告深圳冠懋房地产开发有限公司支付自 2004 年 5 月 14 日起至 2007 年 9 月 7 日止的利息（以人民币 3000 万元为基数，按照中国人民银行规定的同期存款利率计算）；

四、对于原告深圳冠懋房地产开发有限公司的其余诉讼请求不予支持。

如果未按本判决指定的期间履行给付金钱义务，应当依照《中华人民共和国民事诉讼法》第 229 条之规定，加倍支付迟延履行期间的债务利息。

裁判理由

法院认为，本案的争议焦点为：第一，本案争议的款项是否已包含在德恒证券有限责任公司犯罪金额中；第二，系争《证券交易委托代理协议书》的性质及效力问题；第三，被告中富证券出具《承诺书》的行为是否构成债的加入。关于争议焦点一，从重庆市第一中级人民法院〔2005〕渝一中刑初字第 177 号刑事判决书的内容来看，德恒证券有限责任公司对委托人承诺的固定收益率为 3%—22%，而本案中原告与德恒证券福明路营业部约定的固定收益率为 2.8%。由此可见，本案中原告与德恒证券福明路营业部之间的证券交易委托代理行为不符合刑事判决所认定的犯罪形式，系争款项并不包含在德恒证券有限责任公司的犯罪金额中。被告中富证券提出本案不属于民事案件的抗辩理由，缺乏事实依据，法院不予采信。关于争议焦点二，德恒证券福明路营业部出具的《承诺书》中约定于到期日归还本金，并给予原告固定的收益。从该项约定来看，原告签订《证券交易委托代理协议书》是为了追求资产的固定本息回报，对受托人管理资产行为及收益后的分成并无预期，该种行为实质应为借贷关系。鉴于原告与德恒证券福明路营业部之间的借贷属于企业间借贷行为，违反我国有关金融法规，该借贷行为应认定为无效，德恒证券福明路营业部理应向原告返还系争款项。关于争议焦点三，所谓并存的债务承担，即债的加入，是指原债务人并没有脱离合同关系，而是由第三人加入合同关系，并与原债务人一起共同向同一债权人承担合同义务。本案中，被告中富证券在原告存入交易保证金人民币 3000 万元后与德恒证券福明路营业部同时向原告出具了内容一致的《承诺书》。在该《承诺书》中，被告中富证券虽作出归还本金并支付固定收益的承诺，但并不因此免除德恒证券福明路营业部的还款责任，更无被告中富证券向原告保证德恒证券福明路营业部履行债务的意思表示，德恒证券福明路营业部仍应按照其出具的《承诺书》承担相应的还款之责。鉴于此，被告中富证券所作承诺理应认定为债的加入，被告中富证券理应与德恒证券福明路营业部共同向原告承担还款责任。现原告虽放弃向德恒证券有限责任公司主张权利，但对于被告中富证券而言，原告仍是其债权人，有权选择向被告中富证券主张归还本金及利息。对于被告中富证券就此提出的抗辩理由，法院亦不予采信。关于原告提出要求被告中富证券支付利息一节，鉴于被告中富证券占用原告资金，未能按期予以归还，造成原告的损失，故被告中富证券理应按照中国人民银行规定的同期存款利率，赔偿原告自双方约定归还系争款项之日起的利息损失。原告要求适用中国人民银行同期贷款利率的意见，缺乏法律依据，法院不予支持。

证券交易代理合同纠纷办案依据集成

1. 中华人民共和国合同法（1999年3月15日主席令第15号公告）（节录）

第三百九十六条 委托合同是委托人和受托人约定，由受托人处理委托人事务的合同。

第三百九十七条 委托人可以特别委托受托人处理一项或者数项事务，也可以概括委托受托人处理一切事务。

第三百九十八条 委托人应当预付处理委托事务的费用。受托人为处理委托事务垫付的必要费用，委托人应当偿还该费用及其利息。

第三百九十九条 受托人应当按照委托人的指示处理委托事务。需要变更委托人指示的，应当经委托人同意；因情况紧急，难以和委托人取得联系的，受托人应当妥善处理委托事务，但事后应当将该情况及时报告委托人。

第四百条 受托人应当亲自处理委托事务。经委托人同意，受托人可以转委托。转委托经同意的，委托人可以就委托事务直接指示转委托的第三人，受托人仅就第三人的选任及其对第三人的指示承担责任。转委托未经同意的，受托人应当对转委托的第三人的行为承担责任，但在紧急情况下受托人为维护委托人的利益需要转委托的除外。

第四百零一条 受托人应当按照委托人的要求，报告委托事务的处理情况。委托合同终止时，受托人应当报告委托事务的结果。

第四百零二条 受托人以自己的名义，在委托人的授权范围内与第三人订立的合同，第三人在订立合同时知道受托人与委托人之间的代理关系的，该合同直接约束委托人和第三人，但有确切证据证明该合同只约束受托人和第三人的除外。

第四百零三条 受托人以自己的名义与第三人订立合同时，第三人不知道受托人与委托人之间的代理关系的，受托人因第三人的原因对委托人不履行义务，受托人应当向委托人披露第三人，委托人因此可以行使受托人对第三人的权利，但第三人与受托人订立合同时如果知道该委托人就不会订立合同的除外。

受托人因委托人的原因对第三人不履行义务，受托人应当向第三人披露委托人，第三人因此可以选择受托人或者委托人作为相对人主张其权利，但第三人不得变更选定的相对人。

委托人行使受托人对第三人的权利的，第三人可以向委托人主张其对受托人的抗辩。第三人选定委托人作为其相对人的，委托人可以向第三人主张其对受托人的抗辩以及受托人对第三人的抗辩。

第四百零四条 受托人处理委托事务取得的财产，应当转交给委托人。

第四百零五条 受托人完成委托事务的，委托人应当向其支付报酬。因不可归责于受托人的事由，委托合同解除或者委托事务不能完成的，委托人应当向受托人支付相应的报酬。当事人另有约定的，按照其约定。

第四百零六条 有偿的委托合同，因受托人的过错给委托人造成损失的，委托人可以要求赔偿损失。无偿的委托合同，因受托人的故意或者重大过失给委托人造成损失的，委托人可以要求赔偿损失。受托人超越权限给委托人造成损失的，应当赔偿损失。

第四百零七条 受托人处理委托事务时，因不可归责于自己的事由受到损失的，可以向委托人要求赔偿损失。

第四百零八条 委托人经受托人同意，可以在受托人之外委托第三人处理委托事务。因此给受托人造成损失的，受托人可以向委托人要求赔偿损失。

第四百零九条 两个以上的受托人共同处理委托事务的，对委托人承担连带责任。

第四百一十条 委托人或者受托人可以随时解除委托合同。因解除合同给对方造成损失的，除不可归责于该当事人的事由以外，应当赔偿损失。

第四百一十一条 委托人或者受托人死亡、丧失民事行为能力或者破产的，委托合同终止，但当事人另有约定或者根据委托事务的性质不宜终止的除外。

第四百一十二条 因委托人死亡、丧失民事行为能力或者破产，致使委托合同终止将损害委托人利益的，在委托人的继承人、法定代理人或者清算组织承受委托事务之前，受托人应当继续处理委托事务。

第四百一十三条 因受托人死亡、丧失民事行为能力或者破产，致使委托合同终止的，受托人的继承人、法定代理人或者清算组织应当及时通知委托人。因委托合同终止将损害委托人利益的，在委托人作出善后处理之前，受托人的继承人、法定代理人或者清算组织应当采取必要措施。

第四百一十四条 行纪合同是行纪人以自己的名义为委托人从事贸易活动，委托人支付报酬的合同。

第四百一十五条 行纪人处理委托事务支出的费用，由行纪人负担，但当事人另有约定的除外。

第四百一十六条 行纪人占有委托物的，应当妥善保管委托物。

第四百一十七条 委托物交付给行纪人时有瑕疵或者容易腐烂、变质的，经委托人同意，行纪人可以处分该物；和委托人不能及时取得联系的，行纪人可以合理处分。

第四百一十八条 行纪人低于委托人指定的价格卖出或者高于委托人指定的价格买入的，应当经委托人同意。未经委托人同意，行纪人补偿其差额的，该买卖对委托人发生效力。

行纪人高于委托人指定的价格卖出或者低于委托人指定的价格买入的，可以按照约定增加报酬。没有约定或者约定不明确，依照本法第六十一条的规定仍不能确定的，该利益属于委托人。委托人对价格有特别指示的，行纪人不得违背该指示卖出或者买入。

第四百一十九条 行纪人卖出或者买入具有市场定价的商品，除委托人有相反的意思表示以外，行纪人自己可以作为买受人或者出卖人。行纪人有前款规定情形的，仍然可以要求委托人支付报酬。

第四百二十条 行纪人按照约定买入委托物，委托人应当及时受领。经行纪人催告，委托人无正当理由拒绝受领的，行纪人依照本法第一百零一条的规定可以提存委托物。委托物不能卖出或者委托人撤回出卖,经行纪人催告,委托人不取回或者不处分该物的,行纪人依照本法第一百零一条的规定可以提存委托物。

第四百二十一条 行纪人与第三人订立合同的,行纪人对该合同直接享有权利、承担义务。第三人不履行义务致使委托人受到损害的,行纪人应当承担损害赔偿责任,但行纪人与委托人另有约定的除外。

第四百二十二条 行纪人完成或者部分完成委托事务的,委托人应当向其支付相应的报酬。委托人逾期不支付报酬的,行纪人对委托物享有留置权,但当事人另有约定的除外。

第四百二十三条 本章没有规定的,适用委托合同的有关规定。

第四百二十四条 居间合同是居间人向委托人报告订立合同的机会或者提供订立合同的媒介服务,委托人支付报酬的合同。

第四百二十五条 居间人应当就有关订立合同的事项向委托人如实报告。

居间人故意隐瞒与订立合同有关的重要事实或者提供虚假情况,损害委托人利益的,不得要求支付报酬并应当承担损害赔偿责任。

第四百二十六条 居间人促成合同成立的,委托人应当按照约定支付报酬。对居间人的报酬没有约定或者约定不明确,依照本法第六十一条的规定仍不能确定的,根据居间人的劳务合理确定。因居间人提供订立合同的媒介服务而促成合同成立的,由该合同的当事人平均负担居间人的报酬。

居间人促成合同成立的,居间活动的费用,由居间人负担。

第四百二十七条 居间人未促成合同成立的,不得要求支付报酬,但可以要求委托人支付从事居间活动支出的必要费用。

2. 中华人民共和国证券法(2005年10月27日修订)(节录)

第一百三十六条 证券公司应当建立健全内部控制制度,采取有效隔离措施,防范公司与客户之间、不同客户之间的利益冲突。

证券公司必须将其证券经纪业务、证券承销业务、证券自营业务和证券资产管理业务分开办理,不得混合操作。

第一百四十条第一款 证券公司办理经纪业务,应当置备统一制定的证券买卖委托书,供委托人使用。采取其他委托方式的,必须作出委托记录。

第一百四十一条 证券公司接受证券买卖的委托,应当根据委托书载明的证券名称、买卖数量、出价方式、价格幅度等,按照交易规则代理买卖证券,如实进行交易记录;买卖成交后,应当按照规定制作买卖成交报告单交付客户。

证券交易中确认交易行为及其交易结果的对账单必须真实,并由交易经办人员以外的审核人员逐笔审核,保证账面证券余额与实际持有的证券相一致。

第一百四十二条 证券公司为客户买卖证券提供融资融券服务,应当按照国务院的规定并经国务院证券监督管理机构批准。

第一百四十三条 证券公司办理经纪业务,不得接受客户的全权委托而决定证券买卖、选择证券种类、决定买卖数量或者买卖价格。

第一百四十四条 证券公司不得以任何方式对客户证券买卖的收益或者赔偿证券买卖

的损失作出承诺。

第一百四十五条 证券公司及其从业人员不得未经过其依法设立的营业场所私下接受客户委托买卖证券。

第一百四十六条 证券公司的从业人员在证券交易活动中，执行所属的证券公司的指令或者利用职务违反交易规则的，由所属的证券公司承担全部责任。

第一百四十七条 证券公司应当妥善保存客户开户资料、委托记录、交易记录和与内部管理、业务经营有关的各项资料，任何人不得隐匿、伪造、篡改或者毁损。上述资料的保存期限不得少于二十年。

第一百四十八条 证券公司应当按照规定向国务院证券监督管理机构报送业务、财务等经营管理信息和资料。国务院证券监督管理机构有权要求证券公司及其股东、实际控制人在指定的期限内提供有关信息、资料。

证券公司及其股东、实际控制人向国务院证券监督管理机构报送或者提供的信息、资料，必须真实、准确、完整。

第二百一十二条 证券公司办理经纪业务，接受客户的全权委托买卖证券的，或者证券公司对客户买卖证券的收益或者赔偿证券买卖的损失作出承诺的，责令改正，没收违法所得，并处以五万元以上二十万元以下的罚款，可以暂停或者撤销相关业务许可。对直接负责的主管人员和其他直接责任人员给予警告，并处以三万元以上十万元以下的罚款，可以撤销任职资格或者证券从业资格。

第二百二十条 证券公司对其证券经纪业务、证券承销业务、证券自营业务、证券资产管理业务，不依法分开办理，混合操作的，责令改正，没收违法所得，并处以三十万元以上六十万元以下的罚款；情节严重的，撤销相关业务许可。对直接负责的主管人员和其他直接责任人员给予警告，并处以三万元以上十万元以下的罚款；情节严重的，撤销任职资格或者证券从业资格。

第八节 证券上市保荐合同纠纷

31. 保荐机构的职责有哪些?

保荐机构应当尽职推荐发行人证券发行上市。发行人证券上市后,保荐机构应当持续督导发行人履行规范运作、信守承诺、信息披露等义务。其职责一般有对发行人进行辅导,编制申请文件,提交推荐书,持续督导及指定保荐代表人等。

32. 如保荐机构未履行法定职责应承担何种法律责任?

《证券法》第192条明确规定了保荐机构的法律责任,处罚方式包括警告、罚款及撤销任职资格或证券从业资格等。该法第69条规定,通常情形下,保荐人应与被保荐人承担连带责任。

典型疑难案件参考

陈雨田与海通证券股份有限公司、海通证券股份有限公司武汉中北路证券营业部、上海证券交易所、广发证券股份有限公司、中国南方航空集团公司证券欺诈责任纠纷案〔上海市高级人民法院裁判文书〔2010〕沪高民五(商)终字第59号〕

基本案情

2007年4月23日,中国南方航空股份有限公司发布《股权分置改革说明书》,提示南航公司以支付认沽权证作为股权分置改革方案的执行对价安排。4月广发证券对上述股权分置改革方案做出保荐意见及补充保荐意见。同年5月14日,国务院国资委批复同意上述股权分置改革方案。同年5月31日,上交所同意中国南方航空股份有限公司实施股权分置改革方案。同年6月7日,上交所核准南航认沽权证上市交易。同年6月14日,南航公司发布《关于中国南方航空股份有限公司人民币普通股股票之认沽权证上市公告书》,公告称,发行人无偿派发备兑认沽权证14亿份,认沽权证交易代码"580989",权证交易简称"南航JTP1",权证存续期间为2007年6月21日至2008年6月20日,权证行权日为2008年6月20日,上市时间为2008年6月21日,行权价为人民币7.43元（以下币种均同），行权比例为2:1，结算方式为现金结算方式；风险因素第6条提示：权证上市后，如果其他机构以A股股票为标的证券发行备兑权证，或其他机构按照交易所有关规则创设权证，可能会对权证的交易价格产生影响。2005年11月21日，上交所发布《关于证券公司创设武钢权证有关事项的通知》，通知称：取得中国证券业协会创新活动试点的证券公司（以下简称创设人）可按照本通知的规定创设权证，创设人创设的权证应与武钢认购或认沽权证相同，并使用同一交易代码和行权代码；创设认沽权证的，创设人应在中国证券登记结算有限责任公司上海分公司（以下简称中登公司上海分公司）开设权证创设专用账户和履约担保资金专用账户，并在履约担保资金专用账户全额存放现金，用于行权履约担保。创设人应将上述账户报上交所备案；创设人向上交所申请创设权证的，应提供中登公司上海分公司出具的其已提供行权履约担保的证明，经上交所审核同意，通知中登公司上海分公司在权证创设专用账户生成次日可交易的权证。权证创设后，创设人可向上交所申请注销权证，创设人每日申请创设或注销权证不得超过一次，每次创设或注销数量均不低于100万份。该通知自2005年11月28日起施行。2007年6月18日，上交所发布《关于证券公司创设南航权证有关事项的通知》，通知称：有资格的证券公司可比照已发布的《关于证券公司创设武钢权证有关事项的通知》创设同种南航认沽权证，创设的权证可于2007年6月26日开始交易，创设权证行权具体事项根据上交所和中登公司相关规则办理。2008年6月2日，上交所向各会员单位发布"关于进一步做好南航权证到期前客户管理工作的通知"，提示：2008年6月13日是南航认沽权证的最后交易日，但是最近几个交易日该权证波动异常，并要求：各会员应该对客户进行个性化管理，劝说权证持有者不要跟风炒作，对于新增权证客户，营业部工作人员必须与其进行全面深刻交流，提示风险，坚决杜绝无权证知识的客户交易权证。2006年1月13日，陈雨田与海通证券武汉营业部签订证券交易委托代理协议书、网上委托协议书等，南航认沽权证上市及创设公告后，陈雨田通过其指定交易在海通证券武汉营业部的证券账户于2008年1月29日起买入南航认沽权证，依照上交所交易记录表的记载，陈雨田买卖系争权证亏损计111010.90元。2010年9月13日，海通证券武汉营业部工作人员吴瑛出具情况说明称：2008年6月13日南航权证最后交易日前，其按照上交所、海通证券、海通证券武汉营业部的通知，曾给陈雨田打过几次电话进行南航权证风险提示，主要内容为提示2008年6月13日是南航认沽权证最后交易日，之后将停止交易，行权日为2008年6月20日，权证期满且无其他履约价值时，权证即无任何价值，陈雨田应注意继续交易系争权证的风险。陈雨田以其持有、交易上述权证发生的亏损是由于海通证券、海通证券武汉营业部、上交所、广发证券和南航公司实施证券欺诈导致为由,向法院提起诉讼,请求判令:各方连带赔偿其交易损失1200元、利息120元,赔偿其精神抚慰金8400元、交通和食宿费280元并赔礼道歉。一审法院判决原告败诉,原告遂诉至上海市高级人民法院。

一审裁判结果

一审法院判决如下:判决驳回陈雨田的全部诉讼请求。

一审裁判理由

一审法院审理后认为:第一,权证产品系证券衍生产品,根据《证券法》第2条第3款的规定,证券衍生品种发行、交易的管理办法,由国务院依照《证券法》的原则规定。依此规定,权证的发行和交易行为可纳入《证券法》的调整范围。《证券法》对证券交易所、证券登记结算机构的性质和地位作了明确规定,根据《证券法》第102条第1款规定,证券交易所是为证券集中交易提供场所和设施,组织和监督证券交易,实行自律管理的法人;第118条规定,证券交易所依照证券法律、行政法规制定上市规则、交易规则、会员管理规则和其他有关规则,并报国务院证券监督管理机构批准。鉴于普通投资者应当遵循交易所制定的各项交易规则,通过交易所会员进场交易,故投资者与交易所之间不存在直接的交易合同关系,投资者因交易结果发生损失,交易所对投资者不承担契约上的义务。关于权证产品的发行和交易,目前尚未有单行法律和行政法规出台,只有上交所根据《证券法》的规定和证监会的授权制定的业务规则即权证管理办法对权证的发行、交易等进行业务规范,上述权证管理办法已得到中国证监会批复同意,合法有效。而本案涉及的权证创设问题,也仅有权证管理办法第29条作了授权性规定,即对于已上市交易的权证,上交所可以允许合格机构创设同种权证。具体的权证创设规则也是由交易所根据权证管理《办法》的规定在某一具体的权证产品的上市公告中予以确定。据此,权证创设行为系证券交易所根据国务院证券监管部门批准的业务规则作出的履行自律监管行为。陈雨田主张上交所具有非法制定权证交易规则、非法审核证券公司创设权证、不当制定权证交易制度等过错,显然缺乏相应的法律依据,该院不予采信。第二,海通证券、海通证券武汉营业部依约作为陈雨田证券交易的代理券商,依法代理陈雨田买卖在上交所上市交易的证券品种,执行陈雨田的交易指令,其代理行为亦不存在过错。同时,鉴于权证交易存在高度风险,海通证券武汉营业部亦对陈雨田进行了适当的风险提示和教育。就陈雨田提供的证据材料所反映的事实，海通证券武汉营业部工作人员拨打陈雨田电话的目的，是进行相应风险提示并请陈雨田注意交易风险，并无诱导、欺诈投资者的内容。陈雨田作为长期进行权证交易的投资者，理应对相关权证的价值基础有所认识，仅依据上述电话内容不足以影响其投资判断能力，故不能认定海通证券、海通证券武汉营业部具有相应主观过错。广发证券、南航公司作为系争权证的保荐人和发行人，严格按照相关法律、法规，履行了系争权证发行及信息披露等法律程序，其保荐及发行行为的本身亦不存在任何过错，陈雨田亦未能举证证明其所主张的损失与保荐及发行行为间具有何种直接的因果关系，故该院难以认定广发证券、南航公司对陈雨田构成侵权事实。第三，造成陈雨田交易损失的直接原因是系争权证的价格波动，而非权证创设行为本身。创设权证制度在我国属金融创新制度，是基于股权分置改革的总体要求，结合股改权证的运行特点，借鉴成熟市场的类似做法，产生的一种市场化的供求平衡机制。鉴于这项制度仍处于探索阶段，故在创设程序、创设品种、创设数量等方面尚无规范可循，在具体实施时创设人可以根据发行权证的具体情况自由决定实施方案，交易所仅对其资格和上市程序进行审查。陈雨田进行南航认沽权证交易时，已明知创设人的提示公告及权证创设已经实施并上市的既定事实，仍基于自身对该品种的喜好和判断进行买卖，由此造成的交易风险显然与各方的上述行为不存在必然的、直接的因果关系，故陈雨田要求赔偿的诉讼请求，没有法律依据，该院不予支持。另外，支付精神抚慰金、赔礼道歉等属于侵犯民事主体人身权益的民事责任，本案属财产权益纠纷，当事人不存在承担此种民事责任的基础，故陈雨田要求各方支付精神抚慰金并赔礼道歉的诉讼请求，该院亦不予支持。

二审诉辩情况

陈雨田不服一审法院上述民事判决，向法院提起上诉称：第一，一审法院证据认定错误。第二，一审判决认定事实错误。第三，一审判决遗漏了各被上诉人未披露权证风险、吴瑛电话具体内容、权证创设人是否全额缴纳抵押金、权证创设人超量创设是否合法、"同一名称、同一代码交易、内幕突袭上市、限制买入、随意停牌"等行为是否合法、权证创设是否属于发行、海通证券是否违背自身行为准则、上交所在"武钢权证、白云机场权证、日照权证"等存在欺诈等重要事实，请求二审法院予以查明。第四，一审判决不实、不公。第五，一审判决适用法律错误。

被上诉人上交所答辩称：其依法制定《上海证券交易所权证管理暂行办法》以及该办法事先预留的制度空间制定配套创设规则，是依法履行《证券法》赋予的市场自律监管职能的合法有效行为。权证创设不是证券发行。南航认沽权证创设是事先为广大投资者知晓的合法有效的制度安排。其根据权证规则审核相关创设申请，针对南航权证交易的实际情况采取相应自律监管措施，这均是针对整个市场实施的正当、善意的自律监管行为，不应承担民事责任。请求法院驳回上诉。

被上诉人广发证券答辩称：其作为南航股权分置改革的保荐机构，充分履行了自己的保荐职责。其行为与陈雨田的损失没有任何因果关系。请求法院驳回上诉。

被上诉人南航公司答辩称：股权分置改革所采取的派送南航认沽权证这一方案符合法律法规，合法有效。其已充分进行了信息披露和风险提示，也未对上诉人实施任何的欺诈行为。请求法院驳回上诉。

▶ 二审裁判结果 ◀

上海市高级人民法院作出终审判决如下：驳回上诉，维持原判。

▶ 二审裁判理由 ◀

法院认为，陈雨田上诉理由主要涉及证据、事实认定错误和法律适用错误等，法院分述如下：

1. 证据和事实的认定问题

本案系民事案件。民事案件的审理应当围绕原告诉讼请求所依据的请求权基础进行审查。当请求权基础对应的法律要件均符合时，法院可判决支持原告；反之，任一要件欠缺时，法院即可径直驳回原告的诉讼请求，没有必要就全部要件逐一评判。对请求权基础对应法律要件以外的事实和问题，即使当事人再三要求法院予以表态或评判，法院仍无必要评判。一审法院根据本案裁判所依据的请求基础，对不必查明的事实不予审查的做法，并无不当。

判决书是记载法院判决所依据的事实、法律适用、逻辑推理过程的文书，在判决书中法院可以对当事人的起诉理由和证据进行归纳、整理和罗列，没有必要根据当事人提交材料完全记载。如若不然，陈雨田的起诉状长达53页，证据达数百页，完全罗列，判决书将冗长而无实益。陈雨田有关一审判决证据表述与其证据目录不符的上诉理由，法院不予采纳。

陈雨田有关上交所无法出具批准函原件的上诉理由，因该证据的待证事实为中国证监会已批准了的权证业务办法，该事实经相关部门公告和媒体宣传已在全国范围内为广大投资者所知，属众所周知的事实。根据最高人民法院《关于民事诉讼证据的若干规定》第9条的规定，该类事实无须举证证明，陈雨田如欲推翻该事实，则需提交足以推翻的相反证据。现上交所已提交复印件，而陈雨田未提交任何证据，故一审法院不再要求上交所提交原件，径直认定该事实的做法，并无不当。

2. 海通证券、海通证券武汉营业部的侵权赔偿责任问题

陈雨田与海通证券、海通证券武汉营业部虽有证券经纪合同法律关系，但该合同的主要内容是券商根据投资者的交易指令买卖证券，并未约定券商对陈雨田负有风险教育义务。且根据本案现有证据，海通证券武汉营业部亦对陈雨田进行了适当风险提示和教育，故陈雨田有关被上诉人未尽风险提示和教育的上诉理由，缺乏事实依据。

就吴瑛致电是否构成欺诈一节，法院认为欺诈行为与权益受损之间存在因果关系，是侵权责任成立的前提。陈雨田作为主张权益受损的一方，有义务向法院证明其权益受损与这些电话之间存在相当因果关系。所谓相当因果关系，指无此行为，必不生损失，且有此行为，通常即足以产生该损失。根据常理，即使没有上述电话，权证价格仍会处于上下波动状态，参与交易就有发生亏损可能。上述电话与陈雨田的损失之间也就不具相当因果关系。而且，根据陈雨田上诉所称及电话录音书面整理材料反映，陈雨田在电话中不仅拒绝吴瑛的卖出权证建议，还阐明了自己"坚持持有"权证的理由，显然吴瑛致电对其交易影响甚微，即使不采用相当因果关系理论，法院根据常理也难认定陈雨田此后的交易亏损是否系上述电话所致。至于电话具体内容如何，因均不会改变判决结果，故法院已无查明必要。

3. 上交所的赔偿责任问题

上交所是为证券集中交易提供场所和设施，组织和监督证券交易，实行自律管理的法人。制定业务规则是其履行市场组织和自律监管职能的措施之一。任何选择上交所参与证券发行和交易的人，都必须以全面接受上交所业务规则制约为前提。陈雨田作为投资者，既然选择参与上交所组织的权证交易，就是认可并接受上交所制定的相关业务规则。只有当业务规则无效时，投资者才能要求其承担赔偿责任，否则必须接受交易结果，不能以其对业务规则缺乏认知或误解为由，推翻交易结果。

法院对业务规则的审查，仅限于其内容是否违反法律法规中强制性规定或制定程序是否违反法律。根据现有证据、查明事实和陈雨田的指称，法院并未发现相关业务规则存在违反法律、法规中强制性规定之处，故法院不能认定关联业务规则因违反法律法规而无效。就其制定程序，上交所于2005年7月制定的《上海证券交易所权证管理暂行办法》，经中国证监会批准生效。其制定程序与2004年《证券法》并不相悖。2006年实施的2005年《证券法》第2

条第 3 款虽规定"证券衍生品种发行、交易的管理办法，由国务院依照本法的原则规定"，但至今中国证监会和国务院既未废止该办法，也未出台新的权证管理办法，更未对该办法的制定程序作出否定性评判。根据民法理论，新法对其实施前的行为并不具有溯及力，除非法律对溯及力作出特别规定。所以，该业务规则并不因 2005 年《证券法》对权证业务规则制定权限的改变，而由合法变成违法，也不应此归于无效。据此，陈雨田以该办法无效为由提出的赔偿请求，法院难以支持。

上交所根据前述业务规则实施的批准诉争权证上市、实施交易、进行监管等行为，包括陈雨田指称的所谓"超量创设"、"自主注销"、"临时停牌"、"修改涨跌幅"等，均与相关业务规则不悖，故陈雨田以此为由要求上交所承担民事赔偿责任的诉讼请求，法院不予采纳。

至于陈雨田上诉状中要求二审法院查明业务规则的具体内容是否科学、公平、合理，是否符合经济规律，是否符合国际惯例，是否改革创新，是否有利于证券市场发展，是否会导致投资者盈亏等，均已超出民事案件中法院的司法审查范围，法院不予处理。

4. 广发证券和南航公司的赔偿责任问题

广发证券、南航公司保荐和发行诉争权证创设的行为符合前述业务规则，且法律法规和相关业务规则并无要求他们对其他券商的权证创设行为进行信息披露。故即使广发证券、南航公司不作任何信息披露，其行为本身既不违反法律、法规，也不违反相关业务规则，亦即无违法性可言。因侵权责任所必需的违法性要件无法成立，故陈雨田要求其承担侵权赔偿责任的诉讼请求，法院难以支持。

综上所述，陈雨田要求各被上诉人承担侵权赔偿责任的诉讼请求，依据不足，应予驳回。

证券上市保荐合同纠纷办案依据集成

1. 中华人民共和国证券法（2005年10月27日修订）（节录）

第十一条 发行人申请公开发行股票、可转换为股票的公司债券，依法采取承销方式的，或者公开发行法律、行政法规规定实行保荐制度的其他证券的，应当聘请具有保荐资格的机构担任保荐人。

保荐人应当遵守业务规则和行业规范，诚实守信，勤勉尽责，对发行人的申请文件和信息披露资料进行审慎核查，督导发行人规范运作。

保荐人的资格及其管理办法由国务院证券监督管理机构规定。

第十二条 设立股份有限公司公开发行股票，应当符合《中华人民共和国公司法》规定的条件和经国务院批准的国务院证券监督管理机构规定的其他条件，向国务院证券监督管理机构报送募股申请和下列文件：

（一）公司章程；

（二）发起人协议；

（三）发起人姓名或者名称，发起人认购的股份数、出资种类及验资证明；

（四）招股说明书；

（五）代收股款银行的名称及地址；

（六）承销机构名称及有关的协议。

依照本法规定聘请保荐人的，还应当报送保荐人出具的发行保荐书。

法律、行政法规规定设立公司必须报经批准的，还应当提交相应的批准文件。

第二十六条 国务院证券监督管理机构或者国务院授权的部门对已作出的核准证券发行的决定，发现不符合法定条件或者法定程序，尚未发行证券的，应当予以撤销，停止发行。已经发行尚未上市的，撤销发行核准决定，发行人应当按照发行价并加算银行同期存款利息返还证券持有人；保荐人应当与发行人承担连带责任，但是能够证明自己没有过错的除外；发行人的控股股东、实际控制人有过错的，应当与发行人承担连带责任。

第四十九条 申请股票、可转换为股票的公司债券或者法律、行政法规规定实行保荐制度的其他证券上市交易，应当聘请具有保荐资格的机构担任保荐人。

本法第十一条第二款、第三款的规定适用于上市保荐人。

第六十九条 发行人、上市公司公告的招股说明书、公司债券募集办法、财务会计报告、上市报告文件、年度报告、中期报告、临时报告以及其他信息披露资料，有虚假记载、误导性陈述或者重大遗漏，致使投资者在证券交易中遭受损失的，发行人、上市公司应当承担赔偿责任；发行人、上市公司的董事、监事、高级管理人员和其他直接责任人员以及保荐人、承销的证券公司，应当与发行人、上市公司承担连带赔偿责任，但是能够证明自己没有过错的除外；发行人、上市公司的控股股东、实际控制人有过错的，应当与发行人、上市公司承担连带赔偿责任。

第一百九十二条 保荐人出具有虚假记载、误导性陈述或者重大遗漏的保荐书，或者不履行其他法定职责的，责令改正，给予警告，没收业务收入，并处以业务收入一倍以上五倍以下的罚款；情节严重的，暂停或者撤销相关业务许可。对直接负责的主管人员和其他直接责任人员给予警告，并处以三万元以上三十万元以下的罚款；情节严重的，撤销任职资格或者证券从业资格。

2. 证券发行上市保荐业务管理办法（2009年5月13日证监会令第63号修订）（节录）

第一条 为了规范证券发行上市保荐业务，提高上市公司质量和证券公司执业水平，保护投资者的合法权益，促进证券市场健康发展，根据《证券法》、《国务院对确需保留的行政审批项目设定行政许可的决定》（国务院令第412号）等有关法律、行政法规，制定本办法。

第二条 发行人应当就下列事项聘请具有保荐机构资格的证券公司履行保荐职责：

（一）首次公开发行股票并上市；

（二）上市公司发行新股、可转换公司债券；

（三）中国证券监督管理委员会（以下简称"中国证监会"）认定的其他情形。

第三条 证券公司从事证券发行上市保荐业务，应依照本办法规定向中国证监会申请保荐机构资格。

保荐机构履行保荐职责，应当指定依照本办法规定取得保荐代表人资格的个人具体负责保荐工作。

未经中国证监会核准，任何机构和个人不得从事保荐业务。

第四条 保荐机构及其保荐代表人应当遵守法律、行政法规和中国证监会的相关规定，恪守业务规则和行业规范，诚实守信，勤勉尽责，尽职推荐发行人证券发行上市，持续督导发行人履行规范运作、信守承诺、信息披露等义务。

保荐机构及其保荐代表人不得通过从事保荐业务谋取任何不正当利益。

第五条 保荐代表人应当遵守职业道德准则，珍视和维护保荐代表人职业声誉，保持应有的职业谨慎，保持和提高专业胜任能力。

保荐代表人应当维护发行人的合法利益，对从事保荐业务过程中获知的发行人信息保密。保荐代表人应当恪守独立履行职责的原则，不因迎合发行人或者满足发行人的不当要求而丧失客观、公正的立场，不得唆使、协助或者参与发行人及证券服务机构实施非法的或者具有欺诈性的行为。

保荐代表人及其配偶不得以任何名义或者方式持有发行人的股份。

第六条 同次发行的证券，其发行保荐和上市保荐应当由同一保荐机构承担。保荐机构依法对发行人申请文件、证券发行募集文件进行核查，向中国证监会、证券交易所出具保荐意见。保荐机构应当保证所出具的文件真实、准确、完整。

证券发行规模达到一定数量的，可以采用联合保荐，但参与联合保荐的保荐机构不得超过2家。

证券发行的主承销商可以由该保荐机构担任，也可以由其他具有保荐机构资格的证券公司与该保荐机构共同担任。

第七条　发行人及其董事、监事、高级管理人员，为证券发行上市制作、出具有关文件的律师事务所、会计师事务所、资产评估机构等证券服务机构及其签字人员，应当依照法律、行政法规和中国证监会的规定，配合保荐机构及其保荐代表人履行保荐职责，并承担相应的责任。

保荐机构及其保荐代表人履行保荐职责，不能减轻或者免除发行人及其董事、监事、高级管理人员、证券服务机构及其签字人员的责任。

第六十五条　保荐机构资格申请文件存在虚假记载、误导性陈述或者重大遗漏的，中国证监会不予核准；已核准的，撤销其保荐机构资格。

保荐代表人资格申请文件存在虚假记载、误导性陈述或者重大遗漏的，中国证监会不予核准；已核准的，撤销其保荐代表人资格。对提交该申请文件的保荐机构，中国证监会自撤销之日起6个月内不再受理该保荐机构推荐的保荐代表人资格申请。

第六十六条　保荐机构、保荐代表人、保荐业务负责人和内核负责人违反本办法，未诚实守信、勤勉尽责地履行相关义务的，中国证监会责令改正，并对其采取监管谈话、重点关注、责令进行业务学习、出具警示函、责令公开说明、认定为不适当人选等监管措施；依法应给予行政处罚的，依照有关规定进行处罚；情节严重涉嫌犯罪的，依法移送司法机关，追究其刑事责任。

第六十七条　保荐机构出现下列情形之一的，中国证监会自确认之日起暂停其保荐机构资格3个月；情节严重的，暂停其保荐机构资格6个月，并可以责令保荐机构更换保荐业务负责人、内核负责人；情节特别严重的，撤销其保荐机构资格：

（一）向中国证监会、证券交易所提交的与保荐工作相关的文件存在虚假记载、误导性陈述或者重大遗漏；

（二）内部控制制度未有效执行；

（三）尽职调查制度、内部核查制度、持续督导制度、保荐工作底稿制度未有效执行；

（四）保荐工作底稿存在虚假记载、误导性陈述或者重大遗漏；

（五）唆使、协助或者参与发行人及证券服务机构提供存在虚假记载、误导性陈述或者重大遗漏的文件；

（六）唆使、协助或者参与发行人干扰中国证监会及其发行审核委员会的审核工作；

（七）通过从事保荐业务谋取不正当利益；

（八）严重违反诚实守信、勤勉尽责义务的其他情形。

第六十八条　保荐代表人出现下列情形之一的，中国证监会可根据情节轻重，自确认之日起3个月到12个月内不受理相关保荐代表人具体负责的推荐；情节特别严重的，撤销其保荐代表人资格：

（一）尽职调查工作日志缺失或者遗漏、隐瞒重要问题；

（二）未完成或者未参加辅导工作；

（三）未参加持续督导工作，或者持续督导工作未勤勉尽责；

（四）因保荐业务或其具体负责保荐工作的发行人在保荐期间内受到证券交易所、中国证券业协会公开谴责；

（五）唆使、协助或者参与发行人干扰中国证监会及其发行审核委员会的审核工作；

（六）严重违反诚实守信、勤勉尽责义务的其他情形。

第六十九条 保荐代表人出现下列情形之一的，中国证监会撤销其保荐代表人资格；情节严重的，对其采取证券市场禁入的措施：

（一）在与保荐工作相关文件上签字推荐发行人证券发行上市，但未参加尽职调查工作，或者尽职调查工作不彻底、不充分，明显不符合业务规则和行业规范；

（二）通过从事保荐业务谋取不正当利益；

（三）本人及其配偶持有发行人的股份；

（四）唆使、协助或者参与发行人及证券服务机构提供存在虚假记载、误导性陈述或者重大遗漏的文件；

（五）参与组织编制的与保荐工作相关文件存在虚假记载、误导性陈述或者重大遗漏。

第七十条 保荐机构、保荐代表人因保荐业务涉嫌违法违规处于立案调查期间的，中国证监会暂不受理该保荐机构的推荐；暂不受理相关保荐代表人具体负责的推荐。

第九节　证券返还纠纷

33. 什么是证券返还纠纷？

有关证券返还的纠纷通常发生在借用他人名义开设账户，或者利用他人账户从事证券买卖的情形，是指一方当事人主张其对他人证券账户中的特定证券享有债权或者所有权，进而要求对方返还证券而引发的纠纷。

34. 证券公司能否挪用客户交易结算资金？

证券公司未经授权挪用客户交易结算资金，无疑是对客户财产权的侵害，受害人有权请求返还与赔偿损失。《证券法》第139条对此作出了明文规定：证券公司不得将客户的交易结算资金和证券归入其自有财产。禁止任何单位或者个人以任何形式挪用客户的交易结算资金和证券。证券公司破产或者清算时，客户的交易结算资金和证券不属于其破产财产或者清算财产。非因客户本身的债务或者法律规定的其他情形，不得查封、冻结、扣划或者强制执行客户的交易结算资金和证券。

典型疑难案件参考

天津泰达担保有限公司与中国科技证券有限责任公司证券返还纠纷案（北京市高级人民法院裁判文书〔2009〕高民终字第1809号）

基本案情

2003年4月9日，泰达担保公司在中科证券天津赤峰道营业部开立资金账户，账户名称：泰达担保；资金账号：001050509264；股东账号：B880901797。2004年5月17日，泰达担保公司资金账户（资金账号：001050509264）存入资金1亿元进行国债投资，陆续买入21国债（3）502180张、21国债（15）532170张。2006年2月24日，中国证券投资者保护基金有限责任公司依据证监会《关于委托中国证券投资者保护基金有限责任公司组织对中科证券公司实施托管和行政清理的决定》，委托北京中兴宇会计师事务所有限责任公司

（现已并入信永中和会计师事务所有限责任公司）对中科证券进行行政清理。2006年11月7日，根据证监会《关于撤销中国科技证券有限责任公司的决定》，中科证券被撤销。2007年9月7日，北京市第二中级人民法院作出〔2007〕二中民破字第14407-2号民事裁定，宣告中科证券进入破产还债程序。2007年5月30日，中科证券行政清理工作组向泰达担保公司发出《债权通报函》，内容为："……经查，贵公司在中科证券天津营业部开立资金账户，账户名称：泰达担保，资金账号：001050509264，证券账号：B880901797、0800023727。截至2006年2月24日止，柜台系统显示'泰达担保'账户内资金余额537640.92元，国债市值106702495.42元（不含国债回购融资-98530055.00元）。根据《个人债权及客户证券交易结算资金收购意见》《个人债权及客户债权交易结算资金收购实施办法》等文件的规定，贵公司'泰达担保'账户内的部分国债已被中科证券挪用，贵公司与中科证券形成债权债务关系，贵公司对中科证券的债权转入破产程序依法处理。"2008年10月13日，证券登记结算公司向中科证券破产管理人出具《复函》，内容为："……二、经查，天津市启明经济信息咨询有限责任公司证券账户（账号：B880838635），于2003年4月25日做回购登记。天津泰达担保有限公司的证券账户（账号：B880901797），于2003年4月16日做回购登记。三、经查，截至2006年2月24日，中科证券债券结算主席位上托管的可融资国债标准券余额为1407515元。由于中科证券国债回购交收违约，2006年2月24日，我公司根据相关业务规则将其违约所涉国债回购质押券依法进行质押转移，包括B880838635和B880901797账户所持回购质押国债。"2008年4月24日，客户名称为泰达担保，资金账号为001050509264的资金对账单显示：资金余额为3083922.36元。泰达担保公司利益受损，诉至法院。一审判决后，原告不服，上诉至北京市高级人民法院。

一审诉辩情况

泰达担保公司为维护公司的合法权益，依法向北京市第二中级人民法院起诉，请求：（1）判令中科证券返还泰达担保公司资金账户内资金3083922.36元；（2）判令中科证券返还泰达担保公司2006年未付利息1642128.60元及逾期利息215283.06元；（3）本案诉讼费用由中科证券承担。

原审被告中科证券在一审答辩称：中科证券认为，诉争国债因已被设置回购质押登记、折合标准券、异账户回购，依据国债回购交易规则和高风险证券公司风险处置政策，应当于中科证券被行政清理日的当天随中科证券主席位上的其他已质押国债一并予以处置，用于归还中科证券对中国证券登记结算公司

（以下简称证券登记结算公司）的国债"欠库";而泰达担保公司只能依据《中华人民共和国破产法》的规定就诉争国债被处置所造成的损失数额向中科证券破产管理人申报债权。中科证券恳请北京市第二中级人民法院驳回泰达担保公司的全部诉讼请求，并告知泰达担保公司尽快依法向中科证券破产管理人申报债权，以维护泰达担保公司、中科证券双方及中科证券全体债权人之合法权益。

一审裁判结果

原审法院作出如下判决：驳回泰达担保公司的诉讼请求。

一审裁判理由

原审法院判决认为：泰达担保公司作为在中科证券所属营业部进行证券交易的客户，依照相关法律规定，中科证券不得将客户的交易结算资金和证券归入其自有财产。本案中由于中科证券违反上述规定，未经泰达担保公司准许将泰达担保公司在中科证券所属营业部中进行正常交易的国债进行了质押，2006年2月24日，因中科证券国债回购交收违约，证券登记结算公司根据相关业务规则将中科证券违约所涉国债回购质押券依法进行了质押转移。同时，在中科证券席位上的其他客户的国债亦被中科证券进行质押，同样因中科证券国债回购交收违约，所有中科证券席位上违约所涉国债回购质押券均被证券登记结算公司进行了质押转移。所有被中科证券用于质押的国债均已成为中科证券的担保财产，当证券登记结算公司将国债质押券进行质押转移后，实现了其对中科证券的债权，此时除中科证券以外的原国债持有人，就成为中科证券的债权人。当中科证券进入破产还债程序后，中科证券席位上剩余的国债和资金应由全体债权人所共有。证券登记结算公司在实现了其债权后，将剩余的国债和资金释放到在中科证券席位上进行国债交易的客户的证券账户和资金账户中，由于证券登记结算公司只对中科证券进行结算，其无法按照质押的比例将国债和资金释放至在中科证券席位上交易的客户账户中，其只能随机将国债和资金释放至在中科证券席位上交易的客户的账户中。因此，泰达担保公司账户中所显示的资金不能认定为泰达担保公司所有，应为中科证券的债权人所共同享有，作为破产清算的财产，按比例对全体债权人进行清偿，故泰达担保公司要求返回其账户内的资金及利息、逾期利息的请求于法无据，法院不予支持。泰达担保公司应按照破产还债程序对其债权进行申报。

二审诉辩情况

泰达担保公司不服一审法院民事判决，向法院提起上诉，其上诉主要理由为：第一，一审法院判决认定事实不清，泰达担保公司应属于中科证券的正常经纪类客户，不存在交收违约或者欠库情况；一审法院民事判决认定证券登记结算公司因交易系统上存在技术困难无法分割，没有法律依据。第二，一审法院判决适用法律错误，泰达担保公司作为正常经纪类客户，有权要求中科证券将诉争国债予以返还，而不能将上诉人视为破产法意义上的债权人。第三，上诉人与中科证券为经纪委托交易和托管法律关系，证券公司对证券登记结算公司违约的法律责任不应转嫁于证券公司的投资客户。上诉请求：（1）判令被上诉人返还上诉人资金账户内资金3083922.36元；（2）判令被上诉人返还上诉人2006年未付利息1642128.60元及逾期利息215283.06元。被上诉人如果不能返还，上诉人要求证券投资者保护基金收购，因为是由被上诉人的清理人负责的。（3）本案一审、二审费用由被上诉人承担。

二审裁判结果

北京市高级人民法院作出终审判决如下：驳回上诉，维持原判。

二审裁判理由

法院认为，本案争议的焦点为，泰达担保公司对被中科证券挪用的国债应当行使取回权（证券返还），还是只能申报破产清算债权。对此法院作如下分析认定：2004年5月17日，泰达担保公司以资金账户资金1亿元进行国债投资，陆续买入21国债（3）502180张、21国债（15）532170张。后泰达担保公司进行国债回购融资-98530055.00元，剩余国债被中科证券擅自挪用。中科证券挪用泰达担保公司国债进行回购质押登记和融资行为违反《中华人民共和国证券法》第139条第2款关于"证券公司不得将客户的交易结算资金和证券归入其自有财产。禁止任何单位或者个人以任何形式挪用客户的交易结算资金和证券"之规定，属于侵权行为，应当承担侵权责任。2006年2月24日，由于中科证券国债回购交收违约，证券登记结算公司根据相关业务规则将其违约所涉所持国债回购质押券（包括泰达担保公司B880901797账户）依法进行质押转移。2006年10月27日，中科证券行政清理组在泰达担保公司归还对证券登记结算公司欠款的前提下，向证券登记结算公司申请从质押库内释放了泰达担保公司账户内自主回购的国债98530055.00元，允许其自行卖出。同时，证券登记结算公司因交易系统上存在技术困难无法分割，剩余国债即本案的诉争国债一并回到泰达担保公司账户，这一事实，从泰达担保公司账户内自主回购的国债为98530055.00元，其余国债并未回购即可认定，无须"法律依据"。该部分国债为中科证券在中登公司的证券交易席位上拥有的中科证券应予购回的国债，因中科证券已无力购回，应由中科证券处置，用于归还中科证券对证券登记结算公司的国债"欠库"。依照《中华人民共和国企业破产法》第16条"人民法院受理破产申请后，债务人对个别债权人的债务清偿无效"之规定，当中科证券进入破产还债程序后，中科证券的证券交易席位上剩余的国债和资金应由中科证券的全体债权人共有。故泰达担保公司对资金账户中剩余国债，不应享有所有权和取回权，而应作为因中科证券侵权行为给泰达担保公司造成的经济损失所形成的债权，参与中科证券破产清算财产的分配。因此，泰达担保公司要求中科证券返还泰达担保公司资金账户内资金（国债到期已还本付息）3083922.36元及相应利息的诉讼请求，于法无据，其上诉理由，不能成立，法院不予支持。

综上，一审法院判决认定事实清楚，适用法律正确。

证券返还纠纷办案依据集成

1. 中华人民共和国证券法（2005年10月27日修订）（节录）

第八十条 禁止法人非法利用他人账户从事证券交易；禁止法人出借自己或者他人的证券账户。

第一百一十一条 投资者应当与证券公司签订证券交易委托协议，并在证券公司开立证券交易账户，以书面、电话以及其他方式，委托该证券公司代其买卖证券。

第一百六十六条 投资者委托证券公司进行证券交易，应当申请开立证券账户。证券登记结算机构应当按照规定以投资者本人的名义为投资者开立证券账户。

投资者申请开立账户，必须持有证明中国公民身份或者中国法人资格的合法证件。国家另有规定的除外。

第二百零八条 违反本法规定，法人以他人名义设立账户或者利用他人账户买卖证券的，责令改正，没收违法所得，并处以违法所得一倍以上五倍以下的罚款；没有违法所得或者违法所得不足三万元的，处以三万元以上三十万元以下的罚款。对直接负责的主管人员和其他直接责任人员给予警告，并处以三万元以上十万元以下的罚款。

证券公司为前款规定的违法行为提供自己或者他人的证券交易账户的，除依照前款的规定处罚外，还应当撤销直接负责的主管人员和其他直接责任人员的任职资格或者证券从业资格。

2. 证券登记结算管理办法（2009年11月20日证监会令第65号修改）（节录）

第十七条 投资者通过证券账户持有证券，证券账户用于记录投资者持有证券的余额及其变动情况。

第十八条 证券应当记录在证券持有人本人的证券账户内，但依据法律、行政法规和中国证监会的规定，证券记录在名义持有人证券账户内的，从其规定。

证券登记结算机构为依法履行职责，可以要求名义持有人提供其名下证券权益拥有人的相关资料。

第十九条 投资者开立证券账户应当向证券登记结算机构提出申请。

投资者申请开立证券账户应当保证其提交的开户资料真实、准确、完整。

第二十条 证券登记结算机构可以直接为投资者开立证券账户，也可以委托证券公司代为办理。

证券登记结算机构为投资者开立证券账户，应当遵循方便投资者和优化配置账户资源的原则。

第二十一条 证券公司代理开立证券账户，应当向证券登记结算机构申请取得开户代理资格。

证券公司代理开立证券账户，应当根据证券登记结算机构的业务规则，对投资者提供的有效身份证明文件原件及其他开户资料的真实性、准确性、完整性进行审核，并应当妥善保管相关开户资料，保管期限不得少于20年。

第二十二条　投资者不得将本人的证券账户提供给他人使用。

第二十三条　证券登记结算机构应当根据业务规则，对开户代理机构开立证券账户的活动进行监督。开户代理机构违反业务规则的，证券登记结算机构可以根据业务规则暂停、取消其开户代理资格，并提请中国证监会按照相关规定采取暂停或撤销其相关证券业务许可；对直接负责的主管人员和其他直接责任人员，单处或并处警告、罚款、撤销任职资格或证券从业资格等处罚措施。

第二十四条　证券公司应当掌握其客户的资料及资信状况，并对其客户证券账户的使用情况进行监督。证券公司发现其客户在证券账户使用过程中存在违规行为的，应当按照证券登记结算机构的业务规则处理，并及时向证券登记结算机构和证券交易所报告。涉及法人以他人名义设立证券账户或者利用他人证券账户买卖证券的，还应当向中国证监会报告，由中国证监会依法予以处罚。

第二十五条　投资者在证券账户开立和使用过程中存在违规行为的，证券登记结算机构应当依法对违规证券账户采取限制使用、注销等处置措施。

第十节 证券欺诈责任纠纷

一、证券内幕交易责任纠纷

> **35. 对内幕交易行为的认定存在哪些疑难问题?**
>
> 内幕交易和操纵市场一样都是专业性和隐蔽性极强的侵权行为,能够准确判断内幕交易的存在,是该侵权行为民事责任实现的先决条件。尽管证券监管部门担负着监管市场的职责,但因证券交易所处于交易监管的第一线,所以《证券法》没有具体规定谁负有认定市场是否发生内幕交易行为的职责,仍可以理解为交易所在监管部门授权下对市场实施及时监控。

> **36. 内幕交易应承担何种责任?**
>
> 《证券法》第76条规定了内幕交易行为给投资者造成损失的,行为人应当承担民事赔偿责任。实际上,该法对内幕交易民事责任的构成要件并没有细化;也没有针对不同内幕人员确立不同的过错归责;更没有明确规定受损投资人范围及具体的民事赔偿标准。在实践中,对内幕交易行为责任承担的标准与方式依赖于法院的分析与定性。

典型疑难案件参考

陈祖灵与潘海深证券内幕交易赔偿纠纷案(北京市第一中级人民法院裁判文书〔2009〕一中民初字第8217号)

基本案情

1998年10月,大唐公司的股票"大唐电信"在上交所挂牌上市,股票代码为:600198。潘海深1998年9月21日至2008年3月曾任大唐公司董事。陈祖灵于1996年9月2日在上交所开立个人股票账户,编号为01278048。2007年2月27日,陈祖灵开始买入大唐电信股票。2007年4月10日,陈祖灵以17.10元买入43800股,2007年6月18日,陈祖灵以24.47元卖出13800股。

此后，陈祖灵又多次买入或卖出大唐电信股票。2008年3月20日，证监会下达〔2008〕12号行政处罚决定书，该决定书认定潘海深存在如下违法行为：潘海深从1998年9月21日至今一直担任大唐公司董事，并于2001年9月21日至今担任大唐公司董事会审计与监督委员会委员。根据公司章程，董事会审计与监督委员会的职责包括审核公司的财务信息及其披露。2002年，潘海深在国泰君安证券公司北京知春路营业部开立18003211（潘海深）资金账户，下挂1个上海股东账户A156046013。潘海深本人承认该账户归其所有，交易资金来源于他的工资卡。截至2007年4月15日，该账户内有大唐电信股票13637股。2005年，大唐公司亏损。2006年10月30日，大唐公司发布2006年业绩预增公告，预计2006年全年实现盈利。2007年2、3月间，大唐公司与其2006年年审机构经过沟通，拟对光通信、无线分公司的资产计提大幅减值准备，初步判断大唐公司2006年会有数亿元的亏损。2007年4月4日上午10时33分，大唐公司董事会秘书将审计机构的预审计意见、公司经营班子关于年报亏损的汇报、预亏公告全文以电子邮件的形式向包括潘海深在内的全体董事做了汇报，汇报材料中称因"对整合后的无线、光通信资产进行大幅减值计提，由此将造成2006年年度财务报告亏损5－6亿元"。2007年4月5日，大唐公司发布《大唐电信科技股份有限公司2006年度业绩预告更正公告》，宣布大唐公司由预盈转预亏，但未披露预计亏损的具体数额。根据询问笔录，潘海深称自己在公告前就知道会有几个亿的亏损。2007年4月16日，潘海深通过办公室电话下单，以每股20.53元的价格将其持有的大唐电信股票13637股卖出，成交金额为279967.61元。该价格既是当日收盘价，也是当日涨停价。次日，潘海深向上交所汇报了此次交易情况，潘海深称2007年4月16日的交易行为是误操作。证监会以潘海深的行为违反《证券法》第76条的规定，并依据《证券法》第202条的规定对潘海深给予3万元的处罚。

诉辩情况

原告陈祖灵起诉称：陈祖灵系投资者，在2007年4月16日前至该日买入或持有大唐电信股票（股票代码600198，1998年10月21日在上海证券交易所上市）。潘海深系电信科学技术研究院副院长，曾担任大唐电信科技股份有限公司（以下简称大唐公司）董事、副总经理，并担任过大唐公司董事会审计与监督委员会委员。在任职大唐公司期间，潘海深曾发生卖出大唐电信股票的内幕交易行为，2008年3月20日，被中国证券监督管理委员会（以下简称证监会）认定为存在内幕交易行为，并受到行政处罚（中国证监会行政处罚书〔2008〕12号）。根据2007年5月最高人民法院副院长奚晓明在全国民商审判工作会议的讲话精神,强调修订后的证券法已明确规定了内幕交易、操纵市场的侵权民事责任。陈祖灵正是在潘海深内幕交易期间受到内幕交易影响,买入或持有大唐电信股票,并导致了相应的投资损失(包括投资差额损失、印花税、佣金及利息)。现诉至法院,诉讼请求:(1)判令潘海深向陈祖灵支付因内幕交易引起的侵权赔偿款 673726.11 元;(2)潘海深承担本案的诉讼费。

被告潘海深答辩称:第一,本案不符合法定的受理条件,应当裁定不予受理。根据 2001 年 9 月 21 日,最高人民法院发布的《关于涉证民事赔偿案件暂不予受理的通知》的规定,对于内幕交易行为引发的民事赔偿案件应暂不予受理。陈祖灵在起诉中说到最高人民法院副院长奚晓明的讲话相当于废止了最高人民法院的司法解释,潘海深认为这是违背法律的,不能因为某一个人的某一次讲话而废止法律,因此,潘海深认为法院应当先就本案是否应当受理的问题作出裁定,再就实体问题进行审理。第二,陈祖灵依据同一事实与理由,同一股票交易过程,同一损失向同一法院提起不同的诉讼,要求进行赔偿,应属重复诉讼行为,违背了人民法院关于一案不二审的相关规定,应当驳回陈祖灵的起诉。第三,陈祖灵的损失与潘海深的股票买卖行为完全没有因果关系,完全是由于其自身操作行为和股市系统性风险造成的。(1)在本案立案前,潘海深与陈祖灵根本不认识,更没有对陈祖灵股票的操作行为作过任何明示或暗示的指导或提示、建议。陈祖灵只是在 2008 年 3 月 20 日,证监会对潘海深作出处罚决定书之后才知道潘海深误售股票一事,所以,陈祖灵的股票交易行为不可能受到潘海深误售股票的影响,更何况该股票在长达一年的时间里均处于上涨期,陈祖灵频繁交易获利较丰。(2)潘海深在 2007 年 4 月 16 日误售自己所持有的股票仅为 13637 股,当天该股票的成交量为 258558920 股,潘海深的所谓内幕交易行为根本无法引起操纵股价的结果,事实股价也没受到影响。潘海深的所谓内幕交易行为不应对陈祖灵承担赔偿责任。(3)从潘海深卖出股票到 ST 大唐发布公告之日,股价是上涨的,这也说明潘海深的卖出股票与该股票的价格波动和走势是没有任何负面影响的。且陈祖灵在此期间操作的两笔交易均是盈利的,如陈祖灵 2007 年 4 月 10 日以 17.10 元买入该股票,2007 年 6 月 18 日,陈祖灵以 24.47 元卖出,每股净盈利 7.37 元,但此时距离潘海深卖出股票已经两个多月,至此,说明潘海深的行为不但没有给陈祖灵带来任何损失,相反陈祖灵获得巨额利润,按照陈祖灵的逻辑是否要与潘海深利润共享。由此可以断定潘海深卖出股票的行为没有对该股票产生任何负面影响。

▶ 裁判结果

北京市第一中级人民法院作出判决如下:驳回原告陈祖灵对被告潘海深的

诉讼请求。

> **裁判理由**

法院认为，本案双方争议的焦点为：第一，陈祖灵诉讼请求之经济损失与潘海深卖出股票行为之间是否存在因果关系；第二，潘海深是否应当对陈祖灵的经济损失承担民事赔偿责任。

1. 关于陈祖灵诉讼请求之经济损失与潘海深卖出股票行为之间是否存在因果关系

法院认为：陈祖灵以证券内幕交易为由，起诉潘海深要求其赔偿经济损失。证券内幕交易是指掌握上市公司未公开的，可以影响证券价格的重要信息的人，在该信息转变为公开信息之前，买入或者卖出该证券，或者泄露该信息，或者建议他人买卖该证券，直接或间接地利用该信息进行证券交易，以获取利益或减少损失的行为。潘海深作为大唐公司的董事应当属于掌握大唐公司内幕信息，他于2007年4月16日卖出大唐电信股票的行为，受到了证监会的处罚。但从本案有效证据表明潘海深与陈祖灵在本案诉讼前并不相识，陈祖灵买卖大唐电信股票并非受到潘海深的引导，并且陈祖灵于2007年4月10日以17.10元买入该股票，又于2007年6月18日以24.47元卖出，每股净盈利7.37元，但此时距离潘海深卖出股票已经两个多月，至此，说明潘海深的行为没有给陈祖灵带来负面影响或损失。

本案中，陈祖灵作为理性投资者，在2005年11月8日大唐公司因涉嫌虚假陈述被北京监管局决定立案调查后，仍从2007年2月27日起，多次买卖大唐电信股票。该行为要么属于应当预见大唐公司涉嫌存在的虚假信息披露行为可能被定性为虚假陈述行为的结果会给自己带来投资风险而没有预见，要么属于已经预见大唐公司存在虚假信息披露行为会给自己带来投资风险但抱有不必然给自己带来投资风险之侥幸心理，显属缺乏足够的证券市场风险防范意识。在此情况下，陈祖灵诉讼请求之经济损失，属证券市场中正常的投资交易风险，不应归责于潘海深。故法院认定陈祖灵的经济损失与潘海深卖出股票行为之间不存在因果关系。

2. 关于潘海深是否应当对陈祖灵的经济损失承担民事赔偿责任

因法院认定陈祖灵的经济损失与潘海深卖出股票行为之间不存在因果关系，故潘海深对陈祖灵的经济损失不应承担民事赔偿责任。

综上，潘海深关于陈祖灵诉讼请求所涉损失与其卖出大唐电信股票行为之间不存在因果关系的辩称成立，法院予以支持。陈祖灵的诉讼理由及所提交的证据不足以证明其诉讼请求成立，故法院对陈祖灵的诉讼请求不予支持。

二、证券虚假陈述责任纠纷

37. 上市公司的实际控制人以上市公司名义实施虚假陈述行为给投资人造成损失应如何归责？

投资人只起诉上市公司的，上市公司应当先行承担赔偿责任，然后再向实际控制人追偿。证券承销商、证券上市推荐人知道或者应当知道上市公司虚假陈述而不予纠正或者不出具保留意见的，构成共同侵权，对投资人的损失承担连带责任。值得注意的是，投资人以自己受到虚假陈述侵害为由，对虚假陈述行为人提起诉讼的，必须以有关机关的行政处罚决定或者人民法院的刑事裁判文书为依据。

38. 如何理解证券市场中的系统风险？

通说认为，系统风险是指对证券市场产生普遍影响的风险因素，其特征在于系统风险因共同因素所引发，对证券市场所有的股票价格均产生影响，这种影响为个别企业或行业所无法控制，投资人也无法通过分散投资加以消除。最高人民法院《关于审理证券市场因虚假陈述引发的民事赔偿案件的若干规定》第19条第（四）项规定，被告举证证明原告的损失或部分损失由证券市场系统风险等其他因素所致的，人民法院应当认定虚假陈述与损害结果之间不存在因果关系。

典型疑难案件参考

陈丽华等23名投资人与大庆联谊公司、申银证券公司虚假陈述侵权赔偿纠纷案（《最高人民法院公报》2005年第11期）

基本案情

大庆联谊公司正式成立于1998年5月6日。1997年4月26日，联谊石化总厂以被告大庆联谊公司的名义发布《招股说明书》。该说明书中，载明被告申银证券公司是大庆联谊公司股票的上市推荐人和主承销商。1997年5月23

日，代码为600065a的大庆联谊公司股票在上海证券交易所上市。1998年3月23日，联谊石化总厂又以大庆联谊公司的名义发布《1997年年报》。1999年4月21日，根据有关部门要求，大庆联谊公司在《中国证券报》上发布董事会公告，称该公司的《1997年年报》因涉嫌利润虚假、募集资金使用虚假等违法、违规行为，正在接受有关部门调查。2000年3月31日，中国证监会以证监罚字〔2000〕年第15、16号，作出《关于大庆联谊公司违反证券法规行为的处罚决定》和《关于申银证券公司违反证券法规行为的处罚决定》。处罚决定中，认定大庆联谊公司有欺诈上市、《1997年年报》内容虚假的行为；申银证券公司在为大庆联谊公司编制申报材料时，有将重大虚假信息编入申报材料的违规行为。上述处罚决定均在2000年4月27日的《中国证券报》上公布。从1997年5月23日起，原告陈丽华等23人陆续购买了大庆联谊公司股票；至2000年4月27日前后，这些股票分别被陈丽华等23人卖出或持有。因购买大庆联谊公司股票，陈丽华等23人遭受的实际损失为425388.30元，其中242349.00元损失发生在欺诈上市虚假陈述行为实施期间。从被告大庆联谊公司《1997年年报》虚假行为被披露的1999年4月21日起，大庆联谊公司股票累计成交量达到可流通部分100%的日期是同年6月21日，其间每个交易日收盘价的平均价格为9.65元；从大庆联谊公司上市虚假行为被披露的2000年4月27日起，大庆联谊公司股票累计成交量达到可流通部分100%的日期是同年6月23日，其间每个交易日收盘价的平均价格为13.50元。上海证券交易所股票交易的佣金和印花税，分别为3.5‰、4‰。原告陈丽华等23名投资人因认为被告大庆联谊石化股份有限公司（以下简称大庆联谊公司）、被告申银万国证券股份有限公司（以下简称申银证券公司）的虚假陈述行为给其投资股票造成了损失，侵犯其民事权益，向黑龙江省哈尔滨市中级人民法院提起诉讼。一审宣判后，大庆联谊公司和申银证券公司不服，分别向黑龙江省高级人民法院提出上诉。

一审诉辩情况

原告诉称：被告大庆联谊公司和被告申银证券公司在证券市场实施虚假陈述行为，已经受到中国证券监督管理委员会（以下简称中国证监会）的处罚。这不仅有中国证监会的处罚决定证实，大庆联谊公司1999年4月21日发布的董事会公告中也承认。二被告的虚假陈述行为使原告在投资大庆联谊公司股票中遭受了损失，应当对给原告造成的损失承担赔偿责任。请求判令大庆联谊公司给原告赔偿经济损失960063.15元，申银证券公司对此承担连带赔偿责任；由二被告负担本案诉讼费和诉讼成本费。

被告大庆联谊公司辩称：（1）本案所涉虚假陈述行为，是大庆联谊公司石化总厂（以下简称联谊石化总厂）以大庆联谊公司名义实施的；大庆联谊公司是在1998年5月6日才依法取得法人资格和营业执照，不应对此前联谊石化总厂实施的违法行为承担民事责任。（2）中国证监会的处罚决定是于2000年4月27日公布的，也就是说，2000年4月27日是大庆联谊公司虚假陈述行为的揭露日。1999年4月20日大庆联谊公司的董事会公告，仅是对投资者进行风险提示。原告方将这个日期作为大庆联谊公司虚假陈述行为的揭露日，不符合法律规定。（3）原告方投资大庆联谊公司股票的交易损失，主要是受系统风险及影响股价走势的多种因素所致，与大庆联谊公司被揭露的虚假陈述行为没有显而易见的因果关系。（4）原告既然主张其于1999年4月21日从大庆联谊公司董事会公告中知道了虚假陈述行为的存在，其提起本案侵权之诉时，就超过了法律规定的两年诉讼时效期间，其诉讼请求不应得到支持。应当驳回原告的诉讼请求。

一审裁判结果

哈尔滨市中级人民法院于2004年8月19日判决：

一、被告大庆联谊公司于本判决生效之日起10日内赔偿原告陈丽华等23人实际损失425388.30元（每人具体赔偿金额详见附表，本文略）；

二、被告申银证券公司对上述实际损失中的242349.00元承担连带赔偿责任。

一审裁判理由

哈尔滨市中级人民法院认为：

本案争议焦点是：（1）大庆联谊公司应否对联谊石化总厂以其名义实施的虚假陈述行为承担民事责任？（2）原告的股票交易损失与虚假陈述行为之间是否存在因果关系？（3）申银证券公司应否对虚假陈述行为承担连带责任？（4）原告的经济损失如何确定？（5）原告向法院主张权利，是否超过诉讼时效期间？

本案是因《中华人民共和国证券法》施行前实施的证券虚假陈述行为引发的侵权纠纷，审理本案应当适用1993年4月22日以国务院第112号令发布的《股票发行与交易管理暂行条例》（以下简称《股票管理暂行条例》）和最高人民法院《关于审理证券市场因虚假陈述引发的民事赔偿案件的若干规定》（以下简称《证券赔偿案件规定》）。

关于第一点争议。《招股说明书》、《上市公报》和《1997年年报》，都是联谊石化总厂以被告大庆联谊公司名义发布的。这些行为已被中国证监会依照《股票管理暂行条例》的规定认定为虚假陈述行为，并给予相应的处罚，本案各方当事人对此均无异议。

关于第二点争议。《证券赔偿案件规定》第18条规定："投资人具有以下情形的，人民法院应当认定虚假陈述与损害结果之间存在因果关系：（一）投资人所投资的是与虚假陈述直接关联的证券；（二）投资人在虚假陈述实施日及以后，至揭露日或者更正日之前买入该证券；（三）投资人在虚假陈述揭露日或者更正日及以后，因卖出该证券发生亏损，或者因持续持有该证券而产生亏损。"原告陈丽华等23人购买了与虚假陈述直接关联的大庆联谊公司股票并因此而遭受了实际损失，应当认定大庆联谊公司的虚假陈述行为与陈丽华等人遭受的损失之间存在因果关系。大庆联谊公司所举证据不足以否认这种因果关系，关于不存在因果关系的主张不予采纳。

关于第三点争议。《股票管理暂行条例》第21条规定："证券经营机构承销股票，应当对招股说明书和其他有关宣传材料的真实性、准确性、完整性进行核查；发现含有虚假、严重误导性陈述或者重大遗漏的，不得发出要约邀请或者要约；已经发出的，应当立即停止销售活动，并采取相应的补救措施。"《证券赔偿案件规定》第27条规定："证券承销商、证券上市推荐人或者专业中介服务机构，知道或者应当知道发行人或者上市公司虚假陈述，而不予纠正或者不出具保留意见的，构成共同侵权，对投资人的损失承担连带责任。"根据中国证监会《处罚决定书》的认定，本案存在两个虚假陈述行为，即欺诈上市虚假陈述和《1997年年报》虚假陈述。这两个虚假陈述行为中，欺诈上市虚假陈述与被告申银证券公司相关。作为专业证券经营机构，大庆联谊公司股票的上市推荐人和主承销商，申银证券公司应当知道，投资人依靠上市公司的《招股说明书》、《上市报告》等上市材料对二级市场投资情况进行判断；上市材料如果虚假，必将对股票交易市场产生恶劣影响，因此应当对招股说明书和其他有关宣传材料的真实性、准确性、完整性进行核查。申银证券公司编制被告大庆联谊公司的上市文件时，未经认真审核，致使申报材料含有重大虚假信息，已经构成共同侵权，应当对投资人的损失承担连带责任。

关于第四点争议。《证券赔偿案件规定》第30条规定："虚假陈述行为人在证券交易市场承担民事赔偿责任的范围，以投资人因虚假陈述而实际发生的损失为限。投资人实际损失包括：（一）投资差额损失；（二）投资差额损失部分的佣金和印花税。"第31条规定："投资人在基准日及以前卖出证券的，其投资差额损失，以买入证券平均价格与实际卖出证券平均价格之差，乘以投资人所持证券数量计算。"第32条规定："投资人在基准日之后卖出或者仍持有证券的,其投资差额损失,以买入证券平均价格与虚假陈述揭露日或者更正日起至基准日期间,每个交易日收盘价的平均价格之差,乘以投资人所持证券数量计算。"第 20 条第 1 款规定:"本规定所指的虚假陈述实施日,是指作出虚假陈述或者发生虚假陈述之日。"第 20 条第 2 款规定:"虚假陈述揭露日,是指虚假陈述在全国范围发行或者播放的报刊、电台、电视台等媒体上,首次被公开揭露之日。"第 33 条规定:"投资差额损失计算的基准日,是指虚假陈述揭露或者更正后,为将投资人应获赔偿限定在虚假陈述所造成的损失范围内,确定损失计算的合理期间而规定的截止日期。基准日分别按下列情况确定:(一)揭露日或者更正日起,至被虚假陈述影响的证券累计成交量达到其可流通部分 100%之日。但通过大宗交易协议转让的证券成交量不予计算。(二)按前项规定在开庭审理前尚不能确定的,则以揭露日或者更正日后第 30 个交易日为基准日。(三)已经退出证券交易市场的,以摘牌日前一交易日为基准日。(四)已经停止证券交易的,可以停牌日前一交易日为基准日;恢复交易的,可以本条第(一)项规定确定基准日。"

被告大庆联谊公司实施了欺诈上市虚假陈述和《1997 年年报》虚假陈述,前者表现在 1997 年 4 月 26 日公布的《招股说明书》和《上市公告》中,后者表现在 1998 年 3 月 23 日公布的《1997 年年报》。因此,两个虚假陈述行为的实施日分别为 1997 年 4 月 26 日、1998 年 3 月 23 日。1999 年 4 月 21 日,大庆联谊公司首次在《中国证券报》上对该公司《1997 年年报》涉嫌虚假的问题进行了公告,应当确认此日为《1997 年年报》虚假陈述行为的揭露日。2000 年 4 月 27 日,《中国证券报》上公布了中国证监会对大庆联谊公司虚假陈述行为作出处罚的决定,应当确认此日为欺诈上市虚假陈述行为首次被披露日。自上述两个虚假陈述行为被揭露日起,至大庆联谊公司股票累计成交量达到可流通部分 100% 的日期,分别为 1999 年 6 月 21 日、2000 年 6 月 23 日,这是确定两个虚假陈述行为损失赔偿的基准日。

现已查明,前一个基准日的大庆联谊公司股票交易平均价格为 9.65 元,后一个基准日的平均价格为 13.50 元,而股票交易的佣金和印花税分别按 3.5‰、4‰计算。按此方法计算,在虚假陈述实施日以后至揭露日之前,原告陈丽华等 23 人购买大庆联谊公司股票,因卖出或持续持有该股票遭受的实际损失为 425388.30 元。这笔损失与被告大庆联谊公司的虚假陈述行为存在因果关系,大庆联谊公司应当承担赔偿责任。其中在欺诈上市虚假陈述行为实施期间发生的 242349.00 元损失,应当由被告申银证券公司承担连带责任。

关于第五点争议。根据《证券赔偿案件规定》第 5 条第 1 款第 1 项的规定,投资人对虚假陈述行为人提起民事赔偿的诉讼时效期间,从中国证监会或其派出机构公布对虚假陈述行为人作出处罚决定之日起算。中国证监会对本案所涉虚假陈述行为人作出的处罚决定于 2000 年 4 月 27 日公布。自此日起算，原告陈丽华等 23 人提起本案侵权之诉时，并未超过法律规定的两年诉讼时效期间。

另，原告陈丽华等 23 人请求判令被告给付诉讼成本费用，该主张没有法律依据，不予支持。

二审诉辩情况

大庆联谊公司的上诉理由是：（1）《证券赔偿案件规定》是根据《中华人民共和国民法通则》、《中华人民共和国证券法》、《中华人民共和国公司法》以及《中华人民共和国民事诉讼法》等法律制定的司法解释，其中的证券法于 1999 年 7 月 1 日起才施行。本案所涉虚假陈述行为，一个在 1997 年 4 月 26 日实施，一个在 1998 年 3 月 23 日实施，均早于证券法施行之日。在证券法施行前用于规范证券市场的《股票管理暂行条例》，是国务院证券委员会发布的行政规章，不具有行政法规效力，这个条例从证券法施行之日起已经作废。（2）在原审中，上诉人举出其他法院对类似案件的判决以及 k 线图等大量证据，用以证明揭露日之前的股票市场价格未受虚假陈述行为的影响，投资者在二级市场的获利或损失均与上诉人未披露的信息和募集的资金无关，被上诉人的损失是其在二级市场的投机行为造成的，虚假陈述行为与被上诉人的损失之间不存在因果关系。（3）原判认定《1997 年年报》虚假陈述的揭露日为 1999 年 4 月 21 日。既然这个日期是揭露日，那么所有投资者自该日起都应当知道虚假陈述行为已经发生。根据民法通则的规定，被上诉人在 2001 年 4 月 21 日以后对《1997 年年报》虚假陈述提起诉讼，显然超过了诉讼时效期间。（4）原判认定联谊石化总厂是本案两个虚假陈述行为的实施者和上诉人的实际控制人。虚假陈述行为实施者和上市公司的实际控制人，是两个不同的概念，其诉讼权利义务及赔偿责任承担应有明显区别。原判没有说明这两者之间的区别。（5）对投资人已卖出的股票，应当按先进先出原则计算买入均价。而本案有些被上诉人的股票买入均价超过最高买入价，甚至超过股票历史最高价，明显与事实不符。此外，股民利息损失不应由上诉人赔偿。原判认定的赔偿数额有误。请求二审撤销原判，改判驳回被上诉人的诉讼请求，由被上诉人负担一、二审诉讼费。

申银证券公司的上诉理由是：（1）上诉人制作的《招股说明书》仅针对一级市场，又被不断披露的信息所覆盖，被上诉人在二级市场不断地以投机为目的进行股票买卖，原审判决对此未涉及，对上诉人显然不公。（2）上诉人不是重大虚假信息的发布主体，信息的真假系法律事实，此事实的出现并不依赖上诉人是否认真审核，原审判决认定上诉人"未经认真核查，致使申报材料含有重大虚假信息"不当。(3) 原审判决将本应由会计师事务所承担的责任也一并判由上诉人承担不公。除此以外，同意大庆联谊公司的其他上诉理由。请求二审撤销原判，改判驳回被上诉人的诉讼请求，由被上诉人负担一、二审诉讼费。

被上诉人陈丽华等人辩称：(1)《股票管理暂行条例》是国务院发布的行政法规，不是行政规章，至今未被废止。原审判决适用法律并无不当。(2) 本案不存在系统风险导致股价随大盘波动的情形，上诉人没有提供存在系统风险的有力证据。根据《证券赔偿案件规定》第18条的规定，只要投资人符合该条规定的情形，应当认定虚假陈述行为与投资人损失之间具有因果关系。(3) 本案诉讼时效期间起算日为中国证监会对大庆联谊公司作出行政处罚公布之日即2000年4月27日，投资人起诉没有超过诉讼时效期间。(4)《招股说明书》不仅是一级市场，也是二级市场投资人投资的重要依据。被上诉人投机是证券市场的正常交易行为，应受法律保护。申银证券公司虽然不是《招股说明书》的发布主体，但因《招股说明书》由其制作、审核并签字，其是责任主体。申报材料含有重大虚假信息，申银证券公司应当承担赔偿责任。

二审裁判结果

黑龙江省高级人民法院依照《中华人民共和国民事诉讼法》第153条第1款第1项规定，于2004年12月21日判决：驳回上诉，维持原判。

二审裁判理由

黑龙江省高级人民法院认为：

关于第一点。作为司法解释，《证券赔偿案件规定》制定的依据和解释的对象，既包括证券法，也包括民法通则和公司法等法律。本案所涉虚假陈述行为虽然发生于证券法施行前，不能依照证券法追究行为人的责任，但任何民事行为均须遵循民法通则确立的诚实信用原则，遵守法律、行政法规以及相关行业规则确定的义务，否则就应依据民法通则和相关法律、行政法规的规定承担民事责任。《股票管理暂行条例》是国务院颁布的旨在监管证券市场的行政法规，其中不仅明确规定了证券发行人、上市公司和承销商等证券市场主体在证券市场中的信息披露义务，规定了对虚假陈述行为的行政处罚，而且还规定了虚假陈述行为人应当承担民事赔偿责任。该行政法规及相关行政规章、行业规则，是确定当事人是否违反民法通则诚实信用原则并构成侵权的具体标准。本案所涉虚假陈述行为,发生于《股票管理暂行条例》颁布施行之后,中国证监会依据该条例对虚假陈述行为作出认定和处罚,原判也将该条例作为法律依据,并根据《证券赔偿案件规定》作出裁判,并无不当。上诉人大庆联谊公司称原判以证券法为依据来确定行为人的赔偿责任,经核对原判文本,并无此事,这是大庆联谊公司对原判的误读。大庆联谊公司又称《股票管理暂行条例》不具有行政法规效力、已经废止,该理由没有任何法律依据。如前所述,《股票管理暂行条例》对虚假陈述行为人,不仅规定应予行政处罚,还规定应承担民事赔偿责任,而且《民法通则》第110条也有"对承担民事责任的公民、法人需要追究行政责任的,应当追究行政责任"的规定。行政责任与民事责任是两种不同的法律责任,不存在重复或追加处罚的问题。大庆联谊公司因虚假陈述行为被中国证监会予以行政处罚,不影响其对因给投资者造成的损失承担民事赔偿责任。大庆联谊公司称原判令其承担民事责任属于重复处罚,对其于证券法生效前实施的虚假陈述行为应免除民事赔偿责任的上诉理由,不能成立。

关于第二点。《证券赔偿案件规定》第19条第4项规定,被告举证证明原告的损失或者部分损失是由证券市场系统风险等其他因素所导致的,人民法院应当认定虚假陈述与损害结果之间不存在因果关系。此条虽将系统风险作为免除民事责任的条件之一,但对系统风险这一概念未作明确定义,双方当事人也对系统风险有不同的理解,故应依据通常理解确定系统风险的含义。上诉人大庆联谊公司上诉认为,原判未考虑系统风险对造成被上诉人损失的影响,并为此提交了相关股票价格和上证指数变动等证据支持自己的这一主张。大庆联谊公司既然提出这一主张,首先应当举证证明造成系统风险的事由存在,其次应当证明该事由对股票市场产生了重大影响,引起全部股票价格大幅度涨跌,导致了系统风险发生。但纵观大庆联谊公司向一审和二审法院提交的所有证据,并不能证明1999年4月21日至2000年4月27日期间,证券市场存在着足以影响所有股票价格下跌的合理事由,更不能证明该事由与股市价格波动的逻辑关系。对虚假陈述行为和所谓系统风险如何影响股价变动以及各自影响的程度,大庆联谊公司也没有提出具体的区分判断标准和有说服力的理由。经考察,1999年4月21日至2000年4月27日期间,股票市场的大盘走势图反映股票交易比较平稳,上证综合指数并未发生大幅度下跌。在此期间,大庆联谊公司欺诈上市虚假陈述行为持续影响着股票价格,股民在信息不对称的情况下继续投资购买大庆联谊公司股票,由此形成的投资损失,当然与虚假陈述行为之间存在因果关系。至于大庆联谊公司在二审提交的其他法院关于虚假陈述侵权赔偿案民事判决,不仅因该判决尚未发生法律效力,而且因该案投资人股票交易时间段、虚假陈述行为对投资人影响程度均与本案不同,不能作为处理本案的依据。由于大庆联谊公司提交的证据不能证明系统风险确实存在,原判以证据不足为由,否决大庆联谊公司关于存在系统风险,应当免除赔偿责任的抗辩主张,并无不当。

关于第三点。上诉人申银证券公司上诉认为,对《招股说明书》进行审核是会计师事务所的职责,其无能力承担此项义务;况且《招股说明书》仅针对一级市场并不断被后续披露的信息所覆盖,投资人在二级市场是以投机为目的进行股票买卖,不是根据《招股说明书》介绍的情况进行投资,因此,主张不应由其对虚假陈述承担共同侵权的连带责任。

根据《证券赔偿案件规定》,对发行人或者上市公司的上市文件,证券承销商、证券上市推荐人或者专业中介服务机构都有责任审核,都可能对发行人或者上市公司的虚假陈述行为承担连带责任。以上述主体为被告的诉讼,属于普通共同诉讼。在一审诉讼中,原告基于其诉讼利益的判断而选择其中某些人当被告,不违反法律规定。法院根据原告的请求确定诉讼参加人,是尊重当事人的诉讼选择权,并无不当。在虚假陈述行为被完全揭露前,即使其他信息披露义务人后续披露了其他虚假信息,也不能排除投资人对在先披露信息的信赖。投资人进行股票交易以期获取收益,是合法行为;投资人的投资动机,并非法定的免除损害赔偿责任的条件。虚假陈述行为给从事合法股票交易的投资人造成损失,不能因投资人交易动机的不同而免除虚假陈述行为人的赔偿责任。上诉人申银证券公司作为证券经营机构,推荐并承销上诉人大庆联谊公司股票发行,是法定的信息披露义务人。申银证券公司未尽到法律所要求的勤勉、审慎注意义务,没有对源于大庆联谊公司的虚假陈述予以纠正或出具保留意见,而且自己还编制和出具了虚假陈述文件。同时,申银证券公司没有向法院证明其存在法定的免责事由。申银证券公司违法行为的内容和性质,已被中国证监会的行政处罚予以确认。申银证券公司就原判认定其"未经认真审核,致使申报材料含有重大虚假信息"提出的异议,与已经生效的行政处罚相矛盾,明显不能成立。原判依据《证券赔偿案件规定》第27条的规定,判令申银证券公司承担共同侵权的连带责任,并无不当。申银证券公司关于其不应承担责任的上诉理由,没有法律依据和事实根据,不予支持。

关于第四点。经查,本案所涉虚假陈述行为,确实是在上诉人大庆联谊公司成立之前,由联谊石化总厂以大庆联谊公司名义实施的。大庆联谊公司是联谊石化总厂以其部分下属企业组建成立的公司。因此,联谊石化总厂不仅是虚假陈述行为人,也是上市公司大庆联谊公司的实际控制人。被上诉人在一审中仅起诉了大庆联谊公司和上诉人申银证券公司,未起诉联谊石化总厂,故联谊石化总厂不是必须参加诉讼的主体。作为上市公司，大庆联谊公司可以在先行承担赔偿责任后，再根据《证券赔偿案件规定》第22条的规定向实际控制人联谊石化总厂追偿。大庆联谊公司与其实际控制人联谊石化总厂之间的责任分配或转承关系，属另一法律关系，不在本案审理范围。

关于第五点。尽管上诉人大庆联谊公司的《1997年年报》虚假陈述行为于1999年4月21日披露，尽管在原审诉讼中部分被上诉人也称其于该日知道虚假陈述行为发生，但是根据《证券赔偿案件规定》第6条的规定，投资人以自己受到虚假陈述侵害为由，对虚假陈述行为人提起民事赔偿诉讼的，必须以有关机关的行政处罚决定或者人民法院的刑事裁判文书为依据，人民法院才应当受理。在有关机关的行政处罚决定或者人民法院的刑事裁判文书没有作出和公布前，投资人无从提起诉讼。所以，如果按《民法通则》第137条的规定，"从知道或者应当知道权利被侵害时起计算"投资人提起的虚假陈述侵权损害赔偿案的诉讼时效期间，对投资人是不公平的。原判根据《证券赔偿案件规定》第5条第1款第1项的规定，从中国证监会对虚假陈述行为人作出的处罚决定公布之日计算本案的诉讼时效期间，是正确的。大庆联谊公司此项上诉主张没有依据，不予支持。

关于第六点。经查，原判计算买入证券平均价格的方法是：以实际交易每次买进价格和数量计算出投资人买进股票总成本，再减去投资人此间所有已卖出股票收回资金的余额，除以投资人尚持有的股票数量。按此种方法计算，不排除个别投资人买入证券的平均价格高于股票历史最高价的可能。这只是计算投资人投资差额损失过程中可能出现的一个数据，而且这个数据在很大程度上取决于投资人在揭露日前后的股票持有量。这个数据不等于投资人购买股票时实际成交的价格，其与大庆联谊公司股票历史最高价之间没有可比性。由于证券交易的复杂性，目前用于计算投资人投资差额损失的方法有多种。只要这些方法符合《证券赔偿案件规定》第30条、第31条、第32条确定的原则，结果公平合理，使用哪种方法计算，就在法院的自由裁量范围之内。原判采用的计算方法符合《证券赔偿案件规定》，有利于保护多数投资人的利益，故不予变更。上诉人大庆联谊公司关于原判确定的损失赔偿数额不当的上诉理由，不予采纳，同时由于《证券赔偿案件规定》第30条第2款已明确规定，虚假陈述行为人在证券交易市场承担民事赔偿责任的范围包括利息，即所涉资金利息自买入至卖出证券日或者基准日，按银行同期活期存款利率计算，故对大庆联谊公司不同意给付投资差额损失部分利息的上诉主张，也不予支持。

三、欺诈客户责任纠纷

39. 如何认定证券欺诈行为？

证券欺诈行为是指证券公司及其从业人员违背客户真实意思表示，从事损害客户利益的行为。具体包括：违背客户的委托为其买卖证券；不在规定时间内向客户提供交易的书面确认文件；挪用客户所委托买卖的证券或者客户账户上的资金；私自买卖客户账户上的证券或假借客户的名义买卖证券；为牟取佣金收入诱使客户进行不必要的证券买卖；利用传媒或通过其他方式提供虚假错误投资信息；其他违背客户真实意思表示，损害其利益的行为。

40. 证券交易所能否超量创设权证？

一般情况下，具有权证创设资格、开设创设专用账户且提供履约担保资金的证券公司，在其认为权证价格高估时，可以创设权证，并在市场上卖出，增加权证的供给；在权证价格回归价值时，可以回购并注销权证，释放履约担保品。换言之，证券交易所在自我判断权证价格的同时，有权利增加权证的供给。

典型疑难案件参考

邢立强与上海证券交易所权证交易侵权纠纷案

基本案情

2005 年 11 月 16 日，武汉钢铁（集团）公司（以下简称武钢集团）发布《关于武汉钢铁股份有限公司人民币普通股股票认购权证和认沽权证上市公告书》（以下简称武钢权证上市公告书），其中关于认沽权证的发行，公告称，本次发行备兑认沽权证 47400 万份，认沽权证交易代码"580999"，权证交易简称"武钢 JTP1"，权证存续期间为 2005 年 11 月 23 日至 2006 年 11 月 22 日，权证行权日为 2006 年 11 月 16 日至 2006 年 11 月 22 日，上市时间为 2006 年 11 月 23 日，标的证券代码"600005"，标的证券简称"武钢股份"，行权价为

3.13元,行权比例为1∶1,结算方式为股票给付方式。截至2005年11月25日,经中国证券业协会评审,中信证券等13家证券公司取得从事相关创新活动的试点资格。2005年11月21日,被告上交所发布《关于证券公司创设武钢权证有关事项的通知》,通知称,取得中国证券业协会创新活动试点的证券公司(以下简称创设人)可按照本通知的规定创设权证,创设人创设的权证应与武钢认购或认沽权证相同,并使用同一交易代码和行权代码。创设认沽权证的创设人应在中国登记结算有限责任公司上海分公司(以下简称中国结算上海分公司)开设权证创设专用账户和履约担保资金专用账户,并在履约担保资金专用账户全额存放现金,用于行权履约担保。创设人应将上述账户报上交所备案。创始人向上交所申请创设权证的,应提供中国结算上海分公司出具的其已提供行权履约担保的证明,经上交所审核同意,通知中国结算上海分公司在权证创设专用账户生成次日可交易的权证。权证创设后,创设人可向上交所申请注销权证,创设人每日申请创设或注销权证不得超过一次,每次创设或注销数量均不低于100万份。该通知自2005年11月28日起施行。2005年11月25日,被告上交所审核批准光大证券、海通证券、国信证券、广发证券、东海证券、中信证券、华泰证券、长江证券、国泰君安证券、国元证券等十家券商创设武钢认沽权证的申请,总计创设武钢认沽权证共11.27亿份,定于2008年11月28日上市。2005年11月26日,十家券商在《证券时报》披露了上述创设权证的信息,《上海证券报》等媒体进行了相关报道。武钢权证上市后,原告邢立强在2005年11月24日、25日分别买入武钢认沽权证73100份(1.51元/份)、13100份(1.688元/份)、28600份(1.767元/份)、200份(1.806/份),累计买入武钢认沽权证115000份。创设权证上市后,同年11月30日,原告又买入武钢认沽权证100份,每份1.09元。至此,原告共计持有武钢认沽权证115100份,平均买入成本价为1.604元/份。2005年12月5日,原告卖出全部武钢认沽权证115100份,成交价为1.09元/份。此后,原告在武钢权证存续期间,又多次买入和卖出。原告除持有武钢认沽权证外,还对包钢、武钢、邯钢认购权证以及包钢认沽权证进行过多次交易,互有盈亏。原告认为上交所违规提前创设的行为是对投资者的欺诈,是造成投资者重大损失的直接原因,依法应当赔偿原告的损失。

诉辩情况

原告请求:(1)确认在2005年11月25日首次创设武钢认沽权证时上交所的提前创设行为是违法、违规、欺诈及操纵市场的过错行为,并且确认被告的过错行为与原告所受损失存在直接的因果关系,判令被告依法承担赔偿责任；（2）判令被告依法赔偿原告因被告的过错行为导致原告持有的115000份武钢认沽权证突然失去卖出机会而造成的直接损失129940元；（3）判令被告赔偿原告因第二项诉讼请求所判令的直接损失129940元的股资被被告占用所导致的直到本案执行前的行情经营损失779640元，同时确认该项损失数额随行情的发展而相应地增加；（4）判令被告承担案件受理费、律师费、差旅费、误工费、邮寄费、复印费、取证费、鉴定费等一切诉讼费用。

被告上交所辩称：原告邢立强是以被告侵犯其财产权为由提起的一般侵权诉讼，然而，本案被告制定权证创设规则并依之审核相关证券公司创立武钢权证申请之行为，属于面向整个权证市场、依法履行法定职责、具有普遍约束力的自律监管行为，而非针对原告而实施的具体行为。因此，原告诉称的被告的行为，不符合一般侵权行为的构成要件，原告的侵权之诉不符合法律规定，依法应予以驳回。被告基于维护权证交易秩序、保护投资者权益之正当目的，按照相关规定审核创设人申请并无不当。原告的损失与诉争的被告行为之间，不存在因果关系，被告不应当承担民事赔偿责任。请求驳回原告的诉讼请求。

裁判结果

一审法院作出判决如下：驳回原告邢立强的全部诉讼请求。

裁判理由

1. 关于本案的可诉性问题

权证产品系证券衍生产品，根据修订后的《中华人民共和国证券法》第2条第3款的规定，证券衍生品种发行、交易的管理办法，由国务院依照证券法的原则规定。依此规定，权证的发行和交易行为可纳入证券法的调整范围。证券法对证券交易所的性质和地位作了明确规定，根据《证券法》第102条第1款的规定，证券交易所是为证券集中交易提供场所和设施，组织和监督证券交易，实行自律管理的法人。根据《证券法》第110条的规定，进入证券交易所参与集中交易的，必须是证券交易所的会员。权证交易亦属于证券交易，亦应在证券交易所内进行。鉴于普通投资者系通过交易所会员进场交易，投资者与交易所之间不存在直接的交易合同关系，交易所仅仅为交易提供平台和中介服务，因交易发生损失，交易所对投资者不承担契约上的义务。本案原告邢立强并非提起违约之诉，而是以被告上交所的审核券商创设权证违规为由提起的侵权之诉，根据《中华人民共和国民法通则》第106条第2款的规定，原告提起侵权之诉不受主体限制，人民法院可以受理。相对于民法通则而言，证券法系特别法，证券法中关于侵权行为的规定应当优先适用，证券法没有规定的,可以适用一般民法关于民事侵权的规定。关于权证产品的发行和交易,目前尚未有单行法律和行政法规出台,只有上交所根据证券法和证监会的授权制定的业务规则即《上海证券交易所权证管理暂行办法》对权证的发行、交易等进行业务规范。而本案涉及的权证创设问题,也仅有《上海证券交易所权证管理暂行办法》第29条作了授权性规定,即对于已上市交易的权证,上交所可以允许合格机构创设同种权证。具体的权证创设规则也是由交易所根据该《办法》的规定在某一具体的权证产品的上市公告中予以确定。因此,权证创设行为系证券交易所根据国务院证券监管部门批准的业务规则作出的履行自律监管行为,该行为如违反法律规定和业务规则,相关受众主体可以对交易所提起民事诉讼。根据以上分析,被告认为本案原告针对交易所的自律监管行为提起的诉讼不具可诉性的辩称,没有法律依据,不予采信。

2. 关于原告邢立强的交易损失与被告上交所的监管行为之间的因果关系问题

原告邢立强认为,被告上交所在审核武钢认沽权证时存在违规、欺诈行为,具体表现在未按公告时间创设权证、创设权证严重超量等方面,这些行为直接导致了原告的交易损失,应当由被告进行赔偿。对此,法院认为,被告上交所系根据《上海证券交易所权证管理暂行办法》第29条的规定,审核合格券商创设武钢权证,该审核行为符合业务规则的具体要求,是被告履行证券法赋予其自律监管职能的行为,具有合法性。根据《上海证券交易所权证管理暂行办法》的有关权证发行的规定,具有权证创设资格、开设创设专用账户且提供履约担保资金的证券公司,在其认为权证价格高估时,可以创设权证,并在市场上卖出,增加权证的供给;在权证价格回归价值时,可以回购并注销权证,释放履约担保品。根据上述业务规程,被告在武钢权证上市前,就已经要求发行人在2005年11月18日发布的公告中对有关创设权证对权证交易价格可能造成的影响予以特别提示。在2005年11月21日,武钢权证上市前两天,被告发布了关于证券公司创设武钢权证有关事项的通知,对权证创设的主体和相关程序进行了规定。2005年11月25日,申请创设武钢权证的券商完成了相关创设登记及担保手续,被告审核后向中国结算上海分公司发出了创设权证业务通知单,同意创设人在权证创设专用账户生成次日可交易的权证。同年11月26日,创设人对创设权证事项进行了披露,明确公布所创设的权证将于11月28日起上市交易。从上述权证创设的过程来看,被告履行了相关监管义务,其行为并无不当。虽然被告在创设权证的通知中载明"该通知自2005年11月28日实施",但该表述并不表明创设权证只能在该日后即11月29日才能上市,该实施日即为上市日,故只要在11月28日前权证创设的相关手续完成，创设的权证即可上市交易。被告的上述审核行为符合权证创设的惯例，亦未违反业务规则的规定。原告认为被告允许十家券商提前创设武钢权证，没有事实依据，法院难以采信。

对权证交易进行监督和管理，是证券法赋予交易所的一项职能。在武钢认沽权证上市后，投资者对该权证进行了非理性的投机炒作，使得该权证严重背离内在价值。被告上交所为抑制这种过度炒作行为的继续，及时审核创设人创设权证，通过增加权证供应量的手段平抑权证价格，其目的在于维护权证交易的正常秩序，作为市场的监管者，其核准创设权证的行为系针对特定产品的交易异常所采取的监管措施。该行为主观上并非出于恶意，行为本身也并非针对特定投资者，而是针对权证交易活动本身作出的普遍监管行为，是交易所的职责所在。就创设权证审核行为而言，被告的行为不符合侵权行为的基本要件，原告邢立强主张被告侵犯其民事权利，依据不足。

原告邢立强认为，被告上交所核准券商超量创设权证亦是造成原告交易损失的直接原因。对此，法院认为，证券交易所作为证券市场的一线监管者行使监管职能，必然会对相对人和社会产生一定的影响和效应。创设权证制度在我国属于一项金融创新制度，是基于股权分置改革的总体要求，结合股改权证的运行特点，借鉴成熟市场的类似做法产生的一种市场化的供求平衡机制。鉴于这项制度仍处于探索阶段，故在创设程序、创设品种、创设数量等方面尚无规范可循，在具体实施时创设人可以根据发行权证的具体情况自由决定实施方案，交易所仅对其资格和上市程序进行审查。对于创设权证的具体规模，业务规则本身亦无限制。虽涉案认沽权证的创设量远远超出了最初的发行量，但《上海证券交易所权证管理暂行办法》对此并无禁止性规定，只能根据具体权证产品的交易情况和特点予以确定适当的数量，以达到供求平衡。本案中，原告在武钢认沽权证交易中的损失，虽与券商创设权证增加供给量存在关联，但在被告事先已履行必要的信息披露和风险揭示的情况下，原告仍然不顾风险贸然入市，由此造成的交易风险与被告履行市场监管行为不存在必然的、直接的因果关系，故原告要求被告赔偿权证交易差价损失和可得利益损失，没有法律依据，不予支持。

综上，原告邢立强对被告上交所提起侵权损害赔偿的请求，没有事实和法律上的依据，法院不予支持，原告应自行承担权证交易的风险损失。

证券欺诈责任纠纷办案依据集成

1. 中华人民共和国证券法（2005年10月27日修订）（节录）

第五条 证券的发行、交易活动，必须遵守法律、行政法规；禁止欺诈、内幕交易和操纵证券市场的行为。

第七十九条 禁止证券公司及其从业人员从事下列损害客户利益的欺诈行为：

（一）违背客户的委托为其买卖证券；
（二）不在规定时间内向客户提供交易的书面确认文件；
（三）挪用客户所委托买卖的证券或者客户账户上的资金；
（四）未经客户的委托，擅自为客户买卖证券，或者假借客户的名义买卖证券；
（五）为牟取佣金收入，诱使客户进行不必要的证券买卖；
（六）利用传播媒介或者通过其他方式提供、传播虚假或者误导投资者的信息；
（七）其他违背客户真实意思表示，损害客户利益的行为。

欺诈客户行为给客户造成损失的，行为人应当依法承担赔偿责任。

2. 最高人民法院关于审理证券市场因虚假陈述引发的民事赔偿案件若干规定（2003年1月9日　法释〔2003〕2号）（节录）

第一条 本规定所称证券市场因虚假陈述引发的民事赔偿案件（以下简称虚假陈述证券民事赔偿案件），是指证券市场投资人以信息披露义务人违反法律规定，进行虚假陈述并致使其遭受损失为由，而向人民法院提起诉讼的民事赔偿案件。

第十七条 证券市场虚假陈述，是指信息披露义务人违反证券法律规定，在证券发行或者交易过程中，对重大事件作出违背事实真相的虚假记载、误导性陈述，或者在披露信息时发生重大遗漏、不正当披露信息的行为。

对于重大事件，应当结合证券法第五十九条、第六十条、第六十一条、第六十二条、第七十二条及相关规定的内容认定。

虚假记载，是指信息披露义务人在披露信息时，将不存在的事实在信息披露文件中予以记载的行为。

误导性陈述，是指虚假陈述行为人在信息披露文件中或者通过媒体，作出使投资人对其投资行为发生错误判断并产生重大影响的陈述。

重大遗漏，是指信息披露义务人在信息披露文件中，未将应当记载的事项完全或者部分予以记载。

不正当披露，是指信息披露义务人未在适当期限内或者未以法定方式公开披露应当披露的信息。

第十八条 投资人具有以下情形的，人民法院应当认定虚假陈述与损害结果之间存在因果关系：

（一）投资人所投资的是与虚假陈述直接关联的证券；

（二）投资人在虚假陈述实施日及以后，至揭露日或者更正日之前买入该证券；

（三）投资人在虚假陈述揭露日或者更正日以后，因卖出该证券发生亏损，或者因持续持有该证券而产生亏损。

第十九条 被告举证证明原告具有以下情形的，人民法院应当认定虚假陈述与损害结果之间不存在因果关系：

（一）在虚假陈述揭露日或者更正日之前已经卖出证券；

（二）在虚假陈述揭露日或者更正日及以后进行的投资；

（三）明知虚假陈述存在而进行的投资；

（四）损失或者部分损失是由证券市场系统风险等其他因素所导致；

（五）属于恶意投资、操纵证券价格的。

第二十条 本规定所指的虚假陈述实施日，是指作出虚假陈述或者发生虚假陈述之日。

虚假陈述揭露日，是指虚假陈述在全国范围发行或者播放的报刊、电台、电视台等媒体上，首次被公开揭露之日。

虚假陈述更正日，是指虚假陈述行为人在中国证券监督管理委员会指定披露证券市场信息的媒体上，自行公告更正虚假陈述并按规定履行停牌手续之日。

第二十一条 发起人、发行人或者上市公司对其虚假陈述给投资人造成的损失承担民事赔偿责任。

发行人、上市公司负有责任的董事、监事和经理等高级管理人员对前款的损失承担连带赔偿责任。但有证据证明无过错的，应予免责。

第二十二条 实际控制人操纵发行人或者上市公司违反证券法律规定，以发行人或者上市公司名义虚假陈述并给投资人造成损失的，可以由发行人或者上市公司承担赔偿责任。发行人或者上市公司承担赔偿责任后，可以向实际控制人追偿。

实际控制人违反证券法第四条、第五条以及第一百八十八条规定虚假陈述，给投资人造成损失的，由实际控制人承担赔偿责任。

第二十三条 证券承销商、证券上市推荐人对虚假陈述给投资人造成的损失承担赔偿责任。但有证据证明无过错的，应予免责。

负有责任的董事、监事和经理等高级管理人员对证券承销商、证券上市推荐人承担的赔偿责任负连带责任。其免责事由同前款规定。

第二十四条 专业中介服务机构及其直接责任人违反证券法第一百六十一条和第二百零二条的规定虚假陈述，给投资人造成损失的，就其负有责任的部分承担赔偿责任。但有证据证明无过错的，应予免责。

第二十五条 本规定第七条第（七）项规定的其他作出虚假陈述行为的机构或者自然人，违反证券法第五条、第七十二条、第一百八十八条和第一百八十九条规定，给投资人造成损失的，应当承担赔偿责任。

第二十六条 发起人对发行人信息披露提供担保的，发起人与发行人对投资人的损失承担连带责任。

第二十七条 证券承销商、证券上市推荐人或者专业中介服务机构,知道或者应当知道发行人或者上市公司虚假陈述,而不予纠正或者不出具保留意见的,构成共同侵权,对投资人的损失承担连带责任。

第二十八条 发行人、上市公司、证券承销商、证券上市推荐人负有责任的董事、监事和经理等高级管理人员有下列情形之一的,应当认定为共同虚假陈述,分别与发行人、上市公司、证券承销商、证券上市推荐人对投资人的损失承担连带责任:

(一) 参与虚假陈述的;

(二) 知道或者应当知道虚假陈述而未明确表示反对的;

(三) 其他应当负有责任的情形。

第十一节 证券托管纠纷

41. 什么是证券托管？

通常认为，证券托管一般指投资者将持有的证券委托给证券公司保管，并由后者代为处理有关证券权益事务的行为。我国目前的托管制度主要运用在上海证券交易所（以下简称上交所）与深圳证券交易所（以下简称深交所）。上交所的证券托管指的是持有和买卖上海证券交易所上市证券的投资者，办理的指定交易一经确认，其与指定交易证券经营机构的托管关系即建立。未办理指定交易的投资者的证券暂由中国结算上海分公司托管，其红利、股息、债息、债券兑付款应在办理指定交易后领取。投资者必须在某一证券营业部办理证券账户的指定交易后，方可进行证券买卖或查询。投资者转换证券营业部买卖证券时，必须在原证券营业部申请办理撤销指定交易，然后再到转入证券营业部办理指定交易手续。深交所证券托管可概括为：自动托管，随处通买，哪买哪卖，转托不限。深圳市场的投资者持有的证券需在自己选定的证券营业部托管，由证券营业部管理其名下明细证券资料，投资者的证券托管是自动实现的；投资者在任一证券营业部买入证券，这些证券就自动托管在该证券营业部；投资者可以利用同一证券账户在国内任一证券营业部买入证券；投资者要卖出证券必须到证券托管营业部方能进行（在哪里买入就在哪里卖出）。

42. 证券公司（受托方）是否对受托证券尽到合理审查与勤勉义务？

证券公司对于托管人所托证券需进行审查，主要集中在证券的数量、真实性及证券持有人与证券的关系等。受理托管后，证券公司应对托管人负有勤勉义务，需合理合法地运作托管人的财产。

43. 如未履行上述义务造成托管人的损失应承担何种责任？

证券公司未履行义务造成托管人证券消灭或应得利益无法实现的情形下，托管人可以要求其返还证券及利息。若无法返还，应折价赔偿。

典型疑难案件参考

徐亚琦与天一证券有限责任公司证券托管纠纷案（宁波市海曙人民法院裁判文书〔2009〕甬海商初字第15号）

基本案情

2004年8月27日，原告提出证券转托管申请，将其托管于深圳海通证券红岭南路营业部的44750股宗申动力股票转托管于天一证券有限责任公司宁波孝闻街证券营业部所属的宁海服务部，并于同年8月30日转托管成功。同日，朱平私自向宁海服务部办理开户申请，并出具承诺书，承诺原告股东账户内的股票为其所有，在法律上对这些股票拥有无可争议的所有权，宁海服务部轻信该承诺，认为上述44750股宗申动力属于朱平所有，由朱平自由处分。2005年2月4日，朱平对44750股宗申动力作了处分。同年4月，原告到宁海服务部要求转回上述股票，宁海服务部与朱平联系未果，后向公安机关报案。2006年12月14日，朱平犯诈骗罪，判处有期徒刑10年，并处罚金50000元。另，法院查明，宗申动力2005年2月4日收盘价为7.35元。2007年9月30日，宁波市中级人民法院决定受理被告的破产申请。根据破产法的规定，附利息的债权自破产申请受理时起停止计息。故原告主张的利息损失应计算至2007年9月30日。原告受有损失，多次与被告协商未果，遂诉至法院。

诉辩情况

原告徐亚琦诉称，原告于2004年8月27日提出证券转托管申请，将44750股宗申动力股票由深圳海通证券红岭南路营业部转至天一证券有限责任公司宁波孝闻街证券营业部所属的宁海服务部，并于同年8月30日转托管成功。后因原告爱人生小孩以及过春节未及时开户。不久原告前往开户，可被告知原告的44750股宗申动力股票已被卖出。原告认为，天一证券有限责任公司宁波孝闻街证券营业部所属宁海服务部在未经原告同意的情况下擅自挪用原告的股票，侵犯了原告的合法权益，故数次起诉被告要求返还托管的股票因故没有实现，现该企业已申请破产还债。原告遂诉至法院，请求：依法解除托管协议返还原告 44750 股宗申动力股票及其红利，如不能返还上述股票则被告应赔偿原告 44750 股宗申动力股票 2005 年 2 月 4 日被卖出时按实际卖出收盘价计算出的价值及从该日起至判决生效日的利息损失。

被告天一证券有限责任公司辩称：被告在整个证券转托管过程中并无过错。原告委托朱平办理开户手续并操作原告名下的股票账户，其与朱平之间的委托代理关系合法有效，因此，本案原告的财产损失应由原告本人和朱平承担。朱平的个人行为是原告的财产损失产生的直接原因，应由朱平承担相应的民事责任，天一证券不应当承担责任。关于托管的相关手续是由朱平在办，项下的资金、股票都被朱平拿走，被告手上一股票也没有，天一证券现在已经进入破产程序，请求法庭考虑被告的实际困难。原告转托管手续是由朱平操作的，股票已被朱平抛售，天一证券已破产，原告资金账户名存实亡，已无实际操作的可能。

> 裁判结果

法院作出判决如下：

一、被告天一证券有限责任公司赔偿原告徐亚琦人民币 328912.50 元，并赔偿原告利息损失（自 2005 年 2 月 4 日起算，按中国人民银行同期同类存款基准利率计算至 2007 年 9 月 30 日），该款被告于本判决生效之日起 3 日内付清；

二、驳回原告徐亚琦的其他诉讼请求。

如果未按本判决指定的期间履行给付金钱义务，应当依照《中华人民共和国民事诉讼法》第 229 条之规定，加倍支付迟延履行期间的债务利息。

> 裁判理由

法院认为，公民的合法权益受法律保护。公民、法人由于过错侵害他人财产的应当承担民事责任。原告将其所有的宗申动力股票 44750 股转托管于孝闻营业部下属宁海服务部，宁海服务部轻信朱平虚构他人转托管的股票为其所有的事实，违规将股票挂在朱平可操作的资金账户，造成原告财产权利损失。因原、被告双方均确认解除托管协议，故法院对此予以确认。因涉案的原告 44750 股宗申动力股票事实上已无法返还，对此，宁海服务部应对原告的股票损失承担相应的赔偿责任。宁海服务部系孝闻营业部下属，则宁海服务部的赔偿责任，应由孝闻营业部来承担。鉴于目前孝闻营业部已注销工商登记，故其责任由被告承担。因被告已进入破产程序，故被告应承担44750股宗申动力股票于2005年2月4日被卖出时按收盘价7.35元计算出的价值及从该日起至2007年9月30日的利息损失。

证券托管纠纷办案依据集成

1. 中华人民共和国证券投资基金法（2003年10月28日主席令9号公布）（节录）

第二十五条 基金托管人由依法设立并取得基金托管资格的商业银行担任。

第二十六条 申请取得基金托管资格，应当具备下列条件，并经国务院证券监督管理机构和国务院银行业监督管理机构核准：

（一）净资产和资本充足率符合有关规定；

（二）设有专门的基金托管部门；

（三）取得基金从业资格的专职人员达到法定人数；

（四）有安全保管基金财产的条件；

（五）有安全高效的清算、交割系统；

（六）有符合要求的营业场所、安全防范设施和与基金托管业务有关的其他设施；

（七）有完善的内部稽核监控制度和风险控制制度；

（八）法律、行政法规规定的和经国务院批准的国务院证券监督管理机构、国务院银行业监督管理机构规定的其他条件。

第二十七条 本法第十五条、第十八条的规定，适用于基金托管人的专门基金托管部门的从业人员。

本法第十六条、第十七条的规定，适用于基金托管人的专门基金托管部门的经理和其他高级管理人员。

第二十八条 基金托管人与基金管理人不得为同一人，不得相互出资或者持有股份。

第二十九条 基金托管人应当履行下列职责：

（一）安全保管基金财产；

（二）按照规定开设基金财产的资金账户和证券账户；

（三）对所托管的不同基金财产分别设置账户，确保基金财产的完整与独立；

（四）保存基金托管业务活动的记录、账册、报表和其他相关资料；

（五）按照基金合同的约定，根据基金管理人的投资指令，及时办理清算、交割事宜；

（六）办理与基金托管业务活动有关的信息披露事项；

（七）对基金财务会计报告、中期和年度基金报告出具意见；

（八）复核、审查基金管理人计算的基金资产净值和基金份额申购、赎回价格；

（九）按照规定召集基金份额持有人大会；

（十）按照规定监督基金管理人的投资运作；

（十一）国务院证券监督管理机构规定的其他职责。

第三十条 基金托管人发现基金管理人的投资指令违反法律、行政法规和其他有关规定，或者违反基金合同约定的，应当拒绝执行，立即通知基金管理人，并及时向国务院证券监督管理机构报告。

基金托管人发现基金管理人依据交易程序已经生效的投资指令违反法律、行政法规和其他有关规定，或者违反基金合同约定的，应当立即通知基金管理人，并及时向国务院证券监督管理机构报告。

第三十一条 本法第二十条的规定，适用于基金托管人。

第三十二条 国务院证券监督管理机构和国务院银行业监督管理机构对有下列情形之一的基金托管人，依据职权责令整顿，或者取消基金托管资格：

（一）有重大违法违规行为；
（二）不再具备本法第二十六条规定的条件；
（三）法律、行政法规规定的其他情形。

第三十三条 有下列情形之一的，基金托管人职责终止：

（一）被依法取消基金托管资格；
（二）被基金份额持有人大会解任；
（三）依法解散、被依法撤销或者被依法宣告破产；
（四）基金合同约定的其他情形。

第三十四条 基金托管人职责终止的，基金份额持有人大会应当在六个月内选任新基金托管人；新基金托管人产生前，由国务院证券监督管理机构指定临时基金托管人。

基金托管人职责终止的，应当妥善保管基金财产和基金托管业务资料，及时办理基金财产和基金托管业务的移交手续，新基金托管人或者临时基金托管人应当及时接收。

第三十五条 基金托管人职责终止的，应当按照规定聘请会计师事务所对基金财产进行审计，并将审计结果予以公告，同时报国务院证券监督管理机构备案。

2. 证券登记管理办法（2009年11月20日证监会第65号修订）（节录）

第三十四条 投资者应当委托证券公司托管其持有的证券，证券公司应当将其自有证券和所托管的客户证券交由证券登记结算机构存管，但法律、行政法规和中国证监会另有规定的除外。

第三十五条 证券登记结算机构为证券公司设立客户证券总账和自有证券总账，用以统计证券公司交存的客户证券和自有证券。

证券公司应当委托证券登记结算机构维护其客户及自有证券账户，但法律、行政法规和中国证监会另有规定的除外。

第三十六条 投资者买卖证券，应当与证券公司签订证券交易、托管与结算协议。

证券登记结算机构应当制定和公布证券交易、托管与结算协议中与证券登记结算业务有关的必备条款。必备条款应当包括但不限于以下内容：

（一）证券公司根据客户的委托，按照证券交易规则提出交易申报，根据成交结果完成其与客户的证券和资金的交收，并承担相应的交收责任；客户应当同意集中交易结束后，由证券公司委托证券登记结算机构办理其证券账户与证券公司证券交收账户之间的证券划付；

（二）实行质押式回购交易的，投资者和证券公司应当按照业务规则的规定向证券登记结算机构移交用于回购的质押券。投资者和证券公司之间债权债务关系不影响证券登记结算机构按照业务规则对证券公司移交的质押券行使质押权；

（三）客户出现资金交收违约时，证券公司可以委托证券登记结算机构将客户净买入证券划付到其证券处置账户内，并要求客户在约定期限内补足资金。客户出现证券交收违约时，证券公司可以将相当于证券交收违约金额的资金暂不划付给该客户。

第三十七条　证券公司应当将其与客户之间建立、变更和终止证券托管关系的事项报送证券登记结算机构。

证券登记结算机构应当对上述事项加以记录。

第三十八条　客户要求证券公司将其持有证券转由其他证券公司托管的，相关证券公司应当依据证券交易所及证券登记结算机构有关业务规则予以办理，不得拒绝，但有关法律、行政法规和中国证监会另有规定的除外。

第三十九条　证券公司应当采取有效措施，保证其托管的证券的安全，禁止挪用、盗卖。

证券登记结算机构应当采取有效措施，保证其存管的证券的安全，禁止挪用、盗卖。

第四十条　证券的质押、锁定、冻结或扣划，由托管证券的证券公司和证券登记结算机构按照证券登记结算机构的相关规定办理。

第十二节　证券登记、存管、结算纠纷

44. 托管协议中的保底条款效力如何？

《证券法》明文规定了证券公司不得以任何方式对客户证券买卖收益或者赔偿证券买卖的损失作出承诺。即不得在托管协议中约定保底条款，如有约定应视为该款约定无效。值得注意的是，就企业间而言，如约定了保底条款，可理解为借贷关系，属禁止性行为。

45. 分级结算制度下登记结算机构的职责有哪些？

证券登记结算机构实行行业自律管理，仅根据会员证券公司的交易指令和成交结果，负责办理与结算参与人即会员证券公司之间的集中清算交收。登记结算机构本身并不参与证券市场包括国债市场的具体交易行为，与会员证券公司的客户之间亦无清算交收和证券（国债）交易的关系。该机构既无义务审查会员证券公司的客户下达交易指令的真实性，亦无权改变按照依法制定的交易规则进行交易的交易结果。

典型疑难案件参考

中国机电出口产品投资有限公司与闽发证券有限责任公司、中国证券登记结算有限责任公司委托理财纠纷案（北京市第一中级人民法院裁判文书〔2009〕一中民初字第9566号）

基本案情

2003年2月19日，机电公司在闽发证券开户的证券账户号为B880890116。机电公司、闽发证券于2003年2月20日签订《闽发证券有限公司指定交易协议书》，约定主要内容为：机电公司选择闽发证券为证券指定交易的代理商，机电公司指定交易的证券账户为B880890116，指定交易的证券品种范围以上海证券交易所上市交易的记名证券为限，协议书签订当日，闽发证券应为机电公司完成指定交易账户的申报指令，指定交易生效后，机电公司

证券账户内的记名证券即同时在闽发证券处托管，机电公司根据需要可申请撤销在闽发证券处的指定交易，闽发证券应在机电公司申请的当日为其办理撤销指定交易申报，指定交易期间，双方应遵守国家有关法律、法规及上海证券交易所及其登记结算公司的各项业务规则。同日，闽发证券向机电公司出具了《风险提示书》。2003年2月21日，机电公司与闽发证券签订《国债认购和托管协议书》，约定：机电公司应事先在闽发证券指定的证券营业部办理股票账户指定交易和资金账户开立工作；机电公司应于2003年2月23日前将4000万元一次性划入机电公司在闽发证券开设的指定账户上，委托认购2003年记账式（一期）国债；机电公司将其购买的上述国债托管于闽发证券交易席位上，托管期限12个月，自2003年2月26日至2004年2月25日止；机电公司有权获得所托管国债的利息，闽发证券须将此部分国债利息在派息日的次个工作日划至机电公司指定的银行账户，机电公司有权根据本协议的规定按时收回托管在闽发证券席位上的国债，机电公司有权在闽发证券违反协议的约定时解除协议，终止闽发证券的托管权、收回托管在闽发证券席位上的国债并撤销指定交易；闽发证券有责任妥善保管机电公司托管的国债，不得抛售机电公司股票账户中的国债，否则由闽发证券承担全部赔偿责任；协议到期后，如未续期则自然终止，若因闽发证券的原因造成的资产延期交接，闽发证券须向机电公司支付托管资产（按国债面值计）每日万分之二点一的滞纳金。机电公司于2003年2月21日通过中国民生银行和北京市商业银行付款给闽发证券4000万元用于购买国债。2004年2月25日，机电公司与闽发证券签订《国债托管协议书》，约定：机电公司将股东账户B880890116及账户内面值4000万元2003年记账式（一期）国债托管于闽发证券交易席位上，托管期限12个月，自2004年2月26日至2005年2月25日止；机电公司有权获得所托管国债的利息，闽发证券须将此部分国债利息在派息日的次个工作日划至机电公司指定的银行账户，机电公司有权根据本协议的规定按时收回托管在闽发证券席位上的国债，机电公司有权在闽发证券违反协议的约定时解除协议，终止闽发证券的托管权、收回托管在闽发证券席位上的国债并撤销指定交易；闽发证券有责任妥善保管机电公司托管的国债，不得抛售机电公司股票账户中的国债，否则由闽发证券承担全部赔偿责任；协议到期后，如未续期则自然终止，若因闽发证券的原因造成的资产延期交接，闽发证券须向机电公司支付托管资产（按国债面值计）每日万分之二点一的滞纳金。2004年2月25日，机电公司与闽发证券就双方签订的《国债托管协议书》签订《国债托管补充协议书》，约定：为确保机电公司资金的保值、增值，机电公司委托闽发证券代理国债托管期间的年收益率不低于6.5%（含国债利息2.66%）；闽发证券必须保证机电公司托管国债的本金安全及本协议规定的收益,无论任何原因造成收益低于本协议规定的年收益率6.5%的水平或闽发证券投资操作发生亏损,机电公司概不承担任何责任,均由闽发证券负责补足。2004年2月25日,机电公司与闽发证券签订《国债委托理财协议》,约定:机电公司将面值4000万元的2003年记账式(一期)国债委托闽发证券管理并进行投资理财,合作期限自2004年2月26日至2005年2月25日;合作期满闽发证券应将不少于人民币1536000元的收益汇至机电公司指定的账户;机电公司承诺在合作期内不得将委托管理的国债变卖,闽发证券保证在合作期内不得变更国债的品种与数量,并保证合作期届满时存在机电公司的账户上。同日,机电公司向闽发证券出具函,载明:与闽发证券于2004年2月25日签订的委托理财协议仅作为机电公司财务处理之用,具体执行仍以双方签订的其他有效协议为准。2004年6月1日,因闽发证券在登记公司回购交易发生欠库,中登公司擅自将机电公司的上述国债划入其048席位上进行保全,并予以冻结。2004年6月21日,经机电公司向中登公司上海分公司查询得知,闽发证券擅自将机电公司的上述国债用于回购买卖交易,且回购买卖交易所得款项没有划入机电公司资金账户。由此,机电公司遭受巨大损失,将闽发证券公司与中登公司一并诉至法院。

> 诉辩情况

原告请求法院判令:(1)闽发证券对机电公司的面值4000万元2003年记账式(一期)国债所设置的质押无效;(2)闽发证券、中登公司向机电公司返还面值4000万元2003年记账式(一期)国债或等值现金;(3)闽发证券、中登公司向机电公司返还面值4000万元2003年记账式(一期)国债的全部国债利息;(4)闽发证券向机电公司返还上述国债于2004年2月18日派发的2003年度利息人民币1064000元以及该款项自2004年2月19日起至返还之日止的利息(按中国人民银行同期存款利率计算);(5)中登公司与闽发证券对上述第(2)、(3)项诉讼请求承担连带责任;(6)闽发证券、中登公司承担本案全部诉讼费用及财产保全费用。

被告中登公司答辩称:第一,由于中登公司的清算交收对象是闽发证券,闽发证券再与机电公司进行结算,故中登公司与机电公司没有直接的法律关系,现行证券法律、法规和业务规则亦未规定中登公司有义务审查机电公司的授权及委托交易指令。根据相关业务规则,在回购的交易环节,应该由证券公司独立承担投资者证券账户回购登记、回购交易委托指令真实性的审查责任。未得到投资者的许可,证券公司是不应该擅自发出指令的。故闽发证券应对机电公司委托指令的真实性、合法性负责。登记结算公司不参与交易,是根据交易成交结果进行"事后被动式登记",不了解也无须了解成交结果的形成过程及原因,也不负责对客户的委托指令进行审查。第二,从事国债回购业务必须进行回购登记,证券账户回购登记就是国债质押登记。证券账户回购登记成功后,质押关系成立,该账户内的国债属于回购质押券,账户持有人对国债的处置权受到约束和限制,依法成立的质押非经撤销登记不能被认定为无效。中登公司根据上交所发来的交易结果将回购登记账户内国债折算成标准券,并进行清算交收等行为符合法律和交易结算等规则,是合法有效的。国债回购登记后,形成了不可逆转的综合法律关系,无权改变交易结果;除依照规则撤销登记外,回购登记不能随意撤销,更不能认定无效。中登公司依法加强结算风险管理、处置结算参与人交收违约行为,正是保障了证券登记结算系统安全、高效运行。第三,实践中,国债回购质押关系中的质权人一直理解为是中登公司。中登公司因代融出资金方付出资金而取得融出资金方对融入资金方提交的回购质押券的占有权(代位求偿权),其有权对质押国债进行处分。第四,本案中,在机电公司与闽发证券之间发生国债使用权利和责任纠纷案件时,应依据双方间的法律关系进行责任划分,而机电公司与中登公司之间并不直接发生委托交易或登记结算关系,也没有介入机电公司和闽发证券之间的合同关系之中,中登公司不应对机电公司与闽发证券之间的债权债务关系承担任何法律责任。第五,国债回购纠纷案件的审理应当充分考虑和适用证券法、行政规章和业务规则、当事人协议、行业惯例等证券市场特别规范。证券交易所场内市场的交易、登记、结算活动,是由证券市场特别规范约束和调整的。在有关国债回购纠纷案件的审理中,应当充分考虑和适用证券市场特别规范。综上所述,在整个回购交易过程中,登记结算公司没有义务审查机电公司的授权及委托交易指令。本案中的回购质押关系合法、有效。而证券交易的不可逆转性决定了中登公司对国债回购质押结果的不可撤销性和必须执行性。中登公司履行职务的行为没有任何过错,不应对机电公司承担任何法律责任,机电公司的诉讼请求应予驳回。

裁判结果

北京市第一中级人民法院作出判决如下:

一、原告中国机电出口产品投资有限公司与被告闽发证券有限责任公司签署的《国债委托理财协议》、《国债认购和托管协议书》、《国债托管协议书》、《国债托管补充协议书》中有关保底条款的约定无效,其他内容合法有效;原告中国机电出口产品投资有限公司与被告闽发证券有限责任公司签署的《闽发证券有限公司指定交易协议书》合法有效;被告闽发证券有限责任公司对原告中国机电出口产品投资有限公司面值4000万元2003年记账式（一期）国债所设置的质押行为无效；

二、确认原告中国机电出口产品投资有限公司对被告闽发证券有限责任公司享有与国债损失相关的人民币37224000元及其利息损失的债权（利息损失以37224000元为基数，自2005年2月26日起至2008年7月18日止，按每日万分之二点一的标准计算）；

三、原告中国机电出口产品投资有限公司在被告闽发证券有限责任公司证券账户中面值4000万元2003年记账式（一期）国债2003年度的法定孳息人民币1064000元归原告中国机电出口产品投资有限公司所有；

四、确认原告中国机电出口产品投资有限公司对被告闽发证券有限责任公司享有人民币1064000元的利息损失（以1064000元为基数，自2005年2月26日起至2008年7月18日止，按中国人民银行一年期定期存款利率标准计算）的债权；

五、驳回原告中国机电出口产品投资有限公司其他诉讼请求。

裁判理由

法院认为：

由于本案项下合同的签订、履行及国债质押行为均发生在《中华人民共和国证券法》修正之前，故本案应适用1998年12月29日公布的、1999年7月1日起施行的《中华人民共和国证券法》。

机电公司与闽发证券签署的《闽发证券有限公司指定交易协议书》、《国债委托理财协议》、《国债认购和托管协议书》、《国债托管协议书》、《国债托管补充协议书》系双方当事人真实意思表示。闽发证券具有证监会批准的受托投资管理的经营范围，主体上符合特许经营的要求。根据上述协议，机电公司以自己的名义开设资金账户和股票账户委托闽发证券从事投资管理，即机电公司将其资金委托给闽发证券购买国债，由闽发证券在一定期限内管理、投资于证券等金融市场并按期支付给机电公司一定比例收益，所以闽发证券与机电公司之间存在委托理财的法律关系。

本案机电公司、闽发证券在《国债委托理财协议》、《国债托管补充协议书》中有关"合作期满闽发证券应将不少于1536000元的收益汇至机电公司指定的账户；为确保机电公司资金的保值、增值，机电公司委托闽发证券代理国债托管期间的年收益率不低于6.5%（含国债利息2.66%）；闽发证券必须保证机电公司托管国债的本金安全及本协议规定的收益，无论任何原因造成收益低于本协议规定的年收益率6.5%的水平或闽发证券投资操作发生亏损，机电公司概不承担任何责任,均由闽发证券负责补足"约定应属于保底条款。证监会在2001年的通知中明确受托人不得向委托人承诺收益或者分担损失,根据民商法的基本原理和公平原则以及市场基本规律,《国债委托理财协议》、《国债认购和托管协议书》、《国债托管协议书》、《国债托管补充协议书》中有关保底条款的约定应属于无效条款。由于闽发证券在经营中存在上述违规行为,其对上述合同中的无效约定应承担过错责任。

虽然委托人机电公司的缔约目的是除期待委托资产的安全外还期待较高的收益,受托人闽发证券的缔约目的是利用机电公司国债进行融资以获得更多的收益,但合同的目的不能导致合同乃至整个交易行为无效,《国债委托理财协议》、《国债认购和托管协议书》、《国债托管协议书》、《国债托管补充协议书》中保底条款内容约定以外的合同约定以及《闽发证券有限公司指定交易协议书》的约定未违反我国法律、行政法规强制性规定,故机电公司与闽发证券签署的《国债委托理财协议》、《国债认购和托管协议书》、《国债托管协议书》、《国债托管补充协议书》中除保底条款的约定属于无效约定外,其他合同条款的约定合法有效,《闽发证券有限公司指定交易协议书》的约定亦合法有效。

根据机电公司、闽发证券上述协议中的约定,机电公司在托管合作期内不得将委托管理的国债变卖、不得抛售机电公司的国债,闽发证券应妥善保管机电公司托管的国债。目前没有证据证明闽发证券将机电公司托管给其的国债办理指定登记和回购登记用于融资时取得了机电公司的同意,闽发证券擅自处分机电公司国债的行为属于违规行为,故闽发证券对机电公司面值4000万元2003年记账式(一期)国债所设置的质押无效,闽发证券对此应承担过错责任。

闽发证券作为中登公司的会员依据本案的合同约定取得了机电公司的国债后,在中登公司将本案项下国债办理了账户指定登记和账户回购登记用于融资。在本案项下的合同未到期时,证监会决定成立清算组对闽发证券进行行政清理,行政清理期间中登公司结算系统反映闽发证券有277902884.06元未弥补;根据人民银行、财政部、银监会、证监会发布的《个人债权及客户证券交易结算资金收购意见》、证监会制定的《个人债权及客户证券交易结算资金收购实施办法》的规定,机电公司不属于闽发证券的正常经纪业务客户,机电公司的证券交易结算资金不属于《个人债权及客户证券交易结算资金收购意见》所规定的收购范围。上述情形表明,被闽发证券质押给中登公司的机电公司名下的国债已经无法回仓,闽发证券已经不能按照本案项下的合同约定向机电公司履行返还国债的合同义务,机电公司的取回权事实上已经不能实现,机电公司对其国债享有的取回权已经转化为机电公司对闽发证券享有的债权,应以《国债委托理财协议》、《国债托管协议书》约定的合同到期日即2005年2月25日的面值4000万元2003年记账式(一期)国债收盘时市值计算债权金额,故机电公司对闽发证券享有37224000元的债权。因闽发证券的过错导致其在合同到期日不能向机电公司归还国债,合同到期后至福州中院受理闽发证券破产案期间上述债权的利息损失应由闽发证券按合同约定承担,该利息损失以人民币37224000元为基数,自2005年2月26日起至2008年7月18日止,按每日万分之二点一的标准计算。

面值4000万元2003年记账式(一期)国债在2004年2月19日派发利息人民币1064000元,该笔款项已经进入机电公司在闽发证券开立的证券账户中,机电公司对面值4000万元2003年记账式(一期)国债派发的利息1064000元享有所有权。由于闽发证券在合同到期后无法将国债派发的利息实际支付给机电公司,闽发证券应就此向机电公司支付人民币1064000元的利息损失,该利息损失应以1064000元为基数,自2005年2月26日起至2008年7月18日止,按中国人民银行一年期定期存款利率标准计算。

闽发证券有关"2003年12月24日,闽发证券通过下属企业向机电公司支付了120万元的委托理财收益。该款项从债权本金中予以扣除"的主张没有证据支持,根据现有证据,法院对闽发证券的该主张不予采信。

1998年《中华人民共和国证券法》第149条第1款规定:"证券登记结算采取全国集中统一的运营方式。"第146条规定:"证券登记结算机构为证券交易提供集中的登记、托管与结算服务,是不以营利为目的的法人。"第103条规定:"进入证券交易所参与集中竞价交易的,必须是具有证券交易所会员资格的证券公司。"第105条规定:"证券公司根据投资者的委托,按照时间优先的规则提出交易申报,参与证券交易所场内的集中交易;证券登记结算机构根据成交结果,按照清算交割规则,进行证券和资金的清算交割,办理证券的登记过户手续。"第115条规定:"按照依法制定的交易规则进行的交易,不得改变其交易结果。对交易中违规交易者应负的民事责任不得免除;在违规交易中所获利益,依照有关规定处理。"《证券登记结算管理办法》第43条规定:"证券和资金结算实行分级结算原则。证券登记结算机构负责办理证券登记结算机构与结算参与人之间的集中清算交收;结算参与人负责办理结算参与人与客户之间的清算交收。"第4条第3款规定:"证券登记结算机构实行行业自律管理。"据此,中登公司作为为我国证券市场交易提供全国集中统一登记、存管与结算服务的机构,在证券登记结算系统中,依法遵照"证券和资金结算实行分级结算"的原则,同时依据证券市场交易规则和清算交收规则,并按照证券交易所会员制度，仅根据会员证券公司的交易指令和成交结果，负责办理与结算参与人即会员证券公司之间的集中清算交收。因此，闽发证券作为中登公司的席位会员，亦为中登公司的结算参与人即会员证券公司，将机电公司本案项下的国债向中登公司申请回购质押登记，中登公司理应依据上述法律规定、证券市场交易规则和清算交收规则，正向为闽发证券办理国债回购质押登记，并反向为闽发证券办理国债回购融资手续。机电公司是否指令闽发证券申请国债回购质押登记，以及闽发证券与机电公司之间的法律关系如何，中登公司应当在所不问，以确保我国证券市场整体交易、登记、结算系统的有序和安全。故法院对机电公司有关"中登公司作为 B880890116 号股东账户的管理者，明知闽发证券进行回购买卖交易的国债并非闽发证券所有，未履行审查监管义务、未告知机电公司且未取得机电公司的同意即接受该回购买卖交易登记并擅自将该国债划入其所有的席位，亦严重侵害了机电公司的合法权益，中登公司应将机电公司被质押的国债返还给机电公司，中登公司因此遭受的损失可以向闽发证券追偿"的理由和请求不予支持。

证券登记、存管、结算纠纷办案依据集成

1. 中华人民共和国证券法（2005年10月27日修订）（节录）

第一百五十五条 证券登记结算机构是为证券交易提供集中登记、存管与结算服务，不以营利为目的的法人。

设立证券登记结算机构必须经国务院证券监督管理机构批准。

第一百五十六条 设立证券登记结算机构，应当具备下列条件：

（一）自有资金不少于人民币二亿元；

（二）具有证券登记、存管和结算服务所必须的场所和设施；

（三）主要管理人员和从业人员必须具有证券从业资格；

（四）国务院证券监督管理机构规定的其他条件。

证券登记结算机构的名称中应当标明证券登记结算字样。

第一百五十七条 证券登记结算机构履行下列职能：

（一）证券账户、结算账户的设立；

（二）证券的存管和过户；

（三）证券持有人名册登记；

（四）证券交易所上市证券交易的清算和交收；

（五）受发行人的委托派发证券权益；

（六）办理与上述业务有关的查询；

（七）国务院证券监督管理机构批准的其他业务。

第一百五十八条 证券登记结算采取全国集中统一的运营方式。

证券登记结算机构章程、业务规则应当依法制定，并经国务院证券监督管理机构批准。

第一百五十九条 证券持有人持有的证券，在上市交易时，应当全部存管在证券登记结算机构。

证券登记结算机构不得挪用客户的证券。

第一百六十条 证券登记结算机构应当向证券发行人提供证券持有人名册及其有关资料。

证券登记结算机构应当根据证券登记结算的结果，确认证券持有人持有证券的事实，提供证券持有人登记资料。

证券登记结算机构应当保证证券持有人名册和登记过户记录真实、准确、完整，不得隐匿、伪造、篡改或者毁损。

第一百六十一条 证券登记结算机构应当采取下列措施保证业务的正常进行：

（一）具有必备的服务设备和完善的数据安全保护措施；

（二）建立完善的业务、财务和安全防范等管理制度；

（三）建立完善的风险管理系统。

第一百六十二条 证券登记结算机构应当妥善保存登记、存管和结算的原始凭证及有关文件和资料。其保存期限不得少于二十年。

第一百六十三条 证券登记结算机构应当设立证券结算风险基金，用于垫付或者弥补因违约交收、技术故障、操作失误、不可抗力造成的证券登记结算机构的损失。

证券结算风险基金从证券登记结算机构的业务收入和收益中提取，并可以由结算参与人按照证券交易业务量的一定比例缴纳。

证券结算风险基金的筹集、管理办法，由国务院证券监督管理机构会同国务院财政部门规定。

第一百六十四条 证券结算风险基金应当存入指定银行的专门账户，实行专项管理。

证券登记结算机构以证券结算风险基金赔偿后，应当向有关责任人追偿。

第一百六十五条 证券登记结算机构申请解散，应当经国务院证券监督管理机构批准。

第一百六十六条 投资者委托证券公司进行证券交易，应当申请开立证券账户。证券登记结算机构应当按照规定以投资者本人的名义为投资者开立证券账户。

投资者申请开立账户，必须持有证明中国公民身份或者中国法人资格的合法证件。国家另有规定的除外。

第一百六十七条 证券登记结算机构为证券交易提供净额结算服务时，应当要求结算参与人按照货银对付的原则，足额交付证券和资金，并提供交收担保。

在交收完成之前，任何人不得动用于交收的证券、资金和担保物。

结算参与人未按时履行交收义务的，证券登记结算机构有权按照业务规则处理前款所述财产。

第一百六十八条 证券登记结算机构按照业务规则收取的各类结算资金和证券，必须存放于专门的清算交收账户，只能按业务规则用于已成交的证券交易的清算交收，不得被强制执行。

2. 股票发行与交易管理暂行条例（1993年4月22日国务院令第112号公布）（节录）

第五十三条 股票发行采取记名式。发行人可以发行簿记券式股票，也可以发行实物券式股票。簿记券式股票名册应当由证监会指定的机构保管。实物券式股票集中保管的，也应当由证监会指定的机构保管。

第五十四条 未经股票持有人的书面同意，股票保管机构不得将该持有人的股票借与他人或者作为担保物。

第五十五条 证券清算机构应当根据方便、安全、公平的原则，制定股票清算、交割的业务规则和内部管理规则。

证券清算机构应当按照公平的原则接纳会员。

第五十六条 证券保管、清算、过户、登记机构应当接受证监会监管。

3. 证券登记管理办法（2009年11月20日证监会第65号修订）（节录）

第三十四条 投资者应当委托证券公司托管其持有的证券，证券公司应当将其自有证券和所托管的客户证券交由证券登记结算机构存管，但法律、行政法规和中国证监会另有规定的除外。

第十三节 客户交易结算资金纠纷

46. 如何实现债权的让与？

债权让与指原债权人将其享有的债权转让给第三人，第三人取而代之成为原合同关系的新债权人。并对债务人享有原始债权。债权让与的实现除不违反法律禁止性规定外，还需通知债务人。债务人接到债权转让通知后，债务人对让与人的抗辩，可以向受让人主张。且在完成转让后，债务人可以行使对原债权人的抗辩权以此抗辩新债权人。

47. 如何防范证券公司挪用客户资金？

证监会于2001年5月16日发布了《客户交易结算资金管理办法》，该法规定，客户交易结算资金必须全额存入具有从事证券交易结算资金存管业务资格的商业银行，单独立户管理。并严谨挪用客户交易结算资金。证券公司必须将客户交易结算资金和其他证券自营资金分开办理，其业务人员、财务账户均应分开，不得混合操作。

48. 享有债权的银行能否直接扣划证券公司对其的债务以实现债权？

银行可以向证券公司主张债权，但直接从证券公司划款实际则会影响到其他客户的利益。证券公司的资金存款多数来自客户的委托与托管，对此部分财产，证券公司不享有所有权，直接扣划不是债权的实现，而是对证券公司拥有的客户财产权利的侵犯。

典型疑难案件参考

天同证券有限责任公司清算组与恒丰银行股份有限公司、恒丰银行股份有限公司济南分行、恒丰银行股份有限公司烟台青年路支行返还扣划结算资金纠纷案（《中华人民共和国最高人民法院公报》2008年第4期）

基本案情

2003年6月27日，烟台金建物业管理服务有限公司（以下简称金建物业）与天同证券有限责任公司（以下简称天同证券）签订《受托投资管理合同》，约定甲方（金建物业）委托乙方（天同证券）进行投资管理的资产为国债，金额为市值一亿元，期限为一年。并约定乙方必须保证甲方全部委托资金的安全。在委托期限届满后3个工作日内，对甲方委托投资的资产还原，并将原甲方交付管理的资产和在扣除乙方应收取的管理佣金后的收益全部交付甲方。该协议为2001年6月27日、2002年6月27日所签订的《受托投资管理合同》的续期合同。金建物业委托管理的一亿元资金，系从恒丰银行（原烟台住房银行）的借款，2001年6月28日，金建物业指令恒丰银行将该笔一亿元借款直接汇入金建物业在天同证券上海吉安路证券营业部开立的证券交易账户，客户名称为金建物业，账号1001242709013314756。天同证券清算组提交了天同证券济南经七路证券营业部与恒丰银行济南分行、天同证券烟台开发区长江路证券营业部与青年路支行、天同证券烟台环山路证券营业部与恒丰银行营业三部分别签订的《客户证券结算资金存管协议》各一份，协议均约定签约的恒丰银行下属机构作为天同证券的存管银行，天同证券在恒丰银行开立客户交易结算资金专用账户，用于存放客户交易结算资金。协议分别约定了存款账户户名及账号。协议约定的权利与义务中规定：乙方（存管银行）承诺在正常营业时间内按甲方（天同证券）的划款指令随时划款，随时支付；不得将甲方客户交易结算资金专用账户的资金挪作他用。任何将客户交易结算资金银行专用账户内的资金转入银行方账户的行为均视为相关存管银行直接挪用客户交易结算资金。金建物业与天同证券委托理财合同期满后，天同证券没有依约归还受托管理资金，金建物业欠恒丰银行的一亿元借款亦未归还。2005年1月18日，恒丰银行与金建物业签订债权转让协议，约定金建物业为还清借款本息，将其在天同证券的一亿元国债保证金转让给恒丰银行，由恒丰银行向天同证券主张权利。同年2月5日，金建物业将一亿元债权转让的事实书面通知了天同证券。同年2月7日，恒丰银行济南分行从天同证券济南经七路证券营业部在该行开立的客户交易结算资金专用账户内扣划资金8000万元；青年路支行从天同证券烟台长江路营业部在该行开立的客户交易结算资金专用账户内扣划资金1000万元。同年5月22日,青年路支行从天同证券烟台长江路营业部在该行开立的客户交易结算资金专用账户内扣划资金1200万元。同日,恒丰银行济南分行返还200万元资金到天同证券经七路营业部客户交易结算资金专用账户。至此,恒丰银行两下属机构从天同证券两营业部开立的客户交易结算资金专用账户内实际扣划一亿元资金。天同证券清算组于庭后提交一份中国证券监督管理委员会《行政处罚与责令改正事先告知书》,证明证监会对恒丰银行的扣划行为认定违法并予以处罚。恒丰银行拒绝到庭质证。为要求追回一亿元客户交易结算资金及利息,天同证券清算组诉至山东省高级人民法院,请求判令恒丰银行济南分行、青年路支行返还扣划的一亿元客户交易结算资金及利息,恒丰银行承担连带责任。一审判决后,被告不服上诉至最高人民法院。

一审裁判结果

山东省高级人民法院作出判决如下:

恒丰银行、恒丰银行济南分行、青年路支行于判决生效后10日内,返还天同证券清算组客户交易结算资金一亿元及占用期间的利息(按证券客户交易结算资金专用账户存款利率和实际占用时间计算)。如果未按该判决指定的期间履行给付金钱义务,应当依照《中华人民共和国民事诉讼法》第232条之规定,加倍支付迟延履行期间的债务利息。

一审裁判理由

山东省高级人民法院认为:恒丰银行受让了金建物业对天同证券委托投资管理一亿元的债权后,恒丰银行替代金建物业成为委托投资管理关系中天同证券所欠一亿元受托管理资金的债权人。同时,其下属分支机构与天同证券下属营业部签有客户交易结算资金存管合同,成为天同证券客户交易结算资金存管关系的存管银行。作为债权人,恒丰银行有权要求天同证券返还其受托管理的一亿元资金;其下属的分支机构作为证券客户交易结算资金的存管银行,则必须履行保证存管的证券客户交易结算资金安全的义务。由于天同证券违规经营,将受托理财的一亿元资金挪作他用,导致其不能如期返还恒丰银行受让的一亿元资金,恒丰银行有权对天同证券依法主张权利,天同证券负有返还的义务。但恒丰银行利用其下属分支机构作为存管银行的特殊便利条件,强行扣划天同证券客户交易结算资金专用存款账户内的一亿元资金,用以偿还天同证券所欠的债务,则是侵犯了其他证券客户的利益。因为恒丰银行所扣划的专用存款账户内的证券客户交易结算资金并不是天同证券的财产,而是属于所有证券客户共有,即客户投资于证券市场的结算资金。依照证券市场客户资金管理的有关规定,对于属于证券客户共同所有的客户交易结算资金专用存款账户内的资金,天同证券不享有所有权,即使在天同证券破产清算时,该专用账户的资金也不属于天同证券的破产财产。恒丰银行辩称其享有的一亿元债权属于国债保证金性质,即使如此,在天同证券进入行政关闭清算程序后,其享有的权利亦应按照相应规定行使,不能据此认为存管银行有权擅自扣划代为存管的证券客户交易结算资金。故天同证券清算组要求返还其扣划的一亿元资金,于法有据,应予支持。恒丰银行各分支机构违规扣划的一亿元客户资金,是用于偿还天同证券欠恒丰银行的一亿元债务,其责任应由恒丰银行承担。恒丰银行与其分支机构作为共同被告参加诉讼,应共同承担返还天同证券清算组一亿元的责任。

二审诉辩情况

上诉人(原审被告)称:第一,一审中天同证券清算组作为原告,诉讼主体不适格。第二,上诉人因一审法院程序违法而无法通过正常的司法救济来维护自身的合法权益,无奈之下上诉人才于2005年2月22日行使财产取得权,取得了本属于自己的国债保证金。第三,因为1亿元资金是保证金性质,上诉人依法行使财产取得权的行为合情合理又合法。具体理由是:(1)取得资金是我们借鉴银行同业收回违约客户资金的通行做法。(2)鉴于金钱是种类物,上诉人取得国债保证金的行为是合法的。第四,最高人民法院曾在以前的类似案件判决中对国债保证金等作出了相关认定。最高人民法院于2003年5月审结的上诉人(原审被告)中国人民银行关闭中国新技术创业投资公司清算组(以下简称中创清算组)与被上诉人(原审原告)金建公司返还证券交易保证金纠纷一案,与本案情况雷同,希望予以参考。第五,一审法院判决书中的认定与判决结果自相矛盾。一审法院在〔2006〕鲁民二初字第59号民事判决书中认为:作为债权人,恒丰银行有权要求天同证券返还其受托管理的一亿元资金;……由于天同证券违规经营,将受托理财的一亿元资金挪作他用,导致其不能如期返还恒丰银行受让的一亿元资金,恒丰银行有权对天同证券依法主张权利,天同证券负有返还的义务。但最终山东省高级人民法院还是判决上诉人返还一亿元资金及占用期间的利息。第六,一审法院的认定以偏概全,避重就轻,对上诉人极为不公。一审法院只是片面的强调上诉人作为存管银行的身份,却忽略了上诉人作为一亿元国债保证金的所有人身份。第七,一审法院依据《中华人民共和国民法通则》第117条之规定判决上诉人返还被上诉人一亿元资金适用法律错误。第八，天同证券清算组一审提交的中国证券监督管理委员会《行政处罚与责令改正事先告知书》依法不产生法律效力。请求二审法院：（1）撤销一审法院作出的〔2006〕鲁民二初字第59号民事判决，驳回被上诉人的一审诉讼请求。（2）上诉费用由被上诉人承担。

被上诉人（原审原告）天同证券清算组答辩称：第一，上诉人与金建物业签订转让债权，并实施扣划天同证券的客户交易结算资金，既没有通知天同证券，也没有向任何司法机关主张权利。第二，上诉人认为一审法院认定的事实与判决结果自相矛盾的上诉理由不成立。上诉人混淆了本案存在的两种不同的法律关系。一是上诉人接受金建物业转让的债权，而与天同证券产生的债权债务关系。一是上诉人违反双方签订的《客户证券结算资金存管协议》及国家法律、法规规定，违规扣划天同证券客户交易结算资金形成的侵权及违约并存的法律关系。一审法院对事实的认定和判决结果并没有错误。第三，上诉人称其接受的债权属于客户交易结算资金性质的上诉理由不成立。金建物业以委托理财名义交付给天同证券的一亿元资金，不具有客户交易结算资金或所谓"国债保证金"的性质。第四，上诉人对天同证券客户交易结算资金账户内的资金不享有取回权。即便是"国债保证金"客户，上诉人也无权针对客户交易结算资金专用存款账户中的资金行使扣划权利。第五，国家证券业监管机关对被告扣款行为违法、违规性已有明确意见。请求二审法院驳回上诉，维持一审判决。

二审裁判结果

最高人民法院作出终审判决如下：驳回上诉，维持原判。

二审裁判理由

最高人民法院认为：根据上诉人恒丰银行的上诉理由和被上诉人天同证券清算组的答辩理由，归纳本案的争议焦点为：一是天同证券清算组是否有权主张恒丰银行返还扣划的证券交易结算资金；二是恒丰银行是否有权从天同证券管理的客户证券交易结算资金账户中扣划资金；三是金建物业委托天同证券管理的一亿元资金的性质。

1. 关于天同证券清算组是否有权主张恒丰银行返还扣划的证券交易结算资金，也就是天同证券清算组是否具备原审原告主体资格的问题

天同证券管理的客户交易结算资金确实不属于该公司所有，但是，1999年7月1日施行、2004年8月28日修订的《中华人民共和国证券法》第132

条规定："综合类证券公司必须将其经纪业务和自营业务分开办理,业务人员、财务账户均应分开,不得混合操作。客户的交易结算资金必须全额存入指定的商业银行,单独立户管理。严禁挪用客户交易结算资金。"第212条规定："本法关于客户交易结算资金的规定的实施步骤,由国务院另行规定。"2005年10月27日修订的《中华人民共和国证券法》第139条第1款规定："证券公司客户的交易结算资金应当存放在商业银行,以每个客户的名义单独立户管理。具体办法和实施步骤由国务院规定。"《客户交易结算资金管理办法》第21条规定："证券公司、结算公司、存管银行、结算银行根据证监会要求或遇到客户交易结算资金专用存款账户、清算备付金专用存款账户、验资专户出现重大异常情况时,应当及时向证监会报告。"第22条规定："证券公司应当对客户交易结算资金集中统一管理。证券公司下属证券营业部收到的客户交易结算资金。除留足日常备付的部分外,应当交由证券公司管理。"以上规定表明,证券公司对客户交易结算资金拥有管理权,同时负有保证客户交易结算资金完整的责任。任何针对客户交易结算资金的侵害行为,证券公司都有权并且有责任主张救济。况且本案中,天同证券与恒丰银行签订的《客户证券结算资金存管协议》第11条第7项约定："任何将客户交易结算资金银行专用存款账户内的资金转入银行方账户的行为均视为相关存款银行直接挪用客户交易结算资金。"因此,天同证券依据该项约定也有权向恒丰银行主张相应的权利。当证券公司被责令关闭、进行行政清理后,由证券监督管理机构指定成立的行政清算组相应取得证券公司对保证客户交易结算资金完整的权利和责任。因此,天同证券清算组是适格的原告,有权就本案的争议提起诉讼。

2. 关于恒丰银行是否有权从天同证券管理的客户证券交易结算资金账户上扣划资金的问题

正如讼争当事人认同的,恒丰银行扣划资金的账户是客户证券交易结算资金账户,该部分资金属相关经纪业务客户所有。除该属性外,客户证券交易结算资金还有保证与证券交易对方足额交收的作用,也就是说该资金上负担有其他优先权利,这也是要保持客户证券交易结算资金完整性的重要原因。就本案情况来看,恒丰银行从金建物业取得的权利,在二者之间的《债权转让协议》中既称转让一亿元国债保证金,又称金建物业对天同证券的债权归甲方所有。表明对该权利性质双方当事人并不清晰。基于目前天同证券已经进入行政处置的情况,经甄别确认程序,如果该权利属客户证券交易结算资金,则可以纳入国家收购范围,无须通过诉讼程序寻求救济;如果不属于客户证券交易结算资金,则该部分权利将成为针对天同证券的债权,其债权的实现只能以天同证券的自有资产偿付,不能用属于相关客户的客户交易结算资金偿付。从天同证券与恒丰银行签订的《客户证券结算资金存管协议》内容看，恒丰银行负有不能挪用该资金的责任，该协议并无其他例外情形的约定，恒丰银行应当依照约定维护客户证券交易结算资金的完整。此外，与恒丰银行相同地位的权利人因并不掌握天同证券的客户证券交易结算资金账户，无法像恒丰银行一样获得清偿，恒丰银行因其作为客户证券交易结算资金存管银行的地位自主从客户证券交易结算资金账户上扣划款项，对经纪业务客户及天同证券的其他债权人均是不公平的，也是违反了其与天同证券的约定的。基于上述理由，恒丰银行是否行使以及是否能够行使向天同证券的偿还请求权不能成为恒丰银行可以扣划客户证券交易结算资金的理由。因此，恒丰银行关于其有权从天同证券客户证券交易结算资金账户中取回属于其所有的国债保证金的主张，最高人民法院不予支持。

3. 关于本案金建物业委托天同证券管理的一亿元资金是否具有客户证券交易结算资金性质的问题

2006年3月17日中国证券监督管理委员会作出证监罚字〔2006〕10号行政处罚决定书，决定对天同证券撤销证券业务许可，责令其关闭。在进入行政处置程序后，对于客户的权利到底是债权性质还是物权性质，也就是是否具有客户证券交易结算资金的性质的确认，涉及国家是否对该权利进行收购的问题。对此，中国人民银行、财政部、中国银行业监督管理委员会、中国证券监督管理委员会联合制定并发布了《个人债权及客户证券交易结算资金收购意见》，该意见确定的纳入收购范围的客户交易结算资金是指："经纪业务的客户为保证足额交收而在证券公司存入的资金，出售有价证券所得到的所有款项（减去经纪佣金和其他正当费用），持有证券所获得的股息、现金股利、债券利息，上述资金获得的利息。金融机构处置以前法院已判决的属于收购范围内的客户证券交易结算资金。"关于是否属于客户证券交易结算资金的甄别确认问题。该意见指出："客户证券交易结算资金经托管组或清算组甄别确认后提出收购申请，报监管部门批准后，在实行第三方存管的同时支付收购款。"综合以上意见，对于客户权利是否属于客户证券交易结算资金，在证券公司进入行政处置程序后，由托管组或清算组行使相关甄别权，由监管部门批准。恒丰银行受让金建物业的债权之后，应在天同证券的行政处置程序中向行政清算组请求甄别处理。但无论该笔资金是否属于证券交易结算资金，均不构成恒丰银行直接以天同证券管理的客户证券交易结算资金账户上扣划资金的合法依据。因此，最高人民法院不对上述一亿元资金的性质作出认定。

客户交易结算资金纠纷办案依据集成

1. 中华人民共和国证券法（2005年10月27日修订）（节录）

第七十九条 禁止证券公司及其从业人员从事下列损害客户利益的欺诈行为：

（一）违背客户的委托为其买卖证券；

（二）不在规定时间内向客户提供交易的书面确认文件；

（三）挪用客户所委托买卖的证券或者客户账户上的资金；

（四）未经客户的委托，擅自为客户买卖证券，或者假借客户的名义买卖证券；

（五）为牟取佣金收入，诱使客户进行不必要的证券买卖；

（六）利用传播媒介或者通过其他方式提供、传播虚假或者误导投资者的信息；

（七）其他违背客户真实意思表示，损害客户利益的行为。

欺诈客户行为给客户造成损失的，行为人应当依法承担赔偿责任。

第一百三十九条 证券公司客户的交易结算资金应当存放在商业银行，以每个客户的名义单独立户管理。具体办法和实施步骤由国务院规定。

证券公司不得将客户的交易结算资金和证券归入其自有财产。禁止任何单位或者个人以任何形式挪用客户的交易结算资金和证券。证券公司破产或者清算时，客户的交易结算资金和证券不属于其破产财产或者清算财产。非因客户本身的债务或者法律规定的其他情形，不得查封、冻结、扣划或者强制执行客户的交易结算资金和证券。

第一百六十八条 证券登记结算机构按照业务规则收取的各类结算资金和证券，必须存放于专门的清算交收账户，只能按业务规则用于已成交的证券交易的清算交收，不得被强制执行。

2. 股票发行与交易管理暂行条例（1993年4月22日国务院令第112号公布）（节录）

第七十一条 证券经营机构违反本条例规定，有下列行为之一的，根据不同的情况，单处或者并处警告、没收非法获取的股票和其他非法所得、罚款；情节严重的，限制、暂停其证券经营业务或者撤销其证券经营业务许可：

（一）未按照规定的时间、程序、方式承销股票的；

（二）未按照规定发放股票认购申请表的；

（三）将客户的股票借与他人或者作为担保物的；

（四）收取不合理的佣金和其他费用的；

（五）以客户的名义为本机构买卖股票的；

（六）挪用客户保证金的；

（七）在代理客户买卖股票活动中，与客户分享股票交易的利润或者分担股票交易的损失，或者向客户提供避免损失的保证的；

（八）为股票交易提供融资的。

对前款所列行为负有责任的证券经营机构的主管人员和直接责任人员，给予警告或者处以三万元以上三十万元以下的罚款。

第二章　期货交易纠纷

第一节　期货经纪合同纠纷

49. 对于期货交易指令是否系由委托人发出的举证责任应如何分配？

由于在期货经纪法律关系中，期货公司系接受客户委托，并按照客户交易指令为客户进行期货交易，且期货公司有义务将交易结果转移给客户，客户有义务对交易结果承担全部责任，因此在客户保证金账户因交易情况出现变动时，期货公司理应对该交易系由客户下发指令而引起的事实承担举证责任。期货经纪公司未按照客户的指令，擅自以客户的名义进行期货交易，构成违约，应对其给客户造成的损失承担赔偿责任。

典型疑难案件参考

王雪珍诉瑞达期货经纪有限公司期货经纪合同纠纷案

基本案情

2006年4月18日，原告王雪珍经被告厦门瑞达期货经纪有限公司（以下简称厦门瑞达期货公司）介绍，同被告成都瑞达期货经纪有限公司（以下简称瑞达期货公司）签订了一份《期货经纪合同》，该合同由八部分组成，即：（1）期货交易风险说明书；（2）电子化期货交易风险提示书；（3）客户须知；（4）开户申请表；（5）期货交易委托合同；（6）客户声明；（7）法人授权书；（8）客户资料印鉴卡。其中《电子化期货交易风险提示书》载明，"本公司提供包括自助交易、远程终端交易和网上交易三种电子化交易方式供客户选择。……"《期货交易委托合同》约定，甲方为瑞达期货公司，乙方为王雪珍；甲方接受乙方委托，并按照乙方交易指令为乙方进行期货交易（第1

条），甲方有义务将交易结果转移给乙方，乙方有义务对交易结果承担全部责任（第2条）；甲方在每一交易日闭市后以书面或双方约定方式向乙方发出每日交易的结算单。客户应在每日收盘后主动领取每日交易结算单并签字确认。甲方以书面方式提供上月交易结算月报表，乙方应至少每月一次前往甲方指定场所主动领取交易结算月报表并签字确认（第18条）；乙方交易指令可以通过书面、电话、计算机、网上委托等方式下达。书面方式下达的指令必须由乙方或者其指令下达人签字。电话、计算机、网上委托等方式下达指令的，甲方有权进行同步录音或者其他方式保留原始指令记录。乙方同意，电话录音、计算机记录等业务过程中形成的记录与书面指令具有同等法律效力（第25条）；甲方对乙方的期货交易实行每日无负债结算制度。只要乙方在该交易日进行过交易或者有出入金，甲方应在每个交易日闭市后按照本合同约定的时间和方式向乙方发出显示其账户权益状况或者成交结果的交易结算单（第29条）；合同还约定其他条款。

合同由厦门瑞达公司负责人葛昶代表甲方瑞达期货公司签字，合同签订后，厦门瑞达期货公司即将该合同原件（一式二份）收取并寄往瑞达期货公司加盖瑞达期货公司合同专用章，2006年5月25日，王雪珍收到本合同原件。2006年4月18日，王雪珍还同瑞达期货公司签订《网上交易委托协议》、《出入金网上转账业务协议书》，其中《网上交易委托协议》约定，甲方为瑞达期货公司，乙方为王雪珍，账号为1050382。合同部分内容："本协议所指网上交易委托是指客户通过因特网与甲方（瑞达期货公司）联网进行交易的一种交易委托方式。""乙方进行网上交易应具备网上交易所必需的设备，包括计算机、电话线、调制解调器等，乙方还应具备登录因特网的能力。乙方进行网上期货所必需的软件必须是甲方提供的或从甲方指定的站点下载的，乙方使用其他途径获得的软件，所产生的损失由乙方自行承担（第2条第3款）。乙方通过因特网获得的交易数据并不作为乙方最终的交易结果，乙方应以每日收到的交易结算单作为最终的交易结果（第3条第1款）。"等等。同日，王雪珍还向瑞达期货公司出具《客户电话委托下单确认书》和一份收到账户为1050382的交易和网上出入金的初始密码回执。上述协议、合同签订后，原告王雪珍即向瑞达期货公司交纳开户资金5万元。

2006年8月3日，王雪珍在瑞达期货公司提供的《交易结算单（逐笔）》及《清户确认书》上签字后，从厦门瑞达公司领取款项3583.29元。该《交易结算单（逐笔）》上体现，客户号1050382，客户名王雪珍，在2006年6月1日至8月3日的资金状况为：成交量526、成交额24089760、手续费7156.71、平仓盈亏39260。成交记录上仅载明交易日、合约、成交序号、成交价、手数、成交额、手续费、平仓盈亏等内容。对该结算单涉及的期货交易情况，案外人厦门国贸期货经纪有限公司提出的意见为：（1）成交记录中无买卖方向、无开仓记录，可要求提供全部成交记录及开仓明细；（2）成交价超过当天的最高或最低价；成交价有小数。

王雪珍认为其并未进行期货交易，其账户资金减少是因被告厦门瑞达期货公司的过错造成的，遂要求厦门瑞达期货公司和瑞达期货公司返还保证金。在其要求遭到拒绝后，王雪珍提起诉讼，请求判令：（1）厦门瑞达公司和瑞达期货公司赔偿其损失46416.71元；（2）确认2006年8月3日原告出具的《清户确认书》无效；（3）二被告赔偿损失2万元。

一审诉辩情况

被告厦门瑞达公司答辩称：

原告的诉讼请求没有依据，应予驳回，理由如下：

1. 原、被告双方或单方签订的期货经纪合同等文件是双方真实意思表示，内容合法有效，原告通过被告方提供的交易软件所发生的期货交易行为真实有效。

2. 没有证据证明被告方有违规和违反合同约定的情形，被告方履行义务没有任何过错。

3. 原告期货交易过程中发生的损失46416.71元属于正常的期货交易风险，其后果应由原告自行承担。至于原告主张赔偿2万元，因被告方没有过错，原告也未举证，不能成立。

一审裁判结果

福建省厦门市中级人民法院经审理，依照《中华人民共和国民事诉讼法》第64条、第130条、《中华人民共和国合同法》第107条之规定，判决如下：

一、确认王雪珍于2006年8月3日所出具的《清户确认书》所涉及的关于1050382账户的资金变动情况及余款金额为3583.29元的部分无效。

二、瑞达期货公司应于本判决生效之日起5日内返还原告王雪珍款项46416.71元。

三、驳回原告王雪珍的其他诉讼请求。

一审裁判理由

福建省厦门市中级人民法院经审理认为，原告王雪珍与瑞达期货公司之间于2006年4月18日签订的《期货经纪合同》，系缔约双方当事人真实的意思表示，内容并不违反有关法律规定，应认定为有效。《期货经纪合同》的主要内容是期货交易委托，即王雪珍委托瑞达期货公司按照王雪珍的交易指令为王雪珍本人进行期货交易，而瑞达期货公司接受委托，并按照王雪珍交易指令为王雪珍进行期货交易。根据合同的约定，王雪珍交易指令的下达，必须由其本人进行，下达的方式可以且仅限于通过书面、电话、计算机、网上委托。本案中，瑞达期货公司未提交相关证据，证明王雪珍曾通过书面及电话方式下达交易指令。而计算机及网上交易委托，实际上是指利用计算机登录因特网，再通过因特网与瑞达期货公司联网进行交易（场外指令交易）或者直接利用瑞达公司所提供的位于交易大厅的电脑直接与瑞达公司联网进行交易（场内指令交易）。根据瑞达期货公司与王雪珍所签订的《网上交易委托协议》约定，王雪珍进行网上交易所必需的软件必须由瑞达期货公司提供或从瑞达期货公司指定的站点下载，瑞达期货公司亦未提供相应证据，证明其已向王雪珍提供网上交易所必需的软件或指定站点供王雪珍下载交易软件，而未安装网上交易所必需的软件，客户（包括王雪珍）是无法于场外通过因特网向期货经纪公司下达交易指令的。综合以上分析，可以认定，王雪珍本人并未通过书面、电话、计算机、网上委托方式向瑞达期货公司下达期货交易指令，王雪珍资金账户上因出现交易记录导致资金变动，不是王雪珍本人真实意思表示。故王雪珍认为其于 2006 年 8 月 3 日所出具的《清户确认书》无效，因确认书所涉及的交易情况及由此导致的损失，不是王雪珍真实意思表示，王雪珍对此作出的确认（即资金账户仅剩余款 3583.29 元）是无效的。瑞达期货公司未按照王雪珍的指令，擅自以王雪珍的名义进行期货交易，已构成违约，应承担相应违约责任。王雪珍已向瑞达期货公司交纳开户资金 5 万元，因王雪珍已与瑞达期货公司办理清户手续并实际上终止委托代理关系，王雪珍已领款 3583.29 元，余款 46416.71 元，瑞达期货公司应予返还。

厦门瑞达公司系瑞达期货公司下设的营业部，其在本案中系接受瑞达期货公司的委托，代理瑞达期货公司同王雪珍签订经纪合同，由此所产生的法律后果应由瑞达期货公司负担。厦门瑞达公司不是本案合同的当事人，王雪珍要求厦门瑞达公司连带赔偿其损失 46416.71 元，没有法律依据，不予支持。同时，王雪珍要求二被告赔偿其损失 2 万元，证据不足，应予驳回。

二审诉辩情况

一审判决后，瑞达期货公司不服，向福建省高级人民法院提起上诉称：

1. 一审判决对本案最为关键的事实即 1050382 王雪珍账户中的交易是谁所为尚未查清，就片面认定"王雪珍本人并未通过书面、电话、计算机、网上委托方式向瑞达期货公司下达期货交易指令，王雪珍资金账户上因出现交易记录导致资金变动,不是王雪珍本人真实意思表示",实属认定事实错误,证据不足。(1) 1050382账户中的交易非上诉人作为。根据上诉人在一审和二审中提供的证据表明,1050382账户中的交易均是通过互联网进行,而通过互联网进行交易的最重要一点就是要有交易密码,而交易密码已由被上诉人王雪珍更改。根据金仕达计算机有限公司的证明,该交易软件的密码被修改后,任何人无法再登录交易客户端软件,只有修改密码一方才可以登录。因此上诉人无法进入1050382账户进行操作,故1050382账户中的交易绝非上诉人所为。一审判决认为"瑞达期货经纪公司未按王雪珍的指令,擅自以王雪珍的名义进行期货交易,已构成违约,应承担相应违约责任"没有事实依据,纯属主观臆断。(2) 有充分证据证明1050382账户中的交易乃王雪珍本人所为。第一,王雪珍本人已对初始交易密码进行了修改,并保证随时更换,而根据金仕达交易软件系统,只有掌握密码才能进入该账户,因此,只有王雪珍本人才能进行交易,1050382账户中的交易只能是王雪珍所为。第二,王雪珍对1050382账户中的交易情况非常清楚,并且一直直接掌控,因此在上诉人工作人员电话告知其保证金不足,风险率为96%,是否追加保证金时,王雪珍表示"不加保证金了"。如果是别人在挪用王雪珍的保证金进行交易,王雪珍能作出这样明确的表态吗?显然不合常理,反证1050382账户中的交易乃王雪珍所为。第三,王雪珍在交易结算单上签字确认,在清户确认书和提款申请书上都签字确认了所有的交易结果。这些确认都是王雪珍自愿签署的,并没有任何人的强迫,签字的法律后果王雪珍是非常清楚的,我们只能理解这是王雪珍真实意思表示。反之,如果说这些交易不是王雪珍所为,王雪珍会签字确认吗?第四,如果说1050382账户中的交易不是王雪珍所为,王雪珍也不知晓,那么当得知其保证金不足时为何不立即向公安机关报案,为何不立即向我公司提出异议。如果提出异议,我公司会立即对此采取有效措施,制止这一行为,追查责任人;反之,证明1050382账户中的交易均是王雪珍所为。纵观王雪珍在本案中的表现,极不符合常理,自己的保证金"平白无故"化为乌有,却态度坦然,一一签字认可,事隔若干月才反悔,很显然,妄图用不成立的理由将其交易亏损转嫁我公司,这是一种极其不道德的行为。(3) 一审判决认定"……而未安装网上交易所必需的软件,客户(包括王雪珍)是无法于场外通过因特网向期货经纪公司下达交易指令的"是对事实认定的错误。自2001年起我公司即按交易所的要求,完善了硬件设施,开始了网上交易,没有特殊情况,一般已不再以书面、电话方式下达交易指令。交易均通过网络计算机操作,客户只要在我公司开户,获取了交易账户和密码就可以在世界上任何一个地方通过互联网进行期货合约的交易。这和中国目前的证券市场的交易方式是不一样的。

王雪珍可以在任何地方在1050382账户进行期货合约交易,因此,一审法院的认定违反客观事实。(4)厦门国贸期货经纪有限公司提供的意见不能采信。上诉人在一审中也提供一份由王雪珍签字认可的《交易结算单(逐笔)》。一般期货公司向客户提供交易结算单确认其交易结果有两种方式,一种是按客户交易明细流水逐笔记录的《交易结算单》,这种结算单不仅载明交易日、合约、成交序号、成交价、手数、成交额、手续费、平仓盈亏等内容,还载明了买卖方向、开仓记录。另一种结算单是按交易品种汇总后的逐笔结算单,这种结算单上载明了客户在一段时期中各种期货品种上的所有交易行为,在一页纸中就能表现出来,因而一般用在对客户每月交易结果的确认上,由于成交价格体系平均价自然会出现小数点的现象。但两种结算单所表述的交易结果是完全一样的。上诉人平时都是采用第二种结算单供客户确认。一审法院向厦门国贸期货经纪有限公司咨询时,厦门国贸期货经纪有限公司提供的意见既不专业,也不真实。上诉人当时即表示异议,并随后提交另一份被上诉人的结算单,该结算单明确记载被上诉人的所有交易行为,该交易结算单记录的最终交易结果和被上诉人签字认可的交易结算单所记录的交易结算完全一致。一审法院并未采纳,这也属于原审法院对事实认定的错误。

2. 一审法院在本案审理中适用法律不当,不应适用《合同法》的违约责任规定,而应适用最高人民法院《关于审理期货纠纷案件若干问题的规定》的规定。第一,本案不是违约纠纷,王雪珍以瑞达期货公司存在欺诈行为而起诉,按诉的归类也应属于侵权纠纷。第二,根据最高人民法院《关于审理期货纠纷案件若干问题的规定》第3条"人民法院审理期货侵权纠纷和无效的期货交易合同纠纷案件,应当根据各方当事人是否有过错,以及过错的性质、大小、过错和损失之间的因果关系,确定过错方承担的民事责任"的规定,本案中王雪珍46416.17元的损失与上诉人之间无任何法律上的因果关系。一审法院判决上诉人承担赔偿责任没有任何法律依据,最高人民法院明确规定"在期货纠纷中,不适用无过错责任原则,无过错就不用承担过错责任;也不适用过错推定原则,不能判定某方当事人是否有过错,就不能判处其承担过错责任"。王雪珍在使用1050382账户进行期货交易过程中,因市场行情变化共亏损46416.17元,造成这一损失的只能是该账户的掌控人即王雪珍,而不是瑞达期货公司,因此,对这一损失承担责任的人也只能是王雪珍。第三,王雪珍在自愿的情况下在交易结算单和清户确认书上签字,这是王雪珍的真实意思表示,是对所有交易结果的确认,根据最高人民法院《关于审理期货纠纷案件若干问题的规定》第27条的规定"客户对当日交易结算结果的确认,应当视为对该日之前所有持仓和交易结算结果的确认,所产生的交易结果由客户自行承担"。王雪珍既然已经对1050382账户中的交易结果予以确认,当然就应该对交易后果承担责任。

3. 王雪珍1050382账户中的损失和上诉人间没有任何法律上的因果关系。上诉人和被上诉人所签署的一系列文件都是符合《期货交易管理条例》等相关规定的。上诉人严格履行了自己的义务,没有任何违约或侵权行为。因此,被上诉人的损失只能由其自行承担。一审法院没有任何事实和法律依据判决上诉人承担违约责任。一审法院对1050382账户中交易到底是谁所为都未查清,没有任何事实依据,就认定上诉人擅自以王雪珍的名义进行期货交易,适用法律是错误的。请求依法撤销一审判决,判决驳回王雪珍的全部诉讼请求。

二审裁判结果

福建省高级人民法院经审理认为,原审认定事实清楚,适用法律正确,瑞达期货公司的上诉理由缺乏事实与法律依据,不予支持。根据《中华人民共和国民事诉讼法》第153条第1款第1项的规定,判决如下:驳回瑞达期货公司的上诉请求,维持原判。

二审裁判理由

福建省高级人民法院经审理认为:

关于本案是侵权还是违约,依最高人民法院《关于审理期货纠纷案件若干问题的规定》第8条的规定,当事人既以违约又以侵权起诉的,以当事人起诉状中在先的诉讼请求确定管辖。本案中王雪珍以侵权起诉,要求瑞达期货公司承担侵权责任,因此,应以侵权确定管辖。至于瑞达期货公司认为王雪珍系网上交易的问题,根据当事人双方签订的《期货交易委托合同》第1条约定,瑞达期货公司受王雪珍委托进行期货交易,应按王雪珍的交易指令进行交易。公司应按约定向王雪珍提供进行网上下达期货交易指令所必需的软件,但期货公司未提供。该委托合同第25条约定,电话、计算机、网上委托等方式下达指令的,瑞达期货公司有权进行同步录音或其他方式保留原始指令记录。而瑞达期货公司始终未有证据证明王雪珍向其公司下达过进行期货交易的委托指令。因此,根据最高人民法院《关于民事诉讼证据的若干规定》第2条的规定,瑞达期货公司反驳对方诉讼请求所依据的事实有责任提供证据加以证明,其未提供证据,应承担不利的后果。最高人民法院《关于审理期货纠纷案件若干问题的规定》第18条规定,期货公司不能证明其所进行的交易是依据客户交易指令进行的,期货公司应承担赔偿责任。该规定第20条规定,客户下达的交易指令没有品种、数量、买卖方向的,期货公司未予拒绝而进行交易造成客户的损失,由期货公司承担赔偿责任,客户予以追认的除外。由于瑞达期货公司未能提供王雪珍曾向其下达过明确的交易指令的证据,根据最高人民法院《关于审理期货纠纷案件若干问题的规定》第54条的规定,期货公司擅自以客户名义进行交易,客户不予追认的,所造成的损失由期货公司承担。因此,王雪珍在瑞达期货公司账户上的损失与公司行为有因果关系,瑞达期货公司应承担造成委托人王雪珍损失的赔偿责任。

50. 期货交易会员单位转租交易席位的法律效力如何?

期货交易会员单位,违反期货交易章程的规定,私自将交易席位转借给他人,应对转借行为的交易后果承担法律责任,交易所依据交易规则先期代为承担违约责任后,有权向违约会员追偿。

典型疑难案件参考

中青基业投资发展中心与四川平原实业发展有限总公司期货交易纠纷案(《最高人民法院公报》2005年第4期)

基本案情

四川平原实业发展有限总公司(以下简称平原公司)与四川和正期货经纪有限公司(以下简称和正公司)均系海南中商期货交易所(以下简称中商交易所)的会员单位,其会员编号分别为165、107号,两公司均在中商交易所从事期货交易。1997年4月5日,平原公司与和正公司签订《席位转让协议》一份,约定平原公司将在中商交易所的165号席位转让给和正公司,和正公司在1997年4月10日前向平原公司支付转让费30万元人民币,自此,该席位所发生的权益由和正公司承担,概与平原公司无关。同年4月7日,和正公司向平原公司支付席位转让费30万元。同年7月3日、14日、31日,和正公司向165号席位分别划付人民币350万元、900万元和25万元,并两次附"划款说明"称:因平原公司(165号席位)与我公司有其他业务关系,故委托我公司代付保证金。同年7月25日,中商交易所向各会员单位发出特别提示称:本所规定天然橡胶合约每一会员交割月单边持仓限制为200手。套期保值需要实物交割的头寸经本所批准后可以不受该限制。单边持仓限制即R708

合约进入交割月份后（8月1日闭市后），每一会员的买卖持仓均不得超过200手。如某会员R708合约要求实物交割的头寸超过上述限制，其超过部分的头寸必须于交割月前一月倒数第五个交易日之前（即7月25日之前），向交易所结算中心申请，并按要求提供相关证明材料，经交易所批准后，方可不受单边持仓限额的限制，并连同单边持仓限制内的200手持仓，只能用于实物交割，不能平仓。此时，165席位R708合约持仓3600手，7月28日开新仓1000手，总计达4600手持仓，当日可清退资金余额为1278358.96元。7月29日，该席位上R708合约平仓3500手，开新仓3150手，持仓量为4250手，当日可清退资金余额为9266973.96元。7月30日，中商交易所根据中期交算字〔1996〕8号《关于实施无纸化结算及其他事项的通知》向165席位出具的"资金结算表"提请注意：贵单位保证金不足，请在下一交易日开市前补足，否则下一交易日将不能开新仓；保证金不足部分将强行平仓！从8月1日起至13日止，165席位平仓917手，仍持仓3333手。8月18日，中商交易所通知平原公司：由于你公司在票据交换日之前未向交易所交存足额货款，其中3333手构成违约，根据交易所《交割制度》，现决定从你公司账户划收相当于货款总值20%的违约金，计37196280元（实际扣划7692280.86元），不足部分29503999.14元，限你公司在7日内补足。因平原公司未在限期内交足违约金，中商交易所已于8月29日至9月5日向平原公司的交易对方先期支付违约金37196280元，其中垫付29503999.14元。

1998年5月25日，中商交易所向平原公司发出"关于催收欠款的函"，告知平原公司自去年9月份以来一直拖欠本所资金，截至3月21日，已达29964693.68元，并限定平原公司于收到此函后15日内就该笔资金偿付计划和意见书函告本所。同年6月19日，和正公司向中商交易所出具说明称，我公司就平原公司席位R708交易作下列说明：陈正正在我公司以自然人蒋柏荣名义开户，在R708交易过程中，我公司在陈正正委托下与平原公司签订了天然橡胶期货合约代理协议，平原公司席位所有成交的R708交易均为我公司代理客户陈正正的交易结果，根据中国证监会证监查字〔1998〕30号文，上述交易实际由陈正正自己直接操作，与平原公司无关。6月22日，平原公司向中商交易所出具说明称：在R708事件中，我公司席位已租借给和正公司，该席位上R708合约交易实为和正公司客户陈正正所为，其违约行为也是陈正正的交易结果，根据中国证监会证查字〔1998〕30号文，上述交易完全由陈正正直接操作，与本公司无关。

另查明，平原公司与和正公司之间的席位转让，未按中商交易所《会员管理条例》的有关规定，报经该所审查同意。1998年4月20日，中国证监会作出证监查字〔1998〕30号《关于上海华隆实业总公司等单位和个人在中商交易所R708合约交易中违规行为的处罚决定》认定：自然人陈正正在和正公司以自然人蒋柏荣的名义开户，并租用平原公司的席位进行操作，先后投入资金3000多万元从事R708合约交易，最高持仓2.3万吨，上述交易实际由陈正正自己直接操作。上述单位和个人在R708合约交易中，违反了有关规定，构成操纵市场行为。平原公司将席位租给他人使用，违反了有关规定，故决定宣布陈正正等为期货市场禁止进入者；责令中商交易所开除平原公司等单位的会员资格；对和正公司处以警告。

中商交易所因向平原公司催收违约金未果，遂于1998年12月26日向四川省高级人民法院提起诉讼，请求判令平原公司返还其代付的违约金。

▶ 一审裁判结果 ◀

四川省高级人民法院经审理，根据《中华人民共和国民法通则》第84条、第106条第1款、第130条和《中华人民共和国民事诉讼法》第130条、第138条的规定，该院判决如下：

一、R708合约3333手的违约金37196280元，由中商交易所和平原公司各承担18598140元；

二、平原公司所承担的18598140元，扣除中商交易所已扣划的7692280.86元，尚欠10905859.14元及其从1997年9月6日起至本判决确定的给付之日止按中国人民银行最高期限流动资金贷款利率计付的资金利息，限本判决生效后10日内向中商交易所偿付；

三、和正公司和陈正正对平原公司的上述债务承担连带赔偿责任。

▶ 一审裁判理由 ◀

四川省高级人民法院经审理认为：

中商交易所是经中国证监会批准，经工商行政管理部门核发有《企业法人营业执照》，具有为天然橡胶等期货合约提供交易场所经营范围的会员制法人组织。平原公司系经工商行政管理部门核发有《企业法人营业执照》，具有天然胶经营范围的企业法人。和正公司是经工商行政管理部门核发有《企业法人营业执照》，具有国内商品期货代理经营范围的期货经纪公司。平原公司与和正公司均系中商交易所的会员，其具有在中商交易所进行期货交易的资格。双方所签订的《席位转让协议》，因未按中商交易所《会员管理条例》的有关规定报经中商交易所审查同意，故其席位转让的行为违规，该院不予认可。按照有关规定，在期货交易过程中，期货交易所应承担保证期货合约履行的责任。任何一方不能如期全面履行期货合约规定的义务，交易所均应代为履行，其代为履行后，取得对违约金的追偿权。故对165席位在中商交易所进行的R708橡胶合约交易中，持仓量3333手在交换日之前，未向中商交易所交存足额货款，构成违约的情况下，中商交易所先期代165席位向守约方垫付违约金29503999.14元的事实清楚，证据充分，且符合法律规定，该院予以认可。但中商交易所在1997年7月25日，已向各会员发出橡胶合约限制单边持仓量的特别提示后，在7月28日，允许165席位开新仓100手，并于7月29日在165席位当日可清退资金余额不足情况下，违反中国证监会严格控制持仓总量和"禁止T+O结算"的规定，允许其开新仓3150手的交易行为属违规交易，其违规交易是中商交易所和165席位的共同行为，这一行为是导致事后165席位3333手违约，向守约方支付违约金37196280元的直接原因，其违约责任应由中商交易所与平原公司共同承担，该违约金应由中商交易所与平原公司各承担18598140元。中商交易所关于请求平原公司偿付违约金37196280元的诉讼请求，该院不予支持。但是，由于中商交易所已先期向守约方支付了违约金，并扣划了165席位账户内资金7692280.86元，中商交易所有权向平原公司追偿不足部分10905859.14元。平原公司长期拖欠中商交易所垫付给守约方的违约金不予偿付，损害了中商交易所的合法权益，应由其承担相应的民事责任。故平原公司关于席位已经转让，不应承担责任的答辩理由不能成立。

在本案纠纷中，由于中国证监会认定R708合约交易是由"自然人陈正正在和正公司以自然人蒋柏荣的名义开户，并租用平原公司的席位进行操作，实际由陈正正自己直接操作"，故对平原公司所承担的责任，应由和正公司与陈正正负连带赔偿责任。和正公司关于其损失应由中商交易所承担的答辩理由亦不能成立。

二审诉辩情况

中商交易所不服四川省高级人民法院上述民事判决，向最高人民法院提起上诉称：

1997年7月25日，中商交易所向各会员单位发出特别提示，是交易所根据中国证监会关于严格控制持仓总量的有关规定，控制市场风险的重要措施之一，是每一会员必须遵守的交易规则，如果违反这一规定，交易所将有权对其超量持仓的R708合约按一定条件和程序进行强行平仓。进入R708交割月之前，无论平仓、开仓，是会员的正当交易权利，交易所无权进行干预。从8月1日起至8月13日止，165席位平仓917手，仍持仓3333手。票据交换日之前，平原公司未能交存该3333手的交割货款，再一次违反交易规则和交割制度的规定，应当承担违约责任。违反禁止T+O结算的规定，不同于透支交易，原审法院判令中商交易所与平原公司共同承担民事责任于法无据。请求判令平原公司向中商交易所支付29503999.14元及其利息，和正公司和陈正正承担连带赔偿责任。

平原公司亦不服上述民事判决，向本院提起上诉称：

平原公司与和正公司转让交易席位意思表示真实，并已实际履行。中商交易所在嗣后主动、无条件的扣款行为，足以证明其认可了转让事实、放弃了对转让效力的抗辩。中商交易所以交易关系为依据将平原公司作为被告追究违约责任，缺乏事实依据。交易所在R708交易中存在监管不力的过错，却未判决其承担相应责任。中商交易所违反关于不准实行T+O的规定，允许会员透支交易，导致165席位长时间透支持仓，最终形成巨额亏损，应就其故意的不作为承担扩大的损失。综上，在R708合约交易中，平原公司与和正公司转让交易席位已形成事实，依法不应承担任何责任，原判认定证据失实，对事实定性不准，判罚有失公正，请求依法予以纠正。

二审裁判结果

最高人民法院经审理认为，原审判决认定部分事实不清，判处不当，应予纠正。本院根据《期货交易管理暂行条例》第44条第1款、《关于审理期货纠纷案件座谈会纪要》第5条第1项、《中华人民共和国民事诉讼法》第153条第1款第2、3项和第158条之规定，判决如下：

一、撤销四川省高级人民法院〔1999〕川经二初字第14号民事判决。

二、四川平原实业发展有限总公司于本判决生效之日起10日内偿还中青基业投资发展中心29503999.14元，及该款从1997年9月6日起至本判决确定的给付之日止的银行贷款利息。

三、四川和正期货经纪有限公司和陈正正对上述应付款项承担连带赔偿责任。

二审裁判理由

最高人民法院经审理认为：

本案争议的问题是中商交易所是否有权索回其垫付的20%违约金，平原公司与和正公司之间的交易席位转让行为是否有效，以及陈正正利用165席位进行R708合约交易过程中是否存在持仓透支。其中，关键是中商交易所是否存在违规行为，以及该违规行为是否直接造成本案违约金的损失？即中商交易所是否应当对陈正正、和正公司、平原公司的交易损失承担民事责任。从法律关系来看，本案审理的是追偿垫付的违约金，并非审理平原公司165席位交易过程中行为责任问题。根据法律法规及有关交易规则，只要中商交易所代平原公司垫付违约金的事实存在，平原公司就应依法偿还。法院应仅对此事实进行审理，至于在165席位进行交易的各方当事人的责任分担，与中商交易所追偿垫付违约金是两个不同的法律关系，不应在本案中进行审理。故平原公司的抗辩理由不能成立。且中商交易所在整个R708交易过程中，始终按照交易所的《交易规则》、《交割制度》及有关规定进行操作，没有发生"透支"、"清退资金不足"等问题，中商交易所也履行了应尽的职责和义务，中商交易所已依据有关交易规则向平原公司的交易对方先期支付违约金，其中垫付29503999.14元，平原公司理应返还。

原审法院以中商交易所允许165席位在7月28日开仓1000手、7月29日开仓3150手为由，认定中商交易所违反中国证监会严格控制持仓总量的规定。平原公司7月28日至29日的开、平仓交易行为，发生在R708合约交割月前，在其保证金充足的情况下，中商交易所无权制止。但原审法院却将中商交易所对会员单边持仓限制的时间提前至交割月前不妥。从1998年6月19日和正公司给中商交易所、同年6月22日平原公司给中商交易所的函件可以看出，对于1997年7月28日、29日的交易情况，平原公司与和正公司是清楚的，而且在事件发生后到中商交易所起诉前一年多的时间，均未对165席位R708交易过程、中商交易所垫付违约金的事实提出过任何异议。中商交易所是否违反国务院、证监会、交易所有关规定，与造成平原公司大量持仓，构成违约没有必然联系和因果关系。发生R708合约事件，乃至平原公司穿仓、违约的直接原因，是包括平原公司在内的多家公司和个人操纵期货市场的违法行为所带来的期货交易风险所致。平原公司165席位大量持仓进入交割月，是其主观故意行为，与交易所的交易习惯和结算方式无关。所以，平原公司应对其行为所导致的后果负全部责任。中商交易所未制止165席位当日使用当日释放的保证金，即允许进行T+0交易，并不意味着165席位存在持仓透支交易，也与当事人的亏损并无因果关系；该行为虽违反中国证监会《关于进一步控制期货市场风险、严厉打击操纵市场行为的通知》（证监发字〔1995〕163号文件）的规定，但其承担的是行政责任，不应与平原公司共同承担违约责任。

虽然平原公司出具了其与和正公司于1997年4月5日签订的《席位转让协议》，但中商交易所提交的几份时间在1997年7月间和正公司"银行转账票据"上均注明"165号平原公司"的字样，而且附有划款说明："因四川平原公司（165席位）与我公司有其他业务往来，故委托我公司代付保证金"，可见平原公司与和正公司并没有向中商交易所明示"转让"的行为，一直隐瞒他们私下租借165席位的事实，而本案R708合约违约的发生正是在当时划款期间。根据交易规则和交易所章程规定，只有会员资格可以转让，交易席位不能转让，私自租借席位者，并不产生转让的法律后果，而且应承担交易产生的法律责任。本案中，平原公司与和正公司之间既不是会员资格转让，也不是席位转让，实质上是租借席位。因此，平原公司应对其165席位的交易后果承担法律责任。和正公司在中商交易所有107席位，其租借平原公司165席位的目的是借仓、分仓，扩大交易持仓量，操纵市场价格。中国证监会"证监查字〔1998〕30号"《关于上海华隆实业总公司等单位和个人在中商交易所R708合约交易中违规行为的处罚决定》，已经对平原公司、和正公司之间租借席位等违法行为进行了认定与处罚。

综上，平原公司辩称其已将165席位"转让"给和正公司的理由不能成立，平原公司对165席位的交易明知，应对165席位上发生的交易后果承担全部责任。和正公司借用平原公司165席位供陈正正使用，其行为均已被中国证监会上述处罚决定所处罚，且对造成本案违约金损失均负有责任，故应由和正公司、陈正正承担连带赔偿责任。平原公司的上诉理由不能成立，应予驳回；中商交易所关于应全部追回代垫违约金的诉讼请求成立，应予支持。

期货经纪合同纠纷办案依据集成

1. 中华人民共和国合同法（1999年3月15日主席令第15号公布）（节录）

第三十九条 采用格式条款订立合同的，提供格式条款的一方应当遵循公平原则确定当事人之间的权利和义务，并采取合理的方式提请对方注意免除或者限制其责任的条款，按照对方的要求，对该条款予以说明。

格式条款是当事人为了重复使用而预先拟定，并在订立合同时未与对方协商的条款。

第四十条 格式条款具有本法第五十二条和第五十三条规定情形的，或者提供格式条款一方免除其责任、加重对方责任、排除对方主要权利的，该条款无效。

第四十一条 对格式条款的理解发生争议的，应当按照通常理解予以解释。对格式条款有两种以上解释的，应当作出不利于提供格式条款一方的解释。格式条款和非格式条款不一致的，应当采用非格式条款。

第五十二条 有下列情形之一的，合同无效：
（一）一方以欺诈、胁迫的手段订立合同，损害国家利益；
（二）恶意串通，损害国家、集体或者第三人利益；
（三）以合法形式掩盖非法目的；
（四）损害社会公共利益；
（五）违反法律、行政法规的强制性规定。

第四百一十四条 行纪合同是行纪人以自己的名义为委托人从事贸易活动，委托人支付报酬的合同。

第四百一十五条 行纪人处理委托事务支出的费用，由行纪人负担，但当事人另有约定的除外。

第四百一十六条 行纪人占有委托物的，应当妥善保管委托物。

第四百一十七条 委托物交付给行纪人时有瑕疵或者容易腐烂、变质的，经委托人同意，行纪人可以处分该物；和委托人不能及时取得联系的，行纪人可以合理处分。

第四百一十八条 行纪人低于委托人指定的价格卖出或者高于委托人指定的价格买入的，应当经委托人同意。未经委托人同意，行纪人补偿其差额的，该买卖对委托人发生效力。

行纪人高于委托人指定的价格卖出或者低于委托人指定的价格买入的，可以按照约定增加报酬。没有约定或者约定不明确，依照本法第六十一条的规定仍不能确定的，该利益属于委托人。

委托人对价格有特别指示的，行纪人不得违背该指示卖出或者买入。

第四百一十九条 行纪人卖出或者买入具有市场定价的商品，除委托人有相反的意思表示以外，行纪人自己可以作为买受人或者出卖人。

行纪人有前款规定情形的,仍然可以要求委托人支付报酬。

第四百二十条 行纪人按照约定买入委托物,委托人应当及时受领。经行纪人催告,委托人无正当理由拒绝受领的,行纪人依照本法第一百零一条的规定可以提存委托物。

委托物不能卖出或者委托人撤回出卖,经行纪人催告,委托人不取回或者不处分该物的,行纪人依照本法第一百零一条的规定可以提存委托物。

第四百二十一条 行纪人与第三人订立合同的,行纪人对该合同直接享有权利、承担义务。

第三人不履行义务致使委托人受到损害的,行纪人应当承担损害赔偿责任,但行纪人与委托人另有约定的除外。

第四百二十二条 行纪人完成或者部分完成委托事务的,委托人应当向其支付相应的报酬。委托人逾期不支付报酬的,行纪人对委托物享有留置权,但当事人另有约定的除外。

第四百二十三条 本章没有规定的,适用委托合同的有关规定。

2. 期货公司管理办法(2007年4月9日证监会令43号发布)(节录)

第五十二条 期货公司在为客户开立账户前,应当向客户出示《期货交易风险说明书》,由客户签字确认已了解《期货交易风险说明书》的内容,并签订期货经纪合同。期货公司不得为未签订《期货经纪合同》的客户开立账户。

《〈期货经纪合同〉指引》、《期货交易风险说明书》的内容和格式由中国期货业协会制定。

期货公司应当根据《〈期货经纪合同〉指引》及时更新《期货经纪合同》格式文本,报中国期货业协会审查备案,并报住所地的中国证监会派出机构备案。

期货公司对外发布的广告宣传材料,应当自发布之日起5个工作日内报住所地的中国证监会派出机构备案。

第五十五条 客户需要委托他人办理下达指令、调拨资金等事项的,应当在期货经纪合同中指定受托人及明确其受托权限,约定联络方式、指令下达方式并预留受托人签字。

第五十九条 期货公司应当在期货经纪合同中约定风险管理的标准、条件及处置措施。

第六十条 期货公司应当在每日交易闭市后为客户提供交易结算报告。客户应当按照期货经纪合同约定的时间和方式查询交易结算报告的内容。

期货公司应当根据期货交易所或者有结算业务资格的机构的结算结果对客户进行当日结算,结算科目的内容、格式、处理方式和处理日期应当与期货交易所保持一致。

期货公司应当在期货经纪合同、本公司网站和营业场所提示客户可以通过期货保证金安全存管监控机构查询服务系统,查询期货交易结算结果和有关期货交易的其他信息。

第六十一条 客户对交易结算报告的内容有异议的,应当在期货经纪合同约定的时间内向期货公司提出书面异议;客户对交易结算报告的内容无异议的,应当按照期货经纪合同约定的方式确认。客户既未对交易结算报告的内容确认,也未在期货经纪合同约定的时间内提出异议,视为对交易结算报告内容的确认。

客户有异议的,期货公司应当在期货经纪合同约定的时间内予以核实。

3. 最高人民法院关于审理期货纠纷案件若干问题的规定（2003年6月18日 法释〔2003〕10号）（节录）

第十条 公民、法人受期货公司或者客户的委托，作为居间人为其提供订约的机会或者订立期货经纪合同的中介服务的，期货公司或者客户应当按照约定向居间人支付报酬。居间人应当独立承担基于居间经纪关系所产生的民事责任。

第十三条 有下列情形之一的，应当认定期货经纪合同无效：

（一）没有从事期货经纪业务的主体资格而从事期货经纪业务的；

（二）不具备从事期货交易主体资格的客户从事期货交易的；

（三）违反法律、法规禁止性规定的。

第十四条 因期货经纪合同无效给客户造成经济损失的，应当根据无效行为与损失之间的因果关系确定责任的承担。一方的损失系对方行为所致，应当由对方赔偿损失；双方有过错的，根据过错大小各自承担相应的民事责任。

第十五条 不具有主体资格的经营机构因从事期货经纪业务而导致期货经纪合同无效，该机构按客户的交易指令入市交易的，收取的佣金应当返还给客户，交易结果由客户承担。

该机构未按客户的交易指令入市交易，客户没有过错的，该机构应当返还客户的保证金并赔偿客户的损失。赔偿损失的范围包括交易手续费、税金及利息。

第十六条 期货公司在与客户订立期货经纪合同时，未提示客户注意《期货交易风险说明书》内容，并由客户签字或者盖章，对于客户在交易中的损失，应当依据合同法第四十二条第（三）项的规定承担相应的赔偿责任。但是，根据以往交易结果记载，证明客户已有交易经历的，应当免除期货公司的责任。

第十七条 期货公司接受客户全权委托进行期货交易的，对交易产生的损失，承担主要赔偿责任，赔偿额不超过损失的80％，法律、行政法规另有规定的除外。

第十八条 期货公司与客户签订的期货经纪合同对下达交易指令的方式未作约定或者约定不明确的，期货公司不能证明其所进行的交易是依据客户交易指令进行的，对该交易造成客户的损失，期货公司应当承担赔偿责任，客户予以追认的除外。

第十九条 期货公司执行非受托人的交易指令造成客户损失，应当由期货公司承担赔偿责任，非受托人承担连带责任，客户予以追认的除外。

第二十条 客户下达的交易指令没有品种、数量、买卖方向的，期货公司未予拒绝而进行交易造成客户的损失，由期货公司承担赔偿责任，客户予以追认的除外。

第二十一条 客户下达的交易指令数量和买卖方向明确，没有有效期限的，应当视为当日有效；没有成交价格的，应当视为按市价交易；没有开平仓方向的，应当视为开仓交易。

第二十二条 期货公司错误执行客户交易指令，除客户认可的以外，交易的后果由期货公司承担，并按下列方式分别处理：

（一）交易数量发生错误的，多于指令数量的部分由期货公司承担，少于指令数量的部分，由期货公司补足或者赔偿直接损失；

(二) 交易价格超出客户指令价位范围的，交易差价损失或者交易结果由期货公司承担。

第二十三条 期货公司不当延误执行客户交易指令给客户造成损失的，应当承担赔偿责任，但由于市场原因致客户交易指令未能全部或者部分成交的，期货公司不承担责任。

第二十四条 期货公司超出客户指令价位的范围，将高于客户指令价格卖出或者低于客户指令价格买入后的差价利益占为己有的，客户要求期货公司返还的，人民法院应予支持，期货公司与客户另有约定的除外。

第二十五条 期货交易所未按交易规则规定的期限、方式，将交易或者持仓头寸的结算结果通知期货公司，造成期货公司损失的，由期货交易所承担赔偿责任。

期货公司未按期货经纪合同约定的期限、方式，将交易或者持仓头寸的结算结果通知客户，造成客户损失的，由期货公司承担赔偿责任。

第二十六条 期货公司与客户对交易结算结果的通知方式未作约定或者约定不明确，期货公司未能提供证据证明已经发出上述通知的，对客户因继续持仓而造成扩大的损失，应当承担主要赔偿责任，赔偿额不超过损失的80%。

第二十七条 客户对当日交易结算结果的确认，应当视为对该日之前所有持仓和交易结算结果的确认，所产生的交易后果由客户自行承担。

第二十八条 期货公司对交易结算结果提出异议，期货交易所未及时采取措施导致损失扩大的，对造成期货公司扩大的损失应当承担赔偿责任。

客户对交易结算结果提出异议，期货公司未及时采取措施导致损失扩大的，期货公司对造成客户扩大的损失应当承担赔偿责任。

第二十九条 期货公司对期货交易所或者客户对期货公司的交易结算结果有异议，而未在期货交易所交易规则规定或者期货经纪合同约定的时间内提出的，视为期货公司或者客户对交易结算结果已予以确认。

第三十条 期货公司进行混码交易的，客户不承担责任，但期货公司能够举证证明其已按照客户交易指令入市交易的，客户应当承担相应的交易结果。

第二节 期货透支交易纠纷

51. 透支交易的风险应由谁来承担？

所谓透支交易，是指期货公司或客户在没有保证金或者保证金不足的情况下，仍然进行开仓交易或者继续持仓的情形。由于在现实交易中，引发透支交易的原因较为复杂，因此在判断因透支交易所产生的损失如何分配时，应重点考量透支交易发生时期货交易所（期货公司）是否具有过错。如果期货交易所（期货公司）及时履行了通知义务，则无须对透支交易所造成的损失承担责任；反之，如果期货交易所（期货公司）未能及时履行通知义务，或允许期货公司（客户）开仓透支交易，乃至与期货公司（客户）约定共担风险、共享利益，则应根据其过错程度与期货公司（客户）分担损失。此外还应注意的是，在期货交易所（期货公司）履行了通知义务而期货公司（客户）未及时追加保证金的情况下，如果期货公司（客户）要求保留持仓并经书面协商一致，那么对保留持仓期间造成的损失，应由期货公司（客户）承担，但造成穿仓的，则因穿仓造成的损失应由期货交易所（期货公司）承担。

典型疑难案件参考（一）

邢向明与金元期货经纪有限公司期货纠纷案（〔2006〕琼民二终字第16号）

基本案情

1998年9月8日，经邢向明申请，金元期货经纪有限公司（以下简称金元公司）与邢向明签订一份《国内期货委托代理协议书》，约定：金元公司接受邢向明的委托，代理邢向明进行国内期货合约的买卖；邢向明在进行期货交易时，应按照金元公司的要求在其账户内存有足够数额的保证金，并随时按金元公司的要求存入追加保证金；金元公司在提出追加保证金后，邢向明必须立即执行，在市场急剧变化的情况下，金元公司有权事先不通知邢向明而对邢向明的部分或全部开仓头寸进行强行平仓。邢向明在金元公司《追加保证金通知书》和《强行平仓通知书》上签字并不影响金元公司以上强行平仓的执行，平仓结果则被视为对金元公司以上行为的认可;金元公司在每日交易以后以电话、传真或其他方式向邢向明提供客户账单,客户必须尽快确认,在次日如未收到邢向明的书面异议,即视为认可;邢向明充分认识到期货交易具有风险,因此,同意承担可能超过保证金存款金额的风险损失。协议还对其他条款作了具体规定。同日,双方还签订了《期货代理业务规则》及《交易规则》等协议附件,《交易规则》规定,客户账户内出现亏损,可用资金小于或等于零时,公司将口头或书面通知客户追补资金,当客户实有资金(指客户账户内所有不计浮动盈利的资金余额减去应缴手续费,并减去浮动亏损之余额)低于持仓占用保证金的70%时,本公司有权在事先不通知的情况下,代为平仓其中部分合约或锁仓,此时客户应无条件予以认可并追补资金;一旦金额或实有资金低于持仓保证金的50%时,本公司将有权以市价将其合约部分或全部平仓而无须通知客户及其代理人,由此产生的亏损客户自行承担。

协议签订后,邢向明在金元公司处设立了保证金账户,在打入保证金后,即开始委托金元公司进行期货交易。到2004年4月21日,邢向明持仓情况为:407合约29手、408合约20手、409合约30手,浮动盈亏-337150元,持仓保证金为435827.25元,风险率为74.02%,应追加资金为113241.74元。金元公司通知邢向明追加保证金,但邢向明未追加保证金。2004年4月22日,金元公司在邢向明未及时追加保证金的情况下,对邢向明账户内的合约进行强行平仓,但只有30手409合约平仓成交。当日收市后,邢向明账户持仓保证金为525416.25元,浮动盈亏为-574150元,风险率为20.97%,应追加资金为415240.74元。据此,金元公司通知邢向明追加仍未追加保证金的情况下,金元公司对邢向明持有的其他合约进行了强行平仓。当日收市后,邢向明账户持仓保证金为零,期末金额为-101209.49元。金元公司遂向法院提起诉讼,要求邢向明赔偿因穿仓所造成的经济损失。

▶一审裁判结果

海南省海口市中级人民法院经审理,依照《期货交易管理暂行条例》第41条第2款和最高人民法院《关于审理期货纠纷案件若干问题的规定》第36条第2款的规定,判决如下:邢向明自判决生效之日起10日内向金元公司偿还穿仓损失101209.49元及利息。

▶一审裁判理由

海南省海口市中级人民法院经审理认为:

金元公司与邢向明签订的《国内期货委托代理协议书》、《期货代理业务规则》及《交易规则》等相关附件,是双方在意思表示真实的基础上订立的,协议内容未违反有关法律禁止性规定,应认定为有效,依法应予保护。协议签订后,双方均应依约履行。依照双方所签订的《国内期货委托代理协议书》及《交易规则》中有关"邢向明在进行期货交易时,应按照金元公司的要求在其账户内存有足够数额的保证金,并随时按金元公司的要求存入追加保证金;金元公司在提出追加保证金后,邢向明必须立即执行,在市场急剧变化的情况下,金元公司有权事先不通知邢向明而对邢向明的部分或全部开仓头寸进行强行平仓"及"客户账户内出现亏损,可用资金小于或等于零时,公司将口头或书面通知客户追补资金,当客户实有资金(指客户账户内所有不计浮动盈利的资金余额减去应缴手续费,并减去浮动亏损之余额)低于持仓占用保证金的70%时,本公司有权在事先不通知的情况下,代为平仓其中部分合约或锁仓,此时客户应无条件予以认可并追补资金;一旦金额或实有资金低于持仓保证金的50%时,本公司将有权以市价将其合约部分或全部平仓而无须通知客户及其代理人,由此产生的亏损客户自行承担"的约定,当邢向明未按金元公司的通知及时追加保证金时,金元公司有权对邢向明持有的合约强行平仓,由此产生的亏损,应由邢向明承担。

2004年4月21日,当邢向明的持仓保证金为435827.25元,风险率为74.02%,应追加资金为113241.74元时,邢向明就应及时追加保证金,但邢向明并未按金元公司的通知追加保证金。2004年4月22日,因邢向明未及时追加保证金,且市场风险继续扩大时,金元公司对邢向明持仓合约进行强行平仓,符合双方的约定。金元公司虽对邢向明的持仓合约进行强行平仓,但只有30手409合约平仓成交。在邢向明未继续追加保证金的情况下,金元公司于2004年4月23日继续对邢向明的持仓合约强行平仓并平仓成交,邢向明账户由此穿仓,穿仓金额为101209.49元。对此穿仓,金元公司没有过错,由此造成的损失应由邢向明承担。根据《期货交易管理暂行条例》第41条第2款"期货经纪公司在客户保证金不足而客户又未能在期货经纪公司统一规定的时间内及时追加时,应当将该客户的期货合约强行平仓,强行平仓的有关费用及发生的损失由该客户承担"和最高人民法院《关于审理期货纠纷案件若干问题的规定》第36条第2款关于"客户的交易保证金不足,又未能按期货经纪合同约定的时间追加保证金的,按期货经纪合同的约定处理;约定不明确的,期货公司有权就其未平仓的期货合约强行平仓,强行平仓造成的损失,由客户承担"的规定,金元公司在邢向明未能及时追加保证金时,对邢向明的持仓合约进行强行平仓,符合上述规定,由此造成的损失,应由邢向明承担。邢向明认为其已向金元公司明确表示无资金可追加,要求及早强行平仓,但金元公司于3天后才强行平仓，其主张无证据证明，故不予支持。

二审诉辩情况

邢向明不服原审法院的上述判决，向海南省高级人民法院提起上诉称：

1. 金元公司起诉的损失属于穿仓损失，依照最高人民法院《关于审理期货纠纷案件若干问题的规定》第33条的规定，穿仓损失属于期货经纪公司过错造成的，无权向客户追索，金元公司的起诉应予驳回。但一审法院却依据该规定第36条即关于平仓损失的规定判决邢向明支付穿仓损失，属于适用法律错误。

2. 金元公司在账户风险率达到强行平仓的条件时，没有立即通知邢向明追加保证金或在收市前按约定强行平仓以确保风险控制。4月21日、22日在仍然有相当数量成交的情况下，未强行平仓，直到23日才平仓，造成了穿仓损失。足以证明形成事实透支交易的过错责任在金元公司，其诉讼要求邢向明偿还穿仓损失的请求应予驳回。

故请求：撤销一审判决，驳回金元公司的全部诉讼请求。

被上诉人金元公司答辩称：

1. 最高人民法院《关于审理期货纠纷案件若干问题的规定》第33条规定的，是指在保证金不足时，期货公司同意客户继续保留持仓的情况下，造成的穿仓损失由公司承担，而本案中金元公司从未同意也不可能同意邢向明继续保留持仓，更没有任何书面协议同意。邢向明认为应适用最高人民法院《关于审理期货纠纷案件若干问题的规定》第33条的规定，没有任何依据。原判决适用法律是正确的。

2. 我公司强行平仓是在邢向明没有追加保证金的情况下，依据双方的约定进行的。平仓未成交是因市场因素导致的无法成交。因此，最后导致穿仓的责任应由邢向明承担，与金元公司无关。请求驳回上诉，维持原判。

二审裁判结果

海南省高级人民法院经审理认为，原判决认定事实基本清楚，适用法律正确，判决结果并无不当，应依法予以维持。上诉人邢向明的上诉理由不充分，本院不予支持。依照《中华人民共和国民事诉讼法》第153条第1款第1项之规定，判决如下：驳回上诉，维持原判。

二审裁判理由

海南省高级人民法院经审理认为：

金元公司与邢向明签订的《国内期货委托代理协议书》、《期货代理业务规则》及《交易规则》等相关附件,是双方真实意思表示,且内容未违反有关法律禁止性规定,应认定为有效。依照约定,金元公司在邢向明未履行追加保证金义务时有权对邢向明持有的合约强行平仓,由此产生的亏损,应由邢向明承担。2004年4月21日,当邢向明的持仓保证金为435827.25元、风险率为74.02%时,邢向明应追加保证金,但邢向明并未按金元公司的通知追加保证金。2004年4月22日,金元公司在邢向明未及时追加保证金,且市场风险继续扩大时,对邢向明持仓合约进行强行平仓,符合双方的约定。金元公司虽于2004年4月22日对邢向明的持仓合约进行强行平仓,但直到2004年4月23日才全部平仓成交,邢向明账户由此穿仓,穿仓金额为101209.49元。对此穿仓,金元公司没有过错,由此造成的损失应依约由邢向明承担。依据《期货交易管理暂行条例》第41条第2款和最高人民法院《关于审理期货纠纷案件若干问题的规定》第36条第2款的规定,邢向明应向金元公司偿还穿仓损失101209.49元及利息。最高人民法院《关于审理期货纠纷案件若干问题的规定》第33条规定的穿仓责任,是指在保证金不足时,客户要求保留持仓并与期货公司书面协商一致的情况下,造成的穿仓损失由期货公司承担。而本案中邢向明没有提供金元公司书面同意其保留持仓的证据,不属于最高人民法院《关于审理期货纠纷案件若干问题的规定》第33条规定的适用范围。因此,原判决适用法律是正确的;上诉人邢向明认为原判决适用法律错误的主张,理由不充分,本院不予采纳。上诉人邢向明在一、二审期间均认为其于2004年4月20日曾向金元公司明确表示无资金可追加,要求及早强行平仓,但金元公司于3天后才强行平仓,由于其主张无证据证明,故本院不予支持。

典型疑难案件参考(二)

上海德锦投资有限公司与中谷期货经纪有限公司期货交易纠纷案[〔2005〕沪高民二(商)终字第230号]

基本案情

2004年2月4日,上海德锦投资有限公司(以下简称德锦公司)与中谷期货经纪有限公司(以下简称中谷期货)签署《期货经纪合同》及相关期货交易文件一套,约定德锦公司在中谷期货处开户从事期货交易。此后,德锦公司办理了相应开户手续并实际进行期货交易,其在中谷期货的资金账户号为010360。同年3月1日及4月13日,德锦公司向中谷期货出具担保书一份。约定德锦公司以其资金号为在中谷期货开户进行期货交易的16个自然人投资者（包括田东海、王倩、张燕芸、隋红苹、李婕、刘玮、张勇、田伟、权绍宁、于成波、邓旭春、金卫、简莹、张东海、郭京凯、刘铁民）有可能出现的结算风险提供担保，担保期限自出具担保书至同年4月30日。至同年4月29日闭市时，德锦公司010360资金号内结存人民币9396855.47元，德锦公司向该资金号转入1000万元，当日结存19446418.27元。同年5月13日，中谷期货自德锦公司交易保证金账户划出款项19446418.27元。德锦公司指令下达人杨吉才在德锦公司当天的交易结算单上签字确认。此后，德锦公司多次发函要求中谷期货返还该部分款项。中谷期货则认为因德锦公司担保的16个自然人客户投资出现严重亏损，中谷期货以德锦公司资金号内款项相冲抵尚有损失4591113.15元。因德锦公司要求中谷期货返还交易保证金未果，遂起诉要求判令：中谷期货返还保证金19446418.27元，并赔偿上述保证金自2004年5月13日起至中谷期货实际支付之日的银行同期存款利息；中谷期货赔偿因不执行德锦公司交易指令造成德锦公司的经济损失。中谷期货则提起反诉，要求判令德锦公司向中谷期货支付4591113.15元及相应利息。

另查明，2004年4月30日，德锦公司法定代表人钟山及德锦公司另一指令下达人杨吉才在交易过程中曾数次询问田东海、王倩、张燕芸、隋红苹、李婕、刘玮、张勇、田伟、邓旭春、权绍宁、于成波、金卫、简莹、张东海、郭京凯、刘铁民16个自然人的持仓及资金情况。在中谷期货交易员告知以上账户内总权益为负的2100余万元后，钟山向中谷期货交易员及郭姓经理表示，加上德锦公司账户内平仓后的900余万元，让财务转账1100万元，与占用中谷期货的2000余万元相抵，"权益两边用完"。同日14点28分左右，在中谷期货交易员电话告知客户全部（即前述16个自然人）权益加起来为负的2280万元后，钟山表示已转账1000万元，加上账户内的原有资金，应该有人民币2000多万元，差不多"权益和权益对平了"。根据2004年4月30日的交易结算单记载：田东海、王倩、张燕芸、隋红苹、李婕、刘玮、张勇、田伟、邓旭春、权绍宁、于成波、金卫、简莹、张东海、郭京凯、刘铁民16个自然人至2004年4月30日结算后客户权益合计为负的24037531.42元。另据德锦公司法定代表人钟山在本案审理过程中向原审法院陈述，德锦公司出具担保书载明的16个自然人客户均由钟山下达交易指令。

一审裁判结果

上海市第一中级人民法院经审理，根据《中华人民共和国民法通则》第84条、最高人民法院《关于民事诉讼证据的若干规定》第2条之规定，判决如下：

一、上海德锦投资有限公司的全部诉讼请求不予支持；

二、中谷期货经纪有限公司的全部诉讼请求不予支持。

一审裁判理由

上海市第一中级人民法院经审理认为：

德锦公司、中谷期货对于中谷期货是否有权划取德锦公司资金账户内资金存在争议。德锦公司认为，担保书上载明的16个自然人对中谷期货不存在合法确定的债务，中谷期货无权以实现担保债权为由划取德锦公司账户内资金；中谷期货则认为，德锦公司为16个自然人账户提供了担保，且德锦公司在期货交易过程中明知16个自然人账户出现亏损，中谷期货在担保期限内划取德锦公司资金存在合法根据。对此一审法院认为，德锦公司、中谷期货之间的权利义务应综合本案事实确定。德锦公司承诺以其资金账号对16个自然人在中谷期货处截至2004年4月30日进行期货投资可能出现的结算风险提供担保。正因为此，当2004年4月30日届期且德锦公司担保的16个自然人账户出现占用中谷期货巨额保证金的结算风险时，德锦公司的法定代表人当天以其明确的意思表示及实际划款行为履行了风险结算担保的相应约定。由此可知，中谷期货从德锦公司账户划取相应资金并无不当。因此，在担保书所谓的结算风险确定之前，德锦公司无权要求中谷期货返还风险结算担保金19446418.27元，其据此要求中谷期货赔偿利息的诉讼请求原审法院不予支持。至于16个自然人与中谷期货之间的债权债务，则有待各方进行结算后确定，并非本案处理范围。同时，根据查明的事实可以认定，中谷期货在2004年4月30日已根据德锦公司指令履行了相应义务，德锦公司交易代理人杨吉才在2004年5月13日交易结算单上签字确认亦表明德锦公司对之前交易的认可。因此，德锦公司提出中谷期货未执行德锦公司交易指令没有事实依据，法院对其提起的相应诉讼请求不予支持。中谷期货提起的反诉请求基于的事实与中谷期货划取德锦公司账户内资金相关，其目的是为了吞并德锦公司提起的要求中谷期货返还相应资金的诉讼请求。因此，中谷期货提起的反诉符合法律规定的反诉成立要件，德锦公司提出的中谷期货反诉不应受理的相应意见不予采纳。中谷期货认为16个自然人客户账户内占用的中谷期货资金应由德锦公司承担担保责任，故在抵扣德锦公司账户内资金后仍要求德锦公司承担支付余款及相应利息的责任。对此法院认为，担保书关于德锦公司承担中谷期货结算风险的财产范围系以德锦公司资金账户内的资金为限，现中谷期货已将担保期截止日2004年4月30日德锦公司资金账户内留存的资金全部划转，其要求德锦公司在账户资金之外另支付4591113.15元及相应利息的诉讼请求，没有事实依据，原审法院不予支持。

> 二审诉辩情况

德锦公司不服原审判决,向上海市高级人民法院提出上诉称:

1. 中谷期货放任 16 个自然人透支交易,未及时强制平仓,造成巨额亏损,应由中谷期货承担赔偿责任,并不属于德锦公司的担保范围。德锦公司也从未同意以保证金履行担保责任。理由是:第一,电话录音资料是有瑕疵的证据,可以为中谷期货剪辑、编制;第二,不仅电话录音资料,而且双方的往来函件,都未能证明德锦公司具有以保证金履行担保责任的意思表示;第三,电话录音资料仅为期货交易的方式,并非双方处理其他事宜的方式。因此,德锦公司担保的是 16 个自然人客户正常期货交易出现的结算风险,本案中中谷期货因 16 个自然人穿仓而垫付的保证金应由中谷期货自行承担,现中谷期货擅自划取德锦公司的保证金,属侵权行为,并非是自力救济的行为。

2. 德锦公司杨吉才在"交易结算单"上签字的行为并不表示对中谷期货划款行为的认可。理由是,第一,本案中的"交易结算单"不具备结算单的法定要件,正常的出金行为应由出金单予以证明;第二,杨吉才仅为指令下达人,无权决定或认可出金行为。

3. 德锦公司是以侵权行为法要求中谷期货赔偿损失,而中谷期货则依据合同法向德锦公司提出诉讼主张,分属不同的法律关系。因此,反诉条件不能成就。

4. 原审法院既然认为"16 个自然人与中谷期货之间的债权债务,则有待各方进行结算后确定,并非本案处理范围",说明担保债务在本案中尚不能确定,德锦公司担保责任也不能确定。同时,德锦公司仅就 16 个自然人进行期货交易"可能"出现的结算风险提供担保,所以,中谷期货应当举证证明主债务是由于《期货交易风险说明书》所告知的风险造成的,然而,事实上亏损是由于中谷期货的违规行为造成的。

5. 德锦公司的法定代表人钟山虽然是 16 个自然人客户的指令下达人,但是对 16 个自然人客户的穿仓而造成的损失没有过错,完全是由于中谷期货的过错行为所致。

中谷期货辩称:

对于德锦公司的担保行为,《中华人民共和国担保法》、《期货管理暂行条例》均无强制性规定,应属合法有效。并且,担保书未约定担保范围和担保形式,应当认为德锦公司对 16 个自然人的全部债务承担连带担保责任。因此,中谷期货将德锦公司保证金账户中的 19446418.27 元全部抵扣,并不构成侵权行为。德锦公司是16个自然人客户的指令下达人，16个自然人分别以书面的明示授权和提取收益的默示授权而认可，其亏损均是合法亏损，德锦公司对其中的获利部分不加评论，而对亏损部分认为是中谷期货违规行为所致，自相矛盾。因此，16个自然人的前期收益和后期亏损，均是在担保期限内合法担保的期限下产生，德锦公司主张的应由中谷期货自行承担因透支而造成的损失不能成立。本案中，期货合同和担保合同互为前提，不是普通法律意义上的主从合同关系问题，中谷期货将德锦公司的保证金抵扣16个自然人的期货交易亏损是期货合同的履约后果和责任，并非单独侵权责任，因此，德锦公司关于反诉和本诉不是同一诉由的上诉主张不能成立。

二审裁判结果

上海市高级人民法院经审理认为，原审判决程序合法、实体处理正确，本院予以维持。据此，本院依据《中华人民共和国民事诉讼法》第153条第1款第1项以及第158条之规定，判决如下：驳回上诉，维持原判。

二审裁判理由

上海市高级人民法院经审理认为，本案的争议焦点在于：中谷期货划取德锦公司010360保证金账户中的保证金19446418.27元是否侵害了德锦公司的财产所有权。其中涉及的问题有：第一，2004年3月1日及4月13日，根据德锦公司向中谷期货出具的担保书，担保的范围如何确定？第二，中谷期货和德锦公司民事责任的承担。对此，本院分别评判如下：

第一，2004年3月1日及4月13日，德锦公司向中谷期货出具担保书的担保的范围如何确定的问题。

担保书明确德锦公司为16个自然人客户在中谷期货进行期货投资"有可能出现的结算风险"提供担保，该约定是担保范围的约定。如果仅理解为客户的保证金风险，则该担保没有实际意义。客户交易的正常风险以保证金为限，亏损由其自行承担，不存在结算风险问题，只有在其保证金不足情况下，其要求继续持仓导致保证金不足需要追加时才可能发生实际结算风险。因此，本院认为，16个自然人因透支交易穿仓所垫付的交易结算资金，应当纳入德锦公司的担保范围。按照期货交易规则，《期货交易风险说明书》中列举的正常的期货交易所产生的风险应由客户自行承担，但是，在透支交易的情形下，因透支交易、穿仓所造成的损失，期货公司将自行承担损失。就本案中德锦公司的承诺和行为来看，中谷期货主张16个自然人账户下透支交易因穿仓所垫付的交易结算资金归入担保范围，有其正当理由。首先，2004年4月30日，当中谷期货的交易员表示不能再开新仓的情形下,钟山表示做短线平仓买卖后,交易员按钟山指令为德锦公司开仓买入相关合约;其次,同日,钟山及杨吉才在交易过程中数次询问16个自然人的持仓及资金情况,并以德锦公司的自有资金转账1100万元,与占用中谷公司的资金相抵,以使"权益两边抵完";再次,2004年5月13日,中谷期货自德锦公司交易保证金账户划出款项19446418.27元,德锦公司指令下达人杨吉才在德锦公司当天的交易结算单上签字确认;最后,钟山是16个自然人客户期货合约交易的指令下达人,而且,在本院处理的〔2005〕沪高民二(商)终字第89、90、91号上诉人田伟、于成波、权绍宁与被上诉人中谷期货期货合同纠纷案中查明的事实,田伟、于成波、权绍宁具有入金、盈利后出金、再入金、亏损、追加保证金的行为。以上事实均说明德锦公司的法定代表人钟山不仅明知应以德锦公司自有资金填补中谷期货因透支交易穿仓所垫付资金,并且以其明确的意思表示和实际行为履行了担保书的约定。因此,应当认为,中谷期货和德锦公司均认为保证担保的范围应当及于中谷期货允许16个自然人透支交易穿仓所垫付的交易结算资金。

第二,根据担保书,德锦公司应承担的民事责任。德锦公司对透支交易穿仓所导致的中谷期货垫付交易结算资金的损失进行担保,不同于《中华人民共和国担保法》所规定的保证担保。因为,透支交易穿仓造成的亏损本应由期货公司承担,16个自然人不是债务人,中谷期货也不是16个自然人的债权人。本院在处理〔2005〕沪高民二(商)终字第89、90、91号上诉人田伟、于成波、权绍宁与被上诉人中谷期货期货合同纠纷案中,中谷期货在诉讼中撤回了要求田伟、于成波、权绍宁承担因透支交易穿仓所造成的损失的请求。所以,本院对此节事实的认定与已生效的判决并不矛盾。根据上一争议焦点的认定的事实分析过程,可以说明德锦公司实质是以其自有资金填补中谷期货因透支交易穿仓所造成的损失。该损失由德锦公司承担是德锦公司真实的意思表示,此约定并未违背法律的禁止性规定。中谷期货根据德锦公司出具的担保书划走德锦公司保证金账户中的资金,以填补其损失,该行为并无不当。德锦公司认为中谷期货的行为系侵害其财产所有权的上诉主张,本院不予采信。

需要考虑的是,中谷期货划取德锦公司资金账户中的交易保证金19446418.27元,该划款金额是否应属德锦公司应承担的债务金额。对此,本院认为,首先必须考虑中谷期货因透支交易穿仓所垫付的资金所产生的亏损,如超过其实际损失金额,则构成不当得利。中谷期货主张,其垫付的资金数额为24037531.42元,对此主张,中谷期货一审中提供了16个自然人客户2004年4月30日的交易结算单日报、月报各一份予以证明。对此证据材料的真实性,德锦公司予以确认。但德锦公司认为无法得知16个自然人客户的交易结算单是否合法,交易结果是否经16个自然人确认。本院认为,中谷期货已经对其主张提供了证据予以证明,而德锦公司的法定代表人钟山是16个自然人客户的期货合约交易的指令下达人,钟山对于16个自然人客户的交易结果情况应属明知。因此,本院认为中谷期货的主张成立,德锦公司仅以消极的抗辩以免除其责任,本院不予支持。

本案中,由于德锦公司承诺承担透支交易穿仓所造成的亏损,因此造成中谷期货执行钟山的交易指令,透支交易并造成穿仓,德锦公司应当对中谷期货的损失承担主要责任。中谷期货作为期货经纪公司,明知透支交易违背期货交易规则,在德锦公司作出承诺的情况下允许德锦公司透支交易,对于损失应负次要责任。鉴于本案在审理过程中,中谷期货已表示放弃其上诉请求,应当认为,中谷期货对于原审判决已经认可。从原审判决对当事人间的利益衡量角度来看,已经体现了对于损害赔偿的过失相抵的原则,判决结果并无不当。

综上所述,对于中谷期货因透支交易穿仓垫付资金所产生的损失,德锦公司应承担主要责任。对于德锦公司上诉主张中关于录音资料存在瑕疵一节,由于德锦公司在一审中已对该证据材料的真实性予以确认,因此,其应对上诉主张提供证据予以证明。现德锦公司并未举证证明,此节主张本院不予采信。关于反诉是否应当受理一节,因中谷期货的诉请已被驳回,且其在二审中已撤回上诉请求,本院另行裁定亦予以准许,对德锦公司此节上诉意见,本院无须作进一步评判。

期货透支交易纠纷办案依据集成

最高人民法院关于审理期货纠纷案件若干问题的规定（2003年6月18日法释〔2003〕10号）（节录）

第三十一条 期货交易所在期货公司没有保证金或者保证金不足的情况下，允许期货公司开仓交易或者继续持仓，应当认定为透支交易。

期货公司在客户没有保证金或者保证金不足的情况下，允许客户开仓交易或者继续持仓，应当认定为透支交易。

审查期货公司或者客户是否透支交易，应当以期货交易所规定的保证金比例为标准。

第三十二条 期货公司的交易保证金不足，期货交易所未按规定通知期货公司追加保证金的，由于行情向持仓不利的方向变化导致期货公司透支发生的扩大损失，期货交易所应当承担主要赔偿责任，赔偿额不超过损失的60%。

客户的交易保证金不足，期货公司未按约定通知客户追加保证金的，由于行情向持仓不利的方向变化导致客户透支发生的扩大损失，期货公司应当承担主要赔偿责任，赔偿额不超过损失的80%。

第三十三条 期货公司的交易保证金不足，期货交易所履行了通知义务，而期货公司未及时追加保证金，期货公司要求保留持仓并经书面协商一致的，对保留持仓期间造成的损失，由期货公司承担；穿仓造成的损失，由期货交易所承担。

客户的交易保证金不足，期货公司履行了通知义务而客户未及时追加保证金，客户要求保留持仓并经书面协商一致的，对保留持仓期间造成的损失，由客户承担；穿仓造成的损失，由期货公司承担。

第三十四条 期货交易所允许期货公司开仓透支交易的，对透支交易造成的损失，由期货交易所承担主要赔偿责任，赔偿额不超过损失的60%。

期货公司允许客户开仓透支交易的，对透支交易造成的损失，由期货公司承担主要赔偿责任，赔偿额不超过损失的80%。

第三十五条 期货交易所允许期货公司透支交易，并与其约定分享利益，共担风险的，对透支交易造成的损失，期货交易所承担相应的赔偿责任。

期货公司允许客户透支交易，并与其约定分享利益，共担风险的，对透支交易造成的损失，期货公司承担相应的赔偿责任。

第三节 期货强行平仓纠纷

52. 期货公司强行平仓的必要条件是什么？

为期货公司采取强行平仓措施之前，设定了以下三个条件：一是客户保证金不足，二是客户没有按照要求及时追加保证金，三是客户没有及时自行平仓。只有满足了上述三个法定条件，期货公司才有权强行平仓。如果期货公司不严格按照法律规定和合同约定执行强行平仓，这将使得客户不仅要承担市场交易风险可能造成的损害，而且还要承担市场运行机制中人为风险对其造成的损害。

53. 如何执行强制平仓？

强制平仓的目的只是补足期货交易者不足的保证金，强制平仓的金额应当与期货交易者所需保证金数额大体相当，若平仓数额超过期货交易者需要追加保证金的数额，并引起损失的，期货交易所或期货公司应对其过程行为承担赔偿责任。

典型疑难案件参考(一)

范有孚与银建期货经纪有限责任公司天津营业部期货交易合同纠纷再审案（《最高人民法院公报》2011年第6期）

基本案情

2007年3月5日，范有孚与银建期货经纪有限责任公司天津营业部（以下简称天津营业部）签订期货经纪合同及其补充1、2配套协议，委托天津营业部按照交易指令为范有孚进行期货交易。该合同第6条约定："天津营业部有权根据期货交易所的规定或者按照市场情况随时自行通知保证金比例。天津营业部调整保证金、以天津营业部发出的调整保证金公告或者调整为准。"第7条约定："天津营业部有权根据自己的判断，随时对范有孚单独提高保证金比例。在此种情形下，提高保证金通知单独对范有孚发出。"第8条约定：

"范有孚在下达新的交易指令前或者在其持仓过程中，应随时关注自己的持仓保证金和权益变化。"第10条约定："范有孚因交易亏损或者其他原因，其风险率小于100%时，天津营业部停止接受范有孚下达的开仓指令，并按照本合同约定的方式向范有孚发出追加保证金的通知。范有孚应当在下一交易日开市前及时追加保证金或者立即采取减仓措施，否则，天津营业部有权在事先不通知范有孚的情况下，对范有孚的部分或者全部未平仓合约强行平仓，最高可至范有孚的风险率大于100%。范有孚应承担强行平仓的手续费及由此发生的损失。"第11条约定："范有孚在不能及时追加保证金情况下应自行采取减仓措施以符合天津营业部的保证金要求，尽量避免由天津营业部执行强行平仓措施。范有孚不得以天津营业部强行平仓的时机、价位和数量不佳为由向天津营业部主张权益。"第14条约定："天津营业部在每一交易日闭市后向范有孚发出每日交易结算单、调整保证金通知、追加保证金通知等通知事项……"

合同签订后，2007年12月24日前，范有孚持有Cu0802合约33手、Cu0803合约369手、Cu0804合约10手。2007年12月24日，范有孚根据天津营业部的通知，自行平仓大豆270手，达到天津营业部要求的保证金水平。天津营业部在15时收市后，于18时50分通知范有孚追加保证金。范有孚于2007年12月25日13时48分存入保证金150万元。2007年12月25日8时59分，天津营业部在集合竞价时对范有孚所持空仓合约412手强行平仓。按照强行平仓价格与当日收盘价格的差价计算，范有孚持有Cu0802合约33手的差价损失为471900元、Cu0803合约369手的差价损失为6051600元、Cu0804合约10手的差价损失为139500元，共计损失为6663000元。

2008年4月7日，范有孚向天津市第一中级人民法院提起诉讼称，根据合同约定和《期货交易管理条例》规定，以天津营业部强行平仓损害了其权益为由，请求判令天津营业部赔偿其损失9027085.66元并承担诉讼费用。

▶ **一审裁判结果**

天津市第一中级人民法院经审理，依据《中华人民共和国合同法》第120条、最高人民法院《关于审理期货纠纷案件若干问题的规定》第39条的规定，判决如下：

一、天津营业部于该判决生效后10日内赔偿范有孚经济损失6663000元的60%，计3997800元。

二、驳回范有孚其他诉讼请求。

一审裁判理由

天津市第一中级人民法院经审理认为：

范有孚与天津营业部于 2007 年 3 月 5 日签订的期货经纪合同及补充协议，未违反有关法律规定，合法有效，双方当事人均应依约全面履行合同约定的权利义务。期货交易具有高风险特征，在本案中，范有孚作为天津营业部的期货交易客户，天津营业部在《开户申请书》、《期货交易风险说明书》中均给范有孚进行了风险提示，并经范有孚签字确认；同时在双方签订的期货经纪合同的第 3 条中对在交易中可能出现的风险及造成的后果也作了明确的约定，范有孚作为交易客户，在持仓过程中，应随时关注自己的持仓保证金及权益的变化，预见风险加大有可能造成强行平仓的后果时，应主动追加保证金或主动减仓，以避免损失的发生。因此范有孚应承担相应的责任。天津营业部作为交易场所，对期货市场风险具有监管的责任，应就交易中有可能或已经出现的风险，对客户进行提示并应在合理的时间内通知客户追加保证金。

本案中，天津营业部虽然依据期货交易的相关规定及双方约定，向范有孚发送了追加保证金的通知，但因其未能提供给范有孚追加保证金的合理时间，以致造成范有孚强行平仓的损失，对此天津营业部应承担相应赔偿责任。范有孚的实际损失应以 33 手 Cu0802 合约强行平仓价与当日收盘价的差价 471900 元、369 手 Cu0803 合约差价 6051600 元、10 手 Cu0804 合约差价 139500 元为损失依据，共计损失 6663000.00 元。范有孚诉讼请求以 2007 年 12 月 28 日的最低价格为据计算损失 9027085.66 元的事实依据不足。天津营业部以强行平仓行为符合有关法律规定，不应赔偿范有孚经济损失的抗辩理由，法律依据不足，不予支持。据此，对范有孚造成的损失，双方应共同承担责任。

二审诉辩情况

天津营业部和范有孚均不服天津市第一中级人民法院的一审判决，向天津市高级人民法院提起上诉。

范有孚上诉称：

1. 一审判决书认定事实不清。（1）已有证据充分证明，2007 年 12 月 24 日下午 2 时余，天津营业部经理王建玲分别以口头和书面通知范有孚，因其保证金不足，需追加保证金或自行平仓铜合约 65 手。范有孚当即采取了自行平仓的措施，挂单平仓铜合约 65 手，天津营业部亦擅自重复为范有孚挂单铜约 65 手，共计 130 手。因市场原因未平出去，范有孚按天津营业部要求自行平仓大豆合约 270 手，已达到天津营业部要求的保证金水平。同时范有孚按照合同约定,以支票的方式向天津营业部支付保证金,但遭拒绝。(2)一审判决认为范有孚于2007年12月25日13时48分存入保证金150万元,与事实不符。2007年12月25日上午9时许,范有孚就将资金即时到账的银行资金卡按惯例交给天津营业部支付保证金,而天津营业部拖至下午才转到公司自己的账上,实际范有孚上午9时许就支付了保证金。(3)天津营业部没有按照合同第10条规定的时间,前后如一地通知范有孚追加保证金,24日天津营业部经理王建玲分别以口头和书面通知,而第二次提高保证金后,通知追加保证金的时间既不合理又严重地违反了合同的规定。(4)一审判决书在损失的计算及责任的分担方面计算有误。

2. 一审判决书析责失当。一审判决书判定天津营业部承担60%的责任,范有孚承担40%的责任,确为失当。此案是由于天津营业部严重违反合同,肆意侵害范有孚追加支付保证金、自行平仓之权利而造成。范有孚按照合同支付保证金并按照合同采取减仓措施,而天津营业部却滥施平仓之为,依法应当承担全部的责任,即赔偿范有孚经济损失9027085.66元。二审诉讼中,范有孚又变更其诉讼请求,要求判决天津营业部赔偿其平仓损失13066500元。

综上,范有孚请求撤销一审判决,改判天津营业部赔偿范有孚经济损失9027085.66元。

针对范有孚的上诉理由和请求,天津营业部答辩称:

天津营业部强行平仓的行为符合双方合同约定。由于2007年12月24日收盘时,范有孚所持仓的铜合约出现涨停板,市场发生变化,使范有孚保证金不足。因该公司只允许从登记的结算账户中支付保证金,范有孚于25日向天津营业部提交单位支票支付保证金被拒绝。因此,范有孚账户损失应由其自己负责。

一审法院认可双方签署的《期货经纪合同》及补充协议合法有效。该《期货经纪合同》第10条约定:"范有孚因交易亏损或其他原因,其风险率小于100%时,天津营业部停止接受范有孚下达的开仓指令,并按照本合同约定的方式向范有孚发出追加保证金的通知。范有孚应当在下一交易日开市前及时追加保证金或者立即采取减仓措施,否则,天津营业部有权在事先不通知范有孚的情况下,对范有孚的部分或者全部未平仓合约强行平仓,最高可至范有孚的风险率大于100%。范有孚应承担强行平仓的手续费及由此发生的损失。"最高人民法院《关于审理期货纠纷案件若干问题的规定》第36条第2款规定:"客户的交易保证金不足,又未能按期货经纪合同约定的时间追加保证金的,按期货经纪合同的约定处理;约定不明确的,期货公司有权就其未平仓的期货合约强行平仓,强行平仓造成的损失,由客户承担。"本案天津营业部对范有孚执行强行平仓完全符合上述合同约定及司法解释的规定，因此，强行平仓的行为应为合法有效，由此造成的损失，理应由范有孚承担。其次，范有孚的账户损失是因其交易方向错误，无法及时追加保证金遭遇的市场风险，并非天津营业部未能提供追加保证金的合理时间所致。2007年12月24日收盘后，天津营业部向范有孚发出强行平仓通知书，要求范有孚在第二日开盘前追加保证金1336万元，否则，将对范有孚的持仓予以全部或部分平仓。如果范有孚在25日的9时30分前后将资金追加到位，而在此之前天津营业部已将其账户合约强行平仓，则范有孚可以指责天津营业部未给其提供合理的追加保证金时间。而事实是，12月25日，范有孚已经无力按天津营业部要求追加保证金，到下午13时48分才追加到账150万元，其到账时间及金额均与天津营业部追加保证金通知的要求相差甚远。因此，范有孚的账户损失与天津营业部是否提供合理的追加保证金时间根本无关。

综上，一审判决认定的事实及适用法律有误，应予撤销。请求：撤销一审判决，依法改判驳回范有孚的诉讼请求。针对天津营业部的上诉理由和请求范有孚答辩称，天津营业部的上诉理由不成立，应驳回其上诉请求。天津营业部擅自大幅度提高保证金，不合常规地强行平仓412手铜合约，应对范有孚损失承担全部赔偿责任。

二审裁判结果

天津市高级人民法院经审理认为，一审判决认定事实清楚，但适用法律不当，应予纠正。依照《中华人民共和国民事诉讼法》第153条第1款第2项之规定，判决如下：

一、撤销天津市第一中级人民法院〔2008〕一中民二初字第61号民事判决；

二、天津营业部于该判决生效后10日内赔偿范有孚经济损失9027085.66元。如未按该判决规定的期间履行给付金钱义务，应当按照《中华人民共和国民事诉讼法》第229条的规定，加倍支付迟延履行期间的债务利息。

二审裁判理由

天津市高级人民法院另查明：

2007年12月25日，天津营业部将保证金比例提高到16.5%。天津营业部向范有孚出具的2007年12月25日范有孚《交易结算单》成交记录显示，平仓盈亏为：-13066500元。

天津市高级人民法院经审理认为：

本案争议的焦点为天津营业部对范有孚因强行平仓所造成的损失是否承担赔偿责任，承担何种赔偿责任；强行平仓损失的计算标准如何确定。

关于天津营业部对范有孚因强行平仓所造成的损失是否承担赔偿责任，承担何种赔偿责任的问题。本院认为，保证金制度是期货交易风险控制的重要组成部分，是期货市场稳定和健康发展的前提。保证金的数额是由期货交易管理机构根据期货交易的实际状况作相应的调整。但期货交易所或期货公司应当给予客户合理追加保证金的时间。本案天津营业部在2007年12月24日15时收盘后，于18时50分通知范有孚追加保证金1336万元。2007年12月25日8时59分，天津营业部在集合竞价时即强行平仓范有孚持有铜合约412手，该行为使范有孚持仓虚亏变为实亏，而该期间范有孚根本无法将追加的保证金交到天津营业部账户上。特别是2007年12月24日范有孚根据天津营业部的通知自行平仓，已达到天津营业部要求的保证金水平，其已尽到注意义务。当日收盘后的18时50分，期货公司又大幅度提高了保证金比例达到16.5%，对此突变情形，天津营业部也未向范有孚特别告知，从而使范有孚失去对追加保证金数额的合理预期。为了保护客户的利益，由此造成的损失应由天津营业部承担。

虽然双方签订的期货经纪合同及补充协议第10条约定：范有孚因交易亏损或其他原因，其风险率小于100%时，天津营业部按照合同约定的方式向范有孚发出追加保证金的通知。范有孚应当在下一交易日开市前及时追加保证金或者立即采取减仓措施，否则，天津营业部有权在事先不通知范有孚的情况下，对范有孚的部分或者全部未平仓合约强行平仓，最高可至范有孚的风险率大于100%。范有孚应承担强行平仓的手续费及由此发生的损失。但上述合同并未就追加保证金的合理时间进行约定，天津营业部挂单强平时银行尚未营业，显属未给予范有孚追加保证金的合理时间。对此，范有孚并无过错，天津营业部的强平行为与范有孚损失具有直接的因果关系，其应承担相应的赔偿责任。关于天津营业部以范有孚并未在2007年12月25日9时30分前后将资金追加到位，到下午13时48分才到账150万元，其到账时间及金额与天津营业部追加保证金通知的要求相差甚远，因此，范有孚的账户损失与天津营业部是否提供合理的追加保证金时间无关的主张，因天津营业部于2007年12月25日期货市场开盘前已挂单强平范有孚412手铜合约，相应的损失已经发生，故此后范有孚是否追加保证金与该损失并无法律上的因果关系，该院对天津营业部的主张不予支持。

关于按照何种标准计算强行平仓损失的问题。对于强行平仓损失的计算标准，我国法律及其行政法规并无相应的规定。根据天津营业部向范有孚出具的

2007年12月25日范有孚《交易结算单》反映的内容，范有孚一审诉讼中主张的9027085.66元确属强平损失，应予支持。

再审诉辩情况

天津营业部不服天津市高级人民法院二审判决，向最高人民法院申请再审称：

1. 二审判决适用法律错误。二审判决书认为天津营业部应当在强行平仓前给予客户合理追加保证金的时间，该认定没有法律依据，属于法律适用错误。根据双方《期货经纪合同》第10条约定，只要天津营业部按照约定向范有孚发出追加保证金通知，而范有孚没有在第二日开市前及时追加保证金或者立即采取减仓措施，天津营业部就有权对范有孚的持仓合约强行平仓。一审判决书却认为："上述合同未就追加保证金的合理时间进行约定。"就是说二审判决书不认可双方上述合同的约定。

2. 二审判决认定的基本事实没有证据支持。前一日收盘后，天津营业部向范有孚发出追加保证金通知，要求范有孚在第二日开盘前追加保证金1300余万元；第二日开盘时，范有孚没有追加保证金，也没有自行平仓的指令，天津营业部在开盘后强行平仓部分合约412手；下午13时38分，范有孚追加150万元到账户。无论是从到账时间还是到账金额都是"不合理"的。因此，二审判决认定天津营业部的过错是不成立的。

3. 损失计算有误。2007年12月25日，范有孚《交易结算单》上显示范有孚平仓盈亏为 –1300余万元，这是范有孚的平仓合约从建仓起到平仓止的全部盈亏，这是由于范有孚选择买卖方向错误造成的投资亏损。并非天津营业部强行平仓给其造成的损失。天津营业部8时59分强行平仓，如果范有孚的资金在9时30分前到账，范有孚可以要求天津营业部立即为其恢复持仓或自己下单恢复持仓。这时强行平仓与重新恢复建仓之间产生的差价，就是天津营业部"过错"给范有孚造成的实际损失；由于范有孚没有在"合理"时间内追加保证金，其账户就不存在恢复持仓合约的问题，天津营业部的过错也就没有相应的后果。因此，按照二审判决书认定的责任，天津营业部的过错并未给范有孚账户造成实际的损失。

综上，请求撤销二审判决，改判驳回范有孚的全部诉讼请求，并由其承担本案全部诉讼费用。

被申请人范有孚答辩称：

1. 二审判决于法有据，应依法予以维持。

2. 天津营业部的申诉不符合事实、证据和法律，应当依法予以驳回。首先,天津营业部擅自大幅度提高保证金的比例缺乏依据,且其通知范有孚追加保证金的时间不合理。其次,天津营业部的强平时间不合理且违规,剥夺了答辩人自行减仓的权利,其平仓行为不仅超量,平仓顺序也不符合惯例和规定。

3. 应当依法对天津营业部惯用的黑箱操作进行彻查。请求驳回申诉,维持原二审判决。

▶ 再审裁判结果

最高人民法院经审理,依据《中华人民共和国民事诉讼法》第186条第1款、本院《关于适用〈中华人民共和国民事诉讼法〉审判监督程序若干问题的解释》第38条之规定,判决如下:

一、撤销天津市高级人民法院〔2009〕津高民二终字第0028号民事判决;

二、撤销天津市第一中级人民法院〔2008〕一中民二初字第61号民事判决;

三、银建期货经纪有限责任公司天津营业部于本判决生效后10日内赔偿范有孚损失5333400元;

四、驳回范有孚其他诉讼请求。

▶ 再审裁判理由

最高人民法院再审期间另查明:

2007年12月21日(周五),上海期货交易所Cu0802、Cu0803、Cu0804合约的保证金比例均为7%,天津营业部保证金比例均为9.5%。12月24日,Cu0802合约出现第1个涨停板,Cu0803合约、Cu0804合约出现第2个涨停板。当日收市后,上海期货交易所交易发布公告称:今日Cu0803、Cu0804合约出现第2个涨停板,按交易规则,下一交易日上述合约涨/跌停板幅度调整为6%,交易保证金比例调整为9%;Cu0802合约出现第1个涨停板,下一交易日上述合约涨/跌停板幅度调整为5%,交易保证金比例仍为7%。据此,24日收市后天津营业部将Cu0802合约的保证金比例调整为14.5%,Cu0803、Cu0804合约的保证金比例调整为16.5%。25日收市,Cu0803、Cu0804合约未出现第3个涨停板,上海期货交易所将两合约保证金比例调整为6.5%;Cu0802合约未出现第2个涨停板,上海期货交易所该合约保证金比例仍为7%。天津营业部则将Cu0803、Cu0804合约保证金比例调整为9%,将Cu0802合约保证金比例调整为9.5%。

范有孚在Cu0802、Cu0803、Cu0804合约开空仓的时间、价格及合约当日收盘价格如下：Cu0802 合约，2007 年 12 月 20 日开仓 33 手，开仓均价为 55659.09 元，当日收盘价为 56020 元。Cu0803 合约，同年 11 月 23 日开仓 15 手，开仓均价为 54412.67 元，当日收盘价为 55500 元；11 月 26 日开仓 22 手，开仓均价为 55369.09 元，当日收盘价为 54620 元；11 月 27 日开仓 35 手，开仓均价为 54051.43 元，当日收盘价为 54300 元；11 月 28 日开仓 22 手，开仓均价为 54533.18 元，当日收盘价为 55500 元；11 月 29 日开仓 25 手，开仓均价为 56467.60 元，当日收盘价为 57040 元；11 月 30 日开仓 4 手，开仓均价为 56965 元，当日收盘价为 57880 元；12 月 4 日开仓 60 手，开仓均价为 55913.50 元，当日收盘价为 55690 元；12 月 5 日开仓 50 手，开仓均价为 55428.40 元，当日收盘价为 56930 元；12 月 6 日开仓 31 手，开仓均价为 56577.74 元，当日收盘价为 56300 元；12 月 10 日开仓 19 手，开仓均价为 5677420 元，当日收盘价为 56900 元；12 月 14 日开仓 5 手，开仓均价为 53820 元，当日收盘价为 54120 元；12 月 17 日开仓 8 手，开仓均价为 54345 元，当日收盘价为 53950 元；12 月 18 日开仓 73 手，开仓均价为 52641.92 元，当日收盘价为 52410 元。Cu0804 合约，12 月 13 日开仓 9 手，开仓均价为 54628.89 元，当日收盘价为 54990 元；12 月 17 日开仓 1 手，开仓价为 54850 元，当日收盘价为 54000 元。以上，范有孚 33 手 Cu0802、396 手 Cu0803、10 手 Cu0804 合约开空仓卖价均价分别为 55659.09 元、54860.78 元、54651 元。

天津营业部提供的 12 月 24 日范有孚交易结算单，显示："当日结存：15342772.36 元；浮动盈亏：-7733100 元；客户权益：7609672.36 元；保证金占用：20968191.75 元；可用资金：-13358519.39 元；风险度：36.29%；追加保证金：13358519.39 元。Cu0802、Cu0803、Cu0804 三张合约 24 日结算价分别为：59690 元、58330 元、58630 元。"该交易结算单是天津营业部在 24 日收市后，按照下一交易日 Cu0802 保证金比例调整为 14.5%，Cu0803、Cu0804 调整为 16.5% 计算得出的。如果 24 日保证金比例均按照 9.5% 计算，则范有孚资金账户当日结存 24124957.86 元；浮动盈亏为 -7733100 元；客户权益 16391857.86 元；保证金占用 12186006.25 元；风险度为 74.34%。

12 月 25 日 8 时 55 分，天津营业部将范有孚所持 412 手空仓合约以涨停价格强行平仓挂单。如此，Cu0802 合约则是第 2 个涨停价，Cu0803、Cu0804 合约已是第 3 个涨停价。集合竞价期间，三张合约 412 手全部以非涨停价格成交，成交价格为一审查明的价格。Cu0802、Cu0803、Cu0804 合约分别于 2008 年 2 月 15 日、3 月 15 日和 4 月 15 日到期，交割价分别为 63660 元、66810 元和 64200 元。

范有孚与天津营业部签订的期货经纪合同第 28 条约定，"如期货公司强行平仓不符合约定条件,天津营业部应当恢复被强行平仓的头寸,并赔偿由此造成的直接损失"。

最高人民法院经审理认为:

本案当事人之间签订的期货经纪合同第 6 条、第 7 条、第 10 条、第 11 条和第 14 条约定了保证金比例及追加、强行平仓实施条件等风险控制内容。同时,国务院《期货交易管理条例》第 29 条、第 38 条,本院《关于审理期货纠纷案件若干问题的规定》第 36 条、第 40 条对维持保证金标准以及合法依约强行平仓均作出了明确规定。故范有孚依据双方合同和《期货交易管理条例》等法律规定认为天津营业部强行平仓行为不当、侵犯其合法权益提起的民事赔偿之诉,是合同责任与侵权责任竞合之诉。双方当事人于本案争议的焦点为天津营业部强行平仓是否存在过错及应否承担民事责任、范有孚的损失构成和天津营业部的责任范围。

1. 关于天津营业部强行平仓是否存在过错及应否承担民事责任

强行平仓是法律规定与合同约定的,当客户账户保证金不足且未按要求追加,客户也未自行平仓的前提下,则期货公司为控制风险有权对客户现有持仓采取方向相反的持仓从而结清客户某金融资产持仓的行为。对客户而言,强行平仓是其期货交易亏损到一定程度后由他人实施的最严厉的风险控制措施。所以,《期货交易管理条例》第 38 条第 2 款规定的"客户保证金不足时,应当及时追加保证金或者自行平仓。客户未在期货公司规定的时间内及时追加保证金或者自行平仓的,期货公司应当将该客户的合约强行平仓,强行平仓的有关费用和发生的损失由该客户承担"的内容,为期货公司采取强行平仓措施之前,设定了以下三个条件:一是客户保证金不足;二是客户没有按照要求及时追加保证金;三是客户没有及时自行平仓。只有满足了上述三个法定条件,期货公司才有权强行平仓。如果期货公司不严格按照法律规定和合同约定执行强行平仓,这将使得客户不仅要承担市场交易风险可能造成的损害,而且还要承担市场运行机制中人为风险对其造成的损害。

天津营业部强行平仓是否存在过错,是否损害了范有孚的权益,应当根据上述三个条件进行分析。第一,范有孚保证金是否不足。2007 年 12 月 24 日(星期一)收市后,上海期货交易所将下一交易日的 Cu0803、Cu0804 保证金比例调整为 9%,Cu0802 保证金比例调整为 7%。天津营业部则相应大幅度调高下一交易日 Cu0803、Cu0804 保证金比例为 16.5%、Cu0802 保证金比例为 14.5%。因为上海期货交易所和天津营业部是在 24 日收市后调高 25 日的保证金比例,所以 24 日当日结算仍应执行 21 日(星期五)的保证金比例。而 21 日上海期货交易所 Cu0802、Cu0803、Cu0804 合约的保证金比例均为 7%;天津营业部该三张合约保证金比例均为 9.5%。天津营业部诉讼提交的 24 日范有孚交易结算单，执行的却是 25 日大幅度提高后的 16.5% 和 14.5% 保证金比例。如果该交易结算单的数据是真实的，天津营业部就不该在 25 日才采取强行平仓措施，24 日交易期间就应强行平仓。因为根据该交易结算单上的数据，保证金占用/客户权益计算得出的风险率，不会是该交易结算单上的 36.29%，而是 275.54%。风险率为 275.54%，意味着范有孚保证金不仅全部被持仓合约占用，而且令天津营业部还为其支付了合约占用资金的 175.54%。所以，天津营业部提交的按照 25 日保证金比例计算的交易结算单，不能证明范有孚 24 日结算保证金不足。这种以下一交易日保证金比例作为当日结算依据的结算方式与上海期货交易所的交易规则相悖，故本院不予采信。保证金比例如按照 9.5% 计算，24 日收市后的范有孚账户客户权益为 16391857.86 元，保证金占用为 12186006.25 元，风险率为 74.34%，可用资金为正值。故本院对范有孚关于其 24 日根据天津营业部的通知，自行平仓 270 手大豆合约，使账户达到了天津营业部当日保证金比例要求的答辩意见予以支持。如果范有孚继续持仓而不追加保证金，即使不提高保证金比例，随着合约价格的波动，其账户以后也可能要发生穿仓的事实。尽管如此，但也不能以尚未发生的事实而认定范有孚账户保证金 24 日已经不足。第二，范有孚是否按照要求及时追加保证金。首先，风险率也称风险度，是期货交易客户账户中合约占用保证金金额与客户权益金额之比得出的风险控制参数。风险率越低，客户可用资金越多，合约占用保证金就越少，保证金风险就越小。格式期货经纪合同一般约定风险率大于 100%，即客户账户可用资金小于 0 时，期货公司在交易期间或者结算时向客户发出限制开仓、追加保证金或者自行平仓的通知，客户应当及时追加或者在交易期间及时平仓，使风险率低于 100%，即账户可用资金大于 0，否则，期货公司有权对客户的部分或全部持仓合约强行平仓，直至客户可用资金大于 0，也即风险率小于 100%。本案双方期货经纪合同第 10 条约定的却是风险率小于 100% 时，天津营业部就可以向范有孚发出限制开仓、追加保证金或者自行平仓的通知，范有孚则需及时追加保证金或者立即采取减仓措施，不然天津营业部有权在事先不通知范有孚的情况下，对范有孚的部分或者全部未平仓合约强行平仓。显然，该条约定内容与风险率参数设置内涵、保证金风险控制目的和方法相左。将"大于 100%"的条件更换为"小于 100%"，这意味着天津营业部任何时候都可以采取限制开仓、通知追加保证金和自行平仓、如不满足要求直至强行平仓等措施。其次，法律规定和合同约定客户保证金不足时应当及时追加，但及时是建立在有追加的可能前提下。24 日收市后，根据大幅度提高后的保证金比例，范有孚账户 25 日面临保证金不足需要追加，天津营业部却迟至晚18时50分才通知范有孚提高保证金比例并要求在25日开盘前追加保证金1336万元，否则强行平仓。而当晚18时50分至次日9时，银行等金融机构处于休息状态并不营业，这期间范有孚没有追加保证金的可能。25日9时以前，期货市场集合竞价期间，天津营业部即对范有孚412手空头合约以第3个和第2个涨停价实施强行平仓且全部以非涨停价格成交。所以，范有孚没有追加保证金的事实，应认定天津营业部没有给范有孚追加保证金的机会，而不应认定范有孚没有按照要求或者没有能力追加保证金。再次，天津营业部25日保证金比例是否合理。保证金比例高低直接关系到期货交易和结算占用资金的多少，关系到客户期货交易结算风险的高低。法律规定期货公司向客户收取的保证金，不得低于期货交易所规定的标准，但高于多少却没有确定。12月21日，天津营业部的保证金比例相对上海期货交易所的没有高过3%。但24日收市后，天津营业部大幅度提高标准，三张合约保证金比例均超过上海期货交易所标准7.5%。25日收市，上海期货交易所没有调整保证金比例，而天津营业部自行将三张合约的保证金比例又分别回调到9.5%和9%，故天津营业部25日保证金比例变动具有随意性和突发性。尽管本案合同没有明确约定保证金比例高于上海期货交易所标准多少，根据双方约定的"随时自行通知保证金比例，随时对范有孚单独提高保证金比例"的内容，天津营业部随意单日对范有孚大幅度提高保证金比例似乎并不违约。但是，在风险很高的期货市场，这种随意单日远超过期货交易所标准的对客户大幅度提高保证金比例的行为，客观上使得客户在承受期货市场交易风险的同时还承受了来自市场交易风险之外的运行机制中人为导致的风险。"随时自行通知保证金比例，随时对范有孚单独提高保证金比例"的约定，属于概括性约定且以格式合同为表现。当格式合同履行中出现不同理解或履行中发生不公平现实时，应当适用《中华人民共和国合同法》第41条的规定，向有利于非格式合同提供方（客户）作合同解释和认定。所以，仅就25日一个交易日单独对范有孚实施远超过上海期货交易所标准的提高保证金比例行为，是不公平和不合理的。最后，范有孚是否有及时自行平仓的机会。法律没有规定强行平仓前多长期间内自行平仓属于及时平仓，但现实要求自行平仓必须发生在期货交易时间之内，如果当日没有开市，即要求客户平仓或者挂出平仓单，是对法律规定的及时自行平仓操作的曲意理解，是对客户的苛刻要求。25日尚未开市的集合竞价期间，范有孚的412手合约即被强行平仓，天津营业部不仅没有给予范有孚追加保证金的机会，甚至连自行平仓的机会也没有给予。

根据本案强行平仓的时间、报价和数量，结合大幅度单日提高保证金比例，可以认定天津营业部不是出于善意的目的，其没有满足法律规定和合同约定条件实施的强行平仓行为存在过错。根据双方合同第 28 条"如期货公司强行平仓不符合约定条件，天津营业部应当恢复被强行平仓的头寸，并赔偿由此造成的直接损失"的约定，本院《关于审理期货纠纷案件若干问题的规定》第 40 条"期货交易所对期货公司、期货公司对客户未按期货交易所交易规则规定或者期货经纪合同约定的强行平仓条件、时间、方式进行强行平仓，造成期货公司或者客户损失的，期货交易所或者期货公司应当承担赔偿责任"之规定，天津营业部应对其强行平仓给范有孚造成的损失承担民事责任。本院对天津营业部关于范有孚没有追加保证金，也没有自行平仓的指令，其有权对范有孚的持仓合约强行平仓的再审理由不予支持。范有孚关于天津营业部追加保证金时间要求和强行平仓时间不合理且违规，剥夺了其自行减仓权利的答辩理由成立，本院予以支持。

2. 关于范有孚的损失构成以及天津营业部的责任范围

期货市场的风险包括市场交易风险和市场运行风险两大部分，市场交易风险法定由期货交易人自行承担，而市场运行风险并不法定由期货交易人承担。如果市场运行机制人为错误导致期货交易人发生风险损失，则应由责任人承担。期货交易风险主要是因期货交易人对合约走势判断错误和合约价格波动而产生，加之保证金交易制度放大风险所导致。具体本案，范有孚对 Cu0802、Cu0803 和 Cu0804 三张合约自开空仓至被强行平仓，共计亏损 13066500 元，其中就包括了范有孚自己期货交易判断错误导致的亏损和天津营业部强行平仓过错而加大的亏损，即期货交易损失和强行平仓损失两部分。首先，对期货交易损失的分析。根据范有孚在 Cu0802、Cu0803 和 Cu0804 合约开空仓的时间和价格、开仓后三张合约价格的整体走势、三张合约到期日的交割价、逐日交易结算单等，证明范有孚对三张合约价格走势的判断发生了根本性错误。范有孚在三张合约价格相对底部开空仓，在三张合约价格震荡走高趋势中持续持仓，是范有孚本案期货交易损失的根本原因。根据期货交易实行的当日无负债结算制度，累计至 24 日收市结算，交易结算单显示范有孚浮动亏损达 7733100 元。该浮动亏损，完全是由于范有孚判断错误和持续持仓所导致的。换言之，只要该三张合约价格不跌至范有孚开仓价格以下，且范有孚持续持仓，那么范有孚始终将处于浮动亏损状态，这期间无论谁平仓，浮动亏损都将变成实际亏损。所以截至 24 日收市，范有孚期货交易累计结算发生的浮动亏损并非天津营业部强行平仓所引发，也即该 770 余万元浮动亏损变为实际亏损与天津营业部强行平仓没有直接的因果关系。其次，具有过错的强行平仓的责任方式。如果期货公司强行平仓具有过错，行为损害了客户利益应当承担民事责任的，根据《中华人民共和国民法通则》第 134 条民事责任承担方式的规定，则期货公司应当采取恢复客户被强行平仓头寸的补救措施，不能恢复头寸的则应按照公平合理的价格赔偿客户因此而发生的损失，本案双方合同第28条对此也作了约定。因本案三张合约已经到期交割，恢复被强行平仓的头寸成为不可能，故天津营业部只能赔偿范有孚因强行平仓发生的损失金额。再次，强行平仓损失的计算。站在天津营业部的角度而言，强行平仓后三张合约价格仍震荡走高，直至到期交割期间每日结算价的平均价、三张合约交割价均高于强行平仓价格。对范有孚来说，三张合约25日当日收盘价格就低于24日的收盘价格，28日收盘价格更低，假设其追加了保证金或者自行平仓可以减少更多的损失。双方上述观点都是建立在假设基础之上且都从有利于自己的角度出发，而不是基于已经强行平仓的事实来正确思维和公平认识。同时，双方的观点也不符合期货市场的特征，因为期货市场上对已经发生的价格走势，谁都可以做出准确判断并可以选择有利于自己的价格去适用，但对尚未发生的价格走势预测，谁也不能十分肯定其判断就一定准确。所以，基于已经发生的强行平仓事实，不能往后寻找而只能往前寻找强行平仓损失的计算基准点，才是客观和公正的。故本院对双方当事人有利于自己而忽视对方利益的观点，均不予采信和支持。综上所述，以24日收市后范有孚持仓的事实和结算的数据为基准，确定天津营业部过错的责任范围，对双方而言相对客观公正。那么，25日强行平仓后的范有孚账户亏损金额13066500元与24日收市后浮动亏损7733100元之差的5333400元，是天津营业部对范有孚因强行平仓导致的损失且应承担的赔偿范围。

本案一、二审判决均认为天津营业部强行平仓存在过错，应对范有孚承担相应责任正确。但天津市第一中级人民法院一审以三张合约强行平仓价格与平仓之后当日收盘价格之差计算损失为6663000元，是以强行平仓以后某个时间点的合约价格作为参照得出的，难以客观公正，也与范有孚和天津营业部双方各自主张的时间点价格不同，当事人双方都不予以认可。该院不仅损失计算方法不符合期货市场特征和规律，而且还将本应由天津营业部因强行平仓过错导致的损失，错误认定为双方混合过错所导致，判由天津营业部承担60%，范有孚自行承担40%，所以一审判决部分事实认定不清，责任划分不当。天津市高级人民法院二审则完全依据范有孚的诉讼请求，未将范有孚因期货交易判断错误和持续持仓产生的交易损失从整个损失中分离出来，而与天津营业部强行平仓过错导致的损失混同，判决天津营业部全部承担范有孚以28日收市价格计算得出的9027085.66元损失，同样是部分事实认定不清和责任划分不当。故本院再审对本案一、二审判决予以纠正。

典型疑难案件参考(二)

王振先诉山西三立期货经纪有限公司因保证金、强制平仓等纠纷期货交易代理合同案

基本案情

原告王振先与被告山西三立期货经纪有限公司（以下简称三立期货）于2002年10月16日签订《期货经纪合同》及附件1组，由期货公司为王振先提供期货交易服务。双方在合同中约定，期货公司以风险率来计算王振先账户的风险状况，当风险率大于100%，三立期货不再接受王振先的开仓指令，并按合同约定向王振先发出追加保证金通知书；因交易亏损或其他原因，交易风险达到约定的风险控制条件时，三立期货将按照合同约定的方式向王振先发出追加保证金的通知，王振先应当在下一交易日开市前及时追加保证金或者采取减仓措施，否则三立期货有权在事先未通知的情况下，对王振先的部分或者全部未平仓合约强行平仓，直至王振先的交易风险达到约定的风险率，王振先应承担强行平仓的手续费及由此发生的损失；三立期货的交易结果不符合王振先的交易指令，或者强行平仓不符合约定条件，期货公司有过错并给王振先造成损失的，应当在下一交易日闭市前重新执行王振先交易指令。三立期货并通过《期货交易风险说明书》向王振先揭示："如未于规定时间内存入所需保证金，您持有的未平仓合约将可能在亏损的情况下被迫平仓，您必须承担由此导致的一切损失；您必须认真阅读并遵守期货交易所和期货经纪公司的业务规则，如无法满足，您所持有的未平仓合约将可能根据有关规则被强行平仓；在国内期货交易中，期货交易所无法做到即时确认，所有的交易结果须以闭市以后交易所的书面确认为依据。"

合同订立后，王振先、三立期货依约履行，至2003年1月3日，王振先持有上海3月期铜20手，5月期铜5手，6月期铜5手。其间王振先的账户中也曾多次出现风险率超过100%的情况，王振先收到三立期货发出的追加保证金通知书后，均于三立期货所指的"下一交易日"当天通过追加资金或自行平仓的方式追加保证金。2003年1月3日，上海期铜以涨停板报收，王振先账户出现透支，王振先至收市后离开三立期货营业场所。当日闭市后，三立期货根据期货交易所的资料制作了户名为王振先的持仓盈亏单、资金清单和追加保证金通知书，在追加保证金通知书上注明："根据今日结算价及贵方现有持仓，您应立即追加保证金52362.50元，请在下一交易日9:00以前汇入我银行

账户。如不能及时汇入保证金,在以下的交易日里,本公司有权强制平仓贵方手持合约,由此带来的损失均由贵方自负。2003年1月3日。"王振先于2003年1月6日上午8:45收到该通知书,并在客户签章栏内签名。此前王振先已知悉应当追加保证金,收到通知书后即将所带3万元人民币划入三立期货账户。开市后,因期铜价格继续上涨,王振先以16260元卖出10手3月期铜合约,但未成交。至当日下午1:50左右,三立期货对王振先持有的3月、6月期铜合约共25手分别以16740元和16940元强制平仓。王振先知道后即表示不满,双方经协商无果,王振先遂诉至法院,请求判令三立期货赔偿斩仓价位与开仓价位之间的差价计算损失,共计人民币128000元。

▶一审诉辩情况◀

原告王振先诉称:

2002年10月16日,原、被告签订了《期货经纪合同》之后,原告便委托被告代理期货铜的交易,截至纠纷发生前原告共持有期铜30手。2003年1月6日9时,原告在被告营业场所收到被告1月3日签发的《追加保证金通知书》,原告即交付3万元的保证金并与被告方上海负责人王英联系,准备在6日下午收市前补足通知书规定的剩余22362.50元的保证金,并获得同意。然而,被告在当日下午1点30分将原告的持仓强行平仓25手。被告的违规行为不仅给原告造成了直接经济损失,还剥夺了原告的交易权利,经交涉无果,原告遂诉至法院,请求判令被告赔偿经济损失人民币128000元。

被告三立期货辩称:

根据法律规定、合同约定以及期货操作惯例,自觉追加保证金是原告的义务,原告在1月3日即知道应当追加保证金,1月6日开市后却不及时全额追加,故被告在发出追加保证金通知书后可以实施强制平仓。被告没有过错,原告的损失是其投资操作失误和未及时追回保证金的过错行为造成的,应自行承担。

▶一审裁判结果◀

上海市普陀区人民法院经审理,根据《中华人民共和国民法通则》第4条、第84条、《期货交易管理暂行条例》第41条第2款的规定,判决如下:王振先要求山西三立期货经纪有限公司赔偿损失128000元的诉讼请求不予支持。

▶一审裁判理由◀

上海市普陀区人民法院经审理认为:

第一,期货市场的正常运行是以必要的保证金和强行平仓手段为保障的,及时补足保证金是客户应尽的义务。经纪公司发出的追加保证金通知书起的是一个提醒作用，虽然在司法实践中将其列为强行平仓的前提条件，但这仅仅是为了防止经纪公司在客户不知自己应履行追加保证金义务的情况下滥用强行平仓权，在客户已明知应当追加保证金或者经纪公司无法通知到客户时，这一通知书是否可以影响到强制平仓的效力值得商榷。

第二，关于"下一交易日"的确定。在认定双方争议的下一交易日是哪一天时，不能局限于某一方的角度，而应统筹兼顾日常习惯、中文词义、国家相关管理部门对工作日和交易日的规定、期货市场的惯例等方面，进而结合三立期货通知书的文字"根据今日结算价及贵方现有持仓"，就可以得出以下结论：期货公司于2003年1月3日制作的追加保证金通知书中的"下一交易日"系指2003年1月6日。

第三，关于强行平仓通知书的问题。虽然原三立期货签订的《期货经纪合同》第14条提到三立期货采取书面方式向王振先发出追加保证金通知书和强行平仓通知书，但该条款规定在"通知事项"一节，主要是约定通知的方式；双方在"强行平仓"一节中明确约定，王振先应在下一交易日开市前及时追加保证金或采取减仓措施，否则三立期货有权在事先未通知的情况下强行平仓。后者显然更有针对性，即使以这两条约定有矛盾之处，视之为合同约定不明，但三立期货已在追加保证金通知书上注明了强行平仓的内容，且在期货行业的惯例和司法实践中，对此也无硬性的规定。可见，在经纪公司发出追加保证金通知书、客户未按时补足保证金的情况下，强行平仓通知书仅具有程序上的象征意义，故三立期货未发该通知就强行平仓虽有瑕疵，但无过错，且与王振先的损失无因果关系。

第四，三立期货是否给予王振先追加保证金的合理时间。从表象上看，三立期货仅给王振先15分钟的时间，但事实是王振先已知道保证金不足，已有所准备，更何况三立期货是在通知送达后近5小时才实施强行平仓的，这段时间内王振先完全可以全额补足保证金。

综上所述，原审法院认为三立期货为客户提供的服务或有不到位之处，但其已按照合同约定和法律法规的规定履行了追加保证金的通知义务，且实际给予了王振先充裕的履行义务时间，并无过错，王振先未适当履行追加保证金的义务，应自行承担强行平仓的损失。

二审诉辩情况

上诉人王振先不服一审判决，提起上诉称：

1. 根据期货经纪合同，"下一交易日"应指发出追加保证金通知后的下一交易日。涉案追加保证金通知书上的落款日期虽是 2003 年 1 月 3 日，但其只是被上诉人制作该张追加保证金通知书的日期，而不是发出日期，其发出日期应为 2003 年 1 月 6 日上午 8:45。鉴此，涉案追加保证金通知书中"下一交易日"应指 2003 年 1 月 7 日，上诉人只需在 1 月 7 日 9:00 以前补足保证金即可，在此之前，被上诉人无权将上诉人的合约强行平仓。

2. 被上诉人对上诉人 25 手持仓强行平仓的条件未成就。理由是：首先，尚未到追加保证金通知书规定的"下一交易日"9:00 以前；其次，即使被上诉人有权强行平仓，也应控制在保证金缺额的持仓范围内。被上诉人强行平仓 25 手，将上诉人有履约保证金的 20 手持仓也强行平仓，是滥用强行平仓权，给上诉人造成了经济损失。故上诉人请求二审法院支持其原审的诉讼请求。

被上诉人三立期货辩称：

上诉人的上诉请求没有理由，上诉人要求被上诉人赔偿其斩仓价和开仓价位间的损失，没有法律依据。上诉人的损失是其投资操作失误所造成的。关于下一个交易日，上诉人明知在期货交易中"下一个交易日"的概念，但其以送达日期偷换"下一个交易日"概念。关于平仓范围的问题，由于上诉人未全额追加保证金。因此，被上诉人在发出追加保证金通知书后有权对其进行强制平仓，后果由上诉人自行承担。上诉人完全有时间追加保证金，而并非其在原审中强调的那样没有时间追加保证金。故请求二审法院驳回上诉，维持原判。

▶ 二审裁判结果 ◀

上海市第一中级人民法院经审理，依照《中华人民共和国民事诉讼法》第 153 条第 1 款第 2 项规定，判决如下：

一、撤销上海市普陀区人民法院〔2003〕普民二（商）初字第 149 号民事判决。

二、被上诉人山西三立期货经纪有限公司赔偿上诉人王振先经济损失人民币 50000 元。

▶ 二审裁判理由 ◀

上海市第一中级人民法院经审理认为：

关于双方争议"下一个交易日"问题，因上诉人在庭审中确认其在 2003 年 1 月 3 日闭市前已知道自己的保证金不足，但具体缺多少无法知悉。根据合同约定，保证金不足即应当在"下一个交易日"开市前追加，那么，很显然此时的"下一个交易日"是针对"2003 年 1 月 3 日"的交易日而来。虽然被上诉人在书面送达的时间上有不妥之处，但这不足以影响 2003 年 1 月 6 日作为"下一个交易日"的确认。原审法院对"下一个交易日"的认定并无不当。上诉人的该项上诉理由无事实和法律依据,二审法院不予支持。

关于强制平仓问题,本院认为,期货交易所和期货经纪公司只能根据不足的保证金数额,对期货交易者的持仓进行强制平仓。对超出不足保证金数额部分所进行的强制平仓,其法律后果,应当由强制平仓的实施者承担。联系本案来说,被上诉人于2003年1月3日闭市后开出要求上诉人追加保证金通知,上诉人于同年1月6日开市前15分钟收到要求其追加保证金通知,暂且不论被上诉人送达书面通知上所存在的瑕疵,在此仅分析保证金数额与客户持仓数量的关系。根据被上诉人开出的书面追加保证金通知,被上诉人要求上诉人追加的保证金数额是52362.50元,而1月3日闭市前,上诉人持有上海3月期铜20手,5月期铜5手,6月期铜5手,当日上诉人所享有的客户权益为73950元。1月6日,上诉人收到被上诉人追加保证金通知后,及时追加了3万元的保证金,也就是说,根据1月3日闭市前的期货价位,上诉人在被上诉人强制平仓前可享有的客户权益为103950元,根据该客户权益,无论以1月3日结算价为基准,还是以被上诉人1月6日平仓价为基准,均不难算出上诉人可持仓数量达20手以上,但现被上诉人以上诉人保证金不足,将上诉人所持有的3月及6月期铜合约共25手强制平仓,显然该强制平仓的数量中约20手数额超出了上诉人持有的履约保证金数额所对应的持仓量。对此,被上诉人应当承担强制平仓超量所产生的法律后果。上诉人的该项上诉理由有事实和法律依据,本院应予支持。原审法院未对被上诉人超量平仓问题作出处理有所不当,本院应予以纠正。但对于上诉人提出损失的计算方法,本院认为尚不尽合理,对该超量平仓所造成的损失计算不仅应考虑开仓价与斩仓价之间的差额,还应考虑当天行情及以后行情可能给客户造成的机会利益丧失、三立期货所收取的交易手续费以及行为人违法所造成的后果等因素,酌情予以确定。据此,原审判决认定事实清楚,但适用法律有所不当,应予改判。

期货强行平仓纠纷办案依据集成

1. 期货交易管理条例（2007年3月6日国务院令第489号）（节录）

第三十八条 期货交易所会员的保证金不足时，应当及时追加保证金或者自行平仓。会员未在期货交易所规定的时间内追加保证金或者自行平仓的，期货交易所应当将该会员的合约强行平仓，强行平仓的有关费用和发生的损失由该会员承担。

客户保证金不足时，应当及时追加保证金或者自行平仓。客户未在期货公司规定的时间内及时追加保证金或者自行平仓的，期货公司应当将该客户的合约强行平仓，强行平仓的有关费用和发生的损失由该客户承担。

2. 期货交易所管理办法（2007年4月9日证监会令42号发布）（节录）

第八十五条第一款 有根据认为会员或者客户违反期货交易所交易规则及其实施细则并且对市场正在产生或者即将产生重大影响，为防止违规行为后果进一步扩大，期货交易所可以对该会员或者客户采取下列临时处置措施：

（一）限制入金；

（二）限制出金；

（三）限制开仓；

（四）提高保证金标准；

（五）限期平仓；

（六）强行平仓。

第一百零七条 中国证监会派出机构对期货交易所会员进行风险处置，采取监管措施的，经中国证监会批准，期货交易所应当在限制会员资金划转、限制会员开仓、移仓和强行平仓等方面予以配合。

3. 最高人民法院关于审理期货纠纷案件若干问题的规定（2003年6月18日 法释〔2003〕10号）（节录）

第三十六条 期货公司的交易保证金不足，又未能按期货交易所规定的时间追加保证金的，按交易规则的规定处理；规定不明确的，期货交易所有权就其未平仓的期货合约强行平仓，强行平仓所造成的损失，由期货公司承担。

客户的交易保证金不足，又未能按期货经纪合同约定的时间追加保证金的，按期货经纪合同的约定处理；约定不明确的，期货公司有权就其未平仓的期货合约强行平仓，强行平仓造成的损失，由客户承担。

第三十七条 期货交易所因期货公司违规超仓或者其他违规行为而必须强行平仓的，强行平仓所造成的损失，由期货公司承担。

期货公司因客户违规超仓或者其他违规行为而必须强行平仓的，强行平仓所造成的损失，由客户承担。

第三十八条 期货公司或者客户交易保证金不足,符合强行平仓条件后,应当自行平仓而未平仓造成的扩大损失,由期货公司或者客户自行承担。法律、行政法规另有规定或者当事人另有约定的除外。

第三十九条 期货交易所或者期货公司强行平仓数额应当与期货公司或者客户需追加的保证金数额基本相当。因超量平仓引起的损失,由强行平仓者承担。

第四十条 期货交易所对期货公司、期货公司对客户未按期货交易所交易规则规定或者期货经纪合同约定的强行平仓条件、时间、方式进行强行平仓,造成期货公司或者客户损失的,期货交易所或者期货公司应当承担赔偿责任。

第四十一条 期货交易所依法或依交易规则强行平仓发生的费用,由被平仓的期货公司承担;期货公司承担责任后有权向有过错的客户追偿。

期货公司依法或依约定强行平仓所发生的费用,由客户承担。

第四节 期货交易代理合同纠纷

54. 如何理解期货客户代理人与客户、期货公司之间的法律关系？

根据我国相关法律、法规及司法解释之规定，期货公司与客户之间的法律关系性质被界定为行纪关系。而由于期货交易的专业性，客户往往选择通过期货客户代理人与期货公司进行交易，通常来讲，期货客户代理人与期货公司之间没有直接法律关系，其只受客户的委托代为进行期货交易。但是在实践之中，期货客户代理人自身身份的多样性，在期货公司、客户以及期货客户代理人之间造就了较为特殊的法律关系，其中主要包括如下两种：

第一，期货客户代理人同时是期货居间人。此时该代理人既应对客户履行委托代理合同项下的义务，还应对客户或期货公司履行居间人的义务，在司法实践中应根据《合同法》第424条及最高人民法院《关于审理期货纠纷案件若干问题的规定》第10条之规定，对其权利义务及法律责任进行判断。

第二，期货客户代理人是期货公司的员工。在此种情况下，由于期货交易客户代理人与期货公司之间存在劳动合同关系，因此期货公司应对其职务行为所产生的法律后果承担责任，而该代理人则应对其非职务行为所产生的法律后果自行承担责任。

典型疑难案件参考

中信期货经纪有限责任公司与张世海期货交易委托合同纠纷上诉案
[〔2002〕沪一中民三（商）终字第405号]

基本案情

2000年6月7日，中信期货公司与张世海签订了一份《中信期货有限责任公司代理期货交易合同书》及相关附件。合同约定，中信期货公司作为张世海的经纪人代为进行国内期货交易，交易品种为大豆，手续费为每手12元。同时，张世海指定案外人王海亮作为其期货交易之合法的指令下达人和结算账单的核对、确认成交人。2001年1月18日，因中信期货公司更改合同版本，双方重新签订了《中信期货有限责任公司期货经纪合同》及相关附件，原约定未变。双方另约定，中信期货公司除每日交付当日书面"客户结账单"让张世海查看外，还以中信期货公司的电话语音系统或中信期货公司的电脑网站公告方式向张世海发出追加保证金通知书，以及交易结算单、交易结算月报等通知；并向张世海告知了中信期货公司的电话语音系统号码和电脑网站网址。

签约后，张世海于2000年6月8日，在中信期货公司开户，至2001年6月15日，张世海存入其账户的保证金共计为人民币131.8万元，其中：截至2000年10月13日，张世海分4次交付保证金计30.8万元，同年10月14日至2001年6月15日，张世海又分7次交付保证金计101万元；另，张世海又分6次取款计8.3万元。张世海实际交付保证金计人民币123.5万元。

自2000年6月8日起至2001年6月23日止，王海亮代理张世海发出交易指令计69140手，其中：盈利总手数为38292手，持平手数为3642手，亏损手数为27206手。按大连商品交易所244个交易日计算，王海亮日交易手数为283手。其间，中信期货公司向张世海收取手续费计人民币82.968万元，中信期货公司支付给王海亮佣金人民币15.9484万元，张世海的交易亏损额为23.888万元。

另查明，中信期货公司按约将反映张世海交易和可用资金情况的"客户结账单"交给王海亮签字确认。截至2000年10月13日，张世海账户亏损额仅为人民币2150元。而王海亮为隐瞒交易亏损真相，分别伪造了2000年10月13日、11月2日、12月19日和2001年1月17日、3月28日、6月11日、6月15日、6月18日及6月22日"客户结账单"欺骗张世海。其中，前8份"客户结账单"上"客户签字盖章"栏与"会员单位结算签字"栏均为空白；最后一份即2001年6月22日的"客户结账单"上"客户签字盖章"栏空白，"会员单位结算签字"栏王海亮加盖了其私刻的"中信期货经纪有限责任公司结算专用章"。此张伪造的结账单上载明盈利达600.146万元。当时实际亏损连同手续费在内已达106.856万元。至此，张世海发现王海亮的欺骗行为，遂向公安机关报案。2001年11月23日，法院以伪造印章罪，判处王海亮有期徒刑8个月。嗣后，张世海又以中信期货公司与王海亮恶意串通，违反诚信义务为由，向法院提起诉讼，请求判令中信期货公司返还其手续费82.968万元，以及赔偿其交易损失23.888万元等。

▶ 一审裁判结果

上海市浦东新区人民法院经审理，根据财政部《商品期货交易财务管理暂行规定》第29条第2款的规定以及中国证券监督管理委员会（以下简称证监

委)《期货经纪公司管理办法》第45条、第46条的规定,适用公平、诚实信用原则,判决如下:

一、中信期货公司返还张世海手续费82.968万元。

二、对张世海要求中信期货公司赔偿其交易损失23.888万元的诉讼请求不予支持。

一审裁判理由

上海市浦东新区人民法院经审理认为,案外人王海亮接受原告张世海的委托,在中信期货经纪有限责任公司(下称中信期货公司)大肆进行频繁的短线操作、超量交易,造成张世海巨额损失(即手续费人民币82.968万元,交易亏损人民币23.888万元);且认定王海亮的行为与中信期货公司支付给王海亮高额佣金存在密切的联系,中信期货公司向王海亮"返佣"的做法会在张世海与王海亮之间制造利益冲突,并形成其与王海亮之间的利益一致,根据相关法律、法规以及公平、诚实信用原则,认定中信期货公司对王海亮损害张世海利益的行为具有过错,中信期货公司应返还张世海手续费。同时,鉴于期货交易本身存在的风险,以及张世海对王海亮的信赖过失,张世海应自行承担其交易损失。

二审诉辩情况

上诉人中信期货公司不服一审判决,向上海市第一中级人民法院提起上诉,请求本院依法改判驳回被上诉人张世海在原审中的诉讼请求。其主要上诉理由是:

1. 期货行业中,短线、频繁交易是一部分客户取得利润、规避风险所采取的唯一的手段和方法,原审将王海亮正常的操作行为认定为超量交易的异常行为,缺乏事实依据。

2. 原审判决认为上诉人的行为违反了证监委发布的《期货经纪公司管理办法》第45条、第46条,以及国家财政部《商品期货交易财务管理暂行规定》第29条第2款的规定,但是这些规章所规范的情况并不符合本案纠纷情况,因此不能作为调整本案纠纷的法律依据;又因被上诉人的损失与上诉人之行为之间没有因果关系,更没有必然联系,所以,原审判决适用《民法通则》第4条和第106条第2款处理本案不当。

3. 在期货交易中,手续费是交易成本与风险的组成部分,与实际交易损失没有本质区别,原审判决既然认定上诉人的经纪行为有效,那么,被上诉人张世海即应承担交易风险与损失,但却判令上诉人对张世海基于有效交易行为所支付的手续费予以返还显然自相矛盾。况且，上诉人收取的82.968万元手续费中有25.7504万元系代大连商品交易所收取；王海亮取得的15.9484万元则是上诉人按行业惯例支付的。

4. 上诉人与张世海之间的经纪关系，张世海与王海亮之间的委托代理关系，是两个完全独立的法律关系。上诉人的经纪行为完全是按照委托人的指令进行的，至于王海亮在履行代理义务时，是否存在故意、过错或重大过失，与上诉人无关，上诉人不应承担责任。

被上诉人张世海辩称：

1. 被上诉人与上诉人中信期货公司之间先后签订的两份期货交易合同，是合法、有效的，是规范双方间民事法律关系的准则，也是处理本案的依据。

2. 被上诉人与王海亮之间口头约定盈利后给王海亮分成，但中信期货公司为了自己的利益与王海亮恶意串通，以给王海亮回扣的方式收买王海亮，有意使被上诉人与王海亮之间的利益平衡关系出现裂痕，使得王海亮为追求回扣，不顾被上诉人的利益，违反常规地在同一天同一价位频繁交易，由此形成的被上诉人交易损失和手续费损失都应由中信期货公司返还给被上诉人。

3. 本案中被上诉人没有过错。根据合同的约定王海亮并没有处分被上诉人资金的权利，故被上诉人无须整天查看客户结账单。被上诉人的损失是中信期货公司违反诚信原则、违约造成的，并不是被上诉人疏于对自己资金管理造成的，所以，应当由中信期货公司承担。

综上，请求二审法院驳回上诉，维持原判。

二审裁判结果

上海市第一中级人民法院经审理认为，上诉人上诉理由符合事实与法律依据，本院依法予以支持。现依据《中华人民共和国民事诉讼法》第153条第1款第3项之规定，判决如下：

一、撤销上海市浦东新区人民法院〔2001〕浦经初字第2484号民事判决；

二、被上诉人张世海诉讼请求不予支持；

三、上诉人中信期货经纪有限责任公司于本判决生效之日起10日内给付被上诉人张世海补偿款人民币15万元。

二审裁判理由

上海市第一中级人民法院经审理认为：

财政部《商品期货交易财务管理暂行规定》第29条第2款规定："期货经纪机构不得采取回扣方式招揽客户……"财政部制定该规定的目的是，为了防止国有企业在进行期货交易时，某些个人通过从经纪公司获取回扣的方式，侵吞国有资产。本案所涉自然人客户委托经纪公司进行期货交易，经纪公司向该客户的代理人"返佣"，不属于财政部规定的禁止范畴。关于证监委《期货经纪公司管理办法》第45条规定："期货经纪公司应当以适当的技能、小心谨慎和勤勉尽责的态度执行客户的委托，维护客户权益。"第46条规定："期货经纪公司应当避免与客户的任何利益冲突，保证公平对待所有客户。"上述管理办法第45条和第46条的内容，主要是针对经纪公司不认真、不及时、不适当地履行客户的指令，包括私下对冲、吃点等行为，并不包括"返佣"。显然，中信期货公司在履行与张世海之间的期货经纪合同过程中，并不存在上述管理办法第45条、第46条所规范的行为。因此，财政部和证监委的上述规定不应作为认定中信期货公司给王海亮"返佣"属违规行为的依据。本案中中信期货公司给王海亮"返佣"的行为虽有所不当，但并不属于上述暂行规定和管理办法所禁止的违规行为。

　　本案中被上诉人张世海在原审中提起的是违约之诉。张世海先是请求法院确认合同无效，后又认为合同有效，请求法院判令中信期货公司因违反诚实信用义务而应承担违约赔偿责任。二审中，张世海又强调中信期货公司与王海亮恶意串通，损害其利益要求中信期货公司承担赔偿责任。期货交易是特殊的商事行为，应当贯彻"意思自治原则"，尊重当事人对权利义务的约定。日下单量283手，对于中、小客户来说确显过高。但张世海并未在其与中信期货公司间先后签订的两份合同中，对指令下达人每日最高限额下单量作出限制，也未约定中信期货公司对其账户有风险管理的义务。中信期货公司虽在履约过程中存在给王海亮"返佣"的行为，但该行为并未违反当事人双方在合同中约定的具体义务。期货交易本身就存在高风险。期货交易的风险，除来自交易的全过程外，还来自于期货市场之外的各种客体。前者包括管理风险、操作风险、代理风险、信用风险等，后者包括国家宏观调控政策的变化、现货市场供求关系等。因此，期货交易的盈与亏都存在或然性。短线操作乃期货交易中盈利和规避风险的方法之一。中信期货公司给王海亮"返佣"，只能说存在使王海亮为追求高额"佣金"、不顾张世海利益而超量下单的可能，但并不必然导致这种结果的发生，更不必然导致张世海的亏损。因为，下单手数的多少，与盈利或亏损，并非成正比。也就是说，并不是下单手数少，亏损就小，下单手数多，亏损就大。另外，王海亮在公安机关所作的供述，亦反映其替张世海做短线的目的是为了让张世海盈利，从而使张世海能够与其保持长久的委托代理关系。故中信期货公司给王海亮"返佣"的行为与王海亮频繁下单的行为之间并无必然的因果关系、其行为与张世海的亏损之间亦无必然的因果关系。造成张世海巨额损失的直接原因是王海亮的欺诈，以及张世海对王海亮的过分信赖。中信期货公司不存在与王海亮恶意串通对张世海隐瞒亏损真相、实施损害张世海利益的侵权行为。张世海在与中信期货公司签订的两份合同中，明确指定王海亮为其期货交易的合法的指令下达人和结算账单核对、确认成交人。可见，张世海与王海亮之间存在委托代理关系。作为代理人，王海亮有忠实、全面履行代理责任的义务。但王海亮却对张世海隐瞒亏损真相，伪造账单，使张世海产生了巨额盈利的错觉，因此张世海不断追加投资。这是王海亮单方面实施的欺骗张世海的行为。目前，尚无任何证据证明中信期货公司与王海亮恶意串通对张世海实施了欺诈。因此，难以认定中信期货公司存在与王海亮恶意串通对张世海隐瞒亏损真相、损害张世海利益的行为。张世海作为被代理人应当对其代理人加强监督，对自己期货交易账户的情况给予合理的关注。从一审法院对王海亮的调查看，王海亮明确表示其是做短线的。而且，王海亮前后共伪造客户结账单9次，前8份"客户结账单"上"会员单位结算签字"栏均无中信期货公司印鉴，这些都未引起张世海的注意。在长达一年的时间里，张世海未通过电话语音系统或网站查询的方式，了解自己账户的交易记录，特别是，当张世海本人曾因存取款需要，17次至中信期货公司时，仍对自己的交易情况不予过问。在王海亮于2000年10月13日，向张世海出示第一份伪造的客户结账单前，张世海交付的保证金仅为30.8万元，当时，张世海账户只亏损2150元。之后，王海亮为隐瞒亏损真相，多次伪造"客户结账单"。直至2001年6月22日，张世海才发现王海亮伪造结账单的行为。此时，张世海账户亏损已达106.856万元。显然，造成张世海巨额损失的直接原因是王海亮的欺诈，以及张世海对王海亮的过分信赖。张世海因未谨慎寻找代理人并怠于行使对代理人的监督和对自己的交易记录未给予合理关注而造成其亏损的后果，亦应承担相应责任。

鉴于上诉人在二审期间愿意补偿被上诉人人民币15万元，符合被上诉人利益，亦未违反法律规定，本院对此予以认可。

期货交易代理合同纠纷办案依据集成

最高人民法院关于审理期货纠纷案件若干问题的规定（2003年6月18日法释〔2003〕10号）（节录）

第十六条 期货公司在与客户订立期货经纪合同时，未提示客户注意《期货交易风险说明书》内容，并由客户签字或者盖章，对于客户在交易中的损失，应当依据合同法第四十二条第（三）项的规定承担相应的赔偿责任。但是，根据以往交易结果记载，证明客户已有交易经历的，应当免除期货公司的责任。

第十七条 期货公司接受客户全权委托进行期货交易的，对交易产生的损失，承担主要赔偿责任，赔偿额不超过损失的80%，法律、行政法规另有规定的除外。

第十八条 期货公司与客户签订的期货经纪合同对下达交易指令的方式未作约定或者约定不明确的，期货公司不能证明其所进行的交易是依据客户交易指令进行的，对该交易造成客户的损失，期货公司应当承担赔偿责任，客户予以追认的除外。

第十九条 期货公司执行非受托人的交易指令造成客户损失，应当由期货公司承担赔偿责任，非受托人承担连带责任，客户予以追认的除外。

第二十条 客户下达的交易指令没有品种、数量、买卖方向的，期货公司未予拒绝而进行交易造成客户的损失，由期货公司承担赔偿责任，客户予以追认的除外。

第二十一条 客户下达的交易指令数量和买卖方向明确，没有有效期限的，应当视为当日有效；没有成交价格的，应当视为按市价交易；没有开平仓方向的，应当视为开仓交易。

第二十二条 期货公司错误执行客户交易指令，除客户认可的以外，交易的后果由期货公司承担，并按下列方式分别处理：

（一）交易数量发生错误的，多于指令数量的部分由期货公司承担，少于指令数量的部分，由期货公司补足或者赔偿直接损失；

（二）交易价格超出客户指令价位范围的，交易差价损失或者交易结果由期货公司承担。

第二十三条 期货公司不当延误执行客户交易指令给客户造成损失的，应当承担赔偿责任，但由于市场原因致客户交易指令未能全部或者部分成交的，期货公司不承担责任。

第二十四条 期货公司超出客户指令价位的范围，将高于客户指令价格卖出或者低于客户指令价格买入后的差价利益占为己有的，客户要求期货公司返还的，人民法院应予支持，期货公司与客户另有约定的除外。

第二十五条 期货交易所未按交易规则规定的期限、方式，将交易或者持仓头寸的结算结果通知期货公司，造成期货公司损失的，由期货交易所承担赔偿责任。

期货公司未按期货经纪合同约定的期限、方式，将交易或者持仓头寸的结算结果通知客户，造成客户损失的，由期货公司承担赔偿责任。

第二十六条 期货公司与客户对交易结算结果的通知方式未作约定或者约定不明确，期货公司未能提供证据证明已经发出上述通知的，对客户因继续持仓而造成扩大的损失，应当承担主要赔偿责任，赔偿额不超过损失的80%。

第二十七条 客户对当日交易结算结果的确认，应当视为对该日之前所有持仓和交易结算结果的确认，所产生的交易后果由客户自行承担。

第二十八条 期货公司对交易结算结果提出异议，期货交易所未及时采取措施导致损失扩大的，对造成期货公司扩大的损失应当承担赔偿责任。

客户对交易结算结果提出异议，期货公司未及时采取措施导致损失扩大的，期货公司对造成客户扩大的损失应当承担赔偿责任。

第二十九条 期货公司对期货交易所或者客户对期货公司的交易结算结果有异议，而未在期货交易所交易规则规定或者期货经纪合同约定的时间内提出的，视为期货公司或者客户对交易结算结果已予以确认。

第三十条 期货公司进行混码交易的，客户不承担责任，但期货公司能够举证证明其已按照客户交易指令入市交易的，客户应当承担相应的交易结果。

第五节 期货欺诈责任纠纷

> **55. 期货经纪公司是否应对其工作人员的过错行为承担责任?**
>
> 根据《民法通则》、《侵权责任法》以及最高人民法院《关于审理期货纠纷案件若干问题的规定》的相关规定,期货经纪公司应对其员工在本公司经营范围内从事的期货交易行为给他人造成的损失承担民事责任。因此,在员工因其过错行为给客户造成损害的情况下,判断该员工的行为是否属于期货经纪公司经营范围之内,或是否属于执行工作任务的范畴,就成了作出正确裁判的关键。如果公司法人的工作人员所从事的行为是个人行为,超出了该公司经营的范围,由此所产生的后果则应由该工作人员个人承担。在期货经纪公司与其客户订立的期货交易代理合同中明确注明"禁止与客户约定投资收益"的情况下,该公司员工仍对客户承诺投资收益的行为显然超出其职务范围,应属其个人行为。

典型疑难案件参考

谭新耀诉新疆汇和期货经纪公司、王怀栋期货交易纠纷案

基本案情

2000年8月4日,谭新耀与新疆汇和期货经纪有限公司(以下简称汇和期货公司)签订期货经纪合同,约定谭新耀委托汇和期货公司按照谭新耀指令进行期货交易,谭新耀指定的指令下达人为王菲,后变更下达人为王怀栋。谭新耀先后在汇和期货公司开立的保证金账户中存入50万元,至2001年2月8日谭新耀账户余额为219160元,次日王怀栋向谭新耀出具声明,声明承诺其保证在5月15日前将谭新耀账户上的保证金增至30万元,但截至同年5月15日,客户结算单载明的保证金余额为52530元。谭新耀认为王怀栋的行为构成欺诈,在向乌鲁木齐证监会投诉未果后,向法院提起诉讼,要求王怀栋及其雇主汇和期货公司承担连带责任。

一审诉辩情况

原告谭新耀起诉称：

2000年8月4日，我方与汇和期货公司签订期货经纪合同，约定我方委托汇和期货公司按照我方指令进行期货交易，我方指定的指令下达人为王菲，后经我方变更下达人为王怀栋。我方先后在汇和期货公司开立保证金账户存入50万元。至2001年2月8日我方账户余额为219160元，次日王怀栋向我方出具声明，声明承诺其保证在5月15日前将我方保证金炒作至30万元，如出现亏损由王怀栋本人负责。但截至同年5月15日客户结算单载明的保证金余额为52530元。2002年11月我方向中国证券监督管理委员会乌鲁木齐证券监督特派员办事处（下称证监会）投诉，该处建议我方通过司法程序解决该纠纷。综上，王怀栋诱骗我方进行期货交易，造成我方的资金损失，其应当承担我方资金损失的赔偿责任。王怀栋的上述行为均系代表汇和期货公司履行职务行为，且汇和期货公司在期货交易过程中放任王怀栋的侵权行为，故其应当与王怀栋连带承担我方损失的赔偿责任。请求汇和期货公司与王怀栋连带赔偿我方期货交易损失166630元及利息8904.29元。

被告汇和期货公司答辩称：

我公司在履行与谭新耀之间缔结的期货经纪合同的过程中无违规交易行为，交易结果应由客户承担。经纪人王怀栋向谭新耀出具的声明属违规行为，违反了期货经纪合同中不得与客户约定投资收益的规定，该声明超越了王怀栋作为经纪人的授权范围，属超越代理权，且未得到我公司的追认，故我公司对谭新耀起诉我公司要求我公司承担期货交易损失赔偿责任的诉讼请求不予认可。

被告王怀栋答辩称：

谭新耀在2001年即发生了本案的期货交易损失，其于2004年才提起诉讼，已超过诉讼时效期间，而其在诉讼时效期间向证监会投诉并不属于法定的诉讼时效中断的事由。我方向谭新耀出具声明属实，但期货交易的风险任何人均无法控制，在我方出具声明后，谭新耀交易发生损失其有权随时下令停止交易，但其仍继续下指令交易并导致交易损失继续扩大。故我方向谭新耀出具的声明应属无效且该无效行为与谭新耀的交易损失无因果关系，故请求驳回谭新耀对其的诉讼请求。

一审裁判结果

乌鲁木齐市中级人民法院经审理，依照《中华人民共和国合同法》第58

条之规定，于 2004 年 8 月 16 日判决如下：

一、被告王怀栋赔偿原告谭新耀期货交易损失 83315 元；

二、被告王怀栋偿付原告谭新耀利息 4452.15 元；

三、驳回原告谭新耀对被告汇和期货公司的诉讼请求。

一审裁判理由

乌鲁木齐市中级人民法院经审理认为：

谭新耀与汇和期货公司之间的期货经纪合同关系清楚，谭新耀委托王怀栋作为其期货交易经纪人接受指令进行交易，依照经纪合同王怀栋按照谭新耀指令委托汇和期货公司进行期货交易，经审查谭新耀的交易记录（包括指令单与结算单）均按照经纪合同约定，指令单上有谭新耀的签字，结算单上有王怀栋的签字，即全部交易记录均依经纪合同约定的规程进行，不存在汇和期货公司违规操作的事实。关于王怀栋向谭新耀出具的保证获利声明，因该行为违反了不得向客户作获利保证的规定，应当认定为无效，且王怀栋的行为未得到汇和期货公司的认可，故该行为超越代理权，也不属于职务行为，其后果应由其自行负担，与汇和期货公司无关。关于该声明无效后损失负担的问题，法院认为，期货交易存在巨大风险，谭新耀在明知或应知的情况下仍接受王怀栋的获利承诺，并在出现亏损后，仍不采取措施防止损失扩大，即其对损失的造成负有过错。王怀栋作为期货交易专业人员，其在明知法规禁止向客户作获利保证的情况下仍向谭新耀出具声明，其明显存在主观过错。故对声明无效的损失后果，王怀栋与谭新耀均应承担过错责任。关于王怀栋的诉讼时效抗辩主张，法院认为，谭新耀就本案涉及纠纷曾于 2001 年向证监会投诉汇和期货公司，而汇和期货公司也就该投诉向汇和期货公司进行了调查，在证监会建议其通过司法途径解决后，谭新耀于 2004 年起诉本案，谭新耀向证监会的投诉符合最高人民法院《关于贯彻执行〈中华人民共和国民法通则〉若干问题的意见（试行）》第 174 条关于权利人向有关单位提出保护民事权利的请求，从提出请求时起，诉讼时效中断的规定，故本案未超过诉讼时效期间，谭新耀的胜诉权应得到支持。

二审诉辩情况

谭新耀不服一审判决，上诉称：

1. 王怀栋是汇和期货公司的从业人员，其在本公司经营范围内从事期货交易行为产生的民事责任，应由其所在的期货公司承担，一审判决驳回上诉人对汇和期货公司的诉讼请求没有法律依据。

2. 王怀栋利用上诉人对期货交易的无知，事先让上诉人在空白期货交易指令单上签名，然后在交易单上填写相关内容自行交易，违反了《期货经纪公司管理办法》关于不得接受客户全权委托的规定。故请求二审法院撤销一审判决，依法改判。

被上诉人汇和期货公司答辩称：

我公司严格遵循诚实信用原则，所有交易行为均依上诉人书面指令进行，无违规交易行为；上诉人在明知王怀栋所作获利承诺违规的情况下，为转嫁交易风险要求王怀栋签署申明书，其行为带有明显恶意，交易结果应由上诉人自行承担，故要求驳回上诉，维持原判。

被上诉人王怀栋答辩称：

我方没有接受全权委托的违规操作行为。期货交易风险很大，上诉人在明知获利承诺属违规行为的情况下，要求我方签署申明书，其行为具有明显的主观过错，交易结果应由上诉人自行承担，我方不应承担责任。

二审裁判结果

新疆维吾尔自治区高级人民法院经审理认为，原审法院认定事实清楚，证据充分，适用法律正确。该院依照《中华人民共和国民事诉讼法》第153条第1款之规定，判决如下：驳回上诉，维持原判。

二审裁判理由

新疆维吾尔自治区高级人民法院经审理认为：

谭新耀与汇和期货公司之间的期货经纪合同系双方当事人的真实意思表示，且不违反法律法规的相关规定，系有效合同。双方应严格遵守诚实信用原则，认真履行合同义务，最大限度地实现合同目的。但在合同履行过程中，汇和期货公司的经纪人王怀栋向委托人谭新耀出具了保证获利的"申明书"，违反了双方在经纪合同客户须知中达成的不得向客户作获利保证及《期货交易管理暂行条例》第29条第2款的规定，应当认定为无效。其无效后造成的损失应由过错方负担。期货交易存在巨大风险，谭新耀在明知或应知对方行为违规的情况下仍接受王怀栋的获利承诺，并在出现亏损后仍不采取措施防止损失扩大，其对损失的产生存在主观过错，应承担相应的责任。王怀栋作为期货交易专业人员，违反法规禁止向客户出具获利保证的规定，亦存在主观过错。在本案中，上诉人虽与汇和期货公司签订了期货经纪合同，在合同中亦指定汇和期货公司的经纪人王怀栋作为谭新耀向汇和期货公司的合法指令下达人，可以认定王怀栋是受公司指派以公司的名义代理客户从事期货买卖业务，根据最高人民法院《关于审理期货纠纷案件若干问题的规定》第8条规定,其在期货公司经营范围内从事期货交易行为,因违约或侵权给他人造成的损失,应由经纪人受雇的期货公司承担民事赔偿责任。但谭新耀签署的新疆汇和期货经纪有限公司客户须知第7条明确规定:"为保障客户利益,也为维护本公司良好信誉,若有向客户作获利保证或者与客户约定分享利益、共担风险情况的务必请及时拨打电话……"由此可见,本案中经纪人向客户作获利保证的行为不属于汇和期货公司对经纪人王怀栋的授权范围,王怀栋超越代理权的行为必须得到汇和期货公司的认可,其行为后果才能由汇和期货公司承担。谭新耀未能举证证明其已就王怀栋出具"申明书"作获利保证的行为告知过汇和期货公司,亦未举证证明汇和期货公司追认了王怀栋出具获利保证书的行为,故其关于应由汇和期货公司承担责任的上诉理由没有法律及事实依据,法院不予采信,应依法驳回。关于上诉人认为王怀栋接受客户全权委托,接受内容不明确或不完整的客户交易指令单,自行操作,系违规操作行为的上诉理由,本院认为,在期货交易过程中,王怀栋作为谭新耀期货交易经纪人接受指令进行交易,从谭新耀的交易记录显示,双方的交易均按照经纪合同约定操作,指令单上有谭新耀的签字,结算单上有王怀栋的签字,对交易结果,谭新耀并未在法律规定的时间内提出异议,应视为其对交易结果的确认,根据现有证据,不存在违规操作的事实。上诉人称其将事先签了名的空白交易指令单及私人印章交给了王怀栋,王怀栋在交易指令单上自行填写相关内容,进行交易,系违法行为,对此问题只有谭新耀的陈述并无相应的真实、有效的证据予以印证。故上诉人的该项上诉理由无事实依据,法院不予确认。

期货欺诈责任纠纷办案依据集成

1. 证券、期货投资咨询管理暂行办法（1997年12月25日 证委发〔1997〕96号）（节录）

第二十四条 证券、期货投资咨询机构及其投资咨询人员，不得从事下列活动：
（一）代理投资人从事证券、期货买卖；
（二）向投资人承诺证券、期货投资收益；
（三）与投资人约定分享投资收益或者分担投资损失；
（四）为自己买卖股票及具有股票性质、功能的证券以及期货；
（五）利用咨询服务与他人合谋操纵市场或者进行内幕交易；
（六）法律、法规、规章所禁止的其他证券、期货欺诈行为。

第二十五条 证券、期货投资咨询机构就同一问题向不同客户提供的投资分析、预测或者建议应当一致。

具有自营业务的证券经营机构在从事超出本机构范围的证券投资咨询业务时，就同一问题向社会公众和其自营部门提供的咨询意见应当一致，不得为自营业务获利的需要误导社会公众。

2. 期货交易管理条例（2007年3月6日国务院令第489号）（节录）

第三条 从事期货交易活动，应当遵循公开、公平、公正和诚实信用的原则。禁止欺诈、内幕交易和操纵期货交易价格等违法行为。

第七十一条 期货公司有下列欺诈客户行为之一的，责令改正，给予警告，没收违法所得，并处违法所得1倍以上5倍以下的罚款；没有违法所得或者违法所得不满10万元的，并处10万元以上50万元以下的罚款；情节严重的，责令停业整顿或者吊销期货业务许可证：
（一）向客户做获利保证或者不按照规定向客户出示风险说明书的；
（二）在经纪业务中与客户约定分享利益、共担风险的；
（三）不按照规定接受客户委托或者不按照客户委托内容擅自进行期货交易的；
（四）隐瞒重要事项或者使用其他不正当手段，诱骗客户发出交易指令的；
（五）向客户提供虚假成交回报的；
（六）未将客户交易指令下达到期货交易所的；
（七）挪用客户保证金的；
（八）不按照规定在期货保证金存管银行开立保证金账户，或者违规划转客户保证金的；
（九）国务院期货监督管理机构规定的其他欺诈客户的行为。

期货公司有前款所列行为之一的，对直接负责的主管人员和其他直接责任人员给予警告,并处 1 万元以上 10 万元以下的罚款;情节严重的,暂停或者撤销任职资格、期货从业人员资格。

任何单位或者个人编造并且传播有关期货交易的虚假信息,扰乱期货交易市场的,依照本条第一款、第二款的规定处罚。

第七十二条 期货公司及其他期货经营机构、非期货公司结算会员、期货保证金存管银行提供虚假申请文件或者采取其他欺诈手段隐瞒重要事实骗取期货业务许可的,撤销其期货业务许可,没收违法所得。

第七十二条 期货公司及其他期货经营机构、非期货公司结算会员、期货保证金存管银行提供虚假申请文件或者采取其他欺诈手段隐瞒重要事实骗取期货业务许可的,撤销其期货业务许可,没收违法所得。

3. 经纪人管理办法(2004 年 8 月 28 日国家工商行政管理总局令第 14 号发布)(节录)

第十八条 经纪人不得有下列行为:
(一)未经登记注册擅自开展经纪活动;
(二)超越经核准的经营范围从事经纪活动;
(三)对委托人隐瞒与委托人有关的重要事项;
(四)伪造、涂改交易文件和凭证;
(五)违反约定或者违反委托人有关保守商业秘密的要求,泄露委托人的商业秘密;
(六)利用虚假信息,诱人签订合同,骗取中介费;
(七)采取欺诈、胁迫、贿赂、恶意串通等手段损害当事人利益;
(八)通过诋毁其他经纪人或者支付介绍费等不正当手段承揽业务;
(九)对经纪的商品或者服务作引人误解的虚假宣传;
(十)参与倒卖国家禁止或者限制自由买卖的物资、物品;
(十一)法律法规禁止的其他行为。

4. 期货从行人员管理办法(2007 年 7 月 4 日证监会令第 48 号发布)(节录)

第十五条 期货公司的期货从业人员不得有下列行为:
(一)进行虚假宣传,诱骗客户参与期货交易;
(二)挪用客户的期货保证金或者其他资产;
(三)中国证监会禁止的其他行为。

5. 最高人民法院关于审理期货纠纷案件坐谈会纪要(1995 年 10 月 27 日法〔1995〕140 号)(节录)

七、关于期货交易中的无效民事行为及其民事责任问题。会议认为,期货交易中的下列行为应认定为无效:
(一)没有从事期货经纪业务的主体资格而从事期货经纪业务的;

（二）以欺诈手段诱骗对方违背真实意思所为的；
（三）制造、散布虚假信息误导客户下单的；
（四）私下对冲、与客户对赌等违规操作的；
（五）其他违反法律或社会公共利益的。

上述无效行为给当事人造成保证金或佣金等损失的，应当根据无效行为与损失之间的因果关系确定责任的承担，如果一方的损失确系对方行为所致，则应判令对方承担赔偿损失的责任；如果一方的损失属于正常风险，而非另一方的行为所致，则不应判令另一方承担赔偿损失的责任，例如，未经批准而从事期货经纪业务的，如果有证据证明期货经纪公司已经按照客户的指令，进入期货交易市场进行交易，客户的损失属于正常风险损失，经纪公司对此不应承担民事赔偿责任。

会议还认为，对实施无效民事行为的当事人，根据具体情况，可以按照民法通则等有关规定，对其予以民事制裁。构成犯罪的，应移送有关机关依法追究刑事责任。

第三章 信托纠纷

第一节 民事信托纠纷

56. 信托合同的无效事由为何？

所谓信托，是指委托人基于对受托人的信任，将其财产权委托给受托人，由受托人按委托人的意愿以自己的名义，为受益人的利益或者特定目的，进行管理或者处分的行为。从中可以看出，信托财产的转移或其他处分以及对信托财产的管理是整个信托制度的核心要素，而这两个要素均需受委托人与受托人内部债权关系的约束。因此，这就要求当事人在订立信托合同时，不仅要形式上符合信托合同的成立要件，如信托财产确定、合法、可转让、受益人确定等，其原因关系亦需要符合现行法律规定，不能存在以信托的合法形式掩盖当事人非法目的的情形，将信托转变成为非法转移财产的手段。如存在此等情况，该信托合同当属无效，且自始无效。

57. 信托合同无效的法律效果为何？

信托合同的无效将直接导致双方当事人信托关系的消失，受托人不再享有占有、使用、管理和处分信托财产的权利，受益人的受益权亦归于消灭。应注意的是，信托合同无效与信托终止之间存在本质上的差别，后者仅是对有效信托关系的终结，其只对将来发生法律效力，而前者则是使信托合同自始无效，在此种情况下，受托人通常应按照《民法通则》和《合同法》有关无效合同的规定将委托人交付的信托财产返还给委托人，对于合同无效有过错的一方当事人还应承担缔约过失责任。

典型疑难案件参考

高春惠与叶正杰、广州德佑投资有限公司信托合同纠纷案（〔2008〕穗中法民四终字第7号）

基本案情

2002年2月6日，高春惠与叶正杰于广州市签订信托契约。双方于信托契约信托目的（第1条）部分约定：为参与广州宏铭塑胶工业有限公司发行股票上市，作为发起人，甲方（高春惠）以合法来源的人民币于2002年7月9日汇入乙方（叶正杰）在中行账号的款项人民币1994400元以信托行为信托于乙方（叶正杰）名下，以作为出资设立广州德佑投资有限公司之资本，乙方（叶正杰）作为受托人的地位。此后，高春惠依约将1994400元汇给叶正杰。2002年7月12日，黄佑想、叶正杰、黄彬南、何作炎签署了广州德佑投资有限责任公司章程。章程中载明叶正杰出资为现金1193.04万元，出资比例为63.56%。2002年7月18日，德佑公司成立。2006年5月25日，高春惠向叶正杰发出撤销信托通知书，以宏铭科技材料股份有限公司于2002年7月后的三年内未能上市为由，要求撤销信托，并要求叶正杰返还信托款，德佑公司承担连带责任。

一审裁判结果

广州市萝岗区人民法院经审理认为，依照《中华人民共和国民法通则》第145条，《中华人民共和国合同法》第52条，最高人民法院《关于适用〈中华人民共和国合同法〉若干问题的解释（一）》第4条，《中华人民共和国信托法》第11条，《中华人民共和国民事诉讼法》第22条、第64条第1款，最高人民法院《关于民事诉讼证据的若干规定》第2条之规定，判决如下：驳回高春惠的诉讼请求。

一审裁判理由

广州市萝岗区人民法院经审理认为：

本案属于涉台信托纠纷，应参照涉外案件处理。根据最密切联系原则，应适用中华人民共和国法律。商务部《关于外商投资举办投资性公司的规定》及《关于外商投资举办投资性公司的补充规定》皆未禁止台湾地区公民通过信托的形式设立投资性公司。高春惠为参与广州宏铭塑胶工业有限公司发行股票上市，以合法来源的财产委托叶正杰进行管理与处分并未违反《中华人民共和国信托法》第11条关于信托无效的规定。《信托契约》是高春惠与叶正杰的真实意思表示,该契约亦不存在《中华人民共和国合同法》第52条规定的合同无效的情况,依法当为有效。高春惠主张合同无效无事实与法律依据,不予支持。叶正杰已依约履行《信托契约》规定的义务,将高春惠的信托款投资设立德佑公司,并进而将德佑公司可运用之资金投资于广州宏铭塑胶工业有限公司之股权。《信托契约》未约定高春惠必须成为德佑公司或广州宏铭塑胶工业有限公司的股东,高春惠依据信托契约享有的是信托收益之分配权,而不应当是公司的股权。若叶正杰存在违反《信托契约》中关于处分权、收益分配等条款的约定侵犯高春惠的利益,其可另行主张,但无权要求叶正杰返还1994400元。故高春惠主张叶正杰返还1994400元无事实与法律依据,不予支持。高春惠主张德佑公司对叶正杰返还1994400元承担连带责任,现该院不支持高春惠对叶正杰的返还信托款的请求,德佑公司不具有承担连带责任的基础。因此,高春惠主张其承担连带责任,无法律与事实依据,不予支持。

二审诉辩情况

高春惠不服一审判决,向广州市中级人民法院提起上诉称:

1. 上诉人高春惠和被上诉人叶正杰之间签订的《信托契约》是无效的。《中华人民共和国信托法》第5条和第11条明确规定,信托行为必须遵守法律和行政法规,不得损害国家利益和社会公共利益。如果信托目的违反法律和行政法规、损害社会公共利益,那该信托行为应判定无效。上诉人高春惠和被上诉人叶正杰之间签订的《信托契约》,其信托目的就是为了规避中国现行的法律、行政法规和相关部门的规章。中国政府对于外商在华设立独资或合资的投资公司颁布了多项具体的规定。商务部2004年第22号令以及早先发布的对外贸易部和国家工商行政管理局2000年第6号令都规定外商在华设立独资或合资的投资性公司外商方必须是一家经合法注册的境外公司,且必须具有相当规模的资金实力。上诉人作为境外个人,是不可能直接在中国设立投资性有限公司的。关于上述规定的认知程度,作为长期在国家对外经济部门任职的被上诉人叶正杰应该超过一般公众。被上诉人在完全清楚上诉人的信托目的是规避法律的前提下,还与上诉人签订信托协议,接受信托,理应承担相应的法律责任。

2. 两被上诉人应承担返还信托款的责任。根据《信托法》第11条和《合同法》第52条,上诉人高春惠和被上诉人叶正杰之间签订的《信托契约》是无效的。根据《合同法》第58条规定:合同无效后,因该合同取得的财产应于返还。两被上诉人应返还上诉人信托款人民币1994000元。被上诉人德佑公司所有发起人明知注册资金来源，依然使用该资金注册公司，显然注册后的公司在本案中已经不是善意的第三者，理应返还相关款项。

被上诉人叶正杰在二审答辩称：

1. 信托行为是否有效的判定应以法律、行政法规为标准。根据《中华人民共和国信托法》第11条、《中华人民共和国合同法》第52条、最高人民法院《关于适用〈中华人民共和国合同法〉若干问题的解释（一）》第4条的规定，结合本案所体现的法律关系，本案所涉的《信托契约》没有违反法律规定。上诉人在一、二审都提到的商务部、国家工商总局颁行的《关于外商投资举办投资性公司的规定》、《关于外商投资企业境内投资的暂行规定》，均不是法律和行政法规，对本案不适用，不足为据。即使本案可以适用该部门规章，在该部门规章中也没有禁止台湾公民通过信托方式投资大陆的规定内容。因此，不论是从法律层面上还是退一步看本案所涉的《信托契约》都没有违反法律规定，是合法有效的合同，应当得到遵行。

2. 被上诉人叶正杰是否应当承担"规避法律"和相应信托行为的法律责任。上诉人的另一个上诉理由是：叶正杰长期在国家对外经济部门任职，在完全清楚本案信托目的违法情况下还接受上诉人的信托要求，理应承担相应之法律责任。首先，被上诉人叶正杰并非长期在国家对外经济部门任职，早在1993年就到企业工作，直至退休。因此说，上诉人用以确定叶正杰存在过错的前提是虚假和错误的。其次，法律规范并没有禁止台湾公民通过信托方式投资大陆，也就是说，台湾公民的该等行为本身不违法。既然该等行为不违法，也就不存在有何法律需要"规避"的问题。需要说明的是，在本信托行为起始之时，上诉人与被上诉人并不相识，该信托是因上诉人通过其丈夫郭焕铭主动找到被上诉人要求被上诉人承担该信托义务才产生的，《信托契约》也是由上诉人草拟制定的，在整个信托过程中，被上诉人只有信托义务却不享有任何（包括取得报酬的）权利，而且有关资金运用都是上诉人一手操办，被上诉人仅仅完成名义上所需要的手续。该信托行为自始至终都是上诉人主导，被上诉人处于极为被动的地位。因此，假使需要追究本信托行为当事人法律责任上诉人作为过错方应该承担责任，而被上诉人作为无过错方是不需要承担责任的。

3. 被上诉人不存在返还上诉人投资款的情况。（1）在合同有效前提下，被上诉人不需要返还上诉人投资款。上诉人信托给被上诉人的财产是按照上诉人的意愿已全部投资于德佑公司，目前德佑公司还在存续期间，无法抽回投资。因此，上诉人没有理由要求被上诉人返还其投资款。（2）即使该《信托契约》被认定无效，被上诉人也不应当返还上诉人的投资款，理由是：其一，该《信托契约》是上诉人主动找到被上诉人而签订，整个信托过程都是由上诉人在主导，即便是有意规避法律，那也应当是上诉人的意思，而被上诉人是并不知情的善意一方，况且，该信托属无偿的信托行为，导致合同无效的过错责任在上诉人。因此，被上诉人不应当承担因合同无效而返还投资款的责任。其二，《信托契约》第8条第1款第3项规定："甲方同意承担投资广州宏铭塑料工业有限公司的一切风险，该风险对乙方没有任何责任。"依据该条规定，被上诉人有完全的豁免权，因此，无论在何种意外情况下导致被上诉人无法向上诉人转移财产的风险都应当由上诉人承担。

综上所述，上诉人以信托行为违反法律规定认定信托行为无效的诉求没有法律依据，要求被上诉人返还投资款及利息更是没有理由，因此，请求人民法院驳回上诉人的全部诉讼请求，以维护法律的公平与公正。

被上诉人德佑公司在二审中答辩同意一审判决。

二审裁判结果

广州市中级人民法院经审理认为，原审查明事实清楚，但适用法律不当，本院予以纠正，依照《中华人民共和国合同法》第52条第3项、第5项、第58条，《中华人民共和国信托法》第11条第1款第1项，《中华人民共和国民事诉讼法》第153条第1款第2项之规定，判决如下：

一、撤销广东省广州市萝岗区人民法院〔2007〕萝法民四初字第48号民事判决；

二、上诉人高春惠和被上诉人叶正杰于2002年2月6日签订的《信托契约》无效；

三、被上诉人叶正杰在本判决发生法律效力之日起10日内返还上诉人高春惠款项人民币1994400元；

四、驳回上诉人高春惠的其他诉讼请求。

二审裁判理由

广州市中级人民法院经审理认为：

上诉人是台湾居民，故本案属于涉台信托合同纠纷。被上诉人德佑公司作为原审被告，住所地在广州市萝岗区，根据《中华人民共和国民事诉讼法》第22条关于对法人提起的诉讼，由被告住所地人民法院管辖的规定，原审法院作为原审被告住所地有涉外涉港澳台商事案件管辖权的人民法院，有权对原审行使管辖权。双方当事人没有约定适用法律，根据最密切联系原则，应适用与本案具有最密切联系地的法律。鉴于上诉人与被上诉人发生争议的信托、投资行为均发生在大陆地区，故可认定大陆法律与本案有最密切联系，应适用大陆法律为解决双方争议的准据法正确。

本案一、二审的争议焦点均在于讼争《信托契约》的效力问题。《中华人民共和国信托法》第11条规定了信托无效的几种情形：(1) 信托目的违反法律规定、行政法规或者社会公共利益；(2) 信托财产不能确定；(3) 委托人以非法财产或者本法规定不得设立信托的财产设立信托；(4) 专以诉讼或者讨债为目的设立信托；(5) 受益人或者受益人范围不能确定；(6) 法律、行政法规规定的其他情形。因此，判定《信托契约》的效力，必须审查合同是否存在上述法律规定无效情形之一。

上诉人为台湾居民，其在大陆投资，应当遵守我国关于外商投资的法律规定办理相关审批手续。上诉人与被上诉人叶正杰于2002年2月6日签订《信托契约》时，根据2001年修订的《中华人民共和国中外合资经营企业法》及《中华人民共和国中外合资经营企业法实施条例》之规定，外商（包括台湾、香港、澳门）在中国境内设立合资企业，须经中国政府对外经济贸易部门批准。并且根据当时生效的对外经济贸易合作部1995年发布的《关于外商投资举办性公司的暂行规定》规定："本规定中投资公司系指外国投资者在中国以独资或与中国投资者合资的形式设立的从事直接投资的公司，公司形式为有限责任公司。"以及对外经济贸易合作部1996年发布的《关于外商投资举办投资性公司的暂行规定有关问题的解释》第1条规定："拟设立投资性公司的外国投资者应为一家外国的公司、企业或经济组织，若外国投资者为两个以上的，其中应至少有一名占大股权的外国投资者符合《规定》第二条第（一）款的规定。"上述规定还对拟设立投资性公司的资金规模、经营状况等作出了规定。中华人民共和国商务部成立以后于2004年发布了《关于外商投资举办投资性公司的规定》取代了原对外经济贸易合作部对于外商举办投资性公司的上述规定，其中第2条规定："本规定中投资性公司系指外国投资者在中国以独资或与中国投资者合资的形式设立的从事直接投资的公司。"该《规定》第3条对外国投资者的资金规模等作出了规定，并且规定申请设立投资性公司的外国投资者应为一家外国的公司、企业或经济组织，即不允许外国个人投资者作为投资性公司股东。该《规定》第6条亦规定申请设立投资性公司，投资者应将有关文件经拟设立投资性公司所在地的省、自治区、直辖市、计划单列市商务主管部门审核同意后，报商务部审核批准。该《规定》第29条规定，台湾、香港和澳门地区的投资者在大陆举办投资性公司的，准用本规定。根据上述规定，我国法律对于外商（包括港、澳、台地区）在国内设立投资公司需要经过行政审批，而且对申请设立投资性公司的外国投资者从组织形式和资金规模都有明确的要求。从上述法律和规定来看，无论是在上诉人与被上诉人叶正杰签订《信托契约》时，还是目前的法律法规均规定外商在中国境内举办外商投资企业，尤其是投资性公司，均应按照法律规定进行审批，而且审批机关发布明确规定设立外资性投资公司的外商之组织形式为公司、企业或者经济组织，并且对资金规模、经营规模等均有明确要求，排除外国个人作为申请设立外资性投资公司主体的可能性，亦说明上诉人作为台湾地区的个人，不可能通过审批成为投资性公司的股东。从上诉人与被上诉人叶正杰建立信托关系的形式来看，双方以签订《信托契约》的方式就委托人、受托人、信托财产、信托目的、信托收益等内容进行了明确约定，符合信托合同的构成要件，因此，该信托合同在形式上是合法的。从双方建立信托关系的目的来看，《信托契约》第1条明确约定："信托目的：为了参加广州宏铭塑胶工业有限公司发行股票上市，作为发起人，高春惠以合法来源的人民币1994400元以信托行为信托于叶正杰名下，以作为出资设立德佑公司之资本。"在双方实际履行信托合同的过程中，被上诉人叶正杰确实也把信托款项投资于被上诉人德佑公司，并以被上诉人叶正杰自己的名义持有德佑公司股权。可见，上诉人高春惠委托被上诉人叶正杰把信托款投资设立德佑公司，其目的是持有德佑公司部分股权，再通过德佑公司投资于广州宏铭塑胶工业有限公司之股权，待广州宏铭塑胶工业有限公司上市成功后，即可获取股权溢价收益。《中华人民共和国信托法》第11条规定："有下列情形之一的，信托无效：（一）信托目的违反法律规定、行政法规或者社会公共利益……"据此，本院认为，上诉人与被上诉人叶正杰签订《信托契约》，系以信托的形式规避法律规定的外商投资审批手续，违反了《中华人民共和国中外合资经营企业法》的强制性规定，应属无效。上诉人上诉理由成立。被上诉人叶正杰及其代理人以其签订的《信托契约》系双方当事人的真实意思表示，目的合法不是违法犯罪行为为由主张信托协议有效的观点不成立，本院不予采纳。

根据本院查明的事实，被上诉人叶正杰系广州德佑投资有限公司的发起人，其出资为1193.04万元，出资比例为63.56%，除去其受上诉人之托投入德佑公司的1994400元外，其仍为德佑公司的发起人及控股股东，说明其并非系受上诉人之委托才成为德佑公司之发起人及股东。被上诉人叶正杰作为德佑公司的发起人及控股股东，应当知道法律规定对于外商投资乃至外商设立投资性公司须经审批，故其对《信托契约》的无效存在过错。被上诉人叶正杰及其代理人关于其系不知情的善意方、信托合同系无偿行为为由主张不承担责任无法律依据，本院不予以采纳。对于《信托契约》无效，上诉人、被上诉人均存在过错，根据合同无效后返还财产的原则，上诉人主张被上诉人返还1994400元款项的请求符合法律规定，本院予以支持。

被上诉人广州德佑投资有限公司并非《信托契约》的当事人,对《信托契约》无效不存在过错,并且上诉人之款项已经上诉人叶正杰以出资方式投入公司成为德佑公司的注册资金而并非债权债务关系,故上诉人要求被上诉人广州德佑投资有限公司承担连带责任的主张无事实和法律依据,本院不予支持。

民事信托纠纷办案依据集成

中华人民共和国信托法（2001年4月28日主席令第50号公布）（节录）

第一章 总则

第二条 本法所称信托，是指委托人基于对受托人的信任，将其财产权委托给受托人，由受托人按委托人的意愿以自己的名义，为受益人的利益或者特定目的，进行管理或者处分的行为。

第三条 委托人、受托人、受益人（以下统称信托当事人）在中华人民共和国境内进行民事、营业、公益信托活动，适用本法。

第四条 受托人采取信托机构形式从事信托活动，其组织和管理由国务院制定具体办法。

第五条 信托当事人进行信托活动，必须遵守法律、行政法规，遵循自愿、公平和诚实信用原则，不得损害国家利益和社会公共利益。

第二章 信托的设立

第六条 设立信托，必须有合法的信托目的。

第七条 设立信托，必须有确定的信托财产，并且该信托财产必须是委托人合法所有的财产。

本法所称财产包括合法的财产权利。

第八条 设立信托，应当采取书面形式。

书面形式包括信托合同、遗嘱或者法律、行政法规规定的其他书面文件等。

采取信托合同形式设立信托的，信托合同签订时，信托成立。采取其他书面形式设立信托的，受托人承诺信托时，信托成立。

第九条 设立信托，其书面文件应当载明下列事项：

（一）信托目的；

（二）委托人、受托人的姓名或者名称、住所；

（三）受益人或者受益人范围；

（四）信托财产的范围、种类及状况；

（五）受益人取得信托利益的形式、方法。

除前款所列事项外，可以载明信托期限、信托财产的管理方法、受托人的报酬、新受托人的选任方式、信托终止事由等事项。

第十条 设立信托，对于信托财产，有关法律、行政法规规定应当办理登记手续的，应当依法办理信托登记。

未依照前款规定办理信托登记的，应当补办登记手续；不补办的，该信托不产生效力。

第十一条 有下列情形之一的，信托无效：

（一）信托目的违反法律、行政法规或者损害社会公共利益；

（二）信托财产不能确定；
（三）委托人以非法财产或者本法规定不得设立信托的财产设立信托；
（四）专以诉讼或者讨债为目的设立信托；
（五）受益人或者受益人范围不能确定；
（六）法律、行政法规规定的其他情形。

第十二条　委托人设立信托损害其债权人利益的，债权人有权申请人民法院撤销该信托。

人民法院依照前款规定撤销信托的，不影响善意受益人已经取得的信托利益。

本条第一款规定的申请权，自债权人知道或者应当知道撤销原因之日起一年内不行使的，归于消灭。

第十三条　设立遗嘱信托，应当遵守继承法关于遗嘱的规定。

遗嘱指定的人拒绝或者无能力担任受托人的，由受益人另行选任受托人；受益人为无民事行为能力人或者限制民事行为能力人的，依法由其监护人代行选任。遗嘱对选任受托人另有规定的，从其规定。

第三章　信托财产

第十四条　受托人因承诺信托而取得的财产是信托财产。

受托人因信托财产的管理运用、处分或者其他情形而取得的财产，也归入信托财产。

法律、行政法规禁止流通的财产，不得作为信托财产。

法律、行政法规限制流通的财产，依法经有关主管部门批准后，可以作为信托财产。

第十五条　信托财产与委托人未设立信托的其他财产相区别。设立信托后，委托人死亡或者依法解散、被依法撤销、被宣告破产时，委托人是唯一受益人的，信托终止，信托财产作为其遗产或者清算财产；委托人不是唯一受益人的，信托存续，信托财产不作为其遗产或者清算财产；但作为共同受益人的委托人死亡或者依法解散、被依法撤销、被宣告破产时，其信托受益权作为其遗产或者清算财产。

第十六条　信托财产与属于受托人所有的财产（以下简称固有财产）相区别，不得归入受托人的固有财产或者成为固有财产的一部分。

受托人死亡或者依法解散、被依法撤销、被宣告破产而终止，信托财产不属于其遗产或者清算财产。

第十七条　除因下列情形之一外，对信托财产不得强制执行：
（一）设立信托前债权人已对该信托财产享有优先受偿的权利，并依法行使该权利的；
（二）受托人处理信托事务所产生债务，债权人要求清偿该债务的；
（三）信托财产本身应担负的税款；
（四）法律规定的其他情形。

对于违反前款规定而强制执行信托财产，委托人、受托人或者受益人有权向人民法院提出异议。

第十八条　受托人管理运用、处分信托财产所产生的债权，不得与其固有财产产生的债务相抵销。

受托人管理运用、处分不同委托人的信托财产所产生的债权债务，不得相互抵销。

第四章 信托当事人
第一节 委 托 人

第十九条 委托人应当是具有完全民事行为能力的自然人、法人或者依法成立的其他组织。

第二十条 委托人有权了解其信托财产的管理运用、处分及收支情况，并有权要求受托人作出说明。

委托人有权查阅、抄录或者复制与其信托财产有关的信托帐目以及处理信托事务的其他文件。

第二十一条 因设立信托时未能预见的特别事由，致使信托财产的管理方法不利于实现信托目的或者不符合受益人的利益时，委托人有权要求受托人调整该信托财产的管理方法。

第二十二条 受托人违反信托目的处分信托财产或者因违背管理职责、处理信托事务不当致使信托财产受到损失的，委托人有权申请人民法院撤销该处分行为，并有权要求受托人恢复信托财产的原状或者予以赔偿；该信托财产的受让人明知是违反信托目的而接受该财产的，应当予以返还或者予以赔偿。

前款规定的申请权，自委托人知道或者应当知道撤销原因之日起一年内不行使的，归于消灭。

第二十三条 受托人违反信托目的处分信托财产或者管理运用、处分信托财产有重大过失，委托人有权依照信托文件的规定解任受托人，或者申请人民法院解任受托人。

第二节 受 托 人

第二十四条 受托人应当是具有完全民事行为能力的自然人、法人。

法律、行政法规对受托人的条件另有规定的，从其规定。

第二十五条 受托人应当遵守信托文件的规定，为受益人的最大利益处理信托事务。

受托人管理信托财产，必须恪尽职守，履行诚实、信用、谨慎、有效管理的义务。

第二十六条 受托人除依照本法规定取得报酬外，不得利用信托财产为自己谋取利益。

受托人违反前款规定，利用信托财产为自己谋取利益的，所得利益归入信托财产。

第二十七条 受托人不得将信托财产转为其固有财产。受托人将信托财产转为其固有财产的，必须恢复该信托财产的原状；造成信托财产损失的，应当承担赔偿责任。

第二十八条 受托人不得将其固有财产与信托财产进行交易或者将不同委托人的信托财产进行相互交易，但信托文件另有规定或者经委托人或者受益人同意，并以公平的市场价格进行交易的除外。

受托人违反前款规定，造成信托财产损失的，应当承担赔偿责任。

第二十九条 受托人必须将信托财产与其固有财产分别管理、分别记帐，并将不同委托人的信托财产分别管理、分别记帐。

第三十条 受托人应当自己处理信托事务，但信托文件另有规定或者有不得已事由的，可以委托他人代为处理。

受托人依法将信托事务委托他人代理的，应当对他人处理信托事务的行为承担责任。

第三十一条 同一信托的受托人有两个以上的，为共同受托人。

共同受托人应当共同处理信托事务，但信托文件规定对某些具体事务由受托人分别处理的，从其规定。

共同受托人共同处理信托事务，意见不一致时，按信托文件规定处理；信托文件未规定的，由委托人、受益人或者其他利害关系人决定。

第三十二条 共同受托人处理信托事务对第三人所负债务，应当承担连带清偿责任。第三人对共同受托人之一所作的意思表示，对其他受托人同样有效。

共同受托人之一违反信托目的处分信托财产或者因违背管理职责、处理信托事务不当致使信托财产受到损失的，其他受托人应当承担连带赔偿责任。

第三十三条 受托人必须保存处理信托事务的完整记录。

受托人应当每年定期将信托财产的管理运用、处分及收支情况，报告委托人和受益人。

受托人对委托人、受益人以及处理信托事务的情况和资料负有依法保密的义务。

第三十四条 受托人以信托财产为限向受益人承担支付信托利益的义务。

第三十五条 受托人有权依照信托文件的约定取得报酬。信托文件未作事先约定的，经信托当事人协商同意，可以作出补充约定；未作事先约定和补充约定的，不得收取报酬。

约定的报酬经信托当事人协商同意，可以增减其数额。

第三十六条 受托人违反信托目的处分信托财产或者因违背管理职责、处理信托事务不当致使信托财产受到损失的，在未恢复信托财产的原状或者未予赔偿前，不得请求给付报酬。

第三十七条 受托人因处理信托事务所支出的费用、对第三人所负债务，以信托财产承担。受托人以其固有财产先行支付的，对信托财产享有优先受偿的权利。

受托人违背管理职责或者处理信托事务不当对第三人所负债务或者自己所受到的损失，以其固有财产承担。

第三十八条 设立信托后，经委托人和受益人同意，受托人可以辞任。本法对公益信托的受托人辞任另有规定的，从其规定。

受托人辞任的，在新受托人选出前仍应履行管理信托事务的职责。

第三十九条 受托人有下列情形之一的，其职责终止：

（一）死亡或者被依法宣告死亡；

（二）被依法宣告为无民事行为能力人或者限制民事行为能力人；

（三）被依法撤销或者被宣告破产；

（四）依法解散或者法定资格丧失；

（五）辞任或者被解任；

（六）法律、行政法规规定的其他情形。

受托人职责终止时，其继承人或者遗产管理人、监护人、清算人应当妥善保管信托财产，协助新受托人接管信托事务。

第四十条 受托人职责终止的，依照信托文件规定选任新受托人；信托文件未规定的，由委托人选任；委托人不指定或者无能力指定的，由受益人选任；受益人为无民事行为能力人或者限制民事行为能力人的，依法由其监护人代行选任。

原受托人处理信托事务的权利和义务，由新受托人承继。

第四十一条 受托人有本法第三十九条第一款第（三）项至第（六）项所列情形之一，职责终止的，应当作出处理信托事务的报告，并向新受托人办理信托财产和信托事务的移交手续。

前款报告经委托人或者受益人认可，原受托人就报告中所列事项解除责任。但原受托人有不正当行为的除外。

第四十二条 共同受托人之一职责终止的，信托财产由其他受托人管理和处分。

第三节 受益人

第四十三条 受益人是在信托中享有信托受益权的人。受益人可以是自然人、法人或者依法成立的其他组织。

委托人可以是受益人，也可以是同一信托的唯一受益人。

受托人可以是受益人，但不得是同一信托的唯一受益人。

第四十四条 受益人自信托生效之日起享有信托受益权。信托文件另有规定的，从其规定。

第四十五条 共同受益人按照信托文件的规定享受信托利益。信托文件对信托利益的分配比例或者分配方法未作规定的，各受益人按照均等的比例享受信托利益。

第四十六条 受益人可以放弃信托受益权。

全体受益人放弃信托受益权的，信托终止。

部分受益人放弃信托受益权的，被放弃的信托受益权按下列顺序确定归属：

（一）信托文件规定的人；

（二）其他受益人；

（三）委托人或者其继承人。

第四十七条 受益人不能清偿到期债务的，其信托受益权可以用于清偿债务，但法律、行政法规以及信托文件有限制性规定的除外。

第四十八条 受益人的信托受益权可以依法转让和继承，但信托文件有限制性规定的除外。

第四十九条 受益人可以行使本法第二十条至第二十三条规定的委托人享有的权利。受益人行使上述权利，与委托人意见不一致时，可以申请人民法院作出裁定。

受托人有本法第二十二条第一款所列行为，共同受益人之一申请人民法院撤销该处分行为的，人民法院所作出的撤销裁定，对全体共同受益人有效。

第五章 信托的变更与终止

第五十条 委托人是唯一受益人的，委托人或者其继承人可以解除信托。信托文件另有规定的，从其规定。

第五十一条 设立信托后，有下列情形之一的，委托人可以变更受益人或者处分受益人的信托受益权：

（一）受益人对委托人有重大侵权行为；
（二）受益人对其他共同受益人有重大侵权行为；
（三）经受益人同意；
（四）信托文件规定的其他情形。

有前款第（一）项、第（三）项、第（四）项所列情形之一的，委托人可以解除信托。

第五十二条 信托不因委托人或者受托人的死亡、丧失民事行为能力、依法解散、被依法撤销或者被宣告破产而终止，也不因受托人的辞任而终止。但本法或者信托文件另有规定的除外。

第五十三条 有下列情形之一的，信托终止：
（一）信托文件规定的终止事由发生；
（二）信托的存续违反信托目的；
（三）信托目的已经实现或者不能实现；
（四）信托当事人协商同意；
（五）信托被撤销；
（六）信托被解除。

第五十四条 信托终止的，信托财产归属于信托文件规定的人；信托文件未规定的，按下列顺序确定归属：
（一）受益人或者其继承人；
（二）委托人或者其继承人。

第五十五条 依照前条规定，信托财产的归属确定后，在该信托财产转移给权利归属人的过程中，信托视为存续，权利归属人视为受益人。

第五十六条 信托终止后，人民法院依据本法第十七条的规定对原信托财产进行强制执行的，以权利归属人为被执行人。

第五十七条 信托终止后，受托人依照本法规定行使请求给付报酬、从信托财产中获得补偿的权利时，可以留置信托财产或者对信托财产的权利归属人提出请求。

第五十八条 信托终止的，受托人应当作出处理信托事务的清算报告。受益人或者信托财产的权利归属人对清算报告无异议的，受托人就清算报告所列事项解除责任。但受托人有不正当行为的除外。

第二节 营业信托纠纷

> **58. 如何理解信托受益权的转让？**
>
> 信托受益权，是指受益人享有的在信托存续期间取得信托财产受益的权利，以及在信托终止后依据法定或约定取得信托财产本金的权利。作为一项财产权，受益人可将其所享有之受益权单独进行转让，通常情况下，受益人转让信托受益权原则上不需要委托人和受托人同意，但是受益人或者受益权的受让人应当通知受托人，否则该转让对受托人不发生效力，但根据信托文件或法律规定不许转让的除外。此外应注意的是，受益权的转让只是针对受益权这一特定权利的主体所进行的变更，并不涉及受益权具体内容和受托人信托义务的变更，如果受益权的转让导致受托人信托义务的变化，则需经信托人同意方能生效；同时，受益权的转让也不涉及委托人主体的变更，如果受益权转让的内容实质上已经构成了委托人权利的概括性转移，则应根据《合同法》的相关规定进行处理。

典型疑难案件参考

上海岩鑫实业投资有限公司与华宝信托投资有限责任公司信托合同纠纷案〔〔2004〕沪高民二（商）终字第226号〕

基本案情

2004年2月4日，原告上海岩鑫实业投资有限公司（以下简称岩鑫公司）与被告华宝信托投资有限责任公司（以下简称华宝信托）签订一份《资金信托合同》，合同约定：信托资金金额为竞拍并完成望春花（600645）社会法人股4007714股过户至岩鑫公司名下的全部成本，预计人民币4540216元，岩鑫公司于合同签订之日后5个工作日内交付；信托类别为自益信托，存续期暂定为2年，自2004年2月4日至2006年2月4日；关于信托费用，合同约定华宝信托每年提取信托资金1%管理费，即45402元，若岩鑫公司变更受益人，华宝信托有权收取受托金额的0.8%的变更手续费；关于信托的变更、终止，合同约定，岩鑫公司未经华宝信托同意，不得变更、撤销、解除或终止信托；

合同终止后，信托财产归属岩鑫公司，华宝信托应在15个工作日内将信托财产划转至受益人名下。合同还约定双方权利义务中还包括信托法及其他法律、法规规定的权利义务。次日，岩鑫公司支付华宝信托资金4540216元及管理费45402元，共计4585618元。

2004年4月5日，岩鑫公司与案外人上海致真投资咨询有限公司（以下简称致真公司）签订一份《望春花法人股信托受益权转让合同》（以下简称《转让合同》），约定岩鑫公司向致真公司出让前述《资金信托合同》项下4007714股望春花法人股信托受益权；转让金额为9618513.60元，每份转让价为2.40元；致真公司可以再转让受益权，但应持合同及转让申请书或其他转让申请文件与受让人到华宝信托办理手续；关于违约事项，双方约定，岩鑫公司在合同签署前已收取致真公司定金100万元，如在2004年4月15日前不能与致真公司签署合同，岩鑫公司应双倍返还定金。当日，华宝信托收取致真公司交付的受益权转让手续费76948.10元。因华宝信托未予办理转让，岩鑫公司于2004年4月7日致函华宝信托催办。

2004年4月15日，致真公司向岩鑫公司发出索赔函，决定停止执行《转让合同》，要求岩鑫公司按约支付违约金200万元。2004年4月29日，华宝信托将手续费退还给致真公司。次日，华宝信托致函岩鑫公司，决定停止办理《资金信托合同》项下望春花法人股受益权转让手续。当日，岩鑫公司支付致真公司200万元。2004年5月20日，岩鑫公司向华宝信托发出通知，以华宝信托收取转让手续费却不履行义务致使岩鑫公司蒙受巨大经济损失为由，要求解除双方之间的《资金信托合同》，并将4007714股望春花社会法人股转至岩鑫公司名下。岩鑫公司诉至法院，请求判令解除《资金信托合同》，将4007714股望春花法人股转至岩鑫公司名下，华宝信托赔偿岩鑫公司损失6078297.60元。

一审诉辩情况

原告岩鑫公司诉称：

2004年2月4日，原告与被告签订一份《资金信托合同》，约定原告将资金人民币4540216元委托被告作信托管理，用于竞拍4007714股望春花社会法人股并办理过户。同年4月5日，原告与案外人致真公司签订信托受益权转让合同，约定将望春花法人股的受益权转让给致真公司，转让价格总计人民币9618513.60元。致真公司就转让合同向原告支付了定金人民币100万元。当日，原告与致真公司至被告处要求办理转让事项，被告表示同意，并收取转让手续费。但嗣后被告借故迟延不办理转让手续。因催促未果，致真公司以违约为由要求终止与原告签订的转让合同，并要求原告双倍返还定金。原告为防止相关损失扩大，支付致真公司双倍定金款人民币200万元。2004年4月30日，被告函告原告，停止办理望春花法人股受益权转让。原告认为被告违约行为致使其蒙受巨大经济损失，遂通知被告解除信托合同，并诉至本院，请求判令解除与被告签订的《资金信托合同》，将4007714股望春花法人股转至原告名下；被告赔偿原告损失人民币6078297.60元；退还原告管理费人民币45402元。

被告华宝信托辩称：

1. 原告关于被告借故迟延不办理受益权转让登记手续的陈述与事实不符，被告拒绝办理的原因在于原告与致真公司要求同时办理分割转让的再转让业务。

2. 原告与致真公司签订的转让合同不能为被告创设法律义务。

3. 致真公司不具备履行信托受益权转让合同的能力，其与原告签订该转让合同的真实性与合法性值得怀疑。

4. 原告提交的转让合同与要求被告确认的严重不符。

一审裁判结果

上海市第一中级人民法院经审理，根据《中华人民共和国合同法》第94条第4项、第96条、第97条、第113条第1款，《中华人民共和国信托法》第14条、第53条第6项、第54条的规定，判决如下：

一、对上海岩鑫实业投资有限公司与华宝信托投资有限责任公司于2004年2月4日签订的《资金信托合同》予以解除。

二、华宝信托投资有限责任公司在判决生效之日起15日内将4007714股望春花法人股（600645）过户至上海岩鑫实业投资有限公司名下。

三、华宝信托投资有限责任公司在判决生效之日起10日内返还上海岩鑫实业投资有限公司信托管理费人民币22701元，并赔偿上海岩鑫实业投资有限公司损失共计人民币6078297.60元。

一审裁判理由

上海市第一中级人民法院经审理认为：

关于岩鑫公司是否有权转让信托受益权问题，法律对自益信托的受益权转让无禁止性规定。华宝信托辩称岩鑫公司转让行为违反合同约定，但系争合同中没有明确约定委托人不得转让受益权，而华宝信托将委托人不得更改信托的约定理解为包括不得转让受益权，系其单方解释，与签约时双方真实意思表示明显相悖，与合同中关于华宝信托在岩鑫公司变更受益人时收取手续费的约定亦相矛盾。岩鑫公司将受益权转让他人系其合法处分权利。关于华宝信托拒绝办理受益权转让是否违约问题，原审认为，岩鑫公司和华宝信托签订的合同中将信托法及其法律、法规规定的权利义务作为合同当事人的权利义务加以约定，而根据《信托投资公司资金信托管理暂行办法》的规定，华宝信托拒绝办理显然违反其作为金融机构的法定义务。华宝信托认为其拒绝办理主要在于岩鑫公司同时提出了办理再转让手续等不合理的要求，但未提供相应证据证明，相反，华宝信托按照岩鑫公司的转让价格收取了手续费，该行为与其拒绝办理所依据的事实相矛盾。即使其所说属实，华宝信托为岩鑫公司办理与致真公司之间转让事宜与其拒绝办理再转让并不矛盾。故华宝信托拒绝办理受益权转让手续构成违约。关于合同解除及相应后果，原审认为，华宝信托的违约行为致使岩鑫公司无法实现基于信托合同的合法利益，岩鑫公司据此要求解除信托合同，于法有据，可予支持。合同解除后，华宝信托应将信托财产返还岩鑫公司，即将4007714股望春花法人股过户至岩鑫公司名下。华宝信托还应就违约给岩鑫公司造成的损失承担赔偿责任。华宝信托除因岩鑫公司双倍返还致真公司定金而形成的100万元实际损失之外，华宝信托还应赔偿岩鑫公司的可得利益损失即受益权转让价款9618513.60元扣除信托资金4540216元后的差额5078297.60元。华宝信托的违约行为已经直接导致岩鑫公司不能实现转让合同项下可得利益，且其对违约的后果应当有所预见，故对岩鑫公司的该项诉请予以支持。关于岩鑫公司要求华宝信托返还管理费的诉请，原审认为，华宝信托已履行了为岩鑫公司竞拍望春花法人股等合同义务，鉴于其收取的是2004年2月4日起一年的管理费，现因合同解除，华宝信托应返还岩鑫公司已缴纳的管理费的一半即22701元。

二审诉辩情况

上诉人华宝信托不服上述民事判决，向上海市高级人民法院提出上诉称：

1. 岩鑫公司向致真公司转让的是委托人和受益人的所有权利和义务，即岩鑫公司在《资金信托合同》中的权利和义务的概括转让，信托受益权是权利和义务概括转让的内容之一，一审判决仅仅认定岩鑫公司转让的是信托受益权属认定事实错误。

2. 岩鑫公司将委托人和受益人的权利和义务转移的实质是委托人变更信托，根据《资金信托合同》约定和合同法的规定，委托人变更信托应当经受托人即上诉人同意，一审判决认定系争合同中没有明确约定委托人不得转让受益权，是对《资金信托合同》、《信托法》、《合同法》的错误理解。

3. 上诉人拒绝办理受益权转让手续是行使法律和合同赋予的权利，一审认定上诉人违约属于认定事实错误。《资金信托合同》第 9 条第 1 款约定："本信托设立后，除本合同另有规定，未经受托人同意，委托人不得变更、撤销、解除或终止信托。"被上诉人根据《转让合同》，将委托人和受益人的权利义务全部转移给致真公司，属于委托人变更信托，被上诉人变更信托须经上诉人同意。上诉人根据法律规定和合同约定拒绝办理信托受益权转让手续，并不构成违约，是按照约定行使权利。

4. 经上诉人审查，被上诉人和致真公司之间的权利和义务转移是欲通过信托行为规避法律和政策，上诉人有权对规避法律的行为停止办理信托受益权转让手续。

5. 经上诉人审查，被上诉人通过信托受益权转让使自己利益最大化，而使新受益人信托利益无法实现，上诉人有权对受益人利益无法实现的信托受益权转让手续停止办理。

综上，一审判令解除《资金信托合同》适用法律错误，判令赔偿定金及预期利益损失，属于认定事实错误。上诉人请求撤销原审判决，驳回岩鑫公司的全部诉讼请求。

被上诉人岩鑫公司辩称：

1.《转让合同》是受益权转让而不是权利义务的概括转让。该《转让合同》由上诉人制作，上诉人在一审时已自认。合同的目的和内容都已明确是受益权的转让。上诉人在致函被上诉人时也认为转让的是受益权而非合同权利义务的概括转让。

2. 受益权转让符合法律规定和合同约定，上诉人有义务办理转让手续。《信托投资公司资金信托管理暂行办法》第 10 条规定："信托文件有效期内，受益人可以根据信托文件的规定转让其享有的信托受益权。信托投资公司应为受益人办理信托受益权转让的有关手续。"上诉人与被上诉人签订的《资金信托合同》第 7 条第 2 项约定："委托人根据本合同约定或法律规定变更受益人的，受托人有权向委托人收取委托金额的 0.8% 作为受益人变更手续费。"实际上，上诉人于 2004 年 4 月 5 日按此比例收取了手续费，且出具了相应的财务收据。

3. 本案所涉定金为履约定金。《转让合同》的目的为受益权的转让，定金是为了履行《转让合同》。《转让合同》已于 2004 年 4 月 5 日签署，再约定 2004 年 4 月 15 日不签约视为违约是自相矛盾的，该《转让合同》系上诉人制作，一旦产生理解分歧，应该作出对被上诉人有利的解释。根据上述理由，被上诉人请求二审驳回上诉，维持原判。

二审裁判结果

上海市高级人民法院经审理，根据《中华人民共和国民事诉讼法》第153条第1款第3项和第158条的规定，判决如下：

一、维持一审判决第一、二项；

二、撤销一审判决第三项，改判为：华宝信托投资有限责任公司于本判决生效之日起10日内返还上海岩鑫实业投资有限公司管理费人民币22701元；

三、对原审原告上海岩鑫实业投资有限公司的其余诉讼请求不予支持。

二审裁判理由

上海市高级人民法院经审理认为：

本案是一起因委托人转让信托受益权产生的信托合同纠纷，争议的主要问题在于，上诉人华宝信托作为受托人未按委托人即本案被上诉人岩鑫公司的要求办理受益权转让手续，是否违反了信托合同的约定？根据合同和相关法律、法规的规定，华宝信托是否有权拒绝委托人变更受益权人的要求？如果构成违约，华宝信托应如何承担责任？《信托法》第48条规定，受益人的信托受益权可以依法继承和转让，但信托文件有限制性规定的除外。根据该条规定，只要信托合同没有限制，受益人可以转让其受益权。但受益人转让其受益权，在未取得受托人同意的情形下，不得对原信托文件作出变更，也不得给受托人附加任何义务。本案中，岩鑫公司与华宝信托之间签订的《资金信托合同》规定，该信托为自益信托、指定管理资金信托。委托人指定信托资金由受托人管理，用于竞拍望春花社会法人股并办理过户，合同存续为2年。而在岩鑫公司与致真公司签订的受益权《转让合同》中则约定，信托合同中转让方享有的委托人和受益人的所有权利、义务均转移给受让方，信托受益权全部转让完成后，信托期限为长期。《转让合同》第7条规定了受益权的再转让，受让人可以转让信托受益权，每次转让额不得少于5万元。转让人与受让人可自行确定具体转让价格，并自行处理资金交割事宜。受益人再转让信托受益权，应持转让合同和信托受益权转让申请书或其他转让申请文件与受让人共同到华宝信托处办理转让登记手续。未到华宝信托处办理转让登记手续的，不得对抗华宝信托。受益人再转让信托受益权，应当将信托项下委托人与受益人的权利和义务全部转让给受让人。两相比较，《转让合同》对于受益权转让后受益人的权利发生了变更，原《资金信托合同》约定的信托期限由两年变为长期，并且规定了受让人可以分割转让受益权。很明显，岩鑫公司在转让信托受益权时，赋予了新的信托受益人致真公司新的权利，该条款的约定直接给受让人设立了权利，也给受托人华宝信托附加了新的义务。在2004年4月6日岩鑫公司向华宝信托发出的催办函中，岩鑫公司也明确要求华宝信托发行望春花法人股信托受益权转让的信托计划，并要求华宝信托在2004年4月8日前明确履行2004年4月5日签订的《望春花法人股信托受益权再转让合同》。根据以上事实，本院认为，岩鑫公司与致真公司之间签订的《转让合同》虽名为信托受益权转让，实为委托人的权利义务的转让行为。根据合同法的规定，当事人将自己在合同中的权利和义务一并转让给第三人的，应当经对方当事人同意。岩鑫公司在未经华宝信托确认的情况下，将其在《资金信托合同》中的全部权利和义务一并转让给致真公司，明显违反了法律规定。此外，从岩鑫公司与致真公司之间签订的合同内容来看，转让的标的不仅仅涉及受益权，也包括了以受托人名义持有的望春花法人股股权的转让。其转让价格是以每股的协议价格来计算的，其在诉讼中向华宝信托主张的也是转让的差价损失，而不仅仅限于其持有的望春花法人股上的信托利益损失。由此可见，岩鑫公司转让的不是单纯的受益权上的利益而是整个股权。而根据当时社会法人股的转让的有关规定，社会法人股转让只限于转让股数占上市公司总股本的5%以上，且仅限于法人之间"一对一"的转让，不得通过公开拍卖（司法拍卖除外）或者其他公开征集受让人的形式进行。故在此情形下，华宝信托作为信托受托人有权根据法律、法规的规定对转让受益权的内容进行审查，在确定委托人附加其新的义务时，在转让方和受让方未修改相关转让条款前，其有权拒绝办理受益权转让手续。原审认定华宝信托拒绝办理转让手续构成违约，属认定不当，应予纠正。上诉人华宝信托关于其有权拒绝办理转让手续的上诉理由成立，本院予以支持。基于以上认定，在华宝信托不构成违约的前提下，岩鑫公司基于华宝信托违约要求华宝信托承担违约责任并赔偿损失的诉请已无事实和法律依据，该项诉讼请求不应得到支持。鉴于双方已失去信任，原审判决支持岩鑫公司解除《资金信托合同》并返还部分管理费的判项可予维持。

关于岩鑫公司辩称华宝信托已收取了转让手续费应认定为其已同意按《转让合同》办理登记手续一说，本院认为，华宝信托收取手续费的行为并不表明其同意按岩鑫公司的转让要求办理，其收取手续费也未出具正式发票，并且在决定拒绝办理后及时将预收的手续费返还给致真公司，故岩鑫公司以收取手续费的行为推定华宝信托同意办理并必须在一定期限内办理，明显与交易规则不符，预收费用也并不排除华宝信托审查《转让合同》内容的权利。岩鑫公司关于转让合同为华宝信托草拟，并为其一审代理人自认一节，经查，华宝信托承认曾为岩鑫公司向致真公司转让受益权起草过合同，但其否认涉讼的合同与其起草的合同是一致的。鉴于《转让合同》是岩鑫公司与致真公司之间签订的，合同签订双方应对于其约定的条款负责，华宝信托并没有在该合同上签字盖章，该合同与其起草的合同是否一致尚无证据证明，故以华宝信托曾草拟过合同文本为由认定华宝信托已实际同意按《转让合同》的具体要求办理手续，依据不足。对岩鑫公司的上述解释，本院不予采信。

综上所述，原审认定事实不当，本院予以纠正。上诉人的上诉理由部分成立，本院予以支持。

营业信托纠纷办案依据集成

中华人民共和国信托法（2001年4月28日主席令第50号公布）（节录）

第一章 总 则

第二条 本法所称信托，是指委托人基于对受托人的信任，将其财产权委托给受托人，由受托人按委托人的意愿以自己的名义，为受益人的利益或者特定目的，进行管理或者处分的行为。

第三条 委托人、受托人、受益人（以下统称信托当事人）在中华人民共和国境内进行民事、营业、公益信托活动，适用本法。

第四条 受托人采取信托机构形式从事信托活动，其组织和管理由国务院制定具体办法。

第五条 信托当事人进行信托活动，必须遵守法律、行政法规，遵循自愿、公平和诚实信用原则，不得损害国家利益和社会公共利益。

第二章 信托的设立

第六条 设立信托，必须有合法的信托目的。

第七条 设立信托，必须有确定的信托财产，并且该信托财产必须是委托人合法所有的财产。

本法所称财产包括合法的财产权利。

第八条 设立信托，应当采取书面形式。

书面形式包括信托合同、遗嘱或者法律、行政法规规定的其他书面文件等。

采取信托合同形式设立信托的，信托合同签订时，信托成立。采取其他书面形式设立信托的，受托人承诺信托时，信托成立。

第九条 设立信托，其书面文件应当载明下列事项：

（一）信托目的；

（二）委托人、受托人的姓名或者名称、住所；

（三）受益人或者受益人范围；

（四）信托财产的范围、种类及状况；

（五）受益人取得信托利益的形式、方法。

除前款所列事项外，可以载明信托期限、信托财产的管理方法、受托人的报酬、新受托人的选任方式、信托终止事由等事项。

第十条 设立信托，对于信托财产，有关法律、行政法规规定应当办理登记手续的，应当依法办理信托登记。

未依照前款规定办理信托登记的，应当补办登记手续；不补办的，该信托不产生效力。

第十一条 有下列情形之一的，信托无效：

（一）信托目的违反法律、行政法规或者损害社会公共利益；

（二）信托财产不能确定；
（三）委托人以非法财产或者本法规定不得设立信托的财产设立信托；
（四）专以诉讼或者讨债为目的设立信托；
（五）受益人或者受益人范围不能确定；
（六）法律、行政法规规定的其他情形。

第十二条 委托人设立信托损害其债权人利益的，债权人有权申请人民法院撤销该信托。

人民法院依照前款规定撤销信托的，不影响善意受益人已经取得的信托利益。

本条第一款规定的申请权，自债权人知道或者应当知道撤销原因之日起一年内不行使的，归于消灭。

第十三条 设立遗嘱信托，应当遵守继承法关于遗嘱的规定。

遗嘱指定的人拒绝或者无能力担任受托人的，由受益人另行选任受托人；受益人为无民事行为能力人或者限制民事行为能力人的，依法由其监护人代行选任。遗嘱对选任受托人另有规定的，从其规定。

第三章 信托财产

第十四条 受托人因承诺信托而取得的财产是信托财产。

受托人因信托财产的管理运用、处分或者其他情形而取得的财产，也归入信托财产。

法律、行政法规禁止流通的财产，不得作为信托财产。

法律、行政法规限制流通的财产，依法经有关主管部门批准后，可以作为信托财产。

第十五条 信托财产与委托人未设立信托的其他财产相区别。设立信托后，委托人死亡或者依法解散、被依法撤销、被宣告破产时，委托人是唯一受益人的，信托终止，信托财产作为其遗产或者清算财产；委托人不是唯一受益人的，信托存续，信托财产不作为其遗产或者清算财产；但作为共同受益人的委托人死亡或者依法解散、被依法撤销、被宣告破产时，其信托受益权作为其遗产或者清算财产。

第十六条 信托财产与属于受托人所有的财产（以下简称固有财产）相区别，不得归入受托人的固有财产或者成为固有财产的一部分。

受托人死亡或者依法解散、被依法撤销、被宣告破产而终止，信托财产不属于其遗产或者清算财产。

第十七条 除因下列情形之一外，对信托财产不得强制执行：
（一）设立信托前债权人已对该信托财产享有优先受偿的权利，并依法行使该权利的；
（二）受托人处理信托事务所产生债务，债权人要求清偿该债务的；
（三）信托财产本身应担负的税款；
（四）法律规定的其他情形。

对于违反前款规定而强制执行信托财产，委托人、受托人或者受益人有权向人民法院提出异议。

第十八条 受托人管理运用、处分信托财产所产生的债权，不得与其固有财产产生的债务相抵销。

受托人管理运用、处分不同委托人的信托财产所产生的债权债务,不得相互抵销。

第四章 信托当事人

第一节 委 托 人

第十九条 委托人应当是具有完全民事行为能力的自然人、法人或者依法成立的其他组织。

第二十条 委托人有权了解其信托财产的管理运用、处分及收支情况,并有权要求受托人作出说明。

委托人有权查阅、抄录或者复制与其信托财产有关的信托帐目以及处理信托事务的其他文件。

第二十一条 因设立信托时未能预见的特别事由,致使信托财产的管理方法不利于实现信托目的或者不符合受益人的利益时,委托人有权要求受托人调整该信托财产的管理方法。

第二十二条 受托人违反信托目的处分信托财产或者因违背管理职责、处理信托事务不当致使信托财产受到损失的,委托人有权申请人民法院撤销该处分行为,并有权要求受托人恢复信托财产的原状或者予以赔偿;该信托财产的受让人明知是违反信托目的而接受该财产的,应当予以返还或者予以赔偿。

前款规定的申请权,自委托人知道或者应当知道撤销原因之日起一年内不行使的,归于消灭。

第二十三条 受托人违反信托目的处分信托财产或者管理运用、处分信托财产有重大过失的,委托人有权依照信托文件的规定解任受托人,或者申请人民法院解任受托人。

第二节 受 托 人

第二十四条 受托人应当是具有完全民事行为能力的自然人、法人。

法律、行政法规对受托人的条件另有规定的,从其规定。

第二十五条 受托人应当遵守信托文件的规定,为受益人的最大利益处理信托事务。

受托人管理信托财产,必须恪尽职守,履行诚实、信用、谨慎、有效管理的义务。

第二十六条 受托人除依照本法规定取得报酬外,不得利用信托财产为自己谋取利益。

受托人违反前款规定,利用信托财产为自己谋取利益的,所得利益归入信托财产。

第二十七条 受托人不得将信托财产转为其固有财产。受托人将信托财产转为其固有财产的,必须恢复该信托财产的原状;造成信托财产损失的,应当承担赔偿责任。

第二十八条 受托人不得将其固有财产与信托财产进行交易或者将不同委托人的信托财产进行相互交易,但信托文件另有规定或者经委托人或者受益人同意,并以公平的市场价格进行交易的除外。

受托人违反前款规定,造成信托财产损失的,应当承担赔偿责任。

第二十九条 受托人必须将信托财产与其固有财产分别管理、分别记帐,并将不同委托人的信托财产分别管理、分别记帐。

第三十条 受托人应当自己处理信托事务,但信托文件另有规定或者有不得已事由的,可以委托他人代为处理。

受托人依法将信托事务委托他人代理的,应当对他人处理信托事务的行为承担责任。

第三十一条 同一信托的受托人有两个以上的,为共同受托人。

共同受托人应当共同处理信托事务,但信托文件规定对某些具体事务由受托人分别处理的,从其规定。

共同受托人共同处理信托事务,意见不一致时,按信托文件规定处理;信托文件未规定的,由委托人、受益人或者其利害关系人决定。

第三十二条 共同受托人处理信托事务对第三人所负债务,应当承担连带清偿责任。第三人对共同受托人之一所作的意思表示,对其他受托人同样有效。

共同受托人之一违反信托目的处分信托财产或者因违背管理职责、处理信托事务不当致使信托财产受到损失的,其他受托人应当承担连带赔偿责任。

第三十三条 受托人必须保存处理信托事务的完整记录。

受托人应当每年定期将信托财产的管理运用、处分及收支情况,报告委托人和受益人。

受托人对委托人、受益人以及处理信托事务的情况和资料负有依法保密的义务。

第三十四条 受托人以信托财产为限向受益人承担支付信托利益的义务。

第三十五条 受托人有权依照信托文件的约定取得报酬。信托文件未作事先约定的,经信托当事人协商同意,可以作出补充约定;未作事先约定和补充约定的,不得收取报酬。

约定的报酬经信托当事人协商同意,可以增减其数额。

第三十六条 受托人违反信托目的处分信托财产或者因违背管理职责、处理信托事务不当致使信托财产受到损失的,在未恢复信托财产的原状或者未予赔偿前,不得请求给付报酬。

第三十七条 受托人因处理信托事务所支出的费用、对第三人所负债务,以信托财产承担。受托人以其固有财产先行支付的,对信托财产享有优先受偿的权利。

受托人违背管理职责或者处理信托事务不当对第三人所负债务或者自己所受到的损失,以其固有财产承担。

第三十八条 设立信托后,经委托人和受益人同意,受托人可以辞任。本法对公益信托的受托人辞任另有规定的,从其规定。

受托人辞任的,在新受托人选出前仍应履行管理信托事务的职责。

第三十九条 受托人有下列情形之一的,其职责终止:

(一)死亡或者被依法宣告死亡;

(二)被依法宣告为无民事行为能力人或者限制民事行为能力人;

(三)被依法撤销或者被宣告破产;

(四)依法解散或者法定资格丧失;

(五)辞任或者被解任;

(六)法律、行政法规规定的其他情形。

受托人职责终止时,其继承人或者遗产管理人、监护人、清算人应当妥善保管信托财产,协助新受托人接管信托事务。

第四十条 受托人职责终止的,依照信托文件规定选任新受托人;信托文件未规定的,由委托人选任；委托人不指定或者无能力指定的，由受益人选任；受益人为无民事行为能力人或者限制民事行为能力人的，依法由其监护人代行选任。

原受托人处理信托事务的权利和义务，由新受托人承继。

第四十一条 受托人有本法第三十九条第一款第（三）项至第（六）项所列情形之一，职责终止的，应当作出处理信托事务的报告，并向新受托人办理信托财产和信托事务的移交手续。

前款报告经委托人或者受益人认可，原受托人就报告中所列事项解除责任。但原受托人有不正当行为的除外。

第四十二条 共同受托人之一职责终止的，信托财产由其他受托人管理和处分。

第三节 受益人

第四十三条 受益人是在信托中享有信托受益权的人。受益人可以是自然人、法人或者依法成立的其他组织。

委托人可以是受益人，也可以是同一信托的唯一受益人。

受托人可以是受益人，但不得是同一信托的唯一受益人。

第四十四条 受益人自信托生效之日起享有信托受益权。信托文件另有规定的，从其规定。

第四十五条 共同受益人按照信托文件的规定享受信托利益。信托文件对信托利益的分配比例或者分配方法未作规定的，各受益人按照均等的比例享受信托利益。

第四十六条 受益人可以放弃信托受益权。

全体受益人放弃信托受益权的，信托终止。

部分受益人放弃信托受益权的，被放弃的信托受益权按下列顺序确定归属：

（一）信托文件规定的人；

（二）其他受益人；

（三）委托人或者其继承人。

第四十七条 受益人不能清偿到期债务的，其信托受益权可以用于清偿债务，但法律、行政法规以及信托文件有限制性规定的除外。

第四十八条 受益人的信托受益权可以依法转让和继承，但信托文件有限制性规定的除外。

第四十九条 受益人可以行使本法第二十条至第二十三条规定的委托人享有的权利。受益人行使上述权利，与委托人意见不一致时，可以申请人民法院作出裁定。

受托人有本法第二十二条第一款所列行为，共同受益人之一申请人民法院撤销该处分行为的，人民法院所作出的撤销裁定，对全体共同受益人有效。

第五章 信托的变更与终止

第五十条 委托人是唯一受益人的，委托人或者其继承人可以解除信托。信托文件另有规定的，从其规定。

第五十一条 设立信托后，有下列情形之一的，委托人可以变更受益人或者处分受益人的信托受益权：

（一）受益人对委托人有重大侵权行为；
（二）受益人对其他共同受益人有重大侵权行为；
（三）经受益人同意；
（四）信托文件规定的其他情形。

有前款第（一）项、第（三）项、第（四）项所列情形之一的，委托人可以解除信托。

第五十二条 信托不因委托人或者受托人的死亡、丧失民事行为能力、依法解散、被依法撤销或者被宣告破产而终止，也不因受托人的辞任而终止。但本法或者信托文件另有规定的除外。

第五十三条 有下列情形之一的，信托终止：
（一）信托文件规定的终止事由发生；
（二）信托的存续违反信托目的；
（三）信托目的已经实现或者不能实现；
（四）信托当事人协商同意；
（五）信托被撤销；
（六）信托被解除。

第五十四条 信托终止的，信托财产归属于信托文件规定的人；信托文件未规定的，按下列顺序确定归属：
（一）受益人或者其继承人；
（二）委托人或者其继承人。

第五十五条 依照前条规定，信托财产的归属确定后，在该信托财产转移给权利归属人的过程中，信托视为存续，权利归属人视为受益人。

第五十六条 信托终止后，人民法院依据本法第十七条的规定对原信托财产进行强制执行的，以权利归属人为被执行人。

第五十七条 信托终止后，受托人依照本法规定行使请求给付报酬、从信托财产中获得补偿的权利时，可以留置信托财产或者对信托财产的权利归属人提出请求。

第五十八条 信托终止的，受托人应当作出处理信托事务的清算报告。受益人或者信托财产的权利归属人对清算报告无异议的，受托人就清算报告所列事项解除责任。但受托人有不正当行为的除外。

第四章 保险纠纷

第一节 财产保险合同纠纷

一、财产损失保险合同纠纷

> **59. 保险利益对于保险合同效力有何影响？**
>
> 在保险利益对于保险合同效力的影响这一问题上，新《保险法》与旧《保险法》相比作出了一定修改。依据旧《保险法》的规定，无论是财产保险还是人身保险，投保人均必须对保险标的具有保险利益，否则保险合同无效；而新《保险法》则区分人身保险与财产保险，规定只要财产保险的被保险人在保险事故发生时，对保险标的具有保险利益，保险合同就属有效，保险人应给予赔偿。也就是说，在订立财产保险合同时，即使不存在保险利益，保险合同也能生效，但在保险事故发生时被保险人必须对保险标的具有保险利益，否则保险合同将因缺少保险利益而失效。

典型疑难案件参考

叶琴诉中华联合财产保险股份有限公司等保险合同纠纷案

基本案情

2002年1月15日，原告叶琴与第三人新疆建工集团第五建筑工程有限责任公司（以下简称建工五公司）签订协议约定，由叶琴以个人名义办理银行按揭手续购买PC220-6型挖掘机，首付款及分期还款等所有相关费用均由建工五公司负责支付，挖掘机产权归建工五公司所有。2003年1月14日建工五公司与新疆小松工程机械有限公司（以下简称小松公司）签订工矿产品购销合同，建工五公司购买小松公司 PC220-6 型挖掘机一台。2003 年 1 月 15 日，叶琴与中华联合财产保险股份有限公司（以下简称保险公司）签订机动车辆保险合同，按合同约定投保人向保险公司投保了第三人责任险、全车盗抢险、自然损失险。其中车辆损失险保险金额为 910000 元，保险期限自 2003 年 1 月 16 日至 2004 年 1 月 15 日。建工五公司依据保险合同的约定，通过转账方式由小松公司支付了保险费 25631.17 元。叶琴以与小松公司于 2003 年 1 月 14 日签订的工矿产品购销合同为据，同年 1 月 16 日又办理了机动车辆消费贷款保证保险合同。2003 年 1 月 17 日，由中国农业银行兵团分行乌鲁木齐城西支行与叶琴签订汽车消费借款合同，叶琴将其名下的 PC220-6 型挖掘机作为抵押，并办理了抵押登记。同日，银行向叶琴发放了借款本金 680000 元。此后，叶琴以按揭贷款方式已分期偿付了全部车款。

2003 年 9 月 23 日，该挖掘机在建工五公司施工过程中被案外人段新亭烧毁，建工五公司随即向保险公司及县公安局报案。2003 年 12 月 30 日，建工五公司又以书面形式向保险公司提交报告，保险公司于 2004 年 1 月 6 日签收，2004 年 3 月 5 日建工五公司向保险公司提出赔偿请求。根据吉木乃县人民法院作出的刑事判决书，挖掘机损失价值为 882700 元，相关费用为 641000 元，共计 928800 元。2004 年 3 月 22 日吉木乃县人民法院以书面形式告知建工五公司：段新亭被判刑，没有赔偿能力，也无财产可供执行。

由于保险公司拒绝赔付，叶琴遂向法院提起诉讼，建工五公司作为第三人参与诉讼。

一审诉辩情况

原告叶琴起诉称：

我于 2003 年 1 月购置一台小松牌 PC220-6 型挖掘机在保险公司投保，险种为车辆损失险、第三者责任险、盗抢险、自然险等，保险金额 910000 元。2003 年 9 月 23 日在吉木乃县道路施工过程中挖掘机被烧毁，评估损失共计 928800 元，吉木乃县人民法院判决对此已作出认定。此后，我要求保险公司进行保险赔偿，但保险公司未履行赔付义务。因此，提出如下诉讼请求：

1. 判令保险公司赔付损失共计 928800 元；
2. 判令被告保险公司承担生产经营损失 690354.32 元。

被告保险公司答辩称：

1. 原告叶琴与中华保险总部就该挖掘机签订的保险合同无效，叶琴不是保险标的所有权人，该挖掘机的所有权人是建工五公司。叶琴对该保险标的不具有任何保险利益，故保险人无义务承担赔偿责任。

2. 投保人叶琴故意不履行如实告知义务，保险人对于保险合同解除前发生的保险事故，不承担赔偿或者给付保险金的责任。建工五公司向保险公司提交过理赔材料，但并不能说明我公司就明知建工五公司是所有权人。

3. 即使应当赔偿，原告也应当先履行乙方合同义务，即向第三方索赔。

4. 保险合同第8条约定：保险车辆发生意外事故，致使被保险人或第三者停业、停驶、停电、停水、停气、中断通讯以及其他各种间接损失，保险人不负责赔偿。原告主张经济损失700000元，而所提供的证据仅为三份不能辨别真伪的合同书，且签订合同的主体不是叶琴，与本案保险合同没有任何关系。

第三人建工五公司诉称：

原告叶琴是以我公司名义办理银行按揭手续，挖掘机付款等相关费用由我公司支付，挖掘机所有权归属我公司。叶琴代替我公司办理保险合同，但保险费是由我公司支付的。投保的挖掘机发生事故的险种属保险责任范围，保险公司应当承担保险赔偿责任。我公司在挖掘机烧毁当日即告知保险公司，三个月后又以书面形式向保险公司报告。根据吉木乃县人民法院判决及告知书证实，犯罪行为人无财产可供执行，因保险公司至今未履行赔偿义务，我公司为生产经营租赁他人挖掘机施工而造成的损失应由保险公司承担，请求判决由保险公司履行赔偿义务。

▶ 一审裁判结果 ◀

乌鲁木齐市中级人民法院经审理，依照《中华人民共和国民事诉讼法》第41条第2款、第120条和《中华人民共和国保险法》第22条、第24条之规定，判决如下：

一、被告保险公司支付原告叶琴保险金882700元；

二、驳回原告叶琴的其他诉讼请求；

三、驳回第三人建工五公司对保险公司的请求。

▶ 一审裁判理由 ◀

乌鲁木齐市中级人民法院经审理认为：

第一，中国农业银行兵团分行乌鲁木齐城西支行与叶琴签订汽车消费借款合同，由叶琴以个人名义办理银行按揭手续购买PC220-6型挖掘机时将挖掘机抵押，在自治区公证处办理了公证抵押登记，PC220-6型挖掘机登记机主为叶琴，该银行按揭贷款合同是真实有效的。同日，农业银行向叶琴发放了借款本金680000元，叶琴以按揭贷款方式已偿付了全部车款。自此，叶琴对以自己名义向银行的借款负有偿还义务，对挖掘机具有相关的利益，对保险标的具有法律上承认的利益。因此,应认为被告保险公司称叶琴对该保险标的不具有任何保险利益,叶琴并非保险标的所有权人,所有权人是建工五公司,原告叶琴与保险公司就该挖掘机签订的保险合同无效,保险人无义务承担赔偿责任的理由不能成立。

第二,以叶琴名义与保险公司签订保险合同所投保的挖掘机,因该挖掘机在办理抵押登记时在公证处将车主登记为叶琴,且销售发票也写有车主叶琴,在银行借款未还清、抵押权未消除时,其相应权属并不会发生法律意义上的变化。订立保险合同,保险人应当向投保人说明保险合同的条款内容,并可以就保险标的或者被保险人的有关情况提出询问,投保人应当如实告知,而告知的重要事实应为足以影响保险人决定是否同意承保或者提高保险费率,该告知事项也仅限于保险人的询问范围。投保人叶琴或主张所有权的建工五公司均称没有保险公司询问一事的发生,因保险费系建工五公司缴纳,在保险公司处又投保了消费贷款保证险,建工五公司也提交过理赔材料,故保险公司对该挖掘机的状况应是明知的,该挖掘机所有权人为建工五公司也并不会发生足以影响保险人决定是否同意承保或者提高保险费率的事由。故被告保险公司称投保人叶琴故意不履行如实告知义务,保险人对于保险合同解除前发生的保险事故,不承担赔偿或者给付保险金责任的理由不能成立。

第三,本案投保的挖掘机在发生保险事故后,根据吉木乃县人民法院〔2004〕吉刑初字第2号刑事附带民事判决书及告知书,可确定第三方烧毁的挖掘机损失总价值和相关费用,保险公司亦未提出异议。吉木乃县人民法院〔2004〕吉刑初字第2号判决书确定该挖掘机损失价值882700元,因该生效判决已依据鉴定确认了挖掘机的价值,故本院对该挖掘机的损失予以确认。该部分损失应由第三方负责赔偿,但因第三方无赔偿能力,故保险公司应依据保险合同承担赔偿义务。

第四,在吉木乃县人民法院〔2004〕吉刑初字第2号判决书附带民事部分涉及的相关费用46100元,因该刑事案件中刑事附带民事诉讼原告人是建工五公司,不是叶琴本人,所以叶琴以此为据请求赔偿该部分费用,本院不予支持;另根据保险条款的约定,保险车辆发生意外事故,致使保险人或第三者停业、停驶、停电、停水、停气、停产、中断通讯以及其他各种间接损失,保险人不负责赔偿。且经营损失也不属于保险人、被保险人为查明和确保保险事故的性质、原因和保险标的损失程度所支付的必要的、合理的费用。因此原告叶琴要求保险公司赔偿经营损失本院亦不予支持。保险公司的该项抗辩理由成立,本院予以采纳。

第五,因叶琴不仅是以PC220-6型挖掘机与保险公司签订保险合同,叶琴是投保人，而且是在以 PC220-6 型挖掘机作为抵押物借款抵押登记时的机主；而建工五公司既不是保险合同的投保人，也不是保险合同记载的受益人，其仅以与叶琴之间的协议书、挖掘机的购销协议和交纳购机款、保险费等为依据提出按保险条款享受权利的诉讼请求，本院不予支持，予以驳回。

二审诉辩情况

一审宣判后，保险公司不服提起上诉称：

本案系保险合同纠纷之诉并非确认之诉；叶琴未向保险公司履行如实告知义务，其对保险标的无利益关系，该保险合同无效；原审对保险标的损失认定也不明确。故请求二审人民法院依法予以纠正。

被上诉人叶琴答辩称：

该保险合同经过公证，合法有效；原审对损失价值认定正确，且有生效判决所确认。故请求二审人民法院维持原判。

建工五公司陈述同意被上诉人叶琴的答辩意见。

二审裁判结果

新疆维吾尔自治区高级人民法院依照《中华人民共和国民事诉讼法》第153条第1款第1项之规定，判决如下：驳回上诉，维持原判。

二审裁判理由

新疆维吾尔自治区高级人民法院经审理认为：

叶琴以个人身份与中国农业银行兵团分行乌鲁木齐城西支行签订了机动车辆（挖掘机）消费借款合同，并在公证处将本案所涉的 PC220-6 型挖掘机办理抵押登记，公证抵押登记及挖掘机销售发票均记载机主为叶琴，按揭贷款之还款人亦为叶琴。因此，本案无论是机动车辆消费贷款保险合同，抑或是机动车辆保险合同，合同的相对方当事人均是上诉人保险公司与被上诉人叶琴。叶琴虽与建工五公司签订有"协议"，但该"协议"不能对抗公证登记记载的效力，且叶琴与建工五公司之间的协议与本案系不同的法律关系。故叶琴对本案所涉保险标的具有法律上承认的利益。上诉人保险公司诉称被上诉人叶琴对保险标的无保险利益，本案所涉保险合同无效的上诉理由不能成立，本院不予支持。

订立保险合同，保险人应当向投保人说明保险合同的条款内容，并可以就保险标的或者被保险人的有关情况提出询问，投保人应当如实告知，而告知的事项也仅限于保险人的询问范围，保险公司无证据证明叶琴未向其履行如实告知义务，故其以叶琴未履行如实告知义务为由要求不承担赔偿保险金责任的上诉理由不能成立，本院亦不予支持。

此外，本案投保的挖掘机发生保险事故后，保险公司在收到报案通知后并未提出异议。关于保险公司上诉所称保险标的损失认定问题，因该保险标的损失经评估鉴定部门评估并由吉木乃县人民法院〔2004〕吉刑初字第2号生效判决予以了确认，故其此上诉理由亦不能成立。原审判决认定事实清楚，适用法律正确，应予维持。

60. 保险标的所有权转移对于保险合同效力的影响怎样？

> 与旧《保险法》的相关规定不同，新《保险法》第49条的规定体现出了我国保险立法在对待保险合同是否因保险标的转让而移转问题上态度的转变，即从"对人主义"至"从物主义"的转变。根据该条之规定，被保险人或受让人未将保险标的转让的情况及时通知保险人，并不必然导致保险合同失效，只有在因转让导致保险标的危险程度显著增加而发生的保险事故的情况下，保险人才不承担赔偿保险金的责任。此种规定体现出了立法者尽力维持保险合同效力，减少保险人摆脱合同责任的手段和机会，维护被保险方的合理期待的意图。而至于何为导致保险标的危险程度显著增加的事项，应根据案件具体情况作出决定，保险人与投保人亦可通过合同约定的方式对其进行范围划定。

典型疑难案件参考

王文达等诉中华联合财产保险股份有限公司北京分公司财产保险合同纠纷案

基本案情

2005年12月10日，原告王文达在被告中华联合财产保险股份有限公司北京分公司（以下简称中华联合保险公司）处为其所有的一辆本田雅阁牌小轿车投保了车辆损失险等险种，其中车辆损失险的保险金额为24万元，保险期限为2005年12月11日0时起至2006年12月10日24时止。保险合同约定，在保险合同有效期内，保险车辆转卖、转让、赠送他人，变更用途或增加危险程度，被保险人应当事先书面通知保险人并申请办理批改手续。被保险人不履行事先书面通知并申请办理批改义务的，保险人有权拒绝赔偿。2006年12月4日，王文达将投保车辆转让给徐秀利并办理了车辆过户手续，但并未事先告知中华联合保险公司且未办理批改手续。2006年12月6日，徐秀利在驾车前往大连的途中，发生交通事故，造成车辆损失。事故发生后，中华联合保险公司以王文达未履行事先书面通知及办理批改义务为由拒赔。故王文达与徐秀利诉至法院，要求保险人支付保费。

诉辩情况

原告王文达诉称：

2005年12月10日，王文达在中华联合保险公司处为其所有的一辆本田雅阁牌小轿车投保了车辆损失险等险种，其中车辆损失险的保险金额为24万元，保险期限为2005年12月11日0时起至2006年12月10日24时止。2006年12月4日，王文达将投保车辆转让给徐秀利并办理了过户手续。2006年12月6日，徐秀利在驾车前往大连的途中，发生交通事故，造成车辆损失。事故发生后，保险人拒绝定损和理赔。故原告起诉要求被告给付车辆修理费53914元、施救费820元、律师费2000元及交通费676元，本案诉讼费由被告负担。

被告中华联合保险公司辩称：

中华联合保险公司认为王文达将被保险车辆转让给徐秀利时，并未事先书面告知保险人并申请办理批改手续，违反了保险法及保险条款的相关规定，保险人对被保险车辆过户后发生的保险事故有权拒赔。故请求法院判决驳回原告的诉讼请求。

裁判结果

北京市东城区人民法院经审理认为，原告王文达的诉讼请求因缺少合同及法律依据，法院不予支持。故判决驳回了原告王文达的诉讼请求。

裁判理由

北京市东城区人民法院经审理认为：

中华联合保险公司于2005年12月10日出具的机动车辆保险单中被保险人为王文达。2006年12月4日，王文达将投保车辆转让给徐秀利，但未通知保险人亦未办理批改手续。根据法律规定，王文达应是与本案有直接利害关系的公民、法人和其他组织。同时我国《保险法》规定，被保险人、受益人享有保险金的请求权。本案中，原告徐秀利因不是保险单中记载的被保险人或者受益人，故不享有保险金的请求权，其作为本案原告的主体不适格。故裁定驳回了原告徐秀利的起诉。

保险利益是法律的强制性规定，保险标的所有权发生移转的，被保险人必须在保险标的所有权转移时事先通知保险人，经保险人同意，并将保险单或保险凭证批改后方为有效，否则保险合同从保险标的所有权转移时即行终止，如果发生保险事故，被保险人已不能行使保险金的请求权。根据《中华人民共和国保险法》（2002年修订）第34条的规定，财产保险合同的保险标的转让，应当通知保险人，经保险人同意继续承保后，依法变更合同。中华联合保险公司在《机动车辆综合保险条款》中亦约定，在保险合同有效期内，保险车辆转卖、转让、赠送他人，变更用途或增加危险程度，被保险人应当事先书面通知保险人并申请办理批改手续。被保险人不履行事先书面通知并申请办理批改义务的，保险人有权拒绝赔偿。本案中，原告王文达在与他人办理车辆过户手续后，未按照保险合同约定告知保险人亦未办理批改手续，故保险合同的效力从被保险车辆的所有权转移时即行终止。据此，中华联合保险公司作出拒赔决定理由成立。

61. 雇员忠诚保险的法律性质是什么？

雇员忠诚保险，又称诚实保证保险，是承保雇主因雇员的不诚实行为，如盗窃、贪污、侵占、非法挪用、故意误用、伪造、欺骗等而受到的经济损失的保险类型。此类保险虽然形式上是以投保人正式雇员的诚实信用为保险内容，但在实质上，保险合同的真实标的却是投保人的财产利益，只有当雇员的不诚实行为造成投保人财产利益遭受损失的情况下，保险人方应对其损失承担支付保险费的义务，而对单纯的不诚实行为则无须承担责任。因此，笔者认为雇员忠诚保险应纳入财产保险范畴。

典型疑难案件参考

厦门市商业银行股份有限公司诉中华联合财产保险公司厦门中心支公司保证保险合同纠纷案

基本案情

2007年4月28日，厦门市商业银行股份有限公司（以下简称商业银行）与中华联合财产保险公司厦门中心支公司（以下简称中华保险）签订了一份现金保险合同，该合同约定中华保险承保标的为坐落于厦门市的商业银行各营业网点及各 ATM 机，其中附加险保险标的项目为附加雇员忠诚保险，该雇员忠诚保险条款中约定：（1）保险人负责赔偿被保险人在保险期间内发生以下保险责任事故造成的现金损失：①被保险人的雇员携款潜逃；②被保险人的雇员的贪污、职务侵占；③被保险人的雇员单独或与他人共谋抢劫、盗窃现金。（2）对下列损失，保险人不负责赔偿：①被保险人的雇员在非雇用期间造成的损失；②因清点出现的现金或利息的短少；③在发现任何雇员存在上述（1）"保险责任"列明的不忠诚行为之后发生的由该雇员造成的损失；④在保险合同终止 6 个月后，被保险人发现的任何损失。（3）赔偿限额：每次事故赔偿限额为 200 万元；累计赔偿限额为 200 万元；每次事故免赔额为 500 元。另外，在该现金保险保险单所随附的商业银行全辖营业网点清单中记载了商业银行莲前支行的名称，但在随附的商业银行固定和临时企业上门收款点清单中记载的是地址为吕岭路，名称为福建省公路稽征局厦门稽征处。该现金保险保险单的总保险金额为 5700 万元，保险费为 83500 元，保险期限自 2007 年 5 月 1 日至 2008 年 4 月 30 日。

上述合同签订后，商业银行依约缴纳了保险费。2007 年 9 月 21 日，商业银行的雇员，即莲前支行员工曾素珠因挪用资金案发，2008 年 6 月 5 日，厦门市湖里区人民法院作出的刑事判决书中认定：2005 年 6 月至 2007 年 9 月间，曾素珠在担任商业银行莲前支行柜员期间，利用职务便利，采取延迟入账时间，并不断循环以后挪用的款项归还前次挪用的款项的手段，挪用资金共计 1832684 元，至案发时仍未归还。其行为已构成挪用资金罪，并判处有期徒刑 8 年。该判决书于 2008 年 6 月 16 日生效。

2008 年 7 月 8 日，商业银行向中华保险提交财产保险出险通知书和索赔申请书等相关索赔资料，要求中华保险公司予以理赔。2008 年 11 月 3 日，中华保险向商业银行发出一份《保险拒赔通知书》，拒赔理由为：曾素珠是被以犯挪用资金罪定罪论处，商业银行的出险情况并不属于雇员忠诚保险的承保保险责任范围，即上述损失不属于保险责任赔偿范围。商业银行遂向法院提起诉讼，要求中华保险承担保险责任。

一审诉辩情况

商业银行诉称：

2007 年 4 月 28 日，商业银行向中华保险投保了现金保险和附加雇员忠诚保险，保险期限为 2007 年 5 月 1 日至 2008 年 4 月 30 日，其中雇员忠诚保险赔偿责任限额为 200 万元，每次出险中华保险免赔额为 500 元。2007 年 9 月 21 日，商业银行莲前支行员工曾素珠因挪用资金案发，后经厦门市湖里区人民法院作出的〔2008〕湖刑初字第199号刑事判决书认定，曾素珠挪用商业银行的资金达1832684元，犯挪用资金罪并处以刑罚，该判决书于2008年6月16日生效。为此商业银行认为，商业银行的员工在雇员忠诚保险的保险期限内挪用商业银行资金达1832684元不能归还，其行为是个人利用职务之便侵占了商业银行的财产，明显属于不忠诚的行为，符合商业银行与中华保险之间保险合同的约定，故商业银行于2008年7月8日向中华保险出险报案并提出理赔，要求中华保险依约赔付雇员忠诚保险保险金1832184元，中华保险却于2008年11月3日向商业银行发出《保险拒赔通知书》不予赔付，现商业银行请求判令中华保险公司支付给商业银行保险金1832184元。

中华保险公司辩称：

1. 商业银行雇员涉案的罪名不符合约定，根据保险条款第4条第1项的约定，被保险人雇员的贪污和侵占才属于保险范围，商业银行雇员的行为性质是挪用资金，与保险条款的约定不符。

2. 商业银行损失所涉单位与约定的范围不符合，根据保险合同中商业银行提供的"上门收款点清单"记载的单位是福建省公路稽征局厦门稽征处，而发生本案的事故的地点是福建省公路稽征局厦门乌石浦稽征所，即发生事故的地点不在保险合同上所列的上门收款单位之列。

3. 商业银行所诉损失发生的时间不在保险期间范围内，根据商业银行提供的财务账表，商业银行所述的现金损失不是发生在保险期间内，故商业银行的损失不属于保险人的保险责任范围。

一审裁判结果

厦门市思明区人民法院依照《中华人民共和国保险法》第24条第1款之规定，判决如下：被告中华保险应于本判决生效之日起10日内支付原告商业银行保险金1832184元。

一审裁判理由

福建省厦门市思明区人民法院经审理认为：

第一，关于商业银行雇员曾素珠犯挪用资金罪是否属于本案讼争的雇员忠诚保险的保险责任范围问题。根据中国保险学会对雇员忠诚保险的定义：雇员忠诚保险，又称诚实保证保险，承保雇主因雇员的不诚实行为，如盗窃、贪污、侵占、非法挪用、故意误用、伪造、欺骗等而受到的经济损失。因此，本案讼争雇员忠诚保险合同所承保的是雇员的不诚实行为引发的保险责任事故。也就是说，本案讼争雇员忠诚保险合同中保险责任所列举的分项，是指中华保险公司承保在保险期内商业银行的雇员因携款潜逃、贪污、职务侵占等不诚实行为引发的保险责任事故,并经公安或其他司法部门确认的被保险现金的损失。另外,从本案讼争雇员忠诚保险合同的免责条款第③条可以认定中华保险公司所承保的是商业银行雇员的不忠诚行为。现根据商业银行提交的厦门市湖里区人民法院〔2008〕湖刑初字第199号刑事判决书中认定的事实,证明商业银行雇员曾素珠是因实施了挪用本单位资金1832684元借贷给他人的犯罪行为而构成挪用资金罪。鉴于本案讼争雇员忠诚保险合同中保险责任条款未明确挪用资金的不诚实行为,但该挪用资金的犯罪行为符合上述中国保险学会对雇员忠诚保险定义界定的非法挪用的不诚实行为范畴,故应认定商业银行雇员曾素珠挪用本单位资金的犯罪行为符合本案讼争雇员忠诚保险合同关于不忠诚行为的约定,属于中华保险公司的保险责任事故范围。

第二,关于发生保险事故的地点是否属于保险合同约定的上门收款点清单范围问题。根据本案讼争保险合同中约定,中华保险承保的标的坐落地址为商业银行的各营业网点及各ATM机,因此,该保险合同附件中有关商业银行固定和临时企业上门收款点清单是以地址作为中华保险承保的保险事故发生地。鉴于乌石浦稽征所与厦门稽征处同在厦门市吕岭路295号一个办公地点办公,同时乌石浦稽征所又是厦门稽征处的下设分支机构,商业银行对乌石浦稽征所也是上门收款,故应认定乌石浦稽征所属于本案讼争保险合同约定的上门收款点清单范围。

第三,关于商业银行主张的保险损失是否发生在保险合同约定的保险期间范围问题。根据厦门市湖里区人民法院〔2008〕湖刑初字第199号刑事判决书查明的事实,即2005年6月至2007年9月间,曾素珠在担任商业银行莲前支行柜员期间,利用被派驻到福建省公路稽征局厦门乌石浦稽征所上门收款员的职务便利,采取延迟入账时间,并不断循环以后挪用的款项归还前次挪用的款项的手段,从其经手代征的公路规费中挪用资金共计1832684元借给其亲属,至案发时仍未归还。该事实证明曾素珠在2005年6月至2007年9月间实施的挪用资金行为是连续性的,故应认定商业银行主张的其雇员曾素珠挪用资金1832684元的保险损失发生在本案讼争合同约定的保险期间内。

综上所述,商业银行与中华保险公司之间签订的现金保险保险单,系双方当事人的真实意思表示,且未违反国家法律法规的规定,应认定为有效的保险合同。同时,根据该保险单的约定,双方又建立附加雇员忠诚保险的保险合同关系。本案中,商业银行的雇员曾素珠在2005年6月至2007年9月间利用其被派驻到福建省公路稽征局厦门乌石浦稽征所上门收款员的职务便利,采取延迟入账时间,并不断循环以后挪用的款项归还前次挪用的款项的手段,从其经手代征的公路规费中挪用资金共计1832684元。鉴于商业银行雇员曾素珠上门收款的地址是厦门市吕岭路295号的乌石浦稽征所，属于本案讼争保险合同约定的上门收款点清单范围，同时上述挪用资金行为具有连续性，其时间延续至2007年9月，也属于本案讼争合同约定的保险期间。且商业银行雇员曾素珠挪用资金的行为符合雇员忠诚保险定义界定的非法挪用的不诚实行为范畴，属于本案讼争保险合同中约定的中华保险公司保险责任范围。故应认定本案商业银行雇员曾素珠的不诚实行为构成了本案讼争雇员忠诚保险合同中约定的保险事故发生，现商业银行要求中华保险公司在扣除事故免赔额500元后支付保险金1832184元符合合同约定和法律规定，法院予以支持。而中华保险公司的拒赔理由则缺乏事实和法律依据，法院不予以采信。

二审诉辩情况

中华保险公司不服上诉称：

1. 商业银行因曾素珠挪用资金行为造成的损失系因其2007年5月1日之前的挪用行为造成，保险期间曾素珠挪用行为没有给商业银行造成损失，中华保险公司依法无须对商业银行的损失承担保险理赔责任。

2. 曾素珠涉案罪名与保险条款约定的责任范围不符，中华保险公司不应承担保险理赔责任。讼争雇员忠诚保险的责任范围为列举式界定，并非概括式的定义方式，原审法院以中国保险学会的解释任意扩大保险责任范围，没有法律依据；另外，本案所涉保险系商业保险，协会的解释不能作为商业保险条款必须遵循的规定。

3. 商业银行损失所涉单位与其投保时提供的固定和临时企业上门收款点清单范围不符。

4. 商业银行的损失没有得到司法机关最终的确认，损失的最终金额无法确定，其起诉要求中华保险公司支付保险金也不符合保险理赔条件。故中华保险公司请求二审法院撤销原审判决，改判驳回商业银行的诉讼请求或发回重审。

商业银行答辩称：

1. 本案造成商业银行的损失发生在2007年8月30日至9月20日，属于中华保险公司的保险承保期限内。

2. 曾素珠犯罪行为地福建省公路稽征局厦门乌石浦稽征所在中华保险公司的保险承保地址范围内。

3. 曾素珠挪用资金不能归还的行为是职务侵权行为，是明显的雇员不忠诚行为，属于中华保险公司应当承担保险责任的范围。

4. 商业银行的损失已经湖里区人民法院的判决认定,并非损失金额没法确定,根据《保险法》第 45 条的规定,商业银行可以直接向保险人索赔,商业银行起诉中华保险公司支付保险金并无不当。故商业银行请求二审法院驳回上诉,维持原判。

二审裁判结果

厦门市中级人民法院经审理认为,原审法院认定事实清楚,适用法律正确,应予维持。中华保险的上诉理由缺乏事实和法律依据,不予支持。根据《中华人民共和国民事诉讼法》第 153 条第 1 款第 1 项之规定,判决如下:驳回上诉,维持原判。

二审裁判理由

厦门市中级人民法院经审理认为:

第一,关于商业银行雇员曾素珠犯挪用资金罪是否属于讼争的雇员忠诚保险的保险责任范围问题。原审法院依据中国保险学会对雇员忠诚保险的解释,结合厦门市湖里区人民法院〔2008〕湖刑初字第 199 号刑事判决认定的曾素珠挪用资金犯罪事实,从讼争保险合同条款及双方当事人签订雇员忠诚保险合同的目的进行整体解释,认定曾素珠挪用资金行为符合雇员忠诚保险合同关于不忠诚行为的约定,属于中华保险公司的保险责任范围并无不当,应予以确认。

第二,关于商业银行主张的保险损失是否发生在保险合同约定的保险期间范围问题。根据 2007 年现金对账明细表、厦门商业银行银企对账单记载的内容,表明曾素珠于 2007 年 8 月 30 日至 2007 年 9 月 30 日分九笔挪用资金不能归还,造成商业银行的损失 1832684 元,因此,商业银行主张的损失 1832184 元发生在中华保险公司的保险期限内,中华保险公司的该项上诉理由证据不足,法院不予采纳。

第三,关于中华保险公司提出商业银行的损失没有得到司法机关最终的确认,损失的最终金额无法确定的问题。本案中,生效的厦门市湖里区人民法院〔2008〕湖刑初字第 199 号刑事判决已经认定曾素珠从其经手代征的公路规费中挪用资金共计 1832684 元借给其亲属,至案发时仍未归还,故商业银行主张损失 1832684 元已经确定。根据《中华人民共和国保险法》第 45 条规定,因第三者对保险标的的损害而造成保险事故的,保险人自向被保险人赔偿保险金之日起,在赔偿金额范围内代位行使被保险人对第三者请求赔偿的权利。因此,商业银行要求中华保险公司支付保险金 1832184 元于法有据,中华保险公司的该项上诉理由不予采纳。至于发生保险事故的地点是否属于保险合同约定的上门收款点清单范围问题,原审判决已作了充分说明。原审法院的处理意见,有事实和法律依据,应予支持。

62. 财产一切险的保险范围为何？对于财产损失原因的举证责任应如何分配？

财产一切险主要保险范围包括由除保险单列有的除外责任之外的自然灾害和意外事故所造成的保险标的的直接损失。依据旧《保险法》第49条之规定,在被保险人通知发生保险事故后,保险人应当及时开始保险事故的调查,并对保险标的所发生的损害及其程序予以核定,因此,对于财产损失原因的举证责任应在保险人而非被保险人一方,除非保险人能够证明造成损失的原因或受损的财产属于除外责任范围,否则所有损失均应属于保险责任范围之内。

典型疑难案件参考

中禾公司因职员过失造成财产损失诉平安保险公司保险理赔案

基本案情

2003年7月4日,原告厦门中禾实业有限公司（以下简称中禾公司）与被告中国平安财产保险股份有限公司厦门分公司（以下简称平安保险公司）签订了一份《保险合同》,约定:保险标的物为中禾公司的房屋建筑、机器设备、装修及家具、原材料、产品及半成品、其他财产等。总保险金额为人民币2亿元。其中原材料、产品及半成品等存货部分的保险金额为1.2亿元;保险险别为财产一切险,保险期限12个月（自2003年7月5日12时起至2004年7月5日12时止）；责任范围为因自然灾害或意外事故造成的损失。其中保险合同除外责任条款第10条约定"被保险人及其代表的故意行为或重大过失引起的任何损失、费用和责任,以及被保险人的亲友或雇员的偷窃",平安保险公司不负责赔偿。中禾公司依约向平安保险公司交纳保险金。

2003年9月24日晚,中禾公司在生产过程中发现仓库中有黑色大豆流入生产线,中禾公司于9月25日及时通知平安保险公司,平安保险公司随后对现场进行了调查并多次取证,对于事故发生的原因双方均表示不详。双方于

10月22日签订一份《协议书》，《协议书》确定受损大豆数量为866.6吨，并约定受损大豆由中禾公司做销毁处理。之后，中禾公司销毁受损大豆发生处理费用66468.45元。其后，中禾公司又多次向平安保险公司提出赔偿请求，但平安保险公司拒不支付保险赔偿金。中禾公司遂向法院提起诉讼，请求法院判令被告平安保险公司立即支付中禾公司保险赔偿金共计2216442.16元，清理费66460.50元，以及逾期利息和违约金。

一审诉辩情况

被告平安保险公司辩称：

大豆受损是由于中禾公司的机修人员未盖好仓库封口，导致台风将水刮入仓库造成的，属于原告自身的过错行为，故不属于被告的保险责任范围，且中禾公司证明其处理受损大豆发生费用的证据不足，请求驳回原告中禾公司的诉讼请求。

一审裁判结果

厦门市同安区人民法院经审理，依照《中华人民共和国合同法》第60条第1款、第107条和《中华人民共和国保险法》第14条、第23条、第24条第1、2款之规定，判决如下：平安保险公司应于判决生效之日起10日内赔偿中禾公司的保险金额2216442.16元及违约金（自2004年10月16日起至实际支付之日止，按中国人民银行规定的同期同类贷款利率支付），清理费66460.50元。

一审裁判理由

厦门市同安区人民法院经审理认为：

中禾公司与平安保险公司签订的保险合同是双方当事人的真实意思表示，内容合法有效，平安保险公司依约收取保险费，依法应承担保险义务。中禾公司发现大豆受损后及时通知平安保险公司，平安保险公司也及时派人对现场进行调查并多次取证。嗣后，中禾公司依约向平安保险公司提交事故发生的经过、原因和损失程度，已经履行被保险人所能履行的提交相关材料之义务。对大豆受损的原因，中禾公司提供气象部门出具的证明，证实2003年8月4日，同安区遭受第9号"莫拉克"台风袭击，雨量达118.4毫米，台风将水刮进3号仓进料口导致大豆受损。平安保险公司对此并没有异议，只是认为中禾公司的大豆受损是因为中禾公司及其代表没有盖好盖板，导致下雨进水致大豆变黑变质受损，是中禾公司及其代表的重大过失所致，属保险合同约定的除外责任。本院认为，保险合同约定的除外责任条款第10条中的"被保险人及其代表"应指中禾公司的董事长、董事、总副经理或中禾公司的高级负责人派驻在该单位的代表。中禾公司的机修人员在检修时动过输送线上盖板,没有盖好,由于缝隙较小没有注意,虽有存在过错行为,但机修人员不属被保险人及其代表的范畴。平安保险公司既没有查明大豆受损的真正原因,又没有通过有关部门的鉴定,认为中禾公司的大豆受损系被保险人及其代表的重大过失引起的损失,缺乏事实依据,不予采纳。中禾公司大豆受损的数量为866.6吨已得到平安保险公司的认可,应予确认。

根据双方的约定,中禾公司负责对受损大豆的销毁处理,有厦门市吉安搬运装卸有限公司(下称吉安公司)出具的确认书及中禾公司汇款给该公司的处理费用为据,事实清楚,证据充分,该费用是中禾公司销毁受损大豆的合理费用,应由平安保险公司承担。中禾公司的机修人员对大豆受损虽有存在过错行为,但不属保险合同条款的除外责任。由于本案是保险合同理赔纠纷,不能适用混合过错的赔偿原则,故中禾公司的诉讼请求,应予支持。

二审诉辩情况

一审判决后,平安保险公司不服,向厦门市中级人民法院提出上诉称:"被保险人及其代表"就是指被保险人和他的代表,代表包括代表被保险人从事各项工作的员工。中禾公司的机修工在从事本职范围的工作,代表的就是中禾公司。本案大豆受损主要原因在于中禾公司的机修工没有将进料口盖板盖好,而不是台风,中禾公司的损失是其机修工的重大过失、大豆的自热变化造成,过错主要在于被保险人及其代表,不存在混合过错,属于平安保险公司的除外责任,平安保险公司不承担任何赔偿责任。请求:撤销原判,改判驳回中禾公司的诉讼请求,平安保险公司不承担任何赔偿责任。

被上诉人中禾公司答辩称:

"被保险人及其代表"是保险条款中的通用条款,对该条款的理解在保险理论及实践中并未包括雇员。平安保险公司与其在保险条款洽谈时,亦从未明确告知该条款包括雇员。本案的货损是台风造成的,机修工不属于"被保险人代表",其行为亦未构成"故意或重大过失"。请求驳回上诉,维持原判。

二审裁判结果

厦门市中级人民法院经审理认为,原审判决认定事实清楚,适用法律正确,应予维持。根据《中华人民共和国民事诉讼法》第153条第1款第1项之规定,判决如下:驳回上诉,维持原判。

二审裁判理由

厦门市中级人民法院经审理认为：

中禾公司向平安保险公司投保财产一切险，财产一切险主要保险范围是除了保险单列有的除外责任外的自然灾害和意外事故。财产一切险的举证责任在保险人而非被保险人，除非保险人证明损失是属于除外责任范围，否则所有损失均属于保险责任内。"被保险人及代表"根据保险理论及实践，均指一个单位或公司的法人代表、董事长、副董事长、董事、经理、副经理、总会计师、总工程师或上级单位派驻该公司或单位的代表，不包括一般雇员。讼争大豆受损的原因在于中禾公司的机修工未将盖板盖好，导致台风将雨水刮进桶仓引起。根据该条款的理解一般雇员的故意或重大过失，只要不是被保险人指使或授意的，不属于保险公司免责的范围。因此，平安保险公司主张免责的理由不能成立。双方已明确约定由中禾公司负责对受损大豆的销毁处理，中禾公司根据双方的约定雇请吉安公司进行清仓、分选、罐包、码跺、搬运等，所发生的费用有吉安公司出具的确认书及中禾公司汇款给该公司的银行进账单为据，中禾公司在销毁后将相关情况告知平安保险公司，平安保险公司亦从未提出异议，故应予以赔偿。综上，平安保险公司的上诉理由不能成立，其上诉请求应予驳回。

二、责任保险合同纠纷

63. 如何理解保险人向投保人"明确说明"免责条款？

为保护投保人的合法权益免遭侵害，我国《保险法》第17条明确规定，在订立保险合同时，保险人应对保险合同中免除保险人责任的条款在投保单、保险单或者其他保险凭证上作出足以引起投保人注意的提示，并对该条款的内容以书面或者口头形式向投保人作出明确说明，未作提示或者明确说明的，该条款不产生效力。而所谓"明确说明"，是指投保人对有关免责条款的概念、内容及其法律后果等对投保人作出解释，以使其明了该条款的真实含义和法律后果。此外，在司法实践中，保险人应对其已对投保人进行"明确说明"承担举证责任。

典型疑难案件参考

段天国诉中国人民财产保险股份有限公司南京市分公司保险合同纠纷案（《最高人民法院公报》2011年第3期）

基本案情

2008年3月24日，原告段天国为苏0141557拖拉机在被告人中国人民财产保险股份有限公司南京市分公司（以下简称人保南京分公司）处投保了机动车第三者责任保险，保险金额为20万元，保险期间自2008年3月25日至2009年3月24日，双方特别约定，保险车辆车主为段天玲，被保险人为段天国。涉案保险合同第6条第七项第2款约定："驾驶人驾驶的被保险机动车与驾驶证载明的准驾车型不符的，则不论任何原因造成的对第三者的损害赔偿责任，保险人均不负责赔偿。"第9条第一项约定："保险人在依据本保险合同约定计算赔款的基础上，在保险单载明的责任限额内，按下列免赔率免赔……负全部事故责任的免赔率为20%。"第25条第2款约定："保险人按照国家基本医疗保险的标准核定医疗费用的赔偿金额。"该保险投保单的投保人声明处载明："保险人已将投保险种对应的保险条款（包括责任免除部分）向本人作了明确说明，本人已充分理解，上述所填写的内容均属实，同意以此投保单作为订立保险合同的依据。"段天国在投保人声明栏签字确认。

2008年9月11日，原告段天国驾驶苏0141557号拖拉机在龙铜线与案外人王大伟驾驶的二轮助力车相撞，造成两车损坏、王大伟受伤的交通事故。交警部门认定段天国负事故全部责任。王大伟遂向法院起诉，南京市江宁区人民法院作出〔2009〕江宁民一初字第480号民事判决书、〔2009〕江宁民一初字第480号民事裁定书，判决被告人保南京分公司在段天国另行投保的交强险责任限额内赔偿王大伟111075元，段天国、段天玲连带赔偿王大伟55923.68元。判决生效后，段天国向人保南京分公司要求理赔被拒绝，遂向法院提起诉讼。

另查明，案外人王大伟伤后抢救医疗费2402.30元未在〔2009〕江宁民一初字第480号案中处理，庭审中被告人保南京分公司对上述抢救费用真实性无异议。故原告段天国在该起事故中未获保险公司理赔的损失有垫付的医疗费14500元、连带赔偿款55923.68元、抢救医疗费2402.30元，合计72825.98元。涉案事故发生时，段天国持有的机动车驾驶证为公安机关交通管理部门核发的B型驾照。

诉辩情况

原告段天国诉称：

2008年3月24日，原告与被告人保南京分公司签订了第三者责任保险合同。2008年9月11日，原告驾驶被保险车辆在龙铜线上村西段与案外人王大伟驾驶的助力车相撞，造成两车损坏、王大伟受伤的交通事故。原告要求被告全额支付保险金，遭到被告无理拒绝。请求法院判令被告依据保险合同向原告支付保险金72825.98元。

被告人保南京分公司辩称：

根据涉案保险合同条款第9条的约定，即使理赔，也应扣除20%的免赔率。根据涉案保险合同条款第25条第2款的约定，对于伤者的4080.20元的医保外用药费用不应予以理赔。

裁判结果

江苏省南京市江宁区人民法院经审理，判决如下：被告人保南京分公司给付原告段天国保险理赔款58260.78元。

裁判理由

江苏省南京市江宁区人民法院经审理认为：

原告段天国与被告人保南京分公司签订的保险合同是双方当事人真实意思表示，合法有效，应受法律保护。保险公司在被保险车辆发生交通事故时，应按照双方当事人在涉案保险合同中的约定予以赔偿。本案发生于2008年，应当适用2002年修订的《中华人民共和国保险法》。

关于涉案保险合同的争议条款能否理解为"医保外用药不予理赔"的问题。涉案保险合同第25条第2款约定："保险人按照国家基本医疗保险的标准核定医疗费用的赔偿金额。"对于该条规定，原告段天国与被告人保南京分公司有不同的理解。人保南京分公司认为，该条规定的含义是"医保外用药"不予理赔，段天国认为，该条款中的"国家基本医疗保险的标准"并无明确具体的含义，人保南京分公司将其定义为"医疗用药的范围"无法律依据。对此法院认为，《中华人民共和国合同法》第41条规定："对格式条款的理解发生争议的，应当按照通常理解予以解释。对格式条款有两种以上解释的，应当作出不利于提供格式条款一方的解释。格式条款和非格式条款不一致的，应当采用非格式条款。"因此，在涉案保险合同争议条款的涵义不明确的情况下，应当作出不利于人保南京分公司的解释。

即使涉案保险合同的争议条款可以被理解为"医保外用药不予理赔"，该条款的效力也应当结合保险合同的相关法律规定全面加以分析。从保险合同的性质来看，保险合同是最大的诚信合同，保险合同的免责条款决定着投保人的投保风险和投保根本利益，对于投保人是否投保具有决定性的影响。根据《保险法》第17条第1款、第18条的规定："保险人应当向投保人说明保险合同的条款内容。保险合同中规定有关于保险人责任免除条款的，保险人在订立保险合同时应当向投保人明确说明，未明确说明的，该条款不产生效力。"据此，保险人在订立保险合同时必须向投保人就责任免除条款作明确说明，前述义务是法定义务，也是特别告知义务，这种义务不仅是指经过专业培训而具有从事保险资格的保险人在保险单上提示投保人特别注意，更重要的是要对有关免责条款内容作出明确解释，如合同当事人对保险人就保险合同的免责条款是否明确说明发生争议，保险人应当负有证明责任，即保险人还必须提供其对有关免责条款内容作出明确解释的相关证据，否则该免责条款不产生效力。本案中，人保南京分公司为证明已经尽到告知义务而提供的证据是涉案保险投保单的投保人声明以及段天国的签名，但该段声明的内容并没有对争议条款的具体内容作出明确的解释，不能证明人保南京分公司已经向段天国陈述了该条款包含"医保外用药不予理赔"即部分免除保险人责任的涵义。因此，即使该条款可以被理解为"医保外用药不予理赔"，也不能发生相应的法律效力。

此外，国家基本医疗保险是为补偿劳动者因疾病风险造成的经济损失而建立的一项具有福利性的社会保险制度。旨在通过用人单位和个人缴费建立医疗保险基金，参保人员患病就诊发生医疗费用后，由医疗保险经办机构给予一定的经济补偿，以避免或减轻劳动者因患病、治疗等所带来的经济风险。为了控制医疗保险药品费用的支出，国家基本医疗保险限定了药品的使用范围。而涉案保险合同是一份商业性的保险合同，保险人收取的保费金额远远高于国家基本医疗保险，投保人对于加入保险的利益期待也远远高于国家基本医疗保险。因此，如果按照被告人保南京分公司"医保外用药不予理赔"的主张对争议条款进行解释，就明显降低了人保南京分公司的风险，减少了人保南京分公司的义务，限制了原告段天国的权利。人保南京分公司按照商业性保险收取保费，却按照国家基本医疗保险的标准理赔，有违诚信。

综上，被告人保南京分公司根据涉案保险合同约定"医保外用药不予理赔"的主张不予支持。原告段天国未投保"不计免赔附加险"，涉案保险合同约定的保险条款已明确驾驶人在事故中负全部事故责任的免赔率为20%，人保南京分公司辩称应扣除20%免赔部分再予理赔的意见，符合涉案保险合同的约定，应予以支持。

64. 如何判断保险合同中特别约定条款的效力？

保险合同虽大多为格式合同，但并不排除投保人与保险人就其他事项进行特别约定，这与普通民事合同原理并无差异。然而，对于这些特别约定条款的效力，应根据保险合同的特殊性予以区别对待。若特别约定条款涉及免除保险人责任的内容，则保险人应依据《保险法》第17条之规定对投保人进行"明确说明"，否则不产生法律效力；若该特别约定条款不涉及免责事由，则其性质应与一般合同条款相同，投保人不能以保险人违反《保险法》第17条之说明义务而主张该条款无效，而应依据《合同法》关于格式条款的相关规定对其效力进行判断。

典型疑难案件参考

劳伟星诉华泰财产保险股份有限公司上海分公司保险合同案

基本案情

2001年9月17日，原告劳伟星就其所有的"国产万丰SHK6470"小客车向华泰财产保险股份有限公司上海分公司（以下简称华泰保险）投保，保险险别分列为车辆损失险（保险价值87600元）、第三者责任险（赔偿限额10万元），保险期限自2001年9月18日0时起至2002年9月17日24时止，保险费为3403.20元，保单上方载明"车牌号码：待领"，保单下方特别约定处第二点载明"本保险单保险责任自行驶证正式登记之日起生效"，保单下方告知部分载明"2. 收到本保险单后请即核对，填写内容如与投保事实不符，立即通知本保险人采用机动车辆保险批单更改，其他方式的更改无效；3. 详细阅读所附保险条款，特别是有关责任免除和投保人、被保险人并办理批改手续"等。该保险单背面所附的保监发〔2000〕16号《机动车辆保险条款》第5条第十一项规定："除本保险合同另有书面约定外，发生保险事故时保险车辆没有公安交通管理部门核发的行驶证和号牌，或未按规定检验或检验不合格，不论任何原因造成保险车辆的损失或第三者的经济赔偿责任，保险人均不负责赔偿；第29条规定："被保险人索赔时不得有隐瞒事实、伪造单证、制造假案等欺诈行为"；第30条规定："被保险人不履行本条款第二十四条至第二十九条规定的义务，保险人有权拒绝赔偿或自书面通知之日起解除保险合同；已赔偿的，保险人有权追回已付保险赔款"。合同签订后，劳伟星支付了保险费3403.20元。2001年10月15日,根据劳伟星申请,华泰保险同意出具保险批单,载明"自2001年10月15日0时起至2002年9月17日24时止,增保本保险单项下不计免赔险,共338天",劳伟星支付了相应的保险费680.64元。

2002年3月28日,劳伟星驾驶涉案保险车辆与一辆助动车发生碰撞,致助动车驾驶员受伤,交警部门认定劳伟星负次要责任,并赔偿助动车驾驶员22155.94元。劳伟星支付了上述赔偿费用。2003年2月26日,劳伟星将有关材料交给华泰保险提出索赔申请,华泰保险于2006年5月29日出具拒赔通知书拒绝理赔。劳伟星遂向法院提起诉讼,要求华泰保险支付保费。

另查明,劳伟星行驶证登记日期为2003年3月,发证日期为2003年3月21日,并记载投保车辆的号牌号码为"浙D19734"。

诉辩情况

原告劳伟星诉称:

其已向华泰保险投保并与华泰保险签订机动车辆保险合同,投保项目包括车辆损失险和第三者责任险。华泰保险应当赔付2002年3月28日劳伟星因交通事故承担的赔偿金22155.94元及相应利息。

被告华泰保险辩称:

劳伟星长期违反交通法规,不办理正式的行驶证,故根据保单特别约定第2条,在涉案保险事故发生时保单尚未生效,劳伟星应自行承担不利后果,华泰保险有权拒赔;即便不考虑合同效力,发生保险事故时,劳伟星事故车没有公安部门核发的临时号牌,且其理赔时提供的临时行驶号牌属于伪造单证,根据保单条款第5条第十一项、第29条、第30条约定,华泰保险也可拒赔,故请求法院驳回劳伟星诉请。

裁判结果

上海市浦东新区人民法院经审理,依照《中华人民共和国合同法》第45条第1款、《中华人民共和国保险法》第13条的规定,判决如下:原告劳伟星的全部诉讼请求不予支持。

裁判理由

上海市浦东新区人民法院经审理认为,劳伟星与华泰保险之间就系争车辆签订的保险合同系双方真实意思表示,合法有效,应依法成立,双方均应受合同条款的约束。本案的关键在于应当如何认定保险事故发生时保险单的效力。

第一,保险单特别约定第2条载明的"本保险单保险责任自行驶证正式登记之日起生效"，应被认为系双方对本保险合同所附的生效条件。根据合同法，当事人对合同的效力可以约定附条件，附生效条件的合同，自条件成就时生效，附解除条件的合同，自条件成就时失效。2002年3月28日本案保险事故发生时，劳伟星行驶证尚未正式登记，且其正式登记日期为2003年3月，已超过保险合同约定的保险责任期间即2001年9月18日至2002年9月17日，因此根据保险合同，在本案保险事故发生时本保险合同尚未生效，华泰保险关于涉案保险事故发生时保险合同尚未生效故其不应承担相应的保险责任的抗辩成立。

第二，作为保险合同关系存在及保险合同主要权利义务内容的证明，保险单具有特定的法律地位，即当保险单出具后，保险合同的重要内容，如保险险别、特别约定、保险期限等，均应以保险单记载为准。华泰保险在保险单上就特别约定内容采用加大、加粗字体的方式打印以提示劳伟星注意，劳伟星虽称其并不清楚且华泰保险也未明确告知上述条款，但劳伟星作为投保人在取得保险单后的合理期间内，从未就此表示过异议，且数次依本保险单向华泰保险索赔，应推定其自行放弃异议的权利并同意保险单内上述记载内容（含特别约定）。

第三，保险单上关于"车辆号码：待领"的内容只能视为对双方订立保险合同时涉案投保车辆当时尚未办理行驶证，号牌正在办理中情况的事实记载，同时说明华泰保险对上述情况明知，"待领"与特别约定第2条条款内容并不矛盾，也不存在争议，正是基于存在"待领"的事实情况，双方才会作出"保险责任自行驶证正式登记之日起生效"的特别约定，故劳伟星认为保险单上的"待领"内容与关于行驶证的特别约定相互矛盾应当按有利于非提供合同一方的原则解释，且双方对号牌问题另有约定的理由不能成立。

第四，劳伟星因办理上海户籍致事故车辆正式行驶证未能及时办理的理由并不充分，该理由系因劳伟星单方原因所致，在订立合同时，劳伟星应当对其是否能及时办理行驶证作出正确判断，并应对不能及时办理行驶证的后果有充分的了解，而其仍与华泰保险订立保险合同的行为后果自然应当由其承受。

综上，华泰保险依据上述保险条款拒赔于法有据，劳伟星的诉讼请求缺乏法律依据，不予支持。

65. 如何认定保险合同中免责条款的法律效力？

一般而言，在保险合同纠纷中，《保险法》关于保险合同的规定作为特别法优先于合同法适用。但如保险法未作出规定，而合同法有一般性规定的，该规定对于保险合同纠纷的法律适用具有普遍效力。鉴于实践中的保险合同多为格式合同，且《保险法》对于格式条款的概念、权利义务的确定原则等未作规定，因此《合同法》第39、40条就成为了判断保险合同中免责条款法律效力的前提条件。在司法审判中，不应仅根据《保险法》第17条，以保险人是否向投保人说明了免责条款作为该条款是否生效的唯一判断依据，如果该免责条款本身即为显失公平，即使有证据表明保险人已经明确说明，也不应认定该条款有效，而应直接适用《合同法》第40条的规定作为判断条款效力的依据。

典型疑难案件参考

陆建辉诉中国大地财产保险股份有限公司南通中心支公司财产保险合同案

基本案情

2005年10月19日，原告陆建辉将其所有的苏FAU798轿车向被告大地保险公司投保车辆损失险、第三者责任险、不计免赔特约险。车辆损失险的责任限额为26万元、第三者责任险的责任限额为20万元。保险期限一年。《大地保险公司第三者责任保险合同》第5条约定：经保险人事先同意，被保险人因给第三人造成损害而被提起仲裁或诉讼的，对应由被保险人支付的仲裁或诉讼费用以及其他费用，保险人负责赔偿。2006年10月17日，陆建辉之妻茅建辉驾驶该车与顾益平驾驶的苏FZ1887号二轮摩托车发生碰撞，致顾益平受伤，双方车辆受损。经启东市公安局交通巡逻警察大队责任认定，茅建辉负事故主要责任，顾益平负次要责任。后顾益平提起诉讼，启东市人民法院于2007年1月23日作出〔2007〕启民一初字第0081号民事判决，认定顾益平因本起交通事故受到的损失合计22603.98元，判决茅建辉承担70%的赔偿责任，赔付给顾益平医药费等15822.79元，并承担诉讼费1102元。另外，在交通事故中，陆建辉轿车受损，大地保险公司确定该车损失为4100元。陆建辉向大地保险公司索赔无果，遂诉至法院。

一审诉辩情况

原告陆建辉诉称：

我所有的苏FAU798轿车投保于中国大地财产保险股份有限公司南通中心支公司（以下简称大地保险公司），并订立保险合同，保险期限为2005年10月19日至2006年10月18日。2006年10月17日16时许，我妻茅建辉驾驶该车与顾益平所驾二轮摩托车相撞，致顾益平跌地受伤，经启东市公安局交通巡逻警察大队认定，茅建辉负主要责任。为此，顾益平诉至法院。2007年1月23日，启东市人民法院判令茅建辉承担70%的赔偿责任，赔付给顾益平医药费等15822.79元，并承担诉讼费1102元，加上我轿车的修理费4100元，大地保险公司应赔偿我21024.79元。但我向大地保险公司索赔时，其无理减赔。请求判令大地保险公司赔偿21024.79元，并承担本案诉讼费用。

被告大地保险公司辩称：

因第三者出院后无须护理的医嘱或鉴定结论，且护理人员未提供连续三个月的工资证明，故第三者护理时间，应为住院天数，护理标准应为市场护工标准；我公司已理算保险金为13599.56元，并经陆建辉确认，我公司只应承担判决金额与理算金额之间差额的诉讼费用。请求法院依法判决。

一审裁判结果

江苏省启东市人民法院依照《中华人民共和国民事诉讼法》第130条、《中华人民共和国保险法》第24条、第33条、第50条、第51条之规定，作出如下判决：大地保险公司于本判决生效之日起10日内赔偿陆建辉损失19675.79元。

一审裁判理由

江苏省启东市人民法院经审理认为：

陆建辉与大地保险公司之间订立的机动车辆保险合同，合法有效。保险车辆在保险期限内发生交通事故，根据法律规定和合同约定，当属保险责任事故，保险人应当在保险责任范围内承担保险责任。大地保险公司抗辩第三者责任险中有关护理费的计算时间及计算标准的问题，因本院作出的〔2007〕启民一初字第0081号民事判决书对此已作确认，不予支持。对于大地保险公司抗辩的诉讼费承担问题，因大地保险公司单方确认的理赔数额并没有得到陆建辉的最终确认，且大地保险公司实际也尚未支付该理赔款，不予采纳。综上，认定被告应赔偿原告第三者责任险16805.79元，车辆损失2870元，合计19675.79元。

二审诉辩情况

上诉人大地保险公司诉称：

1. 在〔2007〕启民一初字第 0081 号案件中无第三者出院后需护理的医嘱或鉴定结论，以及因护理而误工的证明和连续三个月的工资证明，故应以住院期间计算护理时间。

2. 依照双方订立的保险合同第 5 条的约定，陆建辉在上述案件中承担的诉讼费未经我公司事先书面同意承担，不属于保险责任。请求依法改判。

被上诉人陆建辉辩称：

〔2007〕启民一初字第 0081 号民事判决已生效，我也履行了该判决书中的赔偿义务。大地保险公司在一审中对诉讼费未提出抗辩，应视为大地保险公司同意。请求驳回上诉，维持原判。

二审裁判结果

江苏省南通市中级人民法院经审理，依照《中华人民共和国民事诉讼法》第 153 条第 1 款第 1 项之规定，作出如下判决：驳回上诉，维持原判。

二审裁判理由

江苏省南通市中级人民法院经审理认为：

大地保险公司与陆建辉签订的第三者责任保险合同第 5 条约定，保险人承担诉讼费的前提是被保险人被提起诉讼要经其书面同意。该条款是格式条款，依照《合同法》第 40 条规定，提供格式条款的一方，如果违背公平原则，免除其责任、加重对方责任、排除对方主要权利的，该条款无效。陆建辉被他人提起诉讼，并被人民法院判决承担诉讼费用，既不是陆建辉，更不是大地保险公司所能左右，而该条款却要求陆建辉被提起诉讼时要经大地保险公司书面同意，显然不合情理，也不符合法律的规定。故本案第三者责任保险合同第 5 条设立了被保险人陆建辉无法实现的条件，剥夺了陆建辉依照《保险法》第 51 条主张诉讼费负担的权利，应属无效。原审判决陆建辉在道路交通事故赔偿案件中所支付的诉讼费由大地保险公司承担是正确的。至于护理费的问题，已为生效的启东市人民法院〔2007〕启民一初字第 0081 号民事判决所确认。大地保险公司的上诉理由均不成立，原判并无不当。

66. 投保人与第三人之间达成的调解协议是否能够作为保险人向其支付保险金的计算依据？

在现实生活中，投保人在与第三人发生保险事故后，经常采取调解、协商等手段自行确定赔偿数额，并根据该协商方案向保险人要求支付保险金。在此种情况下，应注意区分在投保人与第三人之间和投保人与保险人之间两种不同性质的法律关系，前者系侵权法律关系，而后者则是保险合同法律关系。而鉴于保险金数额是完全依据保险合同中约定的计算方法来确定的，因此与投保人在侵权法律关系中所确定的赔偿数额并无直接联系。换句话说，如果投保人与第三人之间的赔偿数额计算方法符合保险合同中所约定的保险金计算方法，则该赔偿数额可以直接作为投保人要求保险人支付保险金的依据，否则，人民法院应依据保险合同之约定重新核定保险金数额。

典型疑难案件参考

任胜忠诉大众保险股份有限公司宁波分公司保险合同纠纷案

基本案情

原告任胜忠于2006年9月25日就车牌号为皖M55901的汽车向被告大众保险股份有限公司宁波分公司（以下简称大众保险）投保了交强险和商业险，保险期限自2006年9月26日起至2007年9月25日止。2007年3月26日，原告驾驶该车与行人陈佳欣发生碰撞，造成陈佳欣死亡。经交警部门调解，原告赔偿陈佳欣治疗费493元、丧葬费11936元、死亡补偿费156200元、陈佳欣家属交通费555.50元、误工费1026.60元、住宿费480元、陈佳欣衣物等损失200元、精神损害抚慰金16108.90元，合计187000元。原告向被告提出索赔后，被告核定医疗费485.70元、交通费332.50元、误工费192.60元、丧葬费11936元、死亡补偿费156200元、住宿费400元，此外，精神补偿及死者衣物均不予赔偿。据此，被告向原告支付交强险赔款50485.70元，商业第三者责任险赔款119061.10元。原告遂以被告未对其进行全额赔付为由，向法院提起诉讼。

诉辩情况

原告任胜忠诉称：

原告于 2006 年 9 月 25 日向被告大众保险投保了机动车保险，并于同日支付了保费。2007 年 3 月 26 日 9 时 40 分许，原告驾驶投保的皖 M55901 号轿车与行人陈佳欣发生碰撞，造成陈佳欣死亡。事发后，原告赔偿受害人 187000 元。但原告向被告理赔时，被告仅支付了 169546 元，拒绝支付其他合理费用。现要求被告赔偿原告 17454 元。

被告大众保险答辩称：

1. 原告向被告提出索赔后，被告已依法赔付原告 169546.80 元，原告对此亦予认可，并在结案通知书上签收。根据保险条款约定，保险人支付赔款后，对被保险人追加的索赔要求保险人不承担保险责任。

2. 原告投保了交强险与商业险。交强险的死亡伤残赔偿限额为 5 万元，根据立法本意，残疾赔偿金、残疾辅助器具等直接关系受害人人格尊严的费用优先赔偿，而后再考虑对受害人或其家属的精神安抚，交强险条款中所列举赔偿项目顺序亦可印证该点。被告已在交强险死亡伤残限额内向原告足额赔偿了 5 万元，精神损害抚慰金已不能在交强险中得到赔偿，而此项赔款又不属于商业险的责任范围，所以原告要求赔偿精神抚慰金是没有依据的。对于其他费用，被告是根据原告提供的凭证并结合有关规定予以核实，并无不当。被告根据原告提供的交通费、住宿费发票予以核定该两项赔款。因原告未提供处理丧事人员的收入证明，则被告根据其户籍，按上一年度农村居民人均纯收入标准计算误工费，医疗费则是按国家医疗保险赔偿范围予以核定。

裁判结果

宁波市江东区人民法院经审理，依照《中华人民共和国保险法》第 14 条、第 31 条、《中华人民共和国合同法》第 60 条第 1 款、第 41 条、《机动车交通事故责任强制保险条例》第 21 条第 1 款、最高人民法院《关于审理人身损害赔偿案件适用法律若干问题的解释》第 20 条第 3 款、最高人民法院《关于民事诉讼证据的若干规定》第 2 条的规定，判决如下：

被告大众保险股份有限公司宁波分公司支付原告任胜忠保险金 16950.20 元。

裁判理由

宁波市江东区人民法院经审理认为：

原、被告间的保险法律关系合法有效，发生保险事故后，被告应依约承担支付保险金的义务。对于《交通事故损害赔偿调解书》中确定的治疗费，因有医院出具的收费收据、收费项目明细单等证据证实，本院予以认定。对于丧葬费和死亡补偿费，原、被告双方对金额无异议，本院予以认定。对于交通费和住宿费，因原告未提供调解书上相应金额的发票，故本院对被告核定的金额予以认定。对于衣物等损失费，因原告未提供证据，故本院不予认可。对于误工费，虽然原告未提供处理丧葬事宜人员收入证明及户籍证明，但原告提供的住宿费发票、交通费发票可以印证误工人数及天数，参照最高人民法院《关于审理人身损害赔偿案件适用法律若干问题的解释》及宁波市职工平均工资数据，调解书中确认的误工费金额并无不当，应予认定。

对于精神抚慰金，被告认为在死亡伤残限额内应优先赔偿其他费用。但保险条款中只是明确约定死亡伤残赔偿限额项下的赔偿项目包括精神损害抚慰金，并未约定赔偿顺序，被告也无证据证明死亡伤残限额内其他费用应优先赔偿；保险条款系被告提供的格式条款，根据合同法规定，对格式条款有两种以上解释的，应当作出对提供格式条款一方即被告不利的解释，且根据保险法规定，对保险条款有争议的，应当作有利于被保险人的解释。所以，精神抚慰金应在交强险死亡伤残限额内赔偿。被告认为根据保险条款的约定，原告追加的索赔要求被告不承担保险责任，但原告向被告提出索赔后，并未对被告核定的赔付金额予以认可，仍是对原索赔申请未支付部分提出的请求，不属于追加的索赔请求。发生保险事故后，被告仅支付部分赔偿款，对尚欠部分应承担民事责任。

67. 责任保险中的"第三者"的范围应如何确定？

如何理解第三者的范围，不仅关系到第三者合法权益的实现，也关系到合同免责条款效力的认定。在法律尚未对第三者的范围作出界定之前，当事人可以在合同中对其进行约定，但是这一约定不应违反法律的基本原则和精神，以及其他相关法律的规定。首先，保险公司无权对既有法律概念进行任意解释，如在本案中，在保险公司对于家庭成员的解释与现行法律相冲突时，该解释自然无效；其次，保险合同中对于第三者范围的限缩规定在本质上是一种免责条款，因此应由保险人对其已对免责条款履行告知义务承担举证责任；最后，在对第三者范围的描述存在模糊不清或有两种以上解释的情况下，应根据不利解释原则作出有利于投保人的解释。

典型疑难案件参考

杨树岭诉中国平安财产保险股份有限公司天津市宝坻支公司保险合同纠纷案（《最高人民法院公报》2007年第11期）

基本案情

2006年1月20日，原告杨树岭向平安保险中国平安财产保险股份有限公司天津市宝坻支公司（以下简称平安保险）投保机动车辆第三者综合责任险，被保险车辆为津AA9251轻型货车。同日，平安保险接受杨树岭投保，并为杨树岭出具保单。保险合同约定，杨树岭为被保险人，平安保险为保险人，保险期间自2006年1月21日至2007年1月20日，保险费为1386.60元，保险金额为50000元。保险合同第二部分第二章第3条规定："保险车辆造成下列人身伤亡，不论在法律上是否应当由被保险人承担赔偿责任，保险人均不负责赔偿：（一）被保险人或其允许的驾驶员及他们的家庭成员……"保险合同第四部分释义第22条规定："家庭成员包括被保险人的直系血亲和在一起共同生活的其他亲属。"保险合同第三部分车上人员责任险条款第4条第（二）项规定："根据保险车辆驾驶员在事故中所负责任，车上人员责任险在符合赔偿规定的金额内实行事故责任免赔率，负全部责任的免赔20%……"2006年3月17日21时左右，杨树岭驾驶被保险车辆不慎将墙撞倒，致其母张玉荣死亡。同年3月28日，天津市公安局宝坻分局交通警察大队出具交通事故认定书一份，认定杨树岭对此次交通事故负全部责任。同年4月11日，经天津市公安局宝坻分局交通警察大队调解，杨树岭对此次交通事故损害作出相应赔偿，并于事故调解解决后向平安保险提出保险理赔，遭平安保险拒绝理赔。杨树岭遂向法院提起诉讼，要求平安保险支付保险金。

另查明，杨树岭已分家另过，与其父母不属于同一户籍。

一审诉辩情况

杨树岭诉称：

2006年1月20日，杨树岭向平安保险宝坻支公司投保机动车辆第三者综合责任险。同日，平安保险接受杨树岭投保，并为杨树岭出具保单。保险合同约定保险期间自2006年1月21日至2007年1月20日，保险费为1386.60元，保险金额为50000元。2006年3月17日21时许，杨树岭驾驶被保险车辆不慎将墙撞倒，致其母张玉荣死亡。同年4月11日，杨树岭在事故调解解决后向平安保险提出保险理赔，遭平安保险拒赔。根据保险单约定，平安保险可以免赔20%，故诉请法院判令平安保险赔偿杨树岭保险金40000元，并承担本案诉讼费用。

平安保险辩称：

按照保险合同的约定，杨树岭所驾车辆造成其家庭成员伤亡的，平安保险应免赔。保险合同所指"家庭成员"包括被保险人的直系血亲和在一起共同生活的其他亲属。本案事故死者为杨树岭的母亲，是杨树岭的直系血亲，故杨树岭驾驶被保险机动车发生事故致其母死亡，平安保险应免赔。保险合同中的免责条款已用黑体字明确提示，杨树岭对此完全了解并接受，故平安保险不同意杨树岭的诉讼请求。

一审裁判结果

天津市宝坻区人民法院经审理，判决如下：平安保险公司赔偿杨树岭保险金40000元。

一审裁判理由

天津市宝坻区人民法院经审理认为：

保险合同是投保人与保险人约定保险权利义务关系的协议。杨树岭与平安保险之间订立的机动车辆第三者责任险保险合同合法有效，应受法律保护。杨树岭如约交纳保险费后发生交通事故，并与事故相对方达成交通事故赔偿调解书，杨树岭的损失有证据证明。平安保险拒赔杨树岭损失，其依据是涉案机动车辆第三者责任险保险合同中关于"保险车辆造成下列人身伤亡，不论在法律上是否应当由被保险人承担赔偿责任，保险人均不负责赔偿：（一）被保险人或其允许的驾驶员及他们的家庭成员……"、"家庭成员包括被保险人的直系血亲和在一起共同生活的其他亲属"的内容。平安保险据上述约定认为，杨树岭驾驶被保险车辆发生交通事故致使其母死亡，杨树岭与其母互为家庭成员，故涉案交通事故属于上述保险人免责条款规定的情形，平安保险有理由免赔。对此法院认为，平安保险的抗辩理由不能成立，杨树岭与平安保险签订的机动车辆第三者责任险保险合同虽然合法有效，但其中的保险人免责条款无效，平安保险对于涉案交通事故损害应予保险理赔。

1. 涉案保险合同将被保险人即杨树岭的母亲排除在第三者责任险赔付范围之外没有法律依据

首先，涉案保险合同为机动车辆第三者责任险保险合同。按照通常的理解和国际通行的保险理念，机动车辆第三者责任险中的"第三者"，是指订立保险合同的双方当事人即保险人、被保险人（包括被保险车辆内的人员）以外所有的人。机动车辆第三者责任险旨在确保第三者因交通事故受到损害时能够从保险人处获取救济，以保护不特定的第三者的利益。机动车辆第三者责任险保险合同是射幸合同，保险人是否应当给付保险金，取决于合同成立后偶然事件即交通事故的发生。本案中，杨树岭驾车将院墙撞倒后致其母亲死亡，此次交通事故的发生纯属偶然。杨树岭的母亲作为涉案交通事故的受害者，和通常情况下与交通事故肇事者无直系血亲或其他亲属关系的第三者并无不同。在现有法律、法规没有明确规定的情况下，涉案机动车辆第三者责任险保险合同的相关格式化免责条款将被保险人或被保险车辆驾驶人员的家庭成员排除在外，属人为故意缩小第三者的范围。该格式化免责条款的设定主要是为了保护保险人一方的利益，有悖于设置机动车辆第三者责任险的初衷。涉案机动车辆第三者责任险保险合同是保险人事先拟就的格式合同，提供该格式合同的保险人应当遵守诚信原则。《中华人民共和国合同法》第39条规定："采用格式条款订立合同的，提供格式条款的一方应当遵循公平原则确定当事人之间的权利和义务……"，《合同法》第40条规定："……提供格式条款一方免除其责任、加重对方责任、排除对方主要权利的，该条款无效。"据此，平安保险宝坻支公司利用己方强势以预先设定的格式免责条款，缩小第三者的范围，以最大化免除自己的责任，没有法律依据，该格式化免责条款应认定为无效条款。

其次，涉案机动车辆第三者责任险保险合同中关于"家庭成员包括被保险人的直系血亲和在一起共同生活的其他亲属"的内容属违背法律规定的无效解释。"家庭成员"、"直系血亲"、"亲属"均为法律概念，平安保险作为经营保险业务的经济实体，无权对上述法律概念随意进行解释。根据我国相关法律、法规的规定，法律上的"家庭"等同于户籍，一家即为一户，一户即为一家。"家庭成员"是指在同一个户籍之内永久共同生活，每一个成员的经济收入均作为家庭共同财产的人。因此，"家庭成员"与"直系血亲"、"亲属"并非同一概念，具有直系血亲关系的人不一定互为家庭成员。根据本案事实，杨树岭与其父母分家另过，分属两个不同的户籍，经济、生活各自独立，故杨树岭的母亲虽与杨树岭系直系血亲，但不是杨树岭的家庭成员。因此，即使涉案机动车辆第三者责任险保险合同中关于"保险车辆造成被保险人或其允许的驾驶员及他们的家庭成员人身伤亡，不论在法律上是否应当由被保险人承担赔偿责任，保险人均不负责赔偿"的格式化免责条款有效，因杨树岭的母亲不是杨树岭的家庭成员，亦不应适用该条款免除保险人的责任。

2. 平安保险未就格式化免责条款尽到"明确说明"的义务，故该格式化免责条款无效

《中华人民共和国保险法》（2002年修订）第18条规定："保险合同中规

定有关于保险人责任免除条款的，保险人在订立合同时应当向投保人明确说明，未明确说明的，该条款不产生效力。"平安保险主张其在提供涉案机动车辆第三者责任险保险合同文本时，已将免责条款用黑体字明确提示，应认定平安保险已经尽到"明确说明"的义务。根据2000年1月21日最高人民法院作出的《关于对保险法第十七条规定的"明确说明"应如何理解的问题的答复》，所谓"明确说明"，是指保险人与投保人签订保险合同之前或者签订保险合同之时，对于保险合同所约定的免责条款，除了在保险单上提示投保人注意外，还应当对有关免责条款的概念、内容及其法律后果等以书面或者口头形式向投保人或其代理人作出解释，以使投保人明了该条款的真实含义和法律后果。保险合同系专业性较强的合同，涉及专业术语较多，投保人，特别是如本案杨树岭这样的农民，往往对此不甚了解，故保险人更有义务向投保人予以明确说明。平安保险宝坻支公司在涉案机动车辆第三者责任险保险合同文本中以黑体字提示免责条款的行为，仅仅是尽到了提醒投保人注意的义务，根据本案事实、证据，不能认定平安保险宝坻支公司已经履行了就免责条款的概念、内容及其法律后果等以书面或者口头形式向投保人或其代理人作出解释，以使投保人明了该条款的真实含义和法律后果的明确说明义务。故涉案机动车辆第三者责任险保险合同约定的免责条款应归于无效。

综上，平安保险依据涉案机动车辆第三者责任险保险合同中的格式化免责条款，拒绝向杨树岭作出保险理赔，不符合法律规定，不予支持。平安保险未履行保险合同义务，引发纠纷，应承担全部责任。依据涉案机动车辆第三者责任险保险合同的约定，平安保险宝坻支公司可以免赔保险金额50000元的20%，杨树岭请求判令平安保险宝坻支公司赔付保险金40000元的诉讼主张，有事实根据和法律依据，应予支持。

二审诉辩情况

平安保险宝坻支公司不服一审判决，向天津市第一中级人民法院提起上诉，主要理由是：

1. 被上诉人杨树岭与上诉人之间签订的机动车辆第三者责任险保险合同中明确了双方的权利义务，被上诉人在签订合同时未对合同中的格式化免责条款提出异议，在合同履行过程中也未提出申请撤销。

2. 保险公司并不是对保险标的所发生的所有风险都给予赔偿，而是基于相应的保费，约定予以赔偿的特定风险范围。保险合同中的免责条款即是从外延上对承保风险范围作出的具体界定，是保险产品的特有表述方式，不属于合同法规定的免除己方责任、加重对方责任的不公平条款。

3. 我国现行法律、法规和相关保险监管政策都没有对机动车辆第三者责任保险中的"第三者"范围作出明确的规定，保险公司依据国家保险监管部门的有关规定，将被保险人的家庭成员排除在第三者之外，并不违法。

4. 把被保险人的家庭成员排除在第三者之外，具有一定的合理性。在共同财产制的情况下，家庭成员之间因意外或过失造成对方伤害的，一方承担民事赔偿责任即相当于用共同财产中的一部分赔偿到共同财产之中，没有实际意义，也不符合赔偿理念中的填平原则。

5. 上诉人已就涉案机动车辆第三者责任险保险合同中的格式化免责条款尽到明确说明义务。一审法院依据最高人民法院作出的《关于对保险法第十七条规定的"明确说明"应如何理解的问题的答复》认定上诉人未尽到明确说明义务是错误的，该答复系针对个案作出，不属最高人民法院作出的司法解释，不具有普遍适用性，不能作为审理本案的法律依据。综上，请求撤销一审判决，发回重审或者改判驳回被上诉人的诉讼请求。

被上诉人杨树岭辩称：

1. 根据 2000 年 6 月 15 日保监发〔2000〕102 号《机动车辆保险条款及解释》的规定，保险合同所指的"家庭成员"可根据独立经济的户口划分区别。据此，家庭成员应指每一户籍的成员，而不能单纯依照是否具有直系血亲等亲属关系来认定。该解释符合保险合同的解释原则，也符合我国相关法律、法规的规定，故该解释虽然已经被废止，但在没有新的相关法律、法规出台之前，该解释应当参照适用。被上诉人与父母分家另过，不属同一户籍，经济各自独立，并非互为家庭成员。因此，涉案机动车辆第三者责任险保险合同中的格式化免责条款将被上诉人的母亲排除在第三者之外没有法律依据，亦悖于常理。

2. 上诉人平安保险未就涉案机动车辆第三者责任险保险合同中的格式化免责条款尽到明确说明义务。最高人民法院作出的《关于对保险法第十七条规定的"明确说明"应如何理解的问题的答复》符合现行《保险法》第18条、《合同法》第39条的规定，亦应参照执行。

综上，请求依法驳回上诉人的上诉请求，维持一审判决。

二审裁判结果

天津市第一中级人民法院经审理，依据《中华人民共和国民事诉讼法》第152条、第153条第1款第1项的规定，判决如下：驳回上诉，维持原判。

二审裁判理由

天津市第一中级人民法院经审理认为，被上诉人杨树岭就其所有的机动车辆向上诉人平安保险投保机动车辆第三者责任险,并交纳了相关保险费,双方之间的保险合同关系成立,涉案机动车辆第三者责任险保险合同合法有效,合同双方均应自觉履行。涉案机动车辆第三者责任险保险合同中关于"保险车辆造成被保险人或其允许的驾驶员及他们的家庭成员人身伤亡,不论在法律上是否应当由被保险人承担赔偿责任,保险人均不负责赔偿"的规定,以及该合同中关于"家庭成员包括被保险人的直系血亲和在一起共同生活的其他亲属"的解释,均属格式化免责条款,提供该格式合同的保险人依法应当就上述免责条款向被保险人作出明确说明。根据最高人民法院作出的《关于对保险法第十七条规定的"明确说明"应如何理解的问题的答复》,所谓"明确说明",是指保险人与投保人签订保险合同之前或者签订保险合同之时,对于保险合同所约定的免责条款,除了在保险单上提示投保人注意外,还应当对有关免责条款的概念、内容及其法律后果等以书面或者口头形式向投保人或其代理人作出解释,以使投保人明了该条款的真实含义和法律后果。该答复虽然是针对修订前的《保险法》第17条规定作出的,但修订前《保险法》第17条的规定与现行《保险法》第18条的规定一致;该答复虽然是就个案作出的,但人民法院在审理同类案件时可以参照执行。保险合同系专业性较强的合同,涉及专业术语较多,保险人有义务向投保人予以明确说明。平安保险宝坻支公司虽然在涉案机动车辆第三者责任险保险合同文本中以黑体字提示了免责条款,但仅是尽到了提醒投保人注意的义务,根据本案事实、证据,不能认定平安保险宝坻支公司已经履行了就免责条款的概念、内容及其法律后果等以书面或者口头形式向投保人或其代理人作出解释,以使投保人明了该条款的真实含义和法律后果的明确说明义务。因此,不论涉案机动车辆第三者责任险保险合同中的格式化免责条款关于"保险车辆造成被保险人或其允许的驾驶员及他们的家庭成员人身伤亡,不论在法律上是否应当由被保险人承担赔偿责任,保险人均不负责赔偿"的规定,以及关于"家庭成员包括被保险人的直系血亲和在一起共同生活的其他亲属"的解释是否具有法律依据、是否有效,该格式化免责条款都因上诉人未能尽到明确说明的义务而归于无效,该免责条款对被上诉人不产生约束力。上诉人的上诉理由不足,不予支持。

三、保证保险合同纠纷

68. 如何理解保证保险合同的法律性质？

虽然保证保险合同和担保合同都是基于借款合同而产生的，也都具有为不能履行的债务提供履约担保的功能，但应明确的是，保证保险合同与担保合同具有本质上的不同。担保合同是借贷合同的从合同，适用《担保法》的相关规定，而保证保险则是保险公司所开展的一项保险业务，保证保险合同具备保险合同的一切特征，是一种独立的商事合同，其性质是保险合同，因而也就应适用《保险法》的相关规定。在司法实践中，切不可将二者相混淆，从而对保证保险合同关系适用《担保法》的相关规则。

典型疑难案件参考

中国建设银行龙岩分行新罗支行诉谢建旗等保险合同案

基本案情

2003年1月23日原告新罗支行与被告谢建旗签订了一份《汽车消费借款合同》，合同约定，原告贷给被告谢建旗本金26000元用于购买汽车，期限自2003年1月23日起至2005年1月23日止，还款方式为月等额本息还款1146.37元。同日，新罗支行还与被告谢建旗签订了《抵押合同》一份，合同约定以被告谢建旗所购买的汽车作为借款抵押，随后双方办理了登记手续。

2002年6月3日，原告新罗支行的上级单位中国建设银行福建省分行（甲方）与被告平安保险的上级单位中国平安保险股份有限公司福州分公司（乙方）签订了一份《汽车消费贷款与分期付款购车保证保险合作协议》。其中第6条约定："借款购车人连续3个月未偿还贷款本息的，视为保险事故发生，乙方保险赔偿责任产生，乙方负责偿还借款购车人所有未清偿的贷款本息。"第37条约定："本协议与乙方向投保人签发的保险单及乙方《个人分期付款购车保证保险条款》有抵触的，以本协议为准。"

2003年1月24日，被告平安保险公司依据《汽车消费贷款与分期付款购车保证保险合作协议》，在被告谢建旗作为投保人缴纳保费后，以新罗支行为被保险人和受益人，为新罗支行与被告谢建旗的贷款提供了保证保险，并签发了《个人分期付款购车保证保险单》和《个人分期付款购车保证保险条款》，其中《条款》第4条和第9条的内容分别为："由于投保人连续3个月未按约定履行按期还款义务，保险人按本保单规定负责偿还投保人应偿还而未偿还的本金及截至出现之日止的利息，但最高不超过保险金额。""被保险人索赔时，应先行处分抵押物扣减投保人欠款，不足的部分，由保险人按本条款规定赔偿。如保险人不能处分抵押物，应对投保人提起法律诉讼，未经保险人书面同意，被保险人不得放弃抵押权和对其他保证人的权利。"

新罗支行于借款合同签订后，已依约向被告谢建旗发放了贷款，可被告谢建旗自2004年6月起就未按合同约定履行还款义务，至2004年10月20日止，共欠新罗支行贷款本金10001.14元，利息224.60元。新罗支行于2004年10月25日向被告平安保险提出索赔，要求其承担保险赔偿责任，但被告平安保险未予以理赔。新罗支行遂向法院提起诉讼。

一审诉辩情况

原告新罗支行诉称：

原告于2003年1月23日与被告谢建旗签订了一份《汽车消费借款合同》，合同约定，原告贷给被告谢建旗本金26000元用于购买汽车，期限自2003年1月23日起至2005年1月23日止，还款方式为月等额本息还款1146.37元。该笔贷款由被告谢建旗所购买的汽车作为抵押，双方签订了《抵押合同》并办理了登记手续。被告平安保险根据原告上级银行与中国平安保险公司福州分公司签订的《汽车消费贷款与分期付款购车保证保险合作协议》，为被告谢建旗的贷款提供保证保险，且出具一份《个人分期付款购车保证保险单》。

借款合同签订后，新罗支行按期发放了贷款，可被告谢建旗自2004年6月起就未按合同约定履行还款义务，至2004年10月20日止，共欠新罗支行贷款本金10001.14元，利息224.60元。为此，新罗支行要求法院判决解除其与被告谢建旗所签订的《汽车消费借款合同》，并判令被告平安保险依保证保险合同一次性赔偿原告本金及利息，并支付2004年10月21日起的逾期付款利息。

被告平安保险辩称：

被告谢建旗向原告借款时已用其购买的汽车作为抵押，平安保险在为谢建旗的此笔贷款办理保证保险时，已在保险条款中约定"被保险人索赔时，应先行处分抵押物扣减投保人欠款，不足的部分，由保险人按本条款规定赔偿……"且根据《担保法》的规定，同一债权既有保证又有物的担保的，保证人对物的担保以外的债权承担保证责任。因此，原告在未对抵押物进行处分之前，不能要求被告平安保险公司承担保证保险责任，请求法院驳回原告对被告平安保险公司的诉讼请求。

被告谢建旗对原告所述的事实未提出异议，亦未提出答辩意见。

一审裁判结果

福建省龙岩市新罗区人民法院经审理，依据《中华人民共和国合同法》第94条第2款、第205条、第206条、第207条及《中华人民共和国保险法》第23条第1、2款的规定，判决如下：

一、解除原告新罗支行与被告谢建旗签订的《汽车消费借款合同》；

二、被告平安保险应于本判决生效之日起10日内偿付被告谢建旗尚欠原告新罗支行的借款本金10001.14元及至2004年10月20日止的利息224.26元，并从2004年10月21日起至还款之日止按中国人民银行规定的逾期贷款利率标准支付原告逾期还款利息（按本金10001.14元计算）；

三、被告平安保险向原告新罗支行支付上述款项后，新罗支行应将对被告谢建旗的债权转移给被告平安保险。被告平安保险有权向被告谢建旗追偿。

一审裁判理由

福建省龙岩市新罗区人民法院经审理认为：

原告新罗支行与被告谢建旗签订的《汽车消费借款合同》和《抵押合同》，及原告上级单位与被告上级单位所签订的《汽车消费贷款与分期付款购车保证保险合作协议》均未违反法律强制性规定，其中《抵押合同》亦依法办理了抵押登记，均应认定为合法有效。被告平安保险向被告谢建旗出具的保险单亦合法有效。借款合同签订后，新罗支行依约向被告谢建旗发放了贷款，履行了合同约定的义务，被告谢建旗以其未按本付息的行为表明不履行主要债务，则原告依法可以要求解除借款合同。根据保证保险合同的约定，被告谢建旗连续3个月未偿还贷款本息，属保险事故发生，保险赔偿责任由此而产生，被告平安保险应负责偿还购车保证保险责任后，原告就此笔贷款取得的主债权权益转移给被告平安保险。由于《汽车消费贷款与分期付款购车保证保险合作协议》约定，本协议与平安保险向投保人签发的保单及《个人分期付款购车保证保险条款》有抵触的，以本协议为准，而平安保险出具的《个人分期付款购车保证保险条款》中关于被保险人索赔时，应先处分抵押物扣减投保人欠款，不足的部分，由保险人按本条款规定赔偿的内容与合作协议有抵触，故被告平安保险提出的原告应先行处分抵押物，不足部分由其赔偿的抗辩理由无理，不予采纳。原告的诉讼请求有理，予以支持。

二审诉辩情况

平安保险不服一审判决，上诉称：

1. 我国《担保法》第28条规定："同一债权既有保证又有物的担保的，保证人对物的担保以外的债权承担保证责任"，而合作协议第6条的约定违反了该规定，因此不具有法律效力。

2. 原审被告谢建旗从2004年6月起就不履行还款义务，而被上诉人新罗支行并未将该情况及时通知上诉人平安保险，知道保险事故发生，保险赔偿责任产生后才告知上诉人，致使上诉人无法做好防范工作。根据《个人分期付款购车保证保险条款》的规定，对被上诉人的这种行为，上诉人有权拒绝赔偿。

3. 即使合作协议第6条的约定合法有效，原判同样存在错误。上诉人偿还原审被告未清偿的贷款本息后，被上诉人不仅应将主债权转移给上诉人，还应将对谢建旗享有的抵押权一并转移给上诉人，原判对此有所遗漏。

综上，请求二审撤销原判，驳回被上诉人对上诉人的诉讼请求。

被上诉人新罗支行辩称：

"个人分期付款购车保证保险"是上诉人经营的一个险种，上诉人向被上诉人出具《个人分期付款购车保证保险条款》使其接受借款人谢建旗向其投保该险种的行为，不是上诉人为借款人谢建旗的借款行为提供保证担保。上诉人与借款人之间是保险人与投保人的关系，与被上诉人是保险人与被保险人的关系，应适用《保险法》进行调整。根据合作协议和《个人分期付款购车保证保险条款》的规定，借款人连续3个月未履行还款义务属保险事故发生，上诉人应当履行相应的保险责任。

综上，请求驳回上诉，维持原判。

二审裁判结果

福建省龙岩市中级人民法院经审理，依照《中华人民共和国民事诉讼法》第153条第1款第1、3项及《中华人民共和国保险法》第12条、第23条之规定，判决如下：

一、维持一审判决第三项；

二、撤销一审判决第一项；

三、变更一审判决第二项为上诉人平安保险应于本判决生效之日10日内赔偿原审被告谢建旗尚欠被上诉人新罗支行的借款本金10001.14元及至2004年10月20日止的利息224.60元，并从2004年10月21日起至还款之日止本金 10001.14 元按《汽车消费借款合同》约定的月利率 4.575‰ 计付利息；

四、驳回被上诉人新罗支行要求解除其与原审被告谢建旗签订的《汽车消费借款合同》诉讼请求。

二审裁判理由

福建省龙岩市中级人民法院经审理认为：

原审被告谢建旗连续 3 个月未偿还贷款本息，依据合作协议第 6 条第一项、《个人分期付款购车保证保险条款》第 4 条之规定，保险事故已经发生，上诉人平安保险应履行保险赔偿责任并从 2004 年 10 月 21 日起至还款之日止以本金 10001.14 元按《汽车消费借款合同》约定的月利率 4.575‰ 计付利息。新罗支行一审诉请要求平安保险直接承担还款责任的依据是合作协议并非《汽车消费借款合同》，平安保险也不是借款合同的当事人，一审将本案案由定为借款合同纠纷并判令解除新罗支行和原审被告谢建旗签订的《汽车消费借款合同》不当，应予纠正。上诉人认为其应在物的担保之外承担保证责任之主张，于法于理不符，该上诉理由不能成立，本院不予采信。上诉人应一次性支付被上诉人新罗支行至支付赔偿款之日止借款人谢建旗所有未清偿的贷款本息的赔偿金。上诉人支付赔偿款后，新罗支行应向平安保险转移有关债权资料，并书面通知借款购车人谢建旗，协助上诉人平安保险直接向其主张债权。

四、保险人代位求偿权纠纷

69. 如何理解保险人代位求偿权的行使对象及行使方法？

根据我国《保险法》第 60 条之规定，保险人代位求偿权的行使对象系给保险标的造成损害的第三者，而对于造成该损害的原因行为的范围则并未作出明确限定，因此无论是第三者的侵权行为、违约行为还是不当得利行为，均能够引发保险人对其的代位求偿权。不过应明确的是，由于保险人对于投保人的赔付方式限于支付保险金，因此其对于第三者的追偿方式也应仅限于损害赔偿，而不包括返还财产、恢复原状、继续履行等其他责任形式。

70. 无过错侵权导致保险标的损害时，保险人可否向无过错第三人主张代位求偿权？

依据我国《保险法》及保险制度的基本原理，在因侵权行为造成被保险人损失的情况下，保险人仅可对存在过错的侵权人主张代位求偿，而不能对无过错第三人主张权利。这是因为，赋予保险人代位求偿权的目的在于通过对第三人责任的追究，避免使保险成为第三人降低其注意义务的动机，同时也保证了法律责任制度对行为人主观过错的监控及遏制作用，但是对无过错的第三人主张保险代位求偿权无疑无法起到上述作用，如果将无过错第三人亦纳入代位求偿的范围，将明显有悖于公平，也使保险制度分散社会风险的初衷难以实现。

典型疑难案件参考

大众保险股份有限公司苏州分公司诉苏州鸿盛贸易有限公司橡塑分公司等保险代位权纠纷案

基本案情

2004年10月15日，苏州市东中市27号苏州东中市五金机电市场经营中心（以下简称五金机电市场）仓库发生火灾。苏州市德顺五金交电有限公司（以下简称德顺公司）向原告大众保险股份有限公司苏州分公司（以下简称大众保险苏州分公司）报案称，苏州鸿盛贸易有限公司橡塑分公司（以下简称鸿盛橡塑分公司）二楼仓库起火，原因不明，造成德顺公司损失约2500000元。经苏州市平江区消防大队调查访问和现场勘查，认定起火部位为鸿盛橡塑分公司二楼仓库内首先起火，起火点在仓库1号通道和2号通道交界处。火灾原因不明，但不能排除放火和遗留火种等两种原因。鸿盛橡塑分公司仓库通往其他区域的门没有锁闭，其他人员都可以进入。整个二楼仓库为同一个防火分区，由包括被告鸿盛橡塑分公司、德顺公司在内的数十家经营户共同租赁使用。在火灾发生时，五金机电市场的消防配备符合消防技术规范。

另查，大众保险苏州分公司与德顺公司于2004年8月27日签订保险合同，德顺公司向原告投保财产保险综合险。双方在财产保险综合险条款第4条约定由于火灾造成保险标的的损失，保险人应负责赔偿。火灾发生当天，德顺公司向原告报案，原告经柏森保险公估有限公司上海分公司公估后，于2005年5月12日赔付德顺公司理赔款人民币499612.22元。在赔付完成后，大众保险苏州分公司分别以鸿盛橡塑分公司、鸿盛公司（鸿盛橡塑分公司的总公司）、五金机电市场为被告，行使代为求偿权，要求三被告赔偿其损失。

▶ 一审裁判结果

苏州市金阊区人民法院经审理，依照《中华人民共和国民事诉讼法》第64条第1款、《中华人民共和国保险法》（2002年修订）第45条的规定，判决如下：驳回原告大众保险苏州分公司的诉讼请求。

▶ 一审裁判理由

苏州市金阊区人民法院经审理认为：

我国《保险法》第45条规定：保险代位权是指因第三者对保险标的的损害而造成保险事故，保险人自向被保险人赔偿保险金后，在赔偿金额范围内享有的代位行使被保险人对第三者请求赔偿的权利。据此，保险代位求偿权的行使须同时满足以下四个条件：一是发生保险合同约定的保险事故；二是保险事故的发生系保险合同以外的第三者的损害行为造成的；三是被保险人对实施损害行为的第三人有请求赔偿的权利；四是保险人已向被保险人支付赔偿金。根据我国保险法的规定，侵权行为与违约行为均可能引起代位求偿，但前提是侵权者或违约者均应有过错。本案中，虽然发生了保险事故，且原告业已支付赔偿金，但原告据以提起保险代位求偿的基础是侵权关系，而且是属于一般侵权行为，那么，侵权赔偿损害责任的构成必须同时具备四个条件：侵权行为、损害结果、因果关系和过错。本案中，由于火灾原因不明，"起火点"是在仓库内1号通道与2号通道的交界处，而且没有证据证明保险事故的发生与鸿盛橡塑分公司有关，而五金机电市场是经过消防部门验收合格的，因此，鸿盛橡塑分公司和五金机电市场对火灾的发生是没有过错的。根据我国《民法通则》第106条第3款之规定，适用无过错责任原则必须有法律明文规定。本案中也不适用无过错责任原则。故综合本案事实证据分析，被告橡塑分公司和五金机电市场在本案中均无过错，依法不应承担火灾事故之损害赔偿责任。

综上所述，本案中火灾原因不明，原告亦无证据证明被告对火灾具有过错，或推定被告具有故意或过失。那么保险公司就不能直接将无法归责于被告的保险事故所引起的损害因其已实际赔付被保险人而要求三被告承担赔偿责任。因此，原告保险代位求偿权不成立。原告据此要求被告鸿盛橡塑分公司赔偿火灾损失499612.22元，鸿盛公司、五金机电市场承担连带赔偿责任的诉讼请求不符合法律规定，应不予支持。

二审诉辩情况

大众保险苏州分公司不服一审判决，向苏州市中级人民法院提起上诉，要求撤销一审判决，改判被上诉人赔偿上诉人经济损失499612.22元。

二审裁判结果

苏州市中级人民法院经审理认为，大众保险苏州分公司的上诉理由没有法律依据，不能成立，不予采纳。依照《中华人民共和国民事诉讼法》第153条第1款第1项之规定，判决如下：驳回上诉，维持原判。

二审裁判理由

苏州市中级人民法院经审理认为：

保险人依法代位行使请求赔偿权利的依据是《保险法》第45条，因第三者对保险标的的损害而造成保险事故，保险人自向被保险人赔偿保险金之日起，在赔偿金额的范围内代位行使被保险人对第三者请求赔偿的权利。本案中，虽然发生了保险事故，且大众保险苏州分公司也支付了赔偿金，但是由于火灾原因不明，没有证据能够证明保险事故的发生与鸿盛橡塑分公司有关，而五金机电市场是经过消防部门验收合格的，亦符合消防安全要求，且本案又不适用无过错责任之规则原则。故鸿盛橡塑分公司和五金机电市场依法不应当承担火灾事故之损害赔偿责任。据此，一审法院认定事实清楚，适用法律正确，判决并无不当。

71. 如何确定被保险人的家人和其组成人员的范围？

依据我国《保险法》第62条之规定，除被保险人的家庭成员或者其组成人员故意造成保险事故外，保险人不得对被保险人的家庭成员或者其组成人员行使代位请求赔偿的权利。但对"被保险人的家庭成员或者其组成成员"如何理解，我国法律、法规及司法解释均未作明确规定。对于家庭成员的范围，我国学界普遍认为应当作广义的理解，凡是与被保险人共同生活在一起，有一定的时间性和连续性，且相互间进行扶养、扶助或赡养的具有血缘关系的亲属，均可纳入家庭成员的范围；而对于被保险人的组成人员，则主要指为被保险人的利益或者受被保险人的委托或者与被保险人有某种特殊法律关系而进行活动的人，包括被保险人的雇用人员、合伙人、代理人、承包人。

典型疑难案件参考

中华联合财产保险股份有限公司湖南分公司与大连金易国际集装箱运输有限公司保险代位求偿权纠纷上诉案（〔2009〕株中法民二终字第72号）

基本案情

大连金易国际集装箱运输有限公司（以下简称金易公司）于2007年5月24日与电力物流公司签订了一份《工程设备运输合同》，合同约定的内容主要有：（1）被告金易公司与电力物流公司以联合运输形式，并以电力物流公司的名义承担风力发电机组（机舱、叶片、轮毂、控制柜）及备品备件等运输；（2）电力物流公司提供三台运输叶片的平板车与金易公司组成联合车队进行叶片运输工作并承担相应的费用，机舱、轮毂、附件等货物运输，由被告金易公司单独完成；（3）电力物流公司负责购买合同运输范围内的货物保险并承担其费用；（4）对货物的运输线路原则上按电力物流公司提供的运输方案、线路运行，特殊情况下，双方协商决定；（5）发生运输事故时，金易公司协助电力物流公司向保险公司索赔；（6）如叶片在运输途中发生破损，由双方协同修补处理。

合同签订后，电力物流公司就购买运输货物的保险与中华联合长沙高开支公司于2007年6月28日签订了一份《中华联合财产保险公司湖南分公司国内货物运输保险合作协议》，协议约定保险标的为风力发电场67台风力发电机组（机舱、叶片、轮毂、控制柜）及备品备件等的运输。中华联合高开支公司的上级机构为中华联合财产保险股份有限公司长沙中心支公司（以下简称中华联合长沙中心支公司），中华联合长沙中心支公司的上级机构为中华联合财产保险股份有限公司湖南分公司（以下简称中华联合湖南分公司）。中华联合长沙高开支公司与电力物流公司签订合作协议后于2007年8月27日制作了一份国内公路货物运输保险的保险单（保险单号为02074301070002110000109），保险单载明启运时间为2007年8月25日，承保险别为基本险，货物名称为风力发电机组（叶片、机舱、轮毂、控制柜）及备品备件等，数量为5台，保险金额49253732元，费率为0.38‰，保险费18716.42元，保险期限自2007年8月25日0时起至2008年8月24日24时止，另特别约定了运输区间及保险人自投保人交清保险费后开始承担保险责任。中华联合长沙高开支公司与电力物流公司签订合作协议，并制作保险单后，中华联合湖南分公司在合作协议上加盖了承保专用单，同意承保，并于2007年8月27日签具了保险单，向电力物流公司提供了《国内公路货物运输保险条款》，中华联合湖南分公司签具的保险单载明被保险人为电力物流公司，签单日期及核保时间均为2007年8月27日，险别、保险金额、保费、保险期限及保险单号与中华联合长沙高开支公司签具的保险单一致，保险单的特别约定除约定运输区间外，还约定了运输叶片的车辆牌号。属金易公司所有的车牌号为"辽BH0310"车辆在该保险单的特别约定的范围内。

中华联合湖南分公司向电力物流公司提供的《国内公路货物运输保险条款》约定的内容主要有：（1）凡在国内经公路运输的货物均可为本保险的标的；（2）由于运输工具发生碰撞、倾覆造成保险货物的损失和费用，保险人依照本条款约定负责赔偿；（3）保险货物发生保险责任范围内的损失，如果根据法律规定或有关约定，应当由承运人或者其他第三者负责赔偿一部或全部的，被保险人应首先向承运人或者其他第三者提出书面赔偿，直至诉讼。被保险人若放弃对第三者的索赔，保险人不承担赔偿责任；如被保险人要求保险人先予赔偿，被保险人应签发权益转让书和应将向承运人或第三者提出索赔的诉讼书及有关材料交给保险人，并协助保险人向责任方追偿。

金易公司所有的辽BH0310号车辆在运输风力发电机组叶片过程中，由驾驶员岳庆全负责驾驶，押运员为宋吉康。2007年11月27日5时30分左右岳庆全驾驶辽BH0310号车运输风力发电机组叶片途中，遭辽C66687号货车追尾，发生两车相刮，辽BH0310号车运输的风力发电机组叶片受损的交通事故。高速公路警察大队于2007年12月6日对此次交通事故作出责任认定，认定双方均存在过错，且过错对引发此次事故作用相当，两车的驾驶员对此次事故承担同等责任；对辽BH0310号车的货物损失由保险公司核定，该损失由双方各承担50%。

发生风力发电机组叶片受损的交通事故后，电力物流公司于事故当日向中华联合高开支公司及中华联合湖南分公司报案，并于2007年11月30日向两家公司提交了索赔报告，要求按0207430107000211000109号保险单予以理赔，电力物流公司在报告中载明辽BH0310号车是其公司车辆。中华联合湖南分公司接到报案后，委托湖南立衡保险公估有限公司对受损的风力发电机组叶片进行定损，湖南立衡保险公估有限公司经过现场查勘后，于2008年10月20日作出《电力物流公司于2007年11月27日运输货物因碰撞致损事故案保险公估报告》，该公估报告对风力发电机组叶片的定损金额为560500元（叶片损失550000元，施救费10500元），理算金额为555500元，公估报告认为本次事故保险责任成立,保险人应按保险条款约定负责赔偿,公估报告还载明根据0207430107000211000109号保单及批单的特别约定,本次事故中运输货物的车辆为辽BH0310,辽BH0310号车属于保险合同承运车辆。

中华联合长沙中心支公司于2008年6月17日向电力物流公司先行赔付550000元。电力物流公司在认可550000元的赔付金额的情况下,于2009年1月10日向中华联合长沙中心支公司签发了国内货物运输保险权益转让书,但该保险权益转让书实际由中华联合湖南分公司接受,并由其在保险权益转让书上加盖了公司印章,保险权益转让书载明追回的货物损失的赔偿款归保险公司所有。

另查明,辽C66687号货车的实际车主为被告黄宪鑫,于2003年12月1日与海城市宏阳运输有限公司(以下简称宏阳公司)签订了一份《协议书》,协议约定宏阳公司同意被告黄宪鑫所有的辽C66687号货车加入其公司车队,车辆的实际所有权及营运收入归属被告黄宪鑫,被告黄宪鑫每年向被告宏阳公司交纳管理费1200元。被告黄宪鑫在车辆营运期间于2007年10月8日为辽C66687号货车在中华联合财产保险股份有限公司鞍山中心支公司投保了机动车交通事故责任强制保险及第三者责任险等商业保险,被保险人均为被告黄宪鑫。

金易公司对其所有的辽BH0310号车辆在被告都邦财产保险股份有限公司大连分公司(以下简称都邦公司)投保了机动车交通事故责任强制保险;在被告华安财产保险股份有限公司大连分公司(以下简称华安公司)投保了机动车辆商业保险,保险金额为500000元,华安公司的机动车辆商业保险条款约定在保险期间内,被保险人或其允许的合格驾驶人在使用保险车辆过程中发生意外事故,致使第三者遭受人身伤亡和财产的直接毁损,由被保险人承担经济赔偿责任;本车上的一切人员的人身伤亡或本车上的财产损失保险人不负责赔偿。

中华联合湖南分公司在接受电力物流公司签发的国内货物运输保险权益转让书后,于2009年4月13日向本院提起诉讼,请求判令:(1)被告金易公司赔偿原告财产损失277750元(由被告都邦公司承担2000元的交强险赔付责任,被告华安公司承担275750元的连带保险赔付责任);(2)被告宏阳公司赔偿原告财产损失277750元;(3)由被告金易公司和宏阳公司各承担本案诉讼费用的50%。

▶ 一审裁判结果

湖南省株洲市天元区人民法院经审理,依照《中华人民共和国民事诉讼法》第130条,《中华人民共和国保险法》(2002年修订)第44条、第45条第1款、第47条、第50条第2款,《中华人民共和国民法通则》第43条之规定,判决如下:

一、被告黄宪鑫向原告中华联合财产保险股份有限公司湖南分公司赔偿因交通事故造成的财产损失275000元;

二、被告海城市宏阳运输有限公司对被告黄宪鑫应赔偿的275000元款项承担垫付责任;

三、驳回原告中华联合财产保险股份有限公司湖南分公司要求被告大连金易国际集装箱运输有限公司赔偿275000元财产损失的诉讼请求;

四、驳回原告中华联合财产保险股份有限公司湖南分公司要求被告华安财产保险股份有限公司大连分公司承担赔付责任的诉讼请求;

五、驳回原告中华联合财产保险股份有限公司湖南分公司要求被告都邦财产保险股份有限公司大连分公司承担赔付责任的诉讼请求;

六、驳回原告中华联合财产保险股份有限公司湖南分公司其他的诉讼请求。

▶ 一审裁判理由 ◀

湖南省株洲市天元区人民法院经审理认为,本案系保险代位追偿权纠纷。本案的争议焦点是:第一,原告中华联合湖南分公司是否是本案适格的诉讼主体,能否行使本案的代位追偿权?第二,被告金易公司在本案中是否应承担赔偿责任及如何承担责任?第三,被告华安公司是否应对中华联合湖南分公司主张的275500元赔偿金额与被告金易公司承担连带赔付责任?第四,被告都邦公司是否应对中华联合湖南分公司主张的2000元赔偿金额与被告金易公司承担连带赔付责任?第五,被告宏阳公司、黄宪鑫在本案中是否应承担赔偿责任及如何承担责任?第六,中华联合湖南分公司主张的555500万元赔偿金额是否应予全额支持?

1. 关于原告中华联合湖南分公司是否是本案适格的诉讼主体,能否行使本案的代位追偿权的问题

本案中虽然由中华联合长沙高开支公司与电力物流公司签订国内货物运输保险合作协议,但原告作为上级机构,在同意承保后向电力物流公司签发了正式的保险单,原告与电力物流公司之间的保险合同关系依法成立有效,在保险事故发生后,原告通过其下级公司中华联合长沙中心支公司向电力物流公司赔付了保险金,并接受了电力物流公司在获得赔付后签发的国内货物运输保险权益转让书,依法取得了在赔偿金额范围内代位行使电力物流公司对第三者请

赔偿的权利，因此，原告在本案中有权行使代位追偿权，是本案适格的诉讼主体。

2. 关于被告金易公司在本案中是否应承担赔偿责任及如何承担责任的问题

保险代位求偿权源于被保险人对第三者的损害赔偿请求权，但第三者通常不包括被保险人的家庭成员或者其组成人员，除非是由被保险人的家庭成员或其组成人员的故意行为造成保险事故发生，即除被保险人的家庭成员或者其组成人员故意造成保险事故以外，保险人不得对被保险人的家庭成员或者其组成人员行使代位请求赔偿的权利。而被保险人的组成人员是指为被保险人的利益或者受被保险人的委托与被保险人存在某种特殊法律关系而进行活动的人。本案中被告金易公司与作为本案被保险人的电力物流公司之间存在共同进行货物（风力发电机组叶片）运输的事实，对共同运输的风力发电机组叶片，双方约定如在运输途中发生破损，由双方共同负责，由此被告金易公司与电力物流公司之间存在共同的利益关系，被告金易公司与电力物流公司为使双方的共同利益得到保障，双方在达成共同运输协议时约定对外以电力物流公司的名义进行运输，并由电力物流公司负责购买与货物运输有关的保险，基于双方的约定，电力物流公司在与原告建立保险合同关系时，将属于被告金易公司所有的承担货物运输的车辆在保险单中进行了特别约定，被告金易公司所有的承担风力发电机组叶片运输的车辆属于电力物流公司与原告之间保险合同的承运车辆，被告金易公司与电力物流公司之间享有共同的保险利益，被告金易公司以其所有的车辆进行风力发电机组叶片运输对外是以电力物流公司的名义进行，其运输行为是为了其与电力物流公司的共同利益，双方具有法律上的利害关系，由此足见在本案中电力物流公司与被告金易公司之间的关系符合被保险人与被保险人的组成人员的法律特征，被告金易公司属于作为被保险人的电力物流公司的组成人员，且被告金易公司对本案保险事故的发生没有故意行为。综上，在本案中作为保险人的原告不得对作为被保险人电力物流公司的组成人员的被告金易公司行使代位请求赔偿的权利，由此对原告要求被告金易公司承担赔偿责任的诉讼请求，本院依法不予支持。

3. 被告华安公司是否应对原告主张的275500元赔偿金额与被告金易公司承担连带赔付责任的问题

被告华安公司对被告金易公司所有的辽BH0310号车辆承保的商业保险属第三者责任保险，该险种约定保险人对保险标的车上的财产损失不负责赔偿，本案原告主张的损失是辽BH0310号车辆承运的货物损失，属于保险标的车辆上的货物损失，被告华安公司对此不应承担赔付责任，而且原告不能对被告金易公司行使代位求偿权，由此，对原告要求被告华安公司在应赔付的保险金范围内与被告金易公司承担连带赔偿责任的诉讼请求，本院依法不予支持。

4. 被告都邦公司是否应对原告主张的2000元赔偿金额与被告金易公司承担连带赔付责任的问题

被告都邦公司对被告金易公司所有的辽BH0310号车辆承保的机动车交通事故责任强制保险的赔付对象为辽BH0310号车辆承载的人或物以外的人身损害或财产损失，而本案原告主张的财产损失属辽BH0310号车辆本车上的货物损失，被告都邦公司对该损失不承担赔付责任，而且原告不能对被告金易公司行使代位求偿权，故对原告要求被告都邦公司在应赔付的2000元保险金范围内与被告金易公司承担连带赔付责任的诉讼请求，本院依法不予支持。

5. 被告宏阳公司、黄宪鑫在本案中是否应承担赔偿责任及如何承担责任的问题

被告宏阳公司、黄宪鑫作为辽C66687号货车的登记车主与实际车主，对辽C66687号货车因交通事故所造成他人的损失应当承担赔偿责任，本案的交通事故由交警部门认定被告黄宪鑫所有的辽C66687号货车负事故的同等责任，故被告黄宪鑫应对此次交通事故造成电力物流公司的财产损失承担相应的赔偿责任。原告在向电力物流公司赔付保险金后，取得代位求偿权，故原告享有在赔偿金额范围内代位行使电力物流公司对被告黄宪鑫请求赔偿的权利，由此对原告要求被告黄宪鑫承担赔偿责任的请求，本院依法予以支持。被告宏阳公司作为辽C66687号货车的被挂靠单位，向被告黄宪鑫收取了管理费用，其对挂靠的车辆有权也有义务进行管理，被告宏阳公司虽非侵权行为的实施者，但作为车辆形式上的所有人，应对挂靠人被告黄宪鑫承担的责任先承担垫付责任，然后再依据挂靠经营协议向被告黄宪鑫行使追偿权。由此，对原告要求被告宏阳公司承担赔偿责任的诉讼请求，本院依法予以支持。依据交警部门对事故作出的责任认定，被告黄宪鑫在本案中承担的责任比例应为50%。

6. 关于原告主张的555500元赔偿金额是否应予全额支持的问题

本案中原告实际向电力物流公司赔付保险金550000元，依照《中华人民共和国保险法》（2002年修订）第45条的规定："因第三者对保险标的的损害而造成保险事故的，保险人自向被保险人赔偿保险金之日起，在赔偿金额范围内代位行使被保险人对第三者请求赔偿的权利。"根据该规定，保险人行使代位求偿权向第三者追偿的金额不得超过其向被保险人支付的保险金额，因此，原告在本案中追偿的金额应以550000元为限，由此对原告主张过高的部分，本院依法不予支持。据此，被告黄宪鑫、宏阳公司应赔偿的金额为275000元（550000元×50%）。

二审诉辩情况

宣判后，中华联合湖南分公司不服，向本院提起上诉，理由是：

1. 原审判决对案件事实认定确有错误，原审法院认为双方约定在运输过程中发生的破损承担共同责任是没有事实依据的。电力公司在运输合同中没有约定对金易公司的安全责任不具有追偿权，实际上运输合同的约定恰恰相反。一审判决在认定电力公司与金易公司于2007年5月24日签订的合同过程中，对于合同第7条约定的关于违约责任及纠纷的处理情况，一审法院仅认定了该条第1款，而对于该条第6款却只字未提，遗漏了案件重大事实。合同第5条第1款关于安全要求中也约定："运输过程中的一切安全事项由乙方自行负责"，由此，运输合同约定在金易公司造成货物损失且有过错的情况下，电力公司依约对其享有损害赔偿请求权。

2. 原审法院对金易公司属于被保险人电力公司的组成人员的认定是错误的。首先，在一审判决中，原审法院对《保险法》（2002年修订）第47条规定的"被保险人的组成人员"解释错误，金易公司不是被保险人电力公司的组成成员；其次，电力公司与金易公司于2007年5月24日签订运输合同，从合同书约定的职责条款及合同价格、付款方式来看，由金易公司将合同约定的标的物安全及时地运至约定的目的地后，再由电力公司以运输货物的件数来计算给付金易公司的运输费，根据《合同法》第288条规定，显然二者之间构成一般的运输合同关系，而非实质的联合运输合同。故一审法院认定事实不清，适用法律错误，请求改判。

金易公司答辩称：

本案国内公路货物运输保险系电力物流公司依据运输合同约定义务投保，以防范、化解金易公司与其对设备所有人可能承担的损害赔偿责任。因此，保险事故发生时，电力物流公司不能向金易公司主张损害赔偿请求权，而只能向上诉人索赔，上诉人保险代位求偿权依法不存在。金易公司与电力物流公司签订的《主设备运输合同》第6条双方职责中约定，电力物流公司"负责购买合同运输范围内的货物保险并承担其费用"；金易公司"当发生运输事故时，负责协助甲方向保险公司进行索赔"。金易公司作为联合运输方是以电力物流公司名义从事运输活动，与其对设备所有人承担设备损害赔偿的连带责任，双方对运输设备具有共同的保险利益。电力物流公司投保货物运输保险的义务，即为金易公司享有该货物运输保险保障的权利，电力物流公司的投保行为虽以其名义进行但系包括保障金易公司利益的共同保险行为，该共同保险行为不论投保时上诉人是否已获知，但在金易公司与湖南电力物流公司之间具有双方共同享有货物运输保险保障的意思表示，金易公司系运输合同确认的保险受益人。当货物受损属保险事故时，不论金易公司是否对该事故承担损害赔偿责任，电力物流公司依据主设备运输合同保险投保约定，对金易公司不能行使损害赔偿请求权，而只能就保险事故损失向上诉人索赔。至于《主设备运输合同》第7条违约责任中对货物损害赔偿责任的约定，是针对货物损失非属保险责任时双方责任的划分。本案上诉人代位求偿的叶片损失系保险责任范围，因金易公司损害赔偿责任依主设备运输合同约定受投保的货物运输保险保障，电力物流公司不能向答辩人对此主张损害赔偿请求权，而只能向上诉人索赔，故上诉人对答辩人不具有代位求偿权。一审判决驳回上诉人对答辩人代位求偿诉讼请求正确，金易公司为此请求二审法院依法维持一审判决。

宏阳公司答辩称：

1. 对原审判决书查明的事实无异议，基于原审判决的事实判决宏阳公司承担垫付责任是错误的，垫付责任法律是有明确的。

2. 上诉人对黄宪鑫或者对宏阳公司，是否有代位求偿权，黄宪鑫是被保险人，是保险合同的相对方，上诉人对黄宪鑫主张代位求偿权没有诉讼主体资格。故一审判决错误。

华安公司书面答辩称：原审判决驳回原审原告对其的诉讼请求公正合理。

二审裁判结果

湖南省株洲市中级人民法院经审理认为，原审判决认定事实清楚，证据充分，适用法律正确，审判程序合法；上诉人的上诉理由均不能成立，其上诉请求本院不予支持。依照《中华人民共和国民事诉讼法》第130条、第153条第1款第1项之规定，判决如下：驳回上诉，维持原判。

二审裁判理由

湖南省株洲市中级人民法院经审理认为，本案系保险代位求偿权纠纷。本案争议的焦点是被上诉人金易公司是否应当承担赔偿责任。《保险法》（2002年修订）第47条规定：除被保险人的家庭成员或者组成人员故意造成本法第45条第1款规定的保险事故外，保险人不得对被保险人的家庭成员或者其组成人员行使代位请求赔偿的权利。"组成人员"是指为被保险人的利益或者受被保险人的委托或者与被保险人有某种特殊法律关系而进行活动的人，包括被保险人的雇用人员、合伙人、代理人、承包人。本案中金易公司作为电力物流公司的联合运输方，对外以电力物流公司的名义承担运输工作，在电力物流公司向中华联合财产保险公司出具的索赔报告中将属于金易公司的事故车辆明确表述为"我公司车辆",那么以电力物流公司名义投保所产生的保险利益,金易公司应当有权享受,因此本案中金易公司应当属于被保险人电力物流公司的组成人员,中华联合湖南分公司不能对金易公司行使代位求偿权。

财产保险合同纠纷办案依据集成

1. 中华人民共和国保险法（2009年2月28日修订）（节录）

第四十八条 保险事故发生时，被保险人对保险标的不具有保险利益的，不得向保险人请求赔偿保险金。

第四十九条 保险标的转让的，保险标的的受让人承继被保险人的权利和义务。

保险标的转让的，被保险人或者受让人应当及时通知保险人，但货物运输保险合同和另有约定的合同除外。

因保险标的转让导致危险程度显著增加的，保险人自收到前款规定的通知之日起三十日内，可以按照合同约定增加保险费或者解除合同。保险人解除合同的，应当将已收取的保险费，按照合同约定扣除自保险责任开始之日起至合同解除之日止应收的部分后，退还投保人。

被保险人、受让人未履行本条第二款规定的通知义务的，因转让导致保险标的的危险程度显著增加而发生的保险事故，保险人不承担赔偿保险金的责任。

第五十条 货物运输保险合同和运输工具航程保险合同，保险责任开始后，合同当事人不得解除合同。

第五十一条 被保险人应当遵守国家有关消防、安全、生产操作、劳动保护等方面的规定，维护保险标的的安全。

保险人可以按照合同约定对保险标的的安全状况进行检查，及时向投保人、被保险人提出消除不安全因素和隐患的书面建议。

投保人、被保险人未按照约定履行其对保险标的的安全应尽责任的，保险人有权要求增加保险费或者解除合同。

保险人为维护保险标的的安全，经被保险人同意，可以采取安全预防措施。

第五十二条 在合同有效期内，保险标的的危险程度显著增加的，被保险人应当按照合同约定及时通知保险人，保险人可以按照合同约定增加保险费或者解除合同。保险人解除合同的，应当将已收取的保险费，按照合同约定扣除自保险责任开始之日起至合同解除之日止应收的部分后，退还投保人。

被保险人未履行前款规定的通知义务的，因保险标的的危险程度显著增加而发生的保险事故，保险人不承担赔偿保险金的责任。

第五十三条 有下列情形之一的，除合同另有约定外，保险人应当降低保险费，并按日计算退还相应的保险费：

（一）据以确定保险费率的有关情况发生变化，保险标的的危险程度明显减少的；

（二）保险标的的保险价值明显减少的。

第五十四条 保险责任开始前，投保人要求解除合同的，应当按照合同约定向保险人支付手续费，保险人应当退还保险费。保险责任开始后，投保人要求解除合同的，保险人应当将已收取的保险费，按照合同约定扣除自保险责任开始之日起至合同解除之日止应收的部分后，退还投保人。

第五十五条　投保人和保险人约定保险标的的保险价值并在合同中载明的，保险标的发生损失时，以约定的保险价值为赔偿计算标准。

投保人和保险人未约定保险标的的保险价值的，保险标的发生损失时，以保险事故发生时保险标的的实际价值为赔偿计算标准。

保险金额不得超过保险价值。超过保险价值的，超过部分无效，保险人应当退还相应的保险费。

保险金额低于保险价值的，除合同另有约定外，保险人按照保险金额与保险价值的比例承担赔偿保险金的责任。

第五十六条　重复保险的投保人应当将重复保险的有关情况通知各保险人。

重复保险的各保险人赔偿保险金的总和不得超过保险价值。除合同另有约定外，各保险人按照其保险金额与保险金额总和的比例承担赔偿保险金的责任。

重复保险的投保人可以就保险金额总和超过保险价值的部分，请求各保险人按比例返还保险费。

重复保险是指投保人对同一保险标的、同一保险利益、同一保险事故分别与两个以上保险人订立保险合同，且保险金额总和超过保险价值的保险。

第五十七条　保险事故发生时，被保险人应当尽力采取必要的措施，防止或者减少损失。

保险事故发生后，被保险人为防止或者减少保险标的的损失所支付的必要的、合理的费用，由保险人承担；保险人所承担的费用数额在保险标的的损失赔偿金以外另行计算，最高不超过保险金额的数额。

第五十八条　保险标的发生部分损失的，自保险人赔偿之日起三十日内，投保人可以解除合同；除合同另有约定外，保险人也可以解除合同，但应当提前十五日通知投保人。

合同解除的，保险人应当将保险标的未受损失部分的保险费，按照合同约定扣除自保险责任开始之日起至合同解除之日止应收的部分后，退还投保人。

第五十九条　保险事故发生后，保险人已支付了全部保险金额，并且保险金额等于保险价值的，受损保险标的的全部权利归于保险人；保险金额低于保险价值的，保险人按照保险金额与保险价值的比例取得受损保险标的的部分权利。

第六十条　因第三者对保险标的的损害而造成保险事故的，保险人自向被保险人赔偿保险金之日起，在赔偿金额范围内代位行使被保险人对第三者请求赔偿的权利。

前款规定的保险事故发生后，被保险人已经从第三者取得损害赔偿的，保险人赔偿保险金时，可以相应扣减被保险人从第三者已取得的赔偿金额。

保险人依照本条第一款规定行使代位请求赔偿的权利，不影响被保险人就未取得赔偿的部分向第三者请求赔偿的权利。

第六十一条　保险事故发生后，保险人未赔偿保险金之前，被保险人放弃对第三者请求赔偿的权利的，保险人不承担赔偿保险金的责任。

保险人向被保险人赔偿保险金后，被保险人未经保险人同意放弃对第三者请求赔偿的权利的，该行为无效。

被保险人故意或者因重大过失致使保险人不能行使代位请求赔偿的权利的，保险人可以扣减或者要求返还相应的保险金。

第六十二条 除被保险人的家庭成员或者其组成人员故意造成本法第六十条第一款规定的保险事故外，保险人不得对被保险人的家庭成员或者其组成人员行使代位请求赔偿的权利。

第六十三条 保险人向第三者行使代位请求赔偿的权利时，被保险人应当向保险人提供必要的文件和所知道的有关情况。

第六十四条 保险人、被保险人为查明和确定保险事故的性质、原因和保险标的的损失程度所支付的必要的、合理的费用，由保险人承担。

第六十五条 保险人对责任保险的被保险人给第三者造成的损害，可以依照法律的规定或者合同的约定，直接向该第三者赔偿保险金。

责任保险的被保险人给第三者造成损害，被保险人对第三者应负的赔偿责任确定的，根据被保险人的请求，保险人应当直接向该第三者赔偿保险金。被保险人怠于请求的，第三者有权就其应获赔偿部分直接向保险人请求赔偿保险金。

责任保险的被保险人给第三者造成损害，被保险人未向该第三者赔偿的，保险人不得向被保险人赔偿保险金。

责任保险是指以被保险人对第三者依法应负的赔偿责任为保险标的的保险。

第六十六条 责任保险的被保险人因给第三者造成损害的保险事故而被提起仲裁或者诉讼的，被保险人支付的仲裁或者诉讼费用以及其他必要的、合理的费用，除合同另有约定外，由保险人承担。

2. 机动车交通事故责任强制保险条例（2006年3月21日国务院令第462号公布）

第一章 总 则

第一条 为了保障机动车道路交通事故受害人依法得到赔偿，促进道路交通安全，根据《中华人民共和国道路交通安全法》、《中华人民共和国保险法》，制定本条例。

第二条 在中华人民共和国境内道路上行驶的机动车的所有人或者管理人，应当依照《中华人民共和国道路交通安全法》的规定投保机动车交通事故责任强制保险。

机动车交通事故责任强制保险的投保、赔偿和监督管理，适用本条例。

第三条 本条例所称机动车交通事故责任强制保险，是指由保险公司对被保险机动车发生道路交通事故造成本车人员、被保险人以外的受害人的人身伤亡、财产损失，在责任限额内予以赔偿的强制性责任保险。

第四条 国务院保险监督管理机构（以下称保监会）依法对保险公司的机动车交通事故责任强制保险业务实施监督管理。

公安机关交通管理部门、农业（农业机械）主管部门（以下统称机动车管理部门）应当依法对机动车参加机动车交通事故责任强制保险的情况实施监督检查。对未参加机动车交通事故责任强制保险的机动车，机动车管理部门不得予以登记，机动车安全技术检验机构不得予以检验。

公安机关交通管理部门及其交通警察在调查处理道路交通安全违法行为和道路交通事故时，应当依法检查机动车交通事故责任强制保险的保险标志。

第二章 投 保

第五条 保险公司经保监会批准，可以从事机动车交通事故责任强制保险业务。

为了保证机动车交通事故责任强制保险制度的实行，保监会有权要求保险公司从事机动车交通事故责任强制保险业务。

未经保监会批准，任何单位或者个人不得从事机动车交通事故责任强制保险业务。

第六条 机动车交通事故责任强制保险实行统一的保险条款和基础保险费率。保监会按照机动车交通事故责任强制保险业务总体上不盈利不亏损的原则审批保险费率。

保监会在审批保险费率时，可以聘请有关专业机构进行评估，可以举行听证会听取公众意见。

第七条 保险公司的机动车交通事故责任强制保险业务，应当与其他保险业务分开管理，单独核算。

保监会应当每年对保险公司的机动车交通事故责任强制保险业务情况进行核查，并向社会公布；根据保险公司机动车交通事故责任强制保险业务的总体盈利或者亏损情况，可以要求或者允许保险公司相应调整保险费率。

调整保险费率的幅度较大的，保监会应当进行听证。

第八条 被保险机动车没有发生道路交通安全违法行为和道路交通事故的，保险公司应当在下一年度降低其保险费率。在此后的年度内，被保险机动车仍然没有发生道路交通安全违法行为和道路交通事故的，保险公司应当继续降低其保险费率，直至最低标准。被保险机动车发生道路交通安全违法行为或者道路交通事故的，保险公司应当在下一年度提高其保险费率。多次发生道路交通安全违法行为、道路交通事故，或者发生重大道路交通事故的，保险公司应当加大提高其保险费率的幅度。在道路交通事故中被保险人没有过错的，不提高其保险费率。降低或者提高保险费率的标准，由保监会会同国务院公安部门制定。

第九条 保监会、国务院公安部门、国务院农业主管部门以及其他有关部门应当逐步建立有关机动车交通事故责任强制保险、道路交通安全违法行为和道路交通事故的信息共享机制。

第十条 投保人在投保时应当选择具备从事机动车交通事故责任强制保险业务资格的保险公司，被选择的保险公司不得拒绝或者拖延承保。

保监会应当将具备从事机动车交通事故责任强制保险业务资格的保险公司向社会公示。

第十一条 投保人投保时，应当向保险公司如实告知重要事项。

重要事项包括机动车的种类、厂牌型号、识别代码、牌照号码、使用性质和机动车所有人或者管理人的姓名（名称）、性别、年龄、住所、身份证或者驾驶证号码（组织机构代码）、续保前该机动车发生事故的情况以及保监会规定的其他事项。

第十二条　签订机动车交通事故责任强制保险合同时，投保人应当一次支付全部保险费；保险公司应当向投保人签发保险单、保险标志。保险单、保险标志应当注明保险单号码、车牌号码、保险期限、保险公司的名称、地址和理赔电话号码。

被保险人应当在被保险机动车上放置保险标志。

保险标志式样全国统一。保险单、保险标志由保监会监制。任何单位或者个人不得伪造、变造或者使用伪造、变造的保险单、保险标志。

第十三条　签订机动车交通事故责任强制保险合同时，投保人不得在保险条款和保险费率之外，向保险公司提出附加其他条件的要求。

签订机动车交通事故责任强制保险合同时，保险公司不得强制投保人订立商业保险合同以及提出附加其他条件的要求。

第十四条　保险公司不得解除机动车交通事故责任强制保险合同；但是，投保人对重要事项未履行如实告知义务的除外。

投保人对重要事项未履行如实告知义务，保险公司解除合同前，应当书面通知投保人，投保人应当自收到通知之日起5日内履行如实告知义务；投保人在上述期限内履行如实告知义务的，保险公司不得解除合同。

第十五条　保险公司解除机动车交通事故责任强制保险合同的，应当收回保险单和保险标志，并书面通知机动车管理部门。

第十六条　投保人不得解除机动车交通事故责任强制保险合同，但有下列情形之一的除外：

（一）被保险机动车被依法注销登记的；

（二）被保险机动车办理停驶的；

（三）被保险机动车经公安机关证实丢失的。

第十七条　机动车交通事故责任强制保险合同解除前，保险公司应当按照合同承担保险责任。

合同解除时，保险公司可以收取自保险责任开始之日起至合同解除之日止的保险费，剩余部分的保险费退还投保人。

第十八条　被保险机动车所有权转移的，应当办理机动车交通事故责任强制保险合同变更手续。

第十九条　机动车交通事故责任强制保险合同期满，投保人应当及时续保，并提供上一年度的保险单。

第二十条　机动车交通事故责任强制保险的保险期间为1年，但有下列情形之一的，投保人可以投保短期机动车交通事故责任强制保险：

（一）境外机动车临时入境的；

（二）机动车临时上道路行驶的；

（三）机动车距规定的报废期限不足1年的；

（四）保监会规定的其他情形。

第三章 赔 偿

第二十一条 被保险机动车发生道路交通事故造成本车人员、被保险人以外的受害人人身伤亡、财产损失的，由保险公司依法在机动车交通事故责任强制保险责任限额范围内予以赔偿。

道路交通事故的损失是由受害人故意造成的，保险公司不予赔偿。

第二十二条 有下列情形之一的，保险公司在机动车交通事故责任强制保险责任限额范围内垫付抢救费用，并有权向致害人追偿：

（一）驾驶人未取得驾驶资格或者醉酒的；

（二）被保险机动车被盗抢期间肇事的；

（三）被保险人故意制造道路交通事故的。

有前款所列情形之一，发生道路交通事故的，造成受害人的财产损失，保险公司不承担赔偿责任。

第二十三条 机动车交通事故责任强制保险在全国范围内实行统一的责任限额。责任限额分为死亡伤残赔偿限额、医疗费用赔偿限额、财产损失赔偿限额以及被保险人在道路交通事故中无责任的赔偿限额。

机动车交通事故责任强制保险责任限额由保监会会同国务院公安部门、国务院卫生主管部门、国务院农业主管部门规定。

第二十四条 国家设立道路交通事故社会救助基金（以下简称救助基金）。有下列情形之一时，道路交通事故中受害人人身伤亡的丧葬费用、部分或者全部抢救费用，由救助基金先行垫付，救助基金管理机构有权向道路交通事故责任人追偿：

（一）抢救费用超过机动车交通事故责任强制保险责任限额的；

（二）肇事机动车未参加机动车交通事故责任强制保险的；

（三）机动车肇事后逃逸的。

第二十五条 救助基金的来源包括：

（一）按照机动车交通事故责任强制保险的保险费的一定比例提取的资金；

（二）对未按照规定投保机动车交通事故责任强制保险的机动车的所有人、管理人的罚款；

（三）救助基金管理机构依法向道路交通事故责任人追偿的资金；

（四）救助基金孳息；

（五）其他资金。

第二十六条 救助基金的具体管理办法，由国务院财政部门会同保监会、国务院公安部门、国务院卫生主管部门、国务院农业主管部门制定试行。

第二十七条 被保险机动车发生道路交通事故，被保险人或者受害人通知保险公司的，保险公司应当立即给予答复，告知被保险人或者受害人具体的赔偿程序等有关事项。

第二十八条 被保险机动车发生道路交通事故的，由被保险人向保险公司申请赔偿保险金。保险公司应当自收到赔偿申请之日起1日内，书面告知被保险人需要向保险公司提供的与赔偿有关的证明和资料。

第二十九条　保险公司应当自收到被保险人提供的证明和资料之日起5日内，对是否属于保险责任作出核定，并将结果通知被保险人；对不属于保险责任的，应当书面说明理由；对属于保险责任的，在与被保险人达成赔偿保险金的协议后10日内，赔偿保险金。

第三十条　被保险人与保险公司对赔偿有争议的，可以依法申请仲裁或者向人民法院提起诉讼。

第三十一条　保险公司可以向被保险人赔偿保险金，也可以直接向受害人赔偿保险金。但是，因抢救受伤人员需要保险公司支付或者垫付抢救费用的，保险公司在接到公安机关交通管理部门通知后，经核对应当及时向医疗机构支付或者垫付抢救费用。

因抢救受伤人员需要救助基金管理机构垫付抢救费用的，救助基金管理机构在接到公安机关交通管理部门通知后，经核对应当及时向医疗机构垫付抢救费用。

第三十二条　医疗机构应当参照国务院卫生主管部门组织制定的有关临床诊疗指南，抢救、治疗道路交通事故中的受伤人员。

第三十三条　保险公司赔偿保险金或者垫付抢救费用，救助基金管理机构垫付抢救费用，需要向有关部门、医疗机构核实有关情况的，有关部门、医疗机构应当予以配合。

第三十四条　保险公司、救助基金管理机构的工作人员对当事人的个人隐私应当保密。

第三十五条　道路交通事故损害赔偿项目和标准依照有关法律的规定执行。

第四章　罚　则

第三十六条　未经保监会批准，非法从事机动车交通事故责任强制保险业务的，由保监会予以取缔；构成犯罪的，依法追究刑事责任；尚不构成犯罪的，由保监会没收违法所得，违法所得20万元以上的，并处违法所得1倍以上5倍以下罚款；没有违法所得或者违法所得不足20万元的，处20万元以上100万元以下罚款。

第三十七条　保险公司未经保监会批准从事机动车交通事故责任强制保险业务的，由保监会责令改正，责令退还收取的保险费，没收违法所得，违法所得10万元以上的，并处违法所得1倍以上5倍以下罚款；没有违法所得或者违法所得不足10万元的，处10万元以上50万元以下罚款；逾期不改正或者造成严重后果的，责令停业整顿或者吊销经营保险业务许可证。

第三十八条　保险公司违反本条例规定，有下列行为之一的，由保监会责令改正，处5万元以上30万元以下罚款；情节严重的，可以限制业务范围、责令停止接受新业务或者吊销经营保险业务许可证：

（一）拒绝或者拖延承保机动车交通事故责任强制保险的；

（二）未按照统一的保险条款和基础保险费率从事机动车交通事故责任强制保险业务的；

（三）未将机动车交通事故责任强制保险业务和其他保险业务分开管理，单独核算的；

（四）强制投保人订立商业保险合同的；

（五）违反规定解除机动车交通事故责任强制保险合同的；

（六）拒不履行约定的赔偿保险金义务的；

（七）未按照规定及时支付或者垫付抢救费用的。

第三十九条　机动车所有人、管理人未按照规定投保机动车交通事故责任强制保险的，由公安机关交通管理部门扣留机动车，通知机动车所有人、管理人依照规定投保，处依照规定投保最低责任限额应缴纳的保险费的2倍罚款。

机动车所有人、管理人依照规定补办机动车交通事故责任强制保险的，应当及时退还机动车。

第四十条　上道路行驶的机动车未放置保险标志的，公安机关交通管理部门应当扣留机动车，通知当事人提供保险标志或者补办相应手续，可以处警告或者20元以上200元以下罚款。

当事人提供保险标志或者补办相应手续的，应当及时退还机动车。

第四十一条　伪造、变造或者使用伪造、变造的保险标志，或者使用其他机动车的保险标志，由公安机关交通管理部门予以收缴，扣留该机动车，处200元以上2000元以下罚款；构成犯罪的，依法追究刑事责任。

当事人提供相应的合法证明或者补办相应手续的，应当及时退还机动车。

第五章　附　则

第四十二条　本条例下列用语的含义：

（一）投保人，是指与保险公司订立机动车交通事故责任强制保险合同，并按照合同负有支付保险费义务的机动车的所有人、管理人。

（二）被保险人，是指投保人及其允许的合法驾驶人。

（三）抢救费用，是指机动车发生道路交通事故导致人员受伤时，医疗机构参照国务院卫生主管部门组织制定的有关临床诊疗指南，对生命体征不平稳和虽然生命体征平稳但如果不采取处理措施会产生生命危险，或者导致残疾、器官功能障碍，或者导致病程明显延长的受伤人员，采取必要的处理措施所发生的医疗费用。

第四十三条　机动车在道路以外的地方通行时发生事故，造成人身伤亡、财产损失的赔偿，比照适用本条例。

第四十四条　中国人民解放军和中国人民武装警察部队在编机动车参加机动车交通事故责任强制保险的办法，由中国人民解放军和中国人民武装警察部队另行规定。

第四十五条　机动车所有人、管理人自本条例施行之日起3个月内投保机动车交通事故责任强制保险；本条例施行前已经投保商业性机动车第三者责任保险的，保险期满，应当投保机动车交通事故责任强制保险。

第四十六条　本条例自2006年7月1日起施行。

第二节 人身保险合同纠纷

一、健康保险合同纠纷

72. 如何判断保险合同条款的性质是否属于免责条款？

依据《保险法》第17条之规定，保险人对于构成免除保险人责任的条款负有向投保人进行明确说明的义务，否则该条款不产生效力。而所谓免除保险人责任的条款，是指约定了保险人对事故所致的损失不承担赔偿保险金责任的条款。它的范围广泛，并不局限于保险合同中的责任免除部分，还可能散见在保险合同的其他条文之中；而其表现形式也并非只包括直接排除保险人保险责任的除外责任条款，还包括那些通过对日常概念进行限缩解释，以达到缩小保险范围目的的条款。

典型疑难案件参考

王庆才诉中国人寿保险公司灌云县支公司重大疾病保险合同纠纷案

基本案情

2000年10月17日，原告王庆才作为投保人为本人投保了康宁终身保险，同年10月20日，被告中国人寿保险公司灌云支公司发给原告保险单，该保险合同主要内容为：保险期间终身，保险费2040元，缴费期间20年，基本保险金额人民币20000元，患重大疾病的按基本保额的二倍给付保险金，若重大疾病保险金的给付发生于交费期内，从给付之日起，免交以后各期保险费，本合同继续有效。合同签订后，原告按规定分期向被告缴保险费，保险费缴至2004年10月20日。2004年7月28日，原告王庆才突发意识障碍伴左侧肢体活动障碍，经连云港市第一人民医院急诊、住院、抢救，诊断为蛛网膜下腔出血、左后交通动脉瘤。蛛网膜下腔出血，属于急性脑中风范围，需手术治疗，原告共花医疗费83576.9元。术后原告病情逐渐好转，同年8月25日出院。原告住院期间及出院后，由其亲属及本人多次来被告处口头申请索赔，被告口头答复不作赔偿。原告遂起诉要求被告按合同约定给付基本保额的二倍即人民币40000元，免交以后各期保险费。

另经查明，康宁终身保险合同中第4条是关于保险人保险责任的条款，该条规定："本合同有效期内，本公司负有下列保险责任：一、被保险人在本合同生效之日起一百八十日后初次发生，并经本公司指定或认可的医疗机构确诊患重大疾病时，本公司按基本保额的二倍给付重大疾病保险金……若重大疾病保险金的给付发生于交费期内，从给付之日起，免交以后各期保险费，本合同继续有效。"关于何谓重大疾病，条款第23条释义规定："重大疾病是指下列疾病或手术之一：（1）心脏病；（2）冠状动脉旁路手术；（3）脑中风……"关于何谓脑中风，合同注释称："脑中风是指因脑血管的突发病变导致脑血管出血、栓塞、梗塞致永久性神经机能障碍者。所谓永久性神经机能障碍，是指事故发生六个月后，经脑神经专科医生认定仍遗留下列残障之一者：1）植物人状态。2）一肢以下机能完全丧失。3）两肢以下运动或感觉障碍而无法自理日常生活者。所谓无法自理日常生活，是指食物摄取、大小便始末、穿脱衣服、起居、步行、入浴等，皆不能自己为之，经常需要他人加以扶助之状态。4）丧失言语或咀嚼机能。言语机能的丧失是指因脑部言语中枢神经的损伤而患失语症。咀嚼机能的丧失是指由于牙齿以外的原因所引起的机能障碍，以致不能做咀嚼运动，除流质食物以外不能摄取食物之状态。"

一审诉辩情况

被告中国人寿保险公司灌云支公司辩称：投保单是原告亲笔签名，原、被告之间的保险合同合法有效。原告所患疾病属于临床医学上所称的脑中风，而不是康宁终身保险条款中具体释义、注释中的脑中风后遗症，现原告身体状态恢复很好，无后遗症，我公司依法不承担理赔责任，请求驳回原告诉求。

一审裁判结果

江苏省灌云县人民法院经审理，依照《中华人民共和国合同法》第6条、第8条、第39条、第41条，《中华人民共和国保险法》第5条、第31条之规定，判决如下：限被告中国人寿保险公司灌云支公司于本判决生效后10日内，给付原告王庆才重大疾病保险金人民币40000元。从给付之日起，免交以后各期保险费，本合同继续有效。

一审裁判理由

江苏省灌云县人民法院经审理认为：原、被告之间所签订的康宁终身保险合同合法有效，双方应遵守最大诚信原则，严格履行合同所约定的义务。该合同由保险单、保险条款、投保单等共同构成，是被告方事先拟制的格式合同，其技术和复杂程序，非常人所能了解，作为提供格式条款的被告方，应当遵循公平原则确定双方当事人之间的权利和义务，信守最大诚信原则，采取合理的方式，如实告知投保方保险合同的内容，如果保险合同中规定有关于保险人责任免除条款或限制责任条款的，保险人应当在订保险合同时针对该免责、限责条款提请对方作特别注意，向投保人作明确的说明或作特别的解释，以便让投保人能在对主要条款，特别是免责条款、限责条款充分理解后，决定是否投保，如果保险人未作明确说明的，该条款对投保人不产生效力。本案中该条款的第4条是"保险责任"条款，在该条中保险人向投保人承诺的是患"重大疾病"时给付基本保额二倍的保险金，并没有在该条中对何谓重大疾病作具体解释，而是在第23条释义中将重大疾病限定为十种，这一限定，远小于常人所理解的重大疾病的范围，这一释义是对第4条保险人承保的重大疾病范围的缩小，即保险人免责范围的扩大。条款第23条承保的十种重大疾病中，第三种是"脑中风"，何谓脑中风，注释中作了描述，但该描述的脑中风症状，已不是常人所理解的即临床医学上的脑中风，而是脑中风后遗症。常人所理解的脑中风即临床医学上的脑中风，大致可分为三类：脑梗塞、脑出血、蛛网膜下腔出血，故注释中的脑中风是对常人所理解的脑中风范围的缩小，即对保险人免责范围的扩大，故该条款第23条的释义及释义中的注释，是对条款第4条"保险责任"范围的缩小，是对条款第5条"责任免除"范围的扩大，其实质上是限责条款。作为提供格式合同的被告方，由于没有将该内容列明于第4条"保险责任"项下及第5条"责任免除"项下，则更应当就该限责的具体内容向原告方作特别解释，要特别提请投保人注意，被告向法庭举证投保单，称投保单中有原告亲笔签名，能证明在投保时被告已向原告讲清了有关内容。本院认为，投保单内相关文件中确有"本人对保险条款的各项规定均已了解"、"业务员已对您如实讲解了保险条款，您对保险条款中列明的保险责任和责任免除规定已完全了解"等内容，但上述相关文件的内容、项目繁多，不具单一的告知书性质，且其仍然是被告方提供的事先拟制好的格式文件，不容易引起投保人注意，而被告也没有证据证明原告在投保单上签名时，被告方的业务员确实已就投保单中相关文件的相关内容向原告作了解释、告知。故被告辩称其承保的不是临床医学上的脑中风，而是释义、注释中的脑中风后遗症，且已向原告尽了告知义务而不同意赔偿的辩称理由，违背最大诚信原则，不符合客观事实，也无证据证实，其理由不能成立，对于脑中风范围的注释对原告不产生效力，被告以此为由不给付原告重大疾病保险金依据不足，在此纠纷中应负全部责任。原告诉求理由充分，符合法律规定，本院对原告的诉求予以支持。

二审诉辩情况

被告中国人寿保险公司灌云县支公司不服一审判决，上诉称：

1. 一审法院将保险条款中第 23 条关于"脑中风"的释义和注释定性为免责条款是错误的。合同第 4 条、第 23 条及合同注释是对本公司应承担的责任范围及脑中风这一具体疾病的定义，这也是诸多人寿保险合同的通行做法，法律从来没有排除这种通过描述症状的形式来对重大疾病定义的有效性。该条款的性质并非免责条款，而是保险责任条款。它是保险公司对客户的一种承诺，即在合同有效期内，客户发生保险事故，保险公司承担相应的义务，但这种义务并非绝对的义务，而是一种附条件的义务。由于保险合同是承担风险的合同，只有满足一定条件的保险事故，保险公司才可以承担相应的保险责任，这不仅符合保险经营理论，而且也符合社会经济活动的一般原理。

2. 既然第 23 条释义、注释关于"脑中风"的定义属保险责任而非责任免除条款，那么保险人仅需履行一般告知义务即可，而无需向投保人作特别解释。保险合同第一部分首部明确提示投保人在投保前仔细阅读保险条款，该页有王庆才的亲笔签名，合同第二部分，王庆才作出声明与授权，在合同的客户保障声明中，王庆才又亲笔署名，说明业务员已对其如实讲解了保险条款，其对保险条款中列明的保险责任和责任免除规定已完全了解。王庆才作为有知识有文化有完全民事行为能力的人，亲笔签下了 3 份声明，可见其完全理解保险条款的内容。

3. 一审法院适用法律条文错误，致使其作出的一审判决错误。一审法院既然认定我公司与王庆才所签保险合同合法有效，却又认为合同第 23 条释义对王庆才不产生法律效力，显然是矛盾的。该条款是经中国保监会正式审定并予以批准，不存在条款不明确而失效的问题，并且该条款对脑中风的解释十分明确，保险责任范围也十分清楚，存在两种以上的合理解释，因此，一审法院对此条款适用《合同法》第 41 条的规定明显存在错误。

综上所述，一审法院对合同条款的性质定性不准，适用法律存在严重错误，加之故意偏袒王庆才而排斥我公司，致使一审判决毫无公正可言，我公司恳请二审法院撤销原判，依法作出公正的终审判决。

王庆才答辩称：

1. 保险条款就"脑中风"保险的责任范围是疾病本身，并非其后遗症；
2. 被告没有尽到"明确说明"的义务，合同注释不产生法律效力；
3. 由于合同注释与条款第 4 条、第 23 条之间相矛盾，双方都可以作有利于自己方的解释，根据相关法律规定，人民法院应当作有利于被保险人和受益人的解释。

二审裁判结果

江苏省连云港市中级人民法院经审理认为，灌云县人寿保险公司的上诉请求不能成立，本院不予支持。一审判决认定客观事实属实，判决结果正确，依法应予以维持。经本院审判委员会讨论决定，依据《中华人民共和国民事诉讼法》第153条第1款第1项之规定，判决如下：驳回上诉，维持原判。

二审裁判理由

江苏省连云港市中级人民法院经审理认为：

2000年10月17日王庆才与被告中国人寿保险公司灌云县支公司签订的康宁终身保险合同系当事人双方真实意思表示，且不违反法律、法规禁止性规定，合法有效，当事人双方均应严格按约履行各自的义务，被告在王庆才患重大疾病并支付巨额医疗费的情况下，拒绝按约赔偿应承担引起纠纷的全部责任。灌云县人寿保险公司辩称依据合同第23条释义及合同注释的规定，王庆才患病后并未出现遗留残障之一的情况，故不属于理赔范围。但首先，临床医学上的脑中风概念仅指脑血管出血及栓塞、梗塞两种状况，而不以是否致永久性机能障碍作为赔付的前提，本案中，灌云县人寿保险公司擅自扩大了对脑中风的解释，并且，从解释本身来看，是否两种情况均需构成永久性机能障碍还是仅发生栓塞、梗塞时发生永久性机能障碍才符合赔付条件，这一点上当事人双方理解发生歧义，根据《合同法》第41条的规定，应作出不利于灌云县人寿保险公司的解释，即出血性脑中风不以致永久性障碍作为赔付前提。其次，本合同的性质是重大疾病保险，但合同同时又将疾病范围限制为脑中风等十种，并且在每一种疾病后加注限定了理赔的范围，这本身就属于对自身赔付义务的限制，根据相关法律规定，对于限制责任条款，合同提供方应采取合理的方式予以提醒，本案中，灌云县人寿保险公司虽以王庆才签署了相关的声明作为抗辩，但其混淆了投保人自行阅读与保险公司主动解释及保险公司一般条款解释与免责条款特别提醒的界限，现灌云县人寿保险公司拿不出证明签订合同时业务员已就限责条款进行了特别说明的证据，故该辩称理由不能成立，本院不予支持。

二、人寿保险合同纠纷

73. 如何理解和适用《保险法》中的不利解释原则？

根据我国《保险法》第 30 条之规定，在司法实践中适用不利解释原则应遵循如下几个规则：首先，不利解释原则仅适用于对格式条款的解释；其次，在合同当事人对保险合同条款的含义存在争议时，应首先适用保险合同的一般解释原则，根据保险单本身及其附件内容判断合同当事人的真意。只有在根据一般解释原则难以正确解释争议条款内容时，方可适用不利解释原则；最后，不利解释原则只有在保险合同条款确实存在表述不清，或具有两种以上解释的情况时，方可适用。

典型疑难案件参考

徐赤卫、冯学礼与中国平安人寿保险股份有限公司陕西省分公司死亡保险责任合同纠纷案

基本案情

冯学礼、徐赤卫系冯志刚之父母。1997 年 3 月 30 日，徐赤卫作为投保人，为其子冯志刚在中国平安人寿保险股份有限公司陕西省分公司（以下简称平安保险公司）投保 5 份少儿终身平安保险，被保险人及受益人均为冯志刚，徐赤卫依约交纳了保险费。徐赤卫持有的《中国平安保险公司少儿终身平安保险条款（试行）》第 5 条第（6）项约定："被保险人在保险单生效时起至 22 周岁前因意外伤害事故死亡，给付死亡保险金 6000 元，保险责任终止；若被保险人在 22 周岁至 25 周岁期间因意外事故死亡，给付死亡保险金 10000 元，保险责任终止。"平安保险公司提供的《中国平安人寿保险股份有限公司少儿终身平安保险条款》第 5 条第（6）项中约定："被保险人在保险单生效时起至 22 周岁前因意外伤害事故死亡，给付死亡保险金 6000 元，保险责任终止；若被保险人在 22 周岁至 25 周岁期间因意外伤害事故死亡，给付死亡保险金 10000 元，保险责任终止。"

被保险人冯志刚于 1984 年 1 月 6 日出生，2001 年 10 月 23 日外出后下落不明。经徐赤卫申请，陕西省西安市灞桥区人民法院于 2007 年 3 月 8 日作出〔2006〕灞民特字第 418 号民事判决，宣告冯志刚死亡。徐赤卫据此向保险公

司提出理赔申请，平安保险公司以理赔申请不符合保险合同约定为由拒赔。徐赤卫、冯学礼遂向陕西省西安市雁塔区人民法院提起诉讼，请求判令平安保险公司支付死亡赔偿金50000元。

一审诉辩情况

被告平安保险公司辩称：

双方保险合同约定的死亡性质是"因意外伤害事故死亡"，而原告之子冯志刚是因下落不明而被宣告死亡，不属于保险条款的理赔范围，原告的诉请不能成立。

一审裁判结果

陕西省西安市雁塔区人民法院经审理，判决如下：驳回徐赤卫、冯学礼的诉讼请求。

一审裁判理由

陕西省西安市雁塔区人民法院经审理认为：

徐赤卫与平安保险公司订立的少儿终身平安保险合同有效。双方争议的焦点是被保险人冯志刚被法院以下落不明而宣告死亡是否属于保险合同约定的保险责任范围。徐赤卫、冯学礼诉请的依据是合同约定：若被保险人在22周岁至25周岁期间因意外伤害事故死亡，给付死亡保险金10000元，保险责任终止。所谓意外伤害事故，是指遭受外来的、突发的、非本意的、不能为行为人控制的使身体受到伤害的客观事件，由此引起被保险人死亡的，才构成保险合同约定的保险事故，同时保险事故必须是明确的、已实际发生的客观事实。本案被保险人冯志刚因外出打工、下落不明而被依法宣告死亡，此种死亡是从法律制度上所设定的方式，并不是双方保险合同中所约定的"因意外伤害事故死亡"的方式。因此，被保险人冯志刚因下落不明被法院宣告死亡不属于双方保险合同所约定的保险责任范围，徐赤卫、冯学礼要求给付死亡保险金的请求不能成立。

二审诉辩情况

徐赤卫、冯学礼不服一审判决，提起上诉称：

平安保险公司提供的格式保险合同对"意外事故"未作出明确解释，导致双方当事人对此术语的内涵及外延理解发生分歧，依据《合同法》及《保险法》有关疑义利益归属原则，应作有利于被保险人的解释。被保险人冯志刚被宣告死亡，法律上已肯定了其死亡的事实，而从死亡原因上分析，也不能排除意外事故死亡的可能性，且宣告死亡情形并不属保险合同中载明的保险人除外责任范围，故原审认定宣告死亡不属合同约定的保险责任范围，依据不足，请求撤销原判，判令保险公司支付50000元死亡赔偿金。

平安保险公司辩称：

被保险人冯志刚系由于下落不明而被法院宣告死亡，并非由于因意外事故下落不明而被宣告死亡，虽然宣告死亡不能排除意外伤害死亡的可能性，但更不能确认宣告死亡即为保险合同约定的意外伤害死亡的情形，故徐赤卫、冯学礼的上诉理由不能成立，请求维持原判。

二审裁判结果

陕西省西安市中级人民法院经审理，判决如下：

一、撤销西安市雁塔区人民法院作出的一审判决；

二、保险公司于本判决生效后10日内向徐赤卫、冯学礼支付被保险人冯志刚死亡赔偿金50000元。

二审裁判理由

陕西省西安市中级人民法院经审理认为：

被保险人冯志刚被宣告死亡是否属于保险合同约定的意外事故死亡，是确定平安保险公司应否承担赔偿责任的关键。首先，争讼保险合同系平安保险公司提供的制式合同，由保险单、保险条款、批单等构成。关于保险条款，由于平安保险公司不能说明其现在提交的保险条款的适用时间，而该条款与徐赤卫持有的保险条款的内容有所不同，故应以徐赤卫持有的保险条款作为处理本案保险合同纠纷的依据。依据《保险法》（2002年修订）第17条第1款的规定，平安保险公司负有解释说明保险合同条款的义务。但是，平安保险公司对保险条款中何谓意外事故死亡既没有作出明确的解释，亦未罗列意外事故死亡的情形，导致投保人与保险人对该条款的理解产生歧义，平安保险公司作为拟约方，负有相应责任。其次，根据《合同法》第41条规定，徐赤卫作为投保人，在签订保险合同时由于自身专业知识的缺陷以及受阅读理解时间不足等因素的影响，要求其对制式保险条款中意外事故死亡的内涵以及情形作出与保险人一致的理解与判断，有失公允。从常人的理解与判断，22周岁至25周岁期间的青年，除疾病原因之外的死亡，通常被认为属于非正常死亡，即意外死亡。故被保险人冯志刚的宣告死亡，一般应理解为意外死亡，属于意外事故死亡的范围。再次，平安保险公司提供的保险条款中已罗列了保险人免除保险责任的各种情形，但是宣告死亡并不包含在保险人免除责任的范围之内，因此，应当认定保险合同约定的免责范围之外的其他意外死亡的情形，亦应当属于保险事故范围。最后，《保险法》（2002 年修订）第 31 条已明确规定了对保险合同条款发生争议时的处理原则。现徐赤卫与平安保险公司对格式保险条款中意外事故死亡的理解发生争议，应作出有利于徐赤卫、冯学礼的解释。综上，被保险人冯志刚被宣告死亡属于本案争讼的保险合同约定的保险事故范围，平安保险公司依约应向被保险人冯志刚的法定继承人徐赤卫、冯学礼支付赔偿金 50000 元。

74. "被保险人自杀"应如何判断？

应注意的是，在判断被保险人的行为与死亡结果之间是否存在因果关系时，应以近因原则为标准。所谓近因，并非是指在时间上或空间上与损失最接近的原因，而是指造成损失的最直接、最有效的起主导作用或支配性作用的原因。只有在导致保险事故的近因属于保险责任范围内时，保险人才应承担保险责任。例如，某被保险人跳楼自杀未果，送至医院抢救期间医院发生火灾，被保险人被烧死，在此种情况下，导致被保险人死亡的近因应是火灾，而非自杀行为。

75. 被保险人自杀的在保险法上的法律效果如何？

为防止投保人的道德风险，以及在客观上对自杀造成鼓励、诱导的不良后果，在以被保险人死亡为给付保险金条件的保险合同中，应对被保险人自杀所可能获得的保险赔偿有所限制。但为了平衡受益人或被保险人继承人的利益，国际保险市场通常设定一定期限，作为被保险人自杀的免赔期，如果该期限经过之后被保险人自杀的，保险人应正常履行其保险金支付义务。依据我国《保险法》第 44 条之规定，自合同成立或者合同效力恢复之日起二年内，被保险人自杀的，保险人不承担给付保险金的责任。但应注意的是，如果被保险人自杀时为无民事行为能力人，则保险人的给付义务并不因被保险人的自杀行为而豁免，因此，在被保险人罹患精神疾病，且在自杀时处于发病期的情况下，保险人仍应根据保险合同向被保险人的继承人支付保险金。

典型疑难案件参考

杨爱珍等诉中国太平洋人寿保险股份有限公司宁波分公司保险合同纠纷案

基本案情

2006年4月19日,死者陈宗友作为投保人与被告中国太平洋人寿保险股份有限公司宁波分公司(以下简称太平洋人寿)签订了《个人人身意外伤害保险条款》(以下均简称为《保险条款》)。《保险条款》的主要内容为:被保险人和投保人为陈宗友,保险金额为:意外伤害残疾50000元和意外伤害身故50000元,保险期间为2006年4月18日至2007年4月17日;保险责任为:在保险期间内,被保险人自意外伤害发生之日180日内以该次意外伤害为直接原因身故,保险人按保险金额给付身故保险金,保险人负保险金给付责任;责任免除:因下列情形之一,造成被保险人身故、残疾,保险人不负给付保险金责任:"……(3)被保险人殴斗、醉酒、自杀、故意自伤及服用、吸食注射毒品……";受益人的指定和变更:被保险人身故后,未指定受益人的,保险金作为被保险人的遗产,由保险人向被保险人的继承人履行给付保险金的义务。另《保险条款》的第15条对某些名词作了释义,其中对"意外伤害"释义为:指遭受外来的、突发的、非本意的、非疾病的使身体受到伤害的客观事件。

合同签订后的2007年1月8日,陈宗友因患精神疾病,到浙江省立同德医院住院治疗,该院门诊诊断为应激性精神障碍,入院诊断为分裂情感性精神症,病史记载为:"患者六月前因生意上的事与人吵架后出现睡眠不好,主要表现为入睡困难……并发现两次自杀行为(触电、跳河)。"陈宗友因住院治疗28天后有所好转,于同年2月5日出院。同年2月16日,陈宗友被发现在住房附近井中溺水,经抢救无效死亡。事后,原告杨爱珍、陈玲玲、陈维维(以下简称原告)向太平洋人寿请求理赔,但太平洋人寿以被保险人发生事故不属于保险单条款规定的保险责任范围为由而拒绝受理。原告遂向法院提起诉讼。

一审诉辩情况

原告诉称:

2006年4月18日,陈宗友向被告投保意外伤害残疾及意外伤害身故两险种各50000元,并交付了保险费。同年4月19日,双方签订保险合同一份,约定保险期间自2006年4月18日至2007年4月17日。2007年2月16日,陈宗友在住房附近井中被发现溺水，经抢救无效死亡。事后，作为陈宗友的妻子和女儿的三原告要求被告理赔却被拒绝。为此三原告请求判令被告赔付保险金 50000 元。

被告太平洋人寿辩称：

首先程序上，三原告并非系本案适格的原告；

其次实体上：（1）原告申请保险金赔付时未向被告提供足够的证据来证明被保险人系受到意外伤害死亡，因此不予受理。（2）投保人系精神病患者，投井身亡因其发病所致，此事故非保险单条款之内的赔偿责任范围。根据条款，被告只对意外伤害所致死亡及伤残承担保险责任，故请求驳回原告方的诉讼请求。

▶一审裁判结果

浙江省慈溪市人民法院经审理，依照《中华人民共和国保险法》第 64 条第 1 款第 1 项和《中华人民共和国合同法》第 8 条、第 44 条之规定，判决如下：被告中国太平洋人寿保险股份有限公司宁波分公司于本判决生效之日起 5 日内赔付原告杨爱珍、陈玲玲、陈维维保险金人民币 50000 元。

▶一审裁判理由

浙江省慈溪市人民法院经审理认为，本案双方所争议的焦点有三个：第一，三原告是否系被保险人法定继承人；第二，本案死者陈宗友与被告签订的合同是否合法有效；第三，被保险人的身故是否属于其与被告所订保险条款规定的保险责任理赔范围。

对第一个争议的焦点即三原告是否系被保险人法定继承人。原告方认为原告杨爱珍系死者陈宗友的妻子，另两位系陈宗友的女儿，同时还有个儿子陈志福。为此，向法庭提供户口簿，至于本案权利人中是否遗漏死者儿子陈志福，原告方在庭审中提交了陈志福放弃本案争议保险理赔额的书面确认书，对此陈志福到庭也作了确认。因原告方提交了户口簿和陈志福的书面确认书，被告对此无异议。故本院认为本案三位原告应为适格主体。

对第二个争议焦点，本案死者陈宗友与太平洋人寿签订的保险条款是否合法有效。本院认为，被告无证据证明死者在与被告订立合同时已患有精神分裂症疾病且系欠缺民事行为能力的人。据庭审查明，死者陈宗友与太平洋人寿两份个人人身意外伤害保险合同的续订，且双方一致确认死者投保人患病是在本案合同签订后，故本院应认定该合同合法有效。

对第三个争议焦点即被保险人的身故是否属于其与被告所订保险条款规定

的保险责任理赔范围。太平洋人寿认为根据投保人陈宗友投保的保险合同条款第15条规定,"意外伤害"指遭受外来的、突发的、非本意的、非疾病的使身体受到伤害的客观事件,现原告提交的证据都不能证明被保险人遭受意外伤害死亡,故不属保险条款规定的保险责任范围。而根据医院病例记录,证明被保险人患有分裂情感性精神病,以及住院前有两次自杀行为(触电、跳河),证明投保人有自杀倾向,在此情形下根据本公司对事故现场的勘验所拍的照片可以说明事故所发生的井口大小只有59厘米×64厘米,如此小的直径的井,若非主动钻入,意外情况是不可能导致成人沉入井中,而是投保人主动钻入井里,而非遭受意外伤害溺水身亡。

本院认为,因太平洋人寿所提供证据已充分反映出投保人在投保后,患了分裂情感性精神病,且有触电、跳河两次自杀行为,结合本院对此精神病专家走访意见,死者所患分裂情感性精神病症状为多思心烦,重度抑郁,无法控制自己的意识和行为,而求死以作解脱,本案死者陈宗友溺水系其精神病发病期间,故陈宗友的身亡系其精神失常所致,而并非在其正常情况下主动剥夺自己生命的行为。同时,在《保险条款》第4条第3款的责任免除条款中对"自杀"的责任免除规定,与该《保险条款》第15条对"意外伤害"的释义内容并无矛盾,意思均为当事人主观本意地去剥夺自己生命的行为,保险人才可免除保险责任,且该两条款内容也符合《中华人民共和国保险法》(2002年修订)第65条"投保人故意造成被保险人死亡,保险人不承担给付保险金的责任"及第66条"以死亡为给付保险金条件的合同,被保险人自杀的,保险人不承担给付保险金的责任"的规定。被告所称双方所订《保险条款》第15条"意外伤害"释义中"非疾病的使身体受到伤害的客观事件",应理解为精神疾病也是病而非意外伤害,故可拒绝理赔,太平洋人寿此辩称规避了"意外伤害"释义的本质含义。而根据《中华人民共和国合同法》规定,当对格式合同条款的理解发生争议时,应当按照通常理解予以解释,有两种以上解释时,应当作出不利于提供保险合同一方即被告方的解释,故此,本院也应认为死者的溺水身亡系精神失常而非其本意的蓄意自杀,本案投保人也即被保险人溺水身亡应属于本案死者与被告所订保险条款规定的保险责任理赔范围。

综上,太平洋人寿鉴于陈宗友系精神病患者,投井身亡因其发病所致,此事故非保险单条款之内的赔偿责任范围之辩称,本院不予采纳。三原告作为死者投保人的法定受益人要求被告赔付保险金的诉讼请求应予支持。

二审诉辩情况

一审宣判后,太平洋人寿不服提出上诉,请求撤销原判,改判驳回杨爱珍、陈玲玲、陈维维的诉讼请求。其事实与理由是：

1. 一审法院误解意外伤害保险责任。本案一审双方均认可被保险人陈宗友的身亡系精神失常所致，即是被保险人不正常的精神状态、属于个体自身内在的原因导致，并不属于意外伤害的范畴。

2. 一审法院适用保险条款及保险法条款不当。一审法院忽略保险条款中"意外伤害"的释义，引用保险自杀免责条款，《保险法》第 65 条、第 66 条关于被保险人自杀免责的规定，来确认被保险人精神失常的自杀行为不属于保险法所规定的正常人自杀范畴，以此推定保险公司不能免责，将人寿保险的疾病死亡责任与意外伤害保险的意外伤害死亡责任混同。对此，最高人民法院在《关于如何理解〈中华人民共和国保险法〉第六十五条"自杀"含义的请示的答复》中，明确将精神失常的自杀定性为疾病所致，保险人承担被保险人因疾病而身故的保险责任，并不包括意外伤害责任。

3. 关于《合同法》的不利于合同提供一方的解释原则，其前提是对条款按照通常理解存在两种以上解释时，才可以适用，本案不存在此前提。一审法院因本案精神病病态行为的表象将疾病死亡与意外伤害致死两个不同的保险责任混同，规避了保险条款对"意外"伤害释义的本质含义，造成对格式合同条款两种以上解释，并不是保险条款本身没有解释，不适用格式合同条款争议的解释原则。

4. 如果精神病患者的所有行为保险公司都要保障，将会纵容精神病患者的监护人（家人）怠于履行监护职责，甚至会利用此漏洞赚取高额的保险金。

杨爱珍、陈玲玲、陈维维辩称：

陈宗友死亡的原因是溺水，是否是精神失常导致的死亡，没证据证明，对于原审判决认为陈宗友溺水系精神失常有异议，但对原审判决处理结果无异议。请求驳回上诉，维持原判。

二审裁判结果

宁波市中级人民法院经审理认为，原审法院对本案事实认定基本清楚，适用法律正确，判决并无不当。依照《中华人民共和国民事诉讼法》第 153 条第 1 款第 1 项之规定，判决如下：驳回上诉，维持原判。

二审裁判理由

宁波市中级人民法院经审理认为，本案主要争议焦点如下：

1. 陈宗友与太平洋人寿于2006年4月所签订的个人人身意外伤害保险合同的效力问题

太平洋人寿保险公司认为陈宗友在签订该合同时即已患有精神病,且正是精神病发病期间,属无民事行为能力人,其所签订的合同无效。本院认为,根据2007年1月8日陈宗友的就医病例看,陈宗友是在6个月前即2006年6月左右出现罹患精神病症状的。而本案保险合同的签订是在2006年4月,并且有上述症状不能说明陈宗友签订合同时就已确认患有精神病并处于发病期间,太平洋人寿保险公司也无其他证据证明陈宗友在签订合同时是无民事行为能力人,因此应认定本保险合同合法有效。

2. 陈宗友溺水身亡是否属于保险合同的理赔范围

太平洋人寿认为,个人人身意外伤害保险只承保被保险人遭受意外伤害导致死亡或残疾,不包括因病死亡和自杀,而陈宗友溺水身亡是其精神失常所致,属因病死亡,不属于保险理赔范围。本院认为,杨爱珍、陈玲玲、陈维维在本案一审中已提供了保险合同、慈溪市人民医院疾病证明书和慈溪市宗汉派出所死亡证明,要求太平洋人寿保险公司按照保险合同予以理赔。太平洋人寿保险公司认为陈宗友是精神失常所致的自杀,系因病死亡,不属意外事故,应当就此提供证据予以证明。但太平洋人寿提供的事故现场照片并不能证明陈宗友是自己钻入井中,陈宗友虽患有分裂情感性精神病,有自杀倾向,但不能以此推定其溺亡也是自杀行为所致,也即精神病并不直接导致溺亡。太平洋人寿保险公司上诉认为双方在一审均认可陈宗友的身亡系其精神失常所致,与事实不符。即便陈宗友系自杀,其当时处于精神病发病期间,不具有主动剥夺自己生命的故意。最高人民法院在《关于如何理解〈中华人民共和国保险法〉中规定的"自杀"含义的请示的答复》中已明确,被保险人在投保后两年内因患精神病,在不能控制自己行为的情况下溺水身亡,不属于主动剥夺自己生命的行为,亦不具有骗取保险金的目的,故保险人应按合同约定承担保险责任。因此,太平洋人寿保险公司以陈宗友系因精神病死亡,而非意外事故死亡为由不予赔付,理由不能成立,本院不予支持。

综上,陈宗友与太平洋人寿于2006年4月所签订的保险合同合法有效,陈宗友于2007年2月16日溺水身亡后,杨爱珍、陈玲玲、陈维维作为其法定继承人有权要求太平洋人寿赔付保险金。太平洋人寿认为陈宗友系精神病自杀身亡,并据此主张不予赔付保险金,缺乏事实及法律依据,本院不予支持。

三、意外伤害保险合同纠纷

> **76. 保险合同何时生效？生效要件是什么？**
>
> 合同的成立需经过要约与承诺两个阶段，只有在承诺与要约内容相一致的情况下合同方能成立，并根据法定或约定条件生效。在实践中，保险合同的订立通常需要经过投保、核保和承保三个阶段，在这个过程中，投保人填写投保单并将其提交给保险公司的行为属于要约的发出，而保险公司在进行核保后作出承保决定的行为属于承诺，至此保险合同方告成立。应注意的是，只有作为保险承保人的保险公司才有权对投保单进行核保并作出承保与否的决定，而保险公司的保险代理人一般并无此权利，因而保险代理人签收投保人提交保单的行为并不意味着保险合同以告成立；此外，根据《保险法》第14条之规定，保险费应于保险合同成立后支付，因此是否缴纳了保险费并不是判断保险合同是否已经成立的判断标准。

典型疑难案件参考

孙笑诉信诚人寿保险有限公司保险合同案

基本案情

2001年10月5日，原告孙笑的长子谢兴权在被告信诚人寿保险有限公司（以下简称信诚人寿）的保险代理人黄汉尧的介绍下，与黄汉尧共同签署了《信诚人寿人寿（投资连结）保险投保书》一份，该《投保书》注明：被保险人谢兴权；受益人孙笑；主合同为"信诚智选投资连结保险"，缴费年期终身。基本保险金额100万元；附加合同为附加提前给付长期疾病保险、附加住院津贴长期医疗保险、附加手术津贴长期医疗保险、附加长期意外伤害保险（基本保险金额200万元）、附加意外伤害医疗保险；缴费方式为半年缴一次；在投保须知一栏中还注明了本投保书为保险合同的组成部分，本保险合同自投保人缴纳首期保险费并经保险公司审核同意承保后方成立，合同生效日及保险责任开始日以保险单所载日期为准，本投保书所列各项保险合同（主合同/附加合同），其权利、义务及释义依其条款约定办理等内容。次日，谢兴权向信诚人寿缴纳了半年保费11944元。信诚人寿随后即安排谢兴权于2001年10月

17日进行体检。2001年10月17日，谢兴权到信诚人寿指定的广州市东山区人民医院进行了体检。2001年10月18日凌晨，投保人谢兴权被人杀害。信诚人寿在2001年10月18日收到谢兴权的体检报告后，即安排黄汉尧通知谢兴权办理保险的财产告知手续及补缴保费18.7元。黄汉尧在通知过程中，得知谢兴权已于2001年10月18日身故，即向孙笑告知谢兴权向信诚人寿投保了人寿（投资连结）保险及其附加险。2001年11月13日，孙笑向信诚人寿提出索赔申请。2002年1月14日，信诚人寿致函孙笑称，根据《信诚智选投资连结保险》第22条，信诚人寿应赔付主合同项下的100万元，但附加合同项下的保险责任，因谢兴权的保险事故发生时，本公司尚未同意承保，故不属于保险责任范围，附加合同"附加长期意外伤害保险"不予赔付。2002年1月15日，信诚人寿赔付保险金100万元给孙笑。孙笑不同意信诚人寿拒付附加长期意外伤害保险金，遂于2002年7月16日提起诉讼。

另查明，信诚人寿的《信诚智选投资连结保险》第22条第1款规定："本公司对本合同应负的保险责任，自投保人缴付首期保险费且本公司同意承保之日二十四时开始，本公司应签发保险单作为承保的凭证。"第2款规定："投保人在本公司签发保险单前先缴付相当于第一期保险费，且投保人及被保险人已签署投保书，履行如实告知义务并符合本公司承保要求时，若发生下列情形之一，本公司将负保险责任。（1）被保险人因意外伤害事故而发生保险事故；（2）被保险人因疾病身故，但被保险人已完成本公司要求之身体检查，且身体检查结果不影响本公司是否承保的决定。"第3款规定："本合同的生效日以保险单所载的日期为准。"

信诚人寿的《信诚附加长期意外伤害保险》第1条第2款规定："主合同的条款也适用于本附加合同，若互有冲突时，以本附加合同为准"；第5条第1款规定："本公司对本附加合同应付的保险责任，自投保人缴付首期保险费且本公司同意承保后开始，本公司应签发保险单作为承保的凭证，本附加合同自保险单生效日的二十四时起产生效力。"

一审诉辩情况

原告孙笑诉称：

投保人谢兴权与信诚人寿已就保险合同的主要内容达成合意，投保人已向信诚人寿交纳了首期的保险费，已履行了义务，依据《中华人民共和国保险法》第12条、第13条的规定，投保人与信诚人寿的保险合同已确立。本案中主合同及附加合同的保险责任开始时间应一致，信诚人寿将其割裂开来，不符合合同的规定。信诚人寿拒赔附加长期意外伤害保险保险金，侵犯了孙笑的合法权益，请求信诚人寿支付保险金 200 万元及其利息（利息从 2002 年 1 月 15 日起至付清款之日止，按中国人民银行同期同类贷款利率计）。

被告信诚人寿辩称：

投保人谢兴权未履行如实告知义务，未按规定向我公司提交财务证明资料，其财务证明资料是其死亡后由其弟谢兴盛所提供。我公司在投保人谢兴权死亡时，尚未见到谢兴权的全部体检报告，尚不能判定谢兴权是否符合承保要求，因此，我公司在谢兴权死亡前不可能同意承保。依据我国《保险法》第 12 条及我公司提供的保险条款的规定，我公司与投保人谢兴权不存在保险合同成立的问题。投保人谢兴权缴纳的保险费属于预缴性质，不能以此推定保险合同已经成立。我公司支付主险赔偿金给孙笑，不是基于我公司与投保人谢兴权之间的保险合同关系已成立，而是我公司参考主险合同条款的第 22 条作出的通融赔付。主险合同条款与附加合同条款分别规定了承担保险责任的条件，两者显然不同，本案的处理应适用附加险合同条款的规定。运筹智选投资连结保险属投资储蓄险种（主险），而附加长期意外伤害保险属意外险种（附加险），两者承保的范围和费率计算依据均有所不同。我公司在设计保险条款时针对不同的承保范围和主附险的差别确定了承担保险责任的不同条件。根据附加险合同条款第 1 条第 2 款和第 5 条的规定，由于我公司尚未同意承保，所以附加长期意外伤害保险合同根本不可能成立，我公司不存在按附加险合同支付赔偿金问题。请求驳回孙笑的诉讼请求。

一审裁判结果

广州市天河区人民法院经审理，依照《中华人民共和国民法通则》第 84 条、第 106 条第 1 款、第 111 条、第 112 条第 1 款，《中华人民共和国合同法》第 107 条、第 112 条、第 113 条第 1 款，《中华人民共和国保险法》第 13 条、第 24 条第 1、2 款、第 128 条第 1 款的规定，并经该院审判委员会讨论决定，判决如下：被告信诚人寿于本判决发生法律效力之日起 10 日内支付保险金 200 万元及利息（利息从 2002 年 1 月 15 日起至付清款之日止，按中国人民银行同期同类贷款利率计）给原告孙笑。

一审裁判理由

广州市天河区人民法院经审理认为：

投保人谢兴权与信诚人寿的保险代理人黄汉尧共同签署了《信诚人寿人寿（投资连结）保险投保书》（以下简称《投保书》），《投保书》已列明投保人谢兴权及信诚人寿的权利义务，双方已就保险合同的条款达成一致意见，符合《中华人民共和国保险法》第13条的规定，且投保人谢兴权已于签署上述投保书的次日向信诚人寿缴付了首期保费，已履行了其作为投保人在保险合同成立后应负的主要义务，因此，投保人谢兴权与信诚人寿的信诚智选投资连结保险合同及其附加合同成立。信诚附加长期意外伤害保险条款是信诚人寿预先制定、重复使用的格式合同条款，其第5条第1款中的"保险责任自投保人缴纳首期保险费且本公司同意承保后开始"未约定信诚人寿何时同意承保及以何方式同意承保，表述不清，实属不明确，依法应作出有利于投保人谢兴权的解释，应视为合同已生效。投保人谢兴权已依信诚人寿安排，到信诚人寿指定的医院进行了体检，已履行了健康告知义务。至于信诚人寿凭投保人谢兴权体检报告及财务资料对投保人谢兴权进行健康审查及财务审查实为信诚人寿内部规定，法律、法规对此并无强制性的规定，故信诚人寿以其未收取投保人谢兴权体检报告为由而称其未同意承保理由不足，不予认定。信诚人寿辩称其向孙笑赔付了信诚智选投资连结保险金100万元是其对孙笑的通融赔付理由不成立，法院亦不予认定。投保人谢兴权与信诚人寿的信诚智选投资连结保险合同及其附加合同成立、有效，双方应依约履行。投保人谢兴权在2001年10月18日被人杀害，发生保险事故，信诚人寿应负保险责任，应赔付保险金给保险合同受益人，信诚人寿在孙笑向其索赔后，只赔付信诚智选投资连结保险金100万元给孙笑，拒赔附加长期意外伤害保险金200万元，实属违约，应负违约责任，赔偿孙笑的利息损失，并立即赔付200万元保险金给孙笑。

二审诉辩情况

原审判决后，上诉人（原审信诚人寿）不服上诉称：

原审判决认为"投保人谢兴权与保险代理人黄汉尧共同签署了《投保书》，《投保书》已列明投保人及上诉人的权利义务。保险人可以就被保险人的有关情况提出询问，投保人应当如实告知"。即上诉人可以对投保人的健康情况和财务情况进行调查，投保人有义务如实告知。这是保险法赋予保险人的权利，并非上诉人的内部规定。投保人有义务在保险合同订立过程中（合同成立前）履行如实告知义务，根据保险人的要求提交必需的体检报告和财务状况证明。原审判决罔顾上述事实和法律规定，判决主文自相矛盾？主观臆断认定保险合同成立，无异于剥夺了上诉人核保和自主决定是否承保的合法权利，严重损害了上诉人的合法权益。基于上述事实和有关法律规定，上诉人认为：上诉人与投保人谢兴权之间的保险合同关系不成立，上诉人无须向被上诉人作出赔付。原审判决认定事实不清，适用法律错误，判决不公。请求撤销广州市天河区人民法院〔2002〕天法经初字第1018号民事判决，改判为驳回被上诉人的诉讼请求。

被上诉人孙笑答辩称：

1. 原审判决确认投保人与上诉人之间已就《信诚智选投资连结保险合同》（即本案所争议的主险）及其附加长期意外伤害保险合同（即本案所争议的附加险）的条款达成合意，保险合同成立，有充分的事实根据。

2. 上诉人反复强调其所收取的投保人的款项不是保险费，而是所谓的"预缴费"，上诉人的这种说法既偏离事实，又毫无法律依据。首先，《保险法》第56条就人身保险合同保险费的缴付问题作了专项规定，即无论是一次性还是分期缴付，应当在合同成立后或者在成立时缴付首期保险费。据此，在保险合同成立之前，保险人依法不得要求投保人缴付保险费。因此，"预缴费"的说法因缺乏应有的法律依据而不能成立。

3. 原审判决确认上诉人与投保人就本案争议的主险和附加险已成立合同关系具有法律依据。保险合同只需要"投保人与保险人就保险合同条款达成协议"即达成一致意见即告成立，保险人签发保险单或其他保险凭证是对业已成立的保险合同予以确认、提供书面证明。原审判决上诉人与投保人之间已成立保险合同关系，并责令上诉人给付保险赔偿金于被上诉人，既符合法律规定，也符合民事活动中所崇尚的诚信、公平原则，请求驳回上诉，维持原判。

二审裁判结果

广东省广州市中级人民法院经审理，依照《中华人民共和国合同法》第25条，《中华人民共和国保险法》第13条第1款、第14条，《中华人民共和国民事诉讼法》第153条第1款第2、3项的规定，并经本院审判委员会讨论决定，判决如下：

一、撤销广州市天河区人民法院作出的一审判决；

二、驳回原告孙笑的诉讼请求。

二审裁判理由

广东省广州市中级人民法院根据上述事实和证据认为：

本案争议焦点在于：第一，上诉人与投保人谢兴权之间的保险合同有无成立及生效；第二，保险公司应否向被上诉人赔付附加长期意外伤害保险的保险金。

关于本案所涉保险合同的成立与生效问题。依照《中华人民共和国合同法》第25条关于"承诺生效时合同成立"以及2002年《中华人民共和国保险法》第13条（原第12条）关于"投保人提出保险要求，经保险人同意承保，并就合同的条款达成协议，保险合同成立"，上诉人与谢兴权签订的《投保书》投保须知一栏中第4条关于"本保险合同自投保人缴纳首期保险费并经保险公司审核同意承保后方成立"的规定，本案保险合同须经上诉人作出同意承保的承诺时成立。保险合同订立需经过投保、核保、承保三个阶段，其中，投保是要约、承保是承诺。上诉人与谢兴权签订《投保书》后，谢兴权须按照上诉人的安排进行体检，还须向上诉人提供相关的财务证明，故《投保书》所能充分说明的是谢兴权向上诉人投保的事实，并不当然意味着上诉人已同意承保；从签订《投保书》至谢兴权遇害身亡时，本案保险合同仍处于核保阶段，上诉人尚未作出同意承保的意思表示；根据2002年《保险法》第14条（原第13条）关于"保险合同成立后，投保人按照约定交付保险费；保险人按照约定的事件开始承担保险责任"的规定以及第57条（原第56条）关于"投保人于合同成立后，可以向保险人依次支付全部保险费，也可以按照合同约定分期支付保险费"的规定，在保险合同成立后，投保人才按照约定支付保险费，即保险合同的成立不以缴付保险费为必要条件，投保人缴付保险费与否，不影响保险合同的成立，保险公司只要同意承保，即使未交保险费，保险合同也成立；反之，投保人交了保险费，但保险公司不同意承保，保险合同依然不成立，保险费的缴付与合同的成立没有必然的联系，谢兴权在与上诉人签订《投保书》后，向上诉人缴纳了相当于首期保费11944元的行为并不足以认定上诉人已作出承保的承诺。在本案中，根据谢兴权的体检结果，谢兴权还须向上诉人补缴保费亦说明上诉人在接受谢兴权所交付的11944元后仍可继续行使核保的权利；根据《投保书》投保须知一栏中第4条关于"合同生效日及保险责任开始日以保险单所载日期为准"的规定，至谢兴权遇害身亡时，上诉人尚未作出核保的承诺，亦未出具保单，故不存在保险合同有无生效的问题。综上所述，被上诉人认为本案所涉保险合同因投保人谢兴权已实际履行了保险合同的主要义务而成立、生效的理由不能成立，本院不予支持。

关于保险公司应否向被上诉人赔付附加长期意外伤害保险的保险金的问题。上诉人与谢兴权签订的《投保书》投保须知一栏第1条约定"本投保书为保险合同的组成部分"，虽然上诉人与谢兴权之间的保险合同尚未成立，但《投保书》是双方真实意思表示，对上诉人、谢兴权仍有约束力。《投保书》投保须知一栏第5条约定"本投保书所列各项保险合同（主合同/附加合同），其权利、义务及释义依其条款约定办理"，故《投保书》所列各项保险合同的条款对上诉人、谢兴权同样具有约束力。《信诚智选投资连结保险》第22条第2款约定："投保人在本公司签发保险单前先缴付相当于第一期保险费，且投保人及被保险人已签署投保书，履行如实告知义务并符合本公司承保要求时，若发生下列情形之一，本公司将负保险责任。（1）被保险人因意外伤害事故而发生保险事故（意外伤害事故是指遭受外来的、不可预知的、突发的、非本意的非由疾病引起的使身体受到伤害的客观事件）。（2）被保险人因疾病身故，但被保险人已完成本公司要求之身体检查，且身体检查结果不影响本公司是否承保的决定"，从上诉人向被上诉人发出的理赔通知的内容来看，上诉人是根据该款约定决定赔付给被上诉人信诚智选投资连结保险的保险金100万元的，故上诉人称其向被上诉人赔付100万元是"通融赔付"的理由不能成立。虽然上诉人向被上诉人赔付了信诚智选投资连结保险的保险金100万元，但上诉人是否还须向被上诉人赔付信诚附加意外伤害保险的保险金，仍需根据《投保书》及有关合同条款的内容来确定。根据《信诚附加长期意外伤害保险》第1条第2款关于"主合同（主保险合同）的条款也适用于本附加合同，若互有冲突时，以本附加合同为准"的规定，《信诚智选投资连结保险》条款的规定只有在与《信诚附加长期意外伤害保险》条款不冲突时才能适用。《信诚附加长期意外伤害保险》第5条第1款仅约定："本公司对本附加合同应付的保险责任，自投保人缴付首期保险费且本公司同意承保后开始，本公司应签发保险单作为承保的凭证。本附加合同自保险单生效日的二十四时起产生效力"，并没有类似《信诚智选投资连结保险》第22条第2款的规定，《信诚智选投资连结保险》和《信诚附加长期意外伤害保险》约定的是不同的险种，保险范围、保险金额、保险责任均不相同，在《信诚附加长期意外伤害保险》保险条款中，并未对上诉人在投保人已签署投保书并缴付相当于第一期保险费，上诉人尚未签发保险单期间所发生的意外伤害事故应否承担保险责任作出约定，实际上就是排除了《信诚智选投资连结保险》第22条第2款关于这种特殊情形的规定，故《信诚智选投资连结保险》和《信诚附加长期意外伤害保险》对保险责任开始时间的约定是有冲突的，故《信诚智选投资连结保险》第22条第2款的规定不能适用《信诚附加长期意外伤害保险》，由于上诉人在谢兴权遇害身亡之前尚未作出同意承保的承诺，故上诉人对谢兴权投保的信诚附加长期意外伤害保险承担保险责任期间尚未开始，上诉人对于发生在保险责任期间之外的意外伤害事故无须承担保险责任。故被上诉人认为《信诚智选投资连结保险》和《信诚附加长期意外伤害保险》对保险责任开始时间的约定没有冲突，上诉人应当依照《信诚智选投资连结保险》第22条第2款的规定赔付附加长期意外伤害保险金给被上诉人的理由不能成立。

综上所述，上诉人的上诉理由成立，原审认定事实不清，适用法律不当，二审依法予以纠正。

77. 如何理解投保人不履行告知义务的法律后果？

基于保险合同的特殊性，合同双方当事人应当最大限度的诚实守信。投保人依法履行如实告知义务，即是最大限度诚实守信的一项重要内容。如投保人故意不履行告知义务，或者因过失未履行如实告知义务，足以影响保险人决定是否同意承保或者提高保险费率的，保险人有权解除保险合同，并对于保险合同解除前发生的保险事故不承担赔偿或者给付保险金的责任。但依据《保险法》第16条第6款之规定，如果保险人在合同订立时已经知道投保人未如实告知的情况的，而仍与其订立保险合同，则应视为保险人主动放弃了抗辩权利，保险人不得解除合同，发生保险事故的，保险人应当承担赔偿或者给付保险金的责任。此外还应注意的是，投保人的说明义务只有在保险人详细提出询问的情况下方才产生，如果保险人并未向投保人就特定问题提出询问，则投保人并无义务主动告知，在此种情况下，保险人不得以投保人未履行告知义务为由要求解除保险合同。

典型疑难案件参考(一)

韩龙梅等诉阳光人寿保险股份有限公司江苏分公司保险合同纠纷案（《最高人民法院公报》2010年第5期）

基本案情

2008年12月5日，被告阳光人保与徐州民兴保险代理有限责任公司（以下简称民兴代理公司）签订了保险代理合同，约定由民兴代理公司代理阳光人保在徐州地区的保险销售业务，合同期限为一年。刘继为农业家庭户口，系苏CB8375解放牌货车车主，于2006年11月27日为该车办理了从事经营活动的机动车辆道路运输证，刘继的驾驶证载明的准驾车型为B类。2009年3月，刘继以100元的价格从民兴代理公司业务员宗芹手中购得"绚丽阳光"保险卡一张。阳光人保的网站系统中显示，刘继购买的保险卡已被激活，其职业为农夫，被保险人为刘继，保险责任期间自2009年3月16日0时起至2010年3月15日24时止，保单未指定受益人。

2009年4月20日，刘继驾驶苏CB8375解放牌货车在四川发生交通事故。次日，刘继经医院抢救无效死亡。刘继之妻韩龙梅，子女刘娜、刘凯，父亲刘元贞、母亲王月兰即本案五原告均为刘继的合法继承人。五原告向被告阳光人保提出理赔申请，2009年6月15日，阳光人保向五原告出具书面拒赔通知书，称刘继以农民职业参保，而其实际职业为"营业用货车司机"，依据"绚丽阳光"保险卡列明的拒保职业范围，作出拒赔决定。

另据查明，"绚丽阳光"保险卡系被告阳光人保推出的短期个人综合意外伤害保险业务中销售的，在网上激活的自助式保险卡。保险卡宣传手册对该产品保障内容、投保对象、保费与份额限制、注意事项、投保规定、保险责任、责任免除、索赔指引等进行了详细的介绍，并摘录了部分保险条款。其中，"投保规定"第6条规定，投保职业只接受一、二、三、四类人员作为被保险人，不接受四类以上职业人员作为被保险人，职业类别按照《阳光人寿保险股份有限公司职业分类表》确定。但保险条款和宣传手册均未记载《阳光人寿保险股份有限公司职业分类表》。根据阳光人保网站上所提供的《阳光人寿保险股份有限公司职业分类表》，营业用货车司机列为第六大类，网上激活过程中，如被保险人职业栏选择"营业用货车司机"，则会因被拒绝承保而不能激活保险卡，无法形成电子保单。

诉辩情况

原告韩龙梅、刘娜、刘凯、刘元贞、王月兰诉称：

2009年3月，刘元贞、王月兰之子，韩龙梅之夫，刘娜、刘凯之父刘继购买了被告阳光人寿保险股份有限公司江苏分公司（以下简称阳光人保）推出的"绚丽阳光"类型保险一份，保险金额为60000元，保险期限为1年。同年4月20日，刘继在前往四川途中发生交通事故身亡。五原告均为刘继的合法继承人，依法向阳光人保要求理赔时遭到阳光人保无理拒绝。请求法院判令阳光人保按约定支付保险金60000元，并承担本案的诉讼费用。

被告阳光人保辩称：

刘继在交通事故中不幸死亡，我公司深表同情，对五原告是刘继继承人的事实我公司也没有异议。但是，我公司推出的涉案"绚丽阳光"类型保险采用的是"电子保单"形式订立保险合同，全部投保程序均采用数据电文，激活电子保单的过程，就是保险人对投保人进行询问和说明的过程。在投保人登录阳光人保的网站填写有关信息过程中，保险人通过网络系统的投保流程设计对保险内容依法履行了说明义务，也对一些问题提出了询问，例如要求投保人真实陈述自己的职业，并充分提供了所有可以承保的选项（如"农夫"）供投保人选择来进行如实告知。如果刘继如实告知其职业，即"营业用货车司机"，将被系统拒绝承保。鉴于刘继故意不履行如实告知义务，通过选择"农夫"为其职业的虚假陈述与我公司订立保险合同，我公司有权解除保险合同，且对于合同解除前发生的保险事故，不承担赔偿或者给付保险金的责任，而且不退还保险费。综上，原告的诉讼请求应当驳回。

裁判结果

南京市鼓楼区人民法院经审理，判决如下：被告阳光人保赔偿原告韩龙梅、刘娜、刘凯、刘元贞、王月兰保险金60000元。

裁判理由

南京市鼓楼区人民法院认为：

本案的争议焦点是：被告阳光人保是否履行了对保险合同条款的说明义务，刘继是否违反了投保人如实告知义务。

《中华人民共和国保险法》（2002年修订）第17条第1款规定："订立保险合同，保险人应当向投保人说明保险合同的条款内容，并可以就保险标的或者被保险人的有关情况提出询问，投保人应当如实告知。"对于投保人的告知义务而言，除了《保险法》第17条第1款的规定之外，被告阳光人保自行提供的保险条款也规定："订立本合同时，本公司会就投保人和被保险人的有关情况提出书面询问，投保人和被保险人应当如实告知。"可见，投保人的告知义务的范围应当以保险人询问的事项为限，对保险人未询问的事项，投保人不负告知义务。

本案中，证人宗芹出具证言称，在收取保险费时误以为刘继是农民而未询问其职业，涉案保险卡系保险代理公司根据业务员对被保险人职业状况的陈述代为激活，后又交付给刘继的内容，鉴于宗芹作为向刘继销售被告阳光人保保险业务的经办人，与阳光人保有利害关系，其出具的不利于阳光人保的证言可信度较高，且阳光人保未能举证证明涉案保险卡由刘继自己激活，亦未能举证证明在收取保险费时对刘继的职业提出了书面询问，故可以认定阳光人保未能全面履行对保险合同条款的说明义务。阳光人保网站上可查阅被保险人的职业分类表，网上激活的过程中，被保险人职业栏如选择"营业用货车司机"，保险卡会因被拒绝承保而不能激活。但是，本案所涉保险卡系民兴代理公司内勤代为激活，激活过程中，民兴代理公司仅向其业务员宗芹而未向投保人刘继进行询问，而宗芹并未询问过刘继的职业，使得刘继没有机会就其职业状况履行如实告知义务。因此，刘继并未违反投保人如实告知义务。阳光人保作为保险人认为刘继违反告知义务主张解除合同，要求免除相应的赔偿责任请求没有事实根据与法律依据。因此，涉案保险合同合法有效，保险责任期间自2009年

3月16日0时起至2010年3月15日24时止。2009年4月20日,刘继因交通事故而意外死亡,已经构成保险事故,保险人应按保险合同约定承担赔偿责任。《保险法》(2002年修订)第64条规定:"被保险人死亡后,遇有下列情形之一的,保险金作为被保险人的遗产,由保险人向被保险人的继承人履行给付保险金的义务:(一)没有指定受益人的;……"本案中,涉案保险合同没有指定受益人,原告韩龙梅、刘娜、刘凯、刘元贞、王月兰作为刘继的法定继承人,有权要求阳光人保履行给付保险金的义务。

典型疑难案件参考(二)

何丽红诉中国人寿保险股份有限公司佛山市顺德支公司、中国人寿保险股份有限公司佛山分公司保险合同纠纷案(《最高人民法院公报》2008年第8期)

基本案情

被告顺德支公司系被告佛山分公司的下属分支机构。2004年3月8日,黄国基与原告何丽红一起到顺德支公司下属的伦教办事处,投保"祥和定期保险"20万元(投保单号为1001440200964435)、"人身意外伤害综合保险"31万元(投保单号为1001440200731249)。以上两份保险的投保人、被保险人均为黄国基,受益人均为何丽红。黄国基在保险投保单中填写的工作单位是"伦教建筑水电安装队",职业是"负责人",职业代码是"070121",平均年收入为"5万元"。对于保险投保单第三项告知事项中的第11款内容,即"A. 目前是否有已参加或正在申请中的其他人身保险;B. 过去两年内是否曾被保险公司解除合同或申请人身保险而被延期、拒保或附加条件承保;C. 过去有无向保险公司索赔",黄国基分别在1001440200964435号保险投保单中填写"否",而在1001440200731249号保险投保单中未填写任何内容。

2004年3月15日,被告佛山分公司向黄国基签发了合同编号为2004-441406-D31-58001682-5的"人身意外伤害综合保险合同",保险金额为31万元,保险费390元,合同生效日期为2004年3月16日。当日黄国基即向佛山分公司交纳了保险费390元。2004年3月24日,佛山分公司又向黄国基签发了合同编号为2004-441406-S51-00007131-0的"祥和定期保险合同",保险金额为20万元,保险费为594元,合同生效日期为2004年3月25日。当日黄国基向佛山分公司交纳了保险费594元。

2004年7月7日,黄国基意外死亡。中山大学法医鉴定中心司法鉴定书认定:黄国基符合交通事故致心肺破裂、失血性休克死亡。同年8月27日,原告何丽红向被告佛山分公司提出理赔申请,并提交了相关书面材料,但佛山分公司以投保人黄国基故意违反如实告知义务、保险人有权解除合同等为由,未予赔付。同年8月31日,佛山分公司及被告顺德支公司向佛山市公安局顺德分局报案,反映何丽红涉嫌保险诈骗罪。同年11月15日,佛山市公安局顺德分局作出不予立案通知书。原告何丽红遂向法院提起诉讼。

一审诉辩情况

原告何丽红诉称:

投保人黄国基(系原告之夫)生前与被告中国人寿保险股份有限公司佛山市顺德支公司(以下简称顺德支公司)下属的伦教办事处营业员严小惠先后签订了两份保险合同,包括:2004年3月16日签订的"人身意外伤害综合保险合同"1份,保险金额为31万元,保险费为390元;2004年3月25日签订的"祥和定期保险合同"1份,保险金额为20万元,保险费为594元。上述两份保险合同的被保险人均为黄国基,受益人均为原告。2004年7月7日,黄国基意外死亡,根据中山大学法医鉴定中心出具的司法鉴定书,黄国基符合交通事故致心肺破裂、失血性休克死亡。原告认为该事故符合保险合同约定的赔偿条件,于2004年8月27日向被告顺德支公司、中国人寿保险股份有限公司佛山分公司(以下简称佛山分公司)提出理赔申请,并提交了相关书面材料。二被告受理赔偿请求后,无端猜疑原告制造保险事故,拒不履行赔偿义务,严重侵害了原告的合法权益。故请求判令二被告立即向原告支付保险赔偿金50万元及利息(从起诉之日起至还款之日止,按中国人民银行同类贷款利率计算),并承担本案诉讼费用。

被告顺德支公司、佛山分公司答辩称:

被告方拒绝理赔具有充分的理由。

1. 投保人黄国基违反了如实告知义务。2004年3月8日,黄国基为申请投保被告方的"祥和定期保险"及"人身意外综合保险",提交了两份《个人保险投保单》,并在投保单中明确其当时没有参加或正在申请其他人身保险。但事实上,黄国基在此前后数日中有多次向其他保险公司进行投保的记录,保险累计保险金额为1738000元。此外,黄国基在涉案两份《个人保险投保单》中均注明其工作单位是"伦教建筑水电安装队",职务是"负责人",职业代码为"070121",职业类别为"一级"。在《高保额财务问卷》中注明其工作单位是"顺基水电装修",职务为"全面管理",但"伦教建筑水电安装队"、"顺基水电装修"并无工商注册登记。因此可以认定黄国基当时并无工作单位,属于自由职业,职业代码应为"210302"。

2. 黄国基违反如实告知义务具有主观上的故意。黄国基及涉案保险受益人、本案原告何丽红曾是泰康人寿保险公司业务员，受过相关保险知识的专业培训，应当知道保险法关于投保人如实告知义务的规定，且他们在投保涉案保险前一周内先后向4家保险公司投保人身意外险，支付保费数千元，不可能不知道自己已经参加或正在申请其他的人身保险。故可以推断黄国基系故意不履行如实告知义务。

3. 黄国基故意不履行如实告知义务的行为，严重影响保险人的核保工作及对于保险费的确定，并最终导致保险人做出不真实的意思表示。依照《保险法》（2002年修订）第17条的规定，保险人有权解除保险合同，并不承担保险金给付责任。

4. 涉案两份保险单均由佛山分公司签发，发票也由佛山分公司出具，故涉案保险合同的双方当事人是黄国基与佛山分公司，顺德支公司不是涉案保险合同当事人，既不是本案适格被告，也不应承担法律责任。

针对被告顺德支公司、佛山分公司的答辩意见，原告何丽红补充如下意见：

投保人黄国基在多家保险公司购买人身保险属实，但黄国基在购买涉案"人身意外伤害综合保险"时，在填写投保单的告知事项第十一项（即是否参加过或正在申请其他人身保险）中未作答复，没有违反如实告知义务；在购买涉案"祥和定期保险"时，虽然黄国基没有说明向其他保险公司投保的事项，但黄国基是因过失而未能履行告知义务。只有在投保人未告知的重大事项严重影响保险事故发生的情形下，保险人才有权对于保险合同解除前发生的保险事故拒绝理赔，而涉案保险事故的发生并非因投保人未告知的重大事项所致，可以认定投保人未履行告知义务对涉案保险事故的发生没有"严重影响"，故保险人不得以此为由解除保险合同或者不承担保险责任。

▶ 一审裁判结果 ◀

佛山市顺德区人民法院经审理，依据《中华人民共和国合同法》第6条、第107条，《中华人民共和国保险法》第5条、第10条、第17条，《中华人民共和国民事诉讼法》第64条第1款，最高人民法院《关于适用〈中华人民共和国民事诉讼法〉若干问题的意见》第40条第7项，最高人民法院《关于民事诉讼证据的若干规定》第70条第1项之规定，判决如下：

一、被告佛山分公司应于判决发生法律效力之日起10日内向原告何丽红支付保险金30万元及利息（按中国人民银行同类贷款利率计算，从2004年11月22日起至还款之日止）；

二、驳回原告何丽红的其他诉讼请求。

> 一审裁判理由

佛山市顺德区人民法院一审认为：

本案的争议焦点是：第一，黄国基在投保涉案保险时是否故意违反了如实告知义务；第二，被告佛山分公司、顺德支公司应否承担保险责任。

1. 关于投保人黄国基在投保涉案保险时是否故意违反了如实告知义务的问题

基于保险合同的特殊性，合同双方当事人应当最大限度的诚实守信。投保人依法履行如实告知义务，即是最大限度诚实守信的一项重要内容。《中华人民共和国保险法》（2002年修订）第17条规定："订立保险合同，保险人应当向投保人说明保险合同的条款内容，并可以就保险标的或者被保险人的有关情况提出询问，投保人应当如实告知。投保人故意隐瞒事实，不履行如实告知义务的，或者因过失未履行如实告知义务，足以影响保险人决定是否同意承保或者提高保险费率的，保险人有权解除保险合同。投保人故意不履行如实告知义务的，保险人对于保险合同解除前发生的保险事故，不承担赔偿或者给付保险金的责任，并不退还保险费。投保人因过失未履行如实告知义务，对保险事故的发生有严重影响的，保险人对于保险合同解除前发生的保险事故，不承担赔偿或者给付保险金的责任，但可以退还保险费。保险事故是指保险合同约定的保险责任范围内的事故。"据此，如实告知义务是投保人订立保险合同时必须履行的基本义务，投保人是否对保险标的或者被保险人的有关情况作如实说明，直接影响到保险人测定和评估承保风险并决定是否承保，影响到保险人对保险费率的选择。所以，投保人在订立保险合同前，应当如实回答保险人就保险标的或者被保险人的有关情况作出询问，如实告知影响保险人是否承保以及设定承保条件、承保费率的重要事项。

根据本案事实，可以认定投保人黄国基在投保涉案保险时，在是否向多家保险公司投保同类保险的问题上具有故意违反如实告知义务的行为。

首先，在如实告知自己职业方面，投保人只要实事求是地说明自己的工作情况，即属于尽到了相关的如实告知义务，至于投保人的工作应认定为何种职业、职业类别和职业代码如何确定，应当由保险人根据投保人的情况自行作出选择。要求投保人自己准确地界定职业类别、代码，则超出了一般投保人的能力范围。本案中，投保人黄国基在投保涉案保险时陈述自己从事水电安装工作，相关证据也证实黄国基确有从事水电安装的资质，也实际从事水电安装工作。至于黄国基是否曾兼职保险公司业务员，不影响其就自身职业作出上述陈述的真实性。因此可以认定黄国基已就其职业情况尽到了如实告知义务。

其次，投保人黄国基向被告佛山分公司分别购买了"祥和定期保险"和"人身意外伤害综合保险"，签订了两份保险合同。在购买"祥和定期保险"时，黄国基对于投保单第三部分告知事项第 11 款投保记录关于"A. 目前是否有已参加或正在申请中的其他人身保险；B. 过去两年内是否曾被保险公司解除合同或申请人身保险而被延期、拒保或附加条件承保；C. 过去有无向保险公司索赔"的三项询问，均填写了"否"。黄国基向佛山分公司投保"人身意外伤害综合保险"时，对于投保单第三部分告知事项第 11 款关于是否向多家保险公司投保等事项的询问，既未填写"是"，也未填写"否"，即未作回答。但根据本案事实，黄国基分别于 2004 年 2 月 29 日、3 月 1 日、3 月 2 日、3 月 5 日、3 月 9 日向多家保险公司购买了多份人身保险，保险金额累计高达1738000 元，可以认定黄国基对于保险人提出的上述问题没有履行如实告知义务。黄国基生前曾从事泰康人寿保险股份有限公司兼职个人寿险业务代理工作的事实，对于如实告知义务应当比一般投保人具有更全面和清晰的认识，并对保险风险控制应注意的事项具有一定的了解。同时，黄国基的重复投保行为集中在 2004 年 2 月 29 日至 3 月 9 日之间，距涉案投保时间并不久远，不可能记忆不清。据此可以认定黄国基不履行如实告知义务系出于故意。

2. 关于被告佛山分公司、顺德支公司应否承担保险责任的问题

首先，原、被告双方均确认办理涉案保险业务的业务员严小惠是被告顺德支公司的业务员。严小惠办理涉案保险业务属职务行为，由该职务行为导致的相应法律责任，应由其单位顺德支公司承担。鉴于中国人寿保险股份有限公司在佛山市的分支机构是被告佛山分公司，顺德支公司是佛山分公司的下属机构，不具备以自己的名义独立签发保险合同及承担相应法律责任的资格，故涉案保险合同应认定为由佛山分公司与黄国基签订，由此导致的法律后果应由佛山分公司承担。

其次，如前所述，投保人黄国基向被告佛山分公司购买"祥和定期保险"时，在是否向多家保险公司投保同类保险的问题上具有故意违反如实告知义务的行为。黄国基所重复投保的包括涉案保险在内的各项保险，均为低保费、高赔付的险种，重复投保次数多，保险金额累计高达 1738000 元，相应的保险费对于黄国基 5 万元的年收入而言，亦属巨额。上述情形的存在，使投保人在客观上具有巨大的潜在道德风险，投保人不如实告知保险人上述情况，直接影响到保险人对投保人人身风险的评估，足以影响保险人对是否承保、如何确定承保条件和费率等问题作出正确决策。因此，佛山分公司解除黄国基与其签订的涉案"祥和定期保险合同"，拒绝对该保险合同解除前发生的保险事故承担赔偿或者给付保险金的责任，并不退还保险费，具有事实根据和法律依据。原告

何丽红要求佛山分公司依据"祥和定期保险合同"支付保险赔偿金的诉讼请求,不予支持。

最后,投保人黄国基向被告佛山分公司投保"人身意外伤害综合保险"时,对于投保单第三部分告知事项第11款关于是否向多家保险公司投保等事项的询问,既未填写"是",也未填写"否",即未作回答,也具有故意违反如实告知义务的行为。佛山分公司明知存在上述情形,但既不向投保人作进一步的询问,也未明确要求投保人必须如实回答,而是与投保人签订了涉案"人身意外伤害综合保险合同",并收取了保险费。保险人虽然可以投保人不履行如实告知义务为由解除保险合同并拒绝承担赔偿责任,但如果保险人在明知投保人未履行如实告知义务的情况下,不是要求投保人如实告知,而是仍与之订立保险合同,则应视为其主动放弃了抗辩权利。佛山分公司的上述行为,即属于主动放弃了要求投保人如实告知的权利,构成有法律约束力的弃权行为,故无权再就该事项继续主张抗辩权利。因此,佛山分公司无权解除其与黄国基签订的合同编号为2004-441406-D31-58001682-5的"人身意外伤害综合保险合同"。因该合同的被保险人黄国基已因交通事故死亡,合同约定的保险事故已经发生,佛山分公司应按该合同的约定,向受益人即原告何丽红支付意外伤害保险赔偿金30万元。

二 审诉辩情况

何丽红不服一审判决,向佛山市中级人民法院提起上诉。其主要上诉理由是:

1. 被上诉人佛山分公司与黄国基签订"人身意外伤害综合保险合同"在先,故在与黄国基签订的"祥和定期保险合同"时,应当清楚黄国基已经投保"人身意外伤害综合保险",即应当清楚黄国基有参加其他人身保险的情况。但佛山分公司仍在"祥和定期保险合同"第11款中填写了"否",也没有在第12款中就黄国基购买"人身意外伤害综合保险"的情况作出任何注释,在审核保单时也未就此提出异议,而是签发了生效的保单。佛山分公司上述行为表明该公司在与黄国基签订的"祥和定期保险合同"中,对于黄国基是否如实告知重复投保情况放弃了抗辩权利,故双方签订的"祥和定期保险合同"合法有效,佛山分公司应履行合同义务,承担理赔责任。

2. 一审判决认定投保人黄国基构成"故意不履行如实告知义务"有误。根据保险法的有关规定,财产保险重复投保的应通知各保险人,而对于人身保险重复投保是否应当通知各保险人,法律则无明文规定。换言之,人身保险可以多次重复投保。现实中,一个人购买多份人身保险的情况比比皆是,投保人是否重复投保并不影响保险人决定是否承保。因此，佛山分公司以黄国基故意不履行如实告知义务为由拒绝承担保险责任不当。佛山分公司曾怀疑何丽红骗保而向公安机关报案，佛山市公安局顺德分局经侦查，作出《不予立案通知书》，从根本上否定了何丽红、黄国基骗保的可能性。但一审法院在已有充分证据证明何丽红、黄国基无骗保事实的情形下，仍主观臆断何丽红、黄国基有骗保可能，有失公正。本案中，投保人是否如实告知有无重复投保根本不是发生涉案保险事故的根本原因。因此，即使是过失不履行如实告知义务，也不足以免除佛山分公司的保险理赔责任。

综上，请求二审法院撤销一审判决，改判被上诉人顺德支公司、佛山分公司立即支付何丽红保险金 50 万元及利息。

被上诉人顺德支公司和佛山分公司辩称：

1. 所谓"投保人已经参加或者正在申请其他人身保险"，是指投保人参加或者申请其他保险公司的保险，而不是指投保人在同一家保险公司的多次投保。上诉人何丽红系故意作出歪曲理解。投保人如实告知义务的范围，以保险人作出询问且保险人不知道为要件。投保人参加或者申请其他保险公司的保险，即是保险人不知道的事项。保险人是否愿意承保特定危险，以及如何确定向投保人收取保险费的数额，均取决于保险人对特定危险的正确估计和判断，而作出正确估判只能以投保人的陈述为基础，主要是依据投保人对保险人设立的"告知事项"的回答。"告知事项"设立的主要目的是便于保险人核保。投保人以往在保险人处的投保情况，保险人当然是明知的，故不会就此再向投保人作出询问。保险人需要了解的是投保人在其他保险公司的投保情况。本案投保人黄国基及何丽红均具有保险从业经验，受过相关保险知识的培训，对于告知事项的范围应当是明知的。

2. 即使按照何丽红的理解，也只能认为被上诉人放弃了对投保人未如实告知在本公司重复投保的抗辩，不能以此为由认定被上诉人放弃了对投保人不如实告知在其他保险公司重复投保而解除保险合同的抗辩权利。在投保人未如实告知在其他保险公司重复投保记录的情况下，不能认定被上诉人同意承保涉案保险是出于真实意思表示。

3. 一审判决认定涉案投保人"故意不履行如实告知义务"是基于案件事实作出的客观评断，不是"主观臆断"。案件事实表明涉案投保人确实存在巨大的道德风险。另外，投保人在投保涉案"祥和定期保险"时，保险人除要求其填写投保单外，还要求其填写《高保额财务问卷》，其中就有无其他重复投保情况作出询问。保险人的上述行为充分体现了对投保人其他投保记录的高度重视，而投保人在填写该问卷时再次表示没有投保其他人身保险。由此可见，投保人不履行如实告知义务不是由于疏忽，而是出于故意。

4. 投保人确未如实告知其职业情况，被上诉人有权据此解除保险合同，一审判决对此认定有误。投保人投保时声称自己是"伦教建筑水电安装队"、"顺基水电装修"的负责人，据此被上诉人将投保人的职业风险定为一类，保费费率为千分之一。而根据诉讼过程中被上诉人的调查，"伦教建筑水电安装队"、"顺基水电装修"根本不存在，投保人在投保时没有工作单位，属于无固定职业人员，保险费率应为千分之三。根据《保险法》（2002年修订）第17条第2款的规定，保险人有权解除涉案两份保险合同。一审判决判令佛山分公司向何丽红支付人身意外伤害保险金利息没有事实和法律依据。

5. 顺德支公司不具备以自己名义签发保险合同及承担保险责任的资格，一审法院依法驳回何丽红对顺德支公司的诉讼请求正确，应予以维持。

综上，何丽红的上诉理由明显不成立，请求二审法院对本案进行整体审查，并驳回何丽红的全部诉讼请求。

二审裁判结果

佛山市中级人民法院经审理认为，一审判决认定事实清楚，适用法律正确，审判程序合法，应予维持。依照《中华人民共和国民事诉讼法》第153条第1款第1项的规定，判决如下：驳回上诉，维持原判。

二审裁判理由

佛山市中级人民法院经二审，确认了一审查明的事实，另查明：

黄国基在投保涉案保险时，被上诉人佛山分公司向其发放了《高保额财务问卷》，要求其对投保情况、工作情况、个人资产情况、负债情况等内容进行如实填写。该问卷中"投保情况"一栏下设"投保时间"、"保险公司"、"保险金额"等项内容。问卷首行有粗体标注的重要提示栏，其内容为："下列信息只被用来评估被保险人所需保额，我公司将严守客户秘密。"问卷尾部有同样粗体标注的投保人/被保险人声明栏，其内容为："对此问卷的各项要求均已了解，所填各事项均属事实并确无欺瞒。上述一切陈述及本声明将成为发出保单的依据，并与投保单一并作为保险合同的组成部分。"黄国基在投保涉案"人身意外伤害综合保险"时填写了前述《高保额财务问卷》，但在投保情况栏中未作任何填写。

由于上诉人何丽红对一审关于涉案"人身意外伤害综合保险合同"的判决没有提出异议，而被上诉人佛山分公司在二审答辩中对此虽有异议，但没有提出正式、合法的上诉。依据最高人民法院《关于民事经济审判方式改革问题的若干规定》第 35 条、第 36 条的规定,对双方当事人就该保险合同存在的争议,二审不予审查处理。

因此,佛山市中级人民法院认为,本案的争议焦点是:第一,在投保涉案"祥和定期保险"时,黄国基是否履行了如实告知义务;第二,如果黄国基在投保涉案"祥和定期保险"时没有履行如实告知义务,被上诉人佛山分公司是否有权据此解除该保险合同并拒绝承担保险责任。

1. 关于在投保涉案"祥和定期保险"时,黄国基是否履行了如实告知义务的问题

保险合同为射幸合同,保险人是否承保及其如何确定保险费,取决于保险人对承保危险的正确估计和判断,而投保人对相关事项的如实告知,是保险人正确确定保险危险并采取控制措施的重要基础。根据诚实信用原则,投保人对保险人在投保单或风险询问表上列出的询问事项,均应根据自己知道或应当知道的情况进行如实告知。本案中,黄国基在投保涉案"祥和定期保险"时,被上诉人佛山分公司就投保记录向黄国基作出了询问,但黄国基隐瞒了自己在其他保险公司多次重复投保的实际情况,作出了与事实明显不符的答复,显然违反了如实告知的法定义务。一审法院结合黄国基重复投保时间密集及其曾兼职保险代理业务的具体情况,认定黄国基为故意不履行告知义务,并无不当,应予维持。

2. 关于黄国基在投保涉案"祥和定期保险"时没有履行如实告知义务,被上诉人佛山分公司是否有权据此解除该保险合同并拒绝承担保险责任的问题

投保人未履行如实告知义务,保险人能否据此解除保险合同并拒绝承担保险责任,应当以投保人未如实告知的事项是否足以影响保险人对是否承保、如何确定承保条件和保险费率作出正确决定为判断标准。而作出上述判断,不能依据投保人、被保险人、受益人或保险人的主观认识,必须根据投保人未如实告知事项的具体内容和性质,综合各种情况进行客观、全面考量。根据保险行业的实际情况,投保人是否已经参加或者正在申请其他人身保险的情况,是保险人正确认定承保风险,决定是否承保和如何确定承保条件、保险费率的重要依据。投保人不如实告知上述事项,将直接影响保险人的正确评估和决策,足以影响保险合同的订立。根据本案事实,被上诉人佛山分公司通过投保单和《高保额财务问卷》,对投保人黄国基是否已经参加或者正在申请其他人身保险进行了询问,但黄国基未予如实回答,违反了如实告知义务。佛山分公司作为保险人,有权依据《保险法》(2002 年修订)第 17 条第 2 款关于"投保人故意隐瞒事实,不履行如实告知义务的,或者因过失未履行如实告知义务,足以影响保险人决定是否同意承保或者提高保险费率的,保险人有权解除保险合同"的规定,解除其与黄国基签订的涉案"祥和定期保险合同",并对保险合

同解除前发生的保险事故不承担赔偿或给付保险金的责任,同时不退还保险费。上诉人何丽红作为受益人,请求佛山分公司依照该保险合同承担保险责任于法无据,对其相应诉讼请求依法不予支持。

78. 人身保险是否适用损失补偿原则?

损失补偿原则,是指保险事故发生使被保险人遭受损失时,保险人必须在其承担的保险金给付义务范围内履行合同义务,对被保险人所受实际损失进行填补,而所谓实际损失,是指被保险人所遭受之全部损失与已获得的赔偿的差额。根据损失补偿原则,被保险人不能因保险给付义务的履行而获得额外利益。但是,从法理上讲,损失补偿原则一般只适用于财产保险合同,属于财产保险的基本原则,而不适用于人身保险合同,《保险法》第64条对此也有相应规定。

此外还应注意的是,对于保险人能否通过约定方式在人身保险合同中适用损失补偿原则,在实践中仍有一定争议。我们认为,应将此类条款的性质定性为免责条款,只有在保险人能够证明其已经履行告知义务的情况下,该条方可具有法律效力,否则不能约束投保人。

79. 意外伤害保险是财产保险还是人身保险?

依据保险标的性质的不同,我国《保险法》将保险类型区分为财产保险与人身保险两类。财产保险是以财产及其相关利益作为保险标的,在保险期间保险人对于因保险合同约定的保险事故发生所造成的保险标的的损失承担经济补偿责任的一种保险;人身保险则是以人的身体和生命作为保险标的。在保险有效期限内,当被保险人死亡、伤残、疾病或者达到保险合同约定的年龄期限时,保险人依照约定给付保险金的一种保险。因此,虽然意外伤害所造成的医疗费支出属于财产支出范畴,但其产生的根本原因却是基于被保险人人身所遭受的伤害,因而此类保险的性质应属人身保险,而非财产保险。

典型疑难案件参考(一)

冯跃顺诉光大永明人寿保险有限公司保险合同纠纷案（《最高人民法院公报》2007 年第 11 期）

基本案情

2005 年 1 月 20 日，原告冯跃顺向被告光大永明人寿保险有限公司（以下简称光大永明）提交投保书，申请投保光大永明"永宁康顺综合个人意外伤害保险"，并预交了保险费 388 元。光大永明于 2005 年 1 月 27 日向冯跃顺出具保单，确定：光大永明承保冯跃顺投保的"永宁康顺综合个人意外伤害保险"，保险期间自 2005 年 1 月 26 日至 2006 年 1 月 25 日，意外伤害医疗保险金为 5000 元，每日住院给付金额为每天 20 元。该保险合同第 15 条第 7 项第 1 款规定："被保险人因遭受本合同认定的意外事故，需经医院进行必要的治疗，本公司对其自事故发生之日起 180 日内支出的必需且合理的实际医疗费用 100 元以上部分向被保险人给付意外伤害医疗保险金。被保险人意外伤害医疗保险金的累计给付以保险单载明的意外伤害医疗保险金金额为限。"

2005 年 6 月 24 日，原告冯跃顺因交通事故受伤住院治疗，至同年 7 月 28 日出院，其间共计发生住院医疗费用 6690.41 元，门诊医疗费用 491.6 元。天津市公安交通管理局河西支队于 2005 年 7 月 13 日就此次交通事故出具《交通事故认定书》，认定肇事司机黄宝岐对此次交通事故负全部责任，冯跃顺不负责任。原告冯跃顺于 2005 年 8 月 1 日向被告光大永明提交保险理赔给付申请书以申请保险理赔，并于 2005 年 9 月 14 日就保险理赔资料事项出具声明，表示不能提供其与肇事司机签订的交通事故损害赔偿调解协议、费用收据和诊断证明，也不能提供肇事司机赔偿的金额。光大永明分别于 2005 年 9 月 21 日、11 月 7 日两次向冯跃顺出具保险理赔通知书，明确表示冯跃顺需提供涉案交通事故损害赔偿调解书以及相关治疗费的原件，否则暂不予保险理赔。光大永明于 2005 年 10 月 24 日向冯跃顺出具保险理赔批单，表明光大永明已赔付冯跃顺每日住院给付金额 600 元。2005 年 12 月 7 日，经天津市公安交通管理局河西支队主持调解，原告冯跃顺与肇事司机黄宝岐达成交通事故损害赔偿调解协议，该调解协议约定：冯跃顺因涉案交通事故受伤所花费的前期治疗费由黄宝岐承担，黄宝岐一次性赔偿冯跃顺误工 6 个月、陪伴第 1 个月 2 人、第 2 个月 1 人的相关经济损失，以及冯跃顺因涉案交通事故受伤所必需的后期治疗费、交通费、车款费、营养费等所有损失，以上共计 18500 元。该款项黄宝岐已给付冯跃顺。后因光大永明拒绝进行赔付，冯跃顺向法院提起诉讼。

诉辩情况

原告冯跃顺诉称：

2005年1月25日，原告与被告光大永明签订个人意外伤害保险合同。2005年6月，原告因交通事故受到意外伤害，经住院治疗，花费各项治疗费用共计7200元。原告就此向被告申请保险理赔。被告以原告没有提交交通事故调解书及相关原始发票，且原告已接受交通事故肇事司机赔偿为由，拒绝赔偿原告保险金。原告认为，根据公安交通管理部门的规定，交通事故调解书并不发放给原告，原告无法提供；被告以原告提交相关原始发票等单据的原件作为保险理赔的前提条件没有法律依据，原告已经向被告充分证明了涉案交通事故的相关事实，且原告最初曾持全部原始单据向被告理赔，但被告提出"应先由肇事司机赔偿后再进行保险理赔"。而原告从肇事司机处获得赔偿后，被告又以此为由拒赔，显然缺乏诚信。原告与被告之间订立的个人意外伤害保险合同中并没有载明"被保险人由于第三者伤害，依法应由第三者承担赔偿责任时，保险人免责"的内容，故被告应当依照保险合同进行保险理赔。被告此举违反了《中华人民共和国保险法》（2002年修订）第68条的规定，请求依法判令被告赔偿原告医疗费5000元。

被告光大永明辩称：

原告冯跃顺未依照涉案个人意外伤害保险合同的约定向被告提供办理保险理赔的相关原始单据材料，被告无法作出保险理赔决定；被告对原告的医疗费用已经作出保险理赔，原告也已经获得交通事故肇事司机的赔偿，原告因涉案交通事故发生的损失已经得到必要、充分的填补，不应就涉案交通事故损害赔偿义务人已经给予赔偿的损失再次要求被告进行保险理赔，否则将违背损失补偿原则。请求判令驳回原告的诉讼请求。

裁判结果

天津市和平区人民法院经审理，依照《中华人民共和国民法通则》第106条第1款和《中华人民共和国保险法》第24条第1款、第52条、第68条的规定，判决如下：被告光大永明给付原告冯跃顺保险金5000元，于判决生效后10日内付清。

裁判理由

天津市和平区人民法院经审理认为：

原告冯跃顺与被告光大永明之间签订的个人意外伤害保险合同合法有效，

应受国家法律保护。冯跃顺因涉案交通事故受伤后,在已经获得交通事故肇事司机赔偿损失的情况下,仍然可以再向光大永明主张保险理赔,光大永明应当给予保险理赔。

首先,被告光大永明承保、原告冯跃顺投保的"永宁康顺综合个人意外伤害保险"属于人身保险,不属于财产保险的性质。人身保险,是指以人的生命或身体为保险标的,当被保险人在保险期限内发生死亡、伤残、疾病、年老等事故或生存至保险期满时,由保险人给付保险金的保险。财产保险,是指以财产及其有关利益为保险标的,当被保险人的财产及其有关利益因发生保险责任范围内的灾害事故而遭受经济损失时由保险人给予补偿的保险。意外伤害保险,是指当被保险人由于遭受意外伤害时,保险人给予保险金的保险。意外伤害保险具有一些类似于财产保险的特点,例如,意外伤害造成医疗费用的支出是一种经济损失、这种损失的数额可以确定,等等。但是,意外伤害保险从根本上讲是基于人身发生意外伤害而形成的保险,不能仅因涉及财产损失而将其归属于财产性质的保险。《保险法》(2002年修订)第92条第2款规定:"人身保险业务,包括人寿保险、健康保险、意外伤害保险等保险业务。"该条款非常明确地把意外伤害保险划分在人身保险中。因此,意外伤害保险应属于人身保险范畴。被告光大永明将涉案个人意外伤害保险归属于财产保险,并无法律上的依据。

其次,作为人身保险的个人意外伤害保险不适用损失补偿原则。原告冯跃顺因涉案交通事故受伤后,在已经获得交通事故肇事司机赔偿损失的情况下,可以再向被告光大永明主张保险理赔,光大永明应依照保险合同给予保险理赔。"损失补偿原则"是适用于财产保险的一项重要原则,即当保险事故发生并使被保险人遭受损失时,保险人必须在其承担的保险金给付义务范围内履行合同义务,对被保险人所受实际损失进行填补。保险人履行给付义务旨在弥补被保险人因承保危险发生所失去的利益,被保险人不能因保险给付义务的履行而获得额外利益。《保险法》(2002年修订)第45条规定:"因第三者对保险标的的损害而造成保险事故的,保险人自向被保险人赔偿保险金之日起,在赔偿金额范围内代位行使被保险人对第三者请求赔偿的权利。"法律赋予保险人行使代位追偿权也是财产保险中"损失补偿原则"的体现,其目的就是防止被保险人通过购买保险而获取不当利益。同时,《保险法》(2002年修订)第40条限制了财产保险的重复投保,规定在财产保险中重复保险的保险金额总和超过保险价值的,各保险公司的赔偿金额的总和不得超过保险价值。除当事人另有约定外,各保险公司按其保险金额与保险金额总和的比例承担赔偿责任。但是对于人身保险,《保险法》(2002年修订)第68条规定:"人身保险的被保险人因第三者的行为而发生死亡、伤残或者疾病等保险事故的,保险人向被保险人或者受益人给付保险金后,不得享有向第三者追偿的权利。但被保险人或者受益人仍有权向第三者请求赔偿。"明确限制保险人行使代位追偿权,同时赋予被保险人或者受益人另外向实施致害行为的第三者主张侵权赔偿的权利。而且,保险法对人身保险并无重复投保的限制。因此,"损失补偿原则"不适用于人身保险,当然也不适用于本案中属于人身保险的个人意外伤害保险。意外伤害保险的被保险人或受益人依保险合同取得赔偿系基于保险合同关系,这与意外伤害保险的被保险人作为受害人,因侵害人的过错获取赔偿属于不同的法律关系。因此,保险人不能以实施致害行为的第三人已经向被保险人、受益人给予赔偿为由拒绝保险理赔。交通事故损害赔偿义务人黄宝岐对原告冯跃顺所支付的赔偿,是基于侵权行为的发生而产生的侵权责任赔偿,被告光大永明不得因此拒绝向冯跃顺履行保险赔偿的合同义务。本案是基于冯跃顺与光大永明签订的个人意外伤害保险合同所发生的纠纷,涉案交通事故属于该险种保险条款所规定的保险事故,光大永明对此也不存异议,故光大永明应承担相应的保险责任,给付冯跃顺保险金。

综上,被告光大永明关于"原告冯跃顺已经获得交通事故肇事司机的赔偿,冯跃顺因涉案交通事故发生的损失已经得到必要、充分的填补,不应就涉案交通事故损害赔偿义务人已经给予赔偿的损失再次向光大永明主张保险理赔,否则将违背损失补偿原则"的抗辩理由不能成立。根据本案事实,冯跃顺因涉案交通事故住院治疗发生的治疗费用已逾7000元,而涉案个人意外伤害保险合同规定赔偿的最高限额为5000元,故光大永明应给付冯跃顺保险金5000元。

典型疑难案件参考(二)

杨峰诉中华联合财产保险公司达州中心支公司保险合同纠纷案

基本案情

2005年3月1日,杨峰在学校的组织下,与中华联合财产保险公司达州中心支公司(以下简称中华联合保险公司)签订学生平安保险合同并缴纳保费。保险合同约定,被保险人因遭受意外伤害事故门诊治疗,保险公司在扣除50元免赔额之后按90%给付意外伤害医疗保险金。被保险人因意外伤害事故住院治疗,保险公司对符合社保规定的合理费用在扣除100元后按90%进行报销。被保险人如从其他途径获得医疗费用补偿的,保险公司只承担其符合社保规定的医疗费用余下责任的保险责任。该意外伤害保险金额4000元，附加门诊意外伤害医疗保险金额2000元，附加住院医疗保险金额60000元，疾病事故保险金额2000元。原告交纳保险费27元。2005年8月1日，杨峰横过公路时被欧大帮无证驾驶自用未上户的摩托车撞倒致伤，交警部门认定欧大帮负全责。杨峰花去医疗费20104.99元，经宣汉县法院调解，由欧大帮全额赔付。事故发生后，杨峰及时向中华联合保险公司报案并申请理赔，中华联合保险公司以杨峰已获肇事方赔偿和保险合同约定的免责事由为由拒绝赔偿。

杨峰遂向宣汉县法院起诉，请求判令中华联合保险公司给付杨峰门诊意外伤害医疗保险金和住院医疗保险金18004元。

▶一审诉辩情况

被告中华联合保险公司辩称，杨峰投保的医疗保险应当适用损失补偿原则，其花费的20104.99元医疗费已由肇事方全额赔偿，保险公司没有再向其理赔的义务，请求法院依法驳回原告的诉讼请求。

▶一审裁判结果

四川省宣汉县人民法院经审理，判决如下：被告中华联合保险公司支付原告杨峰门诊意外伤害医疗保险金和住院医疗保险金17959.49元。

▶一审裁判理由

四川省宣汉县人民法院审理后认为，本案双方当事人的争议焦点为：第一，原告投保的学生平安保险是否适用损失补偿原则；第二，原、被告签订的学生平安保险合同的免责条款是否有效。

关于争议焦点一。保险法规定的保险，包括财产保险和人身保险，本案的学生平安保险属于人身保险。损失补偿原则适用于财产保险而不适用于人身保险。中华联合保险公司关于学生平安保险应当适用损失补偿原则理赔的抗辩主张不能成立。

关于争议焦点二。中华联合保险公司提供的保险合同属于格式合同，对其免责条款，保险公司没有举证证明自己对该条款已尽到明确充分的说明义务，因此，该条款对被保险人没有约束力。保险公司以该免责条款拒绝理赔的理由不能成立。

综上，法院认为，杨峰与中华联合保险公司签订的学生平安保险合同系双方真实意思表示，具有法律效力。杨峰按照合同约定交纳了保险费，保险公司应当按照保险合同约定支付保险金。杨峰要求保险公司支付门诊意外伤害医疗保险金及住院医疗保险金的理由成立。保险公司赔付的数额为：实际支付医疗费共计 20104.99 元，其中门诊治疗费 198.60 元，减去免赔额 50 元后剩余金额的 90%，即 133.74 元；住院治疗费 19906.39 元，减去免赔额 100 元后剩余金额的 90%，即 17825.75 元，两项合计 17959.49 元。

二审诉辩情况

宣判后，中华联合保险公司不服，并提起上诉，主要理由是：

1. 本案诉争的保险是商业保险，应按照合同约定进行理赔。该保险合同明确约定了"被保险人如果从其他途径获得医疗费补偿，则本公司只承担其符合社保规定的医疗费用的剩余部分的保险责任"，因杨峰已从第三人处获得医疗费用的全额补偿，不存在剩余部分未受偿，故中华联合保险公司有合理理由不予赔付。

2. 诉争保险应属补偿保险，适用损失补偿原则，任何应当由第三方支付的医疗费用都可以减免被保险人应当自行承担的医疗费。

据此，请求二审法院撤销一审判决，驳回杨峰的诉讼请求。

二审裁判结果

四川省达州市中级人民法院经审理认为，原审判决认定事实清楚，适用法律正确。据此，二审法院判决驳回上诉，维持原判。

二审裁判理由

四川省达州市中级人民法院经审理认为：

《保险法》（2002 年修订）第 92 条第 1 款第 2 项规定，人身保险业务，包括人寿保险、健康保险、意外伤害保险等保险业务，故保险公司与杨峰订立的学生平安保险合同属人身保险合同。按照《保险法》（2002 年修订）第 68 条的规定，人身保险的被保险人因第三者的行为而发生死亡、伤残或者疾病等保险事故的，保险人向被保险人或者受益人给付保险金后，不得享有向第三者追偿的权利。但被保险人或者受益人仍有权向第三者请求赔偿。被保险人杨峰既有权向第三人即肇事方欧大帮主张侵权赔偿，也有权依据学生平安保险合同向中华联合保险公司主张保险赔偿，而本案中学生平安保险合同约定的"被保险人如果从其他途径获得医疗费补偿，则本公司只承担其符合社保规定的医疗费用的剩余部分的保险责任"，即适用损失补偿原则，与保险法的以上规定相违背。同时，本案的学生平安保险合同属中华联合保险公司制定的格式合同，按照《合同法》第 40 条关于"提供格式条款一方免除其责任、加重对方责任、排除对方主要权利的，该条款无效"的规定，该合同关于免责条款的约定属无效条款。此外，《保险法》（2002 年修订）第 18 条规定，保险合同中规定有关于保险人责任免除条款的，保险人在订立保险合同时应当向投保人明确说明，未明确说明的，该条款不产生效力。中华联合保险公司没有举证证明自己对该免责条款已向杨峰尽到了明确充分的说明义务。

综上，中华联合保险公司以本案的保险属补偿性保险，应按双方合同的约定进行理赔的上诉理由与法律规定相违背，其请求不能成立。

人身保险合同纠纷办案依据集成

中华人民共和国保险法（2009年2月28日修订）（节录）

第三十一条 投保人对下列人员具有保险利益：

（一）本人；

（二）配偶、子女、父母；

（三）前项以外与投保人有抚养、赡养或者扶养关系的家庭其他成员、近亲属；

（四）与投保人有劳动关系的劳动者。

除前款规定外，被保险人同意投保人为其订立合同的，视为投保人对被保险人具有保险利益。

订立合同时，投保人对被保险人不具有保险利益的，合同无效。

第三十二条 投保人申报的被保险人年龄不真实，并且其真实年龄不符合合同约定的年龄限制的，保险人可以解除合同，并按照合同约定退还保险单的现金价值。保险人行使合同解除权，适用本法第十六条第三款、第六款的规定。

投保人申报的被保险人年龄不真实，致使投保人支付的保险费少于应付保险费的，保险人有权更正并要求投保人补交保险费，或者在给付保险金时按照实付保险费与应付保险费的比例支付。

投保人申报的被保险人年龄不真实，致使投保人支付的保险费多于应付保险费的，保险人应当将多收的保险费退还投保人。

第三十三条 投保人不得为无民事行为能力人投保以死亡为给付保险金条件的人身保险，保险人也不得承保。

父母为其未成年子女投保的人身保险，不受前款规定限制。但是，因被保险人死亡给付的保险金总和不得超过国务院保险监督管理机构规定的限额。

第三十四条 以死亡为给付保险金条件的合同，未经被保险人同意并认可保险金额的，合同无效。

按照以死亡为给付保险金条件的合同所签发的保险单，未经被保险人书面同意，不得转让或者质押。

父母为其未成年子女投保的人身保险，不受本条第一款规定限制。

第三十五条 投保人可以按照合同约定向保险人一次支付全部保险费或者分期支付保险费。

第三十六条 合同约定分期支付保险费，投保人支付首期保险费后，除合同另有约定外，投保人自保险人催告之日起超过三十日未支付当期保险费，或者超过约定的期限六十日未支付当期保险费的，合同效力中止，或者由保险人按照合同约定的条件减少保险金额。

被保险人在前款规定期限内发生保险事故的，保险人应当按照合同约定给付保险金，但可以扣减欠交的保险费。

第三十七条　合同效力依照本法第三十六条规定中止的,经保险人与投保人协商并达成协议,在投保人补交保险费后,合同效力恢复。但是,自合同效力中止之日起满二年双方未达成协议的,保险人有权解除合同。

保险人依照前款规定解除合同的,应当按照合同约定退还保险单的现金价值。

第三十八条　保险人对人寿保险的保险费,不得用诉讼方式要求投保人支付。

第三十九条　人身保险的受益人由被保险人或者投保人指定。

投保人指定受益人时须经被保险人同意。投保人为与其有劳动关系的劳动者投保人身保险,不得指定被保险人及其近亲属以外的人为受益人。

被保险人为无民事行为能力人或者限制民事行为能力人的,可以由其监护人指定受益人。

第四十条　被保险人或者投保人可以指定一人或者数人为受益人。

受益人为数人的,被保险人或者投保人可以确定受益顺序和受益份额;未确定受益份额的,受益人按照相等份额享有受益权。

第四十一条　被保险人或者投保人可以变更受益人并书面通知保险人。保险人收到变更受益人的书面通知后,应当在保险单或者其他保险凭证上批注或者附贴批单。

投保人变更受益人时须经被保险人同意。

第四十二条　被保险人死亡后,有下列情形之一的,保险金作为被保险人的遗产,由保险人依照《中华人民共和国继承法》的规定履行给付保险金的义务:

(一)没有指定受益人,或者受益人指定不明无法确定的;

(二)受益人先于被保险人死亡,没有其他受益人的;

(三)受益人依法丧失受益权或者放弃受益权,没有其他受益人的。

受益人与被保险人在同一事件中死亡,且不能确定死亡先后顺序的,推定受益人死亡在先。

第四十三条　投保人故意造成被保险人死亡、伤残或者疾病的,保险人不承担给付保险金的责任。投保人已交足二年以上保险费的,保险人应当按照合同约定向其他权利人退还保险单的现金价值。

受益人故意造成被保险人死亡、伤残、疾病的,或者故意杀害被保险人未遂的,该受益人丧失受益权。

第四十四条　以被保险人死亡为给付保险金条件的合同,自合同成立或者合同效力恢复之日起二年内,被保险人自杀的,保险人不承担给付保险金的责任,但被保险人自杀时为无民事行为能力人的除外。

保险人依照前款规定不承担给付保险金责任的,应当按照合同约定退还保险单的现金价值。

第四十五条　因被保险人故意犯罪或者抗拒依法采取的刑事强制措施导致其伤残或者死亡的,保险人不承担给付保险金的责任。投保人已交足二年以上保险费的,保险人应当按照合同约定退还保险单的现金价值。

第四十六条　被保险人因第三者的行为而发生死亡、伤残或者疾病等保险事故的,保险人向被保险人或者受益人给付保险金后，不享有向第三者追偿的权利，但被保险人或者受益人仍有权向第三者请求赔偿。

第四十七条 投保人解除合同的，保险人应当自收到解除合同通知之日起三十日内，按照合同约定退还保险单的现金价值。

第三节 再保险合同纠纷

> **80. 如何理解再保险合同的法律属性？**
>
> 所谓再保险，是指保险人将其承担的保险业务，部分转移给其他保险人的经营行为，而对于再保险合同的性质，在司法界和学术界尚存在一定争议。我们认为，再保险合同的性质应属于财产保险中的责任保险范畴。首先，就保险标的而言，再保险人所承保的是原保险人的损失，即原保险人所支付的保险金，而非原保险的保险标的；其次，再保险的目的是为了对发生保险事故且支付了保险金的原保险人给予一定的补偿，这与责任保险分散被保险人责任的目的十分相似。但应注意的是，与一般责任保险不同，再保险关系中保险事故发生，是以原保险关系中保险事故的发生为依据的，而不论原保险人是否向被保险人支付了保险金。

典型疑难案件参考

中国人民财产保险股份有限公司襄樊市襄樊汽车产业经济技术开发区支公司与永安财产保险股份有限公司襄樊中心支公司再保险合同纠纷案（〔2011〕襄中民三终字第84号）

基本案情

2008年3月28日，裕隆公司与本案原告中国人民财产保险股份有限公司襄樊市襄樊汽车产业经济技术开发区支公司（以下简称人保襄樊开发区支公司）、太保大连开发区公司、太保武汉开发区公司、北京恒丰保险经纪有限公司签订了一份《东风裕隆汽车销售有限公司整车产品质量保证保险协议》。协议约定，乙方（人保襄樊开发区支公司、太保大连开发区公司、太保武汉开发区公司）为甲方（裕隆公司）销售的全部轻型卡车系列车辆承担产品质量保证保险，保险金额为262500万元，毛费率0.8%，毛保费2100万元，净保费1837.5万元，保险期限自2008年4月1日0时起至2008年12月31日24时止；发生赔偿事故后，由人保襄樊开发区支公司承担主承保责任，即由甲方按照索赔流程提出索赔后，人保襄樊开发区支公司直接对甲方履行全额赔付责任，人保开发区公司与太保大连开发区公司、太保武汉开发区公司的承保及理赔比例按三家保险公司的共保协议执行；乙方在收到投保人支付的保费后，丙方（北京恒丰保险经纪有限公司）向甲方结算当期经纪费；经纪费指毛保费与净保费的差额部分等。同日，原告人保襄樊开发区支公司与太保大连开发区公司、太保武汉开发区公司签订了一份《共保协议》，协议约定原告为裕隆公司2008年度销售的全部轻卡系列车辆的产品质量保证保险合同的主承保人，分保人（太保大连开发区公司、太保武汉开发区公司）一致理解并同意委托主承保人与被保险人洽谈有关保险事宜，并承诺遵守由主承保人与被保险人就有关保险事宜所作的决定，原告的分保比例为55%，太保大连开发区公司的分保比例为30%，太保武汉开发区公司的分保比例为15%等。

2008年3月31日，原告经征得裕隆公司同意后，于同日与被告永安财产保险股份有限公司襄樊中心支公司（以下简称永安财保襄樊支公司）签订了一份《共保协议》，协议约定，原告为裕隆公司2008年度销售的全部轻卡系列车辆的产品质量保证保险的主承保人，被告为分保人；双方一致理解并同意委托主承保人与被保险人洽谈有关保险事宜，并承诺遵守由主承保人与被保险人就有关保险事宜所作的决定，主承保人直接对被保险人负责，并在保险单有效期内对发生的一切保险事宜拥有最终决定权；保险金额为26250万元，毛保费2100万元，净保费1837.5万元；原告的分保比例为55%，被告的分保比例为20%（毛保费420万元，净保费367.5万元，含出单费8%），保费分三期支付，按净保费支付，分保双方按保险协议及分保比例承担相应保险责任并享有相应的权益；分保方同意由主承保人代共保人根据协议规定向被保险人收取保险费，由主承保人收到被保险人缴纳的保费后五个工作日内，扣除经纪公司佣金和保险共保费用即出单费（保费收入的8%）后，向分保人指定账户划付相应的保险费等。

2009年6月16日，原告与太保大连开发区公司、太保武汉开发区公司、北京恒丰保险经纪有限公司就关于裕隆公司整车质量险项目赔款问题形成会议纪要，内容为：(1) 2008年度东风裕隆汽车销售有限公司整车产品质量保证保险项目实际毛保费18915440.75元，净保费16551010.66元；截至目前，保险公司共收到净保费金额为1439.375万元，裕隆公司应向保险公司支付的净保费余额为215.72万元。(2) 2008年度裕隆公司产品质量保证保险项目共发生赔款金额为3246.77万元，保险公司已支付赔款14398985.79元，尚有1806.88万元赔款未向裕隆公司支付。(3) 根据裕隆公司整车产品质量保证保险协议，在保险期间内，保险公司通过代位追偿权获取追偿金额为933.32万元。(4) 根据裕隆公司的建议，将裕隆公司尚未支付的净保费余额215.72万元及保险公司通过代位追偿权获取的追偿金额933.32万元核销保险公司的赔款,核销后,保险公司应向裕隆公司支付的赔款为657.84万元(1806.88 - 215.72 - 933.32 = 657.84)。(5)在裕隆公司已支付的1439.375万元的净保费以及保险公司向裕隆公司支付的14398985.79元赔款中,共保体各公司按承包比例分配保费和承担赔款,扣除太保大连开发区公司及太保武汉开发区公司已向人保襄樊开发区支公司(原告)摊回款项后,太保大连支公司应向人保襄樊开发区支公司摊回赔款金额3282090.88元,太保武汉开发区支公司应向人保开发区公司摊回款项为354382.38元;扣除人保襄樊开发区支公司已向其余两家共保公司支付保费后,人保襄樊开发区支公司对太保大连公司的应付保费余额为631781.25元,人保襄樊开发区支公司对太保武汉开发区公司的应付保费余额为316837.5元,综上,人保襄樊开发区支公司应付给其余两家共保体成员的保费核销各自应摊回款项后,太保大连开发区公司应向人保开发区公司摊回赔款余额为2650309.63元;太保武汉开发区公司应向人保襄樊开发区支公司摊回赔款余额为37544.88元。2010年4月10日,原告人保襄樊开发区支公司向被告永安财保襄樊支公司发出了一份《关于08年度产品质量保证保险赔款确认的函》,内容为:目前2008年度产品质量保证保险赔款清算已经完毕,截至2008年12月31日,我公司已赔付裕隆公司1439.90万元,经与裕隆公司多次磋商,现确定最后的剩余赔款金额为5578400元。其中在2009年11月20日已向裕隆公司赔付954018.09元,另外在2009年12月初又再次赔付3924381.91元,2009年12月22日余额赔款70万元,合计赔款19977400元;215.72万元保费抵赔款,共累计赔付22134600元。保费16551010.66元,贵公司20%的份额,应付3310202.13元,减去8%的出单费(264816.17元),应实际支付保费3045385.96元,我公司第一次已支付111.3万元,第二次支付112.7万元,还有805385.96元保费未支付,其中裕隆公司未付的保费215.72万元抵赔款,贵公司占20%的份额(43.144万元直接抵赔款)保费未付的余额为371385.96元。贵公司应分摊赔款:22134600元,20%的份额,应分摊的赔款:4426920元,减去已分摊到我公司的赔款913609.04元、减去保费抵赔款431440元、减去未付的保费371585.96元,还应实际分摊赔款2710285元。以上赔款金额请贵公司核实、确认,并在接此函后,在一个月内赔到我公司的账户上等。被告永安财保襄樊支公司对该确认函中保险公司已赔付金额、剩余赔偿金额、累计赔偿金额、永安财保公司已收保费金额均无异议,但对于保费未付部分的金额以及分摊赔款的计算方式有异议。

原审判决另认定:2008年4月29日,裕隆公司向原告人保襄樊开发区支公司支付第一期保险费612.5万元,原告于2008年5月8日将其中111.3万元分保保费支付给被告永安财保襄樊支公司;2008年6月25日、7月18日,裕隆公司向原告人保襄樊开发区支公司分两次支付第二期保险费共计612.5万元，原告于同年7月30日将其中112.7万元分保保费支付给被告；2008年9月26日，裕隆公司向原告人保襄樊开发区支公司支付第三期第一笔保险费2143750元，原告当庭陈述未将第三期分保保费支付给被告，其原因是因为截至2008年9月26日，原告共向裕隆公司支付保险赔款9964909.68元，按原、被告双方合同约定，被告应分担保险赔款1992981.94元，故原告将第三期应支付给被告的保费抵扣了被告应承担的保险赔款。被告对此有异议，认为被告未收到第三期保费，应按其实际收取的保费比例承担相应的赔付责任。关于原告向被告支付第一、二期分保保费的计算方式问题，原告陈述系按照裕隆公司支付的总保费，按被告分保的20%的比例，扣除8%出单费后支付给被告的，其中第一期应向被告支付保费112.7万元，但因为原告方计算上失误，仅支付了111.3万元，少支付了被告1.4万元，被告对原告的上述陈述予以认可。

一审裁判结果

襄樊高新技术开发区人民法院经审理，依照《中华人民共和国合同法》第99条、第108条，《中华人民共和国保险法》第2条、第28条之规定，判决如下：

一、被告永安财保襄樊支公司于原审法院判决生效之日起10日内支付原告人保襄樊开发区支公司保险赔付款2707936.10元。

二、驳回原告的其他诉讼请求。

一审裁判理由

襄樊高新技术开发区人民法院经审理认为：

原告作为主承保人与太保大连开发区公司、太保武汉开发区公司共同为裕隆公司2008年度销售的全部轻型卡车产品质量保证进行保险，在征得被保险人的同意后，原告又与被告签订的《共保协议》属再保险合同。再保险合同系双方当事人的真实意思表示，内容不违反法律法规的禁止性规定，属有效合同。被告从原告分保了裕隆公司2008年度销售的全部轻卡系列产品质量保证保险的20%，在主承保人人保襄樊开发区支公司履行了向被保险人裕隆公司理赔22134600元的保险合同义务后，被告应当按照其与原告签订的《共保协议》中约定的分保比例向原告承担总理赔款20%的赔付责任，即应承担4426920元的理赔责任，扣减被告已支付理赔款913609.04元、以保费抵赔款431440元（人保襄樊开发区支公司与裕隆公司商定的以保费抵理赔款2157200元×20%），还应理赔3081870.96元。按合同约定，永安财保襄樊支公司应收取保险费为

3045385.96元（裕隆公司支付的净保费16551010.66元×20%=3310202.12元，再扣除8%出单费），减去原告已支付的2240000元，减去裕隆公司以赔款抵保费431440元，原告还应向被告支付保险费373945.96元；被告还应收取的保费373945.96元与应承担的理赔款3081870.96元相抵后，被告应向原告支付赔款2707936.10元，故原告要求被告支付保险赔款2710285元的请求，原审法院予以部分支持。被告关于其是从原告承保的55%份额中分保了20%的理由，与合同约定被告分得的保费是按原告与裕隆公司保险合同总保费的20%收取、被告实际按裕隆公司向原告所付第一期、第二期保费总额的20%收取保费的事实不符，原审法院不予采纳。被告还辩称其应收取保费3783100元，实际只收保费2260000元，只应按实际收取保费59%（226÷378.31=59%）的比例承担理赔责任，实际未收到保费的41%部分应免除理赔责任的理由，因原、被告在共保协议中明确约定按分保比例承担相应保险责任并享有相应的权益，并不是约定以收取保费的比例承担保险责任、享有相应的权益；还约定被告应遵守原告与裕隆公司就有关保险事宜所做的决定，保费分三期支付（自原告收到裕隆公司缴纳的保费后五个工作日内，扣除经纪公司佣金和保险共保费用即出单费后支付）等，在履行过程中原告于2008年9月26日收到裕隆公司支付的第三期第一笔保费2143750元后，裕隆公司未再支付保费，即第三期保费尚未收齐；同时，原告截至2008年9月26日已向裕隆公司支付理赔款9964909.68元，被告此时应承担1992981.94元的理赔款没有赔付完毕；且后来人保襄樊开发区支公司与裕隆公司决定以尚未支付的净保费2157200元（第三期保费尾款）冲抵理赔款，该决定对被告也具有约束力，故原告要求以第三期保费冲抵被告应承担的理赔款符合合同的约定，被告的该辩称理由不成立，原审法院亦不采纳。

二审诉辩情况

永安财保襄樊支公司不服原审判决，向襄阳市中级人民法院提起上诉，上诉理由为：

原审法院判决错误，没有依照法律规定追究被上诉人的违约责任。根据双方合同约定被上诉人应向上诉人支付净保险费3675000元，而实际支付2226000元，相差1449000元，占保费的40%。按保险法规定应减少上诉人40%赔款，即1770768元，现上诉人已向被上诉人支付了913609.04元的赔款（4426920总赔款－1770768百分之四十份额－913609.04已付赔款＝1742542）。上诉人实际应赔款为1742542元，而非是原审判决的2707936.10元。其一，按合同约定，保险期限自2008年1月1日起至2008年12月31日止，按合同规定被上诉人应在合同期内支付保险费，但被上诉人时至今日仍欠上诉人 40%保险费,说明被上诉人构成违约行为。其二,上诉人在 2010 年 1 月 28 日合同期满一年之后才收到被上诉人发出的"确认书"但上诉人并没认可该事实,说明其间上诉人拒付部分赔款是以行为方式对被上诉人违约的异议。其三,被上诉人少支付 40%保费是一种违背保险法的行为。保险合同最大的法律特征是,被保险人交纳保险费,保险人的保险责任才开始,保险人只能在收取保险费的范围内承担保险责任。这是保险性质决定的。法律规定,保险合同是射幸合同,是双务有偿合同。保险合同的射幸性是指,在保险中投保人交付保险金义务是确定的,而保险人是否承担赔偿或支付保险金是不确定的,取决于不确定危险是否发生。保险合同的双务有偿性是指投保人或受益人所获的保险金赔偿以缴纳保险金为对价的,相应的保险人所收取的保险金则是以今后可能赔偿或给付保险金为对价的,人民法院在审理此案时应以保险法优先适用为原则。其四,双方合同属于再保险合同,依保险法规定再保险合同也是一个独立的合同,再保险合同依法不能以原投保人是否交纳保险费为依据而拒绝向再保险人交纳保险费,因为再保险人是为原承保的保险公司分散和转移风险,并非为原投保人东风裕隆公司分散转移风险。

上诉人永安财保襄樊支公司在二审庭审时补充上诉理由如下:原审法院对该合同性质认定错误,导致判决错误。该合同性质属于再保险合同,而非共保合同。所谓再保险合同,是指保险人将自己承保的业务以承保的形式,部分转移到其他的保险人。上诉人与被上诉人在 2008 年 3 月 31 日所签订的合同,从法律性质上属于典型的再保险合同。根据双方《协议》被上诉人将此次整车质量保险承保的 55%的份额转移给上诉人 20%份额,即被上诉人占 35%,上诉人占 20%。按确认此次总赔款为 22134600 元,其中被上诉人按 55%份额,应赔 12174030 元,而上诉人按合同约定占被上诉人总承保的 55%的 20%比例。我方赔款总数额应是 2434806 元,减去我方已付赔款 913609 元,再减去 805385 元,我方实际尚欠赔款 715812 元,而非 2707936.10 元;原审法院认定错误的主要依据是以划分保险费为标志,错误地把再保险人认定为共保人,而忽视了合同性质。

人保襄樊开发区支公司二审庭审口头答辩称:

第一,被上诉人没有违约行为,也谈不上违约责任。首先,被上诉人按双方共保协议,在收到保险费后,及时向上诉方缴纳保险费,其次,如果上诉人永安财保襄樊支公司认为被上诉人违约,应在一审中反诉,在二审中提起,没有法律依据。第二,本案上诉人永安财保公司承担保险比列,应按总保计算。(1)从诉讼双方共保协议来看,无论是毛保费还是净保费计算都是以总保费来计算的;(2)被上诉人也是按总净保费 20%向对方支付保费的;(3)从权利义务对等公平原则来看，既然按总保费20%收取保费，就应按此支付保险金。第三，上诉人永安财保襄樊支公司认为，如果没有足额缴纳保险费就应按已交和未交比例承担保险费没有法律依据。根据合同法约定，如果上诉人永安财保襄樊支公司认为被上诉人违约，应追究违约责任，而不是按比例承担责任。综上，上诉人永安财保襄樊支公司的全部上诉请求及上诉理由均不能成立。原审判决正确合法，有充分的事实和法律依据。故请求二审法院驳回上诉，维持原判。

二审裁判结果

襄阳市中级人民法院经审理认为，原审判决审判程序合法、认定事实清楚，证据充分，适用法律和判决结果正确、妥当。据此，依照《中华人民共和国民事诉讼法》第153条第1款第1项之规定，判决如下：驳回上诉，维持原判。

二审裁判理由

襄阳市中级人民法院经审理认为：

本案诉讼双方当事人签订的以《共保协议》名义表现的再保险合同系诉讼双方当事人的真实意思表示，内容不违反法律法规的效力禁止性规定，属合法有效的民事合同。一审判决确认本案诉争合同为再保险合同，被上诉人人保襄樊开发区支公司对此无争议，上诉人永安财保襄樊支公司关于原审法院确认合同性质错误的上诉主张依法不能成立。本案争议焦点在于，上诉人永安财保襄樊支公司承担保险赔付款比例是按总保险合同约定份额的比例计算，还是按被上诉人人保襄樊开发区支公司与其他保险公司约定的分保比例的55%份额的20%，即总保险份额比例的35%，来确定上诉人永安财保襄樊支公司应支付被上诉人人保襄樊开发区支公司的保险赔款金额。

诉讼双方于2008年3月31日在征得投保人即被保险人裕隆公司同意后，签订的《共保协议》约定的保险期限、保险金额、毛保费额、净保费、毛费率等，与2008年3月28日被上诉人人保襄樊开发区支公司与裕隆公司、太保大连开发区公司、太保武汉开发区公司、北京恒丰保险经纪公司签订的《东风裕隆汽车销售有限公司整车产品质量保证保险协议》及同日签订的《共保协议》约定一致。上诉人永安财保襄樊支公司从被上诉人人保襄樊开发区支公司分保了裕隆公司2008年度销售的全部轻卡系列产品质量保证保险的20%，在主承保人被上诉人人保襄樊开发区支公司履行了向被保险人裕隆公司理赔22134600元的保险合同义务后，上诉人永安财保襄樊支公司应当按照其与被上诉人人保襄樊开发区支公司签订的《共保协议》中约定的分保比例向被上诉人人保襄樊开发区支公司承担总理赔款20%的赔付责任。上诉人永安财保襄樊支公司主张依据被上诉人人保襄樊开发区支公司与其他保险公司约定的分保比例55%的20%，即总保险比例的35%，作为上诉人永安财保襄樊支公司承担理赔款的依据无合同约定，本院不予支持。故原审判决扣减上诉人永安财保襄樊支公司已支付理赔款913609.04元、以保费抵赔款431440元（人保襄樊开发区支公司与裕隆公司商定的以保费抵理赔款2157200元×20%），还应理赔3081870.96元。上诉人永安财保襄樊支公司应收取保险费为3045385.96元（裕隆公司支付的净保费16551010.66元×20%＝3310202.12元，再扣除8%出单费），减去已支付的224万元，减去裕隆公司以赔款抵保费431440元，被上诉人人保襄樊开发区支公司还应向上诉人永安财保襄樊支公司支付保险费373945.96元；上诉人永安财保襄樊支公司还应收取的保费373945.96元与应承担的理赔款3081870.96元相抵后，确定的上诉人永安财保襄樊支公司应向被上诉人人保襄樊开发区支公司支付赔款2707936.10元的判决。被上诉人人保襄樊开发区支公司要求上诉人永安财保襄樊支公司支付保险赔款2710285元的请求，原审法院予以部分支持正确。上诉人永安财保襄樊支公司提出的关于该公司是从被上诉人人保襄樊开发区支公司承保的55%份额中分保了20%，即总保险份额35%的上诉理由，与诉讼双方《共保协议》约定其公司分得的保费是按被上诉人人保襄樊开发区支公司与裕隆公司保险合同总保费的20%收取，明显不符，其承担的权利与义务也不对等，对该主张二审依法不予采纳。且上诉人永安财保襄樊支公司既认可诉讼双方约定的被上诉人人保襄樊开发区支公司应支付上诉人永安财保襄樊支公司的净保险费为3675000元，又否认其公司分保的比例是总保费的20%，上诉人永安财保襄樊支公司未在一审程序中反诉被上诉人人保襄樊开发区支公司违约或单独提起违约诉讼。上诉人永安财保襄樊支公司上诉提出被上诉人人保襄樊开发区支公司没有足额缴纳保险费，就应按已交和未交比例承担保险费，对此，本院认为，根据我国合同法规定，如果认为对方违约，应追究违约责任，违约方承担的是支付违约、赔偿损失等违约责任，而不是上诉人永安财保襄樊支公司所主张的按比例份额责任。且被上诉人人保襄樊开发区支公司以第三期应给付上诉人永安财保襄樊支公司的保费扣抵理赔款，明确函告上诉人永安财保襄樊支公司，上诉人永安财保襄樊支公司并未明确异议和反对。同时，保险合同，包括联保共保合同、再保险合同的计费、起止期限、赔款、费用确定处理，是以合同年度，而非自然年度确定，保险合同跨自然年度理赔、结付是常态现象。本案保险款额、保费均是在约定的保险合同年度而非自然年度发生，被上诉人人保襄樊开发区支公司于下一自然年度函告上诉人永安财保襄樊支公司有关保险费用、保险赔款支付结算情况，符合保险合同约定和保险法的规定，不构成违约。故上诉人永安财保襄樊支公司的该上诉理由仍然不能成立。

综上，上诉人永安财保襄樊支公司提出的原审判决认定事实错误，没有依照法律规定追究被上诉人违约责任，其公司尚欠赔款715812元，而非2707936.10元的全部上诉理由及要求二审改判的上诉请求，均与诉讼双方合同约定及履行之事实不符，缺乏法律依据，均不能成立，本院不予以采纳。

再保险合同纠纷办案依据集成

中华人民共和国保险法（2009年2月28日修订）（节录）

第二十八条 保险人将其承担的保险业务，以分保形式部分转移给其他保险人的，为再保险。

应再保险接受人的要求，再保险分出人应当将其自负责任及原保险的有关情况书面告知再保险接受人。

第二十九条 再保险接受人不得向原保险的投保人要求支付保险费。

原保险的被保险人或者受益人不得向再保险接受人提出赔偿或者给付保险金的请求。

再保险分出人不得以再保险接受人未履行再保险责任为由，拒绝履行或者迟延履行其原保险责任。

第四节 保险经纪合同纠纷

> **81. 如何理解保险经纪人与保险人和保险公司之间的关系?**
>
> 所谓保险经纪人,是指基于投保人的利益,为投保人与保险人订立保险合同提供中介服务,并依法收取佣金的机构。保险经纪人与保险代理人相比,在如下几个方面存在着本质差别:首先,在业务范围上,保险经纪人的主要业务是为投保人和保险人介绍交易机会,并在交易过程中提供各类辅助性服务,如为投保人拟定投保方案、选择保险公司、办理投保手续、协助索赔等,为保险人对保险标的进行风险评估、风险管理咨询等。而保险代理人的主要业务则通常限于根据保险人的授权,积极与投保人签订保险合同。其次,在法律行为的效果上,保险经纪人在开展业务时应向客户明示其保险经纪人身份,不得越权以保险人的名义与投保人签订保险合同。而保险代理人则必须以保险人的名义从事代理服务,其代理行为的法律后果亦直接归属于保险人。最后,在利益来源上,保险经纪人的收益主要来源于向保险当事人收取的佣金。而保险代理人则是根据委托代理关系从保险人一方获得保险代理手续费。综上,从法律属性上来看,保险经纪人与投保人和保险人之间应属于一种较为特殊的居间法律关系,而非单纯的委托代理法律关系。

典型疑难案件参考

华安财产保险股份有限公司北京分公司与北京大润保险经纪有限责任公司保险代理合同纠纷案（〔2008〕一中民终字第7223号）

基本案情

2005年9月28日,华安财产保险股份有限公司北京分公司（以下简称华安北京分公司）与北京大润保险经纪有限责任公司（以下简称大润公司）下属机构营业中心签订《保险经纪业务合作协议》,约定:由大润公司营业中心为投保人与华安北京分公司订立保险合同提供中介服务,华安北京分公司按协议约定支付经纪费用，协议有效期自2005年9月28日起至2006年9月27日止。2005年12月12日，双方又签订一份《补充协议》，约定：华安北京分公司授予大润公司营业中心"华严卡"独家销售权，协议有效期为一年，自2005年12月12日起至2006年12月11日止。大润公司营业中心应在协议有效期内销售一万张"华严卡"，如未在规定时间内完成销量，则未完成部分由大润公司营业中心一次性买断。华安北京分公司向大润公司营业中心提供与开展业务相关的实务手册及其必要的业务资料及单证。大润公司营业中心接受卡单需妥善保管并在销售结束后全部回销，对于在销售过程中丢失的卡单应在北京市级报纸登报声明作废，由此产生的费用全部由大润公司营业中心承担，同时按单面价值(100元/份)对华安北京分公司进行赔偿。协议签订后，大润公司营业中心先后向华安北京分公司申领"华严卡"3600份，至今尚有355份"华严卡"未回销。后因大润公司北京分公司接管大润公司营业中心该部分业务，2007年7月至9月间，华安北京分公司与大润公司北京分公司就355份未回销单证等合同后期处理问题致函协商，但未能达成一致意见。华安北京分公司遂向法院起诉，要求大润公司履行买断义务，并赔偿其他损失。

一审诉辩情况

华安北京分公司诉称：

2005年9月28日，华安北京分公司与大润公司签订《保险经纪业务合作协议》，约定由大润公司为投保人与华安北京分公司订立保险合同提供中介服务，华安北京分公司按协议约定支付经纪费用。合同订立后，双方针对新推出的"华严卡"，于2005年年底又签订了《补充协议》，约定：华安北京分公司授权大润公司自2005年12月12日至2006年12月11日，独家销售"华严卡"，如未在规定时间内完成一万张的销量，则未完成部分由大润公司一次性买断。然而，至2006年12月销售终止，大润公司尚有355份单证未回销。对于大润公司承诺包销的一万份保单，6400份未销售。故华安北京分公司诉至法院，要求：

1. 依据双方签订的《保险经纪业务合作协议》及《补充协议》，判令大润公司以单证100元/份，支付未回销的355份"华严卡"赔偿金35500元；

2. 判令大润公司支付因未在规定时间内完成销量，就未完成部分6400份单证一次性买断费6400份×100元/份=64万元；

3. 赔偿华安北京分公司从2006年12月11日以来因大润公司占用该笔资金所遭受的资金占用损失；

4. 赔偿华安北京分公司就未回销保单赔偿金35500元从2006年12月11

日以来的资金占用损失。资金占用损失是指按照中国人民银行同期贷款利率计算的利息损失,自 2006 年 12 月 11 日起计算至实际支付之日止。

大润公司辩称:

本案被告不应为大润公司,而应当是大润公司北京分公司,大润公司北京分公司是签约主体,因此华安北京分公司应当直接起诉北京分公司,请求法院驳回华安北京分公司的诉讼请求。

一审裁判结果

北京市海淀区人民法院经审理,依照《中华人民共和国合同法》第 8 条、第 107 条之规定,判决如下:

一、大润公司于判决生效之日起 10 日内支付华安北京分公司买断费 64 万元;

二、大润公司于判决生效之日起 10 日内赔偿华安北京分公司 35500 元;

三、驳回华安北京分公司的其他诉讼请求。

一审裁判理由

北京市海淀区人民法院经审理认为:

华安北京分公司与大润公司下属机构营业中心签订的《保险经纪业务合作协议》及《补充协议》,未违反国家法律、行政法规的强制性规定,应属有效。合同依法成立,双方当事人均应依约严格履行各自的合同义务。大润公司营业中心未在规定期限内完成一万张销量,以及未在销售结束后回销单证的行为属违约行为,依据双方《补充协议》约定,华安北京分公司有权要求其就未完成部分 6400 张单证进行买断,以及就未回销的 355 张单证按每份 100 元的价值予以赔偿,故华安北京分公司该部分诉讼请求,该院予以支持。但其要求支付大润公司支付资金占用期间的利息损失,于法无据,该院不予支持。大润公司辩称北京分公司是签约主体一节,与该院查明的事实不符,大润公司作为企业法人,应对其所设营业中心、北京分公司的债权债务承担责任,故本案大润公司的辩称理由,该院不予采信。

二审诉辩情况

大润公司不服一审法院上述判决,向本院提起上诉。其上诉请求和理由是:

一审对合同效力及大润公司身份认定错误;一审判决判令大润公司支付华安北京分公司买断费 64 万元系事实判定错误;一审对"华严卡"是否合法发行没有予以确认;一审判决存在程序违法的问题。综上,请求二审法院撤销北京市海淀区人民法院〔2008〕海民初字第 6693 号民事判决,改判驳回华安北京分公司的诉讼请求。

华安北京分公司答辩称：

一审对合同效力以及大润公司身份认定正确，大润公司以营业中心未经其特别授权许可对外所签合同均属无效的理由不成立；一审判决判令大润公司支付买断费64万元符合法律规定；"华严卡"的发行合法合规；大润公司所谓"华严卡的发行人为总公司，华安北京分公司无权代表总公司行使主张赔偿的权利"于法无据。综上，一审法院事实认定清楚，法律适用正确，诉讼程序合法，请求二审法院依法驳回上诉，维持原判。

二审裁判结果

北京市第一中级人民法院经审理认为，一审法院判决认定事实不清，处理结果部分有误，应予改判。依照《中华人民共和国民事诉讼法》第153条第1款第3项，《中华人民共和国合同法》第8条、第107条之规定，判决如下：

一、维持一审民事判决第二项；

二、撤销一审民事判决第一项和第三项；

三、驳回华安财产保险股份有限公司北京分公司的其他诉讼请求。

二审裁判理由

北京市第一中级人民法院经审理认为：

华安北京分公司与大润公司下属机构营业中心签订的《保险经纪业务合作协议》及《补充协议》，未违反国家法律、行政法规的强制性规定，应属有效，双方当事人均应遵照履行。对于大润公司主张的一审法院对于合同效力及大润公司身份认定错误的上诉理由，本院认为，虽然在双方合作协议中盖章的系北京大润保险经纪有限责任公司营业中心，但是大润公司认可该营业中心系由其设立并且挂靠在其名下的机构，且现有证据表明大润公司北京分公司亦参与了双方合作协议履行过程，而大润公司北京分公司作为大润公司的分公司已经取得了营业执照。因此，本案中华安北京分公司作为双方合作协议的当事人起诉要求作为大润公司营业中心以及大润公司北京分公司的上级法人单位大润公司承担法律责任符合法律规定。同时，本案中亦没有证据表明双方合作协议存在违反国家法律、行政法规的强制性规定的情况，故本院对于大润公司的该项上诉理由不予支持。

根据双方合同的约定，大润公司营业中心接受卡单需妥善保管并在销售结束后全部回销，对于在销售过程中丢失的卡单应在北京市级报纸登报声明作废，由此产生的费用全部由大润公司营业中心承担，同时按单面价值（100元/份）对华安北京分公司进行赔偿。协议签订后，大润公司营业中心先后向华安北京分公司申领"华严卡"3600份，至今尚有355份"华严卡"未回销，因此，大润公司应当根据合同约定就未回销的355张单证按照双方约定的每份100元的价格进行赔偿。一审法院对此问题的处理并无不当之处。

  对于双方合同中约定的大润公司营业中心应在协议有效期内销售一万张"华严卡"，如未在规定时间内完成销量，则未完成部分由大润公司营业中心一次性买断的内容，本院认为该条款属于双方就履行合作协议过程中关于违约责任方式的一种约定，系双方当事人的真实意思表示，应属有效。本案中，由于大润公司营业中心在规定时间内未按合同约定履行销售一万张"华严卡"的义务，其行为已经构成违约，大润公司应当承担违约责任。但是本院认为，华安北京分公司在本案中所主张的买断费在性质上属于大润公司向华安北京分公司购买剩余6400张"华严卡"所支付的对价，而并非违约损失赔偿金。所谓买断的含义，根据华安北京分公司的解释是指大润公司营业中心依据对价取得未销售部分"华严卡"的所有权并且可以对外进行二次销售。由于本案中未销售的6400张"华严卡"产品尚未交付，而且由于已经超过了单证上所记载的投保期限而不能再行对外销售，因此由大润公司对剩余"华严卡"进行买断的违约责任方式事实上已经无法实现。基于上述理由，本院对于华安北京分公司要求大润公司支付买断费的诉讼请求不予支持。一审法院对此问题处理有误，应予纠正。如果华安北京分公司认为大润公司的违约行为给其造成了损失，华安北京分公司可以另行主张其他违约责任。

保险经纪合同纠纷办案依据集成

中华人民共和国保险法（2009年2月28日修订）（节录）

第一百一十七条 保险代理人是根据保险人的委托，向保险人收取佣金，并在保险人授权的范围内代为办理保险业务的机构或者个人。

保险代理机构包括专门从事保险代理业务的保险专业代理机构和兼营保险代理业务的保险兼业代理机构。

第一百一十八条 保险经纪人是基于投保人的利益，为投保人与保险人订立保险合同提供中介服务，并依法收取佣金的机构。

第一百一十九条 保险代理机构、保险经纪人应当具备国务院保险监督管理机构规定的条件，取得保险监督管理机构颁发的经营保险代理业务许可证、保险经纪业务许可证。

保险专业代理机构、保险经纪人凭保险监督管理机构颁发的许可证向工商行政管理机关办理登记，领取营业执照。

保险兼业代理机构凭保险监督管理机构颁发的许可证，向工商行政管理机关办理变更登记。

第一百二十条 以公司形式设立保险专业代理机构、保险经纪人，其注册资本最低限额适用《中华人民共和国公司法》的规定。

国务院保险监督管理机构根据保险专业代理机构、保险经纪人的业务范围和经营规模，可以调整其注册资本的最低限额，但不得低于《中华人民共和国公司法》规定的限额。

保险专业代理机构、保险经纪人的注册资本或者出资额必须为实缴货币资本。

第一百二十一条 保险专业代理机构、保险经纪人的高级管理人员，应当品行良好，熟悉保险法律、行政法规，具有履行职责所需的经营管理能力，并在任职前取得保险监督管理机构核准的任职资格。

第一百二十二条 个人保险代理人、保险代理机构的代理从业人员、保险经纪人的经纪从业人员，应当具备国务院保险监督管理机构规定的资格条件，取得保险监督管理机构颁发的资格证书。

第一百二十三条 保险代理机构、保险经纪人应当有自己的经营场所，设立专门账簿记载保险代理业务、经纪业务的收支情况。

第一百二十四条 保险代理机构、保险经纪人应当按照国务院保险监督管理机构的规定缴存保证金或者投保职业责任保险。未经保险监督管理机构批准，保险代理机构、保险经纪人不得动用保证金。

第一百二十五条 个人保险代理人在代为办理人寿保险业务时，不得同时接受两个以上保险人的委托。

第一百二十六条 保险人委托保险代理人代为办理保险业务，应当与保险代理人签订委托代理协议，依法约定双方的权利和义务。

第一百二十七条 保险代理人根据保险人的授权代为办理保险业务的行为，由保险人承担责任。

保险代理人没有代理权、超越代理权或者代理权终止后以保险人名义订立合同，使投保人有理由相信其有代理权的，该代理行为有效。保险人可以依法追究越权的保险代理人的责任。

第一百二十八条 保险经纪人因过错给投保人、被保险人造成损失的，依法承担赔偿责任。

第一百二十九条 保险活动当事人可以委托保险公估机构等依法设立的独立评估机构或者具有相关专业知识的人员，对保险事故进行评估和鉴定。

接受委托对保险事故进行评估和鉴定的机构和人员，应当依法、独立、客观、公正地进行评估和鉴定，任何单位和个人不得干涉。

前款规定的机构和人员，因故意或者过失给保险人或者被保险人造成损失的，依法承担赔偿责任。

第一百三十条 保险佣金只限于向具有合法资格的保险代理人、保险经纪人支付，不得向其他人支付。

第一百三十一条 保险代理人、保险经纪人及其从业人员在办理保险业务活动中不得有下列行为：

（一）欺骗保险人、投保人、被保险人或者受益人；

（二）隐瞒与保险合同有关的重要情况；

（三）阻碍投保人履行本法规定的如实告知义务，或者诱导其不履行本法规定的如实告知义务；

（四）给予或者承诺给予投保人、被保险人或者受益人保险合同约定以外的利益；

（五）利用行政权力、职务或者职业便利以及其他不正当手段强迫、引诱或者限制投保人订立保险合同；

（六）伪造、擅自变更保险合同，或者为保险合同当事人提供虚假证明材料；

（七）挪用、截留、侵占保险费或者保险金；

（八）利用业务便利为其他机构或者个人牟取不正当利益；

（九）串通投保人、被保险人或者受益人，骗取保险金；

（十）泄露在业务活动中知悉的保险人、投保人、被保险人的商业秘密。

第一百三十二条 保险专业代理机构、保险经纪人分立、合并、变更组织形式、设立分支机构或者解散的，应当经保险监督管理机构批准。

第一百三十三条 本法第八十六条第一款、第一百一十三条的规定，适用于保险代理机构和保险经纪人。

第五节 保险代理合同纠纷

82. 如何理解个人保险代理人与保险公司间的法律关系？

保险代理人是指根据保险人的委托，向保险人收取代理费用，并在保险人授权的范围内以保险人的名义办理保险业务的个人或机构。保险代理人可以分为专业代理人、兼业代理人和个人代理人三类。而其中个人代理人与保险公司之间的法律关系属性为何，时常成为当事人双方争论的焦点问题。从目前实践来看，个人代理人与保险营销员通常属于一个概念范畴，所谓保险营销员，指获得保险公司委托，在授权范围内为保险公司销售保险产品及提供相关服务，并收取手续费或佣金的个人。由此可以看出，在保险营销员与保险公司之间势必具有委托代理法律关系，而二者间是否还同时具有劳动合同关系，则还应视二者间订立协议的具体内容进行判断，不可一概而论。

典型疑难案件参考

李燕飞与泰康人寿保险股份有限公司北京分公司保险代理合同纠纷上诉案（〔2009〕一中民终字第4094号）

基本案情

2007年4月26日，原告李燕飞作为乙方与甲方被告泰康人寿北京分公司签订《保险代理合同书》。合同约定：乙方接受甲方委托在甲方授权范围内代为办理人身保险业务。甲方按本合同约定支付乙方代理手续费（第1条第1款）；在本合同及相关文件内容中均不直接或间接构成甲方与乙方之间存在形式上或事实上的雇主与雇员关系，甲乙双方依本合同建立的是保险代理关系（第1条第1款）；一旦乙方向甲方提交解除本合同申请，或者甲方向乙方发出解除本合同通知，自乙方提出解除本合同申请之日或甲方发出解除本合同通知之日起，甲方停止向乙方支付代理手续费；对发生在乙方向甲方提出解除本合同申请之日以前或者甲方向乙方发出解除本合同通知之日以前的代理手续费，如符合本合同第4条的条件，甲方予以发放（第4条第4款）；乙方有下列情形之一的，甲方有权解除本合同：……8. 乙方违反甲方的有关规章制度，情节严重的（第8条第3款第8项）；本合同有效期为一年，自甲、乙双方签章且乙方按本合同第7条约定提供两份有效的《保证合同》之日起生效。

后因李燕飞与同事发生冲突受伤回家休养，休养期间泰康人寿北京分公司用电话的方式口头通知李燕飞解除合同。李燕飞认为泰康人寿北京分公司单方面解除代理合同的行为违反合同约定，故向法院提起诉讼，要求泰康人寿北京分公司继续履行合同，并赔偿李燕飞损失。

▶一审诉辩情况◀

李燕飞诉称：

李燕飞于2007年4月26日与泰康人寿北京分公司签订《保险代理合同书》，约定李燕飞在合同有效期内以泰康人寿北京分公司的名义代理泰康人寿北京分公司开办的适合个人投保的人身保险业务、代收保险费及提供售后服务，泰康人寿北京分公司依照佣金率支付李燕飞代理手续费。合同签订后，李燕飞忠实、全面地履行合同义务，并无不当或违规等工作行为。2007年8月20日上午，泰康人寿北京分公司区域经理陈刚因工作中的矛盾造成李燕飞受伤。李燕飞修养期间，保险公司擅自取消了其保险代理号，单方终止保险代理合同书。该行为已构成违约，严重侵犯了李燕飞的合法权益。现诉至法院，要求泰康人寿北京分公司继续履行《保险代理合同》，并要求泰康人寿北京分公司赔偿经济损失1万元。

泰康人寿北京分公司辩称：

李燕飞在工作期间经常与同事发生冲突，影响了他人的正常工作，也严重影响泰康人寿北京分公司的正常工作秩序。根据《保险代理合同书》，泰康人寿北京分公司有权解除合同。泰康人寿北京分公司已经支付了李燕飞截至2007年9月5日解除合同前全部应得的代理手续费，根据《保险代理合同书》的约定，泰康人寿北京分公司已经履行全部义务，李燕飞无权再要求泰康人寿北京分公司支付其他费用。不同意李燕飞的诉讼请求。

▶一审裁判结果◀

北京市西城区人民法院经审理，根据《中华人民共和国民法通则》第69条、《中华人民共和国合同法》第96条之规定，判决如下：

一、被告泰康人寿保险股份有限公司北京分公司在本判决生效后7日内给付原告李燕飞1万元。

二、驳回原告李燕飞其他诉讼请求。

一审裁判理由

北京市西城区人民法院经审理认为：

本案所涉及的《保险代理合同书》是李燕飞受泰康人寿北京分公司的委托，以泰康人寿北京分公司的名义，在委托权限范围内代为办理人身保险业务，由泰康人寿北京分公司支付报酬的委托合同。该合同系双方当事人真实意思表示，内容未违反国家强制性、禁止性法律规定，法院认定该合同合法有效，双方当事人应当按照合同的约定履行各自的义务。根据我国民法的相关的规定，被代理人取消委托或代理人辞去委托，都可以导致委托代理关系的终止，而且只需要以单方意思传达于对方。代理关系是基于代理人和被代理人之间的相互信任关系而产生的，一旦双方的信任不复存在，应当允许双方解除委托关系。在任何时候，被代理人都有权取消委托，代理人也可以辞去委托。因此泰康人寿北京分公司有权解除与李燕飞的委托合同。故对李燕飞要求继续履行《保险代理合同书》之诉讼请求，法院不予支持。

李燕飞与泰康人寿北京分公司签订的《保险代理合同书》规定，一旦李燕飞向泰康人寿北京分公司提交解除本合同的申请，或泰康人寿北京分公司向李燕飞发出解除合同的通知，自申请或通知发出之日起，泰康人寿北京分公司停止向李燕飞支付代理手续费；对发生在此之前的代理手续费，如果符合条件予以发放；代理人解约后，自解约之日起不再支付各项代理手续费。鉴于李燕飞和泰康人寿北京分公司对解除合同的时间各执一词，且泰康人寿北京分公司应当提出证据证明解除合同的意思实际告知了李燕飞，泰康人寿北京分公司并未就此提出证据，法院不予采信泰康人寿北京分公司所述，认定李燕飞于2007年9月7日收到泰康人寿北京分公司解除合同的通知。因此，泰康人寿北京分公司应当支付李燕飞2007年9月7日前的手续费。李燕飞未就其他损失提供有效证据证明，法院不予支持。

二审诉辩情况

李燕飞不服一审判决，向北京市第一中级人民法院提起上诉，其主要上诉理由是：

1. 李燕飞从未接到泰康人寿北京分公司解除合同的通知。原审认定李燕飞于2007年9月7日接到泰康人寿北京分公司解除合同的电话通知，与事实不符。事实上，李燕飞从未接到过泰康人寿北京分公司的通知，李燕飞仅仅在庭审中表示过是通过客户间接了解到其保险代理号已被泰康人寿北京分公司取消，而李燕飞并未直接接到泰康人寿北京分公司的通知，况且，客户的间接评论是否客观、真实，李燕飞在当时也无从确定。

2.《保险代理合同书》第8条明确约定解除本合同的通知应采用书面形式。泰康人寿北京分公司在不具备正当理由的情况下，也未书面通知李燕飞，李燕飞从未接到过通知，故泰康人寿北京分公司无权解除合同。

3. 泰康人寿北京分公司应赔偿李燕飞遭受的实际损失。由于泰康人寿北京分公司无理销号，使李燕飞蒙受了巨大的经济利益和名誉损失，有些损失是有形的、可衡量的。而有些损失是无形的、无法衡量的。一审中李燕飞就提出，由于泰康人寿北京分公司在保险业所处的绝对优势地位及李燕飞的劳动者地位，李燕飞的业务账目及相关财务凭证都保留在泰康人寿北京分公司，请求法院依职权调取。而一审法院并未采信李燕飞的主张，认定李燕飞证据不足，李燕飞认为有失公正。李燕飞另行提供其所遭受侵权行为的过程说明及其损失。

4.《保险代理合同书》是格式合同，不能认定为一般的委托合同。由于保险行业是目前特殊的缺乏法律规制的行业，保险业劳动者的合法权益得不到保护。本案《保险代理合同书》实际上取代了保险公司和劳动者的《劳动合同》，李燕飞作为泰康人寿保险公司的职工，双方仅签订了一份这样的格式合同，该合同不能对李燕飞的合法权益提供有效保护，该合同的权利义务条款本身就是不公平的。一审法院认定《保险代理合同书》是一般委托合同，泰康人寿保险公司有权随时解除合同是显失公平的。

故请求二审法院对一审判决予以改判。

泰康人寿保险公司同意一审判决。

二审裁判结果

北京市第一中级人民法院经审理，依照《中华人民共和国民事诉讼法》第153条第1款第1项、第158条之规定，判决如下：驳回上诉，维持原判。

二审裁判理由

北京市第一中级人民法院经审理认为：

李燕飞作为保险代理人接受保险公司的委托，在保险公司的授权范围内，代为办理人身保险业务，其应当履行约定，遵守保险公司的有关规章制度。现泰康人寿北京分公司认为李燕飞的所作所为影响了保险公司正常的工作秩序，提出解除代理合同。泰康人寿北京分公司的主张并未违反相关法律规定及《保险代理合同书》的约定，李燕飞要求继续履行代理合同没有法律及合同依据，一审法院对李燕飞的诉讼请求不予支持并无不妥。综上，原审法院判决认定事实清楚，适用法律正确，处理并无不当。

> **83. 保险代理人因过错给保险人造成损失应如何处理？**
>
> 　　保险代理人在以保险人的名义从事保险业务过程中，应按照法律规定及合同约定，在保险人授权范围内诚实守信、勤勉尽职地完成委托事务，并将委托事务的结果移交给保险人，若保险代理人因自己的过错违反法定或约定义务，给保险人造成损失，则应对其违约行为承担赔偿责任。但应明确的是，若保险代理人的过错行为并不存在导致保险合同无效的法定或约定事由，那么保险人则不能以代理人存在过错为由拒绝承认保险合同的效力，保险人只能在对被保险人依保险合同履行约定义务后，再向有过错的保险代理人进行追偿。

典型疑难案件参考

莫彩荣与太平洋人寿三门峡中心支公司、太平洋人寿卢氏支公司保险代理合同纠纷案（〔2011〕三民三终字第207号）

基本案情

2007年2月12日，莫彩荣登记进入中国太平洋人寿保险股份有限公司三门峡中心支公司（以下简称太平洋保险三门峡公司）成为该公司寿险营销业务人员，双方建立保险代理合同关系。其保险代理业务工作由中国太平洋人寿保险股份有限公司卢氏支公司（以下简称太平洋保险卢氏公司）负责管理。

莫彩荣在开展保险业务代理期间，于2007年3月4日，以张志民为被保险人，与投保人张立新签订人寿保险合同，保费交付太平洋保险三门峡公司。签订保险合同之前，被保险人张志民由太平洋卢氏公司组织在卢氏县医院进行了投保体检。2007年6月28日，被保险人张志民去世。张志民去世后，投保人张立新向太平洋保险三门峡公司提出理赔申请。太平洋保险三门峡公司经调查发现被保险人张志民于2007年2月到三门峡市中心医院住院时，已经被诊断为"右肺中心型鳞癌"。太平洋保险三门峡公司认为张志民在投保日之前已经被确诊为"右肺中心型鳞癌"，属于带病投保，以投保人故意不履行如实告知义务为由，决定不赔付并不退还保险费。后经双方协商，太平洋保险三门峡支公司给付张立新 26000 元。

此外，莫彩荣还于 2007 年 9 月 27 日，以黄秀兰为被保险人，与投保人郭美林签订意外伤害保险和人寿保险多份，保费交付太平洋保险三门峡公司。2007 年 10 月 31 日，被保险人黄秀兰因摔倒被送往卢氏县狮子坪乡卫生院，该院当日的死亡通知书注明意外损伤致呼吸、心跳骤停，于当日死亡。黄秀兰死亡后，太平洋保险三门峡公司从卢氏县中医院调取黄秀兰于投保日之前在该院住院治疗的病历，该医院诊断黄秀兰为"肺源性心脏病"。太平洋保险三门峡公司认为投保人未如实告知被保险人健康状况，被保险人意外死亡证据不足，据此予以拒赔。后经调解，对投保人郭美林、郭丙书赔付 50000 元、通融赔付 20000 元。

太平洋保险三门峡公司后经内部调查发现，在莫彩荣为上述两名投保人办理保险过程中，均未询问被保险人的健康状况，经公司内部合议，认为莫彩荣疏于履行询问义务，给保险公司造成了损失，故决定扣除业务员莫彩荣佣金共计 10165.72 元。

莫彩荣对扣除佣金不服其诉至法院，要求判令支付保险代理手续费 10165.72 元，太平洋保险三门峡支公司提起反诉，认为莫彩荣违反了《中华人民共和国保险法》（2002 年修订）第 131 条第 2、3 项的规定，给公司造成了损失，要求判令莫彩荣赔偿经济损失 26000 元。

一审诉辩情况

原告莫彩荣诉称：

我系被告的保险业务员。2007 年 3 月，客户张立新为其父投保，2008 年 8 月被保险人死亡，被告拒赔，客户上访，被告才将客户保险金和利息返还给客户。被告却毫无事实和法律依据地将我应得的保险代理手续费扣除。2007 年 9 月 2 日，客户郭美林、郭丙书兄弟为其母投保，10 月 31 日其母死亡，接报后被告派员到现场勘查认定为意外死亡，但被告赔付 70000 元后，又将我的保险代理手续费扣除。以上被告共扣我保险代理手续费 10165.72 元，现诉至法院，请求判令被告支付我的保险代理手续费 10165.72 元。

被告太平洋保险三门峡支公司辩称：

原告与被告之间建立的是保险代理法律关系，原告本应当严格按照与被告的约定及法律规定开展保险代理业务，但原告为获取私利，置被告与保险客户的合法利益以及职业道德于不顾，违法违规开展保险业务，在保险人和客户之间欺上瞒下，引发被告与客户之间的纠纷乃至上访事件。原告的行为严重损害了被告的商业信誉，并给被告造成经济损失。故原告所提供的保险代理工作不仅无权获得代理佣金,且其所主张的佣金数额没有事实依据,其请求应当被驳回。相反,原告应当对被告承担赔偿责任,故反诉要求判令反诉被告莫彩荣赔偿经济损失 26000 元。

一审裁判结果

三门峡市滨湖区人民法院经审理,依照《中华人民共和国保险法》(2002年修订)第 125 条,《中华人民共和国合同法》第 405 条、第 406 条,《中华人民共和国民事诉讼法》第 130 条之规定,判决如下:被告中国太平洋人寿保险股份有限公司三门峡中心支公司自本判决发生法律效力之日起 10 日内支付所扣原告莫彩荣保险代理手续费 10165.72 元。

一审裁判理由

三门峡市滨湖区人民法院经审理认为:

2007 年 2 月 12 日,莫彩荣登记进入太平洋保险三门峡公司成为该公司寿险营销业务人员,双方建立保险代理委托合同关系。该委托合同,是双方真实意思表示,为有效合同。根据《中华人民共和国保险法》(2002 年修订)第 127 条规定:"保险人委托保险代理人代为办理保险业务的,应当与保险代理人签订委托代理协议,依法约定双方的权利和义务及其他代理事项",但是,对于合同的具体权利义务约定,双方均未递交书面的合同资料,故双方的权利义务应当按照相关法律规定确定。太平洋保险三门峡公司答辩和反诉主张,莫彩荣在保险业务代理中,违反了《中华人民共和国保险法》(2002 年修订)第 131 条第 2、3 项的规定。《中华人民共和国保险法》(2002 年修订)第 131 条规定为:"保险代理人、保险经纪人在办理保险业务活动中不得有下列行为:(二)隐瞒与保险合同有关的重要情况;(三)阻碍投保人履行本法规定的如实告知义务,或者诱导其不履行本法规定的如实告知义务。"关于此,本案双方争议的焦点之一是莫彩荣在推销保险过程中是不是必须向被保险人直接询问健康状况。对此,双方没有直接的书面约定,太平洋保险三门峡支公司也未提出具体的法律规定保险代理业务员在推销保险过程中应当向被保险人直接询问健康状况。莫彩荣在履行保险代理业务中,没有询问被保险人健康状况,存在工作不认真的问题。但是,其按照保险公司的要求让被保险人到卢氏县医院参加了保险公司组织的投保健康检查,双方向法庭递交的保险合同"投保须知"中就"健康告知事项"也有书面具体内容。因此,不能认定莫彩荣故意隐瞒与保险合同有关的重要情况。而对于是否违反第 3 项规定,太平洋保险三门峡支公司并未递交证据证明莫彩荣有"阻碍投保人履行本法规定的如实告知义务，或者诱导其不履行本法规定的如实告知义务"的情形。因此，太平洋保险三门峡支公司辩驳理由和反诉主张不能成立。在太平洋保险三门峡支公司认为张立新的投保应当拒赔时，张立新不服进行上访，后双方通过协商，太平洋保险三门峡支公司同意给付张立新 26000 元，莫彩荣未参与调解，因此，太平洋保险三门峡公司要求莫彩荣负担该损失的赔偿，于法无据，其反诉请求不予支持。

根据《中华人民共和国保险法》（2002 年修订）第 125 条"保险代理人是根据保险人的委托，向保险人收取代理手续费，并在保险人授权的范围内代为办理保险业务的单位或者个人"。本案中，莫彩荣属太平洋保险三门峡公司寿险营销业务人员，并开展了保险推销业务，保险人太平洋保险三门峡公司应当支付代理手续费（即佣金）。

▶ 二审诉辩情况

太平洋保险三门峡公司不服一审判决，上诉称：

1. 一审中上诉人出示的证据足以证明被上诉人在开展保险业务时不仅违反法定义务，同时也违反了最基本的诚实信用原则，但一审判决却对此视而不见。被上诉人作为上诉人的代理人应当在与第三方签订保险合同时依法履行上诉人所有的权利义务，维护上诉人的合法权益。但被上诉人为获取私利，置上诉人与保险客户的合法权益和职业道德于不顾违法违规展业，并引发了上诉人与客户的纠纷，其提供的代理行为不符合法定及约定，并造成上诉人的损失。依据《保险法》、《合同法》的相关规定，被上诉人无权主张所谓佣金。

2. 由于被上诉人的违规违法展业造成上诉人与客户之间的纠纷，并造成客户与上诉人产生矛盾。其中客户张志民家属明确表示，被上诉人对其没有进行如实告知的询问，且从住院病历可明显看到，客户张志民的保单就是在医院的病房签订的，事实依据已经足够充分。虽然纠纷以上诉人和客户协商解决，但实则是上诉人在受到地方政府干预下的被迫之举。事实是，上诉人在协商之前已对客户依法作出拒赔决定，而造成该纠纷的直接原因恰恰是被上诉人的过错行为，被上诉人的行为与上诉人的损失具有关联性和因果关系。依据《合同法》第 406 条"有偿的委托合同，因受托人的过错给委托人造成损失的，委托人可以要求赔偿损失"的规定，上诉人的反诉请求具有事实及法律依据。

综上所述，一审判决部分事实认定错误，适用法律错误，请二审人民法院予以纠正。

莫彩荣答辩称：

原审判决认定事实完全正确，我无过错，且上诉人的损失与我无关联性，上诉人的反诉无事实及法律依据，依法不能成立，一审判决适用法律正确。

二审裁判结果

河南省三门峡市中级人民法院经审理，依照《中华人民共和国民事诉讼法》第153条第1款第1、3项之规定，判决如下：变一审判决为中国太平洋人寿保险股份有限公司三门峡中心支公司自本判决发生法律效力之日起10日内支付所扣莫彩荣保险代理佣金8778.85元。

二审裁判理由

河南省三门峡市中级人民法院经审理认为：

莫彩荣登记为太平洋保险三门峡公司寿险营销员，双方建立保险代理关系。保险代理人与保险人具有平等的法律地位，享有获得劳务报酬、独立开展业务、诉讼等权利，在从事代理业务时，应遵循诚信原则，尽到如实告知、如实转交保险费、接受培训、自觉遵守并执行保险代理合同、维护保险人利益的义务。莫彩荣应当按照保险代理人的权利义务要求履行保险代理职责，应当按照太平洋保险三门峡公司寿险营销员的展业要求开展保险业务。

双方争议的焦点是莫彩荣代理张志民、黄秀兰的保险业务时是否存在过错。太平洋保险三门峡公司认为莫彩荣代理张志民、黄秀兰两人的保险代理业务存在过错，不应当给付佣金，莫彩荣有应当询问当事人健康状况的义务，其没有履行相关的告知义务，其代理行为给公司造成了损失，其不但不应当获得佣金，还应当对损失进行扣除，出勤奖不属于诉请范围，不属于佣金，一审对此判决违背不告不理的原则。莫彩荣认为其没有过错，开展业务时，其业务经理明确说只填写客户名字，其他由公司内勤填写，健康询问只是入保的形式，入保关键在于健康检查，如果检查有问题就不应投保，黄秀兰应当组织体检而未组织过错在保险公司，张志民保险公司已经组织体检，且体检结果为健康，事后查出患有癌症，说明其没有过错，即使其询问为健康，但体检为不健康仍不应投保，健康询问不是关键。出勤奖问题是保险公司业务经理因其业务多也能拉保险不让其开会不是其不开会参加培训。本院认为莫彩荣在代理张志民、黄秀兰的保险业务时没有向投保人说明保险条款的主要内容，没有向两人进行健康询问，存在一定的过错。但太平洋保险卢氏公司在开展业务中不规范，对保险代理人员要求不严格如莫彩荣可以不参加培训会、对保险代理操作规程不知道等也存在一定的过错。双方的过错导致张志民、黄秀兰带病投保、发生保险纠纷和对该两案理赔。太平洋保险三门峡公司扣除莫彩荣佣金与其承担的过错责任不相当，根据莫彩荣代理张志民、黄秀兰代理行为的过错，两案扣除莫彩荣 20% 佣金 1386.87 元较为妥当，莫彩荣实际应得佣金 8778.85 元（10467.92 元 - 302.20 元 - 1386.87 元）。太平洋保险三门峡公司上诉认为莫彩荣无权主张佣金，要求莫彩荣承担损失的上诉理由不足，本院不予支持，原审判决支持莫彩荣的佣金与其承担的过错责任不相当，应予纠正。

保险代理合同纠纷办案依据集成

中华人民共和国保险法（2009年2月28日修订）（节录）

第一百一十七条 保险代理人是根据保险人的委托，向保险人收取佣金，并在保险人授权的范围内代为办理保险业务的机构或者个人。

保险代理机构包括专门从事保险代理业务的保险专业代理机构和兼营保险代理业务的保险兼业代理机构。

第一百一十八条 保险经纪人是基于投保人的利益，为投保人与保险人订立保险合同提供中介服务，并依法收取佣金的机构。

第一百一十九条 保险代理机构、保险经纪人应当具备国务院保险监督管理机构规定的条件，取得保险监督管理机构颁发的经营保险代理业务许可证、保险经纪业务许可证。

保险专业代理机构、保险经纪人凭保险监督管理机构颁发的许可证向工商行政管理机关办理登记，领取营业执照。

保险兼业代理机构凭保险监督管理机构颁发的许可证，向工商行政管理机关办理变更登记。

第一百二十条 以公司形式设立保险专业代理机构、保险经纪人，其注册资本最低限额适用《中华人民共和国公司法》的规定。

国务院保险监督管理机构根据保险专业代理机构、保险经纪人的业务范围和经营规模，可以调整其注册资本的最低限额，但不得低于《中华人民共和国公司法》规定的限额。

保险专业代理机构、保险经纪人的注册资本或者出资额必须为实缴货币资本。

第一百二十一条 保险专业代理机构、保险经纪人的高级管理人员，应当品行良好，熟悉保险法律、行政法规，具有履行职责所需的经营管理能力，并在任职前取得保险监督管理机构核准的任职资格。

第一百二十二条 个人保险代理人、保险代理机构的代理从业人员、保险经纪人的经纪从业人员，应当具备国务院保险监督管理机构规定的资格条件，取得保险监督管理机构颁发的资格证书。

第一百二十三条 保险代理机构、保险经纪人应当有自己的经营场所，设立专门账簿记载保险代理业务、经纪业务的收支情况。

第一百二十四条 保险代理机构、保险经纪人应当按照国务院保险监督管理机构的规定缴存保证金或者投保职业责任保险。未经保险监督管理机构批准，保险代理机构、保险经纪人不得动用保证金。

第一百二十五条 个人保险代理人在代为办理人寿保险业务时，不得同时接受两个以上保险人的委托。

第一百二十六条 保险人委托保险代理人代为办理保险业务，应当与保险代理人签订委托代理协议，依法约定双方的权利和义务。

第一百二十七条　保险代理人根据保险人的授权代为办理保险业务的行为，由保险人承担责任。

保险代理人没有代理权、超越代理权或者代理权终止后以保险人名义订立合同，使投保人有理由相信其有代理权的，该代理行为有效。保险人可以依法追究越权的保险代理人的责任。

第一百二十八条　保险经纪人因过错给投保人、被保险人造成损失的，依法承担赔偿责任。

第一百二十九条　保险活动当事人可以委托保险公估机构等依法设立的独立评估机构或者具有相关专业知识的人员，对保险事故进行评估和鉴定。

接受委托对保险事故进行评估和鉴定的机构和人员，应当依法、独立、客观、公正地进行评估和鉴定，任何单位和个人不得干涉。

前款规定的机构和人员，因故意或者过失给保险人或者被保险人造成损失的，依法承担赔偿责任。

第一百三十条　保险佣金只限于向具有合法资格的保险代理人、保险经纪人支付，不得向其他人支付。

第一百三十一条　保险代理人、保险经纪人及其从业人员在办理保险业务活动中不得有下列行为：

（一）欺骗保险人、投保人、被保险人或者受益人；

（二）隐瞒与保险合同有关的重要情况；

（三）阻碍投保人履行本法规定的如实告知义务，或者诱导其不履行本法规定的如实告知义务；

（四）给予或者承诺给予投保人、被保险人或者受益人保险合同约定以外的利益；

（五）利用行政权力、职务或者职业便利以及其他不正当手段强迫、引诱或者限制投保人订立保险合同；

（六）伪造、擅自变更保险合同，或者为保险合同当事人提供虚假证明材料；

（七）挪用、截留、侵占保险费或者保险金；

（八）利用业务便利为其他机构或者个人牟取不正当利益；

（九）串通投保人、被保险人或者受益人，骗取保险金；

（十）泄露在业务活动中知悉的保险人、投保人、被保险人的商业秘密。

第一百三十二条　保险专业代理机构、保险经纪人分立、合并、变更组织形式、设立分支机构或者解散的，应当经保险监督管理机构批准。

第一百三十三条　本法第八十六条第一款、第一百一十三条的规定，适用于保险代理机构和保险经纪人。

第六节 保险费纠纷

84. 投保人逾期交付保险费，保险人是否继续承担保险责任？

首先应明确的是，根据《保险法》第13条之精神，保险合同应为诺成合同而非实践合同，因此保险合同的成立并不以保险法规定的缴纳为必要条件。而由于保险合同为典型的双务合同，因此依据《合同法》之基本原理，保险人在投保人逾期未付保险费时，可以行使同时履行抗辩权而对抗对方的请求权。在保险合同的履行中，投保人逾期支付保险费，属于迟延付款的违约行为，并非拒绝履行的违约行为，保险人可以此为由，行使同时履行抗辩权对抗对方的给付请求。但应注意的是，援引同时履行抗辩权并不能免除自己的保险责任，毕竟同时履行抗辩权的目的在于督促违约方积极履行合同义务而非解除合同。而根据《保险法》第36条之规定，只要投保人在法定期限内补交了保险费，则保险人应继续履行保险责任，但可相应减扣保险费。

典型疑难案件参考

河北省宣化区工业物资贸易中心诉中国人民财产保险股份有限公司张家口宣化支公司案

基本案情

2002年8月5日，河北省宣化区工业物资贸易中心（以下简称贸易中心）向中国人民财产保险股份有限公司张家口宣化支公司（以下简称中国人保）提出承保要求，要求对该单位所有的桑塔纳2000型轿车一部提供保险，中国人保同意承保。双方约定："保险期限为2002年8月7日0时起至2003年8月6日24时止，保险价值17万元，保险金额17万元，新车购置价17万元，承保险种包括全车盗抢险在内的6个险种，保险费共5816.70元，全车盗抢险的保险金额为17万元。"特别约定："第一期交费3000元，保险责任截止到2003年1月5日，逾期不交，保险责任终止。"贸易中心于2002年8月5日交付第一期保险费3000元，中国人保于同日签发保险单。2003年1月26日凌晨，贸易中心发现该车被盗，同日向公安局和中国人保报案，该盗车案至今未能侦破。2003年1月5日前，中国人保曾电话通知贸易中心交付第二期保险费，贸易中心未交付。在该合同有效期间，中国人保未通知贸易中心解除合同。车辆被盗后，贸易中心要求保险公司给付17万元赔偿金，保险公司以贸易中心未交第二期保险费，保险责任已终止为由拒付。贸易中心诉至法院，要求中国人保给付保险赔偿金17万元。

诉辩情况

中国人保辩称：

2003年1月5日前我公司用电话向贸易中心催收剩余保险费，2003年1月5日又向贸易中心催收，直至2003年1月26日车辆丢失，贸易中心未履行交付第二期保险费的义务。该保险合同自2003年1月5日24时起已终止保险责任，请求法院驳回贸易中心的诉讼请求。

裁判结果

河北省张家口市宣化区人民法院经审理，依照《中华人民共和国合同法》第60条第1款、第107条，《中华人民共和国保险法》（2002年修订）第13条、第24条第1款、第40条第1款之规定，判决如下：中国人保给付贸易中心保险赔偿金167183.3元。

裁判理由

河北省张家口市宣化区人民法院经审理认为：

本案保险合同为有效合同，双方均应严格履行，合同条款"第一期交费3000元，保险责任截至2003年1月5日。逾期不交者保险责任终止"是双方协商确定的条款，该条款中的"期"从文义上解释，应指第一期，"逾期不交者保险责任终止"的约定指超过第一期保险费交付期限不交保险费，保险责任终止。贸易中心与中国人保未明确约定剩余保险费交付日期，中国人保在2003年1月5日前电话通知贸易中心交付第二期保险费，贸易中心应该交纳。贸易中心未能交付，系违约行为，应承担违约责任。本案保险合同并未解除。合同权利义务未终止，投保人交付保险费的义务与保险人承担的赔偿义务二者相互独立，贸易中心虽存在违约行为，但不能免除中国人保履行给付保险赔偿金的合同义务，对贸易中心的诉讼请求应予支持。被盗车辆在投保时，贸易中心与中国人保协商确定保险价值为17万元，并以17万元的保险金额交纳了保险费，投保了全车盗抢险，故中国人保应以17万元作为贸易中心的损失金额进行理赔。贸易中心应交付剩余保险费2816.70元，两项折抵后，中国人保赔付给贸易中心167183.3元。

保险费纠纷办案依据集成

中华人民共和国保险法（2009年2月28日修订）（节录）

第十条 保险合同是投保人与保险人约定保险权利义务关系的协议。

投保人是指与保险人订立保险合同，并按照合同约定负有支付保险费义务的人。

保险人是指与投保人订立保险合同，并按照合同约定承担赔偿或者给付保险金责任的保险公司。

第十一条 订立保险合同，应当协商一致，遵循公平原则确定各方的权利和义务。

除法律、行政法规规定必须保险的外，保险合同自愿订立。

第十二条 人身保险的投保人在保险合同订立时，对被保险人应当具有保险利益。

财产保险的被保险人在保险事故发生时，对保险标的应当具有保险利益。

人身保险是以人的寿命和身体为保险标的的保险。

财产保险是以财产及其有关利益为保险标的的保险。

被保险人是指其财产或者人身受保险合同保障，享有保险金请求权的人。投保人可以为被保险人。

保险利益是指投保人或者被保险人对保险标的具有的法律上承认的利益。

第十三条 投保人提出保险要求，经保险人同意承保，保险合同成立。保险人应当及时向投保人签发保险单或者其他保险凭证。

保险单或者其他保险凭证应当载明当事人双方约定的合同内容。当事人也可以约定采用其他书面形式载明合同内容。

依法成立的保险合同，自成立时生效。投保人和保险人可以对合同的效力约定附条件或者附期限。

第十四条 保险合同成立后，投保人按照约定交付保险费，保险人按照约定的时间开始承担保险责任。

第十五条 除本法另有规定或者保险合同另有约定外，保险合同成立后，投保人可以解除合同，保险人不得解除合同。

第十六条 订立保险合同，保险人就保险标的或者被保险人的有关情况提出询问的，投保人应当如实告知。

投保人故意或者因重大过失未履行前款规定的如实告知义务，足以影响保险人决定是否同意承保或者提高保险费率的，保险人有权解除合同。

前款规定的合同解除权，自保险人知道有解除事由之日起，超过三十日不行使而消灭。自合同成立之日起超过二年的，保险人不得解除合同；发生保险事故的，保险人应当承担赔偿或者给付保险金的责任。

投保人故意不履行如实告知义务的，保险人对于合同解除前发生的保险事故，不承担赔偿或者给付保险金的责任，并不退还保险费。

投保人因重大过失未履行如实告知义务，对保险事故的发生有严重影响的，保险人对于合同解除前发生的保险事故，不承担赔偿或者给付保险金的责任，但应当退还保险费。

保险人在合同订立时已经知道投保人未如实告知的情况的，保险人不得解除合同；发生保险事故的，保险人应当承担赔偿或者给付保险金的责任。

保险事故是指保险合同约定的保险责任范围内的事故。

第十七条　订立保险合同，采用保险人提供的格式条款的，保险人向投保人提供的投保单应当附格式条款，保险人应当向投保人说明合同的内容。

对保险合同中免除保险人责任的条款，保险人在订立合同时应当在投保单、保险单或者其他保险凭证上作出足以引起投保人注意的提示，并对该条款的内容以书面或者口头形式向投保人作出明确说明；未作提示或者明确说明的，该条款不产生效力。

第十八条　保险合同应当包括下列事项：

（一）保险人的名称和住所；

（二）投保人、被保险人的姓名或者名称、住所，以及人身保险的受益人的姓名或者名称、住所；

（三）保险标的；

（四）保险责任和责任免除；

（五）保险期间和保险责任开始时间；

（六）保险金额；

（七）保险费以及支付办法；

（八）保险金赔偿或者给付办法；

（九）违约责任和争议处理；

（十）订立合同的年、月、日。

投保人和保险人可以约定与保险有关的其他事项。

受益人是指人身保险合同中由被保险人或者投保人指定的享有保险金请求权的人。投保人、被保险人可以为受益人。

保险金额是指保险人承担赔偿或者给付保险金责任的最高限额。

第十九条　采用保险人提供的格式条款订立的保险合同中的下列条款无效：

（一）免除保险人依法应承担的义务或者加重投保人、被保险人责任的；

（二）排除投保人、被保险人或者受益人依法享有的权利的。

第二十条　投保人和保险人可以协商变更合同内容。

变更保险合同的，应当由保险人在保险单或者其他保险凭证上批注或者附贴批单，或者由投保人和保险人订立变更的书面协议。

第二十一条　投保人、被保险人或者受益人知道保险事故发生后，应当及时通知保险人。故意或者因重大过失未及时通知，致使保险事故的性质、原因、损失程度等难以确定的，保险人对无法确定的部分，不承担赔偿或者给付保险金的责任，但保险人通过其他途径已经及时知道或者应当及时知道保险事故发生的除外。

第二十二条　保险事故发生后，按照保险合同请求保险人赔偿或者给付保险金时，投保人、被保险人或者受益人应当向保险人提供其所能提供的与确认保险事故的性质、原因、损失程度等有关的证明和资料。

保险人按照合同的约定，认为有关的证明和资料不完整的，应当及时一次性通知投保人、被保险人或者受益人补充提供。

第二十三条 保险人收到被保险人或者受益人的赔偿或者给付保险金的请求后，应当及时作出核定；情形复杂的，应当在三十日内作出核定，但合同另有约定的除外。保险人应当将核定结果通知被保险人或者受益人；对属于保险责任的，在与被保险人或者受益人达成赔偿或者给付保险金的协议后十日内，履行赔偿或者给付保险金义务。保险合同对赔偿或者给付保险金的期限有约定的，保险人应当按照约定履行赔偿或者给付保险金义务。

保险人未及时履行前款规定义务的，除支付保险金外，应当赔偿被保险人或者受益人因此受到的损失。

任何单位和个人不得非法干预保险人履行赔偿或者给付保险金的义务，也不得限制被保险人或者受益人取得保险金的权利。

第二十四条 保险人依照本法第二十三条的规定作出核定后，对不属于保险责任的，应当自作出核定之日起三日内向被保险人或者受益人发出拒绝赔偿或者拒绝给付保险金通知书，并说明理由。

第二十五条 保险人自收到赔偿或者给付保险金的请求和有关证明、资料之日起六十日内，对其赔偿或者给付保险金的数额不能确定的，应当根据已有证明和资料可以确定的数额先予支付；保险人最终确定赔偿或者给付保险金的数额后，应当支付相应的差额。

第二十六条 人寿保险以外的其他保险的被保险人或者受益人，向保险人请求赔偿或者给付保险金的诉讼时效期间为二年，自其知道或者应当知道保险事故发生之日起计算。

人寿保险的被保险人或者受益人向保险人请求给付保险金的诉讼时效期间为五年，自其知道或者应当知道保险事故发生之日起计算。

第二十七条 未发生保险事故，被保险人或者受益人谎称发生了保险事故，向保险人提出赔偿或者给付保险金请求的，保险人有权解除合同，并不退还保险费。

投保人、被保险人故意制造保险事故的，保险人有权解除合同，不承担赔偿或者给付保险金的责任；除本法第四十三条规定外，不退还保险费。

保险事故发生后，投保人、被保险人或者受益人以伪造、变造的有关证明、资料或者其他证据，编造虚假的事故原因或者夸大损失程度的，保险人对其虚报的部分不承担赔偿或者给付保险金的责任。

投保人、被保险人或者受益人有前三款规定行为之一，致使保险人支付保险金或者支出费用的，应当退回或者赔偿。

第二十八条 保险人将其承担的保险业务，以分保形式部分转移给其他保险人的，为再保险。

应再保险接受人的要求，再保险分出人应当将其自负责任及原保险的有关情况书面告知再保险接受人。

第二十九条 再保险接受人不得向原保险的投保人要求支付保险费。

原保险的被保险人或者受益人不得向再保险接受人提出赔偿或者给付保险金的请求。

再保险分出人不得以再保险接受人未履行再保险责任为由，拒绝履行或者迟延履行其原保险责任。

第三十条 采用保险人提供的格式条款订立的保险合同，保险人与投保人、被保险人或者受益人对合同条款有争议的，应当按照通常理解予以解释。对合同条款有两种以上解释的，人民法院或者仲裁机构应当作出有利于被保险人和受益人的解释。

第五章　票据纠纷

第一节　票据付款请求权纠纷

85. 被背书人可否以票据无因性对抗背书人主张的对价请求？

票据无因性是票据流通的基础，票据行为与原因行为相分离，其效力不受原因行为的存废或效力有无的影响。但是，根据《票据法》第10条第1款之规定，在票据当事人的直接前后手之间应当存在真实的民事基础关系，被背书人不得以票据无因性对抗背书人主张的对价请求，除非有相反证据可以证明其取得票据支付了对价。换言之，票据的无因性使得票据债务人不得以原因关系对抗善意第三人，但作为直接前手则可以原因关系存在瑕疵为由行使票据抗辩权，持票人应当提供相应的证据证明已经履行了约定义务。

86. 背书在票据转让法律关系中起到何种作用？

由于票据属于文义证券，法律效力以其上记载内容为主要依据，因此我国《票据法》规定，票据持票人转让票据权利时，应当背书并交付票据。也就是说，在记名票据的转让过程中，只有在同时完成背书和交付这两个行为后，票据转让才会发生法律效果，除有其他证据证明以外，不能仅凭交付行为就认定票据权利已经完成转让。以背书形式转让的票据，除有其他证据证明以外，应以背书中所记载的事项判断票据权利的归属，以及背书前后手之间的关系。

典型疑难案件参考

佛山市兴业建筑工程公司诉广州富伸贸易有限公司票据纠纷案

基本案情

2003年4月25日,出票人顺德威灵房产有限公司向佛山兴业公司开出一张中国银行支票(支票号为08463810)用作工程款结算,金额为50000元,收款人为顺德市兴业建筑工程有限公司。此后,佛山兴业公司在该张支票背书人栏进行了背书并把这张支票交给了张某,但张某并没有以被背书人的身份在背书栏里签章。最终这张支票流转到广州富伸公司手里,广州富伸公司在这张支票的背书人栏补记上自己的签章并到银行提示付款,但因该张支票的出票人顺德威灵房产有限公司的银行存款余额不足而遭到退票,广州富伸公司以票据纠纷为由将出票人顺德威灵房产有限公司起诉至法院。经佛山市顺德区人民法院主持调解,广州富伸公司与出票人顺德威灵房产有限公司达成调解协议,广州富伸公司实现了其持有支票的票据权利。2005年2月23日,佛山兴业公司向广州市黄埔区人民法院提起诉讼,以广州富伸公司没有支付支票对价为由,请求法院判令广州富伸公司返还上述支票的票面金额50000元。

一审裁判结果

广州市黄埔区人民法院经审理,依照《中华人民共和国民法通则》第4条、第92条,《中华人民共和国票据法》第10条,《中华人民共和国民事诉讼法》第64条第1款的规定,判决如下:广州富伸贸易有限公司自本判决生效之日起10日内向佛山市兴业建筑工程有限公司返还不当得利50000元。

一审裁判理由

广东省广州市黄埔区人民法院鉴于上述事实认为,出票人顺德威灵房产有限公司开出支票给佛山兴业公司,再由佛山兴业公司背书转让后,由广州富伸公司在背书栏补记自己的签章,在票据法上形成一个连续的背书交易行为,佛山兴业公司通过背书行为将该张支票的权利背书转让给广州富伸公司,故在广州富伸公司与其前手以及出票人之间建立了一种票据法律关系,广州富伸公司有权依照票据法的相关规定向其前手及出票人主张票据权利,实现自己的票据利益。但广州富伸公司作为一个民商事主体从佛山兴业公司处背书转让取得的票据权利,应当有法律上的原因和根据,即广州富伸公司从佛山兴业公司处取得这张支票的权利同时应当支付对价。依照《中华人民共和国票据法》第10

条的规定，票据的签发、取得和转让，应当遵循诚实信用的原则，具有真实的交易关系和债权债务关系。票据的取得，必须给付对价，即应当给付票据双方当事人认可的相对应的代价。由于广州富伸公司在取得支票权利的同时，不能证明其已经向佛山兴业公司支付了对价，其所取的50000元没有合法依据，显属不当得利，应当予以返还。故佛山兴业公司请求判令广州富伸公司返还50000元，本院予以支持。

关于广州富伸公司抗辩称其取得支票是通过合法途径从其他人处取得的，不是从佛山兴业公司处取得的，本院认为，广州富伸公司称其从其他人手里取得该张支票，却又不能提供相应的证据加以证明，并且在支票上反映出来的是佛山兴业公司通过背书的方式将支票转让给广州富伸公司，广州富伸公司作为该张支票的直接后手，在票据法上视为广州富伸公司是从佛山兴业公司处直接得到该张支票，广州富伸公司不得以票据无因性及支票取自他人对抗其直接前手即佛山兴业公司，故广州富伸公司的抗辩理由不成立，本院不予以支持。

二审诉辩情况

一审判决后，广州富伸公司以一审判决认定事实错误，适用法律不当为理由，上诉至广东省广州市中级人民法院。

佛山兴业公司请求维持原判。

二审裁判结果

广州市中级人民法院经审理认为，原审判决认定事实清楚，适用法律正确，实体处理恰当，应予维持。上诉人上诉理由不充分，依据不足，应予驳回。

二审裁判理由

广东省广州市中级人民法院审理认为，依据《中华人民共和国票据法》第10条的规定："票据的签发、取得和转让，应当遵循诚实信用的原则，具有真实的交易关系和债权债务关系。票据的取得，必须给付对价，即应当给付票据双方当事人认可的相对应的代价"，本案涉及的支票已在票据法上形成了一个连续的背书行为，从票据的形式上表现为出票人是顺德威灵房产有限公司，收款人为被上诉人，然后被上诉人作为背书人将支票背书予上诉人。因此，作为票据前后手的被上诉人和上诉人之间应当遵循诚实信用的原则，具有真实的交易关系和债务关系；同时，上诉人作为持票人应当向其前手即被上诉人给付相应的对价。此外，根据最高人民法院《关于审理票据纠纷案件若干问题的规定》第10条的规定："票据债务人依照票据法第十三条的规定，对与其有直接债权债务关系的持票人提出抗辩，人民法院合并审理票据关系和基础关系的，持票人应当提供相应的证据证明已经履行了约定义务"，本案中，在被上诉人诉称上诉人取得支票后没有交付货物的情况下，上诉人作为后手持票人却无法证明其已向被上诉人履行了约定的义务或给付了相应的对价。虽然上诉人抗辩其与被上诉人之间并不存在实际交易关系，其并非从被上诉人手中取得支票，并在庭审中申请了张某、叶某两位证人出庭作证，以证明其取得该支票的合法性以及其已基于该支票的取得向其实际前手叶惠超支付了相应的对价；但是张某、叶某的证言不能形成一个完整的证据链，无法证明该支票是如何从被上诉人手中流转到张某手中，最后由上诉人取得的。因此，对张某、叶某两位证人的证言，本院不予采信。况且，票据是文义证券，票据上的一切权利义务，必须严格依照票据上记载的文义而定，文义之外的任何理由和事项，均不能作为变更或补充的依据。由于上诉人作为持票人，负有证明自己已履行约定义务或支付相应对价而取得票据的法定举证义务却无法举证，故依据最高人民法院《关于民事诉讼证据的若干规定》第2条的规定，其应承担不利后果。所以，对于上诉人诉称其是基于合法的债权债务关系，通过支付相应对价从第三人处取得支票，依法享有相应的票据权利，无须对被上诉人履行相应的义务，本院不予采信。上诉人主张该支票与被上诉人无关，其依法享有票据权利于法无据，于理不合，本院不予支持。

87. 托收人是否享有持票人的票据权利？

托收是在对外贸易中由出口商委托银行向进口商收取款项的一种常见的国际结算方式。通常是由出口商签发汇票，委托出口地银行通过其在进口地的代理行向进口商收取款项。在托收业务中，托收行只是提供服务而不提供信用，银行仅根据出口商的托收指示行事，既无保证付款人必然付款的责任，也无审核单据、保证单据真实有效及与买卖合同是否相符的义务，能否收到款项，完全依赖进口商的信用，银行无须承担任何责任，因此，在整个托收过程中，银行本身并不享有票据权利，其仅是履行通知、提示单据及承兑、代收款项等代理人的义务。

88. 付款人在票据法律关系中享有怎样的地位？

付款人是受出票人委托，向持票人支付票据金额的票据当事人，但其在票据法律关系中并非票据债务人，付款人有自由选择是否承兑和付款的权利。若其付款，则消灭票据法律关系；若其承兑，其地位上升为承兑人，成为票据债务人，并应当承担最终的付款责任。根据《票据法》第42条之规定，承兑是要式法律行为，只有付款人在汇票上加盖相关印章后才构成承兑，之前其作出的任何承诺与保证均不能令其成为汇票的承兑。而如果付款人拒绝付款或承兑，则持票人对付款人并不享有票据权利，只能转而向其他票据债务人行使其追索权。

典型疑难案件参考

韩国大邱银行与威海纺织集团进出口有限责任公司等票据付款请求权纠纷上诉案

基本案情

2007年3月6日，韩国CDP公司与威海纺织集团签订一份买卖合同，约定由威海纺织集团购买CDP公司纺织原料，价值88900美元。CDP公司将货物装船后，于2007年3月15日，签发一张商业汇票，票面记载"汇票，金额美金88900元。请于见此票第一联（第二联未支付）提单日起120天后（2007年3月8日）向（株）大邱银行或者其指定人支付美金捌万捌仟玖百元整"。2007年3月15日，韩国大邱银行委托交行威海分行代收该笔款项，并寄送托收面函、商业汇票及相关发票、提单、装箱单等单据，在托收面函中汇票一栏记载了出票人为CDP公司，付款人为威海纺织集团，金额88900美元，付款日期为承兑交单后120天付款；付款指示一栏记载"将款项通过纽约美联银行贷记我行账户，引用我行业务编号226XP0074447"并特别批注"凭承兑交付单据并通知我行承兑日及到期日"。

交行威海分行收到托收面函及汇票、单据后，于2007年3月19日，向威海纺织集团提示承兑，威海纺织集团在《对外付款/承兑通知书》上付款人一栏加盖了财务专用章及法定代表人朱立华的私人印章，表示同意承兑并到期付款。2007年8月1日，交行威海分行通过SWIFT系统向韩国大邱银行发出承兑电文，确认付款人威海纺织集团已承兑汇票金额88900美元，到期日2007

年 7 月 6 日。付款日到期后，威海纺织集团未付款，韩国大邱银行要求交行威海分行将汇票寄回，交行威海分行于 2007 年 10 月 16 日，将汇票通过快递公司邮寄给韩国大邱银行。2007 年 10 月 19 日，交行威海分行发电通知韩国大邱银行，其所寄送的信件包括汇票在邮寄过程中丢失。

一审诉辩情况

韩国大邱银行诉称：

2007 年 3 月 15 日，韩国 CDP PLAS 公司（下称 CDP 公司）签发一张付款人为威海纺织集团进出口有限责任公司（以下简称威海纺织集团）、收款人为大邱银行，金额为 88900 美元的商业汇票，付款日期为承兑交单后 120 天付款。韩国大邱银行将该汇票寄送交通银行股份有限公司威海分行（以下简称交行威海分行），委托其向威海纺织集团收款。同年 3 月 27 日，交行威海分行致电韩国大邱银行，确认威海纺织集团已承兑汇票，承兑到期日为 2007 年 7 月 6 日。但威海纺织集团在承兑到期后未能付款，交行威海分行于同年 10 月 16 日，将汇票邮寄给韩国大邱银行。同年 10 月 19 日，交行威海分行通知韩国大邱银行，该汇票在寄送途中丢失。故请求判令二被告支付汇票款项 88900 美元，并自汇票到期日起至履行之日止按中国人民银行规定的同期贷款利率计付利息。

威海纺织集团辩称：

韩国大邱银行并非涉案汇票记载的收款人，不是票据当事人，其实际是接受 CDP 公司的委托办理涉案汇票的委托收款业务，韩国大邱银行作为托收行无权主张票据权利；且威海纺织集团未对涉案汇票进行承兑，不是票据债务人，不应承担票据上的付款责任，拒绝韩国大邱银行的诉讼请求。

被告交行威海分行辩称：

在本案汇票的国际结算业务中，韩国大邱银行是托收行的地位，交行威海分行是作为代收行接受托收行原告的指示代其向付款人收款，依据《国际商会托收统一规则》（简称 URC552）的相关规定，银行对汇票及单据在传送中的遗失应当免责，故拒绝韩国大邱银行的诉讼请求。

一审裁判结果

威海市中级人民法院依照《中华人民共和国民事诉讼法》第 108 条，以及最高人民法院相关司法解释的规定，裁定如下：驳回韩国大邱银行的起诉。

一审裁判理由

威海市中级人民法院认为，票据上的权利应当由票据权利人来行使。韩国大邱银行主张涉案汇票的付款请求权，首先应当举证证明其为涉案汇票的票据权利人，即涉案汇票上记载的收款人或持票人，才能行使付款请求权。本案中，韩国大邱银行主张其为汇票上的收款人，提交了汇票复印件及其寄送给交行威海分行的托收面函，虽然该汇票复印件中记载了"付款给大邱银行或其指定人"的内容，但在大邱银行制作的托收面函中并没有关于大邱银行为收款人的记载，只是在"付款指示"一栏中要求将款付至大邱银行账户；而在交行威海分行制作的承兑通知书中记载的收款人为CDP公司，仅在收款行名称一栏中记载为韩国大邱银行，因此，在汇票复印件无法与原件核对，亦没有其他证据佐证的情况下，不能单独依据复印件的内容认定韩国大邱银行为票据上的收款人，故韩国大邱银行主张其为票据收款人证据不足，其不具备向被告主张票据付款请求权的诉讼主体资格，依法应当驳回其起诉。

二审诉辩情况

韩国大邱银行不服上述裁定上诉称：

本案争议汇票是以CDP公司为出票人，韩国大邱银行或其指定人为收款人，威海纺织集团为付款人的汇票。韩国大邱银行委托交行威海分行办理承兑及收款业务，交行威海分行2007年3月27日向韩国大邱银行发出的SWIFT电文，通知我们威海纺织集团已经承兑了汇票。从汇票记载内容和SWIFT电文都应认定韩国大邱银行是该汇票的合法收款人。本案是承兑汇票的法律纠纷，审理依据应该是涉案汇票。汇票上清楚地记载了韩国大邱银行收款人的地位，原审法院却以托收面函为依据，错误认定韩国大邱银行不是收款人，根据国际商会《托收统一规则》第4条之规定，托收面函无须记载收款人的信息，原审法院以托收面函没有记载韩国大邱银行为收款人因而认定韩国大邱银行不是收款人是错误适用了《托收统一规则》。托收面函中记载的DRAWER为CDP公司，其中DRAWER应翻译为出票人，原审法院将DRAWER错误翻译为收款人导致其认定CDP公司为收款人也是错误的。《中华人民共和国票据法》第97条规定，"汇票、本票出票时的记载事项适用出票地法律"，本案所涉汇票的出票地是韩国，因此，涉案汇票的记载事项应使用韩国《票据法》，韩国《票据法》第3条第3项规定：汇票可以为第三人而签发。本案汇票正是出票人CDP公司为韩国大邱银行而签发，韩国大邱银行的收款人地位应当予以确认。请求二审法院撤销原审裁定，改判两被上诉人支付汇票款项及利息。

威海纺织集团答辩称：

韩国大邱银行没有证明本案所涉汇票的真实性，也没有证明其是该汇票的合法债权人。根据托收面函和交行威海分行出示的"对外付款/承兑通知书"，上面均载明 CDP 公司为收款人。根据《跟单托收统一规则第 522 号》以及银行间国际托收惯例，在托收结算中涉及四个主要当事人：委托人、托收行（又称寄单行）、代收行和付款人。其中委托人（Principal, Consignor）是托收业务中委托银行办理托收的债权人，由于委托人经常开具汇票委托银行向国外债权人收款，所以他往往也被称为出票人（Drawer），韩国大邱银行对 Drawer 一词的解释是不正确的。韩国大邱银行作为其主张权利的唯一依据就是汇票复印件，该汇票复印件威海纺织集团从未见过，而且该复印件显示的内容与托收面函和"对外付款/承兑通知书"内容不相一致，相互矛盾，原审法院对事实的认定和对案件的裁定是正确的。

交行威海分行答辩称：

由于汇票已经丢失，现无法确认韩国大邱银行提供的汇票复印件。韩国大邱银行在涉案业务中处于托收行的地位，根据《托收统一规则 URC522》第 3 条 a 款 ii 的规定，托收行即是委托人委以办理托收的银行。本案汇票是托收汇票，根据 21 世纪高等学校金融学系列教材之一，供金融类专业本科学生使用的《国际结算》第四章第一节第四小节托收指示和托收汇票中的（二）托收汇票当事人及其背书的解释，托收汇票的收款人可以是受益人、托收行或者代收行。即便认定了汇票复印件的真实性也不能因为汇票中记载大邱银行为收款人就认定其对汇票享有权益。大邱银行认为托收面函的 Drawer 一词不是收款人是错误的，交行威海分行完全根据《托收统一规则 URC522》及国际结算业务常识来操作，根据韩国大邱银行在此笔跟单托收业务中提供的托收面函及单据中的发票认定 CDP 公司就是收款人，因为发票记载的 CDP 公司为出口商，《国际贸易金融大词典》（济南出版社出版，山东新华书店发行，张秘主编）对 Drawer 的解释是出票人，发票人又称 ISSUER，指签发汇票或支票者，签发汇票的人即为卖方。在本次业务中交行威海分行是凭韩国大邱银行的指示办理业务，没有过错，不应承担责任。

▶ 二审裁判结果

山东省高级人民法院经审理认为，原审裁定认定的基本事实清楚，其裁定结果应当予以维持。经本院审判委员会研究决定，依据《中华人民共和国民事诉讼法》第 153 条第 1 款第 1 项之规定，裁定如下：驳回上诉，维持原裁定。

二审裁判理由

本院认为，本案是票据付款请求权纠纷，因案件当事人之一韩国大邱银行为韩国法人，所以本案为涉外商事纠纷，由于当事人各方事先未就解决争议适用法律达成一致，根据最密切联系原则，本院确认适用中华人民共和国的法律为解决本案争议的准据法。根据本案当事人在二审中的争辩观点，本案争议的焦点问题为：第一，韩国大邱银行是否具有诉权；第二，威海纺织集团应否付款；第三，交行威海分行是否承担赔付责任。

第一，韩国大邱银行是否具有本案的诉权取决于两个方面的认定，即韩国大邱银行据以提起诉讼的票据真实性的认定以及其是否为票据权利人。

1. 韩国大邱银行作为本案的原告，在票据丢失的情况下，依据其提供的票据复印件向人民法院提起诉讼，请求付款人向其付款，对该票据的真实性，威海纺织集团与交行威海分行有不同的质证意见，交行威海分行认为，真实票据已丢失，但对大邱银行提交的该汇票复印件记载的内容予以确认。而威海纺织集团认为其从未见过该汇票原件，无法对票据复印件的真实性发表意见。本院认为，根据已查明的事实，韩国大邱银行曾将汇票委托交行威海分行收款，交行威海分行已经请求威海纺织集团进行承兑，虽然没有证据表明威海纺织集团在汇票上盖章承兑，但是其已在交行威海分行向其交付的《对外付款/承兑通知书》加盖了印章，因此，综合上述证据并结合汇票复印件记载的内容，本院对该汇票复印件的真实性予以认定。

2. 大邱银行是否为票据权利人。韩国大邱银行作为失票人提起本案诉讼，请求付款人威海纺织集团付款。最高人民法院《关于审理票据纠纷案件若干问题的规定》第26条规定，失票人是指按照规定可以背书转让的票据在丧失票据占有以前的最后合法持票人。本案当事人的最主要争议就在于大邱银行是否是持票人。本案争议汇票为商业汇票，通常商业汇票记载的内容表明的是汇款路径及金额等，对于出口托收交单项下的汇票，一般出口商（本案为CDP公司）为收款人，如果托收行办理了托收项下的融资时，为确保融资行的权益不受损害，应将汇票背书转让给银行，而本案所涉汇票未发生背书。再者，汇票记载的收款人应当是特定的而不是不确定的，从汇票票面记载的内容"付款给大邱银行或按大邱银行指定的人"来看，该记载的收款人就是不确定的，该票据一旦发生背书，谁会成为大邱银行指定的人，背书的效力如何确定等等会产生一系列问题，因此依据该票面的记载，认定大邱银行是托收行更符合票面记载的意思表示。

第二，威海纺织集团应否付款。根据票面的记载，威海纺织集团是争议汇票的付款人，最高人民法院《关于审理票据纠纷案件若干问题的规定》第36条的规定，失票人请求债务人付款遭到拒绝而向人民法院提起诉讼的，被告为与失票人具有票据债权债务关系的出票人、拒绝付款的票据付款人或者承兑人。通常，票据付款人并非票据债务人，其付款的义务或者来自出票人的委托，或者来自于其内部的业务规定，票据付款人被记载在票据上后，票据付款人取得票据承兑或者付款的资格，但其并不承担任何票据债务，其是否承兑和付款，付款人有自由选择的权利，若其选择付款，则消灭票据关系。若其选择承兑，其身份上升为承兑人，承担着最终的票据责任。只有在承兑汇票的付款人身兼承兑人时，由于其为票据债务人，其应当承担票据责任，持票人才能对其提起诉讼，这种责任来自于其他身份，而非来自于其付款人的身份。

依据上述的理由，判断威海纺织集团是否在汇票上做了承兑是确定其是否本案适格被告的前提，也是其依据汇票付款的条件。韩国大邱银行提供的证据表明，交行威海分行2007年3月27日向大邱银行发电称，确认付款人已承兑汇票美金88900元，到期日2007年7月6日。交行威海分行提供的证据表明，威海纺织集团已经在该行2007年3月19日制作的对外付款/承兑通知书上加盖了印章，该对外付款/承兑通知书上载明，同意承兑并到期付款。威海纺织集团陈述，交行威海分行只是让其在对外付款/承兑通知书上加盖了印章而未在汇票上加盖印章，这不构成承兑。本院认为付款人在收到承兑提示后在汇票上加盖印鉴才成为承兑人，付款人在汇票之外所做的承诺不构成对汇票的承兑，即便该承诺是书面的承兑保证也不能令其成为汇票的承兑人。由于大邱银行和交行威海分行均未能证明威海纺织集团在汇票上加盖了印章成为承兑人，因此，威海纺织集团对该票据没有付款义务。

第三，交行威海分行是否承担赔付责任。由于韩国大邱银行提起本案的诉因是票据付款请求权纠纷，而交行威海分行在本次汇票业务中仅是受托行，其对汇票不享有权利也没有义务。韩国大邱银行以票据请求权要求交行威海分行承担付款义务不符合法律规定。尽管交行威海分行丢失了本案争议票据，但根据《国际商会托收统一规则》（URC522）第14条a的规定，对任何讯息、信件或者单据在传递过程中因延误及/或遗失所引起的后果，或者任何在电讯传递过程中所发生的延误、毁损或其他错误或者对技术术语的翻译及/或解释中的错误，银行不承担责任。根据该规定，交行威海分行不因其丢失票据而对大邱银行承担责任，因此，应当驳回大邱银行对交行威海分行的诉讼请求。

综上所述，根据现有的证据不能认定韩国大邱银行为最后的持票人（失票人），韩国大邱银行对票据不享有权利，同样也不能认定威海纺织集团是票据的承兑人，威海纺织集团对该票据也不负有支付义务，交行威海分行因是受托行，根据《国际商会托收统一规则》，其对委托行韩国大邱银行不负有票据丢失后的赔偿义务，应当驳回韩国大邱银行的起诉。

89. 票据债务人对具有直接债权债务关系的持票人主张抗辩权时应承担何种举证责任？

票据虽然属于无因证券，票据关系与原因关系是分离的，但为了维护交易安全，在具有直接债权债务关系的持票人与票据债务人之间，原因关系的瑕疵仍然可以成为票据债务人进行抗辩的理由。而票据债务人若想行使这种抗辩权，前提条件在于必须承认并证明其与持票人之间确实具有直接债权债务关系，否则持票人仍可以票据无因性向其主张票据权利。换言之，只有在票据债务人能够证明其与持票人具有直接债权债务关系后，举证责任方能转移至持票人一方，由持票人举证证明其已经履行了约定义务。

典型疑难案件参考

太仓欧亚标准板材有限公司北京分公司诉上海震来家具装饰有限公司北京分公司票据纠纷案

基本案情

太仓欧亚公司与震来装饰公司原有业务往来，由震来装饰公司在太仓欧亚公司购买板材，双方在买卖过程中，未签订书面合同。2006年9月8日震来装饰公司给付太仓欧亚公司中国农业银行转账支票一张，该支票号码为06778753号；支票记载的出票人为震来装饰公司；收款人为太仓欧亚公司；支票记载金额为34820元；签发的出票日期为2006年9月8日。太仓欧亚公司持该支票到银行提示付款，中国农业银行北京市开发区分行以"空头"为由退票。太仓欧亚公司因此诉至原审法院，要求震来装饰公司支付票据金额34820元及赔偿金696.4元。太仓欧亚公司诉称，该票据款系震来装饰公司支付的购买板材款；震来装饰公司以双方无基础关系抗辩，其认为，该票据系购买板材时抵押在太仓欧亚公司处的，而太仓欧亚公司在收到支票后并未交付板材，因而在基础合同关系存在瑕疵的情况下，太仓欧亚公司无权要求其支付票据金额。

一审诉辩情况

原告太仓欧亚公司诉称：

2006年8月15日，震来装饰公司向其订购板材，货款金额34820元，8月22日交货，货到付款。同年8月22日原告如期交货。同年9月8日震来装饰公司为原告签发一张中国农业银行转账支票（支票号06778753），金额为34820元。原告持该支票委托银行付款，因空头被退票。请求判令震来装饰公司支付票据金额34820元并支付赔偿金696.4元。

被告震来装饰公司辩称：

被告虽然确实曾向太仓欧亚公司订购过货物，但是太仓欧亚公司没有按期交纳货物，该支票是9月8日订货时把支票押在了太仓欧亚公司处的，因此，在原告未履行其交货义务的情况下，被告不应当承担履行票据义务，请求法院驳回太仓欧亚公司的诉讼请求。

一审裁判结果

北京市大兴区人民法院依照《中华人民共和国票据法》第13条、第61条第1款、第87条、第89条、第93条，判决如下：震来装饰公司给付太仓欧亚公司票据款34820元及赔偿金696.4元。

一审裁判理由

北京市大兴区人民法院经审理认为：

太仓欧亚公司所提交的震来装饰公司的传真采购订单和北京市瑞康通汽车运输有限公司的证明，能够证明震来装饰公司购买的板材已交付的事实，即能够证明双方存在基础关系。震来装饰公司未提供传真订单不是其所发的证据，亦未提供"支票是抵押在原告处"的证据，故对其"双方无基础关系"的辩解，不予采信。太仓欧亚公司因买卖关系取得支票，在该支票被拒绝付款后，有向出票人震来装饰公司行使追索权的权利。出票人震来装饰公司有按支票金额承担保证向该持票人付款的责任。震来装饰公司签发空头支票，违反有关法律、法规的规定，应承担相应的民事责任，故应按有关法规规定向太仓欧亚公司支付赔偿金。

二审诉辩情况

震来装饰公司不服一审判决，上诉称：

上诉人与被上诉人曾经有过业务往来，2006年9月8日，上诉人在被上诉人处订货，开出一张支票给被上诉人作为抵押担保，待被上诉人交付货物后再支付货款。但是被上诉人后来并没有收到货物，故未在支票开出银行存款，被上诉人为获取不当利益，以票据纠纷起诉上诉人。原审法院依据虚假的证据作出了原审判决，其中被上诉人举证的传真件，根本不是上诉人发的，该证据是不真实的。而运输公司的证明不能作为证据材料，因为证人未出庭作证。被上诉人应提交客户的收货凭证，却未能提交。原审法院仅凭两份虚假的证据就认定双方存在基础法律关系是错误的。因此，请求二审法院撤销原审判决，驳回被上诉人的诉讼请求，本案诉讼费由被上诉人承担。

被上诉人太仓欧亚公司答辩称：

同意原审判决。上诉人称交付被上诉人的支票是为"抵押担保"所用，没有事实和法律依据。双方基础买卖关系真实，上诉人就应无条件履行支付义务。上诉人没有提供任何有效的证据支持其主张，其上诉请求应当驳回。

二审裁判结果

北京市第一中级人民法院经审理认为，原审法院处理结果正确，应予维持。依据《中华人民共和国民事诉讼法》第153条第1款第1项之规定，判决如下：驳回上诉，维持原判。

二审裁判理由

北京市第一中级人民法院经审理认为：

关于上诉人震来装饰公司提出的原审法院依据被上诉人提交的传真件及运输公司出具的书面证明认定双方存在基础法律关系有误的上诉意见，依据《中华人民共和国票据法》第13条第2款规定，票据债务人可以对不履行约定义务的与自己有直接债权债务关系的持票人，进行抗辩。第3款规定，本法所称抗辩，是指票据债务人根据本法规定对票据债权人拒绝履行义务的行为。最高人民法院《关于审理票据纠纷案件若干问题的规定》第10条规定，票据债务人依照《票据法》第13条的规定，对与其有直接债权债务关系的持票人提出抗辩，人民法院合并审理票据关系和基础关系的，持票人应当提供相应的证据证明已经履行了约定义务。依据上述法律和司法解释的规定，票据债务人享有抗辩权，并对与持票人之间存在债权债务关系负有举证责任。在本案中，上诉人震来装饰公司作为票据的债务人依法享有票据的抗辩权。原审期间其提出的抗辩意见是涉案的票据系购买板材时抵押在太仓欧亚公司处的，而太仓欧亚公司在收到支票后并未交付板材。对此，上诉人震来装饰公司有责任提供证据证明双方存在买卖合同及质押法律关系，而其未能提供。因此，被上诉人太仓欧亚公司也无须举证证明履行了交货义务。太仓欧亚公司是涉案票据的合法持有人，依据票据无因性原则，上诉人震来装饰公司依法应承担票据义务。故上诉人震来装饰公司的上诉意见不能成立，本院不予支持。

90. 出质人与质权人未在背书中记载"质押"字样，是否能够产生票据质押效力？

关于此问题，根据《担保法》第76条、《物权法》第224条以及最高人民法院《关于适用〈中华人民共和国担保法〉若干问题的解释》第98条之规定可知，背书质押并非是设定票据质押权的唯一方式，背书"质押"字样只是赋予了质权以对抗效力，而并非其取得要件，订立质押合同、交付票据也可以设定票据质权。而根据《票据法》第31条第1款之原理，如果票据持票人持有票据，且有书面质押合同证明，那么应当认定票据持有人享有票据质权。至于最高人民法院《关于审理票据纠纷案件若干问题的规定》第55条之规定，根据新法优于旧法的法律适用原则，与后法存在冲突的规定应自动失效。

91. 票据质权人在质权实现后是否取得票据权利人的地位？

与委托收款关系中的持票人不能成为真正的票据权利人不同，当质权人所享有的债权到期不能获得清偿时，质权人就成为了真正的票据权利人，可以行使票据权利。此外，在此种情况下，票据质权在效力上与普通质权也有所不同，在票据到期而质权尚未实现时，质权人也可以行使票据权利，取得票据金额；同时，票据质权人还可以依票据请求支付全部的票据金额，即使票据金额超过设定质押的债权额。不过，债务人有权要求其返还超出债权额的部分。

典型疑难案件参考

滕州市城郊信用社诉建行枣庄市薛城区支行票据纠纷案（《最高人民法院公报》2004 年第 11 期）

基本案情

1997 年 5 月，洗煤厂的业务员张宗乾请求被告薛城区建行所属陶庄办事处副主任渠继栋为其提供贷款担保，并许诺给予好处费。5 月 28 日，渠继栋利用担任陶庄办事处副主任之便，在没有收到任何款项的情况下，签发了编号为 VIV00316605 的银行汇票（以下简称 5 号汇票），次日收到洗煤厂的法定代表人刘宝廷和业务员张宗乾出具的借条一张，内容为：借薛城区建行陶庄办事处汇票一张 75 万元，借款人刘宝廷、张宗乾，并加盖洗煤厂财务专章。该银行汇票记载的出票单位为陶庄办事处、收款人为洗煤厂、金额为 75 万元。同日，洗煤厂与原告城郊信用社签订一份质押借款合同，约定：洗煤厂向城郊信用社借款 75 万元，期限 1 个月，质物为"汇票"。合同签订后，洗煤厂向城郊信用社交付 5 号汇票和一份《权利质物质押声明书》，其上加盖了汇票签发行陶庄办事处和汇票收款人洗煤厂的印章，载明的主要内容为洗煤厂以其所有的 5 号汇票作为向城郊信用社借款的权利质押凭证，城郊信用社据此向洗煤厂发放贷款 75 万元。

同年 6 月 26 日，借款期限即将届满时，渠继栋担心如果洗煤厂不能按期归还，城郊信用社一旦行使质权，将暴露其非法出具银行汇票的事实，于是在没有收到任何款项的情况下，又签发了编号为 VIV00316608 的银行汇票（以下简称 8 号汇票）。洗煤厂持 8 号汇票向城郊信用社换回了 5 号汇票，同时交付城郊信用社一份注明权利质押凭证为 8 号汇票的《权利质物质押声明书》。8 号汇票记载的出票单位亦为陶庄办事处，收款人为洗煤厂，金额为 75 万元，出票日期为 1997 年 6 月 26 日。该汇票的背书人栏内加盖了洗煤厂的财务专章及法定代表人刘宝廷的印章，但被背书人栏内空白。该汇票的"持票人向银行提示付款签章"处加盖了"滕州市金利来洗煤厂财务专章"和法定代表人"刘宝廷"印章，并书写有"委托城郊信用社收款"。洗煤厂在借款到期后未能偿还借款，城郊信用社于 1997 年 7 月 17 日将 8 号汇票提交滕州市人民银行，通过票据交换系统向薛城区建行收取 75 万元票款。薛城区建行见票后，通知陶庄办事处办理解付，原陶庄办事处副主任渠继栋收到汇票后，携票潜逃，薛城区建行遂向检察机关报案，并拒绝向城郊信用社支付票款。渠继栋潜逃三天后，将该汇票寄回薛城区建行处，薛城区建行将该汇票退回城郊信用社，但仍拒付票款。在一审审理过程中，薛城区建行向城郊信用社出具退票理由书，明确退票理由：一是洗煤厂以恶意取得票据，二是该票据实际结算金额没有套写。

▶一审诉辩情况◀

滕州市城郊信用社（以下简称城郊信用社）诉称：

滕州市金利来洗煤厂（以下简称洗煤厂）以被告所属陶庄办事处签发的金额为75万元的银行汇票为质押凭证，向原告借款75万元。借款到期后，洗煤厂没有偿还借款，原告将洗煤厂质押的银行汇票存入滕州市人民银行进行票据交换时，被告拒不履行付款义务，致使原告的75万元贷款至今不能收回。请求判令被告支付票款75万元，并支付相应利息。

中国建设银行枣庄市薛城区支行（以下简称薛城区建行）辩称：

原告据以主张权利的银行汇票，是在洗煤厂没有交付款项的情况下，由被告原陶庄办事处副主任渠继栋非法出具的。根据渠继栋非法出具的票证，持票人应为洗煤厂，而不是原告，原告不享有票据权利，无权请求我行支付票款。

▶一审裁判结果◀

山东省枣庄市中级人民法院经审理判决如下：被告于本判决生效后10日内向原告支付票款75万元及相应利息（利息按中国人民银行规定的同期贷款利率从1997年7月17日计算至本判决生效之日）。

▶一审裁判理由◀

山东省枣庄市中级人民法院经审理认为，《中华人民共和国担保法》第76条规定："以汇票、支票、本票、债券、存款单、仓单、提单出质的，应当在合同约定的期限内将权利凭证交付质权人。质押合同自权利凭证交付之日起生效。"本案中，原告城郊信用社据以主张权利的8号汇票，是被告薛城区建行所属陶庄办事处签发的，该银行汇票记载事项齐全，记载内容清楚、明确，是有效的银行汇票。洗煤厂作为银行汇票的持票人，与城郊信用社签订的以5号汇票为权利质押凭证的质押借款合同，是双方当事人的真实意思表示。该合同内容明确、合法，汇票已交付，该质押借款合同属有效合同。借款期限即将届满，洗煤厂以8号汇票换回5号汇票时，交付城郊信用社一份注明权利质押凭证为8号汇票的声明书，故洗煤厂以8号汇票继续用作权利质押凭证的意思表示真实，以8号汇票成立的权利质押仍为有效质押。

《支付结算办法》第37条第1款规定："通过委托收款银行或者通过票据交换系统向付款人或代理付款人提示付款的，视同持票人提示付款；其提示付款日期以持票人向开户银行提交票据日为准。"第2款规定："付款人或代理付款人应于见票当日足额付款。"本案中，城郊信用社作为持票人洗煤厂的开户行，在洗煤厂委托其收取8号汇票票款的情况下，有向出票行薛城区建行收取票款的权利。又因城郊信用社与洗煤厂之间就8号汇票的质押关系有效成立，城郊信用社对洗煤厂提示付款的汇票的票款享有质权，即所收8号汇票的票款应优先偿还洗煤厂的欠款，故城郊信用社有权向薛城区建行主张支付票款。薛城区建行作为汇票的出票行，是汇票的付款人，有见票无条件付款的义务。城郊信用社诉讼请求合法，法院予以支持，薛城区建行答辩理由不能成立，不予采纳。

二审诉辩情况

薛城区建行不服一审判决，向山东省高级人民法院提出上诉，理由如下：

1. 8号汇票背面的"持票人向银行提示付款签章处"已加盖了洗煤厂财务章及法定代表人印章并记载了"委托城郊信用社收款"字样，因此，8号汇票已由持票人洗煤厂作委托收款使用，在客观上已不能再用来进行质押。

2. 依据《中华人民共和国票据法》第35条第2款、《支付结算办法》第29条、最高人民法院《关于审理票据纠纷案件若干问题的规定》第55条，票据质押是一种要式行为，以票据质押时必须在票据上为质押背书，否则不构成票据质押。在认定票据质押关系是否成立的问题上，票据法相对于担保法来说属于特别法，按特别法优于普通法的法律适用原则，本案在认定汇票质押成立要件上，应优先适用票据法及有关司法解释，原审判决依据担保法认定城郊信用社享有票据质权是错误的。

3. 原审判决认定"所收8号汇票的票款应优先偿还洗煤厂欠款"，原审判决既然承认洗煤厂是票据权利人，城郊信用社只是对票款有优先权，则只能由洗煤厂行使票据权利取得票款后再行使优先权，薛城区建行拒付票款也只能由洗煤厂来主张支付票款，原审判决认定城郊信用社对洗煤厂票款的优先权转化为对薛城区建行的支付票款请求权缺乏依据。综上，洗煤厂与城郊信用社在8号汇票上没有形成有效的质押关系。城郊信用社不是8号汇票的票据权利人，其对8号汇票不享有票据权利，无权请求薛城区建行支付票款。一审判决驳回薛城区建行的诉讼请求是错误的，应当改判。

城郊信用社答辩称：

1. 票据法虽规定汇票质押应背书并记载"质押"字样。但并未否定以其他方式质押汇票的效力。原审判决认定票据质押有效是正确的。

2. 薛城区建行所属陶庄办事处两次向洗煤厂签发银行汇票，并两次签章认定《权利质物质押声明书》。因此，薛城区建行对以8号汇票作为权利质押凭证既是明知的，又是积极认可的，其既证实了8号汇票的真实有效性，又认可以该汇票作为洗煤厂贷款时向我方设定的质押担保，是对质权人实现质权的承诺。当洗煤厂不履行债务时，我方有权为实现质权而行使票据权利。洗煤厂是8号汇票的收款人，对薛城区建行享有绝对的汇票结算权利。薛城区建行负有见票即付的支付结算义务，不得以其与洗煤厂之间的抗辩事由抗辩我方的票据权利。一审判决正确，应当维持。

二审裁判结果

山东省高级人民法院经审理认为，薛城区建行的上诉理由不能成立，不予支持。一审判决正确，应予维持。据此，依照《中华人民共和国民事诉讼法》第153条第1款第1项的规定，于2002年6月18日判决：驳回上诉，维持原判。

二审裁判理由

山东省高级人民法院认为：双方当事人争议的焦点问题为：城郊信用社与洗煤厂之间是否就8号汇票形成有效的质押关系，薛城区建行应否向城郊信用社支付票款。

洗煤厂既在8号银行汇票的背面作了委托收款背书，又在该汇票上设定了质押，因其是票据权利人，其在票据上进行了委托收款背书之后，在委托收款行为完成之前，其有权取消委托而再对汇票进行质押处分。因此，薛城区建行关于票据作了委托收款背书之后不能再为质押的上诉理由不能成立。

关于城郊信用社与洗煤厂之间是否形成有效的质押关系，既应适用票据法、担保法，也应适用最高人民法院《关于适用〈中华人民共和国担保法〉若干问题的解释》和最高人民法院《关于审理票据纠纷案件若干问题的规定》。《票据法》第35条第2款规定，汇票质押时应当以背书记载"质押"字样。但并未规定如果未记载"质押"字样的，质押不生效或无效。《担保法》第76条规定："以汇票、支票、本票、债券、存款单、仓单、提单出质的，应当在合同约定的期限内将权利凭证交付质权人。质押合同自权利凭证交付之日起生效。"因此，背书质押不是设定票据质权的唯一方式，订立质押合同、交付票据也可以设定票据质权。《票据法》第31条第1款规定："以背书转让的汇票，背书应当连续。持票人以背书的连续，证明其汇票权利；非经背书转让，而以其他合法方式取得汇票的，依法举证，证明其汇票权利。"以票据出质的，质押背书是表明票据持有人享有票据质权的直接证据，如果无质押背书，书面的质押合同就是票据持有人证明其享有票据质权的合法证据。在票据持有人持有票据，并有书面质押合同的情况下，应当认定持有人享有票据质权。最高人民法院《关于适用〈中华人民共和国担保法〉若干问题的解释》

第 98 条规定:"以汇票、支票、本票出质,出质人与质权人没有背书记载'质押'字样,以票据出质对抗善意第三人的,人民法院不予支持。"由此,背书"质押"字样不是票据质权的取得要件,仅是票据质权的对抗要件。

虽然最高人民法院《关于审理票据纠纷案件若干问题的规定》第 55 条规定,"依照票据法第三十五条第二款的规定,以汇票设定质押时……或者出质人未在汇票、粘单上记载'质押'字样而另行签订质押合同、质押条款的,不构成票据质押",但因该规定的颁布时间早于最高人民法院《关于适用〈中华人民共和国担保法〉若干问题的解释》,故对本案应适用《关于适用〈中华人民共和国担保法〉若干问题的解释》中的规定。综上,本案城郊信用社与洗煤厂间订有质押合同、洗煤厂将银行汇票交付城郊信用社占有,双方在 8 号银行汇票上成立了有效的票据质押关系,城郊信用社取得票据质权。

洗煤厂未支付对价而取得银行汇票,作为出票人的薛城区建行可以对洗煤厂进行抗辩,城郊信用社以签订质押合同、交付权利凭证的方式取得的票据质权,本应继受出质人洗煤厂的票据权利瑕疵。薛城区建行本可以将抗辩权向城郊信用社行使,但因陶庄办事处在载有"如贷款到期借款人不能清偿,贷款社可凭抵押协议、催收贷款通知书及本声明书支取本息"内容的《权利质物质押声明书》上签章,该签章行为表明其已以明示的方式放弃抗辩权,是对城郊信用社质权实现的承诺,所以薛城区建行在城郊信用社向其行使质权时,应按照其承诺向城郊信用社支付票款本息。薛城区建行关于城郊信用社无权请求其支付票款的上诉理由不能成立。

92. 持票人逾期提示付款的情况下是否还享有票据权利?

为督促持票人尽快行使票据权利,避免义务人陷入长期的债务法律关系之中,《票据法》第 17 条根据不同类型的票据制定了相应的票据权利消灭时效,票据权利人若在规定的时限内不行使其权利,票据债务人可以此为由拒绝履行票据义务。但应注意的是,票据权利消灭时效与提示付款期限属于两个不同的概念,持票人未在《票据法》第 53 条所规定的提示付款期限内提示付款并不意味着其丧失票据权利,而只是丧失了对前手的追索权,持票人仍然可以在说明情况后,基于付款请求权要求承兑人或付款人支付票据金额。

典型疑难案件参考

长城宽带网络服务上海有限公司与艾利斯特国际贸易（上海）有限公司票据付款请求权纠纷案

基本案情

2001年3月，艾利斯特国际贸易（上海）有限公司（以下简称艾利斯特公司）按约向长城宽带网络服务上海有限公司（以下简称长城公司）供应通讯产品。长城公司收货后，于同年5月18日开具了金额为人民币103万元、到期日为2001年8月18日的00223649#商业承兑汇票一张，该汇票载明：汇票已经承兑，到期无条件支付票款；本汇票请予以承兑于到期日付款。2001年8月23日长城公司表示，出具给艾利斯特公司共计人民币160万元的两张商业承兑汇票已到期，要求延至同年10月底前分期付清票款。为此，艾利斯特公司未在汇票到期日提示付款。因长城公司未在2001年10月底付款，艾利斯特公司遂来院主张该汇票票据的权利。

一审诉辩情况

艾利斯特公司认为，长城公司一经出具了有效票据，其在该票据不获付款后，有权向长城公司行使支付票款的权利。艾利斯特公司的诉请应予支持。

长城公司则认为，长城公司确实向艾利斯特公司出具了有效的商业承兑汇票，但艾利斯特公司未在汇票记明的到期日提示付款，由此，艾利斯特公司丧失了取得该票据记载的相应权利，也即艾利斯特公司不能凭该汇票向长城公司主张票据款，而应根据双方的买卖关系，请求长城公司支付票据金额相当的利益。

一审裁判结果

上海市静安区人民法院经审理，根据《中华人民共和国票据法》第44条、第53条第2款、最高人民法院《关于审理票据纠纷案件若干问题的规定》第59条之规定，判决如下：长城公司应支付艾利斯特公司汇票款人民币103万元。

一审裁判理由

上海市静安区人民法院经审理认为，本案争议焦点为，未经提示付款，作为持票人的艾利斯特公司是否丧失向出票人行使商业承兑汇票之票据权利。针对争议焦点，法院认为：长城公司出具定日付款商业承兑汇票，记载完整，真实有效。艾利斯特公司未在汇票到期日提示付款，在作出说明后，作为承兑人的长城公司仍应当继续对持票人艾利斯特公司承担票据付款责任，即艾利斯特公司并不丧失向长城公司请求票据付款的权利。审理中，长城公司以艾利斯特公司未在汇票到期日提示付款为由，抗辩艾利斯特公司诉请，缺乏法律依据，不予采信。长城公司对延期支付到期票款的公函与本案无关的辩称，不能推翻其出具的汇票证明力，该辩称难以采信。因艾利斯特公司未提示付款，故其要求长城公司承担该票据不获付款的违约责任，缺乏依据，故对艾利斯特公司利息请求不予支持。艾利斯特公司其余诉请，合情、合理、合法，应予支持。

二审诉辩情况

判决后，长城公司不服，向本院提起上诉称：

本案中艾利斯特公司未按时对所持票据提示付款，根据《中华人民共和国票据法》的规定，艾利斯特公司应先就未提示付款的原因作出解释，才能提起诉讼。即使艾利斯特公司作出了解释，也应当向票据付款人、承兑人提示付款，在无法实现该票据项下款项时方可提起诉讼，而不能径直向法院主张票据权利。故请求撤销原审判决，驳回艾利斯特公司诉讼请求。

艾利斯特公司辩称：艾利斯特公司系根据长城公司的意思表示未去提示付款，艾利斯特公司无须就此向长城公司作出解释。作为票据承兑人，长城公司应承担无条件付款之责。故请求驳回长城公司之上诉请求，维持原审判决。

二审裁判结果

上海市第二中级人民法院经审理认为，原审法院所作判决，并无不当，应予维持。依照《中华人民共和国民事诉讼法》第153条第1款第1项之规定，判决如下：驳回上诉，维持原判。

二审裁判理由

上海市第二中级人民法院经审理认为，根据《中华人民共和国票据法》的规定，持票人未在法定期限内提示付款，承兑人或者付款人仍应继续承担付款责任的前提条件仅是由持票人作出说明，且法律并未对说明的时间及形式作出进一步规定。本案中，鉴于艾利斯特公司已在诉讼中对未按时提示付款作出说明，故长城公司理应就其承兑的票据承担付款责任。关于长城公司提出艾利斯特公司未作出解释前不享有主张票据款项权利的上诉理由，因缺乏法律依据，本院难以采信。

票据付款请求权纠纷办案依据集成

1. 中华人民共和国票据法（2004年8月28日修正）（节录）

第四条 票据出票人制作票据，应当按照法定条件在票据上签章，并按照所记载的事项承担票据责任。

持票人行使票据权利，应当按照法定程序在票据上签章，并出示票据。

其他票据债务人在票据上签章的，按照票据所记载的事项承担票据责任。

本法所称票据权利，是指持票人向票据债务人请求支付票据金额的权利，包括付款请求权和追索权。

本法所称票据责任，是指票据债务人向持票人支付票据金额的义务。

第十六条 持票人对票据债务人行使票据权利，或者保全票据权利，应当在票据当事人的营业场所和营业时间内进行，票据当事人无营业场所的，应当在其住所进行。

第十七条 票据权利在下列期限内不行使而消灭：

（一）持票人对票据的出票人和承兑人的权利，自票据到期日起二年。见票即付的汇票、本票，自出票日起二年；

（二）持票人对支票出票人的权利，自出票日起六个月；

（三）持票人对前手的追索权，自被拒绝承兑或者被拒绝付款之日起六个月；

（四）持票人对前手的再追索权，自清偿日或者被提起诉讼之日起三个月。

票据的出票日、到期日由票据当事人依法确定。

第五十三条 持票人应当按照下列期限提示付款：

（一）见票即付的汇票，自出票日起一个月内向付款人提示付款；

（二）定日付款、出票后定期付款或者见票后定期付款的汇票，自到期日起十日内向承兑人提示付款。

持票人未按照前款规定期限提示付款的，在作出说明后，承兑人或者付款人仍应当继续对持票人承担付款责任。

通过委托收款银行或者通过票据交换系统向付款人提示付款的，视同持票人提示付款。

第五十四条 持票人依照前条规定提示付款的，付款人必须在当日足额付款。

第五十五条 持票人获得付款的，应当在汇票上签收，并将汇票交给付款人。持票人委托银行收款的，受委托的银行将代收的汇票金额转账收入持票人账户，视同签收。

第五十六条 持票人委托的收款银行的责任，限于按照汇票上记载事项将汇票金额转入持票人账户。

付款人委托的付款银行的责任，限于按照汇票上记载事项从付款人账户支付汇票金额。

第五十七条 付款人及其代理付款人付款时，应当审查汇票背书的连续，并审查提示付款人的合法身份证明或者有效证件。

付款人及其代理付款人以恶意或者有重大过失付款的，应当自行承担责任。

第五十八条 对定日付款、出票后定期付款或者见票后定期付款的汇票,付款人在到期日前付款的,由付款人自行承担所产生的责任。

第五十九条 汇票金额为外币的,按照付款日的市场汇价,以人民币支付。

汇票当事人对汇票支付的货币种类另有约定的,从其约定。

第六十条 付款人依法足额付款后,全体汇票债务人的责任解除。

2. 最高人民法院关于审理票据纠纷案件若干问题的规定(2000年11月14日 法释〔2000〕32号)(节录)

一、受理和管辖

第一条 因行使票据权利或者票据法上的非票据权利而引起的纠纷,人民法院应当依法受理。

第二条 依照票据法第十条的规定,票据债务人(即出票人)以在票据未转让时的基础关系违法、双方不具有真实的交易关系和债权债务关系、持票人应付对价而未付对价为由,要求返还票据而提起诉讼的,人民法院应当依法受理。

第三条 依照票据法第三十六条的规定,票据被拒绝承兑、被拒绝付款或者汇票、支票超过提示付款期限后,票据持有人背书转让的,被背书人以背书人为被告行使追索权而提起诉讼的,人民法院应当依法受理。

第四条 持票人不先行使付款请求权而先行使追索权遭拒绝提起诉讼的,人民法院不予受理。除有票据法第六十一条第二款和本规定第三条所列情形外,持票人只能在首先向付款人行使付款请求权而得不到付款时,才可以行使追索权。

第五条 付款请求权是持票人享有的第一顺序权利,追索权是持票人享有的第二顺序权利,即汇票到期被拒绝付款或者具有票据法第六十一条第二款所列情形的,持票人请求背书人、出票人以及汇票的其他债务人支付票据法第七十条第一款所列金额和费用的权利。

第六条 因票据权利纠纷提起的诉讼,依法由票据支付地或者被告住所地人民法院管辖。

票据支付地是指票据上载明的付款地,票据上未载明付款地的,汇票付款人或者代理付款人的营业场所、住所或者经常居住地,本票出票人的营业场所,支票付款人或者代理付款人的营业场所所在地为票据付款地。代理付款人即付款人的委托代理人,是指根据付款人的委托代为支付票据金额的银行、信用合作社等金融机构。

第七条 因非票据权利纠纷提起的诉讼,依法由被告住所地人民法院管辖。

二、票据保全

第八条 人民法院在审理、执行票据纠纷案件时,对具有下列情形之一的票据,经当事人申请并提供担保,可以依法采取保全措施或者执行措施:

(一)不履行约定义务,与票据债务人有直接债权债务关系的票据当事人所持有的票据;

(二)持票人恶意取得的票据;

(三)应付对价而未付对价的持票人持有的票据;

(四)记载有"不得转让"字样而用于贴现的票据;

（五）记载有"不得转让"字样而用于质押的票据；

（六）法律或者司法解释规定有其他情形的票据。

三、举证责任

第九条 票据诉讼的举证责任由提出主张的一方当事人承担。

依照票据法第四条第二款、第十条、第十二条、第二十一条的规定，向人民法院提起诉讼的持票人有责任提供诉争票据。该票据的出票、承兑、交付、背书转让涉嫌欺诈、偷盗、胁迫、恐吓、暴力等非法行为的，持票人对持票的合法性应当负责举证。

第十条 票据债务人依照票据法第十三条的规定，对与其有直接债权债务关系的持票人提出抗辩，人民法院合并审理票据关系和基础关系的，持票人应当提供相应的证据证明已经履行了约定义务。

第十一条 付款人或者承兑人被人民法院依法宣告破产的，持票人因行使追索权而向人民法院提起诉讼时，应当向受理法院提供人民法院依法作出的宣告破产裁定书或者能够证明付款人或者承兑人破产的其他证据。

第十二条 在票据诉讼中，负有举证责任的票据当事人应当在一审人民法院法庭辩论结束以前提供证据。因客观原因不能在上述举证期限以内提供的，应当在举证期限届满以前向人民法院申请延期。延长的期限由人民法院根据案件的具体情况决定。

票据当事人在一审人民法院审理期间隐匿票据、故意有证不举，应当承担相应的诉讼后果。

四、票据权利及抗辩

第十三条 票据法第十七条第一款第（一）、（二）项规定的持票人对票据的出票人和承兑人的权利，包括付款请求权和追索权。

第十四条 票据债务人以票据法第十条、第二十一条的规定为由，对业经背书转让票据的持票人进行抗辩的，人民法院不予支持。

第十五条 票据债务人依照票据法第十二条、第十三条的规定，对持票人提出下列抗辩的，人民法院应予支持：

（一）与票据债务人有直接债权债务关系并且不履行约定义务的；

（二）以欺诈、偷盗或者胁迫等非法手段取得票据，或者明知有前列情形，出于恶意取得票据的；

（三）明知票据债务人与出票人或者与持票人的前手之间存在抗辩事由而取得票据的；

（四）因重大过失取得票据的；

（五）其他依法不得享有票据权利的。

第十六条 票据债务人依照票据法第九条、第十七条、第十八条、第二十二条和第三十一条的规定，对持票人提出下列抗辩的，人民法院应予支持：

（一）欠缺法定必要记载事项或者不符合法定格式的；

（二）超过票据权利时效的；

（三）人民法院作出的除权判决已经发生法律效力的；

（四）以背书方式取得但背书不连续的；

（五）其他依法不得享有票据权利的。

第十七条　票据出票人或者背书人被宣告破产的，而付款人或者承兑人不知其事实而付款或者承兑，因此所产生的追索权可以登记为破产债权，付款人或者承兑人为债权人。

第十八条　票据法第十七条第一款第（三）、（四）项规定的持票人对前手的追索权，不包括对票据出票人的追索权。

第十九条　票据法第四十条第二款和第六十五条规定的持票人丧失对其前手的追索权，不包括对票据出票人的追索权。

第二十条　票据法第十七条规定的票据权利时效发生中断的，只对发生时效中断事由的当事人有效。

第二十一条　票据法第六十六条第一款规定的书面通知是否逾期，以持票人或者其前手发出书面通知之日为准；以信函通知的，以信函投寄邮戳记载之日为准。

第二十二条　票据法第七十条、第七十一条所称中国人民银行规定的利率，是指中国人民银行规定的企业同期流动资金贷款利率。

第二十三条　代理付款人在人民法院公示催告公告发布以前按照规定程序善意付款后，承兑人或者付款人以已经公示催告为由拒付代理付款人已经垫付的款项的，人民法院不予支持。

五、失票救济

第二十四条　票据丧失后，失票人直接向人民法院申请公示催告或者提起诉讼的，人民法院应当依法受理。

第二十五条　出票人已经签章的授权补记的支票丧失后，失票人依法向人民法院申请公示催告的，人民法院应当依法受理。

第二十六条　票据法第十五条第三款规定的可以申请公示催告的失票人，是指按照规定可以背书转让的票据在丧失票据占有以前的最后合法持票人。

第二十七条　出票人已经签章但未记载代理付款人的银行汇票丧失后，失票人依法向付款人即出票银行所在地人民法院申请公示催告的，人民法院应当依法受理。

第二十八条　超过付款提示期限的票据丧失以后，失票人申请公示催告的，人民法院应当依法受理。

第二十九条　失票人通知票据付款人挂失止付后三日内向人民法院申请公示催告的，公示催告申请书应当载明下列内容：

（一）票面金额；
（二）出票人、持票人、背书人；
（三）申请的理由、事实；
（四）通知票据付款人或者代理付款人挂失止付的时间；
（五）付款人或者代理付款人的名称、通信地址、电话号码等。

第三十条　人民法院决定受理公示催告申请，应当同时通知付款人及代理付款人停止支付，并自立案之日起三日内发出公告。

第三十一条　付款人或者代理付款人收到人民法院发出的止付通知，应当立即停止支付,直至公示催告程序终结。非经发出止付通知的人民法院许可擅自解付的,不得免除票据责任。

第三十二条 人民法院决定受理公示催告申请后发布的公告应当在全国性的报刊上登载。

第三十三条 依照《中华人民共和国民事诉讼法》(以下简称民事诉讼法)第一百九十四条的规定,公示催告的期间,国内票据自公告发布之日起六十日,涉外票据可根据具体情况适当延长,但最长不得超过九十日。

第三十四条 依照民事诉讼法第一百九十五条第二款的规定,在公示催告期间,以公示催告的票据质押、贴现,因质押、贴现而接受该票据的持票人主张票据权利的,人民法院不予支持,但公示催告期间届满以后人民法院作出除权判决以前取得该票据的除外。

第三十五条 票据丧失后,失票人在票据权利时效届满以前请求出票人补发票据,或者请求债务人付款,在提供相应担保的情况下因债务人拒绝付款或者出票人拒绝补发票据提起诉讼的,由被告住所地或者票据支付地人民法院管辖。

第三十六条 失票人因请求出票人补发票据或者请求债务人付款遭到拒绝而向人民法院提起诉讼的,被告为与失票人具有票据债权债务关系的出票人、拒绝付款的票据付款人或者承兑人。

第三十七条 失票人为行使票据所有权,向非法持有票据人请求返还票据的,人民法院应当依法受理。

第三十八条 失票人向人民法院提起诉讼的,除向人民法院说明曾经持有票据及丧失票据的情形外,还应当提供担保。担保的数额相当于票据载明的金额。

第三十九条 对于伪报票据丧失的当事人,人民法院在查明事实,裁定终结公示催告或者诉讼程序后,可以参照民事诉讼法第一百零二条的规定,追究伪报人的法律责任。

六、票据效力

第四十条 依照票据法第一百零九条以及经国务院批准的《票据管理实施办法》的规定,票据当事人使用的不是中国人民银行规定的统一格式票据的,按照《票据管理实施办法》的规定认定,但在中国境外签发的票据除外。

第四十一条 票据出票人在票据上的签章上不符合票据法以及下述规定的,该签章不具有票据法上的效力:

(一)商业汇票上的出票人的签章,为该法人或者该单位的财务专用章或者公章加其法定代表人、单位负责人或者其授权的代理人的签名或者盖章;

(二)银行汇票上的出票人的签章和银行承兑汇票的承兑人的签章,为该银行汇票专用章加其法定代表人或者其授权的代理人的签名或者盖章;

(三)银行本票上的出票人的签章,为该银行的本票专用章加其法定代表人或者其授权的代理人的签名或者盖章;

(四)支票上的出票人的签章,出票人为单位的,为与该单位在银行预留签章一致的财务专用章或者公章加其法定代表人或者其授权的代理人的签名或者盖章;出票人为个人的,为与该个人在银行预留签章一致的签名或者盖章。

第四十二条 银行汇票、银行本票的出票人以及银行承兑汇票的承兑人在票据上未加盖规定的专用章而加盖该银行的公章，支票的出票人在票据上未加盖与该单位在银行预留签章一致的财务专用章而加盖该出票人公章的，签章人应当承担票据责任。

第四十三条 依照票据法第九条以及《票据管理实施办法》的规定，票据金额的中文大写与数码不一致，或者票据载明的金额、出票日期或者签发日期、收款人名称更改，或者违反规定加盖银行部门印章代替专用章，付款人或者代理付款人对此类票据付款的，应当承担责任。

第四十四条 因更改银行汇票的实际结算金额引起纠纷而提起诉讼，当事人请求认定汇票效力的，人民法院应当认定该银行汇票无效。

第四十五条 空白授权票据的持票人行使票据权利时未对票据必须记载事项补充完全，因付款人或者代理付款人拒绝接收该票据而提起诉讼的，人民法院不予支持。

第四十六条 票据的背书人、承兑人、保证人在票据上的签章不符合票据法以及《票据管理实施办法》规定的，或者无民事行为能力人、限制民事行为能力人在票据上签章的，其签章无效，但不影响人民法院对票据上其他签章效力的认定。

七、票据背书

第四十七条 因票据质权人以质押票据再行背书质押或者背书转让引起纠纷而提起诉讼的，人民法院应当认定背书行为无效。

第四十八条 依照票据法第二十七条的规定，票据的出票人在票据上记载"不得转让"字样，票据持有人背书转让的，背书行为无效。背书转让后的受让人不得享有票据权利，票据的出票人、承兑人对受让人不承担票据责任。

第四十九条 依照票据法第二十七条和第三十条的规定，背书人未记载被背书人名称即将票据交付他人的，持票人在票据被背书人栏内记载自己的名称与背书人记载具有同等法律效力。

第五十条 依照票据法第三十一条的规定，连续背书的第一背书人应当是在票据上记载的收款人，最后的票据持有人应当是最后一次背书的被背书人。

第五十一条 依照票据法第三十四条和第三十五条的规定，背书人在票据上记载"不得转让"、"委托收款"、"质押"字样，其后手再背书转让、委托收款或者质押的，原背书人对后手的被背书人不承担票据责任，但不影响出票人、承兑人以及原背书人之前手的票据责任。

第五十二条 依照票据法第五十七条第二款的规定，贷款人恶意或者有重大过失从事票据质押贷款的，人民法院应当认定质押行为无效。

第五十三条 依照票据法第二十七条的规定，出票人在票据上记载"不得转让"字样，其后手以此票据进行贴现、质押的，通过贴现、质押取得票据的持票人主张票据权利的，人民法院不予支持。

第五十四条 依照票据法第三十四条和第三十五条的规定，背书人在票据上记载"不得转让"字样，其后手以此票据进行贴现、质押的，原背书人对后手的被背书人不承担票据责任。

第五十五条 依照票据法第三十五条第二款的规定，以汇票设定质押时，出质人在汇票上只记载了"质押"字样未在票据上签章的，或者出质人未在汇票、粘单上记载"质押"字样而另行签订质押合同、质押条款的，不构成票据质押。

第五十六条 商业汇票的持票人向其非开户银行申请贴现，与向自己开立存款账户的银行申请贴现具有同等法律效力。但是，持票人有恶意或者与贴现银行恶意串通的除外。

第五十七条 违反规定区域出票，背书转让银行汇票，或者违反票据管理规定跨越票据交换区域出票、背书转让银行本票、支票的，不影响出票人、背书人依法应当承担的票据责任。

第五十八条 依照票据法第三十六条的规定，票据被拒绝承兑、被拒绝付款或者超过提示付款期限，票据持有人背书转让的，背书人应当承担票据责任。

第五十九条 承兑人或者付款人依照票据法第五十三条第二款的规定对逾期提示付款的持票人付款与按照规定的期限付款具有同等法律效力。

八、票据保证

第六十条 国家机关、以公益为目的的事业单位、社会团体、企业法人的分支机构和职能部门作为票据保证人的，票据保证无效，但经国务院批准为使用外国政府或者国际经济组织贷款进行转贷，国家机关提供票据保证的，以及企业法人的分支机构在法人书面授权范围内提供票据保证的除外。

第六十一条 票据保证无效的，票据的保证人应当承担与其过错相应的民事责任。

第六十二条 保证人未在票据或者粘单上记载"保证"字样而另行签订保证合同或者保证条款的，不属于票据保证，人民法院应当适用《中华人民共和国担保法》的有关规定。

九、法律适用

第六十三条 人民法院审理票据纠纷案件，适用票据法的规定；票据法没有规定的，适用《中华人民共和国民法通则》、《中华人民共和国合同法》、《中华人民共和国担保法》等民商事法律以及国务院制定的行政法规。

中国人民银行制定并公布施行的有关行政规章与法律、行政法规不抵触的，可以参照适用。

第六十四条 票据当事人因对金融行政管理部门的具体行政行为不服提起诉讼的，适用《中华人民共和国行政处罚法》、票据法以及《票据管理实施办法》等有关票据管理的规定。

中国人民银行制定并公布施行的有关行政规章与法律、行政法规不抵触的，可以参照适用。

第六十五条 人民法院对票据法施行以前已经作出终审裁决的票据纠纷案件进行再审，不适用票据法。

十、法律责任

第六十六条 具有下列情形之一的票据，未经背书转让的，票据债务人不承担票据责任；已经背书转让的，票据无效不影响其他真实签章的效力：

（一）出票人签章不真实的；

（二）出票人为无民事行为能力人的；

（三）出票人为限制民事行为能力人的。

第六十七条 依照票据法第十四条、第一百零三条、第一百零四条的规定，伪造、变造票据者除应当依法承担刑事、行政责任外，给他人造成损失的，还应当承担民事赔偿责任。被伪造签章者不承担票据责任。

第六十八条 对票据未记载事项或者未完全记载事项作补充记载，补充事项超出授权范围的，出票人对补充后的票据应当承担票据责任。给他人造成损失的，出票人还应当承担相应的民事责任。

第六十九条 付款人或者代理付款人未能识别出伪造、变造的票据或者身份证件而错误付款，属于票据法第五十七条规定的"重大过失"，给持票人造成损失的，应当依法承担民事责任。付款人或者代理付款人承担责任后有权向伪造者、变造者依法追偿。

持票人有过错的，也应当承担相应的民事责任。

第七十条 付款人及其代理付款人有下列情形之一的，应当自行承担责任：

（一）未依照票据法第五十七条的规定对提示付款人的合法身份证明或者有效证件以及汇票背书的连续性履行审查义务而错误付款的；

（二）公示催告期间对公示催告的票据付款的；

（三）收到人民法院的止付通知后付款的；

（四）其他以恶意或者重大过失付款的。

第七十一条 票据法第六十三条所称"其他有关证明"是指：

（一）人民法院出具的宣告承兑人、付款人失踪或者死亡的证明、法律文书；

（二）公安机关出具的承兑人、付款人逃匿或者下落不明的证明；

（三）医院或者有关单位出具的承兑人、付款人死亡的证明；

（四）公证机构出具的具有拒绝证明效力的文书。

第七十二条 当事人因申请票据保全错误而给他人造成损失的，应当依法承担民事责任。

第七十三条 因出票人签发空头支票、与其预留本名的签名式样或者印鉴不符的支票给他人造成损失的，支票的出票人和背书人应当依法承担民事责任。

第七十四条 人民法院在审理票据纠纷案件时，发现与本案有牵连但不属同一法律关系的票据欺诈犯罪嫌疑线索的，应当及时将犯罪嫌疑线索提供给有关公安机关，但票据纠纷案件不因此而中止审理。

第七十五条 依照票据法第一百零五条的规定，由于金融机构工作人员在票据业务中玩忽职守，对违反票据法规定的票据予以承兑、付款、贴现或者保证，给当事人造成损失的，由该金融机构与直接责任人员依法承担连带责任。

第七十六条 依照票据法第一百零七条的规定，由于出票人制作票据，或者其他票据债务人未按照法定条件在票据上签章，给他人造成损失的，除应当按照所记载事项承担票据责任外，还应当承担相应的民事责任。

持票人明知或者应当知道前款情形而接受的，可以适当减轻出票人或者票据债务人的责任。

第二节 票据追索权纠纷

> **93. 在票据抗辩部分成立的情况下，持票人是否因此丧失全部票据追索权？**
>
> 根据《票据法》第13条第2款的规定，票据债务人可以对不履行约定义务的与自己有直接债权债务关系的持票人，进行抗辩。但在原因债已部分履行且票据抗辩成立的情况下，持票人是否因此完全丧失针对抗辩权人的票据追索权，还是仍可就已履行部分对抗辩权人行使票据追索权，可参考以下几个标准进行具体判断：（1）票据原因关系是否清楚明确；（2）债权债务人双方对已履行部分是否存在争议；（3）追索权的分割是否影响票据关系当事人之外的第三方权益。如上述三个问题均是肯定答案，则可以裁定追索权部分有效，以求更为简便、快捷地化解纠纷。

典型疑难案件参考

和成（中国）有限公司上海分公司与上海巨象物资有限公司票据追索权纠纷案

基本案情

被告上海巨象物资有限公司（以下简称巨象公司）负责在上海地区经销原告和成（中国）有限公司上海分公司（以下简称和成公司）的卫浴产品。双方在2002年签订过经销合约书，有效期至2002年12月31日止。和成公司于2002年3月8日向巨象公司发出"客户账款确认书"，巨象公司确认截至2002年2月28日其应付货款为4113200.52元。2003年3月25日，和成公司向巨象公司发函要求巨象公司在同年3月31日前付清欠款2174333.52元。巨象公司收函后于2003年4月1日将其押在和成公司处的债券折抵货款72500元。和成公司于2003年5月7日持巨象公司开具的中国农业银行支票（号码为DL546290，出票日期为2003年5月6日，票面金额为2101833.52元，用途为货款）向银行提示付款，因存款不足，遭银行退票。和成公司为此诉请法院判令巨象公司支付上述票据款。巨象公司确认其账面反映未付的款项为

2101833.52元，但认为扣除退回库存商品等情况后，其实际付款金额远远小于和成公司主张的款项。

另查明，双方在合同到期后未续约。巨象公司于2003年4月向上海市长宁区人民法院提起诉讼，请求判令和成公司回收库存商品价款计1687344.50元，支付装修费、扣点计20620元，支付仓储、保管费暂计152829元，判令和成公司返还中国农业银行空白支票（号码为DL546290）。上海市长宁区人民法院已于2003年4月23日立案。

一审诉辩情况

原告和成公司诉称：

被告巨象公司系和成公司的经销商，负责在上海地区经销原告产品。被告多次从原告处进货，但没有及时付款。2003年3月25日，原告发函给被告，要求被告支付欠款。经原告催讨，被告向原告开具了金额为人民币2101833.52元（以下币种同）的支票，但却因存款不足遭退票。故原告诉请法院判令被告支付上述票据款。

被告巨象公司辩称：

被告以原、被告之间不具有真实的债权债务关系为由，于2003年4月向上海市长宁区人民法院起诉，要求返还系争票据，该法院已经受理并在审理之中，故原告的诉讼请求能否被支持应当以另案审理结果为依据；此外原告主张的票据款系双方2002年度合同项下的货款，按照该合同约定，双方合同关系结束后原告应当收回库存产品以冲抵被告的欠款，为此被告已经在上海市长宁区人民法院提起诉讼。故认定被告欠款金额亦应以另案的审理结果为依据。综上所述，被告认为应当中止审理，待另案确定金额后再决定被告的付款金额。

一审裁判结果

上海市徐汇区人民法院经审理，依照《中华人民共和国票据法》第90条之规定，判决如下：被告上海巨象物资有限公司应于本判决生效后10日内给付原告和成（中国）有限公司上海分公司票据款人民币2101833.52元。如逾期，则按中国人民银行同期贷款最高利率加一倍计付迟延履行期间的债务利息。

一审裁判理由

上海市徐汇区人民法院经审理认为：和成公司与巨象公司签订买卖合同后，已按约提供了货物，巨象公司亦支付过部分款项，故双方之间的交易关系真实；巨象公司收货后应及时支付货款，现其账面反映的拖欠款项与和成公司主张的票据款一致，故双方之间存在债权债务关系，和成公司基于巨象公司的应付货款取得系争票据并不违背法律规定。本案系票据纠纷，和成公司合法取得的票据，应当依法享有票据权利。巨象公司向上海市长宁区人民法院提起诉讼是基于与和成公司终止买卖合同后的清算而提起的诉讼，与本案并非同一法律关系，故巨象公司提出的诉讼请求并不能作为对抗和成公司行使票据权利的理由。由于巨象公司另案提出的诉讼请求为可独立行使的权利，故本案的审理结果并不影响巨象公司的诉权，本案亦不需要以另案的审理结果作为定案依据，故对巨象公司要求中止审理的请求不予采纳。

二审诉辩情况

巨象公司上诉称：

1. 巨象公司与和成公司具有直接的债权债务关系，作为持票人的和成公司未按照双方的合同约定履行回收巨象公司库存产品并冲抵巨象公司所欠货款的义务，巨象公司有权对和成公司主张的票据金额提出抗辩，要求在和成公司主张的款项中扣除库存产品价款。原审法院未对巨象公司提出的抗辩进行审理，应属错误判决。

2. 巨象公司在本案涉讼之前已向上海市长宁区人民法院提起诉讼，请求确认库存产品的价款金额。巨象公司在本案中的抗辩是否成立取决于上海市长宁区人民法院的判决结果。原审法院对巨象公司提出的中止审理的请求不予支持，径行判决，属程序错误。巨象公司据此请求二审法院撤销原判，发回重审。

和成公司答辩称：

和成公司与巨象公司之间存在经销关系，和成公司向巨象公司提供货物，巨象公司理应支付货款。在巨象公司开出的票据遭退票的情况下，和成公司享有票据追索权，原审法院所作判决正确，巨象公司的上诉请求应予驳回。

二审裁判结果

上海市第一中级人民法院经审理，依据《中华人民共和国票据法》第13条第2款、最高人民法院《关于审理票据纠纷案件若干问题的规定》第15条第1项、《中华人民共和国民事诉讼法》第153条第1款第2项之规定，作出如下判决：

一、撤销上海市徐汇区人民法院〔2003〕徐民二（商）初字第1380号民事判决；

二、上海巨象物资有限公司于本判决书送达之日起10日内给付和成（中国）有限公司上海分公司人民币 1717536.52 元。

> **二审裁判理由**

上海市第一中级人民法院经审理另查明，和成公司与巨象公司签订的《2002 年经销合约书》第 8 条规定，在和成公司取消巨象公司经销商资格后，若巨象公司有和成卫浴产品之库存，和成公司应无条件负责回收，并按经销价结算，冲抵巨象公司货款。上海市第一中级人民法院〔2004〕沪一中民四（商）终字第 211 号生效民事判决确认和成公司回收其于 2002 年销售给巨象公司的产品的价值为 384297 元。

上海市第一中级人民法院根据上述事实和证据认为：和成公司合法取得本案系争票据，依法享有票据权利。根据我国《票据法》第 13 条第 2 款之规定，票据债务人可以对不履行约定义务的与自己有直接债权债务关系的持票人，进行抗辩。根据双方当事人签订的合约书，本案系争票据债务人巨象公司与持票人和成公司之间具有直接以库存冲抵结算货款的债权债务关系，因此，当和成公司向巨象公司主张票据权利的时候，巨象公司有权提出抗辩，要求和成公司按照《2002 年经销合约书》第 8 条的规定履行约定的义务，在其主张的票据金额中扣除因库存产品的回收而冲抵的货款。根据上海市第一中级人民法院〔2004〕沪一中民四（商）终字第 211 号生效民事判决，和成公司应回收的库存产品价款金额为 384297 元，该款项应在和成公司主张的票据款中予以扣除。扣除上述款项后，巨象公司还应支付和成公司款项 1717536.52 元。由于巨象公司在上海市长宁区人民法院提起的诉讼请求是要求按照确定价款金额回收库存产品，与其在本案中要求冲抵货款的抗辩理由不一致，原审法院对巨象公司的抗辩不予支持不当，本院予以纠正，巨象公司的上诉理由成立，本院予以支持。

94. 空白票据的法律效力是什么？

空白票据是指出票人在签发票据时，未完全记载票据法规定的票据绝对必要记载事项，就签名并交付票据，而授权他人在其后补充完成的票据。如严格依据票据法对于票据要式性和文义性的要求，空白票据是不具有法律效力的。而根据现实交易上的需要，我国《票据法》第 85 条、第 86 条第 1 款特别规定允许出票人签发金额空白和收款人空白的支票，只要持票人根据授权合理

> 对票据空白部分进行补记后，该空白票据就将成为完全票据，并发生完全票据所应具有的法律效力，持票人享有背书转让、请求支付票据金额以及未获承兑或付款后的追索权利。但应注意的是，在空白票据未补充完全之前，该票据不得进行背书转让，也不得进行提示付款。

典型疑难案件参考

佛山市禅城区建新纸类经销部与佛山市禅城区联益印刷厂、李高票据追索权纠纷案（〔2005〕佛中法民二终字第468号）

基本案情

佛山市禅城区建新纸类经销部（以下简称建新经销部）与李高之间存在业务往来，且李高未结清货款给建新经销部。李高于2004年7月28日出具一份协议书给佛山市禅城区联益印刷厂（以下简称联益厂），约定在2004年8月2日前提供8吨纸品给联益厂，联益厂为此提供佛山市禅城区环市农村信用合作社支票（编号佛山GG/02：01062925）一张给李高。同年8月4日，联益厂开具该支票予李高，支票仅注明了金额为人民币46000元，未写收款人名称。而后，李高将该支票交予建新经销部。建新经销部持该支票到银行转账时因该支票的日期大写有误而致退票。在建新经销部持票向联益厂主张返还货款未果情况下，于2004年8月20日向原审法院提起诉讼，请求联益厂结清欠建新经销部的货款46000元及从出票日即2004年8月5日起至结清款项时止按商业银行同期同类贷款利率加倍计算的利息，并由联益厂承担案件的诉讼费用。2004年10月8日，联益厂以其从未与建新经销部发生业务往来，建新经销部提供的支票是联益厂向李高购货的支付凭证为由，申请追加李高为本案被告。同月12日，原审法院追加李高为本案被告参加诉讼。

一审裁判结果

佛山市禅城区人民法院经审理，依据《中华人民共和国票据法》第10条，《中华人民共和国民事诉讼法》第52条、第64条第1款，最高人民法院《关于民事诉讼证据的若干规定》第2条、第5条第1款的规定，判决如下：驳回建新经销部的诉讼请求。

一审裁判理由

佛山市禅城区人民法院经审理认为，建新经销部持支票与售货合同诉至法院，可向法院自行选择主张票据纠纷或买卖合同纠纷，因其在诉讼中向法院主张票据请求权纠纷，与法律规定并不相悖，是自行处分其诉讼权利的行为，予以认可。本案的争议焦点为建新经销部与联益厂间是否存在买卖合同关系。纵观双方提供的证据与陈述，建新经销部提供的支票的收款人一栏虽注明"佛山市禅城区建新纸类经销部"，但协议书、支票存根联与法院所作之询问笔录均反映该支票在开出时并未注明收款人具体名称；建新经销部提供的两联售货合同的客户名称一栏虽打印为"佛山市联益印刷厂"，但在需方单位一栏仅有李高手写的"联益厂。李高"的字样，收货人一栏却未有签章；建新经销部虽主张李高的行为是代表联益厂，但未提供证据证明李高与联益厂之间的关系，且联益厂对此亦予以否认；而建新经销部在庭审中亦承认其与李高有业务往来且未结清货款。综上，建新经销部所持的证据不足以说明其与联益厂存在买卖合同关系。支票作为办理支付结算的工具，其取得必须有合法来源，即交易取得或转让取得。建新经销部认为该支票是联益厂与其发生购销往来时由李高转交，但现有证据不能证明讼争支票存在建新经销部所主张的票据基础关系，故联益厂有权拒付票面金额。因本案属票据请求权纠纷，李高并非票据当事人，且建新经销部在起诉状及庭审过程中坚持李高代表联益厂，其行为后果应由联益厂负责而未对李高作出任何主张，故对涉及李高的合同之债不予审查。

二审诉辩情况

建新经销部不服原审法院上述判决，向广东省佛山市中级人民法院提起上诉称：

1. 建新经销部在庭审时已明确向原审法院选择票据请求权纠纷起诉，联益厂对此也无异议，但一审法院之后却以买卖合同的逻辑、思维来审理本案，并归纳争议焦点是建新经销部与联益厂是否存在买卖合同关系不当。

2. 票据请求权纠纷的关键不在于出票人与持票人是否存在买卖合同关系，而是出票人是否开具了讼争票据以及持票人持有票据来源的合法性。从本案的证据来看，联益厂确实开具了号码为01062925、金额为46000元的支票给李高，而建新经销部也确实是因为李高来购货支付对价才取得该支票，并非从非法途径获取的。从原审法院前去询问李高的笔录里也可以反映李高是从联益厂处取得讼争支票然后到建新经销部处购货拖欠货款所以给付支票予建新经销部,由此反映建新经销部取得该张支票确实是建立在真实、合法的对价交易上取得的。

3. 李高与联益厂之间的协议书只能在他们之间具有约束力,对第三人不具有约束力,而且该份协议书的内容有违常理,部分内容的真实性令人质疑。(1) 在李高对货物在哪里、定价多少、何时供货都没有具体的计划的情况下,联益厂就已经将支票故意写错大写日期交付给李高,在李高尚未看货时联益厂就存心让持票人无法兑现支票。(2) 明知李高是拿着该支票去购物,明知该支票在购货后必然流转到供应商手中,所以该支票收款人一栏是空着的。联益厂故意并放任李高之外的供应商持有该张支票情况的发生。而其支票头写着李高并不是体现收款人是李高,只是体现李高是该支票的第一手持有人而已,而联益厂明知李高是个人,并不能以个人名义入账,为此才特意让收款人一栏空着。(3) 在8月2日李高没有送货也没有将支票退回联益厂时,联益厂可以采取通知银行停止支付、向报社或媒体作出声明作废、到公安机关报案、向法院申请公示催告、向法院起诉等方式,但联益厂没有以上述任何方式对抗第三人,其与李高之间的内部声明不具有对抗第三人的法律效力。(4) 一审法院遗漏了李高在2004年11月27日所写的一份证明,该证明证实2004年7月28日的协议书是事后为了本案而补写的,并非李高的本意,是受联益厂强迫而写的。

4. 联益厂开具了支票而持票人对支票又是合法取得的,则联益厂应承担支付支票金额的责任。(1) 讼争支票的填写符合《票据法》第84条和第86条的规定,是有效支票。(2) 即使联益厂故意写错讼争支票的大写日期致使建新经销部无法兑现支票权利,根据《票据法》第18条的规定,建新经销部仍可以享有民事权利,请求出票人返还其与未支付的票据金额相当的利益。(3) 根据《票据法》第26条的规定,出票人签发支票后,即承担保证该支票承兑和付款的责任。出票人在支票得不到承兑或者付款时,应当向持票人清偿被拒绝付款的支票金额、支票金额自到期日或者提示付款日起至清偿日止,按中国人民银行规定的利率计算的利息、取得有关拒绝证明和发出通知书的费用。

综上所述,原审判决驳回建新经销部的诉讼请求是错误的,请求二审法院改判联益厂向建新经销部支付46000元及相应的利息和损失并由联益厂承担案件的一、二审诉讼费用。

联益厂答辩称:

1. 支票是联益厂支付给李高的,支付条件是李高2004年8月2日前将货物送到联益厂,否则支票是作废的。

2. 联益厂与建新经销部不存在购销关系，建新经销部也未向联益厂提供支票中的对价，不存在买卖关系。

3. 本案发生是由于李高在明知其手持的支票作废的情况下向建新经销部提出购买货物而引起的，因此与联益厂无关。

4. 支票的收款人不是建新经销部填写的，联益厂也从未收到过建新经销部的任何货物，因此无须支付票据的款项，请求法院驳回建新经销部的诉讼请求。

二审裁判结果

广东省佛山市中级人民法院经审理认为，原审判决认定事实基本清楚，但适用法律不当，应予纠正。建新经销部上诉请求中合法有据的部分，本院予以支持，没有法律依据部分，本院予以驳回。依照《中华人民共和国票据法》第61条第1款、第70条、第94条，《中华人民共和国民事诉讼法》第153条第1款第2项、第232条的规定，判决如下：

一、撤销广东省佛山市禅城区人民法院〔2004〕佛禅法民二初字第1043号民事判决；

二、佛山市禅城区联益印刷厂应于本判决发生法律效力之日起10日内支付支票金额46000元及利息（从2004年8月5日起至本判决确定付款日止，按中国人民银行规定的同期贷款利率计算）予佛山市禅城区建新纸类经销部，逾期支付，则按中国人民银行规定的同期贷款利率加倍支付迟延履行期间的债务利息；

三、驳回佛山市禅城区建新纸类经销部的其他诉讼请求。

二审裁判理由

广东省佛山市中级人民法院经审理认为，建新经销部作为持票人在支票被银行拒绝付款后持退票通知书向出票人联益厂主张票据权利，根据《中华人民共和国票据法》第61条第1款的规定，属行使票据追索权，故本案应为票据追索权纠纷。从当事人确认的事实来看，讼争支票为联益厂开具予李高的，出票时收款人栏为空白，后李高向建新经销部购货时交付予建新经销部。联益厂开具收款人栏为空白的支票即表明其同意持票人在收款人栏上作补记；另外，建新经销部虽与票面前手联益厂无业务往来，但其因向李高出售货物而取得该支票，已支付对价，取得票据合法，其票据权利依法应受保护。联益厂认为支票收款人栏作补记未经其同意及建新经销部取得支票未支付对价的抗辩理由不成立，本院不予采信。

因支票为见票即付的权利凭证，除发生《中华人民共和国票据法》第13条第2款规定的情形外，出票人在合法持票人行使票据追索权时应承担无条件付款的责任。虽然联益厂与建新经销部为票面前后手，但双方均确认两者间并无业务往来，即二者之间没有直接债权债务关系，故不属上述规定中票据债务人可以行使抗辩权的情形，而且联益厂与李高之间的协议仅在其二者间发生效力，对建新经销部并无约束力，不影响建新经销部票据追索权的行使，故联益厂应向建新经销部支付该支票的金额及自支票付款日即2004年8月4日起至清偿日止，按照中国人民银行规定的利率计算的利息。建新经销部请求从2004年8月5日起计算利息，是其对自己诉讼权利的处分，本院予以准许；但其请求以商业银行同期同类贷款利率加倍计付债务利息不当，对超出部分本院不予支持。

95. 已行使过付款请求权并获得拒绝证明的持票人在自愿移转票据占有后，能否继续行使票据追索权？

票据自身的特性使得票据权利的行使与票据的占有之间具有直接联系，对此，在最高人民法院《关于审理票据纠纷案件若干问题的规定》第9条第2款的规定中，还特别强调了持票人在诉讼中有提供争讼票据的义务。可以说，票据人只有在占有票据的前提下方能行使票据权利。而在现实生活中，票据权利人丧失占有的情况时有发生，此时明确区分票据自愿转移占有与票据丧失之间的本质差别，对作出正确的法律判断具有重要意义。在票据丧失的情况下，由于持票人丧失对票据的占有并非基于其本意，故而其票据权利并不当然消灭，可以通过法定的挂失止付、公示催告以及普通诉讼等方式使其票据权利得到恢复；而在持票人自愿转移票据占有的情况下，即使持有拒绝付款的证明，票据权利人转移票据占有的行为也将使其丧失持票人的法律地位，从而无法行使票据权利。

典型疑难案件参考

汇晋建材有限公司诉上海大华装饰工程公司票据追索权纠纷案

基本案情

原告上海汇晋建材有限公司和被告上海大华装饰工程有限公司就某建筑项目于2003年9月11日和2003年12月16日分别签订了两份大理石买卖合同,约定汇晋公司分三批向大华装饰公司提供面积为12500平方米的意大利人造米黄大理石,合同金额共计人民币4000000元。签约后,汇晋公司在2003年9月27日至次年5月期间陆续向大华装饰公司提供了总面积为13547.54平方米的大理石,共计货款4343476.37元。后大华装饰公司向汇晋公司实际付款3743482.36元,尚欠599994.01元未付。2004年4月19日,大华装饰公司向汇晋公司开具一张商业承兑汇票,票据金额为599994元,到期日为同年6月19日。后汇晋公司持票向银行提示付款,但因大华装饰公司存款不足遭退票。同年7月8日,汇晋公司因故自愿将该汇票交还大华装饰公司。2005年3月16日,汇晋公司以向法院起诉的方式行使追索权,要求大华装饰公司支付票据款及利息。

一审诉辩情况

原告上海汇晋建材有限公司诉称,原告曾于2003年9月11日和2003年12月16日分别与被告上海大华装饰工程有限公司签订买卖合同,约定由原告向被告提供意大利大理石。原告根据该合同履行了供货义务,被告于2004年4月19日交付原告一张商业承兑汇票,汇票号码为02147447,汇票金额为599994元,汇票到期日为2004年6月19日,用以偿还尚未清偿的货款。但至该汇票到期日原告向银行提示付款,却因被告账户内存款不足被退票。故原告诉至法院,请求法院判令被告支付票据款599994元;请求法院判令被告偿付银行利息从2004年6月19日起算至实际付款之日止,按银行同期贷款利率计算,暂计55000元。

被告上海大华装饰工程有限公司辩称,原告起诉时所称的票据基础关系是2003年12月16日双方签订的买卖合同,该合同项下的款项被告已全部结清,且原告已将系争票据原件退还给被告,这表明原告自愿放弃依据票据向被告主张付款的权利,故要求法院驳回原告的诉讼请求。

一审裁判结果

上海市徐汇区人民法院经审理,依照《中华人民共和国票据法》第26条、第61条、第62条、第70条之规定,判决如下:

一、被告上海大华装饰工程有限公司应于本判决生效后10日内支付原告上海汇晋建材有限公司票据款599994元;

二、被告上海大华装饰工程有限公司应于本判决生效后10日内支付原告上海汇晋建材有限公司银行利息,以599994元为本金,从2004年6月19日起算至实际支付之日止,按中国人民银行同期贷款利率计算。

一审裁判理由

上海市徐汇区人民法院经审理认为,根据原、被告签订的大理石买卖合同以及供货、付款情况,被告拖欠原告599994.01元货款属实。由于双方所签订的两份合同涉及的标的物相同,原告实际的交货期与约定的交货期不一致,且被告的每次付款与原告每次的供货金额并不一致,因此,本院难以认定付款与供货系一一对应,不能得出第二份合同项下货款已结清的结论。原告汇晋公司系合法取得有效票据,依法享有票据权利。虽然原告将系争汇票原件退还给了被告,但因原告已就该票据行使过付款请求权,且向法庭提供了有关拒绝证明,故依法享有票据追索权。被告作为出票人应承担保证该汇票承兑和付款的责任。

二审诉辩情况

一审宣判后,被告大华装饰公司不服上述判决,以原审理由提起上诉。原告汇晋公司以原审理由进行答辩。

二审裁判结果

上海市第一中级人民法院经审理认为,依照《中华人民共和国民事诉讼法》第153条第1款第2项、第107条、第158条、《中华人民共和国票据法》第62条以及最高人民法院《关于审理票据纠纷案件若干问题的规定》第9条第2款之规定,判决如下:

一、撤销原审民事判决;

二、被上诉人上海汇晋建材有限公司的诉讼请求不予支持。

二审裁判理由

上海市第一中级人民法院认为:票据是设权证券,票据权利则是一种体现在票据上的权利。票据权利与票据本身具有不可分离的关系，票据权利的行使必须以权利人现实地占有票据为前提。本案中，建材公司因向装饰公司供货而收取了商业承兑汇票，并持该汇票向银行提示付款，但在遭银行退票后，其已自愿将汇票退还给装饰公司，从而丧失了对该汇票的实际占有。《中华人民共和国票据法》第62条规定：持票人行使追索权时，应当提供被拒绝承兑或者被拒绝付款的有关证明。由此可知，若要行使票据追索权，除应提供相关拒绝证明外，还应符合持票人的身份要求。最高人民法院《关于审理票据纠纷案件若干问题的规定》第9条第2款亦规定：依照《票据法》第4条第2款、第10条、第12条、第21条的规定，向人民法院提起诉讼的持票人有责任提供诉争票据。而建材公司在提起本案诉讼时未能提供系争汇票的原件，故其向装饰公司行使票据追索权已于法无据，不予支持。

96. 持票人未在法定期限内对出票人行使票据权利，其后能否再主张票据权利？

根据《票据法》第17条的规定，如果持票人未在法定期限内对出票人行使票据权利，则该票据权利消失，持票人不再享有票据权利，自然也就不能依据票据法的相关规定向持票人主张付款权或追索权。但是，在票据权利消失后，持票人仍然可以依据票据利益返还请求权要求出票人或者承兑人返还其与未支付的票据金额相当的利益。

典型疑难案件参考

中集建设集团有限公司广州分公司、中集建设集团有限公司与李建阳票据追索权纠纷案

基本案情

2003年10月20日，中集广州分公司开出号码为GG/02 01870410，收款人为广州市白云区太和健扬建材店，金额为50000元的支票一张。李建阳是广州市白云区太和健扬建材店的业主，领有个体户工商户营业执照。中集广州分公司是原审被告中集建设集团有限公司的分公司。2003年10月22日，李建阳在申请支付时被银行退票。2004年11月1日，经李建阳申请，原审法院依法向中国农业银行广州市燕岭支行查询，该行提供书证《退票登记簿》（之二），

退票原因栏目注明：日期"贰"写错。2004年10月12日，李建阳以要求判令中集广州分公司与原审被告依票据金额支付50000元及利息为由，向原审法院提起诉讼。

另经查明，案外人李建生承认是其本人向中集广州分公司供货的，支票上收款人广州市白云区太和健扬建材店并不是实际供货人，实际供货人是李建生，中集广州分公司在开出该支票时收款人一栏是空白的，而李建生在取得支票后，将支票收款人一栏填写上李建阳的名字用以偿还其欠款。

▶一审裁判结果

广州市东山区人民法院经审理，依照《中华人民共和国票据法》第18条、第26条、第70条第1款第1项、第2项、第90条第1款的规定，判决如下：

一、中集建设集团有限公司广州分公司于本判决发生法律效力之日起10日内支付款项50000元及利息（从2003年10月23日起按银行同期贷款利率计算至本判决限定还款之日止）给李建阳。

二、中集建设集团有限公司对上述款项承担补充清偿责任。逾期还款，逾付部分按《中华人民共和国民事诉讼法》第232条规定执行。

▶一审裁判理由

广州市东山区人民法院经审理认为，以中集广州分公司名义出具的支票，具备了支票金额、付款人名称、出票日期、出票人签章等绝对应当记载的事项，是形式要件齐备的支票。中集广州分公司开出支票给广州市白云区太和健扬建材店，而该店的业主是李建阳，即李建阳与中集广州分公司形成票据法律关系，中集广州分公司为出票人，李建阳为持票人。根据我国票据法的相关规定，中集广州分公司在签发支票以后，即应承担该支票的付款义务。李建阳在支票得不到付款时，有权要求中集广州分公司支付被拒绝付款的支票金额。因此，本案中的李建阳在向银行请求付款而被退票后，即依法享有向出票人即中集广州分公司要求支付该支票金额的权利。虽没有证据证明李建阳在中集广州分公司出票日起6个月内行使票据权利。但中集广州分公司应支付的款项仍存在其账户下，即中集广州分公司因李建阳未行使其票据权利而享有额外的利益，故根据《中华人民共和国票据法》第18条的规定，李建阳仍享有民事权利，可要求中集广州分公司返还其与未支付的票据金额相当的利益。中集广州分公司称其与李建阳不存在真实的债权债务关系，但没有提交证据证明，对此原审法院不予采信。李建阳在2003年10月22日被退票，故利息应自退票之日起次日（2003年10月23日）起计算。因中集建设集团有限公司广州分公司是中集建设集团有限公司的分公司，故中集建设集团有限公司应对其分公司的对外债务承担补充清偿责任。

二审诉辩情况

中集建设集团有限公司广州分公司不服一审判决，提起上诉称：

1. 李建阳持有的支票已超过诉讼时效而丧失票据权利。《中华人民共和国票据法》第17条规定："票据权利在下列期限内不行使而消灭：（二）持票人对支票出票人的权利，自出票日起6个月。"最高人民法院《关于审理票据纠纷案件若干问题的规定》第16条规定："票据债务人依照……对持票人提出下列抗辩的，人民法院应予支持：（二）超过票据权利时效的。"

2. 中集广州分公司与李建阳不存在真实的债权债务关系，且李建阳主张享有该原因债权的举证责任由李建阳承担。中集广州分公司与李建阳双方从来没有任何合同关系。依证据法原理，谁主张，谁举证。既然李建阳（持票人）因超过票据权利时效而丧失了票据权利，那么其享有的只能是一般的民事权利，而非票据权利。自然李建阳应当向法庭提交其主张的民事权利赖以存在的法律事实（即基础或原因关系）相关的证据予以佐证。如果李建阳仅仅凭借一张已丧失票据权利的票据向法庭主张自己的权利，那么该民事权利没有足够事实得到法律的支持。因为，其一，虽然票据行为具有无因性，但并非绝对的无因性，只是相对无因性，即票据行为在一定条件下的有因性。其二，既然本案的票据权利不存在，那么该权利就是普通的民事债权即原因债权，因此，在举证规则上则表现为"谁主张，谁举证"。本案中该原因债权应由主张权利的李建阳承担举证证明其依法律和事实享有的权利。否则，应承担举证不能的后果。《中华人民共和国票据法》第10条规定："票据的签发、取得和转让，应当遵循诚实信用的原则，具有真实的交易关系和债权债务关系。票据的取得，必须给付对价，即应当给付票据双方当事人认可的相对应的代价。"作为一般民事权利必须有事实为依据，李建阳认为向我方送来装修材料，但却没有提供证据证明。

故请求撤销原审判决，驳回李建阳的诉讼请求；由李建阳支付本案全部诉讼费用。

李建阳答辩称：

1. 一审判决事实清楚，适用法律正确，请求二审法院予以维持。

2. 中集广州分公司和李建阳之间存在票据关系，因为送货时就已经要求中集广州分公司结清有关货款，而且，票据还在李建阳手中，我方仍然享有要求中集广州分公司返还票据的权利,因此,一审判决是正确的,请求维持原判。

二审裁判结果

广州市中级人民法院经审理,依照《中华人民共和国民事诉讼法》第153条第1款第2项的规定,判决如下:

一、撤销广州市东山区人民法院〔2004〕东法民一初字第1593号民事判决;

二、驳回李建阳的诉讼请求。

二审裁判理由

广州市中级人民法院经审理认为,李建阳一审期间依据中集广州分公司作为出票人开具的支票向其主张票据权利,根据已查明的事实证实,李建阳在本案涉案的支票出票之后至该支票法定到期日前已向银行提示付款,由于中集广州分公司开出的票据出票日期存在瑕疵被银行退票,因此,李建阳作为持票人有权向出票人追索。但李建阳在法定的支票票据时效期间(即持票人对支票出票人行使票据权利的期限自支票出票日起6个月)未行使,根据票据法的规定,李建阳的票据权利消灭。故李建阳依据票据权利要求中集广州分公司及原审被告支付50000元及利息的请求,没有法律依据,应予驳回。

虽然根据票据法的规定,李建阳仍然享有依据双方之间的基础法律关系向中集广州分公司行使利益返还请求权的权利,但该权利的行使是基于双方之间存在票据上的原因关系,即李建阳与中集广州分公司之间是否存在交易关系、债权债务关系,李建阳取得票据是否给付了对价等民事法律关系。由于李建阳并未在一审期间当其丧失票据权利之后依据双方之间存在的基础法律关系向中集广州分公司主张其享有的利益返还请求权,因此,对李建阳与中集广州分公司之间是否存在民事上的基础法律关系,以及李建阳是否可依据该民事基础法律关系享有利益返还请求权,不属于本案审查和受理的范畴,原审法院实际也未对此予以实质审查,故李建阳可另案处理。中集广州分公司关于李建阳持有的支票已过票据时效,要求驳回李建阳诉讼请求的上诉理由有理,本院予以采纳。

97. 行使票据追索权的法律要件是什么？

票据追索权，是指持票人在票据被拒绝付款或被拒绝承兑或具有其他法定原因时，在获得拒绝承兑或付款证明后，向其前手请求偿还票据金额、利息及其他法定费用的权利。持票人行使追索权须符合如下实质要件与形式要件。行使追索权的实质要件包括：(1) 票据到期而未获得承兑或被拒绝付款；(2) 承兑人或者付款人死亡、逃匿，或者被宣告破产或者因违法责令终止业务活动。行使追索权的形式要件包括：(1) 持票人必须按期提示承兑或提示付款，否则将丧失对其前手的追索权；(2) 在不获承兑或者不获付款时，必须在法定期间内作成拒绝证明，持票人不能出示拒绝证明、退票理由书或者未按照规定期限提供其他合法证明的，丧失对其前手的追索权；(3) 持票人应在法定期限内将被拒绝事由以书面形式通知其前手，如未履行通知义务，虽不导致追索权丧失，但应对延期通知给前手所造成的损失承担责任。

98. 追索权人和再追索权人的追索对象范围是什么？

依据我国《票据法》之规定，符合追索条件的持票人依法可向作为其前手的出票人、背书人、保证人中的任何一人或数人不分顺序地提出追索请求；还可以在已经向某些票据债务人提出追索请求后，依法追加向其他第二债务人提出追索请求；而在被追索人履行偿付义务后并受领追索权人交付的汇票和拒绝证明文件后，有权向其所有的前手行使再追索权。但应注意的是，若持票人为出票人的，则对其前手无追索权，若持票人为背书人的，对其后手无追索权。

典型疑难案件参考

厦门兴宁士包装设备有限公司诉厦门蒙特实业有限公司及东亚银行（中国）有限公司厦门分行票据追索权纠纷案

基本案情

2008年6月5日，被告厦门蒙特实业有限公司（以下简称蒙特公司）开具一份编号为00015103的银行承兑汇票给厦门艺中天工艺品有限公司，该银行承兑汇票中记载：出票人为被告蒙特公司，收款人为厦门艺中天工艺品有限公司，出票金额为10万元，汇票到期日为2008年12月5日，付款行为被告东亚银行（中国）有限公司厦门分行（以下简称东亚银行）。2008年6月17日，蒙特公司又开具一份编号为00015106的银行承兑汇票给厦门艺中天工艺品有限公司，该银行承兑汇票中记载：出票人为蒙特公司，收款人为厦门艺中天工艺品有限公司，出票金额为20万元，汇票到期日为2008年12月17日，付款行为东亚银行。后厦门艺中天工艺品有限公司将上述两份银行承兑汇票背书转让给原告厦门兴宁士包装设备有限公司（以下简称兴宁士公司）；兴宁士公司又背书转让给深圳南玻浮法玻璃有限公司；深圳南玻浮法玻璃有限公司又背书转让给广东南方碱业股份有限公司等。上述两份银行承兑汇票到期后，持票人向东亚银行提示付款，但被告东亚银行以该汇票在背书转让过程中兴宁士公司的签章前后不衔接构成背书不连续为由拒绝付款，并于2009年1月7日出具两份退票理由书。由于被告东亚银行拒绝付款，持票人向兴宁士公司行使了追索权，兴宁士公司在向持票人深圳南玻浮法玻璃有限公司清偿了汇票金额并取得上述汇票后，向东亚银行和蒙特公司行使再追索权，在被上述两方拒绝后向法院提起诉讼，请求两被告连带向原告支付汇票金额30万元及利息。

诉辩情况

原告兴宁士公司诉称：

被告蒙特公司于2008年6月5日开出编号为00015103的银行承兑汇票，又于2008年6月17日开出编号为00015106的银行承兑汇票，汇票到期日分别为2008年12月5日和2008年12月17日，付款行均为被告东亚银行。两张汇票到期后，持票人依法向被告东亚银行提示付款，但被告东亚银行以背书不连续为由拒绝付款。持票人遂向作为汇票前手的原告行使追索权，原告已依法向持票人清偿了汇票金额并取得上述汇票，但原告在向被告蒙特公司及被告东亚银行行使再追索权时遭到两被告拒绝，故原告请求判令：两被告连带向原告支付汇票金额 30 万元及利息。

被告蒙特公司辩称：其所开具的汇票已被厦门艺中天工艺品有限公司取走，且 2008 年 12 月 5 日及 12 月 17 日被告东亚银行已从其账户支取款项计 30 万元，故其已按正常程序支付货款。

被告东亚银行辩称：由于讼争汇票在背书过程中书写的厦门兴宁"土"包装设备有限公司与印章中厦门兴宁"士"包装设备有限公司存在一字之差，构成背书不连续，其拒绝付款并对汇票作退票处理符合法律规定和银行结算规则。另外，原告将其列为本案被告属于诉讼主体错误，其应属于与本案有利害关系的第三人，即使原告享有票据权利，其也只负有支付该票据款项的义务，而无须承担支付利息的责任。

裁判结果

厦门市思明区人民法院依照《中华人民共和国民事诉讼法》第 64 条第 1 款，《中华人民共和国票据法》第 61 条第 1 款、第 68 条、第 71 条及最高人民法院《关于民事诉讼证据的若干规定》第 2 条之规定，判决如下：

一、被告厦门蒙特实业有限公司应于本判决生效之日起 10 日内向原告厦门兴宁士包装设备有限公司支付汇票金额 30 万元及利息；

二、被告东亚银行（中国）有限公司厦门分行对上述款项承担连带责任；

三、驳回原告厦门兴宁士包装设备有限公司的其他诉讼请求。

裁判理由

厦门市思明区人民法院经审理认为：

被告蒙特公司于 2008 年 6 月 5 日和 6 月 17 日开具的编号为 00015103 的银行承兑汇票及编号为 00015106 的银行承兑汇票，形式上和文义上均符合我国《票据法》的规定，应认定为有效票据。本案中，原告兴宁士公司提交的退票理由书及深圳南玻浮法玻璃有限公司出具的收据证明本案讼争的两份银行承兑汇票因背书不连续被被告东亚银行拒绝付款，同时原告兴宁士公司接受持票人的追索并已向持票人清偿了该票据债务，故原告在本案作为持票人依法享有向其他汇票债务人行使再追索权。现原告兴宁士公司要求出票人即被告蒙特公司支付汇票金额 30 万元及利息并要求被告东亚银行承担连带责任的主张符合法律规定，法院予以支持。综上，原告兴宁士公司的诉讼请求，法院予以部分支持。

票据追索权纠纷办案依据集成

1. 中华人民共和国票据法（2004年8月28日修正）（节录）

第十六条 持票人对票据债务人行使票据权利，或者保全票据权利，应当在票据当事人的营业场所和营业时间内进行，票据当事人无营业场所的，应当在其住所进行。

第十七条 票据权利在下列期限内不行使而消灭：

（一）持票人对票据的出票人和承兑人的权利，自票据到期日起二年。见票即付的汇票、本票，自出票日起二年；

（二）持票人对支票出票人的权利，自出票日起六个月；

（三）持票人对前手的追索权，自被拒绝承兑或者被拒绝付款之日起六个月；

（四）持票人对前手的再追索权，自清偿日或者被提起诉讼之日起三个月。

票据的出票日、到期日由票据当事人依法确定。

第六十一条 汇票到期被拒绝付款的，持票人可以对背书人、出票人以及汇票的其他债务人行使追索权。

汇票到期日前，有下列情形之一的，持票人也可以行使追索权：

（一）汇票被拒绝承兑的；

（二）承兑人或者付款人死亡、逃匿的；

（三）承兑人或者付款人被依法宣告破产的或者因违法被责令终止业务活动的。

第六十二条 持票人行使追索权时，应当提供被拒绝承兑或者被拒绝付款的有关证明。

持票人提示承兑或者提示付款被拒绝的，承兑人或者付款人必须出具拒绝证明，或者出具退票理由书。未出具拒绝证明或者退票理由书的，应当承担由此产生的民事责任。

第六十三条 持票人因承兑人或者付款人死亡、逃匿或者其他原因，不能取得拒绝证明的，可以依法取得其他有关证明。

第六十四条 承兑人或者付款人被人民法院依法宣告破产的，人民法院的有关司法文书具有拒绝证明的效力。

承兑人或者付款人因违法被责令终止业务活动的，有关行政主管部门的处罚决定具有拒绝证明的效力。

第六十五条 持票人不能出示拒绝证明、退票理由书或者未按照规定期限提供其他合法证明的，丧失对其前手的追索权。但是，承兑人或者付款人仍应当对持票人承担责任。

第六十六条 持票人应当自收到被拒绝承兑或者被拒绝付款的有关证明之日起三日内，将被拒绝事由书面通知其前手；其前手应当自收到通知之日起三日内书面通知其再前手。持票人也可以同时向各汇票债务人发出书面通知。

未按照前款规定期限通知的，持票人仍可以行使追索权。因延期通知给其前手或者出票人造成损失的，由没有按照规定期限通知的汇票当事人，承担对该损失的赔偿责任，但是所赔偿的金额以汇票金额为限。

在规定期限内将通知按照法定地址或者约定的地址邮寄的，视为已经发出通知。

第六十七条 依照前条第一款所作的书面通知，应当记明汇票的主要记载事项，并说明该汇票已被退票。

第六十八条 汇票的出票人、背书人、承兑人和保证人对持票人承担连带责任。

持票人可以不按照汇票债务人的先后顺序，对其中任何一人、数人或者全体行使追索权。

持票人对汇票债务人中的一人或者数人已经进行追索的，对其他汇票债务人仍可以行使追索权。被追索人清偿债务后，与持票人享有同一权利。

第六十九条 持票人为出票人的，对其前手无追索权。持票人为背书人的，对其后手无追索权。

第七十条 持票人行使追索权，可以请求被追索人支付下列金额和费用：

（一）被拒绝付款的汇票金额；

（二）汇票金额自到期日或者提示付款日起至清偿日止，按照中国人民银行规定的利率计算的利息；

（三）取得有关拒绝证明和发出通知书的费用。

被追索人清偿债务时，持票人应当交出汇票和有关拒绝证明，并出具所收到利息和费用的收据。

第七十一条 被追索人依照前条规定清偿后，可以向其他汇票债务人行使再追索权，请求其他汇票债务人支付下列金额和费用：

（一）已清偿的全部金额；

（二）前项金额自清偿日起至再追索清偿日止，按照中国人民银行规定的利率计算的利息；

（三）发出通知书的费用。

行使再追索权的被追索人获得清偿时，应当交出汇票和有关拒绝证明，并出具所收到利息和费用的收据。

第七十二条 被追索人依照前二条规定清偿债务后，其责任解除。

2. 最高人民法院关于审理票据纠纷案件若干问题的规定（2000年11月14日 法释〔2000〕32号）（节录）

一、受理和管辖

第一条 因行使票据权利或者票据法上的非票据权利而引起的纠纷，人民法院应当依法受理。

第二条 依照票据法第十条的规定，票据债务人（即出票人）以在票据未转让时的基础关系违法、双方不具有真实的交易关系和债权债务关系、持票人应付对价而未付对价为由，要求返还票据而提起诉讼的，人民法院应当依法受理。

第三条 依照票据法第三十六条的规定，票据被拒绝承兑、被拒绝付款或者汇票、支票超过提示付款期限后，票据持有人背书转让的，被背书人以背书人为被告行使追索权而提起诉讼的，人民法院应当依法受理。

第四条 持票人不先行使付款请求权而先行使追索权遭拒绝提起诉讼的，人民法院不予受理。除有票据法第六十一条第二款和本规定第三条所列情形外，持票人只能在首先向付款人行使付款请求权而得不到付款时，才可以行使追索权。

第五条 付款请求权是持票人享有的第一顺序权利，追索权是持票人享有的第二顺序权利，即汇票到期被拒绝付款或者具有票据法第六十一条第二款所列情形的，持票人请求背书人、出票人以及汇票的其他债务人支付票据法第七十条第一款所列金额和费用的权利。

第六条 因票据权利纠纷提起的诉讼，依法由票据支付地或者被告住所地人民法院管辖。

票据支付地是指票据上载明的付款地，票据上未载明付款地的，汇票付款人或者代理付款人的营业场所、住所或者经常居住地，本票出票人的营业场所，支票付款人或者代理付款人的营业场所所在地为票据付款地。代理付款人即付款人的委托代理人，是指根据付款人的委托代为支付票据金额的银行、信用合作社等金融机构。

第七条 因非票据权利纠纷提起的诉讼，依法由被告住所地人民法院管辖。

二、票据保全

第八条 人民法院在审理、执行票据纠纷案件时，对具有下列情形之一的票据，经当事人申请并提供担保，可以依法采取保全措施或者执行措施：

（一）不履行约定义务，与票据债务人有直接债权债务关系的票据当事人所持有的票据；

（二）持票人恶意取得的票据；

（三）应付对价而未付对价的持票人持有的票据；

（四）记载有"不得转让"字样而用于贴现的票据；

（五）记载有"不得转让"字样而用于质押的票据；

（六）法律或者司法解释规定有其他情形的票据。

三、举证责任

第九条 票据诉讼的举证责任由提出主张的一方当事人承担。

依照票据法第四条第二款、第十条、第十二条、第二十一条的规定，向人民法院提起诉讼的持票人有责任提供诉争票据。该票据的出票、承兑、交付、背书转让涉嫌欺诈、偷盗、胁迫、恐吓、暴力等非法行为的，持票人对票据的合法性应当负责举证。

第十条 票据债务人依照票据法第十三条的规定，对与其有直接债权债务关系的持票人提出抗辩，人民法院合并审理票据关系和基础关系的，持票人应当提供相应的证据证明已经履行了约定义务。

第十一条 付款人或者承兑人被人民法院依法宣告破产的，持票人因行使追索权而向人民法院提起诉讼时，应当向受理法院提供人民法院依法作出的宣告破产裁定书或者能够证明付款人或者承兑人破产的其他证据。

第十二条 在票据诉讼中，负有举证责任的票据当事人应当在一审人民法院法庭辩论结束以前提供证据。因客观原因不能在上述举证期限以内提供的，应当在举证期限届满以前向人民法院申请延期。延长的期限由人民法院根据案件的具体情况决定。

票据当事人在一审人民法院审理期间隐匿票据、故意有证不举，应当承担相应的诉讼后果。

四、票据权利及抗辩

第十三条 票据法第十七条第一款第（一）、（二）项规定的持票人对票据的出票人和承兑人的权利，包括付款请求权和追索权。

第十四条 票据债务人以票据法第十条、第二十一条的规定为由，对业经背书转让票据的持票人进行抗辩的，人民法院不予支持。

第十五条 票据债务人依照票据法第十二条、第十三条的规定，对持票人提出下列抗辩的，人民法院应予支持：

（一）与票据债务人有直接债权债务关系并且不履行约定义务的；

（二）以欺诈、偷盗或者胁迫等非法手段取得票据，或者明知有前列情形，出于恶意取得票据的；

（三）明知票据债务人与出票人或者与持票人的前手之间存在抗辩事由而取得票据的；

（四）因重大过失取得票据的；

（五）其他依法不得享有票据权利的。

第十六条 票据债务人依照票据法第九条、第十七条、第十八条、第二十二条和第三十一条的规定，对持票人提出下列抗辩的，人民法院应予支持：

（一）欠缺法定必要记载事项或者不符合法定格式的；

（二）超过票据权利时效的；

（三）人民法院作出的除权判决已经发生法律效力的；

（四）以背书方式取得但背书不连续的；

（五）其他依法不得享有票据权利的。

第十七条 票据出票人或者背书人被宣告破产的，而付款人或者承兑人不知其事实而付款或承兑，因此所产生的追索权可以登记为破产债权，付款人或者承兑人为债权人。

第十八条 票据法第十七条第一款第（三）、（四）项规定的持票人对前手的追索权，不包括对票据出票人的追索权。

第十九条 票据法第四十条第二款和第六十五条规定的持票人丧失对其前手的追索权，不包括对票据出票人的追索权。

第二十条 票据法第十七条规定的票据权利时效发生中断的，只对发生时效中断事由的当事人有效。

第二十一条 票据法第六十六条第一款规定的书面通知是否逾期，以持票人或者其前手发出书面通知之日为准；以信函通知的，以信函投寄邮戳记载之日为准。

第二十二条 票据法第七十条、第七十一条所称中国人民银行规定的利率，是指中国人民银行规定的企业同期流动资金贷款利率。

第二十三条 代理付款人在人民法院公示催告公告发布以前按照规定程序善意付款后，承兑人或者付款人以已经公示催告为由拒付代理付款人已经垫付的款项的，人民法院不予支持。

五、失票救济

第二十四条 票据丧失后,失票人直接向人民法院申请公示催告或者提起诉讼的,人民法院应当依法受理。

第二十五条 出票人已经签章的授权补记的支票丧失后,失票人依法向人民法院申请公示催告的,人民法院应当依法受理。

第二十六条 票据法第十五条第三款规定的可以申请公示催告的失票人,是指按照规定可以背书转让的票据在丧失票据占有以前的最后合法持票人。

第二十七条 出票人已经签章但未记载代理付款人的银行汇票丧失后,失票人依法向付款人即出票银行所在地人民法院申请公示催告的,人民法院应当依法受理。

第二十八条 超过付款提示期限的票据丧失以后,失票人申请公示催告的,人民法院应当依法受理。

第二十九条 失票人通知票据付款人挂失止付后三日内向人民法院申请公示催告的,公示催告申请书应当载明下列内容:

(一)票面金额;

(二)出票人、持票人、背书人;

(三)申请的理由、事实;

(四)通知票据付款人或者代理付款人挂失止付的时间;

(五)付款人或者代理付款人的名称、通信地址、电话号码等。

第三十条 人民法院决定受理公示催告申请,应当同时通知付款人及代理付款人停止支付,并自立案之日起三日内发出公告。

第三十一条 付款人或者代理付款人收到人民法院发出的止付通知,应当立即停止支付,直至公示催告程序终结。非经发出止付通知的人民法院许可擅自解付的,不得免除票据责任。

第三十二条 人民法院决定受理公示催告申请后发布的公告应当在全国性的报刊上登载。

第三十三条 依照《中华人民共和国民事诉讼法》(以下简称民事诉讼法)第一百九十四条的规定,公示催告的期间,国内票据自公告发布之日起六十日,涉外票据可根据具体情况适当延长,但最长不得超过九十日。

第三十四条 依照民事诉讼法第一百九十五条第二款的规定,在公示催告期间,以公示催告的票据质押、贴现,因质押、贴现而接受该票据的持票人主张票据权利的,人民法院不予支持,但公示催告期间届满以后人民法院作出除权判决以前取得该票据的除外。

第三十五条 票据丧失后,失票人在票据权利时效届满以前请求出票人补发票据,或者请求债务人付款,在提供相应担保的情况下因债务人拒绝付款或者出票人拒绝补发票据提起诉讼的,由被告住所地或者票据支付地人民法院管辖。

第三十六条 失票人因请求出票人补发票据或者请求债务人付款遭到拒绝而向人民法院提起诉讼的,被告为与失票人具有票据债权债务关系的出票人、拒绝付款的票据付款人或者承兑人。

第三十七条　失票人为行使票据所有权,向非法持有票据人请求返还票据的,人民法院应当依法受理。

第三十八条　失票人向人民法院提起诉讼的,除向人民法院说明曾经持有票据及丧失票据的情形外,还应当提供担保。担保的数额相当于票据载明的金额。

第三十九条　对于伪报票据丧失的当事人,人民法院在查明事实,裁定终结公示催告或者诉讼程序后,可以参照民事诉讼法第一百零二条的规定,追究伪报人的法律责任。

六、票据效力

第四十条　依照票据法第一百零九条以及经国务院批准的《票据管理实施办法》的规定,票据当事人使用的不是中国人民银行规定的统一格式票据的,按照《票据管理实施办法》的规定认定,但在中国境外签发的票据除外。

第四十一条　票据出票人在票据上的签章上不符合票据法以及下述规定的,该签章不具有票据法上的效力:

(一) 商业汇票上的出票人的签章,为该法人或者该单位的财务专用章或者公章加其法定代表人、单位负责人或者其授权的代理人的签名或者盖章;

(二) 银行汇票上的出票人的签章和银行承兑汇票的承兑人的签章,为该银行汇票专用章加其法定代表人或者其授权的代理人的签名或者盖章;

(三) 银行本票上的出票人的签章,为该银行的本票专用章加其法定代表人或者授权的代理人的签名或者盖章;

(四) 支票上的出票人的签章,出票人为单位的,为与该单位在银行预留签章一致的财务专用章或者公章加其法定代表人或者其授权的代理人的签名或者盖章;出票人为个人的,为与该个人在银行预留签章一致的签名或者盖章。

第四十二条　银行汇票、银行本票的出票人以及银行承兑汇票的承兑人在票据上未加盖规定的专用章而加盖该银行的公章,支票的出票人在票据上未加盖与该单位在银行预留签章一致的财务专用章而加盖该出票人公章的,签章人应当承担票据责任。

第四十三条　依照票据法第九条以及《票据管理实施办法》的规定,票据金额的中文大写与数码不一致,或者票据载明的金额、出票日期或者签发日期、收款人名称更改,或者违反规定加盖银行部门印章代替专用章,付款人或者代理付款人对此类票据付款的,应当承担责任。

第四十四条　因更改银行汇票的实际结算金额引起纠纷而提起诉讼,当事人请求认定汇票效力的,人民法院应当认定该银行汇票无效。

第四十五条　空白授权票据的持票人行使票据权利时未对票据必须记载事项补充完全,因付款人或者代理付款人拒绝接收该票据而提起诉讼的,人民法院不予支持。

第四十六条　票据的背书人、承兑人、保证人在票据上的签章不符合票据法以及《票据管理实施办法》规定的,或者无民事行为能力人、限制民事行为能力人在票据上签章的,其签章无效,但不影响人民法院对票据上其他签章效力的认定。

七、票据背书

第四十七条　因票据质权人以质押票据再行背书质押或者背书转让引起纠纷而提起诉

讼的，人民法院应当认定背书行为无效。

第四十八条 依照票据法第二十七条的规定，票据的出票人在票据上记载"不得转让"字样，票据持有人背书转让的，背书行为无效。背书转让后的受让人不得享有票据权利，票据的出票人、承兑人对受让人不承担票据责任。

第四十九条 依照票据法第二十七条和第三十条的规定，背书人未记载被背书人名称即将票据交付他人的，持票人在票据被背书人栏内记载自己的名称与背书人记载具有同等法律效力。

第五十条 依照票据法第三十一条的规定，连续背书的第一背书人应当是在票据上记载的收款人，最后的票据持有人应当是最后一次背书的被背书人。

第五十一条 依照票据法第三十四条和第三十五条的规定，背书人在票据上记载"不得转让"、"委托收款"、"质押"字样，其后手再背书转让、委托收款或者质押的，原背书人对后手的被背书人不承担票据责任，但不影响出票人、承兑人以及原背书人之前手的票据责任。

第五十二条 依照票据法第五十七条第二款的规定，贷款人恶意或者有重大过失从事票据质押贷款的，人民法院应当认定质押行为无效。

第五十三条 依照票据法第二十七条的规定，出票人在票据上记载"不得转让"字样，其后手以此票据进行贴现、质押的，通过贴现、质押取得票据的持票人主张票据权利的，人民法院不予支持。

第五十四条 依照票据法第三十四条和第三十五条的规定，背书人在票据上记载"不得转让"字样，其后手以此票据进行贴现、质押的，原背书人对后手的被背书人不承担票据责任。

第五十五条 依照票据法第三十五条第二款的规定，以汇票设定质押时，出质人在汇票上只记载了"质押"字样未在票据上签章的，或者出质人未在汇票、粘单上记载"质押"字样而另行签订质押合同、质押条款的，不构成票据质押。

第五十六条 商业汇票的持票人向其非开户银行申请贴现，与向自己开立存款账户的银行申请贴现具有同等法律效力。但是，持票人有恶意或者与贴现银行恶意串通的除外。

第五十七条 违反规定区域出票，背书转让银行汇票，或者违反票据管理规定跨越票据交换区域出票、背书转让银行本票、支票的，不影响出票人、背书人依法应当承担的票据责任。

第五十八条 依照票据法第三十六条的规定，票据被拒绝承兑、被拒绝付款或者超过提示付款期限，票据持有人背书转让的，背书人应当承担票据责任。

第五十九条 承兑人或者付款人依照票据法第五十三条第二款的规定对逾期提示付款的持票人付款与按照规定的期限付款具有同等法律效力。

八、票据保证

第六十条 国家机关、以公益为目的的事业单位、社会团体、企业法人的分支机构和职能部门作为票据保证人的，票据保证无效，但经国务院批准为使用外国政府或者国际经济组织贷款进行转贷，国家机关提供票据保证的，以及企业法人的分支机构在法人书面授权范围内提供票据保证的除外。

第六十一条 票据保证无效的，票据的保证人应当承担与其过错相应的民事责任。

第六十二条 保证人未在票据或者粘单上记载"保证"字样而另行签订保证合同或者保证条款的，不属于票据保证，人民法院应当适用《中华人民共和国担保法》的有关规定。

九、法律适用

第六十三条 人民法院审理票据纠纷案件，适用票据法的规定；票据法没有规定的，适用《中华人民共和国民法通则》、《中华人民共和国合同法》、《中华人民共和国担保法》等民商事法律以及国务院制定的行政法规。

中国人民银行制定并公布施行的有关行政规章与法律、行政法规不抵触的，可以参照适用。

第六十四条 票据当事人因对金融行政管理部门的具体行政行为不服提起诉讼的，适用《中华人民共和国行政处罚法》、票据法以及《票据管理实施办法》等有关票据管理的规定。

中国人民银行制定并公布施行的有关行政规章与法律、行政法规不抵触的，可以参照适用。

第六十五条 人民法院对票据法施行以前已经作出终审裁决的票据纠纷案件进行再审，不适用票据法。

十、法律责任

第六十六条 具有下列情形之一的票据，未经背书转让的，票据债务人不承担票据责任；已经背书转让的，票据无效不影响其他真实签章的效力：

（一）出票人签章不真实的；

（二）出票人为无民事行为能力人的；

（三）出票人为限制民事行为能力人的。

第六十七条 依照票据法第十四条、第一百零三条、第一百零四条的规定，伪造、变造票据者除应当依法承担刑事、行政责任外，给他人造成损失的，还应当承担民事赔偿责任。被伪造签章者不承担票据责任。

第六十八条 对票据未记载事项或者未完全记载事项作补充记载，补充事项超出授权范围的，出票人对补充后的票据应当承担票据责任。给他人造成损失的，出票人还应当承担相应的民事责任。

第六十九条 付款人或者代理付款人未能识别出伪造、变造的票据或者身份证件而错误付款，属于票据法第五十七条规定的"重大过失"，给持票人造成损失的，应当依法承担民事责任。付款人或者代理付款人承担责任后有权向伪造者、变造者依法追偿。

持票人有过错的，也应当承担相应的民事责任。

第七十条 付款人及其代理付款人有下列情形之一的，应当自行承担责任：

（一）未依照票据法第五十七条的规定对提示付款人的合法身份证明或者有效证件以及汇票背书的连续性履行审查义务而错误付款的；

（二）公示催告期间对公示催告的票据付款的；

（三）收到人民法院的止付通知后付款的；

（四）其他以恶意或者重大过失付款的。

第七十一条 票据法第六十三条所称"其他有关证明"是指：

（一）人民法院出具的宣告承兑人、付款人失踪或者死亡的证明、法律文书；

（二）公安机关出具的承兑人、付款人逃匿或者下落不明的证明；

（三）医院或者有关单位出具的承兑人、付款人死亡的证明；

（四）公证机构出具的具有拒绝证明效力的文书。

第七十二条 当事人因申请票据保全错误而给他人造成损失的，应当依法承担民事责任。

第七十三条 因出票人签发空头支票、与其预留本名的签名式样或者印鉴不符的支票给他人造成损失的，支票的出票人和背书人应当依法承担民事责任。

第七十四条 人民法院在审理票据纠纷案件时，发现与本案有牵连但不属同一法律关系的票据欺诈犯罪嫌疑线索的，应当及时将犯罪嫌疑线索提供给有关公安机关，但票据纠纷案件不应因此而中止审理。

第七十五条 依照票据法第一百零五条的规定，由于金融机构工作人员在票据业务中玩忽职守，对违反票据法规定的票据予以承兑、付款、贴现或者保证，给当事人造成损失的，由该金融机构与直接责任人员依法承担连带责任。

第七十六条 依照票据法第一百零七条的规定，由于出票人制作票据，或者其他票据债务人未按照法定条件在票据上签章，给他人造成损失的，除应当按照所记载事项承担票据责任外，还应当承担相应的民事责任。

持票人明知或者应当知道前款情形而接受的，可以适当减轻出票人或者票据债务人的责任。

第三节 票据返还请求权纠纷

> **99. 票据丢失人能否对抗票据的合法持票人？票据丢失人的合法权益如何保护？**
>
> 依据我国《票据法》的相关规定认定，持票人要想取得合法持票人地位并享有票据权利，应符合形式要件和实质要件的双重要求。所谓形式要件，是指持票人取得票据必须给付相应的对价，且取得票据的手段必须合法（包括以背书方式取得和以其他合法方式取得）；所谓实质要件，是指持票人取得票据时主观上应当具备善意，如持票人明知存在欺诈、偷盗或者胁迫等手段而取得票据的，则不得享有票据权利。如果持票人取得票据符合法定形式和实质要件，则其票据权利应受到法律保护，并可以其无因性对抗包括票据丢失人在内的第三人。此时的票据丢失人，虽已无从享有票据权利，但仍可以通过提起其他民事诉讼，或者通过刑事报案、刑事追究等方式，向真正非法取得票据，并非法转让票据权利的当事人主张和追究相应的法律责任。

典型疑难案件参考

沈阳市卡安特电缆材料销售有限公司与悦康药业集团有限公司票据返还请求权纠纷案

基本案情

2007年7月2日，苏州东瑞化工有限公司作为出票人，出具银行承兑汇票，汇票号为BB/01 01883112，票面金额为378600元，收款人为石药集团河北中润制药有限公司。现该汇票经背书转让显示：石家庄供电公司、石家庄思凯电力建设有限公司物资销售分公司、沈阳电缆厂石家庄销售处、沈阳电缆有限责任公司、沈阳沈缆四环电缆制造有限公司、广东悦康药业有限公司、北京悦康北卫医药有限公司、悦康药业集团有限公司、齐鲁安替制药有限公司、洪泽大洋化工有限公司、新浦化学（泰兴）有限公司、中国银行泰兴经济开发区支行，该汇票到期日为2007年12月31日。沈阳市卡安特电缆材料销售有限公司（以下简称卡安特公司）与被告悦康药业集团有限公司（以下简称悦康公司）均认可该汇票从形式上看是没有瑕疵的，背书是连续的。2007年11月，沈阳沈缆四环电缆制造有限公司出具证明，证明将该汇票交付给原告卡安特公司，原告卡安特公司丢失，原告卡安特公司持该证明向苏州市吴中区人民法院申请公示催告，在公告期间，被告悦康公司向该院申报权利。另查：被告悦康公司提交其与北京悦康北卫医药有限公司的合同、增值税发票4张，证明其与其前手存在买卖合同关系，进而取得本案争议汇票，同时提交其票据后手齐鲁安替制药有限公司的证明，证明被告悦康公司已将款项支付齐鲁安替制药有限公司，票据权利均由被告悦康公司享有。

诉辩情况

原告卡安特公司诉称，我公司于2007年11月12日因买卖合同关系收到沈阳沈缆四环电缆制造有限公司给付的工商银行承兑汇票一张，号码为BB/01 01883112，票面金额人民币378600元，支付日期为2007年12月31日。该汇票已背书转让6次，背书人分别为石药集团河北中润制药有限公司、石家庄供电公司、石家庄思凯电力建设有限公司物资销售分公司、沈阳电缆厂石家庄销售处、沈阳电缆有限责任公司、沈阳沈缆四环电缆制造有限公司，被背书人分别为：石家庄供电公司、石家庄思凯电力建设有限公司物资销售分公司、沈阳电缆厂石家庄销售处、沈阳电缆有限责任公司、沈阳沈缆四环电缆制造有限公司。我公司收到该承兑汇票后尚未背书。该承兑汇票于2007年11月12日遗失，我公司经寻找无果后向苏州市吴中区人民法院提请公示催告。现被告悦康公司向苏州市吴中区人民法院提出权利申报。故此，我公司认为被告悦康公司非法取得该承兑汇票，不应享有票据权利。故要求确认被告悦康公司对号码BB/01 01883112的工商银行承兑汇票不享有票据权利，我公司为该汇票的票据权利人；被告悦康公司承担自2008年2月4日起至清偿日止的利息（以378600元为本金，按银行同期贷款利率算）及通知费用1000元并赔偿损失2万元；被告悦康公司承担诉讼费。

被告悦康公司辩称，原告卡安特公司无权提起诉讼，我公司于2007年11月依法经背书转让取得付款人为中国工商银行苏州市吴中支行、出票人为苏州东瑞化工有限公司，票面金额为378600元之银行承兑汇票，我公司取得该票据时检查了票据背书情况，发现票据背书是连贯的，符合法律要求的，我公司取得该票据的行为符合法律规定，之后我公司将该票据依法背书转让给其他方，但是该票据最后一手被背书人持票向银行要求承兑时，却被银行告知前述票据已被挂失止付、被拒绝付款。之后，各被背书人、背书人经逐级追索，将票据权利返还至我公司。故我公司系合法取得前述承兑汇票，合法拥有该张票据权利，我公司认为原告卡安特公司提出的诉讼主张不能成立。请法院驳回原告卡安特公司的诉讼请求。

裁判结果

北京市大兴区人民法院经审理，依照《中华人民共和国票据法》第13条、第31条之规定，判决如下：

驳回原告沈阳市卡安特电缆材料销售有限公司要求确认被告悦康药业集团有限公司对号码BB/01 01883112的工商银行承兑汇票不享有票据权利，原告沈阳市卡安特电缆材料销售有限公司为该汇票的票据权利人的诉讼请求；

驳回原告沈阳市卡安特电缆材料销售有限公司要求被告悦康药业集团有限公司承担自2008年2月4日起至清偿日止的利息（以378600元为本金，按银行同期贷款利率算）、通知费用1000元并赔偿损失2万元的诉讼请求。

裁判理由

北京市大兴区人民法院认为，依据《中华人民共和国票据法》第31条之规定：以背书转让的汇票，背书应当连续。持票人以背书的连续，证明其汇票权利；非经背书转让，而以其他合法方式取得汇票的，依法举证，证明其汇票权利。在本案中，诉争的汇票现持票人为被告悦康公司，从该汇票表面形式看，背书连续，因此，被告悦康公司享有该汇票权利，由于原告卡安特公司与被告悦康公司之间不存在汇票前、后手背书转让关系，因此，原告卡安特公司主张其丢失票据后的后手是广东悦康药业有限公司，而被告悦康公司的前手是北京悦康北卫医药有限公司，而被告悦康公司从其前手取得票据背书连续，同时双方又具有交易关系，依据《中华人民共和国票据法》第13条之规定：票据债务人不得以自己与出票人或者与持票人的前手之间的抗辩事由对抗持票人。但是，持票人明知存在抗辩事由而取得票据的除外。因此，原告卡安特公司在没有证据证明被告悦康公司明知其前手与原告卡安特公司之间存在抗辩事由取得票据的情况下，不能以与被告悦康公司前手之间的事由对抗持票人。综上所述，原告卡安特公司要求确认被告悦康公司对号码BB/01 01883112的工商银行承兑汇票不享有票据权利、原告卡安特公司为该汇票的票据权利人以及要求被告悦康公司承担自2008年2月4日起至清偿日止的利息（以378600元为本金，按银行同期贷款利率算）、通知费用1000元并赔偿损失2万元的诉讼请求，本院不予支持。

100. 空白背书的法律效力是什么？

虽然我国《票据法》贯彻严格的票据文义原则，只有票据上背书连贯，且明确记载了被背书人的名称时，被背书人才有票据权利。但为了提高市场交易实践中票据的流通性，最高人民法院《关于审理票据纠纷案件若干问题的规定》第 49 条对空白背书票据的法律效力进行了特别规定，赋予了被背书人补记权，只要被背书人依背书人授权在被背书栏补记了自己的名称，就可以享有票据权利，该空白背书也因背书记载完全而有效。

101. 补记权人的权限范围是什么？

虽然法律赋予了持票人对于空白背书票据补记权，使其可以通过自己的补记行为获得票据权利，但应注意的是，持票人只可对自己作为被背书人的一栏进行补记，而无权对其他被背书人的名称进行填写，如进行填写，应当认定为票据伪造行为。此外，如果在持票人作为被背书人一栏的前手被背书人也存在空白情况，那么该持票人即使将自己的名称进行了补记，也将因票据背书不连贯而无法获得票据权利。

典型疑难案件参考

台州市路桥有色金属市场有限公司诉台州市路桥康威包装厂票据返还请求权案

基本案情

2008 年 6 月 2 日，福州国意贸易有限公司出具银行承兑汇票一张（号码：GA/0102226317），票面金额为 100 万元，付款银行为福州市商业银行洪山支行，收款人为天津市兆博实业有限公司，汇票到期日为 2008 年 12 月 2 日。天津市兆博实业有限公司收到上述银行承兑汇票后背书转让给邯郸市诚通商贸有限公司，邯郸市诚通商贸有限公司又背书转让给河北兴华钢铁有限公司，河北兴华钢铁有限公司又背书转让给河北华丰煤化电力有限公司，河北华丰煤化电力有限公司又背书转让给邯郸市基业经贸有限公司，邯郸市基业经贸有限公司以背书形式转让给原告台州市路桥有色金属市场有限公司（以下简称有色金属市场）。但该票据被背书人一栏中有三栏为空白，其中就包括有色金属市场为被背书人的一栏。2008年7月7日，有色金属市场以汇票不慎遗失为由向福州市鼓楼区人民法院申请公示催告，被告台州市路桥康威包装厂（以下简称康威包装厂）在规定期间申报权利，2008年8月25日，福州市鼓楼区人民法院作出〔2008〕鼓民催字第12号民事裁定书，裁定终结公示催告程序。有色金属市场遂向法院提起诉讼，要求康威包装厂返还票据。

一审诉辩情况

原告有色金属市场诉称：

2008年6月12日，原告从河北省邯郸市基业经贸有限公司取得讼争银行承兑汇票。次日，原告在查询汇票真伪的过程中不慎将该汇票遗失。2008年6月20日，原告向鼓楼法院提起公示催告申请。在公告期间，被告康威包装厂向法院申报权利。原告认为，原告系讼争汇票丧失占有前的最后合法持票人，该汇票上的权利为原告所有，请求确认号码为GA/0102226317承兑汇票上的权利为其所有并返还该票据。为此原告提供河北华丰煤化电力有限公司和邯郸市基业经贸有限公司出具的证明信，以证明其系通过真实交易持有票据。

被告康威包装厂辩称：

原告向法院提起票据追索权纠纷，既无事实证据，又无法律依据，请求依法驳回诉讼请求或驳回起诉，理由如下：

1. 原告称其在查询汇票真伪的过程中不慎将汇票遗失，其主体资格及遗失事实没有任何合法证据证实。

2. 原告陈述的汇票收款人及其后几手背书人不存在背书给邯郸市基业经贸有限公司及原告，原告虚构事实。

3. 被告依法对价取得讼争汇票，背书连续，合法有效，该票据并未遗失。

4. 被告从前手台州市路桥日日包装有限公司（以下简称日日包装公司）合法取得，是善意持票人，享有票据权利。

5. 原告系主体不适格，与本案票据没有任何的权利和义务关系。

一审裁判结果

福州市鼓楼区人民法院经审理作出如下判决：

一、票面号码：GA/0102226317，票面金额为100万元，付款行为福州市商业银行洪山支行，出票人为福州国意贸易有限公司，收款人为天津市兆博实业有限公司，汇票到期日为2008年12月2日的银行承兑汇票上的票据权利归台州市路桥有色金属市场有限公司所有；

二、台州市路桥康威包装厂应在判决书生效之日起10日内返还台州市路桥有色金属市场有限公司上述票据。

一审裁判理由

福州市鼓楼区人民法院经审理认为：

《票据法》第30条规定"汇票以背书转让或者以背书将一定的汇票权利授予他人行使时，必须记载被背书人名称"；第31条第2款规定"背书连续，是指在票据转让中，转让汇票的背书人与受让汇票的被背书人在汇票上的签章依次前后衔接"，而本案讼争汇票，在从河北华丰煤化电力有限公司背书到日日包装公司，以及从日日包装公司背书到康威包装厂时，在汇票的"被背书人"一栏中均无记载，背书不完备，因此，康威包装厂所持有的讼争汇票上的背书不具有连续性，故康威包装厂不能仅凭持有票据证明其所享有的票据权利；《票据法》第31条第1款规定"非经背书转让，而以其他合法方式取得汇票的，依法举证，证明其汇票权利"，有色金属市场系经背书转让取得讼争汇票，且其已提供连续的证据证明其是该汇票的最后合法持有人，故其要求确认讼争汇票上的权利归其所有并返还该票据，符合法律规定，予以支持；康威包装厂对河北华丰煤化电力有限公司和邯郸市基业经贸有限公司的证明信的真实性有异议，但未提出鉴定申请，不予支持；康威包装厂虽然提供了其与日日包装公司购销合同和证明，但未能提供日日包装公司与河北华丰煤化电力有限公司之间背书的证明，证明不具有连续性，日日包装公司也未提供证据证明讼争汇票从何处购得，故不予支持。

二审诉辩情况

一审判决后，康威包装厂不服，提起上诉称：

1. 一审法院未参照最高人民法院《关于审理票据纠纷案件若干问题的规定》（以下简称《票据纠纷司法解释》）第49条，歪曲理解《票据法》第30条的精神，认定讼争汇票上的背书不具有连续性，并判决讼争票据权利归被上诉人所有是错误的。

2. 讼争票据从第一次背书起就不写"被背书人"名称，但依据上述司法解释第49条是可以授权补记的，该票据其他记载合法、合规，是有效票据。票据是文义证券，被上诉人不是票据当事人不能申请公示催告。河北华丰煤化电力有限公司既然已背书转让给本案第三人，那么其事后的所谓"证明"就属于事后反悔，不产生任何转让票据效力。上诉人是合法有偿从第三人处获得讼争票据，属于善意持票人，被上诉人没有上诉人重大过失的证据，不能抗辩业经转让的流通票据持票人。

3. 既然一审法院认为没有写被背书人就无效，那么被上诉人作为非票据当事人又怎么会被认定是票据权利人，一审判决自相矛盾。

4. 讼争票据到期后，上诉人作为最后持票人依照现行票据法规，补充了所有前手的"记名"后，委托自己的开户银行向承兑银行托收票款。开户银行认为票据形式、记载完整，认可上诉人为票据权利人受理托收。承兑付款银行福州市商业银行洪山支行同样认可上诉人为票据权利人，但以出票人存款被冻结为由拒付，这些事实都充分证明上诉人就是讼争票据权利人。

综上请求撤销一审判决，改判上诉人享有讼争银行承兑汇票权利。

被上诉人有色金属市场辩称：

1. 上诉人一审提交的讼争汇票有四个地方"空白背书"未记载被背书人名字，根据《票据法》第30条和第31条第2款的规定，一审法院认定上诉人所持有的讼争汇票上的背书不具有连续性是正确的。一审判决后，上诉人擅自在"空白背书"栏内补记了四个"被背书人"名字，由于《票据纠纷司法解释》第49条只允许持票人在票据被背书栏内记载自己的名称，并没有允许持票人补记其他被背书人的名称，且上诉人的补记时间发生在诉讼中，故上诉人补记的行为不符合法律规定，不能作为认定"背书连续"的证据。

2. 背书转让和非背书转让都是票据的转让方式。被上诉人已举证从第一手到最后一手的连续证明，证实被上诉人的汇票权利。

3. 根据《票据法》第30条等有关规定，"背书人签章"和"被背书人名称"两项都是必须记载事项，上诉人若有从日日包装公司取得汇票，当时就应当发现该汇票有三处未记载"被背书人名称"（包括上诉人的名称），上诉人除有权在一处补记自己的名称外，对其他两处无权补记，应当让"空白背书"的背书人依法出具证明，但上诉人应当发现而没有发现有重大过失，或者说发现了前手取得不合法而恶意取得，因此，根据《票据法》第12条的规定，上诉人的取得不合法，依法不享有票据权利。

4. 上诉人一审举证的购销合同、二审举证的三张送货单均不足以证明上诉人与其前手有真实的交易关系和债权债务关系，更无法反映上诉人取得票据有给付对价。且票据是无因证券，本案仅就票据权利的归属发生争议，被上诉人已举证连续的证据证明自己是该汇票的最后合法持有人，而上诉人至今未提供其他证据补证讼争汇票上空白背书的连续性，因此，被上诉人的证据效力大于上诉人提供的证据，本案没有必要进入票据的原因关系审查，上诉人认为其是善意持票人不属本案审查的范围。

▶ 二审裁判结果

福州市中级人民法院经审理，依照《中华人民共和国民事诉讼法》第153条第1款第1项的规定，判决如下：驳回上诉，维持原判。

▶ 二审裁判理由

福州市中级人民法院经审理认为：

上诉人在本案一审程序中出示的讼争汇票显示其中三处被背书人栏为空白，而《票据纠纷司法解释》第46条规定持票人仅有权就其作为被背书人的空白背书进行补记，故一审认定讼争汇票背书不连续是正确的。《票据法》第31条第1款明确规定："以背书转让的汇票，背书应当连续。持票人以背书的连续，证明其汇票权利；非经背书转让，而以其他合法方式取得汇票的，依法举证，证明其汇票权利。"本案中，上诉人主张以背书方式取得讼争汇票，但其在所持讼争汇票背书不连续的情形下并未提供实质上连续的证据以证明其票据权利，而被上诉人提供具有连续性的证明信证明其以非背书转让方式取得讼争汇票且为讼争汇票的最后合法持有人，故一审法院认定被上诉人享有讼争汇票的票据权利是正确的。综上，一审认定事实清楚，适用法律正确，上诉人的上诉理由不能成立。

票据返还请求权纠纷办案依据集成

1. 中华人民共和国民法通则（2009年8月27日修正）（节录）

第一百一十七条 侵占国家的、集体的财产或者他人财产的，应当返还财产，不能返还财产的，应当折价赔偿。

损坏国家的、集体的财产或者他人财产的，应当恢复原状或者折价赔偿。

受害人因此遭受其他重大损失的，侵害人并应当赔偿损失。

第一百三十四条 承担民事责任的方式主要有：

（一）停止侵害；

（二）排除妨碍；

（三）消除危险；

（四）返还财产；

（五）恢复原状；

（六）修理、重作、更换；

（七）赔偿损失；

（八）支付违约金；

（九）消除影响、恢复名誉；

（十）赔礼道歉。

以上承担民事责任的方式，可以单独适用，也可以合并适用。

人民法院审理民事案件，除适用上述规定外，还可以予以训诫、责令具结悔过、收缴进行非法活动的财物和非法所得，并可以依照法律规定处以罚款、拘留。

2. 中华人民共和国物权法（2007年3月16日主席令第62号公布）（节录）

第三十四条 无权占有不动产或者动产的，权利人可以请求返还原物。

3. 中华人民共和国票据法（2004年8月28日修正）（节录）

第十二条 以欺诈、偷盗或者胁迫等手段取得票据的，或者明知有前列情形，出于恶意取得票据的，不得享有票据权利。

持票人因重大过失取得不符合本法规定的票据的，也不得享有票据权利。

4. 最高人民法院关于审理票据纠纷案件若干问题的规定（2000年11月14日 法释〔2000〕32号）（节录）

一、受理和管辖

第一条 因行使票据权利或者票据法上的非票据权利而引起的纠纷，人民法院应当依法受理。

第二条　依照票据法第十条的规定，票据债务人（即出票人）以在票据未转让时的基础关系违法、双方不具有真实的交易关系和债权债务关系、持票人应付对价而未付对价为由，要求返还票据而提起诉讼的，人民法院应当依法受理。

第三条　依照票据法第三十六条的规定，票据被拒绝承兑、被拒绝付款或者汇票、支票超过提示付款期限后，票据持有人背书转让的，被背书人以背书人为被告行使追索权而提起诉讼的，人民法院应当依法受理。

第四条　持票人不先行使付款请求权而先行使追索权遭拒绝提起诉讼的，人民法院不予受理。除有票据法第六十一条第二款和本规定第三条所列情形外，持票人只能在首先向付款人行使付款请求权而得不到付款时，才可以行使追索权。

第五条　付款请求权是持票人享有的第一顺序权利，追索权是持票人享有的第二顺序权利，即汇票到期被拒绝付款或者具有票据法第六十一条第二款所列情形的，持票人请求背书人、出票人以及汇票的其他债务人支付票据法第七十条第一款所列金额和费用的权利。

第六条　因票据权利纠纷提起的诉讼，依法由票据支付地或者被告住所地人民法院管辖。

票据支付地是指票据上载明的付款地，票据上未载明付款地的，汇票付款人或者代理付款人的营业场所、住所或者经常居住地，本票出票人的营业场所，支票付款人或者代理付款人的营业场所所在地为票据付款地。代理付款人即付款人的委托代理人，是指根据付款人的委托代为支付票据金额的银行、信用合作社等金融机构。

第七条　因非票据权利纠纷提起的诉讼，依法由被告住所地人民法院管辖。

二、票据保全

第八条　人民法院在审理、执行票据纠纷案件时，对具有下列情形之一的票据，经当事人申请并提供担保，可以依法采取保全措施或者执行措施：

（一）不履行约定义务，与票据债务人有直接债权债务关系的票据当事人所持有的票据；

（二）持票人恶意取得的票据；

（三）应付对价而未付对价的持票人持有的票据；

（四）记载有"不得转让"字样而用于贴现的票据；

（五）记载有"不得转让"字样而用于质押的票据；

（六）法律或者司法解释规定有其他情形的票据。

三、举证责任

第九条　票据诉讼的举证责任由提出主张的一方当事人承担。

依照票据法第四条第二款、第十条、第十二条、第二十一条的规定，向人民法院提起诉讼的持票人有责任提供诉争票据。该票据的出票、承兑、交付、背书转让涉嫌欺诈、偷盗、胁迫、恐吓、暴力等非法行为的，持票人对持票的合法性应当负责举证。

第十条　票据债务人依照票据法第十三条的规定，对与其有直接债权债务关系的持票人提出抗辩，人民法院合并审理票据关系和基础关系的，持票人应当提供相应的证据证明已经履行了约定义务。

第十一条 付款人或者承兑人被人民法院依法宣告破产的,持票人因行使追索权而向人民法院提起诉讼时,应当向受理法院提供人民法院依法作出的宣告破产裁定书或者能够证明付款人或者承兑人破产的其他证据。

第十二条 在票据诉讼中,负有举证责任的票据当事人应当在一审人民法院法庭辩论结束以前提供证据。因客观原因不能在上述举证期限以内提供的,应当在举证期限届满以前向人民法院申请延期。延长的期限由人民法院根据案件的具体情况决定。

票据当事人在一审人民法院审理期间隐匿票据、故意有证不举,应当承担相应的诉讼后果。

四、票据权利及抗辩

第十三条 票据法第十七条第一款第(一)、(二)项规定的持票人对票据的出票人和承兑人的权利,包括付款请求权和追索权。

第十四条 票据债务人以票据法第十条、第二十一条的规定为由,对业经背书转让票据的持票人进行抗辩的,人民法院不予支持。

第十五条 票据债务人依照票据法第十二条、第十三条的规定,对持票人提出下列抗辩的,人民法院应予支持:

(一)与票据债务人有直接债权债务关系并且不履行约定义务的;

(二)以欺诈、偷盗或者胁迫等非法手段取得票据,或者明知有前列情形,出于恶意取得票据的;

(三)明知票据债务人与出票人或者与持票人的前手之间存在抗辩事由而取得票据的;

(四)因重大过失取得票据的;

(五)其他依法不得享有票据权利的。

第十六条 票据债务人依照票据法第九条、第十七条、第十八条、第二十二条和第三十一条的规定,对持票人提出下列抗辩的,人民法院应予支持:

(一)欠缺法定必要记载事项或者不符合法定格式的;

(二)超过票据权利时效的;

(三)人民法院作出的除权判决已经发生法律效力的;

(四)以背书方式取得但背书不连续的;

(五)其他依法不得享有票据权利的。

第十七条 票据出票人或者背书人被宣告破产的,而付款人或者承兑人不知其事实而付款或承兑,因此所产生的追索权可以登记为破产债权,付款人或者承兑人为债权人。

第十八条 票据法第十七条第一款第(三)、(四)项规定的持票人对前手的追索权,不包括对票据出票人的追索权。

第十九条 票据法第四十条第二款和第六十五条规定的持票人丧失对其前手的追索权,不包括对票据出票人的追索权。

第二十条 票据法第十七条规定的票据权利时效发生中断的,只对发生时效中断事由的当事人有效。

第二十一条 票据法第六十六条第一款规定的书面通知是否逾期,以持票人或者其前手发出书面通知之日为准；以信函通知的，以信函投寄邮戳记载之日为准。

第二十二条 票据法第七十条、第七十一条所称中国人民银行规定的利率，是指中国人民银行规定的企业同期流动资金贷款利率。

第二十三条 代理付款人在人民法院公示催告公告发布以前按照规定程序善意付款后，承兑人或者付款人以经公示催告为由拒付代理付款人已经垫付的款项的，人民法院不予支持。

五、失票救济

第二十四条 票据丧失后，失票人直接向人民法院申请公示催告或者提起诉讼的，人民法院应当依法受理。

第二十五条 出票人已经签章的授权补记的支票丧失后，失票人依法向人民法院申请公示催告的，人民法院应当依法受理。

第二十六条 票据法第十五条第三款规定的可以申请公示催告的失票人，是指按照规定可以背书转让的票据在丧失票据占有以前的最后合法持票人。

第二十七条 出票人已经签章但未记载代理付款人的银行汇票丧失后，失票人依法向付款人即出票银行所在地人民法院申请公示催告的，人民法院应当依法受理。

第二十八条 超过付款提示期限的票据丧失以后，失票人申请公示催告的，人民法院应当依法受理。

第二十九条 失票人通知票据付款人挂失止付后三日内向人民法院申请公示催告的，公示催告申请书应当载明下列内容：

（一）票面金额；

（二）出票人、持票人、背书人；

（三）申请的理由、事实；

（四）通知票据付款人或者代理付款人挂失止付的时间；

（五）付款人或者代理付款人的名称、通信地址、电话号码等。

第三十条 人民法院决定受理公示催告申请，应当同时通知付款人及代理付款人停止支付，并自立案之日起三日内发出公告。

第三十一条 付款人或者代理付款人收到人民法院发出的止付通知，应当立即停止支付，直至公示催告程序终结。非经发出止付通知的人民法院许可擅自解付的，不得免除票据责任。

第三十二条 人民法院决定受理公示催告申请后发布的公告应当在全国性的报刊上登载。

第三十三条 依照《中华人民共和国民事诉讼法》（以下简称民事诉讼法）第一百九十四条的规定，公示催告的期间，国内票据自公告发布之日起六十日，涉外票据可根据具体情况适当延长，但最长不得超过九十日。

第三十四条 依照民事诉讼法第一百九十五条第二款的规定，在公示催告期间，以公示催告的票据质押、贴现，因质押、贴现而接受该票据的持票人主张票据权利的，人民法院不予支持，但公示催告期间届满以后人民法院作出除权判决以前取得该票据的除外。

第三十五条　票据丧失后，失票人在票据权利时效届满以前请求出票人补发票据，或者请求债务人付款，在提供相应担保的情况下因债务人拒绝付款或者出票人拒绝补发票据提起诉讼的，由被告住所地或者票据支付地人民法院管辖。

第三十六条　失票人因请求出票人补发票据或者请求债务人付款遭到拒绝而向人民法院提起诉讼的，被告为与失票人具有票据债权债务关系的出票人、拒绝付款的票据付款人或者承兑人。

第三十七条　失票人为行使票据所有权，向非法持有票据人请求返还票据的，人民法院应当依法受理。

第三十八条　失票人向人民法院提起诉讼的，除向人民法院说明曾经持有票据及丧失票据的情形外，还应当提供担保。担保的数额相当于票据载明的金额。

第三十九条　对于伪报票据丧失的当事人，人民法院在查明事实，裁定终结公示催告或者诉讼程序后，可以参照民事诉讼法第一百零二条的规定，追究伪报人的法律责任。

六、票据效力

第四十条　依照票据法第一百零九条以及经国务院批准的《票据管理实施办法》的规定，票据当事人使用的不是中国人民银行规定的统一格式票据的，按照《票据管理实施办法》的规定认定，但在中国境外签发的票据除外。

第四十一条　票据出票人在票据上的签章上不符合票据法以及下述规定的，该签章不具有票据法上的效力：

（一）商业汇票上的出票人的签章，为该法人或者该单位的财务专用章或者公章加其法定代表人、单位负责人或者其授权的代理人的签名或者盖章；

（二）银行汇票上的出票人的签章和银行承兑汇票的承兑人的签章，为该银行汇票专用章加其法定代表人或者其授权的代理人的签名或者盖章；

（三）银行本票上的出票人的签章，为该银行的本票专用章加其法定代表人或者其授权的代理人的签名或者盖章；

（四）支票上的出票人的签章，出票人为单位的，为与该单位在银行预留签章一致的财务专用章或者公章加其法定代表人或者其授权的代理人的签名或者盖章；出票人为个人的，为与该个人在银行预留签章一致的签名或者盖章。

第四十二条　银行汇票、银行本票的出票人以及银行承兑汇票的承兑人在票据上未加盖规定的专用章而加盖该银行的公章，支票的出票人在票据上未加盖与该单位在银行预留签章一致的财务专用章而加盖该出票人公章的，签章人应当承担票据责任。

第四十三条　依照票据法第九条以及《票据管理实施办法》的规定，票据金额的中文大写与数码不一致，或者票据载明的金额、出票日期或者签发日期、收款人名称更改，或者违反规定加盖银行部门印章代替专用章，付款人或者代理付款人对此类票据付款的，应当承担责任。

第四十四条　因更改银行汇票的实际结算金额引起纠纷而提起诉讼，当事人请求认定汇票效力的，人民法院应当认定该银行汇票无效。

第四十五条　空白授权票据的持票人行使票据权利时未对票据必须记载事项补充完

全，因付款人或者代理付款人拒绝接收该票据而提起诉讼的，人民法院不予支持。

第四十六条 票据的背书人、承兑人、保证人在票据上的签章不符合票据法以及《票据管理实施办法》规定的，或者无民事行为能力人、限制民事行为能力人在票据上签章的，其签章无效，但不影响人民法院对票据上其他签章效力的认定。

七、票据背书

第四十七条 因票据质权人以质押票据再行背书质押或者背书转让引起纠纷而提起诉讼的，人民法院应当认定背书行为无效。

第四十八条 依照票据法第二十七条的规定，票据的出票人在票据上记载"不得转让"字样，票据持有人背书转让的，背书行为无效。背书转让后的受让人不得享有票据权利，票据的出票人、承兑人对受让人不承担票据责任。

第四十九条 依照票据法第二十七条和第三十条的规定，背书人未记载被背书人名称即将票据交付他人的，持票人在票据被背书人栏内记载自己的名称与背书人记载具有同等法律效力。

第五十条 依照票据法第三十一条的规定，连续背书的第一背书人应当是在票据上记载的收款人，最后的票据持有人应当是最后一次背书的被背书人。

第五十一条 依照票据法第三十四条和第三十五条的规定，背书人在票据上记载"不得转让"、"委托收款"、"质押"字样，其后手再背书转让、委托收款或者质押的，原背书人对后手的被背书人不承担票据责任，但不影响出票人、承兑人以及原背书人之前手的票据责任。

第五十二条 依照票据法第五十七条第二款的规定，贷款人恶意或者有重大过失从事票据质押贷款的，人民法院应当认定质押行为无效。

第五十三条 依照票据法第二十七条的规定，出票人在票据上记载"不得转让"字样，其后手以此票据进行贴现、质押的，通过贴现、质押取得票据的持票人主张票据权利的，人民法院不予支持。

第五十四条 依照票据法第三十四条和第三十五条的规定，背书人在票据上记载"不得转让"字样，其后手以此票据进行贴现、质押的，原背书人对后手的被背书人不承担票据责任。

第五十五条 依照票据法第三十五条第二款的规定，以汇票设定质押时，出质人在汇票上只记载了"质押"字样未在票据上签章的，或者出质人未在汇票、粘单上记载"质押"字样而另行签订质押合同、质押条款的，不构成票据质押。

第五十六条 商业汇票的持票人向其非开户银行申请贴现，与向自己开立存款账户的银行申请贴现具有同等法律效力。但是，持票人有恶意或者与贴现银行恶意串通的除外。

第五十七条 违反规定区域出票，背书转让银行汇票，或者违反票据管理规定跨越票据交换区域出票、背书转让银行本票、支票的，不影响出票人、背书人依法应当承担的票据责任。

第五十八条 依照票据法第三十六条的规定，票据被拒绝承兑、被拒绝付款或者超过提示付款期限，票据持有人背书转让的，背书人应当承担票据责任。

第五十九条 承兑人或者付款人依照票据法第五十三条第二款的规定对逾期提示付款的持票人付款与按照规定的期限付款具有同等法律效力。

八、票据保证

第六十条 国家机关、以公益为目的的事业单位、社会团体、企业法人的分支机构和职能部门作为票据保证人的，票据保证无效，但经国务院批准为使用外国政府或者国际经济组织贷款进行转贷，国家机关提供票据保证的，以及企业法人的分支机构在法人书面授权范围内提供票据保证的除外。

第六十一条 票据保证无效的，票据的保证人应当承担与其过错相应的民事责任。

第六十二条 保证人未在票据或者粘单上记载"保证"字样而另行签订保证合同或者保证条款的，不属于票据保证，人民法院应当适用《中华人民共和国担保法》的有关规定。

九、法律适用

第六十三条 人民法院审理票据纠纷案件，适用票据法的规定；票据法没有规定的，适用《中华人民共和国民法通则》、《中华人民共和国合同法》、《中华人民共和国担保法》等民商事法律以及国务院制定的行政法规。

中国人民银行制定并公布施行的有关行政规章与法律、行政法规不抵触的，可以参照适用。

第六十四条 票据当事人因对金融行政管理部门的具体行政行为不服提起诉讼的，适用《中华人民共和国行政处罚法》、票据法以及《票据管理实施办法》等有关票据管理的规定。

中国人民银行制定并公布施行的有关行政规章与法律、行政法规不抵触的，可以参照适用。

第六十五条 人民法院对票据法施行以前已经作出终审裁决的票据纠纷案件进行再审，不适用票据法。

十、法律责任

第六十六条 具有下列情形之一的票据，未经背书转让的，票据债务人不承担票据责任；已经背书转让的，票据无效不影响其他真实签章的效力：

（一）出票人签章不真实的；

（二）出票人为无民事行为能力人的；

（三）出票人为限制民事行为能力人的。

第六十七条 依照票据法第十四条、第一百零三条、第一百零四条的规定，伪造、变造票据者除应当依法承担刑事、行政责任外，给他人造成损失的，还应当承担民事赔偿责任。被伪造签章者不承担票据责任。

第六十八条 对票据未记载事项或者未完全记载事项作补充记载，补充事项超出授权范围的，出票人对补充后的票据应当承担票据责任。给他人造成损失的，出票人还应当承担相应的民事责任。

第六十九条 付款人或者代理付款人未能识别出伪造、变造的票据或者身份证件而错误付款,属于票据法第五十七条规定的"重大过失",给持票人造成损失的,应当依法承担民事责任。付款人或者代理付款人承担责任后有权向伪造者、变造者依法追偿。

持票人有过错的,也应当承担相应的民事责任。

第七十条 付款人及其代理付款人有下列情形之一的,应当自行承担责任:

(一)未依照票据法第五十七条的规定对提示付款人的合法身份证明或者有效证件以及汇票背书的连续性履行审查义务而错误付款的;

(二)公示催告期间对公示催告的票据付款的;

(三)收到人民法院的止付通知后付款的;

(四)其他以恶意或者重大过失付款的。

第七十一条 票据法第六十三条所称"其他有关证明"是指:

(一)人民法院出具的宣告承兑人、付款人失踪或者死亡的证明、法律文书;

(二)公安机关出具的承兑人、付款人逃匿或者下落不明的证明;

(三)医院或者有关单位出具的承兑人、付款人死亡的证明;

(四)公证机构出具的具有拒绝证明效力的文书。

第七十二条 当事人因申请票据保全错误而给他人造成损失的,应当依法承担民事责任。

第七十三条 因出票人签发空头支票、与其预留本名的签名式样或者印鉴不符的支票给他人造成损失的,支票的出票人和背书人应当依法承担民事责任。

第七十四条 人民法院在审理票据纠纷案件时,发现与本案有牵连但不属同一法律关系的票据欺诈犯罪嫌疑线索的,应当及时将犯罪嫌疑线索提供给有关公安机关,但票据纠纷案件不应因此而中止审理。

第七十五条 依照票据法第一百零五条的规定,由于金融机构工作人员在票据业务中玩忽职守,对违反票据法规定的票据予以承兑、付款、贴现或者保证,给当事人造成损失的,由该金融机构与直接责任人员依法承担连带责任。

第七十六条 依照票据法第一百零七条的规定,由于出票人制作票据,或者其他票据债务人未按照法定条件在票据上签章,给他人造成损失的,除应当按照所记载事项承担票据责任外,还应当承担相应的民事责任。

持票人明知或者应当知道前款情形而接受的,可以适当减轻出票人或者票据债务人的责任。

第四节 票据损害责任纠纷

> **102. 付款人履行票据审查义务的标准是什么？付款人未履行票据审查义务的法律后果是什么？**
>
> 由于票据是一种无因性证券，且具有很强的流转性，因此，对确定票据权利的真实与否的方式和程序，法律作了严格而特殊的规定。根据《票据法》第57条之规定，付款人在付款时，应当审查汇票背书的连续，并审查提示付款人的合法身份证明或者有效证件。如因恶意或者有重大过失付款的，应当自行承担责任。而对于何为重大过失，根据最高人民法院《关于审理票据纠纷案件若干问题的规定》第69条之规定，如付款人未能识别出伪造、编造的票据或者身份证件而错误付款的，即属于"重大过失"情形，付款人应对其给持票人造成的损失承担责任。

典型疑难案件参考(一)

中国建设银行天津市分行南开支行与天津开发区迈柯恒工贸有限公司储蓄存款合同纠纷案（《最高人民法院公报》2003年第6期）

基本案情

1998年8月28日，天津开发区迈柯恒工贸有限公司（以下简称迈柯恒公司）在中国建设银行天津市分行南开支行（以下简称南开建行）开立了账号为512-273036189账户，并于同日向该账户存入500万元，于同年9月28日存入700万元，同年10月9日分两笔存入800万元。迈柯恒公司于同年12月9日到南开建行取款，得知上述存款已经被他人以迈柯恒公司的名义分10次取走1999.8万元。迈柯恒公司遂于同年12月11日向天津市高级人民法院提起诉讼，请求判令南开建行支付2000万元存款本金及利息、滞纳金，并承担诉讼费用。

另，1998年12月11日，南开建行向天津市公安局报案。天津市公安局于同年12月14日初步查明，"经刑科所鉴定，取款票据上的印鉴是伪造的，犯罪嫌疑人以伪造票据为手段骗取在银行的存款，涉嫌票据诈骗"。同时，对犯罪嫌疑人成敖立案侦查。成敖供述：其以高额利息为饵，诱迈柯恒公司在南开建行存款 2500 万元（含迈柯恒公司存款 500 万元）。成敬采用电脑扫描、喷涂等高科技手段伪造汇票委托书、转账支票等凭证，分数次从南开建行骗取存款 2490 余万元后潜逃，直至被抓获。经侦查目前没有发现南开建行、迈柯恒公司涉嫌参与共同诈骗问题。

一审裁判结果

天津市高级人民法院经审理，依据《中华人民共和国票据法》第 57 条、最高人民法院《关于审理票据纠纷案件若干问题的规定》第 69 条的规定判决如下：

南开建行于该判决生效之日起 10 日内返还原告迈柯恒工贸有限公司存款人民币 2000 万元，并分别自存款之日起至 1998 年 12 月 9 日按照人民银行有关存款规定计算并支付活期利息，于 1998 年 12 月 10 日至判决生效之日止按照中国人民银行有关同期银行贷款逾期的规定计算并支付逾期付款违约金，如逾期不付，按照《中华人民共和国民事诉讼法》第 232 条执行。

一审裁判理由

天津市高级人民法院经审理认为，迈柯恒公司在南开建行存款，双方之间形成存款关系。在迈柯恒公司存入款项后，南开建行应当全面履行保证原告所存资金安全义务，依照《中华人民共和国票据法》第 57 条"付款人及其代理付款人付款时，应当审查汇票背书的连续，并审查提示付款人的合法身份证明或者有效证件。付款人及其代理付款人以恶意或者有重大过失付款的，应当自行承担责任"的规定以及最高人民法院《关于审理票据纠纷案件若干问题的规定》第 69 条"付款人或者代理付款人未能识别出伪造、变造的票据或者身份证件而错误付款，属于票据法第五十七条规定的'重大过失'，给持票人造成损失的，应当依法承担民事责任。付款人或者代理付款人承担责任后有权向伪造者、变造者依法追偿。持票人有过错的，也应当承担相应的民事责任"的规定，南开建行应当履行审查提示付款人的合法身份证明或者有效证件的义务。现由于迈柯恒公司的存款被犯罪嫌疑人从南开建行处以伪造票据骗取，经公安机关侦查，迈柯恒公司与该款被骗并无牵连，且南开建行并不能证明迈柯恒公司在存款过程中有过错，因此南开建行的付款义务不能免除。对迈柯恒公司的诉讼请求，该院予以支持。

二审诉辩情况

南开建行不服天津市高级人民法院的上述民事判决，向本院提起上诉称：迈柯恒公司将 2000 万元存入南开建行，并非基于正常的存款目的，而是为了牟取犯罪分子成敬给付的高息。成敬在公安机关的询问笔录中对于给付高息的时间、地点、金额、款项来源、支付方式等情况均有详细的供述。本案高息为270万元,系成敬从其他关系人处借得的现金及邮政储蓄存折交付给迈柯恒公司的,应在2000万元本金中予以冲抵。且成敬还供述迈柯恒公司为其提供了盖有"单位公章"、"财务章"与"法人名章"的承诺书,在客观上,迈柯恒公司为成敬诈骗得逞提供了帮助。依据《关于审理票据纠纷案件若干问题的规定》第69条"持票人也有过错的,也应承担相应的民事责任",故迈柯恒公司对于存款被骗也应承担过错责任。按照《支付结算办法》第17条的规定,南开建行已尽到了审查义务,不应再承担款项被骗的责任。原审法院未能主动对本案的有关证据进行调查收集,属于审判程序有误。本案应适用"存单司法解释",按照存款利率计息。请求撤销原判,依法改判。

迈柯恒公司答辩称:

现没有证据证明成敬的供述是真实的,迈柯恒公司从未收取过高息。原审判决认定事实清楚,适用法律正确,程序合法。请求驳回上诉,维持原判。

▶ 二审裁判结果 ◀

最高人民法院经审理认为,原审判决认定事实清楚,适用法律基本正确,唯利息部分关于"按照中国人民银行有关同期银行贷款逾期的规定计算并支付逾期付款违约金"的判决属重复计算,应予纠正。本院依照《中华人民共和国民事诉讼法》第153条第1款第1、2项之规定,判决如下:

变更天津市高级人民法院〔1998〕高经一初字第48号民事判决主文为:中国建设银行天津市分行南开支行于本判决生效之日起10日内返还天津市迈柯恒商贸有限公司存款本金2000万元人民币及利息(自每笔款项的存款之日起至1998年12月9日止按照中国人民银行同期活期存款利率计算;自1998年12月10日起至本判决确定的给付之日止按照中国人民银行同期逾期贷款利率分段计算)。如逾期不付,按照《中华人民共和国民事诉讼法》第232条的规定办理。

▶ 二审裁判理由 ◀

最高人民法院经审理认为,南开建行收到迈柯恒公司存入的款项后,应当履行保证储户存款安全的义务。迈柯恒公司在南开建行的2000万元存款被犯罪嫌疑人成敬以伪造票据的方式骗出,依照《中华人民共和国票据法》第57条关于"付款人及其代理付款人以恶意或者有重大过失付款的,应当自行承担责任"的规定以及最高人民法院《关于审理票据纠纷案件若干问题的规定》

第69条关于"付款人或者代理付款人未能识别出伪造、变造的票据或者身份证件而错误付款,属于票据法第五十七条规定的'重大过失',给持票人造成损失的,应当依法承担民事责任。付款人或者代理付款人承担责任后有权向伪造者、变造者依法追偿。持票人有过错的,也应当承担相应的民事责任"的规定,南开建行由于未能识别出成敬在汇票委托书及转账支票上加盖的伪造印鉴,由此给迈柯恒公司造成损失,其应承担民事责任。

对于迈柯恒公司是否向成敬出具过承诺书一节,因除成敬口供以外再无其他证据可以证明,本院不予认定。且出具承诺书的行为不能必然导致成敬诈骗行为的得逞,更不能由此认定迈柯恒公司即参与了诈骗。在无确凿证据可以证明迈柯恒公司对于存款被骗具有过错的情况下,原审对成敬从南开建行骗得的款项判令南开建行承担全部责任并无不当。南开建行关于应由迈柯恒公司承担部分过错责任的上诉主张缺乏事实与法律依据,本院不予支持。南开建行依据成敬的口供提出迈柯恒公司收到了成敬给付的270万元高息,对此,迈柯恒公司不予认可。因成敬的证言是孤立存在的,无其他证据可以佐证,而不能形成证明力,故对本案中迈柯恒公司是否收到高息的事实尚不能认定。南开建行关于将270万元应在2000万元本金中予以冲抵的上诉请求不予支持。

典型疑难案件参考(二)

中国农业银行珠海市吉大支行与河南省金瓷股份有限公司、中国农业银行商丘市京港支行票据损害赔偿纠纷案

基本案情

原审法院审理查明:2001年1月2日,河南省金瓷股份有限公司(以下简称金瓷公司)与珠海市恒利辉发展有限公司(以下简称恒利辉公司)签订了一份工矿产品购销合同,双方约定:恒利辉公司供给金瓷公司冷轧卷板550吨,金瓷公司把2340500元货款申请办理银行汇票,将该汇票第二联交给恒利辉公司,恒利辉公司12天内将货发到金瓷公司,双方验收完毕的当天,金瓷公司将该汇票的第三联(解讫通知)交给恒利辉公司结算等。合同签订后,金瓷公司在中国农业银行商丘市京港支行(以下简称京港农行)申请办理了金额为2340500元,票号为CB/0100170308的银行汇票,并将该银行汇票第二联交给恒利辉公司。恒利辉公司收票后,未按约定发货,将该汇票第二联背书转让给珠海市伟明有限公司,并伪造了该银行汇票的第三联,伟明有限公司于2001年1月8日在中国农业银行珠海市吉大支行(以下简称吉大农行)请求

付款，吉大农行工作人员在审查该汇票第二联无误后，将该汇票票款解付。金瓷公司遂向法院起诉，要求吉大农行赔偿其票款、票款利益及其他利益损失。

一审裁判结果

原审法院判决：
一、吉大农行于判决生效后10日内赔偿金瓷公司票款2340500元；
二、驳回金瓷公司的其他诉讼请求。

一审裁判理由

一审法院认为，银行汇票第二联、第三联是中国人民银行总行统一格式、联次、颜色、规格，并在中国人民银行总行批准的印刷厂印制，由银行根据当事人的申请办理的一种支付凭证。在请求付款时，必须同时出具方能实现权利。吉大农行在对银行汇票付款时，没有识别出伪造的票据，应当承担因错误付款而产生的赔偿责任。京港农行按照规定办理银行汇票，又严格按会计核算手续进行了账户处理，没有过错，不应承担任何责任。金瓷公司在购销合同履行过程中，轻信恒利辉公司能够发货，将银行汇票第二联交给对方，对票款损失也负有一定责任，其庭审中增加吉大农行应支付票款利息的请求，不予支持。

二审诉辩情况

吉大农行不服原审判决，向本院提起上诉称：
1. 解讫通知不是汇票的一部分，伪造解讫通知不构成票据伪造；
2. 汇票的背书转让仅凭第二联即可；
3. 中国人民银行明确规定，解付汇票时不需要审查解讫通知的真伪；
4. 金瓷公司被骗系其重大过失所致；
5. 中国人民银行对《支付结算会计核算手续》有关条款的解释具有法律效力。
请求依法撤销原判，驳回金瓷公司的诉讼请求。

金瓷公司辩称：
1. 解讫通知是汇票组成部分，伪造解讫通知构成伪造票据；
2. 吉大农行对解讫通知有审查义务，其未识别出伪造票据，应承担重大过失赔偿责任；
3. 吉大农行提交的中国人民银行内部解释无法律效力；
4. 金瓷公司不存在任何过错，不应承担任何责任。
原审判决认定事实、适用法律正确，应予维持。

二审裁判结果

河南省高级人民法院经审理认为，原审判决认定事实清楚，适用法律正确，应予维持。依照《中华人民共和国民事诉讼法》第153条第1款第1项之规定，判决如下：驳回上诉，维持原判。

二审裁判理由

河南省高级人民法院经审理认为，中国人民银行《支付结算办法》规定，持票人向银行提示付款时，必须同时提交银行汇票和解讫通知。两者缺少任何一联，代理付款银行不予受理。因此，解讫通知是持票人取得票据权利，得到代理付款银行支付银行汇票记载款项的必不可少的条件之一。金瓷公司在取得银行汇票后，仅向恒利辉公司交付了第二联银行汇票，保留了第三联解讫通知，限制了恒利辉公司取得银行汇票款项的权利，对于金瓷公司交付解讫通知前造成的票款被支取的损失，金瓷公司并无过错。同时，依照中国人民银行《支付结算会计核算手续》的规定，代理付款银行对于持票人交付的银行汇票，应审查银行汇票与解讫通知是否齐全，汇票号码和记载内容是否一致等。银行汇票与解讫通知记载的内容是否一致，必须在确定二者真伪的前提下才能发生对比审查行为。不审查解讫通知真伪，而只审查解讫通知与银行汇票中汇票号码、记载内容等是否一致，就确定付款与否，不符合《支付结算办法》和《支付结算会计核算手续》规定的本意。吉大农行在解付本案银行汇票时，未能审查出持票人所持解讫通知是伪造的，致使该银行汇票款项被冒领，付款人金瓷公司该部分财产权益因而受到损失。吉大农行对此应承担相应的民事责任。吉大农行上诉称银行无审查解讫通知真伪义务，不承担本案银行汇票款额损失的理由没有法律依据，本院予以驳回。

票据损害责任纠纷办案依据集成

1. 人民共和国票据法（2004年8月28日修正）（节录）

第五十七条　付款人及其代理付款人付款时，应当审查汇票背书的连续，并审查提示付款人的合法身份证明或者有效证件。

付款人及其代理付款人以恶意或者有重大过失付款的，应当自行承担责任。

第一百零四条　金融机构工作人员在票据业务中玩忽职守，对违反本法规定的票据予以承兑、付款或者保证的，给予处分；造成重大损失，构成犯罪的，依法追究刑事责任。

由于金融机构工作人员因前款行为给当事人造成损失的，由该金融机构和直接责任人员依法承担赔偿责任。

第一百零五条　票据的付款人对见票即付或者到期的票据，故意压票，拖延支付的，由金融行政管理部门处以罚款，对直接责任人员给予处分。

票据的付款人故意压票，拖延支付，给持票人造成损失的，依法承担赔偿责任。

第一百零六条　依照本法规定承担赔偿责任以外的其他违反本法规定的行为，给他人造成损失的，应当依法承担民事责任。

2. 最高人民法院关于审理票据纠纷案件若干问题的规定（2000年11月14日　法释〔2000〕32号）（节录）

一、受理和管辖

第一条　因行使票据权利或者票据法上的非票据权利而引起的纠纷，人民法院应当依法受理。

第二条　依照票据法第十条的规定，票据债务人（即出票人）以在票据未转让时的基础关系违法、双方不具有真实的交易关系和债权债务关系、持票人应付对价而未付对价为由，要求返还票据而提起诉讼的，人民法院应当依法受理。

第三条　依照票据法第三十六条的规定，票据被拒绝承兑、被拒绝付款或者汇票、支票超过提示付款期限后，票据持有人背书转让的，被背书人以背书人为被告行使追索权而提起诉讼的，人民法院应当依法受理。

第四条　持票人不先行使付款请求权而先行使追索权遭拒绝提起诉讼的，人民法院不予受理。除有票据法第六十一条第二款和本规定第三条所列情形外，持票人只能在首先向付款人行使付款请求权而得不到付款时，才可以行使追索权。

第五条　付款请求权是持票人享有的第一顺序权利，追索权是持票人享有的第二顺序权利，即汇票到期被拒绝付款或者具有票据法第六十一条第二款所列情形的，持票人请求背书人、出票人以及汇票的其他债务人支付票据法第七十条第一款所列金额和费用的权利。

第六条　因票据权利纠纷提起的诉讼，依法由票据支付地或者被告住所地人民法院管辖。

票据支付地是指票据上载明的付款地，票据上未载明付款地的，汇票付款人或者代理付款人的营业场所、住所或者经常居住地，本票出票人的营业场所，支票付款人或者代理付款人的营业场所所在地为票据付款地。代理付款人即付款人的委托代理人，是指根据付款人的委托代为支付票据金额的银行、信用合作社等金融机构。

第七条　因非票据权利纠纷提起的诉讼，依法由被告住所地人民法院管辖。

二、票据保全

第八条　人民法院在审理、执行票据纠纷案件时，对具有下列情形之一的票据，经当事人申请并提供担保，可以依法采取保全措施或者执行措施：

（一）不履行约定义务，与票据债务人有直接债权债务关系的票据当事人所持有的票据；

（二）持票人恶意取得的票据；

（三）应付对价而未付对价的持票人持有的票据；

（四）记载有"不得转让"字样而用于贴现的票据；

（五）记载有"不得转让"字样而用于质押的票据；

（六）法律或者司法解释规定有其他情形的票据。

三、举证责任

第九条　票据诉讼的举证责任由提出主张的一方当事人承担。

依照票据法第四条第二款、第十条、第十二条、第二十一条的规定，向人民法院提起诉讼的持票人有责任提供诉争票据。该票据的出票、承兑、交付、背书转让涉嫌欺诈、偷盗、胁迫、恐吓、暴力等非法行为的，持票人对持票的合法性应当负责举证。

第十条　票据债务人依照票据法第十三条的规定，对与其有直接债权债务关系的持票人提出抗辩，人民法院合并审理票据关系和基础关系的，持票人应当提供相应的证据证明已经履行了约定义务。

第十一条　付款人或者承兑人被人民法院依法宣告破产的，持票人因行使追索权而向人民法院提起诉讼时，应当向受理法院提供人民法院依法作出的宣告破产裁定书或者能够证明付款人或者承兑人破产的其他证据。

第十二条　在票据诉讼中，负有举证责任的票据当事人应当在一审人民法院法庭辩论结束以前提供证据。因客观原因不能在上述举证期限以内提供的，应当在举证期限届满以前向人民法院申请延期。延长的期限由人民法院根据案件的具体情况决定。

票据当事人在一审人民法院审理期间隐匿票据、故意有证不举，应当承担相应的诉讼后果。

四、票据权利及抗辩

第十三条　票据法第十七条第一款第（一）、（二）项规定的持票人对票据的出票人和承兑人的权利，包括付款请求权和追索权。

第十四条　票据债务人以票据法第十条、第二十一条的规定为由，对业经背书转让票据的持票人进行抗辩的，人民法院不予支持。

第十五条　票据债务人依照票据法第十二条、第十三条的规定，对持票人提出下列抗辩的，人民法院应予支持：

（一）与票据债务人有直接债权债务关系并且不履行约定义务的；

（二）以欺诈、偷盗或者胁迫等非法手段取得票据，或者明知有前列情形，出于恶意取得票据的；

（三）明知票据债务人与出票人或者与持票人的前手之间存在抗辩事由而取得票据的；

（四）因重大过失取得票据的；

（五）其他依法不得享有票据权利的。

第十六条　票据债务人依照票据法第九条、第十七条、第十八条、第二十二条和第三十一条的规定，对持票人提出下列抗辩的，人民法院应予支持：

（一）欠缺法定必要记载事项或者不符合法定格式的；

（二）超过票据权利时效的；

（三）人民法院作出的除权判决已经发生法律效力的；

（四）以背书方式取得但背书不连续的；

（五）其他依法不得享有票据权利的。

第十七条　票据出票人或者背书人被宣告破产的，而付款人或者承兑人不知其事实而付款或者承兑，因此所产生的追索权可以登记为破产债权，付款人或者承兑人为债权人。

第十八条　票据法第十七条第一款第（三）、（四）项规定的持票人对前手的追索权，不包括对票据出票人的追索权。

第十九条　票据法第四十条第二款和第六十五条规定的持票人丧失对其前手的追索权，不包括对票据出票人的追索权。

第二十条　票据法第十七条规定的票据权利时效发生中断的，只对发生时效中断事由的当事人有效。

第二十一条　票据法第六十六条第一款规定的书面通知是否逾期，以持票人或者其前手发出书面通知之日为准；以信函通知的，以信函投寄邮戳记载之日为准。

第二十二条　票据法第七十条、第七十一条所称中国人民银行规定的利率，是指中国人民银行规定的企业同期流动资金贷款利率。

第二十三条　代理付款人在人民法院公示催告公告发布以前按照规定程序善意付款后，承兑人或者付款人以已经公示催告为由拒付代理付款人已经垫付的款项的，人民法院不予支持。

五、失票救济

第二十四条　票据丧失后，失票人直接向人民法院申请公示催告或者提起诉讼的，人民法院应当依法受理。

第二十五条　出票人已经签章的授权补记的支票丧失后，失票人依法向人民法院申请公示催告的，人民法院应当依法受理。

第二十六条　票据法第十五条第三款规定的可以申请公示催告的失票人，是指按照规定可以背书转让的票据在丧失票据占有以前的最后合法持票人。

第二十七条　出票人已经签章但未记载代理付款人的银行汇票丧失后，失票人依法向付款人即出票银行所在地人民法院申请公示催告的，人民法院应当依法受理。

第二十八条 超过付款提示期限的票据丧失以后，失票人申请公示催告的，人民法院应当依法受理。

第二十九条 失票人通知票据付款人挂失止付后三日内向人民法院申请公示催告的，公示催告申请书应当载明下列内容：

（一）票面金额；

（二）出票人、持票人、背书人；

（三）申请的理由、事实；

（四）通知票据付款人或者代理付款人挂失止付的时间；

（五）付款人或者代理付款人的名称、通信地址、电话号码等。

第三十条 人民法院决定受理公示催告申请，应当同时通知付款人及代理付款人停止支付，并自立案之日起三日内发出公告。

第三十一条 付款人或者代理付款人收到人民法院发出的止付通知，应当立即停止支付，直至公示催告程序终结。非经发出止付通知的人民法院许可擅自解付的，不得免除票据责任。

第三十二条 人民法院决定受理公示催告申请后发布的公告应当在全国性的报刊上登载。

第三十三条 依照《中华人民共和国民事诉讼法》（以下简称民事诉讼法）第一百九十四条的规定，公示催告的期间，国内票据自公告发布之日起六十日，涉外票据可根据具体情况适当延长，但最长不得超过九十日。

第三十四条 依照民事诉讼法第一百九十五条第二款的规定，在公示催告期间，以公示催告的票据质押、贴现，因质押、贴现而接受该票据的持票人主张票据权利的，人民法院不予支持，但公示催告期间届满以后人民法院作出除权判决以前取得该票据的除外。

第三十五条 票据丧失后，失票人在票据权利时效届满以前请求出票人补发票据，或者请求债务人付款，在提供相应担保的情况下因债务人拒绝付款或出票人拒绝补发票据提起诉讼的，由被告住所地或者票据支付地人民法院管辖。

第三十六条 失票人因请求出票人补发票据或者请求债务人付款遭到拒绝而向人民法院提起诉讼的，被告为与失票人具有票据债权债务关系的出票人、拒绝付款的票据付款人或者承兑人。

第三十七条 失票人为行使票据所有权，向非法持有票据人请求返还票据的，人民法院应当依法受理。

第三十八条 失票人向人民法院提起诉讼的，除向人民法院说明曾经持有票据及丧失票据的情形外，还应当提供担保。担保的数额相当于票据载明的金额。

第三十九条 对于伪报票据丧失的当事人，人民法院在查明事实，裁定终结公示催告或者诉讼程序后，可以参照民事诉讼法第一百零二条的规定，追究伪报人的法律责任。

六、票据效力

第四十条 依照票据法第一百零九条以及经国务院批准的《票据管理实施办法》的规

定，票据当事人使用的不是中国人民银行规定的统一格式票据的，按照《票据管理实施办法》的规定认定，但在中国境外签发的票据除外。

第四十一条 票据出票人在票据上的签章上不符合票据法以及下述规定的，该签章不具有票据法上的效力：

（一）商业汇票上的出票人的签章，为该法人或者该单位的财务专用章或者公章加其法定代表人、单位负责人或者其授权的代理人的签名或者盖章；

（二）银行汇票上的出票人的签章和银行承兑汇票的承兑人的签章，为该银行汇票专用章加其法定代表人或者其授权的代理人的签名或者盖章；

（三）银行本票上的出票人的签章，为该银行的本票专用章加其法定代表人或者其授权的代理人的签名或者盖章；

（四）支票上的出票人的签章，出票人为单位的，为与该单位在银行预留签章一致的财务专用章或者公章加其法定代表人或者其授权的代理人的签名或者盖章；出票人为个人的，为与该个人在银行预留签章一致的签名或者盖章。

第四十二条 银行汇票、银行本票的出票人以及银行承兑汇票的承兑人在票据上未加盖规定的专用章而加盖该银行的公章，支票的出票人在票据上未加盖与该单位在银行预留签章一致的财务专用章而加盖该出票人公章的，签章人应当承担票据责任。

第四十三条 依照票据法第九条以及《票据管理实施办法》的规定，票据金额的中文大写与数码不一致，或者票据载明的金额、出票日期或者签发日期、收款人名称更改，或者违反规定加盖银行部门印章代替专用章，付款人或者代理付款人对此类票据付款的，应当承担责任。

第四十四条 因更改银行汇票的实际结算金额引起纠纷而提起诉讼，当事人请求认定汇票效力的，人民法院应当认定该银行汇票无效。

第四十五条 空白授权票据的持票人行使票据权利时未对票据必须记载事项补充完全，因付款人或者代理付款人拒绝接收该票据而提起诉讼的，人民法院不予支持。

第四十六条 票据的背书人、承兑人、保证人在票据上的签章不符合票据法以及《票据管理实施办法》规定的，或者无民事行为能力人、限制民事行为能力人在票据上签章的，其签章无效，但不影响人民法院对票据上其他签章效力的认定。

七、票据背书

第四十七条 因票据质权人以质押票据再行背书质押或者背书转让引起纠纷而提起诉讼的，人民法院应当认定背书行为无效。

第四十八条 依照票据法第二十七条的规定，票据的出票人在票据上记载"不得转让"字样，票据持有人背书转让的，背书行为无效。背书转让后的受让人不得享有票据权利，票据的出票人、承兑人对受让人不承担票据责任。

第四十九条 依照票据法第二十七条和第三十条的规定，背书人未记载被背书人名称即将票据交付他人的，持票人在票据被背书人栏内记载自己的名称与背书人记载具有同等法律效力。

第五十条 依照票据法第三十一条的规定，连续背书的第一背书人应当是在票据上记载的收款人，最后的票据持有人应当是最后一次背书的被背书人。

第五十一条　依照票据法第三十四条和第三十五条的规定，背书人在票据上记载"不得转让"、"委托收款"、"质押"字样，其后手再背书转让、委托收款或者质押的，原背书人对后手的被背书人不承担票据责任，但不影响出票人、承兑人以及原背书人之前手的票据责任。

第五十二条　依照票据法第五十七条第二款的规定，贷款人恶意或者有重大过失从事票据质押贷款的，人民法院应当认定质押行为无效。

第五十三条　依照票据法第二十七条的规定，出票人在票据上记载"不得转让"字样，其后手以此票据进行贴现、质押的，通过贴现、质押取得票据的持票人主张票据权利的，人民法院不予支持。

第五十四条　依照票据法第三十四条和第三十五条的规定，背书人在票据上记载"不得转让"字样，其后手以此票据进行贴现、质押的，原背书人对后手的被背书人不承担票据责任。

第五十五条　依照票据法第三十五条第二款的规定，以汇票设定质押时，出质人在汇票上只记载了"质押"字样未在票据上签章的，或者出质人未在汇票、粘单上记载"质押"字样而另行签订质押合同、质押条款的，不构成票据质押。

第五十六条　商业汇票的持票人向其非开户银行申请贴现，与向自己开立存款账户的银行申请贴现具有同等法律效力。但是，持票人有恶意或者与贴现银行恶意串通的除外。

第五十七条　违反规定区域出票，背书转让银行汇票，或者违反票据管理规定跨越票据交换区域出票、背书转让银行本票、支票的，不影响出票人、背书人依法应当承担的票据责任。

第五十八条　依照票据法第三十六条的规定，票据被拒绝承兑、被拒绝付款或者超过提示付款期限，票据持有人背书转让的，背书人应当承担票据责任。

第五十九条　承兑人或者付款人依照票据法第五十三条第二款的规定对逾期提示付款的持票人付款与按照规定的期限付款具有同等法律效力。

八、票据保证

第六十条　国家机关、以公益为目的的事业单位、社会团体、企业法人的分支机构和职能部门作为票据保证人的，票据保证无效，但经国务院批准为使用外国政府或者国际经济组织贷款进行转贷，国家机关提供票据保证的，以及企业法人的分支机构在法人书面授权范围内提供票据保证的除外。

第六十一条　票据保证无效的，票据的保证人应当承担与其过错相应的民事责任。

第六十二条　保证人未在票据或者粘单上记载"保证"字样而另行签订保证合同或者保证条款的，不属于票据保证，人民法院应当适用《中华人民共和国担保法》的有关规定。

九、法律适用

第六十三条　人民法院审理票据纠纷案件，适用票据法的规定；票据法没有规定的，适用《中华人民共和国民法通则》、《中华人民共和国合同法》、《中华人民共和国担保法》

等民商事法律以及国务院制定的行政法规。

中国人民银行制定并公布施行的有关行政规章与法律、行政法规不抵触的，可以参照适用。

第六十四条 票据当事人因对金融行政管理部门的具体行政行为不服提起诉讼的，适用《中华人民共和国行政处罚法》、票据法以及《票据管理实施办法》等有关票据管理的规定。

中国人民银行制定并公布施行的有关行政规章与法律、行政法规不抵触的，可以参照适用。

第六十五条 人民法院对票据法施行以前已经作出终审裁决的票据纠纷案件进行再审，不适用票据法。

十、法律责任

第六十六条 具有下列情形之一的票据，未经背书转让的，票据债务人不承担票据责任；已经背书转让的，票据无效不影响其他真实签章的效力：

（一）出票人签章不真实的；

（二）出票人为无民事行为能力人的；

（三）出票人为限制民事行为能力人的。

第六十七条 依照票据法第十四条、第一百零三条、第一百零四条的规定，伪造、变造票据者除应当依法承担刑事、行政责任外，给他人造成损失的，还应当承担民事赔偿责任。被伪造签章者不承担票据责任。

第六十八条 对票据未记载事项或者未完全记载事项作补充记载，补充事项超出授权范围的，出票人对补充后的票据应当承担票据责任。给他人造成损失的，出票人还应当承担相应的民事责任。

第六十九条 付款人或者代理付款人未能识别出伪造、变造的票据或者身份证件而错误付款，属于票据法第五十七条规定的"重大过失"，给持票人造成损失的，应当依法承担民事责任。付款人或者代理付款人承担责任后有权向伪造者、变造者依法追偿。

持票人有过错的，也应当承担相应的民事责任。

第七十条 付款人及其代理付款人有下列情形之一的，应当自行承担责任：

（一）未依照票据法第五十七条的规定对提示付款人的合法身份证明或者有效证件以及汇票背书的连续性履行审查义务而错误付款的；

（二）公示催告期间对公示催告的票据付款的；

（三）收到人民法院的止付通知后付款的；

（四）其他以恶意或者重大过失付款的。

第七十一条 票据法第六十三条所称"其他有关证明"是指：

（一）人民法院出具的宣告承兑人、付款人失踪或者死亡的证明、法律文书；

（二）公安机关出具的承兑人、付款人逃匿或者下落不明的证明；

（三）医院或者有关单位出具的承兑人、付款人死亡的证明；

（四）公证机构出具的具有拒绝证明效力的文书。

第七十二条 当事人因申请票据保全错误而给他人造成损失的,应当依法承担民事责任。

第七十三条 因出票人签发空头支票、与其预留本名的签名式样或者印鉴不符的支票给他人造成损失的,支票的出票人和背书人应当依法承担民事责任。

第七十四条 人民法院在审理票据纠纷案件时,发现与本案有牵连但不属同一法律关系的票据欺诈犯罪嫌疑线索的,应当及时将犯罪嫌疑线索提供给有关公安机关,但票据纠纷案件不应因此而中止审理。

第七十五条 依照票据法第一百零五条的规定,由于金融机构工作人员在票据业务中玩忽职守,对违反票据法规定的票据予以承兑、付款、贴现或者保证,给当事人造成损失的,由该金融机构与直接责任人员依法承担连带责任。

第七十六条 依照票据法第一百零七条的规定,由于出票人制作票据,或者其他票据债务人未按照法定条件在票据上签章,给他人造成损失的,除应当按照所记载事项承担票据责任外,还应当承担相应的民事责任。

持票人明知或者应当知道前款情形而接受的,可以适当减轻出票人或者票据债务人的责任。

第五节 票据利益返还请求权纠纷

103. 持票人在何种情况下能够主张票据利益返还请求权？

票据利益返还请求权是由《票据法》所特别规定的非票据利益。而持票人合法享有票据权利且因法定情形丧失票据利益，是其行使票据利益返还请求权的前提条件。如果持票人所享有的票据权利，如付款请求权和追索权尚未消失，或持票人是以欺诈、胁迫、盗窃等违法手段取得票据从而并不享有合法的票据权利，那么其不能主张票据利益返还请求权。

104. 票据利益返还请求权应向谁主张？可在多大范围内主张利益的返还？

利益返还请求权本质上是一种不当得利请求权，因而利益返还义务人应是实际受益人，如出票人或承兑人未从票据失权中获得利益，则不能向其请求返还利益。基于利益返还请求权为不当得利请求权的属性，持票人可请求返还的利益范围应限于债务人的实际受益，即与未支付的票据金额相当的利益。

典型疑难案件参考

佛山市南海松岗石碣新力五金塑料厂与梁伟志票据利益返还请求权纠纷案

基本案情

2003年4月21日，王炳文因梁伟志欠其工程款向广东省佛山市南海区人民法院起诉，请求梁伟志支付工程款872296.59元，法院同日受理了此案。同年5月30日，梁伟志开具了一张金额为20000元的中国农业银行支票一张予王炳文，王炳文因欠佛山市南海松岗石碣新力五金塑料厂（以下简称新力厂）货款，将该支票作为货款交付给了新力厂。同年6月9日，中国农业银行南海市清算中心以梁伟志账户余额不足为由向新力厂出具了退票通知书。新力厂即持退票通知书找王炳文，要求王炳文支付未能兑现的支票款项。同年9月9日，梁伟志与王炳文经广东省佛山市南海区人民法院达成调解协议，梁伟志确认欠王炳文工程款70万元，由梁伟志分期支付。

2004年10月25日，新力厂以梁伟志出具的支票是空头支票为由，向原审法院提起诉讼，请求判令梁伟志支付欠款20000元。

一审裁判结果

依照《中华人民共和国民事诉讼法》第64条第1款的规定，判决：驳回新力厂的诉讼请求。

一审裁判理由

本案经原审法院审理认为：本案讼争的支票是梁伟志因欠第三人工程款开具予王炳文。新力厂持有王炳文交付的由梁伟志开具的支票已于2003年6月9日被银行以账户余额不足为由退票，新力厂已当即将退票事由告知王炳文，而梁伟志与王炳文的工程款纠纷于2003年9月9日经法院调解达成调解协议，梁伟志确认欠王炳文工程款70万元，该工程款应包含本案讼争的支票款20000元。新力厂、梁伟志间没有直接的业务往来，不存在经济纠纷，故新力厂请求梁伟志支付欠款20000元及其利息，理据不足，法院不予支持。王炳文认为梁伟志确认欠其工程款70万元不包含本案讼争的款项，未能举出合法有效的依据，其抗辩理由不成立，法院不予采纳。

二审诉辩情况

上诉人新力厂不服原审判决，向本院上诉称：

1. 一审法院没有全面、整体地认清本案事实，从而作出错误判决。本案所争议的支票并不是王炳文起诉梁伟志后开出的，而是前两张退票的一个延续。2003年5月30日，梁伟志所开出的支票，是从2003年2月20日梁伟志开给王炳文作为支付工程款，王炳文转交给钱春喜支付材料款，该支票被银行退票，2003年4月20日，钱春喜持退票到梁伟志重新开出支票，但该支票又被银行退票，2003年5月30日，钱春喜持退票到梁伟志处又重新开出支票。钱春喜因连续两次被退票，他把梁伟志开出的第三张支票即2003年5月30日开出的支票交给王炳文，要求王炳文支付现金。于是，王炳文又把该支票背书给供货商即新力厂，以支付材料款。从上述事实可以看出，王炳文从2003年2月20日开始把支票给钱春喜，直至2003年5月30日才知道前两张支票退票。所以2003年4月1日王炳文起诉梁伟志时，已经误以为梁伟志已支付上述20000元，故此，王炳文在起诉时，并不包含20000元在内。

2. 一审法院适用法律错误，导致该案错判。本案新力厂与梁伟志没有直接业务往来，并不影响债权债务关系的成立。我方有权以自己的名义依法行使对梁伟志的到期债权。

综上，请求二审法院撤销原审判决，判令梁伟志向我方支付欠款20000元并由其承担本案全部诉讼费用。

梁伟志答辩称：

新力厂上诉理由不成立，请求二审法院驳回上诉，维持原判。

第三人王炳文陈述称：

新力厂陈述的支票来源是事实，包括本案讼争的支票在内，曾发生过三次退票，钱春喜因两次退票，要求梁伟志将本案讼争的支票开出后交给我方，由我方支付现金给钱春喜。我又将支票背书给新力厂，以支付材料款。

二审裁判结果

佛山市中级人民法院经审理认为，原审判决认定事实清楚，适用法律正确，本院予以维持，上诉人新力厂上诉无理，本院予以驳回。依照《中华人民共和国民事诉讼法》第153条第1款第1项之规定，判决如下：驳回上诉，维持原判。

二审裁判理由

佛山市中级人民法院经审理认为，本案属于票据利益返还请求权纠纷。涉讼支票为未记载收款人名称的空白支票，出票人梁伟志签发未记载收款人名称的空白支票并将该支票交给他人的行为，可以推定梁伟志授予他人对收款人名称进行补记的权利，同时，对于未记载收款人名称的空白支票，持票人可依单纯交付的方式将票据转让给他人。本案中，新力厂持有的支票，系基于与王炳文存在债权债务关系，由王炳文直接交付而取得，取得方式合法。依据《中华人民共和国票据法》第31条第1款、第94条第1款的规定，新力厂在取得票据时依法享有票据上的权利。根据《中华人民共和国票据法》第17条第1款第2项"持票人对支票出票人的权利，自出票日起六个月"的规定，本案讼争支票的出票日为2003年5月30日，新力厂在6个月内没有向出票人梁伟志主张权利，其票据权利因时效届满而丧失。依《中华人民共和国票据法》第18条的规定，新力厂因时效原因丧失票据权利的，对出票人梁伟志仍享有民事上的权利，仍可依该条规定向出票人梁伟志主张票据利益返还请求权，本案中新力厂因此起诉梁伟志，要求其返还欠款20000元，其诉讼主体适格。利益返还请求权从本质上讲，是一种不当得利的债权，它以出票人因持票人票据权利的丧失而取得利益为条件，在本案中，梁伟志与本案票据关系的后手王炳文的纠纷以双方达成调解协议的形式解决，本案讼争的票款应为双方调解协议内容的一部分，已受生效文书制约和拘束。故梁伟志并没有从新力厂丧失票据权利中获取利益。梁伟志与王炳文达成调解协议后，新力厂主张梁伟志返还利益的基础已不存在，对其诉请，本院不予支持。

105. 如何理解票据利益返还请求权的诉讼时效与票据权利的除斥期间的差别？

《票据法》第17条规定了各类票据权利的丧失期限，该期间性质为除斥期间，从票据到期日期算，不存在延长、中止或中断的情形，该期间的经过将直接造成实体票据权利的消灭。而在票据权利消失后，合法持票人所享有的票据利益返还请求权，其权利性质属于一般债权而非票据权利，因此，应适用《民法通则》关于债权的时效规定，从持票人丧失票据权利时而非票据到期日起算，该期间经过后权利人丧失胜诉权。

106. 公示催告的适用条件是什么？

公示催告是合法持票人在票据丧失后所采取的一种救济途径，通过公示催告和法院的除权判决，失票人的票据权利将获得恢复，可以在不持有票据的情况下向票据支付人请求支付。由此可知，公示催告在某种程度上属于票据权利的一种，公示催告的申请人必须是票据的最后合法持有人，且对申请公示催告的票据享有票据权利，因此，如果持票人的票据权利已经丧失，则其将不能通过申请公示催告恢复票据权利。

典型疑难案件参考

寿光市农机总公司诉中国银行股份有限公司绍兴市分行票据利益返还请求权案

基本案情

2001年10月，农机公司寿光市农机总公司（以下简称农机公司）从案外人萧山灵达金属物资有限公司处通过背书转让方式取得银行承兑汇票一张，该汇票由绍兴分行中国银行绍兴市分行（以下简称绍兴分行）于2001年7月26日出具，票据金额为人民币33万元，出票人为浙江冶金电子实业总公司，收款人为萧山灵达金属物资有限公司，到期日为2002年1月25日。该汇票已经绍兴分行承兑。后由于原告农机公司持票后不慎将汇票灭失，又未在票据权利有效期内向法院提起公示催告程序，致使票据权利时效丧失。嗣后，农机公司以其未丧失民事权利为由，请求判令绍兴分行返还票据金额相当的利益人民币33万元。为证明上述事实，农机公司出具了系争银行汇票的复印件，以证明票据关系存在且该汇票已经被绍兴分行承兑；此外还出具了萧山灵达金属物资有限公司的证明，证明其以背书方式将汇票转让给农机公司，以及2005年9月12日的《人民日报》，其上登载了系争票据丢失的公告。

诉辩情况

农机公司寿光市农机总公司诉称：

2001年10月，农机公司从萧山灵达金属物资有限公司通过背书转让方式取得银行承兑汇票一份，该汇票出票人为浙江冶金电子实业总公司，收款人为萧山灵达金属物资有限公司，出票日期为2001年7月26日，票据金额为人民币33万元，承兑银行为绍兴分行。农机公司持票后，因不慎将该汇票灭失，事后又不及时行使公示催告程序，故丧失了票据权利。但农机公司仍享有民事权利，可以请求绍兴分行返还其与未支付的票据相当的利益。为此，请求判令绍兴分行返还承兑汇票应付款项人民币33万元。

绍兴分行中国银行绍兴市分行辩称：

因农机公司无法出示要求付款的票据，且又未能出示足以证明其为该票据唯一的合法持有人的证据，故绍兴分行无法确认农机公司是合法持票人。另外，农机公司向法院主张权利超过了票据权利时效，由于该票据权利已消灭，故绍兴分行依法享有抗辩权。又因为农机公司没有向绍兴分行提示承兑，所以，绍兴分行不应作为票据的第一责任人，农机公司也不应向绍兴分行要求付款。综上，请求法院驳回农机公司的诉讼请求。

裁判结果

浙江省绍兴市越城区人民法院经审理，根据《中华人民共和国票据法》第 18 条、《中华人民共和国民法通则》第 84 条、第 135 条之规定，判决如下：绍兴分行中国银行绍兴市分行应返还给农机公司寿光市农机总公司人民币 33 万元，于本判决生效后 10 日内履行。

裁判理由

浙江省绍兴市越城区人民法院经审理认为，本案焦点主要包括如下问题：

1. 农机公司是否为该票据的合法持票人

对此，农机公司认为其有证据证明是合法持票人，其依据是背书转让的证明与《人民日报》的公告，以及近 4 年无人向绍兴分行主张票据权利的事实；绍兴分行认为农机公司不是该票据的合法持票人，其理由是农机公司不能出示票据原件，且所出示的证明也不足以证明其为该票据的唯一合法持票人。对该争执，分析如下：第一，绍兴分行对该汇票的票据权利予以认可，由此可以推定绍兴分行对该票据的真实性与合法性亦予以认可。第二，绍兴分行对该汇票记载的收款人出具的证明予以认可，据此可以说明绍兴分行对该汇票的背书转让无异议，因此，农机公司是该汇票的合法持有人。第三，农机公司也是该汇票的最后持有人，理由有：汇票自 2001 年 7 月 26 日出具后，至今除农机公司不定期向绍兴分行询问直至诉讼外，无其他人向绍兴分行主张过该票据的权利；《人民日报》公告后，亦没有利害关系人主张票据权利。根据一般常规，这些事实足以证明农机公司是该汇票的最后持有人。第四，农机公司是该汇票的合法持有人，绍兴分行没有否认，同时却认为其不是最后持有人，即绍兴分行提出了新的事实。从举证角度分析，农机公司是合法持有人，要其证明其把该汇票再转让给了他人，即要其证明其认为不存在的事实，确实是强人所难，不符合证据规则的立法目的，因此，该证明义务应由"主张汇票再转让"的绍兴分行承担。由于绍兴分行没有提供该汇票的最后持有人是他人的证据，故绍兴分行应承担举证不能的不利后果。综上，本案可以认定农机公司为票据的最后合法持有人。

2. 绍兴分行是否为承兑人

《票据法》第 38 条规定："承兑是指汇票付款人承诺在汇票到期日支付汇票金额的票据行为。"又根据《商业汇票承兑、贴现与再贴现管理暂行办法》第 2 条规定，本办法所称承兑系指付款人承诺在商业汇票到期日支付汇票金额的票据行为。据此可知,承兑人是指对票据作出承兑表示的行为人。承兑人可以根据持票人的提示承兑而产生,也可以根据法律、法规的规定成为承兑人。如《商业汇票承兑、贴现与再贴现管理暂行办法》第10条规定,商业汇票的出票人应首先向其主办银行申请承兑。所以,根据出票人的申请,也可以成为承兑人。综上,承兑人的身份确定以其是否作出承兑行为为依据。本案中,根据汇票记载:本汇票已经承兑,到期日由本行付款。并且,绍兴分行与该汇票的出票人签订了承兑协议。所以,绍兴分行在本案汇票中作出了承兑行为,是本案汇票的承兑人。

3. 时效问题

农机公司认为本案虽超过了票据权利时效,但并不超过民事权利时效;绍兴分行认为农机公司超过票据权利时效,该票据权利已消灭。该争执实际上是对票据时效与民法诉讼时效的争论,分析如下:第一,我国《票据法》规定的票据时效是票据权利的消灭时效,即票据权利人如果在一定的期限内不行使其票据权利,票据义务人就可以票据权利人超过票据时效为由拒绝履行票据义务,权利人丧失的是实体权利。诉讼时效是指权利人通过诉讼程序请求法院保护其民事权利的有效期间,其起算日为从当事人知道或应当知道权利受侵害之日起算,本案中为票据时效的截止日,超过了诉讼时效,权利人丧失胜诉权。本案中,票据时效的截止日为2004年1月25日,诉讼时效截止日为2006年1月25日。第二,本案农机公司行使的实体权利是票据利益返还请求权,而非票据权利。根据民法理论,利益偿还请求权是一种非票据上的权利,其与票据权利的性质是不同的,请求人行使利益偿还请求权的时效适用民法上有关一般债权的时效规定。第三,农机公司因超过票据权利时效而丧失票据权利,但仍享有民事权利,民事权利的享有是一种票据权利丧失后的利益救济,它是一种独立的请求权。第四,民事权利的时效应从票据权利丧失时起算,持票人对票据的承兑人的权利时效自票据到期日起2年,民事权利时效从票据权利时效到期日之后2年,即从2004年1月25日开始计算,到2006年1月25日。所以,本案中,农机公司超过了票据权利时效,但没有超过诉讼时效。

4. 抗辩权问题

《票据法》第18条之规定:"持票人因超过票据权利时效或者因票据记载事项欠缺而丧失票据权利的,仍享有民事权利,可以请求出票人或者承兑人返还其与未支付的票据金额相当的利益。"农机公司是本案汇票的持票人,据此,农机公司可以请求绍兴分行承兑人,也可以请求出票人返还票据利益。绍兴分行认为根据最高人民法院《关于审理票据纠纷案件若干问题的规定》第16条之规定,票据债务人依照《票据法》第9条、第17条、第18条、第22

条和第 31 条的规定，对持票人提出下列抗辩的，人民法院应予支持。其中一项为"超过票据权利时效的"。对绍兴分行的抗辩理由，本院不予采纳。分析如下：第一，所谓票据抗辩，就是指票据债务人对票据债权人的请求以一定的合法事由予以对抗，并依此而拒绝履行票据债务的行为。第二，农机公司行使的是利益返还请求权，是一种民事权利，而不是票据权利。第三，绍兴分行提供的法条适用范围是票据纠纷，且是票据债务人的权利。本案中，农机公司主张的不是票据权利，而是主张利益返还请求权，在利益返还请求权中，绍兴分行当然不是票据债务人，而是一般债务人。综上，根据《票据法》第 18 条之规定："持票人因超过票据权利时效或者因票据记载事项欠缺而丧失票据权利的，仍享有民事权利，可以请求出票人或者承兑人返还其与未支付的票据金额相当的利益。"现农机公司是本案汇票的持票人，绍兴分行是本案汇票的承兑人，且农机公司对该汇票仍享有民事权利，故农机公司可以要求绍兴分行返还其与未支付的票据金额相当的利益。故对农机公司的诉讼请求，予以支持。对绍兴分行提出的农机公司没有向其提示承兑，故其不应作为票据的第一责任人，农机公司也不应向其要求付款的辩称，因持票人将汇票提示承兑是其权利，而不是义务，因此，是否将汇票提示承兑应由持票人自由决定，承兑人的身份确定是以其作出承兑行为为依据，并不是以农机公司是否提示承兑为依据，以及民法中不当得利的理论，故不予采信。对绍兴分行提出的农机公司没有经过公示催告，也不应支付票据款项的辩称，因农机公司行使的是利益返还请求权，而利益返还请求权的行使不以公示催告为先决条件，故亦不采信。

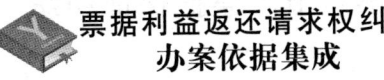
票据利益返还请求权纠纷办案依据集成

中华人民共和国票据法（2004年8月28日修正）（节录）

第十八条 持票人因超过票据权利时效或者因票据记载事项欠缺而丧失票据权利的，仍享有民事权利，可以请求出票人或者承兑人返还其与未支付的票据金额相当的利益。

第六节 票据保证纠纷

107. 票据保证与一般保证有何区别？

票据保证与一般保证相比，在如下几个方面存在差异：（1）在成立方式上，票据保证具有严格的形式性要求，保证人必须在票据上载明《票据法》所要求之必要事项，否则不发生票据保证的法律效力；（2）在责任方式上，票据保证是法定的连带责任，保证人与被保证人以及保证人之间对持票人共同承担连带责任，且保证人无先诉抗辩权；（3）在法律效力上，票据保证具有独立性，除被保证人的债务因汇票记载事项欠缺而无效，或被保证人取得票据的手段非法以外，不随被保证的债务消失而解除；（4）救济途径不同，保证人承担保证责任清偿票据债务后，可取得票据并行使追索权。

典型疑难案件参考

中国农业银行顺德市北滘支行诉广东燊成实业有限公司、顺德市乐从镇高联贸易有限公司、广东宏顺物资贸易有限公司、陈金胜、谭爱容、李伯彬承兑汇票合同纠纷案（〔2003〕佛中法民二初字第264号）

基本案情

2000年11月16日—2001年8月24日中国农业银行顺德市北滘支行（以下简称北滘支行）与顺德市燊成实业有限公司（以下简称实业公司）先后签订了五份《最高额抵押合同》，实业公司承诺：以其所有的机械设备、锌锭、镀锌管、高频焊管、热轧卷板等动产作为抵押，为其自2000年9月10日起至2003年8月23日止，在北滘支行处办理约定的各类业务，实际形成的债权余额提供抵押担保。五份《最高额抵押合同》担保的最高债权额合计人民币4603万元。北滘支行与实业公司就上述抵押物办理了抵押登记。

2001年4月10日、2002年7月2日，顺德市乐从镇高联贸易有限公司（以下简称高联公司）与北滘支行签订了两份《最高额保证合同》，高联公司承诺：自愿为实业公司自2001年4月10日起至2010年12月31日止，在北滘支行处办理约定的各类业务，实际形成的债权最高余额折合人民币5000万元,提供连带保证责任。2001年5月7日、2002年7月2日,广东宏顺物资贸易有限公司(以下简称宏顺公司)与北滘支行签订了两份《最高额保证合同》,宏顺公司承诺:自愿为实业公司自2001年5月7日起至2010年12月31日止,在北滘支行处办理约定的各类业务,实际形成的债权最高余额折合人民币5000万元,提供连带保证责任。2001年5月26日、2002年7月2日陈金胜与北滘支行签订了两份《最高额保证合同》,陈金胜承诺:自愿为实业公司自2001年1月1日起至2010年12月31日止,在北滘支行处办理约定的各类业务,实际形成的债权最高余额折合人民币5000万元,提供连带保证责任。2001年9月10日谭爱容、李伯彬与北滘支行签订了一份《最高额保证合同》,两被告承诺:自愿为实业公司自2001年9月10日起至2010年9月9日止,在北滘支行处办理约定的各类业务,实际形成的债权最高余额折合人民币5000万元,提供连带保证责任。

自2002年3月12日起至2002年10月17日,北滘支行与实业公司以上述五份《最高额抵押合同》和四份《最高额保证合同》为担保,签订十六份《银行承兑汇票承兑合同》。上述合同签订后,北滘支行为实业公司承兑汇票43张,票面金额共计人民币3620万元。43张承兑汇票的到期日分别为2002年9月12日—2003年1月21日。至2003年1月21日,43张汇票均已到期,实业公司未能按合同约定将应付票款足额交存北滘支行,北滘支行扣划实业公司存于北滘支行处的保证金人民币724万元抵作票款,北滘支行共垫付票款人民币2896万元。北滘支行遂以实业公司及其他五个保证人为被告,向法院提起诉讼。

诉辩情况

北滘支行诉称:

实业公司未能按《银行承兑汇票承兑合同》的约定及时向北滘支行交存票款,实业公司已构成违约。其他五被告也未履行相应的责任。六被告的行为已严重侵害了北滘支行的合法权益,北滘支行依法提起诉讼,请求人民法院依法判令:实业公司立即向北滘支行清偿垫付票款本金人民币2896万元,垫付票款利息340867.61元,本息合计人民币2930.4969万元;被告高联公司、宏顺公司、陈金胜、谭爱容、李伯彬对实业公司的上述债务负连带清偿责任;北滘支行对实业公司提交的抵押物享有优先受偿权。

被告实业有限公司辩称:

北滘支行起诉的垫付承兑汇票票款事实及抵押担保事实属实,实业公司对北滘支行主张垫付承兑汇票票款2896万元及截至2003年1月20日的利息

340867.61元无异议。对北滘支行提供的证据没有异议。实业公司以自有财产向北滘支行抵押借款而签订的最高额抵押合同有效，应受法律保护，实业公司承诺负清偿拖欠借款法律责任。

被告高联公司、宏顺公司、陈金胜、谭爱容、李伯彬共同辩称：

虽然北滘支行分别与高联公司、宏顺公司、陈金胜、谭爱容、李伯彬签订最高额保证合同，约定由高联公司、宏顺公司、陈金胜、谭爱容、李伯彬对实业公司融资提供连带保证责任，但是由于高联公司、宏顺公司、陈金胜、谭爱容、李伯彬没有在承兑汇票上明确签章，所以不必承担担保责任。理由有：第一，北滘支行与高联公司、宏顺公司、陈金胜、谭爱容、李伯彬签订的保证合同并没有约定本案43张承兑汇票属于高联公司、宏顺公司、陈金胜、谭爱容、李伯彬的保证范围。第二，高联公司、宏顺公司、陈金胜、谭爱容、李伯彬从来没有在汇票上注明"保证"字样，根据《票据法》第46条、最高人民法院《关于审理票据纠纷案件若干问题的规定》第62条以及《票据管理实施办法》第23条规定，高联公司、宏顺公司、陈金胜、谭爱容、李伯彬不是承兑汇票的保证人。综上所述，由于高联公司、宏顺公司、陈金胜、谭爱容、李伯彬没有在北滘支行向实业公司开出的承兑汇票上记载保证事项，因此，北滘支行与高联公司、宏顺公司、陈金胜、谭爱容、李伯彬签订的最高额保证合同无效，高联公司、宏顺公司、陈金胜、谭爱容、李伯彬不应承担保证责任。

裁判结果

佛山市中级人民法院经审理，依照《中华人民共和国民法通则》第85条、第90条、第106条第1款、第108条、第111条、第112条，《中华人民共和国合同法》第8条、第107条，《中华人民共和国商业银行法》第42条，《中华人民共和国担保法》第18条、第21条、第28条、第33条、第41条、第46条、第53条、第59条，《中华人民共和国民事诉讼法》第64条第1款、第232条之规定，判决如下：

一、实业有限公司应于本判决发生法律效力之日起10日内向北滘支行中国农业银行顺德市北滘支行偿还垫付汇票款2896万元及相应利息。逾期履行，则按中国人民银行同期贷款利率加倍支付迟延履行期间的债务利息。

二、北滘支行对被告广东燊成实业有限公司提供的企业动产享有优先受偿权。

三、高联公司、宏顺公司、陈金胜、谭爱容、李伯彬对本判决第一项所确定债务在以上述抵押物价值不足清偿部分范围内承担连带清偿责任。

裁判理由

佛山市中级人民法院经审理认为，北滘支行为依法设立的金融机构，具有金融业务经营权，其与被告实业公司签订的《银行承兑汇票承兑合同》合法有效，受法律保护，双方当事人应严格按照合同的约定履行各自的义务。北滘支行依约向被告实业公司承兑43张汇票，但被告实业公司在约定交存票款期限届满后，未能依约向北滘支行交存承兑汇票款项，致使北滘支行为实业公司垫付票款本金2896万元。实业公司的行为已构成违约，应依法承担相应的违约责任，所以被告实业公司应向北滘支行偿还尚欠的垫付票款2896万元及相应的利息。利息截至2003年1月20日为340867.61元，从2003年1月21日起至本判决所确定的付款之日止的利息按中国人民银行规定的逾期贷款利率计算。

被告实业公司自愿以自有的企业动产为其自2000年9月10日起至2003年8月23日止，在北滘支行处办理约定的各类业务，实际形成的债权的最高余额4603万元提供抵押担保，并到有关部门办理抵押登记手续，抵押合法有效。实业公司在本案拖欠北滘支行的垫付汇票款2896万元在上述抵押担保范围内，故北滘支行依法对实业公司提供的企业动产享有优先受偿权。

由于被告高联公司、宏顺公司、陈金胜、谭爱容、李伯彬从来没有在汇票上签章、没有记载"保证"事项，根据《票据法》第46条、最高人民法院《关于审理票据纠纷案件若干问题的规定》第62条以及《票据管理实施办法》第23条规定，高联公司、宏顺公司、陈金胜、谭爱容、李伯彬不是承兑汇票的保证人。但上述五被告不是汇票付款保证人，并不影响他们与北滘支行签订的《最高额保证合同》的效力及其应承担的保证责任。根据《最高额保证合同》，上述五被告自愿为实业公司自2001年4月10日起至2010年12月31日止，在北滘支行处办理约定的各类业务，实际形成的债权的最高余额折合人民币5000万元提供连带责任保证，上述实业公司债务属于上述保证范围内，所以被告高联公司、宏顺公司、陈金胜、谭爱容、李伯彬应对被告实业公司上述债务承担连带清偿责任。北滘支行的请求符合法律规定，本院予以支持。由于北滘支行债权既有保证又有物的担保，被告高联公司、宏顺公司、陈金胜、谭爱容、李伯彬应对物的担保以外的债权承担保证责任。故被告高联公司、宏顺公司、陈金胜、谭爱容、李伯彬应对实业公司本案债务以上述抵押物价值不足以清偿部分承担连带清偿责任。被告高联公司、宏顺公司、陈金胜、谭爱容、李伯彬辩称不承担保证责任的理由不成立，本院不予采纳。

票据保证纠纷办案依据集成

1. 中华人民共和国票据法（2004年8月28日修正）（节录）

第四十五条 汇票的债务可以由保证人承担保证责任。

保证人由汇票债务人以外的他人担当。

第四十六条 保证人必须在汇票或者粘单上记载下列事项：

（一）表明"保证"的字样；

（二）保证人名称和住所；

（三）被保证人的名称；

（四）保证日期；

（五）保证人签章。

第四十七条 保证人在汇票或者粘单上未记载前条第（三）项的，已承兑的汇票，承兑人为被保证人；未承兑的汇票，出票人为被保证人。

保证人在汇票或者粘单上未记载前条第（四）项的，出票日期为保证日期。

第四十八条 保证不得附有条件；附有条件的，不影响对汇票的保证责任。

第四十九条 保证人对合法取得汇票的持票人所享有的汇票权利，承担保证责任。但是，被保证人的债务因汇票记载事项欠缺而无效的除外。

第五十条 被保证的汇票，保证人应当与被保证人对持票人承担连带责任。汇票到期后得不到付款的，持票人有权向保证人请求付款，保证人应足额付款。

第五十一条 保证人为二人以上的，保证人之间承担连带责任。

第五十二条 保证人清偿汇票债务后，可以行使持票人对被保证人及其前手的追索权。

第八十条 本票的背书、保证、付款行为和追索权的行使，除本章规定外，适用本法第二章有关汇票的规定。

本票的出票行为，除本章规定外，适用本法第二十四条关于汇票的规定。

2. 最高人民法院关于审理票据纠纷案件若干问题的规定（2000年11月14日 法释〔2000〕32号）（节录）

一、受理和管辖

第一条 因行使票据权利或者票据法上的非票据权利而引起的纠纷，人民法院应当依法受理。

第二条 依照票据法第十条的规定，票据债务人（即出票人）以在票据未转让时的基础关系违法、双方不具有真实的交易关系和债权债务关系、持票人应付对价而未付对价为由，要求返还票据而提起诉讼的，人民法院应当依法受理。

第三条 依照票据法第三十六条的规定，票据被拒绝承兑、被拒绝付款或者汇票、支票超过提示付款期限后，票据持有人背书转让的，被背书人以背书人为被告行使追索权而提起诉讼的，人民法院应当依法受理。

第四条 持票人不先行使付款请求权而先行使追索权遭拒绝提起诉讼的，人民法院不予受理。除有票据法第六十一条第二款和本规定第三条所列情形外，持票人只能在首先向付款人行使付款请求权而得不到付款时，才可以行使追索权。

第五条 付款请求权是持票人享有的第一顺序权利，追索权是持票人享有的第二顺序权利，即汇票到期被拒绝付款或者具有票据法第六十一条第二款所列情形的，持票人请求背书人、出票人以及汇票的其他债务人支付票据法第七十条第一款所列金额和费用的权利。

第六条 因票据权利纠纷提起的诉讼，依法由票据支付地或者被告住所地人民法院管辖。

票据支付地是指票据上载明的付款地，票据上未载明付款地的，汇票付款人或者代理付款人的营业场所、住所或者经常居住地，本票出票人的营业场所，支票付款人或者代理付款人的营业场所所在地为票据付款地。代理付款人即付款人的委托代理人，是指根据付款人的委托代为支付票据金额的银行、信用合作社等金融机构。

第七条 因非票据权利纠纷提起的诉讼，依法由被告住所地人民法院管辖。

二、票据保全

第八条 人民法院在审理、执行票据纠纷案件时，对具有下列情形之一的票据，经当事人申请并提供担保，可以依法采取保全措施或者执行措施：

（一）不履行约定义务，与票据债务人有直接债权债务关系的票据当事人所持有的票据；

（二）持票人恶意取得的票据；

（三）应付对价而未付对价的持票人持有的票据；

（四）记载有"不得转让"字样而用于贴现的票据；

（五）记载有"不得转让"字样而用于质押的票据；

（六）法律或者司法解释规定有其他情形的票据。

三、举证责任

第九条 票据诉讼的举证责任由提出主张的一方当事人承担。

依照票据法第四条第二款、第十条、第十二条、第二十一条的规定，向人民法院提起诉讼的持票人有责任提供诉争票据。该票据的出票、承兑、交付、背书转让涉嫌欺诈、偷盗、胁迫、恐吓、暴力等非法行为的，持票人对持票的合法性应当负责举证。

第十条 票据债务人依照票据法第十三条的规定，对与其有直接债权债务关系的持票人提出抗辩，人民法院合并审理票据关系和基础关系的，持票人应当提供相应的证据证明已经履行了约定义务。

第十一条 付款人或者承兑人被人民法院依法宣告破产的，持票人因行使追索权而向人民法院提起诉讼时，应当向受理法院提供人民法院依法作出的宣告破产裁定书或者能够证明付款人或者承兑人破产的其他证据。

第十二条 在票据诉讼中，负有举证责任的票据当事人应当在一审人民法院法庭辩论结束以前提供证据。因客观原因不能在上述举证期限以内提供的，应当在举证期限届满以前向人民法院申请延期。延长的期限由人民法院根据案件的具体情况决定。

票据当事人在一审人民法院审理期间隐匿票据、故意有证不举，应当承担相应的诉讼后果。

四、票据权利及抗辩

第十三条 票据法第十七条第一款第（一）、（二）项规定的持票人对票据的出票人和承兑人的权利，包括付款请求权和追索权。

第十四条 票据债务人以票据法第十条、第二十一条的规定为由，对业经背书转让票据的持票人进行抗辩的，人民法院不予支持。

第十五条 票据债务人依照票据法第十二条、第十三条的规定，对持票人提出下列抗辩的，人民法院应予支持：

（一）与票据债务人有直接债权债务关系并且不履行约定义务的；

（二）以欺诈、偷盗或者胁迫等非法手段取得票据，或者明知有前列情形，出于恶意取得票据的；

（三）明知票据债务人与出票人或者与持票人的前手之间存在抗辩事由而取得票据的；

（四）因重大过失取得票据的；

（五）其他依法不得享有票据权利的。

第十六条 票据债务人依照票据法第九条、第十七条、第十八条、第二十二条和第三十一条的规定，对持票人提出下列抗辩的，人民法院应予支持：

（一）欠缺法定必要记载事项或者不符合法定格式的；

（二）超过票据权利时效的；

（三）人民法院作出的除权判决已经发生法律效力的；

（四）以背书方式取得但背书不连续的；

（五）其他依法不得享有票据权利的。

第十七条 票据出票人或者背书人被宣告破产的，而付款人或者承兑人不知其事实而付款或者承兑，因此所产生的追索权可以登记为破产债权，付款人或者承兑人为债权人。

第十八条 票据法第十七条第一款第（三）、（四）项规定的持票人对前手的追索权，不包括对票据出票人的追索权。

第十九条 票据法第四十条第二款和第六十五条规定的持票人丧失对其前手的追索权，不包括对票据出票人的追索权。

第二十条 票据法第十七条规定的票据权利时效发生中断的，只对发生时效中断事由的当事人有效。

第二十一条 票据法第六十六条第一款规定的书面通知是否逾期，以持票人或者其前手发出书面通知之日为准；以信函通知的，以信函投寄邮戳记载之日为准。

第二十二条 票据法第七十条、第七十一条所称中国人民银行规定的利率，是指中国人民银行规定的企业同期流动资金贷款利率。

第二十三条 代理付款人在人民法院公示催告公告发布以前按照规定程序善意付款后，承兑人或者付款人以已经公示催告为由拒付代理付款人已经垫付的款项的，人民法院不予支持。

五、失票救济

第二十四条 票据丧失后，失票人直接向人民法院申请公示催告或者提起诉讼的，人民法院应当依法受理。

第二十五条 出票人已经签章的授权补记的支票丧失后，失票人依法向人民法院申请公示催告的，人民法院应当依法受理。

第二十六条 票据法第十五条第三款规定的可以申请公示催告的失票人，是指按照规定可以背书转让的票据在丧失票据占有以前的最后合法持票人。

第二十七条 出票人已经签章但未记载代理付款人的银行汇票丧失后，失票人依法向付款人即出票银行所在地人民法院申请公示催告的，人民法院应当依法受理。

第二十八条 超过付款提示期限的票据丧失以后，失票人申请公示催告的，人民法院应当依法受理。

第二十九条 失票人通知票据付款人挂失止付后三日内向人民法院申请公示催告的，公示催告申请书应当载明下列内容：

（一）票面金额；

（二）出票人、持票人、背书人；

（三）申请的理由、事实；

（四）通知票据付款人或者代理付款人挂失止付的时间；

（五）付款人或者代理付款人的名称、通信地址、电话号码等。

第三十条 人民法院决定受理公示催告申请，应当同时通知付款人及代理付款人停止支付，并自立案之日起三日内发出公告。

第三十一条 付款人或者代理付款人收到人民法院发出的止付通知，应当立即停止支付，直至公示催告程序终结。非经发出止付通知的人民法院许可擅自解付的，不得免除票据责任。

第三十二条 人民法院决定受理公示催告申请后发布的公告应当在全国性的报刊上登载。

第三十三条 依照《中华人民共和国民事诉讼法》（以下简称民事诉讼法）第一百九十四条的规定，公示催告的期间，国内票据自公告发布之日起六十日，涉外票据可根据具体情况适当延长，但最长不得超过九十日。

第三十四条 依照民事诉讼法第一百九十五条第二款的规定，在公示催告期间，以公示催告的票据质押、贴现，因质押、贴现而接受该票据的持票人主张票据权利的，人民法院不予支持，但公示催告期间届满以后人民法院作出除权判决以前取得该票据的除外。

第三十五条 票据丧失后，失票人在票据权利时效届满以前请求出票人补发票据，或者请求债务人付款，在提供相应担保的情况下因债务人拒绝付款或者出票人拒绝补发票据提起诉讼的，由被告住所地或者票据支付地人民法院管辖。

第三十六条 失票人因请求出票人补发票据或者请求债务人付款遭到拒绝而向人民法院提起诉讼的，被告为与失票人具有票据债权债务关系的出票人、拒绝付款的票据付款人或者承兑人。

第三十七条 失票人为行使票据所有权，向非法持有票据人请求返还票据的，人民法院应当依法受理。

第三十八条 失票人向人民法院提起诉讼的，除向人民法院说明曾经持有票据及丧失票据的情形外，还应当提供担保。担保的数额相当于票据载明的金额。

第三十九条 对于伪报票据丧失的当事人，人民法院在查明事实，裁定终结公示催告或者诉讼程序后，可以参照民事诉讼法第一百零二条的规定，追究伪报人的法律责任。

六、票据效力

第四十条 依照票据法第一百零九条以及经国务院批准的《票据管理实施办法》的规定，票据当事人使用的不是中国人民银行规定的统一格式票据的，按照《票据管理实施办法》的规定认定，但在中国境外签发的票据除外。

第四十一条 票据出票人在票据上的签章上不符合票据法以及下述规定的，该签章不具有票据法上的效力：

（一）商业汇票上的出票人的签章，为该法人或者该单位的财务专用章或者公章加其法定代表人、单位负责人或者其授权的代理人的签名或者盖章；

（二）银行汇票上的出票人的签章和银行承兑汇票的承兑人的签章，为该银行汇票专用章加其法定代表人或者其授权的代理人的签名或者盖章；

（三）银行本票上的出票人的签章，为该银行的本票专用章加其法定代表人或者其授权的代理人的签名或者盖章；

（四）支票上的出票人的签章，出票人为单位的，为与该单位在银行预留签章一致的财务专用章或者公章加其法定代表人或者其授权的代理人的签名或者盖章；出票人为个人的，为与该个人在银行预留签章一致的签名或者盖章。

第四十二条 银行汇票、银行本票的出票人以及银行承兑汇票的承兑人在票据上未加盖规定的专用章而加盖该银行的公章，支票的出票人在票据上未加盖与该单位在银行预留签章一致的财务专用章而加盖该出票人公章的，签章人应当承担票据责任。

第四十三条 依照票据法第九条以及《票据管理实施办法》的规定，票据金额的中文大写与数码不一致，或者票据载明的金额、出票日期或者签发日期、收款人名称更改，或者违反规定加盖银行部门印章代替专用章，付款人或者代理付款人对此类票据付款的，应当承担责任。

第四十四条 因更改银行汇票的实际结算金额引起纠纷而提起诉讼，当事人请求认定汇票效力的，人民法院应当认定该银行汇票无效。

第四十五条 空白授权票据的持票人行使票据权利时未对票据必须记载事项补充完全，因付款人或者代理付款人拒绝接收该票据而提起诉讼的，人民法院不予支持。

第四十六条 票据的背书人、承兑人、保证人在票据上的签章不符合票据法以及《票据管理实施办法》规定的，或者无民事行为能力人、限制民事行为能力人在票据上签章的，其签章无效，但不影响人民法院对票据上其他签章效力的认定。

七、票据背书

第四十七条 因票据质权人以质押票据再行背书质押或者背书转让引起纠纷而提起诉讼的，人民法院应当认定背书行为无效。

第四十八条 依照票据法第二十七条的规定，票据的出票人在票据上记载"不得转让"字样，票据持有人背书转让的，背书行为无效。背书转让后的受让人不得享有票据权利，票据的出票人、承兑人对受让人不承担票据责任。

第四十九条 依照票据法第二十七条和第三十条的规定，背书人未记载被背书人名称即将票据交付他人的，持票人在票据被背书人栏内记载自己的名称与背书人记载具有同等法律效力。

第五十条 依照票据法第三十一条的规定，连续背书的第一背书人应当是在票据上记载的收款人，最后的票据持有人应当是最后一次背书的被背书人。

第五十一条 依照票据法第三十四条和第三十五条的规定，背书人在票据上记载"不得转让"、"委托收款"、"质押"字样，其后手再背书转让、委托收款或者质押的，原背书人对后手的被背书人不承担票据责任，但不影响出票人、承兑人以及原背书人之前手的票据责任。

第五十二条 依照票据法第五十七条第二款的规定，贷款人恶意或者有重大过失从事票据质押贷款的，人民法院应当认定质押行为无效。

第五十三条 依照票据法第二十七条的规定，出票人在票据上记载"不得转让"字样，其后手以此票据进行贴现、质押的，通过贴现、质押取得票据的持票人主张票据权利的，人民法院不予支持。

第五十四条 依照票据法第三十四条和第三十五条的规定，背书人在票据上记载"不得转让"字样，其后手以此票据进行贴现、质押的，原背书人对后手的被背书人不承担票据责任。

第五十五条 依照票据法第三十五条第二款的规定，以汇票设定质押时，出质人在汇票上只记载了"质押"字样未在票据上签章的，或者出质人未在汇票、粘单上记载"质押"字样而另行签订质押合同、质押条款的，不构成票据质押。

第五十六条 商业汇票的持票人向其非开户银行申请贴现，与向自己开立存款账户的银行申请贴现具有同等法律效力。但是，持票人有恶意或者与贴现银行恶意串通的除外。

第五十七条 违反规定区域出票，背书转让银行汇票，或者违反票据管理规定跨越票据交换区域出票、背书转让银行本票、支票的，不影响出票人、背书人依法应当承担的票据责任。

第五十八条 依照票据法第三十六条的规定，票据被拒绝承兑、被拒绝付款或者超过提示付款期限，票据持有人背书转让的，背书人应当承担票据责任。

第五十九条 承兑人或者付款人依照票据法第五十三条第二款的规定对逾期提示付款的持票人付款与按照规定的期限付款具有同等法律效力。

八、票据保证

第六十条 国家机关、以公益为目的的事业单位、社会团体、企业法人的分支机构和职能部门作为票据保证人的，票据保证无效，但经国务院批准为使用外国政府或者国际经济组织贷款进行转贷，国家机关提供票据保证的，以及企业法人的分支机构在法人书面授权范围内提供票据保证的除外。

第六十一条　票据保证无效的，票据的保证人应当承担与其过错相应的民事责任。

第六十二条　保证人未在票据或者粘单上记载"保证"字样而另行签订保证合同或者保证条款的，不属于票据保证，人民法院应当适用《中华人民共和国担保法》的有关规定。

九、法律适用

第六十三条　人民法院审理票据纠纷案件，适用票据法的规定；票据法没有规定的，适用《中华人民共和国民法通则》、《中华人民共和国合同法》、《中华人民共和国担保法》等民商事法律以及国务院制定的行政法规。

中国人民银行制定并公布施行的有关行政规章与法律、行政法规不抵触的，可以参照适用。

第六十四条　票据当事人因对金融行政管理部门的具体行政行为不服提起诉讼的，适用《中华人民共和国行政处罚法》、票据法以及《票据管理实施办法》等有关票据管理的规定。

中国人民银行制定并公布施行的有关行政规章与法律、行政法规不抵触的，可以参照适用。

第六十五条　人民法院对票据法施行以前已经作出终审裁决的票据纠纷案件进行再审，不适用票据法。

十、法律责任

第六十六条　具有下列情形之一的票据，未经背书转让的，票据债务人不承担票据责任；已经背书转让的，票据无效不影响其他真实签章的效力：

（一）出票人签章不真实的；

（二）出票人为无民事行为能力人的；

（三）出票人为限制民事行为能力人的。

第六十七条　依照票据法第十四条、第一百零三条、第一百零四条的规定，伪造、变造票据者除应当依法承担刑事、行政责任外，给他人造成损失的，还应当承担民事赔偿责任。被伪造签章者不承担票据责任。

第六十八条　对票据未记载事项或者未完全记载事项作补充记载，补充事项超出授权范围的，出票人对补充后的票据应当承担票据责任。给他人造成损失的，出票人还应当承担相应的民事责任。

第六十九条　付款人或者代理付款人未能识别出伪造、变造的票据或者身份证件而错误付款，属于票据法第五十七条规定的"重大过失"，给持票人造成损失的，应当依法承担民事责任。付款人或者代理付款人承担责任后有权向伪造者、变造者依法追偿。

持票人有过错的，也应当承担相应的民事责任。

第七十条　付款人及其代理付款人有下列情形之一的，应当自行承担责任：

（一）未依照票据法第五十七条的规定对提示付款人的合法身份证明或者有效证件以及汇票背书的连续性履行审查义务而错误付款的；

（二）公示催告期间对公示催告的票据付款的；

（三）收到人民法院的止付通知后付款的；

（四）其他以恶意或者重大过失付款的。

第七十一条 票据法第六十三条所称"其他有关证明"是指：

（一）人民法院出具的宣告承兑人、付款人失踪或者死亡的证明、法律文书；

（二）公安机关出具的承兑人、付款人逃匿或者下落不明的证明；

（三）医院或者有关单位出具的承兑人、付款人死亡的证明；

（四）公证机构出具的具有拒绝证明效力的文书。

第七十二条 当事人因申请票据保全错误而给他人造成损失的，应当依法承担民事责任。

第七十三条 因出票人签发空头支票、与其预留本名的签名式样或者印鉴不符的支票给他人造成损失的，支票的出票人和背书人应当依法承担民事责任。

第七十四条 人民法院在审理票据纠纷案件时，发现与本案有牵连但不属同一法律关系的票据欺诈犯罪嫌疑线索的，应当及时将犯罪嫌疑线索提供给有关公安机关，但票据纠纷案件不应因此而中止审理。

第七十五条 依照票据法第一百零五条的规定，由于金融机构工作人员在票据业务中玩忽职守，对违反票据法规定的票据予以承兑、付款、贴现或者保证，给当事人造成损失的，由该金融机构与直接责任人员依法承担连带责任。

第七十六条 依照票据法第一百零七条的规定，由于出票人制作票据，或者其他票据债务人未按照法定条件在票据上签章，给他人造成损失的，除应当按照所记载事项承担票据责任外，还应当承担相应的民事责任。

持票人明知或者应当知道前款情形而接受的，可以适当减轻出票人或者票据债务人的责任。

第七节　确认票据无效纠纷

108. 如何确定空白票据的补记权人？

空白票据的补记权，是指空白票据持有人依据票据关系之外的债权债务关系而从相对人处获得的，对票据空白事项进行补充的权利，其性质为形成权，具有创设权利的效力。具有这种补充权的人，通常应为票据的取得者，包括空白票据的最初取得者及其后来的正当取得者。授权补记的形式既可以是书面的，也可以是口头的，在无特别约定的情况下，只要出票人或转让人在空白票据上签名，并将该空白票据投入流通，即可推定已依商业上的交易习惯，授予了空白票据的受让人以补记权。

109. 如何判断补记权人是否构成权利滥用？

由于补记权来源于空白票据的受让人与出让人之间的基础交易关系，因此，补记权的行使必须按照以基础交易关系为依据，依约定的内容进行补记行为。如果出票人或转让人认为补记权人存在滥用补充权的情况，可以提出抗辩，但应承担举证责任，否则补记权人在票据上的补记内容视为符合出票人授权意图，由其承担票据责任。

典型疑难案件参考

中国工商银行成都市金牛区支行与四川中电工程有限公司、四川省文化旅游公司借款合同纠纷再审案

基本案情

1998年2月13日和同年2月16日，中国工商银行成都市金牛区支行（以下简称金牛支行）与四川中电工程有限公司（以下简称中电公司）签订金额分别为300万元人民币的两份借款合同（共计600万元人民币）。同日，金牛支行与四川省文化旅游公司（以下简称旅游公司）签订两份借款权利质押合同，约定旅游公司以出租车经营权提供质押担保。旅游公司向金牛支行提交

了25个出租车经营权证。合同签订当天，金牛支行分两次、一次划款300万元到中电公司存款账户。1998年2月13日，中电公司财务处副处长易文胜将两张盖有中电公司印鉴和填有200万元金额的转账支票交金牛支行信贷员莫小宁。1998年2月13日、16日，在共计600万元贷款分别到账的当天，莫小宁让本行工作人员李飞、王勋在中电公司提供的仅未填写收款人名称的转账支票上，填上收款人名称，即成都市来福装饰工艺材料厂（以下简称来福厂），将该贷款中的400万元划到该厂账户。1998年2月16日，莫小宁用早在同月5日就已经从来福厂取得的两张盖有印鉴的空白转账支票从该厂账户各转200万元到金牛支行的借款账户内，用以偿还来福厂所欠该支行的400万元旧贷款。

根据成都市公安局锦江区分局《刑事案件立案报告表》以及金牛支行经办人员莫小宁、李飞、王勋和中电公司经办人员易文胜、来福厂经办人员陈晓华的询问笔录等证据认定，金牛支行提出将贷款600万元中的400万元用于银行周转一下，中电公司因急需资金而同意这一条件。（另二审查明，根据成都市人民检察院的报告及对相关人员杨泽海、陈晓华、罗宁桦等人的询问笔录证明，中电公司用其贷款中的400万元帮来福厂还贷是明知的且与来福厂事先有议定的）。

1998年11月5日，借款期限届满，金牛支行要求中电公司偿还借款未果，于1998年12月29日向法院提起诉讼，诉请被告中电公司归还600万元人民币借款本息，被告旅游公司承担担保责任。

▶ **一审诉辩情况**

中电公司辩称：借款600万元中有400万元是应金牛支行经办人员的要求用于资金周转，于借款当天又转回银行，中电公司实际只得到和支配了借款200万元，因此只应承担200万元资金的返还义务。

旅游公司辩称：旅游公司对担保的事实无异议，但借款有诈骗事实。

▶ **一审裁判结果**

成都市中级人民法院经审理，依照《中华人民共和国民事诉讼法》第120条第1款、第134条第1至3款、《中华人民共和国经济合同法》第40条第1款第2项、《借款合同条例》第16条、《中华人民共和国担保法》第75条第4项、第76条、第72条、第81条的规定，判决如下：

一、中电公司应向金牛支行偿还借款200万元。从1998年2月13日和16日起分别按100万元金额，按合同约定利率计付借期内资金利息至1998年11月5日止；并从1998年11月6日起按中国人民银行同期流动资金贷款逾期利率计付 200 万元资金的逾期利息至该款付清之日止。

二、中电公司履行期满不能偿还债务时,由金牛支行与旅游公司协议以质物折价,可以依法拍卖、变卖质物。质物折价或者拍卖、变卖后,其价款超过债权数额以及实现债权费用的部分归旅游公司所有,不足部分由中电公司清偿。

三、旅游公司在金牛支行实现质权后,有权向中电公司追偿。

▶ 一审裁判理由 ◀

四川省成都市中级人民法院一审认为,金牛支行与中电公司所签合同属于有效合同。但金牛支行在履行贷款义务时,以"暂借使用"的名义将已到中电公司的 600 万元贷款中的 400 万元款项,利用中电公司的转账支票转到其贷款户来福厂后,又用该厂盖有印鉴的空白支票将 400 万元转回其借款账户内用以偿还该厂所欠贷款。反映出金牛支行在向中电公司发放 600 万元贷款时,已经违规自行支配其中的 400 万元而实际只发放 200 万元的事实,因此,中电公司只承担 200 万元贷款的偿还及逾期还款的违约责任。担保人旅游公司应在主债务的期限和范围内承担担保责任。

▶ 二审诉辩情况 ◀

金牛支行不服一审判决,向四川省高级人民法院上诉称:

一审判决认定事实缺乏充分证据证明;中电公司将空白转账支票交付他人,并由他人填写收款人名称,符合票据法的规定,中电公司空白支票的交付行为,在票据法上就视为对支票的"收款人名称"的授权补记;成都市人民检察院的报告及对本案所涉相关人员的询问笔录,证明中电公司帮来福厂偿还贷款。

中电公司答辩称:原判认定事实是正确的;金牛支行违规支配 400 万元的行为,应视其未履行交付义务;在贷款和转款过程中,中电公司从未授权任何人对其支票进行补记,也没有向来福厂转款 400 万元的意思表示,授权补记不成立。请求二审法院维持原判。

旅游公司未作答辩。

▶ 二审裁判结果 ◀

四川省高级人民法院经审理,依据《中华人民共和国民事诉讼法》第 153 条第 1 款第 2、3 项,《中华人民共和国民法通则》第 63 条第 1、2 款、第 65 条第 1 款,《中华人民共和国经济合同法》第 40 条第 1 款第 2 项,《借款合同条例》第 16 条,《中华人民共和国票据法》第 87 条第 1 款,《中华人民共和国担保法》第 75 条第 4 项、第 76 条、第 72 条、第 81 条之规定，判决如下：

一、维持四川省成都市中级人民法院〔1999〕成经初字第 47 号民事判决第二、三项。

二、撤销四川省成都市中级人民法院〔1999〕成经初字第 47 号判决第一项。

三、中电公司于本判决生效之日起 10 日内偿还金牛支行借款 600 万元人民币（利息从 1998 年 2 月 13 日和同月 16 日起分别按 300 万元金额，按合同约定利率计付借期内资金利息至 1998 年 11 月 5 日止；从 1998 年 11 月 6 日起按中国人民银行同期流动资金贷款逾期利率计付 600 万元资金的逾期利息至该款付清之日止）。

二审裁判理由

四川省高级人民法院经审理认为：

金牛支行与中电公司所签订借款合同及金牛支行与旅游公司所签订质押担保合同，合法有效。金牛支行与中电公司签订借款合同后，即按照合同约定将 600 万元贷款划到中电公司账户，履行了贷款义务。根据本案的证人证言可以证明，中电公司用其贷款中的 400 万元帮来福厂还贷是明知的且与来福厂事先有议定。同时，中电公司将仅未填写收款人名称而其余要件齐备的转账支票交金牛支行的行为，亦表明其从自有账户转出 400 万元的意思真实，其授权金牛支行对空白支票"补记"成立，并符合票据法有关授权补记之规定。中电公司主张 400 万元转账支票是交金牛支行用于金牛支行自身资金周转的说法，中电公司没有举出相关证据证明。原一审认定事实部分清楚，审理程序合法，但因二审中金牛支行提供新证据，致原一审法院对中电公司帮来福厂还贷是否是中电公司真实意思表示认定有误。

再审诉辩情况

中电公司不服生效判决，向四川省高级人民法院申请再审称：

原判错误认定"中电公司将其贷款中的 400 万元帮来福厂还贷是明知的且与来福厂事先议定的"这一重要事实。金牛支行在向中电公司发放 600 万元贷款时，已经违规自行支配其中的 400 万元而实际只发放 200 万元贷款，金牛支行没有履行 400 万元的贷款义务。原判适用法律错误，错误运用票据法的"授权补记"制度。只有出票人本单位人员或收款人单位人员，才能作为被授权补记的主体，而银行作为负责审查和监管的金融机构，不能成为授权补记中的被授权人。请求撤销原二审判决，确认金牛支行实际向中电公司发放的贷款为200万元，判令金牛支行返还已多执行的款项及利息和已支付的诉讼、执行费及利息。

金牛支行答辩同意原生效判决。

旅游公司无书面答辩意见，庭审中支持中电公司的意见。

▶ 再审裁判结果

四川省高级人民法院经审理认为，本院原二审判决采信相互矛盾的证言认定中电公司将其贷款中的400万元帮来福厂还贷系明知且与来福厂事先有议定，属证据采信不当。但原二审判决认定的基本事实清楚，适用法律正确，审理程序合法，判决结果正确，应予维持。依据《中华人民共和国民事诉讼法》第153条第1款第1项、第184条之规定，判决如下：维持四川省高级人民法院〔1999〕川经终字第313号民事判决。

▶ 再审裁判理由

四川省高级人民法院再审查明：

原一审认定"金牛支行提出将贷款600万元中的400万元用于银行周转一下"的事实主要采信了公安机关对相关人员的询问笔录，而原二审认定"中电公司用其贷款中的400万元帮来福厂还贷是明知的且与来福厂事先议定"的事实主要采信了检察机关的报告及对相关人员的询问笔录。而相关人员中的关键证人杨泽海、陈晓华都是相同的，但其在公安机关与检察机关的陈述完全矛盾，因此，再审对其证言均不予采信。关于中电公司的400万元通过转账支票转款给来福厂账户是否是中电公司的意思表示的事实不能查清。

四川省高级人民法院经审理认为：

金牛支行与中电公司签订的借款合同及金牛支行与旅游公司签订的质押担保合同，合法有效。金牛支行与中电公司签订借款合同后，即按照合同约定将600万元贷款划到中电公司账户，履行了贷款义务。中电公司将贷款中的400万元通过空白支票交给金牛支行莫小宁，中电公司的真实意图一直是人民法院在审理本案中努力探究的事实。中电公司将空白支票交金牛支行莫小宁无非有两种可能，一种可能是将400万元交金牛支行周转使用；另一种可能是将两张转账支票交给金牛支行莫小宁代办有关转款手续交来福厂使用。再审中当事人双方的举证且法院采信的证据不能证明两种可能的事实之一。中电公司再审申请中关于原二审判决采信证据、认定事实有误的主张，本院予以支持。在中电公司将空白支票交金牛支行的真实意图不能查清的情况下，应从空白票据的授权补记和举证责任的角度研究当事人的责任承担问题。《中华人民共和国票据法》第86条和第87条第1款规定，支票上的金额可以由出票人授权补记，未补记前的支票，不得使用；支票上未记载收款人名称的，经出票人授权，可以补记。我国票据法允许发行空白票据，但只限于支票，而且空白授权事项只限于票据金额和收款人名称两项，因此，可以说我国票据法是有限地承认空白票据。但我国的空白票据制度较为简略，立法未对补充权人、授权方式、未经授权或滥用补充权时的抗辩和举证责任加以明确规定。关于空白票据的补充权人，我国票据法虽未明确规定，但最高人民法院《关于审理票据纠纷案件若干问题的规定》第45条规定："空白授权票据的持票人行使票据权利时未对票据必须记载事项补充完全，因付款人或者代理付款人拒绝接收该票据而提起诉讼的，人民法院不予支持。"依据该司法解释的规定，并结合票据理论的一般原理，空白票据的持票人就是补充权人。关于授权方式，我国票据法也未作明确规定，但票据理论和司法解释均认为：空白票据即空白授权票据，在出票人交付空白票据时就包含了对持票人的授权，因此，交付行为即为授权，至少是授权方式之一。关于未经授权或滥用补充权时的抗辩和举证责任的问题，我国票据法及司法解释未作明确规定，但票据理论上一般认为：空白票据之补齐如未经授权或滥用补充权时，出票人可以提出抗辩，但抗辩人应负举证责任。按照我国民事诉讼法规定的"谁主张，谁举证"的原则进行分配，也是提出抗辩的人应负举证责任。在本案中，中电公司将两张空白授权票据交付与金牛支行莫小宁，金牛支行即成为空白票据的持票人，在当事人无特别约定的情况下，金牛支行即成为空白票据的被授权补记的人。我国票据法并未禁止商业银行成为空白票据的补充权人，中电公司再审申请中关于金牛支行不能成为空白票据的被授权人的主张，没有法律依据，不能成立。金牛支行将空缺"收款人"记载事项补齐，填写为来福厂，客观上400万元资金是交来福厂使用了。而出票人中电公司主张400万元资金是给金牛支行周转，也就是说中电公司实质上提出了金牛支行未经授权或者违反授权的抗辩主张，但依据"谁主张，谁举证"的原则，中电公司负有举证责任。而中电公司所举对其有利的证据，主要是关键证人杨泽海、陈晓华的证言，但均因前后矛盾而未予采信，因此，中电公司应承担举证不能的后果。申请再审人中电公司提出金牛支行在向其发放600万元贷款时已经违规自行支配其中的400万元而实际只发放200万元贷款的主张，没有充分的证据予以证明，不应得到支持。本案属借款担保法律关系，金牛支行依照借款合同已经向中电公司履行了600万元的出借义务，中电公司应偿还600万元的借款本息，旅游公司以其质押的25个出租汽车经营权证承担担保责任。至于中电公司签发的两张共计400万元的转账支票，属票据法律关系，系另一法律关系，当事人应依据票据关系或票据基础关系进行追索。

110. 票据除权判决的法律效果是什么？

法院的除权判决为形成判决，票据自法院除权判决公告之日起即丧失效力，原来票据权利和票据本身不可分离的原则被打破，失票人在不占有票据的情况下，有权根据除权判决向付款人要求付款。换言之，除权判决是对失票人票据权利的重新确认，赋予了失票人票据权利者的形式资格，使其在不占有票据的情况下也能够行使票据权利。

111. 合法持票人在票据被除权后如何维护自身合法权益？

由于票据的无因性和流通性，以及公示催告在客观上的局限性，使得除权判决有可能侵害合法持票人的票据权利。因此，对善意取得票据利害关系人的保护显得十分重要。虽然依据我国《票据法》之规定，合法持票人虽然在除权判决作出后不再享有票据权利，但这并不妨碍其以基础法律关系向合同相对方要求返还票据利益，或向非法申请人提起侵权之诉。

典型疑难案件参考

长治市达洋电器有限公司诉博西家用电器（中国）有限公司票据纠纷案

基本案情

原告长治市达洋电器有限公司（以下简称达洋公司）与被告博西家用电器（中国）有限公司（以下简称博西公司）有长期业务关系。2010年3月6日，双方签订了2010年度家用电器销售合同，由达洋公司给付博西公司预付款，博西公司再根据其订单供应家用电器。2010年7月，达洋公司向郭鹏飞支付29万元，取得一份出票人为山西潞安环保能源开发股份有限公司、出票日期为2010年6月22日、票号为GA0101930426、票面金额为30万元、到期日为2010年12月22日的银行承兑汇票，该票据记载的达洋公司的直接前手（背书人）为长治市鸿腾商贸有限公司（以下简称鸿腾公司）。达洋公司为支付预付款,将其持有的上述票据背书给博西公司。博西公司后又将其背书给博西华家用电器有限公司(以下简称博西华公司)。2010年7月23日,博西华公司与中国银行股份有限公司滁州分行(以下简称滁州中行)签订贴现协议,约定无论何种原因导致退票或不能按时收到汇票款项,滁州中行对博西华公司享有追索权,博西华公司同意滁州中行从开设在该行账户扣收未付的汇票金额。滁州中行对该票据的真实性、合法性、有效性审查核实无误后,于当日给付博西华公司贴现款294833.33元。

此后,鸿腾公司以该票据遗失为由,向太原市杏花岭区人民法院申请公示催告,该院于2010年8月6日在《人民法院报》进行公告,并于2010年10月9日作出除权判决,宣告该票据无效。滁州中行于2010年11月得知此情况后,即将该票据退回博西华公司,并出具退票说明,其主要内容为:"博西华公司在滁州中行贴现的票号为GA0101930426金额为30万元的银行承兑汇票,已被中间背书人于2010年8月2日挂失,滁州中行已于2010年11月30日接中国银行股份有限公司安徽省分行法院挂失清单发现此情况,并于当日通知博西华公司,该票据已作退票处理。"此后,博西公司于2010年12月13日再将该票据退回达洋公司。2010年12月22日,滁州中行从博西华公司账户划款30万元。

当日,博西华公司向博西公司发函,其主要内容为:"博西华公司于2010年7月21日从博西公司取得票号为GA0101930426、票面金额为30万元的银行承兑汇票已被法院于2010年10月20日公告了除权判决,宣告该票据无效,并确认鸿腾公司对该票据项下的30万元款项有权请求支付;基于此原因,滁州中行根据贴现协议的约定,于2010年12月22日从博西华公司账户扣划了与该银行承兑汇票票面金额等额的30万元。"博西华公司要求博西公司将该汇票项下未能给付的30万元款项退还。

博西公司于2010年12月23日向达洋公司出具退票说明,主要内容为:"根据双方销售合同,达洋公司曾经背书转让一张票号为GA0101930426的银行承兑汇票,作为支付的30万元货款;但该票据中的第三背书人鸿腾公司向法院申请公示催告,在法院作出了除权判决后,进行了公告,宣告该票据无效并确认鸿腾公司对该票据项下的30万元款项有权请求支付;该票据项下博西公司的后手从博西公司索回款项并退还该票据。"并决定从达洋公司预付款中扣除30万元作为2010年销售合同项下的货款支付。达洋公司认为,博西公司的后手怠于行使票据权利,而博西公司将已被除权的票据退回,并扣除预付款30万元,侵犯了其合法权益。请求法院判决博西公司不得以该票据被除权为由而扣除预付款30万元。

裁判结果

南京市鼓楼区人民法院经审理,依照《中华人民共和国票据法》第18条,最高人民法院《关于审理票据纠纷案件若干问题的规定》第16条,《中华人民共和国合同法》第60条、第99条、第107条,《中华人民共和国民事诉讼法》第128条的规定,判决如下:驳回达洋公司的诉讼请求。

裁判理由

南京市鼓楼区人民法院经审理认为:

本案系因鸿腾公司就票号为GA0101930426、票面金额为30万元的银行承兑汇票向法院申请公示催告,由法院作出除权判决后,博西公司从达洋公司预付款中扣除30万元并退还该银行承兑汇票,达洋公司以博西公司不应扣除其预付款30万元为由,要求博西公司继续供应货物而提起诉讼,达洋公司与博西公司之间的纠纷应系买卖合同纠纷。达洋公司与博西公司签订的2010年度家用电器销售合同合法有效,应受法律保护。

本案双方当事人争议的焦点为:博西公司将该银行承兑汇票退还达洋公司并从其预付款中扣除30万元是否损害达洋公司合法权益?针对该争议焦点,法院认为:

首先,达洋公司持有的票号为GA0101930426、票面金额为30万元的银行承兑汇票记载事项符合法律规定,背书连续,反映的票据关系明确,其在向博西公司付款时,有权将该银行承兑汇票背书给博西公司。博西公司有权将该银行承兑汇票背书给与其有真实交易关系的博西华公司。博西华公司亦有权向滁州中行申请贴现。滁州中行在公示催告前取得该银行承兑汇票,其应系最后合法持票人。

其次,票据自法院除权判决公告之日起即丧失效力,持票人即丧失票据权利。除权判决系对权利的重新确认,既非创设新的票据权利,也非恢复票据上的实质权利,除权判决所确认的票据权利内容应与被宣告无效的票据权利相一致,不具有优于原票据上记载的权利,使原来结合于票据中的权利人从票据中分离出来,公示催告申请人即有权依据除权判决请求付款人付款。但是,持票人丧失票据权利,并不意味着基础民事权利丧失,其仍有权依据基础合同主张民事权利。就本案而言,滁州中行在公示催告期间内未申报票据权利,导致法院对该银行承兑汇票作出除权判决,其已丧失票据权利,但仍可依据基础关系即贴现合同约定向博西华公司追索贴现所得。

再次,博西华公司亦因该银行承兑汇票被法院判决除权而丧失票据权利,但其亦并不丧失基础民事权利,其有权依据与博西公司之间的基础法律关系,主张博西公司付款行为无效,而要求博西公司重新履行付款义务。同理,博西华公司已向博西公司主张了基础民事权利,博西公司虽不得再依据该银行承兑汇票主张票据权利,但仍有权依其与达洋公司之间的买卖合同而行使民事权利,而向达洋公司索要30万元。在本案中,博西公司从达洋公司预付款中扣除30万元,退还该银行承兑汇票,并向其出具退票说明,系其为解决与达洋公司之间买卖合同履行中的问题而行使债务抵销权,符合我国《合同法》的相关规定。因此,博西公司从达洋公司预付款中扣除30万元,并不损害达洋公司的合法权益。

综上所述,法院认为,达洋公司背书给博西公司票号为GA0101930426、票面金额为30万元的银行承兑汇票被法院判决除权而无效,博西公司基于基础关系实现民事权利并退回该银行承兑汇票,并不违反法律规定。达洋公司主张博西公司从其预付款账款中扣除30万元构成侵权,无事实和法律依据,法院不予采纳。博西公司的抗辩理由成立,法院予以采纳。因此,达洋公司请求法院判决博西公司不得扣除其相应货款,并要求博西公司继续履行货物供应义务的诉讼请求,不能成立,法院不予支持。达洋公司如确有基础民事交易关系,持有该银行承兑汇票仍可向交易相对人主张权利,以获得法律上的救济。

112. 如何理解持票人恶意取得票据?

票据的无因性为票据在市场中的安全、高效流通奠定了坚实的制度基础,但票据无因性并不能成为通过违法手段恶意取得票据的持票人的保护伞,对于恶意持票人,《票据法》第12条明确规定其不得享有票据权利,票据债务人有权对其提出票据抗辩。所谓恶意取得票据,既包括直接以欺诈、偷窃或胁迫手段取得票据,也包括明知存在上述情况而取得票据,此外还包括因重大过失,以违反法律、法规规定的方式取得票据的情形,如本案中的贴现银行,就是在违反中国人民银行《票据管理实施办法》和《支付结算办法》相关规定的情况下,通过贴现成为持票人的。

113. 恶意取得票据的法律效果是什么？

由于恶意取得票据的行为严重影响市场正常交易秩序，且有损票据债务人的合法权益，因此，我国《票据法》明确规定了恶意持票人不得享有票据权利，同时也赋予了票据债务人以恶意抗辩的权利。所谓恶意抗辩，是指持票人明知票据债务人与出票人或持票人的前手存在抗辩事由而取得票据时，票据债务人有权以此抗辩事由对抗持票人。根据最高人民法院《关于审理票据纠纷案件若干问题的规定》第15条之规定，票据债务人以恶意抗辩对抗恶意持票人的，人民法院应予以支持，以此约束恶意持票人，保护票据债务人的合法权益。

典型疑难案件参考

石狮市百汇针织服装有限公司诉中国银行武汉市阳逻开发区支行票据案

基本案情

2000年7月10日，原告石狮市百汇针织服装有限公司（以下简称百汇公司）与被告武汉永生棉纺厂（以下简称永生棉纺厂）签订了工矿产品购销合同一份，合同约定永生棉纺厂向百汇公司提供针织用纱60吨，吨单价为17000元，总金额为102万元，结算方式为用6个月期的银行承兑汇票结算等条款；2000年7月24日，原告根据合同的约定开具银行承兑汇票三张，三张票据的出票人为原告百汇公司，收款人为永生棉纺厂，付款银行为中国农业银行石狮市支行（以下简称石狮农行），汇票到期日为2001年1月23日，金额分别为30万元、30万元、40万元，合计100万元。永生棉纺厂在收到百汇公司的三张银行承兑汇票后，没有按合同约定提供货物给原告百汇公司，而向被告阳逻中行申请贴现。阳逻中行于2000年7月26日及31日向付款银行石狮农行进行查询，石狮农行分别对上述三张银行承兑汇票的真实性先后作出书面确认和通过电子汇兑系统进行确认。2000年8月2日，永生棉纺厂与阳逻中行达成贴现协议。当日，阳逻中行在永生棉纺厂没有提供与其直接前手之间的增值税发票复印件的情况下，对永生棉纺厂提出申请的三张金额共计100万元的银行承兑汇票进行了贴现。因永生棉纺厂没有按合同约定提供货物给百汇公司，百汇公司在三张银行承兑汇票到期日前向石狮市人民法院提出诉前保全申请，要求付款银行停止对三张银行承兑汇票的支付，并于2001年2月2日以买卖合同纠纷为由,对永生棉纺厂提起诉讼。诉讼中,永生棉纺厂在汇票到期日前已向阳逻中行申请办理了贴现,百汇公司为此申请追加阳逻中行为共同被告。经石狮市人民法院作出〔2001〕狮经初字第144号民事判决及泉州市中级人民法院作出〔2002〕泉经终字第450号民事判决,确认永生棉纺厂应返还三张银行承兑汇票或款项并赔偿百汇公司的经济损失;驳回原告要求阳逻中行承担连带责任的诉讼请求。2002年7月19日,原告百汇公司另以票据纠纷对被告阳逻中行提起诉讼,请求法院判决阳逻中行对其所持有的三张汇票不享有票据权利。

一审诉辩情况

原告百汇公司诉称:

原告曾与本案系争汇票收款人永生棉纺厂于石狮市签订了工矿产品购销合同,向永生棉纺厂定购棉纱,原告依约于2000年7月24日开具了价值100万元的银行承兑汇票三张。永生棉纺厂在收到汇票后于2000年8月2日向被告申请贴现,被告在永生棉纺厂不具备贴现条件的情况下,与永生棉纺厂串通,违反中国人民银行规定的《支付结算办法》第92条的规定进行贴现,恶意取得汇票,根据《票据法》的规定,被告不享有票据权利。原告依法享有票据抗辩权。请求法院判令被告未取得票据权利,对原告出具的三张银行承兑汇票不享有付款、追索请求权。

被告阳逻中行辩称:

永生棉纺厂于1996年6月4日在阳逻中行开立一般存款账户,用于企业资金结算。2000年7月25日永生棉纺厂拿来原告百汇公司为出票人,永生棉纺厂为收款人的三张银行承兑汇票申请贴现。7月26日,阳逻中行经承兑行石狮农行对三张银行汇票真实性确认无误,并从形式上审查了其基础合同、增值税票和提货单的复印件后,于8月2日与永生棉纺厂签订贴现协议,并于当日为其办理了贴现手续。阳逻中行的行为符合《票据法》及《支付结算办法》的相关规定,是三张银行汇票的合法持有人,依法享有票据权利,而非原告所称的违规贴现,恶意取得票据。原告不享有《票据法》所规定的票据抗辩权,更无权对被告提起诉讼,应驳回原告对被告的诉讼请求。

一审裁判结果

福建省石狮市人民法院经审理,依照《中华人民共和国票据法》第12条第1款、第13条,最高人民法院《关于审理票据纠纷案件若干问题的规定》第15条第1款第2、3项的规定,参照中国人民银行1997年公布的《票据管理实施办法》第 10 条，《支付结算办法》第 92 条规定，判决如下：

被告中国银行武汉市阳逻开发区支行对原告石狮市百汇针织服装有限公司出具的三张银行承兑汇票价值人民币 100 万元不享有付款、追索请求权。

一审裁判理由

福建省石狮市人民法院经审理认为：

按中国人民银行 1997 年公布的《票据管理实施办法》第 10 条规定："向银行申请办理票据贴现的商业汇票持票人，必须具备下列条件：（一）在银行开立存款账户；（二）与出票人、前手之间具有真实交易关系和债权债务关系。"中国人民银行 1997 年 9 月 19 日公布的《支付结算办法》第 92 条规定："商业汇票的持票人向银行办理贴现必须具备下列条件：（一）在银行开立存款账户的企业法人以及其他组织；（二）与出票人或者直接前手之间具有真实的商品交易关系；（三）提供与其直接前手之间的增值税发票和商品发运单据复印件。"依据上述的法律、法规规定的要求，进行贴现的银行必须对申请贴现人与其前手之间是否具有真实的商品交易关系及申请人的申请是否符合贴现条件进行审查。被告阳逻中行进行贴现时，永生棉纺厂没有按《支付结算办法》的规定提供与其直接前手之间的增值税发票复印件，阳逻中行明知申请人永生棉纺厂与其直接前手百汇公司没有真实的商品交易关系，是利用合同欺诈手段骗取百汇公司的三张银行承兑汇票，且永生棉纺厂的贴现申请是不符合法规规定的贴现条件的情况下，与申请人串通，违规贴现，协助申请人套取银行资金，恶意取得票据，损害国家利益及原告的利益。按《票据法》第 12 条第 1 款的规定："以欺诈、偷盗或者胁迫等手段取得票据的，或者明知有前列情形，出于恶意取得票据的，不得享有票据权利"，因此，阳逻中行对其恶意取得的百汇公司开具的三张银行承兑汇票不得享有票据权利。按最高人民法院《关于审理票据纠纷案件若干问题的规定》第 15 条第 1 款第 2、3 项的规定，对恶意取得票据的持票人，票据的债务人提出抗辩的，人民法院应予以支持。故本院对原告百汇公司提出的被告阳逻中行对原告出具的三张银行承兑汇票不享有票据权利的诉讼请求予以支持，对被告阳逻中行提出的辩解主张不予采纳。

二审诉辩情况

阳逻中行不服一审判决，提起上诉称：

一审法院仅凭永生棉纺厂在办理票据贴现时没有提供增值税发票复印件，即认定上诉人恶意取得票据，认定事实错误。上诉人是在确认了票据的真实性，审查了被上诉人百汇公司与永生棉纺厂的商品交易合同及提货单复印件，并与永生棉纺厂签订了贴现协议后，支付贴现款，经背书转让合法取得上述三张银行承兑汇票。增值税发票只能证明开票人已支付税款，无法证明商品交易关系是否真实。商品交易关系是否存在只能由商品交易合同来证明。上诉人在办理票据贴现时永生棉纺厂没有提供增值税发票复印件，不能证明上诉人知晓永生棉纺厂利用合同以欺骗手段骗取票据，更不能证明上诉人与永生棉纺厂串通取得票据。上诉人是否享有票据权利应适用《票据管理实施办法》和《支付结算办法》的规定，而不应当适用中国人民银行制定的行政规章。上诉人没有审查增值税发票复印件只是违反票据贴现操作规程的规定，违反中国人民银行颁布的《票据管理实施办法》和《支付结算办法》的规定，该瑕疵并非票据法规定的导致票据权利灭失的条件，《票据法》第12条明确规定持票人丧失票据权利的条件，未审查增值税发票复印件办理贴现并非票据法所指的恶意取得票据，上诉人并不因此而丧失票据权利。根据票据无因性原理，票据关系一经产生即与基础关系相分离。持票人只需证明其所持票据的真实性、票据的必要记载事项齐全和取得票据时给付了对价，即可行使票据权利，没有必要对其前手取得票据时给付了对价，对其前手取得票据的基础关系是否合法有效负责。永生棉纺厂未履行购销合同义务及上诉人在贴现时没有审查增值税发票复印件的瑕疵，均非本案票据关系中的行为，不影响上诉人作为讼争汇票的合法持票人享有票据权利。一审法院违反法定程序，在百汇公司未在本案中申请财产保全的情况下，利用已失效的裁定，继续止付上诉人所持有的三张汇票。请求二审法院依法撤销一审判决，改判驳回被上诉人百汇公司的诉讼请求。

被上诉人百汇公司辩称：

一审判决认定事实清楚，判决正确。上诉人阳逻中行应审查增值税发票没有审查，是恶意行为，因为在贴现时并没有增值税发票，一般人都可以得出票据前手不存在真实的商品交易关系，阳逻中行作为一家专业银行是明知的。阳逻中行明知永生棉纺厂不具备贴现条件而违规贴现，显属双方恶意串通取得票据，依照有关法律、法规的规定，阳逻中行不得享有票据权利。关于汇票保全程序问题，一审是针对双方该三张银行承兑汇票是否享有票据权利进行判决，并未对汇票的诉讼保全问题作出裁判，不存在程序不公。一审判决适用法律正确，阳逻中行的上诉请求缺乏依据，依法应驳回上诉，维持原判。

二审裁判结果

福建省泉州市中级人民法院经审理，依照《中华人民共和国民事诉讼法》第153条第1款第1项的规定，判决如下：驳回上诉，维持原判。

二审裁判理由

福建省泉州市中级人民法院经审理认为：

上诉人阳逻中行在一审诉讼中，提供了永生棉纺厂开具的增值税发票复印件及"提货单"，欲以此证明其在讼争的票据贴现时，已尽到谨慎审查的义务。阳逻中行所提供的增值税发票，2001年2月28日尚在武汉市国家税务局新洲公局发票库房，同年3月9日才发售给永生棉纺厂。但是，本案票据贴现时间是2000年8月2日，一审法院在2001年2月9日送达协助执行通知书时，即要求阳逻中行提供票据贴现的相关手续、单据。而阳逻中行提交的这些增值税发票，是永生棉纺厂在2001年3月9日才向税务机关购买的。阳逻中行提交的这些增值税发票，是涉讼后永生棉纺厂开具并交付给阳逻中行的。而在此期间，阳逻中行及永生棉纺厂均已知晓并就讼争的票据交易涉讼。显然，阳逻中行是为了规避责任，与永生棉纺厂配合，向法庭提交了贴现时永生棉纺厂并没有开具的增值税发票。一审判决认定阳逻中行在贴现银行承兑汇票时，永生棉纺厂没有提供增值税发票复印件的事实是正确的。阳逻中行提交的永生棉纺厂"提货单"上并没有运输部门承运或者百汇公司收货的签章，也不是运输部门的货运单据，明显不是"商品发运单据"，不能证明存在真实的商品交易。上诉人阳逻中行在取得本案讼争的三张银行承兑汇票时，虽然与永生棉纺厂签订了贴现协议，核实了票据的真实性；但是，阳逻中行在永生棉纺厂没有提供增值税发票及商品发运单据复印件的情况下，明知永生棉纺厂尚未支付对价，无权处分票据，而进行违法、违规贴现。一审认定阳逻中行在不符合法规规定的贴现条件的情况下，违规贴现，协助申请人套取银行资金，恶意取得票据，该认定是正确的。阳逻中行认为其已尽到谨慎注意的义务，没有审查增值税发票复印件只是一种瑕疵，不影响其享有票据权利的主张，理由不能成立。

银行承兑汇票作为一种高度信用的无因性有价证券，为保障票据各方当事人的合法权益促进其流通转让，法律、法规对票据活动，作了严格的规定。虽然票据关系一经产生即与基础关系相分离，但并不表示票据的流转即可以不受约束，而是同样必须依法进行。有关商业汇票的票据贴现，中国人民银行1997年公布并实施的《票据管理实施办法》第10条规定："向银行申请票据贴现的商业汇票持票人，必须具备下列条件：（一）在银行开立存款账户；（二）与出票人、前手之间具有真实交易关系和债权债务关系。"《支付结算办法》第92条规定："商业汇票的持票人向银行办理贴现必须具备下列条件：（一）在银行开立存款账户的企业法人以及其他组织；（二）与出票人或者直接前手之间具有真实的商品交易关系；（三）提供与其直接前手之间的增值税发票和商品发运单据复印件。"商业汇票贴现的这些条件规定，是商业汇票贴现当事人必须遵守执行的。通过对申请贴现人与其直接前手之间的增值税发票和商品发运单据复印件的审查，确认其与出票人或者直接前手之间具有真实的商品交易关系，就是为了保证票据贴现的合法有效性，保障票据活动当事人的合法权益，维护社会经济秩序。中国人民银行是我国的国家中央银行，依照法律规定作出的行政规章，与法律法规不抵触的，在我国境内进行相关票据业务活动的企业、个人，均应当遵守执行。对此，最高人民法院《关于审理票据纠纷案件若干问题的规定》第63条也作了明确规定。阳逻中行作为金融企业，有依法进行金融业务活动的义务。依据上述的法律、法规及行政规章规定的要求，进行贴现的银行必须对申请贴现人与其前手之间是否具有真实的商品交易关系及申请人的申请是否符合贴现条件进行审查。阳逻中行作为商业银行，对此规定是清楚的。但实际上，阳逻中行在进行本案讼争的票据贴现业务时，既存在违法、违规贴现，协助永生棉纺厂套取银行资金，恶意取得票据；且在诉讼发生后，为规避责任，向法庭提交了贴现时并没有开具、尚在国家税务机关发票库房的增值税发票。阳逻中行的这些作假行为是错误、违法的。永生棉纺厂取得该三张银行承兑汇票并未支付相应的对价，是一种欺诈行为；根据《票据法》第12条第1款的规定，不得享有票据权利，其对该三张银行承兑汇票无处分权。而阳逻中行在取得该三张票据时，虽然支付了对价，但是由于其是恶意取得该三张票据，根据《票据法》第12条第1款的规定，阳逻中行不得享有票据权利，即对百汇公司不享有付款请求权和追索权。百汇公司作为票据债务人，因此，获得对阳逻中行的抗辩权利，有权拒绝履行付款义务。根据最高人民法院《关于审理票据纠纷案件若干问题的规定》第15条的规定，由于阳逻中行因恶意取得票据，百汇公司依照《票据法》第12条第1款、第13条的规定，对持票人阳逻中行提出其不享有票据权利的抗辩，一审法院予以支持是正确的。综上所述，一审判决认定事实清楚，程序合法，适用法律正确。上诉人阳逻中行的上诉请求，缺乏事实和法律依据，不予采纳。

确认票据无效纠纷办案依据集成

1. 中华人民共和国票据法（2004年8月28日修正）（节录）

第八条 票据金额以中文大写和数码同时记载，二者必须一致，二者不一致的，票据无效。

第九条 票据上的记载事项必须符合本法的规定。

票据金额、日期、收款人名称不得更改，更改的票据无效。

对票据上的其他记载事项，原记载人可以更改，更改时应当由原记载人签章证明。

第十四条 票据上的记载事项应当真实，不得伪造、变造。伪造、变造票据上的签章和其他记载事项的，应当承担法律责任。

票据上有伪造、变造的签章的，不影响票据上其他真实签章的效力。

票据上其他记载事项被变造的，在变造之前签章的人，对原记载事项负责；在变造之后签章的人，对变造之后的记载事项负责；不能辨别是在票据被变造之前或者之后签章的，视同在变造之前签章。

第二十二条 汇票必须记载下列事项：

（一）表明"汇票"的字样；

（二）无条件支付的委托；

（三）确定的金额；

（四）付款人名称；

（五）收款人名称；

（六）出票日期；

（七）出票人签章。

汇票上未记载前款规定事项之一的，汇票无效。

第七十五条 本票必须记载下列事项：

（一）表明"本票"的字样；

（二）无条件支付的承诺；

（三）确定的金额；

（四）收款人名称；

（五）出票日期；

（六）出票人签章。

本票上未记载前款规定事项之一的，本票无效。

第八十四条 支票必须记载下列事项：

（一）表明"支票"的字样；

（二）无条件支付的委托；

（三）确定的金额；

（四）付款人名称；

（五）出票日期；

（六）出票人签章。

支票上未记载前款规定事项之一的，支票无效。

2. 最高人民法院关于审理票据纠纷案件若干问题的规定（2000年11月14日 法释〔2000〕32号）（节录）

一、受理和管辖

第一条 因行使票据权利或者票据法上的非票据权利而引起的纠纷，人民法院应当依法受理。

第二条 依照票据法第十条的规定，票据债务人（即出票人）以在票据未转让时的基础关系违法、双方不具有真实的交易关系和债权债务关系、持票人应付对价而未付对价为由，要求返还票据而提起诉讼的，人民法院应当依法受理。

第三条 依照票据法第三十六条的规定，票据被拒绝承兑、被拒绝付款或者汇票、支票超过提示付款期限后，票据持有人背书转让的，被背书人以背书人为被告行使追索权而提起诉讼的，人民法院应当依法受理。

第四条 持票人不先行使付款请求权而先行使追索权遭拒绝提起诉讼的，人民法院不予受理。除有票据法第六十一条第二款和本规定第三条所列情形外，持票人只能在首先向付款人行使付款请求权而得不到付款时，才可以行使追索权。

第五条 付款请求权是持票人享有的第一顺序权利，追索权是持票人享有的第二顺序权利，即汇票到期被拒绝付款或者具有票据法第六十一条第二款所列情形的，持票人请求背书人、出票人以及汇票的其他债务人支付票据法第七十条第一款所列金额和费用的权利。

第六条 因票据权利纠纷提起的诉讼，依法由票据支付地或者被告住所地人民法院管辖。

票据支付地是指票据上载明的付款地，票据上未载明付款地的，汇票付款人或者代理付款人的营业场所、住所或者经常居住地，本票出票人的营业场所，支票付款人或者代理付款人的营业场所所在地为票据付款地。代理付款人即付款人的委托代理人，是指根据付款人的委托代为支付票据金额的银行、信用合作社等金融机构。

第七条 因非票据权利纠纷提起的诉讼，依法由被告住所地人民法院管辖。

二、票据保全

第八条 人民法院在审理、执行票据纠纷案件时，对具有下列情形之一的票据，经当事人申请并提供担保，可以依法采取保全措施或者执行措施：

（一）不履行约定义务，与票据债务人有直接债权债务关系的票据当事人所持有的票据；

（二）持票人恶意取得的票据；

（三）应付对价而未付对价的持票人持有的票据；

（四）记载有"不得转让"字样而用于贴现的票据；

（五）记载有"不得转让"字样而用于质押的票据；

（六）法律或者司法解释规定有其他情形的票据。

三、举证责任

第九条 票据诉讼的举证责任由提出主张的一方当事人承担。

依照票据法第四条第二款、第十条、第十二条、第二十一条的规定，向人民法院提起诉讼的持票人有责任提供诉争票据。该票据的出票、承兑、交付、背书转让涉嫌欺诈、偷盗、胁迫、恐吓、暴力等非法行为的，持票人对持票的合法性应当负责举证。

第十条 票据债务人依照票据法第十三条的规定，对与其有直接债权债务关系的持票人提出抗辩，人民法院合并审理票据关系和基础关系的，持票人应当提供相应的证据证明已经履行了约定义务。

第十一条 付款人或者承兑人被人民法院依法宣告破产的，持票人因行使追索权而向人民法院提起诉讼时，应当向受理法院提供人民法院依法作出的宣告破产裁定书或者能够证明付款人或者承兑人破产的其他证据。

第十二条 在票据诉讼中，负有举证责任的票据当事人应当在一审人民法院法庭辩论结束以前提供证据。因客观原因不能在上述举证期限以内提供的，应当在举证期限届满以前向人民法院申请延期。延长的期限由人民法院根据案件的具体情况决定。

票据当事人在一审人民法院审理期间隐匿票据、故意有证不举，应当承担相应的诉讼后果。

四、票据权利及抗辩

第十三条 票据法第十七条第一款第（一）、（二）项规定的持票人对票据的出票人和承兑人的权利，包括付款请求权和追索权。

第十四条 票据债务人以票据法第十条、第二十一条的规定为由，对业经背书转让票据的持票人进行抗辩的，人民法院不予支持。

第十五条 票据债务人依照票据法第十二条、第十三条的规定，对持票人提出下列抗辩的，人民法院应予支持：

（一）与票据债务人有直接债权债务关系并且不履行约定义务的；

（二）以欺诈、偷盗或者胁迫等非法手段取得票据，或者明知有前列情形，出于恶意取得票据的；

（三）明知票据债务人与出票人或者与持票人的前手之间存在抗辩事由而取得票据的；

（四）因重大过失取得票据的；

（五）其他依法不得享有票据权利的。

第十六条 票据债务人依照票据法第九条、第十七条、第十八条、第二十二条和第三十一条的规定，对持票人提出下列抗辩的，人民法院应予支持：

（一）欠缺法定必要记载事项或者不符合法定格式的；

（二）超过票据权利时效的；

（三）人民法院作出的除权判决已经发生法律效力的；

（四）以背书方式取得但背书不连续的；

（五）其他依法不得享有票据权利的。

第十七条 票据出票人或者背书人被宣告破产的，而付款人或者承兑人不知其事实而付款或者承兑，因此所产生的追索权可以登记为破产债权，付款人或者承兑人为债权人。

第十八条 票据法第十七条第一款第（三）、（四）项规定的持票人对前手的追索权，不包括对票据出票人的追索权。

第十九条 票据法第四十条第二款和第六十五条规定的持票人丧失对其前手的追索权，不包括对票据出票人的追索权。

第二十条 票据法第十七条规定的票据权利时效发生中断的，只对发生时效中断事由的当事人有效。

第二十一条 票据法第六十六条第一款规定的书面通知是否逾期，以持票人或者其前手发出书面通知之日为准；以信函通知的，以信函投寄邮戳记载之日为准。

第二十二条 票据法第七十条、第七十一条所称中国人民银行规定的利率，是指中国人民银行规定的企业同期流动资金贷款利率。

第二十三条 代理付款人在人民法院公示催告公告发布以前按照规定程序善意付款后，承兑人或者付款人以已经公示催告为由拒付代理付款人已经垫付的款项的，人民法院不予支持。

五、失票救济

第二十四条 票据丧失后，失票人直接向人民法院申请公示催告或者提起诉讼的，人民法院应当依法受理。

第二十五条 出票人已经签章的授权补记的支票丧失后，失票人依法向人民法院申请公示催告的，人民法院应当依法受理。

第二十六条 票据法第十五条第三款规定的可以申请公示催告的失票人，是指按照规定可以背书转让的票据在丧失票据占有以前的最后合法持票人。

第二十七条 出票人已经签章但未记载代理付款人的银行汇票丧失后，失票人依法向付款人即出票银行所在地人民法院申请公示催告的，人民法院应当依法受理。

第二十八条 超过付款提示期限的票据丧失以后，失票人申请公示催告的，人民法院应当依法受理。

第二十九条 失票人通知票据付款人挂失止付后三日内向人民法院申请公示催告的，公示催告申请书应当载明下列内容：

（一）票面金额；
（二）出票人、持票人、背书人；
（三）申请的理由、事实；
（四）通知票据付款人或者代理付款人挂失止付的时间；
（五）付款人或者代理付款人的名称、通信地址、电话号码等。

第三十条 人民法院决定受理公示催告申请，应当同时通知付款人及代理付款人停止支付，并自立案之日起三日内发出公告。

第三十一条 付款人或者代理付款人收到人民法院发出的止付通知，应当立即停止支付，直至公示催告程序终结。非经发出止付通知的人民法院许可擅自解付的，不得免除票据责任。

第三十二条 人民法院决定受理公示催告申请后发布的公告应当在全国性的报刊上登载。

第三十三条 依照《中华人民共和国民事诉讼法》（以下简称民事诉讼法）第一百九十四条的规定，公示催告的期间，国内票据自公告发布之日起六十日，涉外票据可根据具体情况适当延长，但最长不得超过九十日。

第三十四条 依照民事诉讼法第一百九十五条第二款的规定，在公示催告期间，以公示催告的票据质押、贴现，因质押、贴现而接受该票据的持票人主张票据权利的，人民法院不予支持，但公示催告期间届满以后人民法院作出除权判决以前取得该票据的除外。

第三十五条 票据丧失后，失票人在票据权利时效届满以前请求出票人补发票据，或者请求债务人付款，在提供相应担保的情况下因债务人拒绝付款或者出票人拒绝补发票据提起诉讼的，由被告住所地或者票据支付地人民法院管辖。

第三十六条 失票人因请求出票人补发票据或者请求债务人付款遭到拒绝而向人民法院提起诉讼的，被告为与失票人具有票据债权债务关系的出票人、拒绝付款的票据付款人或者承兑人。

第三十七条 失票人为行使票据所有权，向非法持有票据人请求返还票据的，人民法院应当依法受理。

第三十八条 失票人向人民法院提起诉讼的，除向人民法院说明曾经持有票据及丧失票据的情形外，还应当提供担保。担保的数额相当于票据载明的金额。

第三十九条 对于伪报票据丧失的当事人，人民法院在查明事实，裁定终结公示催告或者诉讼程序后，可以参照民事诉讼法第一百零二条的规定，追究伪报人的法律责任。

六、票据效力

第四十条 依照票据法第一百零九条以及经国务院批准的《票据管理实施办法》的规定，票据当事人使用的不是中国人民银行规定的统一格式票据的，按照《票据管理实施办法》的规定认定，但在中国境外签发的票据除外。

第四十一条 票据出票人在票据上的签章上不符合票据法以及下述规定的，该签章不具有票据法上的效力：

（一）商业汇票上的出票人的签章，为该法人或者该单位的财务专用章或者公章加其法定代表人、单位负责人或者其授权的代理人的签名或者盖章；

（二）银行汇票上的出票人的签章和银行承兑汇票的承兑人的签章，为该银行汇票专用章加其法定代表人或者其授权的代理人的签名或者盖章；

（三）银行本票上的出票人的签章，为该银行的本票专用章加其法定代表人或者其授权的代理人的签名或者盖章；

（四）支票上的出票人的签章，出票人为单位的，为与该单位在银行预留签章一致的财务专用章或者公章加其法定代表人或者其授权的代理人的签名或者盖章；出票人为个人的，为与该个人在银行预留签章一致的签名或者盖章。

第四十二条 银行汇票、银行本票的出票人以及银行承兑汇票的承兑人在票据上未加盖规定的专用章而加盖该银行的公章，支票的出票人在票据上未加盖与该单位在银行预留签章一致的财务专用章而加盖该出票人公章的，签章人应当承担票据责任。

第四十三条 依照票据法第九条以及《票据管理实施办法》的规定，票据金额的中文大写与数码不一致，或者票据载明的金额、出票日期或者签发日期、收款人名称更改，或者违反规定加盖银行部门印章代替专用章，付款人或者代理付款人对此类票据付款的，应当承担责任。

第四十四条 因更改银行汇票的实际结算金额引起纠纷而提起诉讼，当事人请求认定汇票效力的，人民法院应当认定该银行汇票无效。

第四十五条 空白授权票据的持票人行使票据权利时未对票据必须记载事项补充完全，因付款人或者代理付款人拒绝收该票据而提起诉讼的，人民法院不予支持。

第四十六条 票据的背书人、承兑人、保证人在票据上的签章不符合票据法以及《票据管理实施办法》规定的，或者无民事行为能力人、限制民事行为能力人在票据上签章的，其签章无效，但不影响人民法院对票据上其他签章效力的认定。

七、票据背书

第四十七条 因票据质权人以质押票据再行背书质押或者背书转让引起纠纷而提起诉讼的，人民法院应当认定背书行为无效。

第四十八条 依照票据法第二十七条的规定，票据的出票人在票据上记载"不得转让"字样，票据持有人背书转让的，背书行为无效。背书转让后的受让人不得享有票据权利，票据的出票人、承兑人对受让人不承担票据责任。

第四十九条 依照票据法第二十七条和第三十条的规定，背书人未记载被背书人名称即将票据交付他人的，持票人在票据被背书人栏内记载自己的名称与背书人记载具有同等法律效力。

第五十条 依照票据法第三十一条的规定，连续背书的第一背书人应当是在票据上记载的收款人，最后的票据持有人应当是最后一次背书的被背书人。

第五十一条 依照票据法第三十四条和第三十五条的规定，背书人在票据上记载"不得转让"、"委托收款"、"质押"字样，其后手再背书转让、委托收款或者质押的，原背书人对后手的被背书人不承担票据责任，但不影响出票人、承兑人以及原背书人之前手的票据责任。

第五十二条 依照票据法第五十七条第二款的规定，贷款人恶意或者有重大过失从事票据质押贷款的，人民法院应当认定质押行为无效。

第五十三条 依照票据法第二十七条的规定，出票人在票据上记载"不得转让"字样，其后手以此票据进行贴现、质押的，通过贴现、质押取得票据的持票人主张票据权利的，人民法院不予支持。

第五十四条 依照票据法第三十四条和第三十五条的规定，背书人在票据上记载"不得转让"字样，其后手以此票据进行贴现、质押的，原背书人对后手的被背书人不承担票据责任。

第五十五条 依照票据法第三十五条第二款的规定，以汇票设定质押时，出质人在汇票上只记载了"质押"字样未在票据上签章的，或者出质人未在汇票、粘单上记载"质押"字样而另行签订质押合同、质押条款的，不构成票据质押。

第五十六条 商业汇票的持票人向其非开户银行申请贴现，与向自己开立存款账户的银行申请贴现具有同等法律效力。但是，持票人有恶意或者与贴现银行恶意串通的除外。

第五十七条 违反规定区域出票，背书转让银行汇票，或者违反票据管理规定跨越票据交换区域出票、背书转让银行本票、支票的，不影响出票人、背书人依法应当承担的票据责任。

第五十八条 依照票据法第三十六条的规定，票据被拒绝承兑、被拒绝付款或者超过提示付款期限，票据持有人背书转让的，背书人应当承担票据责任。

第五十九条 承兑人或者付款人依照票据法第五十三条第二款的规定对逾期提示付款的持票人付款与按照规定的期限付款具有同等法律效力。

八、票据保证

第六十条 国家机关、以公益为目的的事业单位、社会团体、企业法人的分支机构和职能部门作为票据保证人的，票据保证无效，但经国务院批准为使用外国政府或者国际经济组织贷款进行转贷，国家机关提供票据保证的，以及企业法人的分支机构在法人书面授权范围内提供票据保证的除外。

第六十一条 票据保证无效的，票据的保证人应当承担与其过错相应的民事责任。

第六十二条 保证人未在票据或者粘单上记载"保证"字样而另行签订保证合同或者保证条款的，不属于票据保证，人民法院应当适用《中华人民共和国担保法》的有关规定。

九、法律适用

第六十三条 人民法院审理票据纠纷案件，适用票据法的规定；票据法没有规定的，适用《中华人民共和国民法通则》、《中华人民共和国合同法》、《中华人民共和国担保法》等民商事法律以及国务院制定的行政法规。

中国人民银行制定并公布施行的有关行政规章与法律、行政法规不抵触的，可以参照适用。

第六十四条 票据当事人因对金融行政管理部门的具体行政行为不服提起诉讼的，适用《中华人民共和国行政处罚法》、票据法以及《票据管理实施办法》等有关票据管理的规定。

中国人民银行制定并公布施行的有关行政规章与法律、行政法规不抵触的，可以参照适用。

第六十五条 人民法院对票据法施行以前已经作出终审裁决的票据纠纷案件进行再审，不适用票据法。

十、法律责任

第六十六条 具有下列情形之一的票据，未经背书转让的，票据债务人不承担票据责任；已经背书转让的，票据无效不影响其他真实签章的效力：

（一）出票人签章不真实的；

（二）出票人为无民事行为能力人的；
（三）出票人为限制民事行为能力人的。

第六十七条 依照票据法第十四条、第一百零三条、第一百零四条的规定，伪造、变造票据者除应当依法承担刑事、行政责任外，给他人造成损失的，还应当承担民事赔偿责任。被伪造签章者不承担票据责任。

第六十八条 对票据未记载事项或者未完全记载事项作补充记载，补充事项超出授权范围的，出票人对补充后的票据应当承担票据责任。给他人造成损失的，出票人还应当承担相应的民事责任。

第六十九条 付款人或者代理付款人未能识别出伪造、变造的票据或者身份证件而错误付款，属于票据法第五十七条规定的"重大过失"，给持票人造成损失的，应当依法承担民事责任。付款人或者代理付款人承担责任后有权向伪造者、变造者依法追偿。

持票人有过错的，也应当承担相应的民事责任。

第七十条 付款人及其代理付款人有下列情形之一的，应当自行承担责任：
（一）未依照票据法第五十七条的规定对提示付款人的合法身份证明或者有效证件以及汇票背书的连续性履行审查义务而错误付款的；
（二）公示催告期间对公示催告的票据付款的；
（三）收到人民法院的止付通知后付款的；
（四）其他以恶意或者重大过失付款的。

第七十一条 票据法第六十三条所称"其他有关证明"是指：
（一）人民法院出具的宣告承兑人、付款人失踪或者死亡的证明、法律文书；
（二）公安机关出具的承兑人、付款人逃匿或者下落不明的证明；
（三）医院或者有关单位出具的承兑人、付款人死亡的证明；
（四）公证机构出具的具有拒绝证明效力的文书。

第七十二条 当事人因申请票据保全错误而给他人造成损失的，应当依法承担民事责任。

第七十三条 因出票人签发空头支票、与其预留本名的签名式样或者印鉴不符的支票给他人造成损失的，支票的出票人和背书人应当依法承担民事责任。

第七十四条 人民法院在审理票据纠纷案件时，发现与本案有牵连但不属同一法律关系的票据欺诈犯罪嫌疑线索的，应当及时将犯罪嫌疑线索提供给有关公安机关，但票据纠纷案件不应因此而中止审理。

第七十五条 依照票据法第一百零五条的规定，由于金融机构工作人员在票据业务中玩忽职守，对违反票据法规定的票据予以承兑、付款、贴现或者保证，给当事人造成损失的，由该金融机构与直接责任人员依法承担连带责任。

第七十六条 依照票据法第一百零七条的规定，由于出票人制作票据，或者其他票据债务人未按照法定条件在票据上签章，给他人造成损失的，除应当按照所记载事项承担票据责任外，还应当承担相应的民事责任。

持票人明知或者应当知道前款情形而接受的，可以适当减轻出票人或者票据债务人的责任。

第八节 票据回购纠纷

114. 如何理解票据回购行为的法律性质？

票据回购，又称转贴现业务，转贴现是指持有票据的金融机构在票据到期日前，将票据权利背书转让给其他金融机构，由其扣除一定利息后，将约定金额支付给持票人的票据行为。与一般贴现行为相比，票据回购行为在到期由谁委托收款这一问题上存在较大差异，一般贴现行为在完成后，应由贴入人进行委托收款，而票据回购则视贴出人日后是否进行回购而定，若贴出人按时购回票据，则转入方不进行委托收款，若贴出人不履行回购义务，则贴入人有权进行委托收款。从表面上看，票据回购行为类似于以票据为质押所进行的融资，但在实践中，由于银行间实行票据回购行为时通常既不在票据背书中记载"质押"字样，也不签订质押合同或质押条款，而只是以一般合同的方式约定双方权利义务，并在交付票据时将贴入人名称进行背书，或赋予贴入人以补记权，因此，票据回购行为应被理解为票据权利的转移行为。

典型疑难案件参考

东营市东营区农村信用合作社联合社诉西安市商业银行兴庆南路支行票据回购纠纷案（〔2005〕东民二初字第2号）

基本案情

2003年7月15日，张秀萍等三人持西安市商业银行兴庆南路支行（以下简称兴庆商行）的介绍信、营业执照、金融机构营业许可证等到东营市东营区农村信用合作社联合社（以下简称农信社）处办理商业承兑汇票转贴现业务，并出具票号分别为（AA/01）01912906、（AA/01）01912907的商业承兑汇票两张，金额分别为36690000元和42333000元，共计79023000元，出票日期均为2003年6月30日，到期日为2003年12月29日。两张汇票票面载明付款人为陕西宸龙房地产有限公司，收款人为西安中煤物资公司。交易合同、增值税发票、商业承兑汇票查询书证实两张汇票真实合法有效。兴庆商行受理了西安中煤物资公司的贴现申请，已对两张汇票办理了贴现。农信社经审查核实后，当日与兴庆商行签订了《商业汇票回购协议书》，协议约定：双方以回购的形式办理本协议项下的票据业务；兴庆商行保证所提供的商业汇票真实合法有效，有真实的贸易背景，并已办理贴现，资料齐全；回购天数为161天，回购利率为2.5‰，起息日为2003年7月16日，到期日为2003年12月24日；兴庆商行交票时间为2003年7月15日，农信社付款时间为2003年7月16日；回购票据到期日，兴庆商行无条件将资金划付给农信社，保证款项当天到达指定账户，款项到达后，兴庆商行取回票据，交易中任何一方未按约定时间付款、交票或未足额偿付本息，视为违约，违约方向对方支付违约金，违约金按违约金额、违约天数和日利率万分之五计算，若兴庆商行在票据到期日3日后仍不主动履行协议回购票据，农信社有权终止协议，处置持有的票据。协议签订当日，兴庆商行将汇票交于农信社持有；次日，农信社按票面金额扣除回购利息后将回购资金77962774.75元划付到兴庆商行在上海浦东发展银行西安分行营业部开立的账户。协议到期后，兴庆商行归还农信社本金50020000元，于2004年1月5日偿付违约金130500元。余款本金29003000元经农信社多次催要，兴庆商行未能归还。

另查明，兴庆商行是于2001年6月19日由西安市商业银行兴中支行变更而来，负责人变更为王峰。兴庆商行于2003年6月18日在上海浦东发展银行西安分行申请开设账户，账号为0310010-2329000468，预留私人印鉴为张秀萍，于2003年7月15日变更为王峰。

诉辩情况

农信社诉称：

2003年7月15日，兴庆商行的副行长张秀萍持该单位介绍信来我社办理商业承兑汇票转贴现业务，并出具两张商业承兑汇票，票号分别为（AA/01）01912906、（AA/01）01912907，金额为36690000元和42333000元，共计金额为79023000元，出票日期均为2003年6月30日，到期日为2003年12月29日，该两张商业承兑汇票已由兴庆商行予以贴现，经我社审查认为两张商业承兑汇票手续完备，且对兴庆商行在上海浦东发展银行西安分行的账户进行电话查询，证实账户、名称及账号均相符。同时兴庆商行又与我社签订了《商业汇票回购协议书》，约定回购利率为2.5‰，起息日为2003年7月16日，到期日为2003年12月24日，并约定回购票据到期日，由兴庆商行无条件将资金划付给我社，若违约按每日万分之五计付违约金。我社已于2003年7月16日将资金全部划付到兴庆商行在上海浦东发展银行西安分行营业部开立的账户（号码为：0310010-2329000468）内。业务到期后，兴庆商行仅归还我社50020000元本金，并于2004年1月5日偿还违约金130500元，余款29003000元及违约金5075538.50元至今未还，我社虽多次派人催要，兴庆商行均以资金紧张为由拒付。请求依法判令兴庆商行偿还票据回购款本金29003000元，及计算至起诉之日的违约金5075538.50元，诉讼费用由兴庆商行承担。

兴庆商行辩称：

1. 我行与农信社之间不存在任何业务关系，本案所涉及票据回购业务亦与我行毫无关系，农信社所述账户非我行所设立，更未收到农信社所谓的巨额贴现资金。我行不应是本案的兴庆商行。理由如下：(1) 我行作为西安市商业银行下属碑林区域支行管辖的12个支行之一，无权办理商业承兑汇票贴现及回购业务，亦不可能办理涉及7000万元之巨额资金的银行业务。(2) 按照西安市商业银行对行政公章的管理制度，我行的行政公章一直在上级银行碑林支行办公室存放，并由碑林支行进行严格管理。经碑林支行核查，确定从来未使用我行印鉴办理过商业承兑汇票贴现、回购业务，亦未使用我行公章在上海浦东发展银行西安分行办理过任何开户手续。(3) 西安市商业银行下属各支行的现行使用的行政公章，均系统一委托西安市艺雕刻字总厂经西安市公安局严格审批后，于2001年2月份刻制完成，并同年2月26日统一下发各区域支行进行管理使用，且仅限于行政事务，不能在各项银行业务中使用。因此，可以明确确定，农信社所诉商业承兑汇票贴现回购业务所涉及的"西安市商业银行兴庆南路支行"印鉴绝非我行的行政公章。(4) 我行在2004年1月20日收到农信社邮寄的特快专递，内附催款通知单一份，经核实本案所涉票据回购业务非我行办理，完全是一起诈骗案件。农信社鉴证资料上的印章与我行的行政公章并非同一印章，纯系伪造。(5) 农信社称本案所涉票据回购业务系张秀萍等人所办理，而张秀萍本人原系我行的一名客户经理，因长时间不上班，被我行的上级行碑林支行于2003年6月24日将其除名。可见张秀萍2003年7月15日办理本案所涉票据回购业务时，已非我行职员。(6) 本案所涉账户非我行所开立，与我行毫无关系。该账户是张秀萍等人勾结上海浦东发展银行西安分行客户经理王宇，凭着私刻的我行印鉴办理的。该账户完全是张秀萍等人假借我行的名义设立和控制的诈骗账户，其诈骗后果与我行无关。

2. 农信社对资金被骗的损失后果应自行承担。本案所涉票据回购事项，经西安市公安局经济犯罪侦查支队调查，系张秀萍等人伪造我行行政公章，并利用虚假的商业承兑汇票，对农信社实施的经济诈骗案件。我行认为，张秀萍等犯罪分子之所以能够得逞，是由于农信社未对我行做任何形式的审查和应尽谨慎义务所致。农信社与张秀萍等人洽谈7000万元巨款的票据回购业务时，竟未到西安对西安市商业银行及下属兴庆南路支行进行实地考察，亦未约见我行的负责人；同时，农信社没有对办理回购业务所依据的商业承兑汇票及贴现业务的真实性进行任何形式的查询，更未对张秀萍等人的身份情况做任何实质性调查。2004年1月份，我行的上级总行西安市商业银行相关负责人曾与农信社电话联系，针对张秀萍的诈骗犯罪，要求农信社尽快向公安机关报案，农信社答复已经知道受骗的情况，但考虑到张秀萍已经归还了5002万元款项的事实，可能会继续向其归还，若报案其损失可能将难以挽回，为此，农信社还请求西安市商业银行不要对张秀萍等人进行报案。事实上，西安市公安局在2004年8月份侦查罗平票据诈骗犯罪到碑林支行调查张秀萍等人其他相关犯罪情况时，该行向办案民警汇报了上述情况。西安市公安局于2004年9月份派员专门到农信社处调查张秀萍涉嫌犯罪的情况，并要求农信社尽快向当地公安机关报案。鉴于管辖问题，西安市公安局将本案所涉张秀萍等人诈骗的案件材料通过陕西省公安厅移交山东省公安厅。农信社资金被骗完全是因其相信张秀萍等诈骗分子并与其订立虚假的回购协议所致，其资金损失的后果应当由其自行承担，与我行无关。

3. 本案涉嫌经济（诈骗）犯罪，农信社的起诉应予驳回。张秀萍等人诈骗巨额票据回购资金的事实清楚，这种涉嫌诈骗犯罪的事实，依法应由公安机关立案侦查，农信社的损失亦可通过公安机关刑事追赃来实现，其以民事案件票据纠纷起诉我行显属不当。同时，按照最高人民法院《关于审理经济纠纷案件中涉及经济犯罪嫌疑若干问题的规定》第11条的规定，法庭应驳回农信社的起诉，将本案有关材料移送公安机关处理。

裁判结果

经东营市中级人民法院审判委员会研究决定，依照《中华人民共和国合同法》第60条、第107条之规定，判决如下：

一、西安市商业银行兴庆南路支行偿还东营市东营区农村信用合作社联合社欠款本金29003000元，并自2004年1月6日起按日利率万分之五支付违约金。

二、东营市东营区农村信用合作社联合社将票号为（AA/01）01912906、（AA/01）01912907的商业承兑汇票返还给西安市商业银行兴庆南路支行。

以上款项于本判决生效之日起10日内支付，支付同时返还汇票。

裁判理由

东营市中级人民法院认为，本案是一起商业汇票转贴现纠纷，商业汇票转贴现是金融机构为取得资金,将未到期的已贴现商业汇票再以贴现方式向另一金融机构转让的票据行为,是金融机构间融通资金的一种方式,不为法律所禁止。张秀萍等人以兴庆商行的名义向农信社提出转贴现申请,为证明其身份的真实性向农信社出具了兴庆商行的介绍信、营业执照、经营许可证等证明资料,农信社也通过电话对兴庆商行的开户情况进行了查询核实。同时张秀萍等人向农信社出具的交易合同、增值税专用发票、汇票的查询书、商业承兑汇票证实书及贴现凭证证实两张汇票具有真实的交易背景,是真实的,且已由兴庆商行办理了贴现。据此农信社已有理由相信张秀萍具有代表兴庆商行签订合同的权利。兴庆商行向本院提出鉴定申请,其有义务提交充分有效的检材,按兴庆商行的工作性质,兴庆商行能够充分地提交同一时期其与他人发生业务来往时使用公章的有关资料,但本院在调取检材时,兴庆商行未能充分提供,依现有检材所作出的鉴定结论不能否认回购协议上兴庆商行公章的真实性,故兴庆商行主张该回购协议与其无关的抗辩理由不能成立。农信社与兴庆商行所签订的《商业汇票回购协议书》,体现了双方当事人自愿的原则,内容并不违反法律规定,应为有效合同。合同签订后,农信社根据回购式转贴现的业务流程规定,按票面金额扣除回购利息后,将回购资金77962774.75元如约拨付给兴庆商行,兴庆商行在约定的还款期限内偿还了部分款项,未能履行偿还全部款项的合同义务,已构成违约。兴庆商行应当归还农信社剩余欠款本金29003000元,并应按协议约定向农信社支付违约金。

　　兴庆商行关于本案系张秀萍等人伪造其行政公章,并利用虚假的商业承兑汇票对农信社实施的经济诈骗犯罪案件,应移送公安机关侦查的主张。本院认为,兴庆商行关于公章由上级行管理很少使用的解释难以让人信服,现有证据不能证明张秀萍等人有伪造公章的事实,兴庆商行的该项主张不能成立。张秀萍等人与农信社签订合同的行为是兴庆商行的行为,依据《中华人民共和国民法通则》第43条"企业法人对它的负责人或其他工作人员的经营活动,承担民事责任"之规定,其法律后果应由兴庆商行承担。农信社的主张符合法律规定,应予支持。

票据回购纠纷办案依据集成

1. 中国银行转贴现业务管理暂行办法（2000年8月31日 中银资〔2000〕61号）

第一章 总则

第一条 为促进我行转贴现业务的开展，规范经营行为，控制经营风险，现根据《中华人民共和国票据法》、《中国人民银行商业汇票承兑、贴现与再贴现管理暂行办法》、《中国人民银行商业汇票承兑贴现与再贴现操作手册》等有关法规，特制定本办法。

第二条 转贴现是指商业银行将其已贴现的未到期商业汇票向同城或异地的另一家商业银行进行贴现的资金融通行为。其他银行持贴现票据向本行转贴现为转入业务，本行持贴现票据向他行转贴现为转出业务。

第三条 本办法适用于中国银行国内行办理转贴现业务。

第二章 转贴现业务的基本要求

第四条 我行原则上只办理银行承兑汇票的转贴现业务。

第五条 分行开办转贴现业务需向总行资金部申请，总行同意后方可开办。

第六条 在转贴现业务中，我行原则上仅办理转入业务，办理转贴现业务引起的资金短缺，可通过办理再贴现业务解决。

第七条 转贴现的票据是其他商业银行已办贴现或转贴现、尚未到期、要式完整、符合当地人民银行再贴现规定的银行承兑汇票。

第八条 转贴现利率按照人民银行有关规定，由交易双方自行商定，原则上不得低于当地同业拆借利率。

第九条 转贴现期限从办理转让之日起至汇票到期日止，一般为4个月，最长不超过6个月，最短不得少于1个月，以便于办理再贴现业务。

第十条 转贴现的投向要符合我行的信贷政策。

第十一条 转贴现的单笔金额一般不低于50万元，最高不得超过1000万元。

第十二条 转贴现业务的规模由总行按年度下达，各行办理的转贴现业务的余额不得超过总行下达的指标。

第十三条 转贴现业务的开办仅限于经有效授权的地市级分行以上机构（含地市级分行）办理。

第三章 转贴现业务的风险控制

第十四条 为保证我行转入票据的真实性，防止假票风险，凡申请向我行办理转贴现的金融机构，必须在与我行签订的《银行承兑汇票转贴现协议书》的条款中，明确对票据的真实性负责，并承诺对票据不真实而引起的任何纠纷承担全部责任。

第十五条 为防范票据因要素不全而受到拒付的风险，在《银行承兑汇票转贴现协议书》中，应列明转贴现申请行对票据的合规性和要素的完整性负责，如票据遭到拒付，转贴现申请行应在协议规定的时间内，按照原转贴现金额赎回票据。

第十六条 《银行承兑汇票转贴现协议书》的具体内容由各分行拟定，并经过各行法律部门的审核和认可。

第四章 转贴现申请行的条件

第十七条 转贴现的申请行为国有商业银行、全国性商业银行地市级分行以上机构、城市商业银行和经人民银行批准可以办理人民币票据业务的外资银行分行。

第十八条 申请转贴现的汇票承兑银行必须是经人民银行批准可以办理银行承兑汇票业务的全国性商业银行二级分行以上机构、城市商业银行总行和外资银行分行。

第十九条 转贴现申请行、汇票承兑行均需由我行金融机构部门对其授信。

第二十条 转贴现申请行必须按照我行要求及时、准确、全面地提供各项申请材料。

第五章 部门分工

第二十一条 总行资金部是转贴现业务的主管部门。负责转贴现业务的规划、拓展和风险管理工作。具体职责为：

（一）负责审查分行转贴现业务的申请、审批和业务授权工作；

（二）负责制定有关规章制度，规范转贴现业务的经营行为，控制经营风险。

（三）负责对分行转贴现业务的检查指导及有关的统计工作。

第二十二条 总行金融机构部负责对转贴现申请行的法人机构进行授信，即转贴现业务中涉及的金融机构风险由金融机构部负责。

第二十三条 分行资金计划部门是辖内转贴现业务的主管部门，负责受理转贴现业务的申请，对申报材料的完整性、有效性、合法性负责；营业部门是转贴现业务的操作部门，对票据和相关材料的真实性和技术性负责。

第六章 转贴现业务的操作程序

第二十四条 转贴现申请行向我行申请办理转贴现业务时，需提供以下材料：

（一）转贴现申请书及清单（以银行承兑汇票贴现申请代替）。

（二）转贴现凭证（以贴现凭证代替）。

（三）经申请行背书的银行承兑汇票。

（四）已办理贴现的凭证。

（五）汇票查询书、商品交易合同、增值税发票复印件或其他能证明汇票合法性的凭证。

第二十五条 资金计划部门在收到转贴现申请行的申请后，应先将所有材料交由营业部门审查，审查内容为：

（一）审查承兑汇票及查询书的真实性、合法性、背书转让连续性；

（二）审查转贴现凭证的各项内容填写是否完整、正确，签章是否清晰、齐全。

第二十六条 营业部门审核无误后，将审核结果以书面形式（包括签字盖章）及有关材料移交资金计划部门，资金计划部门将审查以下内容：

（一）转贴现申请行的营业执照等有关法律文件的真实性、合法性、有效性。

（二）转贴现的投向是否符合我行的信贷政策。

（三）转贴现申请金额是否超过总行的授权额度。
（四）总行是否对转贴现申请行的法人机构给予授信额度。
（五）汇票承兑行是否在总行规定的范围内。
（六）商品交易合同、贴现凭证、增值税专用发票的内容、金额等条款是否真实。
（七）其他需要审查的事项。

第二十七条　各行要指定专人负责转贴现票据的登记、保管工作，并定期由其他人员对其进行抽查。

第二十八条　转贴现行的营业等部门负责票据的提示、收款工作。

第二十九条　承兑行拒付的票据，转贴现行要及时进行追索，并上报总行。

第三十条　省级分行资金业务部门于季后10日内填制《中国银行转贴现情况表》，上报总行资金部。

2. 中国农业银行商业汇票回购业务管理办法（试行）（2002年6月7日农银发〔2002〕96号）（节录）

第一章　总　　则

第一条　为适应票据市场发展的需要，拓宽资金运用渠道，解决基层营业机构因系统内利率限制票据业务发展问题和办理票据贴现业务后出现的临时资金周转困难，增强我行在票据市场上的竞争能力，抢占低风险业务市场，特制定本办法。

第二条　本办法所称商业汇票回购（以下简称票据回购）系指票据回购行将未到期的已贴现或转贴现的商业汇票（以下简称票据）以回购方式向总行进行融资的行为。

商业汇票包括银行承兑汇票和商业承兑汇票。

办理票据回购，票据不作背书，票据权利人仍为贴现或转贴现银行。

第三条　票据回购行（以下简称回购行）系指适用于本办法以回购方式向总行申请回购资金的分行和直属分行。总行对办理银行承兑汇票和商业承兑汇票的票据回购行进行授权管理。

第四条　票据回购坚持诚实信用、批量打包、核定额度、专款专用的原则。

诚实信用是指用于票据回购的汇票以真实合法的商品交易为基础，汇票的签发、转让遵循诚实信用的原则。

批量打包是指票据回购行将数张汇票打包形成一定数额后向总行申请票据回购资金。

核定额度是指总行按照办理票据回购业务的条件，对回购行核定回购融资的最高额度，在限额内周转使用。

专款专用是指回购取得的回购资金要保证专款专用，不得挪用，并保证票据到期后或取得再贴现和转贴现资金后，回购资金及时归还总行。

第五条　本办法适用于经总行批准办理票据回购业务的省、自治区、直辖市分行和直属分行。

第二章　票据回购的授权管理

第六条　总行根据系统内票据业务发展状况和资金需求，由资金部门提出意见上报主管行长后确定全行票据回购资金总额度。

第七条 总行依据分行贴现贷款存量和增量情况,确定办理此项业务的分行和授权额度。

第八条 凡贴现贷款余额在2亿元以上的一级分行皆可向总行申请办理银行承兑汇票回购业务。经总行审查批准后开办此项业务。超过总行批准回购融资最高额度的票据,总行不予回购。

第九条 总行对商业承兑汇票回购业务单独授权。未经单独授权的,总行不予受理。符合下列条件之一的,经批准可向总行申请办理商业承兑汇票回购业务:

(一) 已经总行信贷部门授权办理商业承兑汇票贴现业务的分行(包括所授二级分行及以下营业机构);

(二) 已经总行或人民银行授权可以开具商业承兑汇票的企业所在地分行;

(三) 通过回购方式接收其他商业银行已办理贴现业务的商业承兑汇票的分行。

第三章 票据回购的金额、期限和利率

第十条 票据回购一次打包金额最低起点为2000万元,单笔汇票金额超过2000万元(含2000万元)的票据,可向总行申请办理单笔票据回购,回购资金以十万元为单位。

第十一条 票据回购的期限根据用于回购的打包票据到期日结构来确定,分为二月期、三月期、四月期、五月期四种期限。回购申请批准日至票据到期日一个月以上至两个半月的票据定为二月期;回购申请批准日至票据到期日两个半月以上至三个半月的票据为三月期;回购申请批准日至汇票到期日三个半月以上至四个半月的票据为四月期;四个半月以上至六个月的票据为五月期。

第十二条 票据回购资金按照期限不同分为二月期、三月期、四月期和五月期四种不同的利率档次,实行浮动利率,前三种利率档次按批准日前一周全国同业拆借市场同期限加平均利率执行,五月期的利率档次在四月期利率基础上由总行上浮确定。

第四章 票据回购的条件、审批与资金调拨

第十三条 办理票据回购业务的条件:

(一) 回购票据余额保持在总行核定的最高额度内;

(二) 回购票据余额不超过分行本旬全辖票据贴现余额;

(三) 回购申请批准日至用于回购的票据到期日超过一个月的;

(四) 用于回购单笔票据金额在20万元以上的。

第十四条 总行对以下票据优先办理回购业务:

(一) 在我行直接办理贴现业务的票据;

(二) 贴现利率高的票据;

(三) 在我行开立基本账户企业的票据;

(四) 回购行辖内企业的票据;

(五) 其它商业银行以回购方式转入我行的商业承兑汇票。

第十五条 回购行申请办理票据回购业务,需向总行提交下列材料,并对提交材料的真实性、合法性负责。

(一)《中国农业银行商业汇票回购申请审批表》(附件一)和《中国农业银行商业汇

票回购申请清单》（附件二）；

（二）单笔金额在2000万元（含2000万元）以上的票据，填制《中国农业银行大额商业汇票回购申请审批表》（附件三）。

第十六条 总行资金部门对经审查符合票据回购条件的汇票，核定票据回购额度，并在授权范围内进行审批，超越审批权限上报主管行长。

第十七条 总行资金部门对审批后的票据回购业务按照期限、利率和金额填制《中国农业银行资金调拨通知书》，将其中一联交总行资金清算中心，总行资金清算中心据此及时通过人民银行或系统内中心汇兑系统办理资金划拨手续，完成票据回购业务的账务处理，并对票据回购资金实行专户管理。有关手续按中国人民银行《支付结算办法》有关规定办理。

第十八条 总行资金部门确定专人审批票据回购业务，建立票据回购资金调拨台账，同时将有权审批人员名单抄送总行资金清算中心。未经有权审批人员签章，总行资金清算中心不予办理票据回购资金调拨业务。

第五章 票据回购资金的计息和收回

第十九条 票据回购资金按照总行调拨之日起息，采取利随本清的方式进行结息。

第二十条 回购行在票据回购资金到期日营业终了前将回购资金全额归还，遇到法定节假日须在节假日前一天归还，到期未还款的，总行资金清算中心将其转入逾期借款账户，按照逾期借款的利率计收罚息。

第六章 票据回购的风险控制与防范

第二十一条 回购行要按照内部控制的原则，建立相应的组织机构与规章制度，制定标准化的操作规程，做到票据贴现原始资料和汇票的保管与回购业务的审批、账务处理的岗位分离，保证票据回购业务流程顺畅。

第二十二条 回购行要对汇票的真实性负责，并对汇票可能出现的风险损失负责。回购行在办理贴现业务时，必须按照人民银行和总行办理贴现的有关管理规定，严格审查票据的真实性和是否有商品贸易背景等。

第二十三条 加强对票据贴现和票据回购资料和台账的管理，回购行要分别建立票据贴现和票据回购业务档案，专人分别保管票据贴现资料、汇票和票据回购台账，掌握回购资金的到期和归还，随时接受总行的检查监督和稽核。

回购行必须保存好以下资料，留档备查。

（一）汇票正反面复印件；

（二）贴现凭证复印件；

（三）汇票查询查复书复印件；

（四）增值税发票复印件；

（五）购销合同复印件；

（六）与回购业务相关的其他资料。

第二十四条 建立定期或不定期检查和信息反馈制度。总行将对已办理票据回购业务的票据贴现手续、资料，进行定期或不定期的检查。建立畅通的信息渠道，及时掌握和发布票据市场信息,关注回购行的资金使用情况。

第二十五条 回购行在票据回购期间发现票据不符合回购条件时,要及时主动终止票据回购,归还总行回购资金。

第二十六条 回购行必须充分运用总行回购资金拓展业务。如果出现连续六个月不能用满总行授权票据回购额度的情况,总行将酌情减少其票据回购额度,严重的取消其办理票据回购的资格。

第二十七条 票据回购期间,回购行有下列情形之一的,总行将立即收回回购资金,按回购金额的两倍利息予以罚款,之后三个月暂停对其办理票据回购业务,并给予通报批评。

(一)以虚假票据或已办理过再贴现和转贴现业务的票据复印件申请票据回购,恶意套取总行资金的;

(二)提供票据查询查复虚假证明或查复内容不完整的;

(三)检查发现同一段时间内贴现票据金额远远小于回购资金数额的;

(四)向人行办理再贴现后,未按期归还总行回购资金的。

第二十八条 对在办理票据贴现业务时玩忽职守,造成信贷资金损失的,按信贷管理有关规定处理。

3. 交通银行票据转贴现业务管理暂行办法(2002年11月11日 交银办〔2002〕205号)(节录)

一、为进一步推动和规范交通银行票据转贴现业务的发展,拓宽融资渠道,提高资金使用效益,依据《中华人民共和国票据法》、《票据管理实施办法》、《支付结算办法》以及人民银行有关规定制定本办法。

二、本办法所指的票据转贴现是指商业银行(或财务公司)持未到期的已贴现的商业汇票向其他商业银行或系统内分行进行转贴现以融通资金的票据行为。

三、票据转贴现业务由总行综合计划部负责牵头管理。主要职责是负责并会同授信、公司、财会等部门制定、修订转贴现业务管理办法并履行日常管理事务。分行可根据本行实际情况确定转贴现业务管理部门。

四、票据转贴现业务实行业务经办人员、经办部门负责人和分管行长三级审批制度。

五、商业汇票分为银行承兑汇票和商业承兑汇票。交通银行办理转贴现的票据仅限于:

(一)银行承兑汇票;

(二)列入当地人民银行再贴现名单的企业承兑的商业汇票;

(三)经我行授信信用良好的企业承兑的商业汇票。

六、票据转贴现分为票据转入贴现和票据转出贴现。票据转入贴现指转贴现行买入票据融出资金的行为;票据转出贴现指转贴现申请行卖出票据融入资金的行为。

七、转贴现的票据必须要素齐全,符合《中华人民共和国票据法》的规定。必须有真实、合法的商品交易为基础,具有贴现银行认可的查询、查复书面文件。

八、办理票据转贴现业务时,双方必须签订转贴现协议,填制一式五联转贴现凭证。转贴现利率由双方自行商定。

九、转贴现业务采取"票据买断"和"票据回购"两种方式。"票据买断"是指票据转出行将票据背书转让给转入行,到期由转入贴现行直接向票据承兑人收款。"票据回购"是指转出行将票据质押给转入行,并按双方约定的日期和利率,由转出贴现行回购贴现票据,自行向票据承兑人收款。

十、各分行与系统外金融机构开展票据转贴现业务一律采用"票据买断"方式;系统内分行之间开展票据转贴现,上述"票据买断"和"票据回购"方式均可采用。

十一、采取"票据买断"方式办理转贴现业务的程序

(一)票据转贴现的申请

金融机构同业向交通银行申请办理转贴现业务应提供下列资料:

1. 金融业务许可证和工商营业执照的复印件;
2. 前来办理转贴现人的行政介绍信、身份证、授权书(正本);
3. 经申请机构背书的已贴现或已转贴现的商业汇票(原件);
4. 证明商业票据真实性的查询、查复书,如是复印件,需加盖转出行公章或会计部门的结算专用章;
5. 贴现企业与其对手间的交易合同、增值税发票、商品发运单据复印件,以及其他能够证明商业汇票真实、合法、有效性的商品交易文件。

(二)票据转贴现的受理和审查。票据转贴现业务由各行票据业务经办部门负责受理和操作;各分行计划资金部门负责审批。部门职责分工如下:

1. 票据业务经办部门负责受理票据及有关材料并对票据及有关材料的真实性进行审查。审查内容包括商业汇票要素、贴现凭证、背书、查询查复书、商品交易合同、增值税发票等凭证的真实性和有效性,必要时可对汇票进行补充查询。
2. 计划资金部门负责审查申请行办理转贴现业务资格;票据及相关材料的完整性、合法性及有效性等。同时结合本行的资金和信贷规模情况,确定转贴现的额度、利率等。
3. 计划资金部门和票据业务经办部门业务人员根据审查情况,在《承兑汇票转贴现审批表》上签章确认。
4. 计划资金部门将《承兑汇票转贴现审批表》和有关协议,报分管行长审批。经行长同意后签订转贴现协议,并在转贴现协议上加盖行章或合同专用章。
5. 会计部门根据分管行长终审签字后的转贴现凭证进行账务处理并汇划资金。

十二、系统内分行之间采用"票据回购"方式办理转贴现业务的操作程序(包括转贴现申请受理和审查),原则上按"票据买断"方式进行。但转出贴现行票据可以不办理背书,转入贴现行审查票据后封存,到期后由转出贴现行回购票据,并负责收款。

十三、系统内分行之间开展票据转贴现业务,不论是买断方式还是回购方式,均应签订协议,明确责任。

十四、转出贴现业务由各行计划资金部门根据资金和信贷规模状况提出,经分管行长批准后办理。向金融机构同业转出票据应严格控制。必须转出票据时,应先在系统内进行。

十五、总行对票据转贴现业务纳入同业融资授信管理并实行总量控制。对各国有商业银行、各股份制商业银行按法人实行转贴现总限额管理。对直辖市商业银行票据转贴现最

大限额为4亿元；对省会城市商业银行票据转贴现最大限额为2亿元；对地市商业银行及财务公司票据转贴现的最大限额为1亿元。超过限额必须经总行同意。总行及时公布转贴现限额总量的信息，方便各分支行拓展业务。

十六、管辖、直属分行向国有商业银行、股份制商业银行一次办理转贴现总额超过4亿元时，应及时向总行综合计划部备案；辖属行一次办理总额超过1亿元时，应及时向管辖分行计划资金部门备案。

十七、办理转贴现的票据，按照有价证券管理。到异地办理票据转贴现业务，必须切实确保票据安全。各行应加强对转贴现业务的管理，严格按有关规章制度办理定期核查。

十八、票据转贴现业务的会计核算和利息计算按《支付结算核算手续》和《综合业务系统贷款业务处理流程》的有关规定执行（采用票据回购方式的参照上述规定执行）。转贴现票据到期应及时向付款人收取票款。不获付款的，转贴现银行应立即向其前手追索票款。

十九、票据转贴现业务如发生纠纷，应立即协商解决，如协商不成的，对手方是金融机构同业的应依法解决，是系统内的报总行裁决。

第六章 信用证纠纷

第一节 委托开立信用证纠纷

115. 应如何理解委托开立信用证行为中各方主体间的法律关系?

委托开立信用证纠纷是指委托人因委托受托人向开证行申请开立信用证而产生的纠纷。在我国旧的外贸代理制度下,没有外贸代理权的企业只能通过有权企业方可进行对外贸易,并且有些企业在银行的授信额度不足,在这种情况下,就要委托有外贸代理权的企业对外开立信用证,从而完成对国外卖家的支付。从本质上说,委托开立信用证并非信用证法律关系,而是委托代理法律关系,因此,在委托人与受托人之间所产生的纠纷,应适用我国《合同法》关于委托合同的相关规定,而委托人与开证行之间则并无直接法律关系。

但应注意的是,委托开立信用证行为应具有真实的贸易背景,否则其行为性质将可能转变为企业间借贷,从而构成以合法形式掩盖非法目的的违法行为,委托开立信用证的行为自然归于无效。

典型疑难案件参考

中国电力投资公司诉福州生融仓储公司、中国商业对外贸易总公司委托开信用证、保证合同纠纷案

基本案情

福州生融仓储有限公司(以下简称生融公司)(甲方)与中国电力投资有限公司(以下简称中电公司)(乙方)于1997年12月12日订立一份就甲方

订购 30000 吨 0#柴油的《委托开立信用证协议书》（编号 97CPI03）。约定甲方负责订货、货物供应、销售以及货物的中转、验收等工作，并及时向乙方支付由乙方代付的全部货款；乙方则仅负责开立信用证并代付货款，而不参与信用证项下的货物的实际交易和交货过程，亦不承担当中会产生或可能产生的各类风险和纠纷。受益人为中东创业，不得转让。同日，生融公司、中电公司、中国商业对外贸易总公司（以下简称中商外贸）签订了一份"债务担保合同"，中商外贸表示在已了解并同意上述"主合同"的全部条款的前提下，愿意为甲方在合同项下条款的债务提供付款责任担保。

（香港）中东集团有限公司（以下简称中东集团）（甲方）与（香港）中国电力国际有限公司（以下简称中电国际）（乙方）曾于 1997 年 9 月 26 日签订了一份《委托代理开信用证协议书》，约定内容与前述编号 97CPI03 的协议书内容大致相同。均为甲方对实际交易过程负责，乙方仅负责为该交易开立信用证代付货款。中电国际已经在该协议项下开出过两单信用证，并已承兑。

1997 年 10 月 8 日，中电国际（买方）与中东创业有限公司（以下简称中东创业）（卖方）签订了一份 30000 吨柴油"销售合同"；1997 年 12 月 10 日，中电国际（卖方）与神州生洋油料有限公司（以下简称生洋公司）（买方）签订了 30000 吨柴油的"售货合同"，该 2 份合同都是没有贸易背景，只是为了配合本案开立信用证的配套合同。中东创业为了配合开立信用证，还虚拟了一套已装船提单和装货船舶及相关货物发票。

1997 年 12 月 13 日，中电公司发出"委托通知书"要求其子公司中电国际开出受益人为中东集团，金额为 USD570 万的远期银行信用证一单。1997 年 12 月 22 日，中电国际通过香港新华银行开出了期限为 150 天，金额为 USD5984671 的远期信用证，并于 1997 年 12 月 29 日承兑。该信用证的受益人为中东创业，并由中东创业出具商业发票和有关单证。中东创业给中电国际定金（服务费）USD57 万。

1998 年 6 月 24 日，中电公司向一审法院提起诉讼，请求生融公司偿付信用证项下垫款 5421787.89 美元及相应利息；生融公司不能清偿部分，由中商外贸偿付。

一审诉辩情况

中电公司诉称：其全资子公司中电国际开出的 570 万美元不可撤销远期跟单信用证是根据其委托代为履行"编号 97CPI03"合同。理由是：

1. 中电国际所开的信用证，其金额、用途以及受益人（中东创业）都与"编号 97CPI03"合同相符。

2. 中电国际是其全资子公司,中电国际与中东集团1997年9月26日签订的《委托代理开信用证协议书》在履行了两单后,由于中东集团无法提供抵押,找中商外贸作担保,因中商外贸在大陆,故改由中电公司与生融公司签订《委托开立信用证协议书》(编号97CPI03),再由中电公司委托中电国际代其开出信用证。

3. 在法院审理另一案件中,由法院主持生融公司代表与中电公司代表签订了本案信用证项下款项的还款安排的"调解协议",该"调解协议"虽然未能生效,但生融公司承认了本案代开信用证合同已经履行的事实。

4. 对于没有接到书面通知就开出信用证的问题,由于已经收到服务费,故认为同意开证。

中商外贸和生融公司认为:"编号97CPI03"合同没有履行,理由是:

1. "编号97CPI03"合同约定的委托开证人是中电公司,但中电公司所主张的信用证开证人却是中电国际,其主体不符。

2. "编号97CPI03"合同约定由生融公司支付信用证全额的10%预付金和服务费,但实际支付该费用的却是受益人中东创业。

3. "编号97CPI03"合同约定,凭甲方(生融公司)的书面开证通知书,开出不可撤销的远期跟单信用证,但甲方并没有发出书面通知书,中电公司亦没有依约开证。

4. 中东集团和中电国际的"会谈纪要"中约定了还款协议,说明中电公司主张的信用证,不能排除是履行1997年9月26日合同或其他合同。

5. 在1997年9月26日的《委托代理开信用证协议书》项下两笔委托代开信用证纠纷案件中,生融公司的总经理王国荣,虽然与中电公司代表签订了调解协议(该协议安排了本案讼争款项的分期偿还),但该协议因故没有生效,不能作为证据,且该协议有其商业背景存在。

6. 中电国际在银行提出信用证不符点时,表示接受其不符点,增加担保人的风险。

一审裁判结果

一审法院依照《中华人民共和国合同法》第52条第1款第3项、第56条、第58条,《中华人民共和国担保法》第30条第1款第2项,最高人民法院《关于适用〈中华人民共和国担保法〉若干问题的解释》第40条的规定,判决如下:

一、生融公司应于判决生效后10日内将5421787.89美元返还中电公司,利息自1998年1月12日计至判决生效之日,利率按一年期同期贷款利率计算，该利息予以收缴；

二、免除中商外贸的保证责任；

三、驳回中电公司的其他诉讼请求。

一审裁判理由

一审法院审理认为：中电国际开出的信用证从金额、用途、受益人都与"编号97CPI03"合同吻合，对此三方并无争议，而与中电国际与中东集团1997年9月26日签订的《委托代理开信用证协议书》却有明显不同。因此，中电公司委托其全资子公司中电国际开立信用证，中电国际的行为应视为中电公司的行为。根据中电公司的陈述，由于担保人的原因，该公司与生融公司签订合同后，又委托其全资子公司开证基本符合当时的客观事实。且生融公司在与中电公司签订的"调解协议"对归还欠款的安排，虽然没有生效，亦说明了以上事实的存在。此外，"编号97CPI03"合同虽规定，乙方负责凭甲方的书面通知开证，但开出信用证的事实存在，受益人已经收到信用证项下货款，且生融公司未曾提出异议，因此，两被告提出没有书面通知的抗辩理由不能成立，故"编号97CPI03"合同已经履行以及"债务担保合同"为其担保的事实可予认定。

但是，生融公司与其关联企业在没有真实贸易背景的情况下，为达到委托代开信用证的目的，与他人签订虚假的货物买卖合同以及制作整套假提单和单证，其与中电公司签订的委托代开信用证合同，属于"以合法形式掩盖非法目的"的行为。因此，本案的《委托开立信用证协议书》即"编号97CPI03"合同应认定为无效合同。

生融公司在没有贸易背景的情况下，与中电公司签订"编号97CPI03"合同的同时与中商外贸签订"债务担保合同"，是对中商外贸的欺诈，因此"债务担保合同"亦应认定为无效合同。根据处理无效合同的原则，生融公司应当返还中电公司信用证项下的款项。中电国际明知没有实际的柴油贸易，为了配合开立信用证与中东创业签订了虚假的"售货合同"，应属于债权人知道或者应当知道欺诈、胁迫事实的情形，在这种情况下，保证人可以免责。

二审诉辩情况

中电公司不服原审判决，向最高人民法院提起上诉称：

1. 原审判决认定《委托开立信用证协议书》无效，于法无据。根据法律规定，所谓"以合法形式掩盖非法目的"，是指合同双方以合法的形式掩盖共同的非法目的的行为，而上诉人与被上诉人生融公司在本案中没有共同的非法目的。我国法律并没有禁止委托代开信用证的规定，因此，上诉人受托代开信用证的行为和目的是合法的。同时，依据《关于适用〈中华人民共和国合同法〉若干问题的解释（一）》第4条之规定，人民法院只有以法律或行政法规为依据方能确认合同无效，上诉人的行为并未违反我国的法律及行政法规，原审判决认定上诉人与被上诉人生融公司是"以合法形式掩盖非法目的"并以此认定合同无效，没有法律依据。

2. 原审判决免除保证人的法律责任缺乏事实与法律依据。《债务担保合同》前言约定"丙方（保证人）已了解并同意上述'主合同'的全部条款"。而通过作为主合同的《委托开立信用证协议书》的条款，中商外贸对上诉人与生融公司在开立信用证过程中所进行的活动应非常清楚，不存在任何欺诈、胁迫和违背其真实意思的事实，免除中商外贸的保证责任没有法律依据。

综上，请求撤销原审判决第二项、第三项和第一项关于利息收缴的判决，维持生融公司支付所欠上诉人款项及其利息的判决，并判令中商外贸承担保证责任。

生融公司不服原审判决，向本院提起上诉称：

1. 本案讼争的信用证应是中电国际为中东创业根据双方于1997年9月26日签订的《委托代理开信用证协议书》所开立的第三份信用证，而非对"编号97CPI03"合同项下开立信用证义务的履行。

2. 没有证据表明1997年10月8日中电国际与中东创业签订的30000吨柴油"销售合同"，以及1997年12月10日中电国际与生洋公司签订了30000吨柴油的"售货合同"是所谓的"配套合同"。该合同是发生于本案当事人之外的第三人间签订的贸易合同，其真实性、履行情况等本不应由本案当事人进行评判。该合同记载的是中电国际与中东创业之间的买卖关系，正是由于该买卖关系，中电国际向中东创业开立了本案讼争的信用证。

3. 原判认定"中电国际开出的信用证从金额、用途、受益人都与97CPI03合同吻合，对此三方无争议，而与中电国际与中东集团1997年9月26日签订的《委托代理开信用证协议书》却有明显不同"与事实不符，比较本案讼争信用证与1997年9月26日协议书不难得出，二者没有任何相抵触之处，完全吻合。

4. 原审判决关于上诉人"以合法形式掩盖非法目的"的认定缺乏依据。上诉人在委托开证的时候并没有"虚开"信用证的故意，上诉人确实因进口柴油的关系需要信用证，后因市场原因上诉人不再需要柴油，也就不再需要被上诉人的信用证，被上诉人也没有给上诉人开立信用证。因此，"编号97CPI03号合同"不能认定为"无效合同"，而应该是"未履行合同"。

基于现有证据，本案的基本法律事实应该是："1997年9月26日，中电国际与中东集团签订《委托代理开信用证协议书》，中东集团委托中电国际代开信用证。中电国际先后开立了三份信用证，因到期中东集团未还款，双方签订了会谈纪要，中东集团确认欠款并承诺分期还款。1997年12月12日生融公司与中电公司签订了一份《委托开立信用证协议书》（编号97CPI03号），生融公司委托中电公司开立信用证。协议书签订后，生融公司没有给中电公司发出开证指示，也没有支付开证保证金，并从此不再与中电公司有任何联系直至本案发生。"

综上，生融公司请求撤销原审判决，驳回中电公司全部诉讼请求，并由中电公司承担诉讼费。

▶ **二审裁判结果**

最高人民法院依照《中华人民共和国民事诉讼法》第153条第1款第1、2项、《人民法院诉讼收费办法》第13条第2款之规定，判决如下：

一、撤销一审民事判决第一项；

二、生融公司赔偿中电公司5421787.89美元，于判决生效后10日内付清；利息自1998年1月12日计至实际支付之日，利率按一年期同期存款利率计算；

三、维持一审民事判决第二、三项。

▶ **二审裁判理由**

最高人民法院经审理另查明如下事实：

1998年4月29日，中电国际与中东集团签订一份《会议纪要》称："中东集团委托中电国际在1997年连续开出三份信用证代付进口柴油货款……第三份信用证于1998年5月28日到期。中东集团保证到期按时偿还中电国际90%的所欠货款。"后中东创业于1998年12月15日出具了一份《关于收到中国电力国际有限公司570万美元信用证的情况说明》（以下简称《情况说明》），其主要内容为："根据生融公司的通知，中电公司委托中电国际为生融公司开出金额570万美元的信用证，受益人为我公司。我公司代替生融公司直接向中电国际代付了570万美元信用证的10%预付金和2.5%的手续费，共5514750元港币。中电国际于1997年12月18日，向我公司开出了金额为570万美元的信用证，我公司已经收到。中电国际与中东集团于1998年4月29日签订的会议纪要提到的第三笔信用证，就是以上中电公司委托中电国际，为生融公司开出受益人为我中东创业的570万美元金额的信用证。因中东集团是中东创业的绝对控股公司，两公司一套人马在一起办公，因此，我公司备忘录以中东集团的名义，承认收到了570万美元信用证。"对于上述证据，本案三方当事人均无异议。

最高人民法院经审理认为：

1. 关于本案纠纷的法律适用问题

本案所涉事实发生于1997年，本案纠纷为委托代开信用证协议纠纷及担保合同纠纷。争议法律关系的当事人均为中国境内的当事人，本案纠纷应依据《中华人民共和国民法通则》以及《担保法》及其司法解释的有关规定进行处理。原审判决适用争议事实发生时尚未生效的《中华人民共和国合同法》认定委托法律关系的效力属适用法律错误，应予纠正。

2. 关于本案所涉委托法律关系的效力

按照生融公司与中电公司签订的《委托开立信用证协议书》的内容，中电公司受托开立信用证但不参与信用证项下货物的实际交易，中电公司的责任仅限于开立信用证代付货款，订货、货物的供应和销售以及货物的中转、验收均由生融公司负责。可以看出，生融公司和中电公司签订上述协议的目的只是为了融资，即中电公司代生融公司支付进口货物的货款，而货物进口环节由生融公司自行完成。事实上，中电公司并没有自己申请开立信用证，而是转委托给其在香港设立的子公司即中电国际在香港申请开立信用证。从当事人提供的现有证据看，生融公司并未实际付款，同时亦没有货物进口的事实发生，本案三方当事人对于本案所涉信用证项下没有真实的贸易背景没有异议。

因此，生融公司和中电公司签订委托代开信用证协议的实质是进行融资的行为，属于企业之间非法借贷，违反了我国金融法规的有关规定，委托代开信用证协议应认定无效。中电公司关于《委托开立信用证协议书》未违反我国的法律和行政法规，应认定有效的上诉主张缺乏事实和法律依据，本院不予支持。

3. 关于生融公司的民事责任

生融公司是否应向中电公司承担民事责任，关键是看中电公司是否按照委托协议的约定开出了信用证并垫付了信用证项下款项。生融公司认为委托开证协议没有实际履行，中电国际受中电公司委托开出的本案纠纷涉及的信用证与生融公司无关。但现有证据表明：（1）本案讼争信用证的开立时间、金额、受益人等内容与生融公司和中电公司之间的委托协议的内容相符；（2）中电国际接受中电公司的委托开出了本案讼争信用证；（3）本案一审期间，生融公司曾与中电公司草签调解协议，生融公司认可本案讼争信用证项下欠款的事实，且生融公司现未举出证据证明上述调解事实违背其真实意思；（4）本案案外人中东创业提供《情况说明》，证明中电国际开出的本案讼争信用证是中电国际接受中电公司的委托为生融公司进口货物而开立的，中东创业是信用证受益人并为生融公司代付了预付金和手续费，中东创业承认收到了该570万美元信用证。

因此，中电国际所开本案讼争信用证是为履行生融公司与中电公司之间的委托协议的事实应予认定。由于《委托开立信用证协议书》无效，因此，生融公司应赔偿中电公司为履行上述协议而支付的5421787.89美元。

4. 关于《债务担保合同》

根据《中华人民共和国担保法》第5条之规定，本案三方当事人之间签订的《债务担保合同》应认定无效。中商外贸对于委托协议的违法性并不当然清楚，目前亦无证据证明中商外贸知晓生融公司与中电公司之间的融资行为，应认定中商外贸无过错。因此，根据《关于适用〈中华人民共和国担保法〉若干问题的解释》第8条之规定，中商外贸不承担民事责任。

综上，上诉人中电公司关于中商外贸应承担保证责任的上诉请求缺乏法律依据，本院不予支持。中电公司关于维持生融公司支付所欠款项及其利息的判决的请求有理，本院应予支持。而原审法院以实体判决判令收缴利息属判处不当，是否对当事人采取民事制裁措施，应由相应的民事制裁程序解决。

委托开立信用证纠纷办案依据集成

最高人民法院关于审理信用证纠纷案件若干问题的规定（2005年11月14日 法释〔2005〕13号）（节录）

第一条 本规定所指的信用证纠纷案件，是指在信用证开立、通知、修改、撤销、保兑、议付、偿付等环节产生的纠纷。

第二条 人民法院审理信用证纠纷案件时，当事人约定适用相关国际惯例或者其他规定的，从其约定；当事人没有约定的，适用国际商会《跟单信用证统一惯例》或者其他相关国际惯例。

第三条 开证申请人与开证行之间因申请开立信用证而产生的欠款纠纷、委托人和受托人之间因委托开立信用证产生的纠纷、担保人为申请开立信用证或者委托开立信用证提供担保而产生的纠纷以及信用证项下融资产生的纠纷，适用本规定。

第四条 因申请开立信用证而产生的欠款纠纷、委托开立信用证纠纷和因此产生的担保纠纷以及信用证项下融资产生的纠纷应当适用中华人民共和国相关法律。涉外合同当事人对法律适用另有约定的除外。

第五条 开证行在作出付款、承兑或者履行信用证项下其他义务的承诺后，只要单据与信用证条款、单据与单据之间在表面上相符，开证行应当履行在信用证规定的期限内付款的义务。当事人以开证申请人与受益人之间的基础交易提出抗辩的，人民法院不予支持。具有本规定第八条的情形除外。

第六条 人民法院在审理信用证纠纷案件中涉及单证审查的，应当根据当事人约定适用的相关国际惯例或者其他规定进行；当事人没有约定的，应当按照国际商会《跟单信用证统一惯例》以及国际商会确定的相关标准，认定单据与信用证条款、单据与单据之间是否在表面上相符。

信用证项下单据与信用证条款之间、单据与单据之间在表面上不完全一致，但并不导致相互之间产生歧义的，不应认定为不符点。

第七条 开证行有独立审查单据的权利和义务，有权自行作出单据与信用证条款、单据与单据之间是否在表面上相符的决定，并自行决定接受或者拒绝接受单据与信用证条款、单据与单据之间的不符点。

开证行发现信用证项下存在不符点后，可以自行决定是否联系开证申请人接受不符点。开证申请人决定是否接受不符点，并不影响开证行最终决定是否接受不符点。开证行和开证申请人另有约定的除外。

开证行向受益人明确表示接受不符点的，应当承担付款责任。

开证行拒绝接受不符点时，受益人以开证申请人已接受不符点为由要求开证行承担信用证项下付款责任的，人民法院不予支持。

第十一条 当事人在起诉前申请中止支付信用证项下款项符合下列条件的，人民法院

应予受理：

（一）受理申请的人民法院对该信用证纠纷案件享有管辖权；

（二）申请人提供的证据材料证明存在本规定第八条的情形；

（三）如不采取中止支付信用证项下款项的措施，将会使申请人的合法权益受到难以弥补的损害；

（四）申请人提供了可靠、充分的担保；

（五）不存在本规定第十条的情形。

当事人在诉讼中申请中止支付信用证项下款项的，应当符合前款第（二）、（三）、（四）、（五）项规定的条件。

第十二条　人民法院接受中止支付信用证项下款项申请后，必须在四十八小时内作出裁定；裁定中止支付的，应当立即开始执行。

人民法院作出中止支付信用证项下款项的裁定，应当列明申请人、被申请人和第三人。

第十三条　当事人对人民法院作出中止支付信用证项下款项的裁定有异议的，可以在裁定书送达之日起十日内向上一级人民法院申请复议。上一级人民法院应当自收到复议申请之日起十日内作出裁定。

复议期间，不停止原裁定的执行。

第十六条　保证人以开证行或者开证申请人接受不符点未征得其同意为由请求免除保证责任的，人民法院不予支持。保证合同另有约定的除外。

第十七条　开证申请人与开证行对信用证进行修改未征得保证人同意的，保证人只在原保证合同约定的或者法律规定的期间和范围内承担保证责任。保证合同另有约定的除外。

第二节　信用证开证纠纷

116. 银行可否在征询买方意见后放弃不符点并同意承兑？

根据《跟单信用证统一惯例》的规定，对于跟单信用证，银行仅基于单据本身确定其是否在表面上构成相符交单，当期确定交单不符时，可以拒绝承付或议付，亦可自行决定联系申请人放弃不符点。若申请人同意放弃不符点，则银行应予以承兑，申请人不得再以单证不符向银行抗辩，银行也不得再以单证不符拒付信用证项下款项。

117. 如何理解第三方付款担保的主合同关系？

对于担保合同而言，第三方对开证申请人委托开立信用证所提供的保证，其主合同应是开证申请人与银行之间的委托开证行为，并非进出口贸易的基础合同，亦非信用证本身。因此，基础贸易合同的无效并不影响第三方对信用证项下款项的担保合同的效力。

典型疑难案件参考

太原电子厂与中国银行山西省分行、山西省国际贸易广告公司信用证开证及担保纠纷案

基本案情

1997年6月25日，太原电子厂（以下简称电子厂）与中国银行山西省分行（以下简称山西中行）签订一份抵押合同，双方约定：电子厂愿以其有权处分的房产，为山西中行与山西省国际贸易广告公司（以下简称广告公司）的进口开证授信协议提供抵押担保，主合同项下开证后约定的付款期限已到，申请人资金未能及时到位，而形成银行垫款，山西中行有权依法定方式处分抵押财产，抵押合同期限从1997年6月30日至1998年6月30日止。随后，电

子厂就所抵押房产进行了权利登记，权利人为山西中行。

1997年7月9日，广告公司与山西中行国际贸易结算处（以下简称山西中行结算处）签订了一份进口开证授信额度协议书，约定本协议项下开证授信额度为200万美元，此协议书自签订日生效，至1998年6月30日失效，在有效期内开证额度可循环使用。

广告公司在交纳了信用证保证金496万元人民币后，经向山西中行申请，山西中行于1997年7月15日开出了广告公司为申请人，香港展高发展有限公司（以下简称展高公司）为受益人，金额为200万美元，期限为180天的远期跟单信用证。此后，由于广告公司交纳了足额保证金并再次出具开证申请，山西中行于1997年8月19日又开出了以广告公司为申请人，展高公司为受益人，金额为85.05万美元，期限为180天的远期跟单信用证。

山西中行收到议付行香港中南银行寄交的单据后，经审核认为单证一致，且在广告公司明确确认同意承兑后，就上述两份信用证于1997年8月4日和9月15日对外承兑，付款到期日分别为1998年1月26日和1998年3月3日。后由于广告公司起诉展高公司未履行双方货物买卖合同，同时申请保全本案所涉及两份信用证项下款项，山西省太原市中级人民法院分别于1998年1月25日和1998年3月3日裁定冻结该两份信用证项下款项的支付。但在香港中南银行的多次催告下，山西中行在冻结期满后，于1998年9月7日对外支付了信用证项下金额85.05万美元，1999年5月11日对外支付迟付利息24169.32美元；1999年3月19日对外支付另一信用证项下金额200万美元及迟付利息132618.89美元。

在广告公司向山西中行承诺的付款日到期后，山西中行多次向其催收，广告公司一直未支付款项，电子厂也未承担抵押担保责任。故山西中行于1998年7月14日，以广告公司和电子厂为被告，向法院提起诉讼。

一审裁判结果

山西省高级人民法院经审理，依照《中华人民共和国民法通则》第85条、第89条，《中华人民共和国担保法》第33条、第41条、第46条，《中华人民共和国民事诉讼法》第128条的规定，判决如下：

一、广告公司支付山西中行已垫付信用证项下款项285.05万美元和已支付对外迟付利息156788.21美元，并扣除广告公司已交纳的人民币保证金7029000元；

二、广告公司向山西中行支付上述第一项应支付人民币金额的利息。该利息从1999年3月19日开始计算，按同期银行贷款利息计算至本判决给付之日止；

三、广告公司于本判决生效后 10 日内付清上述给付金额；

四、电子厂以其所抵押房屋对广告公司上述判决给付金额承担连带责任。

一审裁判理由

山西省高级人民法院经审理认为：

山西中行与广告公司签订的进口开证授信额度协议，以及广告公司的开证申请和声明，意思表示真实，内容符合法律规定。当山西中行按约履行对外开证和付款义务后，广告公司却未按约向山西中行支付所垫款项，对此，广告公司应承担其违约责任及赔偿有关经济损失。

因信用证与其依据的货物买卖合同是相互独立的两种交易，当该信用证的议付行香港中南银行已议付后，山西中行履行承兑义务向外付款，符合信用证业务的国际惯例。山西中行要求广告公司支付其已垫付的信用证项下款项及延付利息的请求，该院予以支持。

此外，由于山西中行与电子厂签订的开证授信抵押合同，双方意见表示真实，且电子厂已按合同约定对抵押房屋办理了抵押登记，因此，应认定该抵押合同有效。当广告公司不履行信用证项下款项的付款义务时，电子厂应以其抵押财产承担保证责任。电子厂称其抵押未经国资管理部门批准而无效，因法律并无此规定，故该抗辩理由不能成立。

二审诉辩情况

电子厂不服一审判决，向最高人民法院提起上诉称：

1. 电子厂签约提供的抵押担保额为人民币 18038400 元，开证额度为 200 万美元。但是一审法院判决书中所列山西中行开出的以广告公司为申请人的 85.05 万美元跟单信用证也判由电子厂承担连带担保责任没有事实依据。

2. 关于开证时单笔使用授信数额问题，在电子厂担保履行的《进口授信额度协议书》第 2 条中专项有明确的限制性约定，即"甲方开证时，原则上单笔使用的授信数额不超过授信额度的三分之一"。而在单证交易实际操作中，山西中行和广告公司不经电子厂同意，在开立信用证时一个信用证就足额开出了 200 万美元，因此，该跟单信用证项下款项全部被骗的严重后果，应当由恶意串通的开证申请人和开证行承担责任。一审法院判决由电子厂与广告公司连带承担，开脱了山西中行的责任。

3. 一审法院回避了山西中行审单中出现的单证、单单不符事实，在未查明事实的情况下草率作出山西中行"经审核单证一致"的结论，是把此节重大失误恶果转嫁给了电子厂。

4. 在本案所涉单证交易过程中，境外银行和受益人展高公司存在恶意串通，其行为已涉嫌诈骗。在此情况下，山西中行还是执意把款分批付出境外，使外方诈骗得逞。由此造成的经济损失应由山西中行全部承担。

5. 由于广告公司不具备经营机电产品的资格，因而其与外商签订的外贸进口合同无效，担保合同应随主合同失效而归于无效，电子厂的担保责任亦应随之解除。

综上，故请求二审法院在认真查明事实的基础上予以改判，解除电子厂的担保责任。

山西中行答辩称：

1. 电子厂认为"一审法院判决书中所列山西中行开出的以广告公司为申请人的85.05万美元跟单信用证也判由电子厂承担连带担保责任没有事实依据"，这是对开证额度的使用情况不了解而产生的错误观点。广告公司申请开立的信用证每一笔均是交纳开证金额的30%作为开证金，其余70%使用授信额度，即广告公司申请开立200万美元的信用证时交纳开证金额30%的保证金496万元人民币，其余70%使用授信额度140万美元，此时200万美元授信额度的有效余额是60万美元。随后，广告公司又申请开立85.05万美元的信用证，其交纳30%的保证金208万元人民币，其余70%使用授信额度60万美元。此时200万美元授信额度正好使用完毕。

2. 《进口授信额度协议书》第2条中的"甲方开证时，原则上单笔使用的授信数额不超过授信额度的三分之一"这一约定，是山西中行对广告公司的限制性条款，不是双方强制性约定，山西中行有权根据情况决定每笔使用的授信额度金额。这一条款的执行与担保法所规定的担保人免责条款毫不相干。

3. 山西中行正确履行了审单义务，作为开证申请人的广告公司对单证一致问题也未提出任何异议。电子厂作为担保人无权对审单问题发表任何意见。

4. 电子厂在上诉状中指责"在境外银行和展高公司恶意串通涉嫌诈骗的事实已经暴露无遗的情况下仍执意把款分批付出境外，由此造成的经济损失应由山西中行承担全部责任"。这种说法说明电子厂对信用证交易缺乏了解，属强词夺理。

综上，请求驳回上诉，维持一审判决。

广告公司答辩称：

1. 一审判决判令电子厂承担连带担保责任，事实认定清楚，适用法律正确，应予维持。(1) 从本案基本事实分析，电子厂与省中行签订开证授信抵押合同并为信用证业务提供担保，是其真实意思表示。(2) 电子厂与山西中行所签订之开证授信抵押合同符合有关规定，具有法律效力。（3）开证授信抵押合同具有相对独立性，电子厂应依约承担连带担保责任。

2. 广告公司作为代理委托人进行进口和转口贸易的外贸公司，依约严格履行代理职责，不应承担在贸易过程中产生的实际经济责任。

3. 鉴于腾星公司与本案特殊关系，提请法院追加其为本案当事人。

二审裁判结果

最高人民法院经审理认为，原审认定事实清楚，适用法律正确，应予维持。电子厂的上诉理由均不能成立，应予驳回。依照《中华人民共和国民事诉讼法》第153条第1款第1项之规定，判决如下：驳回上诉，维持原判决。

二审裁判理由

最高人民法院经审理认为：

本案系信用证开证及担保纠纷，本案主合同为山西中行国际贸易结算处与广告公司签订的进口开证授信额度协议书，该协议是双方当事人真实意思的表示，不违反法律规定，应认定有效。

电子厂上诉称广告公司不具备经营机电产品的资格，因而其与外商签订的外贸进口合同无效，主合同无效从而导致本案的从合同担保合同亦无效。电子厂此处混淆了进口开证授信额度协议书以及广告公司与外商签订的外贸进口合同，本案主合同系广告公司与山西中行结算处签订的进口开证授信额度协议书，而非广告公司与外商签订的进口合同。电子厂未能提供进口开证授信额度协议应认定无效的充分证据，而广告公司与外商签订的进口合同的效力问题，不属于本案审理的范围。因此，电子厂关于本案主合同无效的上诉理由不能成立。

山西中行依据进口开证授信额度协议以及广告公司的开证申请，开出了以广告公司为申请人的两份远期信用证并已经实际对外支付了该两份信用证项下的款项，山西中行的开证、对外承兑以及对外付款等行为完全符合双方的约定以及有关国际惯例，广告公司未能及时偿付山西中行垫付的款项，构成违约，其应当偿还山西中行垫付的款项并支付相应的利息。广告公司答辩称其作为代理委托人进行进口和转口贸易的外贸公司，依约严格履行代理职责，不应承担在贸易过程中产生的实际经济责任的主张缺乏事实和法律依据；腾星公司既非本案信用证关系的当事人，亦非担保人，广告公司提出的追加腾星公司为本案当事人的请求亦缺乏法律依据。故对于广告公司在答辩状中提出的请求，本院不予支持。

电子厂与山西中行签订的开证授信抵押合同，亦是双方真实意思的表示，不违反有关法律规定，且双方签订合同后，到有关部门办理了抵押物登记，该抵押合同应认定有效。如上所述，电子厂上诉称本案主合同无效的理由不能成立，相应地，其主张主合同无效从而导致从合同担保合同无效的理由亦不能成立。在山西中行已对外支付信用证项下款项，广告公司未及时偿还银行垫款的情况下，电子厂应依照抵押合同的约定，以其设定抵押的财产向山西中行承担担保责任。

本案进口开证授信额度协议书中约定的开证授信额度总额为200万美元，具体操作中广告公司申请开立的信用证每一笔均是交纳开证金额的30%作为开证金，其余70%使用授信额度。因此，原审法院判决电子厂对金额为85.05万美元的信用证承担责任，符合当事人的约定和法律规定。电子厂上诉称一审法院判决书中所列山西中行开出的以广告公司为申请人的85.05万美元跟单信用证也判由电子厂承担连带担保责任没有事实依据的上诉理由不能成立。

电子厂上诉称山西中行审单失误，责任转嫁由电子厂承担。但本案中开证行山西中行以及开证申请人广告公司均否认存在单证实质不符的情况，且广告公司亦明确表示同意山西中行对外承兑付款。同时，电子厂亦未能提供相应的书证原件及其他的充分的证据证明其主张，故电子厂关于山西中行审单失误、责任转嫁由电子厂承担的上诉理由不能成立。

进口开证授信额度协议书第2条虽然约定"甲方开证时，原则上单笔使用的授信数额不超过授信额度的三分之一"，但该条并没有明确禁止单笔使用的授信数额超过授信额度的三分之一的意思表示，因此，山西中行在本案中的开证行为并不违反上述约定。电子厂上诉称广告公司与山西中行恶意串通，但其未能提供证据予以证明，该上诉主张缺乏事实根据，本院亦不应予以支持。

118. 如何处理无真实贸易背景而向银行申请开立信用证的行为？

在无真实贸易背景的情况下，当事人申请开立信用证的真实目的并非为了进口货物，而是为了融资，套取国家外汇，并以欺诈方式谋取个人利益。又鉴于申请开立信用证行为在申请人与开证行之间形成单独的合同关系，故根据《合同法》第52条中关于合同无效情形的规定，无真实贸易背景而申请开立信用证的行为应属无效。

119. 应如何处理委托开证行为与开立信用证行为的关系？

根据信用证独立原则，信用证一经开出，委托开证法律关系即与信用证相互独立。换言之，委托开证行为与开立信用证行为是两个独立的法律关系，其法律效力相互不受影响，开证申请人不能以信用证以外的理由，如虚假开立信用证，要求开证行撤回已开立的信用证，银行在处理信用证业务时也不受委托开证合同的约束。

120. 对委托开立信用证纠纷应如何适用法律？

由于信用证独立原则，委托开立信用证行为所引起的法律纠纷并不属于信用证本身在履行过程中产生的纠纷，而是在信用证流转过程以外与开立信用证有关的当事人之间的纠纷，加之本案中当事人双方选择的国际惯例在适用上是排除委托开证法律关系，因此，在法律适用上完全受国内法律的调整。

典型疑难案件参考

中行北京分行诉利达海洋馆信用证垫款纠纷案（《中华人民共和国最高人民法院公报》2005 年第 5 期）

基本案情

1998 年 7 月至 12 月间，北京利达海洋生物馆有限公司（以下简称利达海洋馆）先后 24 次向中国银行北京市分行（以下简称中行北京分行）提交"不可撤销跟单信用证申请书"，北京国际信托投资有限公司（以下简称北国投公司）为每份信用证出具了不可撤销的付款保函，每份保函均承诺保证上述所需款项在接到中行北京分行的付款通知后，从其在中行北京分行的存款账户划款支付。每份保函均注明有效期为信用证截止日后一个月。中行北京分行先后分别对外开立 24 份跟单信用证。信用证到期后，中行北京分行为上述信用证项下到期款项对外垫付共计 24604128.49 美元，人民币 5266263.83 元，利达海洋馆对上述垫款未予偿付。后中行北京分行多次向利达海洋馆发出信用证垫付款催付通知，要求其偿付垫款，并向北国投公司发出律师函，要求其承担连带保证责任。

另经法院查明，利达海洋馆是在无真实贸易背景的情况下，向中行北京分行申请开立信用证的，且将在境外议付行贴现所获资金部分用于支付非贸易项下的安装费、顾问费、归还贷款利息和本金，部分用于北国投公司境外融资。此行为违反了《境内机构借用国际商业贷款管理办法》第4条的规定，国家外汇管理局北京外汇管理部于2000年2月29日对利达海洋馆作出行政处罚决定书，对其处以50万元人民币罚款。

此外，由于中行北京分行未经外汇局批准擅自为利达海洋馆开立信用证的行为，违反了中国人民银行《关于商业银行国际结算远期信用证业务经营风险管理的通知》第2条第1款的规定，因此，2000年4月20日国家外汇管理局北京外汇管理部对中行北京分行向利达海洋馆开立信用证的行为也作出了行政处罚决定书，对其处以50万元人民币的罚款。

▎一审诉辩情况▎

中行北京分行诉称：该行为利达海洋馆开立的24份跟单信用证项下的款项，经多次催要，利达海洋馆、北国投公司虽承诺履行还款义务，但一直未能偿还上述款项。为此，请求判令：

1. 利达海洋馆偿还其信用证垫款本金24604128.49美元，人民币5266263.83元，支付相关利息（截至2002年9月20日为6984727.94美元，人民币4326136.99元）。支付拖欠开证费37808.77美元、承兑费241134.69美元，电报费人民币7200元，翻译费人民币25055.44元。北国投公司对上述债务承担连带责任。

2. 利达海洋馆、北国投公司承担本案全部诉讼费用。

利达海洋馆辩称：本案合同是无效合同，故其只承担部分本金责任。

北国投公司辩称：本案因主合同无效而导致担保合同无效，其不应承担担保责任。

▎一审裁判结果▎

一审法院依照《中华人民共和国合同法》第52条第1款第3项、第5项、第56条、第58条，《中华人民共和国担保法》第5条，最高人民法院《关于适用〈中华人民共和国担保法〉若干问题的解释》第8条之规定，判决如下：

一、中行北京分行与利达海洋馆之间的委托开证合同无效。北国投公司为每份信用证出具的不可撤销的付款保函无效；

二、利达海洋馆偿还中行北京分行信用证垫款本金 24604128.49 美元，人民币 5266263.83 元，并赔偿相应损失；

三、利达海洋馆偿还中行北京分行开证费 37808.77 美元、承兑费 241134.69 美元、电报费人民币 7200 元、翻译费人民币 25055.44 元；

四、北国投公司对上述第二、第三项利达海洋馆偿还中行北京分行的款项中不能清偿部分的三分之一承担赔偿责任；

五、驳回中国银行北京市分行的其他诉讼请求。

一审裁判理由

北京市高级人民法院认为：我国商业银行法明确规定，商业银行开展信贷业务，应当遵守法律、行政法规的有关规定，不得损害国家利益、社会公共利益。而中行北京分行未经外汇局批准为利达海洋馆开立多笔 360 天的信用证的行为，以及利达海洋馆在无真实贸易背景的情况下，向中行北京分行申请开立信用证的行为均属违法，故利达海洋馆与中行北京分行之间的委托开证合同系在明知信用证项下没有真实贸易背景并违反国家金融管理法律和行政法规情况下实施的融资行为，应属无效。利达海洋馆对其在无真实贸易背景情况下申请开立的信用证给中行北京分行造成的损失应予赔偿。中行北京分行诉讼请求利达海洋馆赔偿其已实际支付的开证费、承兑费、电报费、翻译费的理由成立，应予支持。

因利达海洋馆、中行北京分行对合同无效均有过错，应各自承担相应的责任，而北国投公司为委托开证合同出具的不可撤销付款保函因主合同无效而导致无效。但由于利达海洋馆将无真实贸易背景申请开立的信用证中的部分资金用于北国投公司境外融资，故应认定北国投公司对利达海洋馆在无真实贸易背景情况下开立信用证的情形系明知，据此认定北国投公司作为担保人亦有过错应承担相应的民事赔偿责任。

二审诉辩情况

中行北京分行不服上述判决，向最高人民法院提出上诉，其主要上诉理由为：

1. 本案是信用证垫款纠纷，属于信用证纠纷的一种，应适用《跟单信用证统一惯例》（以下简称 UCP500）。

2. 一审判决脱离信用证，将信用证垫款纠纷作为所谓的"委托开证合同纠纷"处理，明显有误。（1）委托开证合同实际上即开证申请，不是独立的法律行为，而是统属于信用证法律关系。银行与海洋馆之间从来不存在委托开证合同，只有海洋馆的开证申请书。从合同角度讲，开证申请是单方行为，属于要约，直至银行开立信用证，双方合同关系才成立。（2）信用证垫款纠纷属于信用证纠纷，不是委托开证合同纠纷。（3）按照一审判决的结果，信用证委托开证合同无效，而无效法律行为的后果是自始无效，开出的信用证当然也无效，银行有权拒付，但这明显违背 UCP500。

3. 一审判决对《保函》主合同认定有误，本案《保函》主合同是信用证，信用证有效，《保函》也有效，北国投公司应当承担保证责任。从北国投公司出具的《不可撤销的付款保函》名称及内容可以得出明确的结论，这份保函是针对开证申请人的信用证付款责任出具的，只要信用证申请人对开证行的付款责任产生了，保证责任就相应产生。所以，在信用证有效并发生垫付的情况下，北国投公司理应承担保证责任。

4. 一审判决对利息处理有误，按照信用证开证程序，银行在开立信用证时对贸易背景的真实性是无法确认的，有的申请人正是利用信用证这一特点进行融资，如果按照一审判决的结果，开立无真实背景信用证进行融资的责任比正常信用证垫款责任还轻，必将给不法之徒大开方便之门，加大银行损失。

综上，本案属于信用证纠纷，应适用 UCP500，判令利达海洋馆承担偿还垫付款项的责任，北国投公司为信用证的付款责任提供了有效担保，应当承担保证责任。一审判决的结果纵容了过错方，加大了无过错方损失，理应纠正。

北国投公司请求依法驳回上诉，其理由如下：

1. 中行北京分行与利达海洋馆之间的委托开证合同系没有真实贸易背景并违反国家金融管理法律和行政法规的无效法律行为，北京市高级人民法院的认定定性准确，适用法律正确。

2. 由于委托开证合同无效，本案担保合同依法亦应当无效，且担保人不应再承担任何担保责任。

利达海洋馆认为原审判决认定事实正确，适用法律亦正确。

二审裁判结果

最高人民法院经审理认为，原审判决认定事实清楚，判决结果正确，应予维持。依据《中华人民共和国民事诉讼法》第 153 条第 1 款第 1 项之规定，判决如下：驳回上诉，维持原判。

二审裁判理由

最高人民法院认为，本案系因中行北京分行为利达海洋馆开立信用证并支付信用证款项后，利达海洋馆及其担保人北国投公司未能偿还中行北京分行对外支付的信用证项下的款项,而形成的信用证垫付款及担保纠纷案。经审理查明,利达海洋馆申请开立信用证的真实意思并非为了进口货物,而是为了融资,套取国家外汇。根据法律规定,当事人的民事法律行为应当意思表示真实。本案中,中行北京分行与利达海洋馆签订合同的意思表示并不真实一致,其结果是以合法形式掩盖非法目的,并导致银行大笔资金外流,损害国家利益。故原审关于中行北京分行与利达海洋馆之间委托开证合同无效的认定正确,本院予以维持。

本案中行北京分行根据利达海洋馆的开证申请对外开出信用证,虽然中行北京分行与利达海洋馆之间没有达成一项明确的开证协议,但双方之间存在委托开立信用证申请书。而开证申请书明确约定了信用证申请人利达海洋馆与开证行中行北京分行的权利义务,成为规范利达海洋馆与中行北京分行法律行为的基础法律文件。当利达海洋馆没有按照开证申请书的约定偿付信用证项下的款项时,中行北京分行便依据开证申请书,请求利达海洋馆付款。因此,从开证申请书的内容和开证行的行为可以认定在中行北京分行与利达海洋馆之间已经形成委托开证法律关系。

根据信用证独立原则,信用证一经开出,委托开证法律关系即与信用证相互独立,开证申请人不能以信用证以外的理由要求开证行撤回已开立的信用证,银行在处理信用证业务时也不受委托开证合同的约束。本案中行北京分行无视其与利达海洋馆之间已经存在的委托开证法律关系,将委托开证法律关系与信用证本身相混淆,该行关于中行北京分行与利达海洋馆之间不存在委托开证合同,委托开证合同不是一个独立的法律行为,本案属于信用证纠纷,不是委托开证合同纠纷的上诉理由不能成立,本院不予支持。

本案当事人明确选择适用 UCP500,从 UCP500 第 1.2 条以及第 3 条的规定可以看出,该惯例的适用排除了开证行与开证申请人之间的委托开证法律关系,开证行与开证申请人之间的委托开证关系不受其调整,本案中行北京分行与利达海洋馆之间的申请开证法律关系应当适用国内法的有关规定。因此,中行北京分行关于本案应适用 UCP500 的上诉理由亦不能成立。原审法院适用合同法的规定处理本案正确,本院予以维持。

本案北国投公司根据信用证开证申请人利达海洋馆的要求,出具的不可撤销的付款保函,其担保的是利达海洋馆的付款责任,对于担保合同而言,主合同是利达海洋馆与中行北京分行之间的开证法律关系。中行北京分行关于《保函》的主合同是信用证本身的理由,没有事实和法律依据,本院不予支持。原审判决认定北国投公司为委托开证出具的不可撤销付款保函因主合同无效而导致无效,是正确的,本院予以维持。

从本案第一、二审事实看，中行北京分行开证时间过于集中，即在短期内，连续为利达海洋馆开出 24 份信用证，且数额巨大。按照银行的规定，开立信用证超过 100 万美元的，必须经过中国银行总行批准，中行北京分行为了规避这一规定，使信用证顺利开出，将每笔信用证控制在 100 万美元以下。就本案事实可以认定中行北京分行应当知道利达海洋馆所开立的信用证并不具有真实的基础交易背景，据此，中行北京分行在本案中是具有过错的，应当承担相应的过错责任。中行北京分行关于一审判决结果显失公平的主张，没有事实和法律依据，本院不予支持。此外，原审判决认定北国投公司作为担保人，在本案中亦具有过错，应当承担相应的民事责任，是正确的，应予维持。

信用证开证纠纷办案依据集成

最高人民法院关于审理信用证纠纷案件若干问题的规定（2005年11月14日 法释〔2005〕13号）（节录）

第一条 本规定所指的信用证纠纷案件，是指在信用证开立、通知、修改、撤销、保兑、议付、偿付等环节产生的纠纷。

第二条 人民法院审理信用证纠纷案件时，当事人约定适用相关国际惯例或者其他规定的，从其约定；当事人没有约定的，适用国际商会《跟单信用证统一惯例》或者其他相关国际惯例。

第三条 开证申请人与开证行之间因申请开立信用证而产生的欠款纠纷、委托人和受托人之间因委托开立信用证产生的纠纷、担保人为申请开立信用证或者委托开立信用证提供担保而产生的纠纷以及信用证项下融资产生的纠纷，适用本规定。

第四条 因申请开立信用证而产生的欠款纠纷、委托开立信用证纠纷和因此产生的担保纠纷以及信用证项下融资产生的纠纷应当适用中华人民共和国相关法律。涉外合同当事人对法律适用另有约定的除外。

第五条 开证行在作出付款、承兑或者履行信用证项下其他义务的承诺后，只要单据与信用证条款、单据与单据之间在表面上相符，开证行应当履行在信用证规定的期限内付款的义务。当事人以开证申请人与受益人之间的基础交易提出抗辩的，人民法院不予支持。具有本规定第八条的情形除外。

第六条 人民法院在审理信用证纠纷案件中涉及单证审查的，应当根据当事人约定适用的相关国际惯例或者其他规定进行；当事人没有约定的，应当按照国际商会《跟单信用证统一惯例》以及国际商会确定的相关标准，认定单据与信用证条款、单据与单据之间是否在表面上相符。

信用证项下单据与信用证条款之间、单据与单据之间在表面上不完全一致，但并不导致相互之间产生歧义的，不应认定为不符点。

第七条 开证行有独立审查单据的权利和义务，有权自行作出单据与信用证条款、单据与单据之间是否在表面上相符的决定，并自行决定接受或者拒绝接受单据与信用证条款、单据与单据之间的不符点。

开证行发现信用证项下存在不符点后，可以自行决定是否联系开证申请人接受不符点。开证申请人决定是否接受不符点，并不影响开证行最终决定是否接受不符点。开证行和开证申请人另有约定的除外。

开证行向受益人明确表示接受不符点的，应当承担付款责任。

开证行拒绝接受不符点时，受益人以开证申请人已接受不符点为由要求开证行承担信用证项下付款责任的，人民法院不予支持。

第十一条 当事人在起诉前申请中止支付信用证项下款项符合下列条件的，人民法院

应予受理：

（一）受理申请的人民法院对该信用证纠纷案件享有管辖权；

（二）申请人提供的证据材料证明存在本规定第八条的情形；

（三）如不采取中止支付信用证项下款项的措施，将会使申请人的合法权益受到难以弥补的损害；

（四）申请人提供了可靠、充分的担保；

（五）不存在本规定第十条的情形。

当事人在诉讼中申请中止支付信用证项下款项的，应当符合前款第（二）、（三）、（四）、（五）项规定的条件。

第十二条　人民法院接受中止支付信用证项下款项申请后，必须在四十八小时内作出裁定；裁定中止支付的，应当立即开始执行。

人民法院作出中止支付信用证项下款项的裁定，应当列明申请人、被申请人和第三人。

第十三条　当事人对人民法院作出中止支付信用证项下款项的裁定有异议的，可以在裁定书送达之日起十日内向上一级人民法院申请复议。上一级人民法院应当自收到复议申请之日起十日内作出裁定。

复议期间，不停止原裁定的执行。

第十六条　保证人以开证行或者开证申请人接受不符点未征得其同意为由请求免除保证责任的，人民法院不予支持。保证合同另有约定的除外。

第十七条　开证申请人与开证行对信用证进行修改未征得保证人同意的，保证人只在原保证合同约定的或者法律规定的期间和范围内承担保证责任。保证合同另有约定的除外。

第三节 信用证议付纠纷

121. 如何理解议付行为？

《UCP600》第 2 条把"议付"界定为："指定银行在相符交单下，在其应获偿付的银行工作日当日或之前向受益人预付或者同意预付款项，从而购买汇票及/或单据的行为。"国际商会在《UCP600》中对"议付"的定义较之之前的版本的 UCP 宽泛了很多，即只要在信用证交单之前，被指定银行预付并购买信用证项下的交单文件的行为均可被视为议付。

122. 如何确定议付行身份？

一家银行要成为议付行，需要得到开证行的指定。议付行的指定有两种：一种是概括指定，当信用证表明为自由议付信用证时，实际上是概括指定所有银行可以作为议付行；另一种是个别指定，即信用证指定特定银行为议付行。未经过指定的银行，则不能成为议付行。《UCP600》第 6 条 b 款明确要求信用证"必须规定其是以即期付款、延期付款、承兑还是议付的方式兑用"。据此，当一个信用证规定其为承兑信用证时，则不可能是议付信用证，对于非议付信用证，则不存在议付行。

123. 如何判断单证相符？

单证相符是信用证结算中的基本要求，只有当受益人提交的单据与信用证上的记载在表面上相符且单据与单据之间并不矛盾时，银行才有义务向受益人付款。但单证相符并不等于绝对意义上的字面相符，如果单证之间存在一些不会引起歧义的非实质性不符点，且该不符点不会损害银行和其他当事人的利益，那么此种单证不符并不能作为银行拒付的有效理由。国际商会就审核信用证是否单证相符的问题，专门出具的《关于审核跟单信用

> 项下单据的国际标准银行实务》（ISBP），作为国际上信用证项下的审单的国际惯例。

典型疑难案件参考

韩国外换银行株式会社与青岛银行股份有限公司信用证纠纷案

基本案情

2007年7月24日，华夏银行股份有限公司青岛分行（以下简称青岛华夏银行）开立编号为05ALC0703771的不可撤销跟单信用证，信用证载明：开证申请人为青岛富华和众贸易有限公司；受益人为米若贸易有限公司；信用证结算货币和金额为1042797美元；信用证兑付方式为华夏银行承兑；俄罗斯海装货、中国青岛卸货；2007年7月31日为最后装船期；货物描述为海水冷冻的阿拉斯加鳕鱼，包装：纸袋，每包净重2乘11公斤；适用《UCP600》。信用证除提单、商业发票等单据外还专门要求：标识每包数量/毛重和净重的装运清单正本1份及副本3份。韩国国民银行釜山分行于2007年7月25日向受益人米若贸易有限公司通知了该信用证。

2007年7月25日，受益人米若贸易有限公司就信用证项下金额1053224.97美元向韩国外换银行株式会社（以下简称韩国外换银行）提交船运文件议付（托收）申请。并承诺在请求议付（或托收）上述跟单信用证时，确认将把上述出口货物相关的任何及所有的权利转让给韩国外换银行。外换银行于2007年7月25日将1053224.97美元存入受益人账户。后韩国外换银行向青岛华夏银行发出索偿通知，要求其偿付信用证项下的款项1053224.97美元并提交了信用证项下的相关单据，在装运清单的备注栏内还填写了如下内容：净重2乘11公斤的纸袋、每袋毛重和净重（毛重14.7公斤/袋，净重14公斤/袋）。

2007年8月6日，青岛华夏银行向韩国外换银行发出拒付通知，提出不符点为在装运清单中，"每袋净重2乘11公斤纸袋包装"与"净重：14公斤/每袋"相冲突。

2007年12月5日，受益人米若贸易有限公司向青岛国星食品有限公司出具声明，证明本案信用证和合同项下编号为PM0707-22F的提单及其他被提交和议付的单据系欺诈和伪造而成。事实上，根本没有任何此信用证下的阿拉斯加鳕鱼自俄罗斯运抵青岛。米若贸易有限公司同意取消此项付款，并免除青岛国星食品有限公司在本案信用证项下的付款责任。

米若贸易有限公司于2008年3月5日作出致青岛华夏银行的债权转让通知，在该债权转让通知中，米若贸易有限公司通知青岛华夏银行，将其所有的05ALC0703771号信用证及其项下单据的一切权利和收益转让给韩国外换银行，在青岛华夏银行收到该通知后，转让协议立即生效。

韩国外换银行向青岛海事法院起诉，请求判令青岛华夏银行向韩国外换银行偿付信用证项下款项1053224.97美元，并赔偿利息损失26166933元人民币。

一审诉辩情况

一审中，韩国外换银行和青岛华夏银行就如下三个问题发表了诉辩主张：

1. 青岛华夏银行提出的不符点是否成立的问题

青岛华夏银行在其拒付通知中提出的不符点为，在装运清单中，"每袋净重2乘11公斤纸袋包装"与"净重14公斤/每袋"相冲突。

韩国外换银行主张不符点不成立，理由如下：

（1）对于装运清单中"每袋净重2乘11公斤纸袋包装"与"净重：14公斤/每袋"相冲突的不符点。韩国外换银行将其解释为每袋11公斤指的是鱼，而基础交易的鱼是冷冻的，"净重14公斤/袋"显然是包含了冰块的重量，因此不属于与单据不符的情况。

（2）根据《UCP600》第34条的规定，银行"对单据中规定或添加的一般或特殊条件，概不负责"，青岛华夏银行根本无义务审查装运清单上与信用证要求无关的条款"净重14公斤/袋"并以此为由拒付。

（3）根据《ISBP》第24条规定，"银行不检查单据中的数学计算细节，而只负责将总量与信用证及其他要求的单据相核对"，而青岛华夏银行违反该规定，通过数学计算得出了净重相冲突的结论，错误地将其作为不符点提出。

2. 关于韩国外换银行是否具有议付行身份的问题

青岛华夏银行认为：

在我行未指定韩国外换银行进行议付的情况下，韩国外换银行并不能以其已实际议付为由而当然获得议付行身份，并要其青岛华夏银行进行偿付。

韩国外换银行认为：

本案存在两个并行的法律关系，即信用证项下单据议付法律关系和合同法意义上债权转让法律关系，韩国外换银行既是信用证法律关系中的议付行又是合同法意义上的权利受让人。根据《UCP600》第7条之规定，韩国外换银行已实际善意议付，故有权以议付行身份主张得到开证行的偿付。

3. 关于韩国外换银行可否以善意为由取得被告的偿付问题

青岛华夏银行认为：

韩国外换银行对受益人的欺诈行为是明知的，但仍然以所谓议付行的名义索偿，其议付即使成立，也属于非善意，故不能以善意为由取得偿付。

韩国外换银行认为：

信用证是纯粹的单据交易，银行仅负责单据的表面真实性，即使存在基础交易欺诈，青岛华夏银行作为开证行，也不能以单据伪造为由拒绝对善意议付行和善意受让人做出偿付。

一审裁判结果

青岛市中级人民法院经审理，依照《UCP600》第6条a款、b款，第14条d款，第16条a款，最高人民法院《关于审理信用证纠纷案件若干问题的规定》第8条第1项、第10条，《中华人民共和国民事诉讼法》第235条的规定，判决如下：驳回韩国外换银行株式会社的诉讼请求。

一审裁判理由

青岛市中级人民法院经审理认为：

本案为韩国外换银行以权利人身份请求作为信用证开证行的青岛华夏银行偿付信用证项下款项的信用证纠纷案件。本案信用证中载明适用《跟单信用证统一惯例》最新版本，双方当事人在本案诉讼过程中均明确主张适用《UCP600》、《ISBP》以及中华人民共和国法律，双方当事人的上述主张符合规定，予以照准。

根据当事人的诉辩主张，本案存在三个争议焦点：

1. 关于青岛华夏银行提出的不符点是否成立问题

根据当事人的约定，本案涉及的单证审查问题，应当适用当事人约定的《UCP600》以及《ISBP》。青岛华夏银行在其拒付通知中提出的不符点为，在装运清单中，"每袋净重2乘11公斤纸袋包装"与"净重：14公斤/每袋"相冲突。信用证"单据要求"中要求"标识每包数量/毛重和净重的装运清单正本1份及副本3份"，因此，在装运清单中标识每包数量/毛重和净重，是信用证对单据的要求，必须符合该要求。而装运清单中有关"每袋毛重和净重（毛重14.7公斤/袋，净重14公斤/袋）"的数据记载，既与信用证"货物描述"中有关"包装：纸袋，每包净重2乘11公斤"的数据记载相矛盾，又与装运清单自身有关"包装：净重2乘11公斤的纸袋"的数据记载相矛盾。依照《UCP600》第14条d款有关"单据中的数据，在与信用证、单据本身以及国际标准银行实务参照解读时,无须与该单据本身中的数据、其他要求的单据或信用证中的数据等同一致,但不得矛盾"的规定,净重出现22公斤/袋与14公斤/袋两种不同的数据,应认定属于相互矛盾。因此,青岛华夏银行提出的不符点是成立的。

依照《UCP600》第5条有关"银行处理的是单据,而不是单据可能涉及的货物、服务或履约行为"以及《UCP600》第14条a款有关"按指定行事的指定银行、保兑行(如果有的话)及开证行须审核交单,并仅基于单据本身确定其是否在表面上构成相符交单"的规定,韩国外换银行联系基础交易来审查是否属于相符交单,不符合信用证的独立抽象性原则和严格相符原则。

对于韩国外换银行提出青岛华夏银行根本无义务审查装运清单上与信用证要求无关的条款"净重14公斤/袋"并以此为由拒付,一审法院认为,在装运清单中标识每包数量/毛重和净重,是信用证"单据要求"的明确规定,装运清单中"净重14公斤/袋"的内容并非与信用证要求无关的条款,韩国外换银行的该项主张,与事实不符,不予支持。

对于韩国外换银行提出,青岛华夏银行违反《ISBP》第24条规定,通过数学计算得出了净重相冲突的结论,错误地将其作为不符点提出的主张,一审法院认为,通过计算2乘11公斤得出净重22公斤的结论,并非是检查单据中的数学计算细节,而是按照《ISBP》第24条中有关"而只负责将总量与信用证及其他要求的单据相核对"的规定审查净重的这一描述与净重的其他描述究竟仅是存在不等同一致还是存在相互矛盾的情形。因此,对于韩国外换银行的主张不予支持。

综上,韩国外换银行有关青岛华夏银行提出的不符点不成立的各项主张,因缺乏事实和法律依据,一审法院均不予支持。

2. 关于韩国外换银行在本案中的身份问题

一审法院认为,按照信用证"41A:信用证兑付的方式"的规定,本案信用证是承兑信用证,且并未指定除华夏银行之外的银行承兑,依照《UCP600》第6条a款、b款有关"a.信用证必须规定可在其处兑用的银行,或是否可在任一银行兑用。规定在指定银行兑用的信用证同时也可以在开证行兑用。b.信用证必须规定其是以即期付款、延期付款、承兑还是议付的方式兑用"的规定,在本案信用证为非自由议付信用证且未经开证行指定承兑的情况下,韩国外换银行不能以议付行身份向开证行要求偿付。韩国外换银行以信用证中"78"条款作为依据将本案信用证解释为议付信用证,是不能成立的。因为该条款并非是用来确定信用证种类和对指定银行承付或议付的授权的,该条款的执行亦应受到信用证种类以及开证行对于指定银行承付或议付的授权的限制。

对于韩国外换银行以其已实际善意议付为由,并援引《UCP600》第 7 条 c 款的规定应当得到开证行偿付的主张,一审法院认为,适用该规定的前提为韩国外换银行系指定银行,在青岛华夏银行未指定韩国外换银行议付的情况下,韩国外换银行并不能以其已实际议付为由而当然获得青岛华夏银行的偿付。

信用证受益人米若贸易有限公司于 2007 年 7 月 25 日向韩国外换银行忠武洞分行提交的船运文件议付(托收)申请中,承诺将把出口货物相关的任何及所有的权利转让给韩国外换银行,并于 2008 年 3 月 5 日作出致青岛华夏银行的债权转让通知,将其所有的 05ALC0703771 号信用证及其项下单据的一切权利和收益转让给韩国外换银行。根据上述事实,由于韩国外换银行非法律意义上的议付行,其基于自己认知的所谓"议付"行为而取得受益人可能享有权利的转让,因此,韩国外换银行在本案中仅具有受益人的可能权利受让人身份。

3. 关于原告可否以善意为由取得被告的偿付问题

一审法院认为,信用证固然是单据交易,但是对于因行使、履行信用证项下权利、义务而产生的民事责任,是由各国国内法加以调整的,对于韩国外换银行可否以善意为由取得青岛华夏银行的偿付问题,应由双方当事人选择适用的中国法律来规范和调整。就韩国外换银行行使其所受让的受益人在信用证项下可能享有的权利问题,一方面,该权利受制于开证行因存在不符交单而对受益人行使的拒付权利。另一方面,受益人承认伪造信用证项下单据,该行为已构成最高人民法院《关于审理信用证纠纷案件若干问题的规定》第 8 条第 1 项规定的信用证欺诈,在存在信用证欺诈的情形下,根据最高人民法院《关于审理信用证纠纷案件若干问题的规定》第 10 条的规定,对受益人而言不存在适用"信用证欺诈例外的例外"原则的情形,因此,在存在信用证欺诈且不存在欺诈例外的例外的情形下,即使交单相符,也应当终止支付信用证项下款项,韩国外换银行作为信用证项下受益人可能享有的权利的受让人,由于其受让权利是基于其自行认知的所谓"议付行"的"议付"受益人的交单而发生的,在开证行未指定其议付和承兑的前提下擅自"议付",虽无证据证明其对受益人的欺诈行为是明知的,但也不属善意,韩国外换银行不得以善意为由主张应获偿付。

二审诉辩情况

上诉人韩国外换银行不服一审判决上诉称:

1. 原审法院事实认定错误,青岛华夏银行主张的不符点不成立。对于货物的包装，本案信用证第45A规定为"纸袋包装，每包净重2乘11公斤"。而对于每袋的净重的数字，本案信用证并未作出规定，仅于第46A"单据要求"中要求受益人应提供"装运清单"正本1份及副本3份，"标识每包数量/毛重和净重"。换言之，只要受益人提交的装运清单中包含了关于每包的净重的信息，则为合格的装运清单。受益人提交的"装运清单"第9点"备注"栏中，明确每袋的包装为"净重2乘11公斤的纸袋"，该标注与本案信用证第45A关于包装的规定一致。同时，该"备注栏"中亦标明每袋的净重分别为14公斤，亦满足了本案信用证中第46A关于标注每包净重的要求。根据UCP600第14条"单据审核标准"a款的规定，开证行审核交单应"仅基于单据本身确定其是否在表面上构成相符交单"。根据上述分析，受益人提交的"装运清单"既按照本案信用证的要求标明了每袋的包装情况，亦标明了每袋的净重，在表面上构成了相符交单，开证行不应当自行计算得出每袋净重与包装要求不符的结论，亦无权以此为由拒绝偿付。

2. 对韩国外换银行提交的相符的单据，青岛华夏银行有义务承兑和付款。原判决认定，由于本案信用证为承兑信用证，且并未指定除华夏银行以外的银行承兑，因此，在未经开证行华夏银行指定承兑的情况下，韩国外换银行不能以议付行身份向开证行要求偿付。这种认定是错误的。UCP600第7条a款规定："只要规定的单据提交给指定银行或开证行，并且构成相符交单，则开证行必须承付。"青岛华夏银行在本案信用证第78条亦承诺"与本信用证条款和条件相符的汇票在到期限日交单时由我行承兑"。据此，开证行承兑和付款的义务取决于相符的单据提交到被指定银行或相符的单据被提交到开证行，而不论是否通过被指定银行交单，只要单据相符，开证行必须承兑付款。国际商会在其发布的惯例和意见书中反复强调了这一结论：第434号出版物R95："如果一家银行开出（限制议付）信用证且相符的单据已提交，开证行就必须付款"（第489号出版物CASE196重申了该观点）。第469号出版物R150："开证行已指定议付而单据却未提交给该指定行，而是由第三家银行或受益人提交给开证行，只要单据相符……开证行必须付款。"因此，在本案中，韩国外换银行向青岛华夏银行提交了相符单据，青岛华夏银行应根据上述规定予以承兑和付款，而不得以韩国外换银行不是指定的议付行而加以拒绝。

综上所述，韩国外换银行请求撤销青岛市中级人民法院〔2008〕青民四初字第108号民事判决，依法支持韩国外换银行的一审诉讼请求，由青岛华夏银行承担一、二审全部诉讼费用。

青岛华夏银行答辩称：

1. 本案信用证项下不符点成立，青岛华夏银行有权对外拒付。按照本案信用证"45A 货物描述"包装应为"纸袋，每包净重 2 乘 11 公斤"；按照"46A 单据要求"，应当提供"标识每包数量/毛重和净重的装运清单正本 1 份及副本 3 份"。所以，在装运清单中标识每包数量/毛重和净重，必须符合上述要求。然而，装运清单上实际的记载却是"包装：净重 2 乘 11 公斤纸袋，每袋毛重和净重（毛重 14.7 公斤/袋，净重 14 公斤/袋）"，这里所提到的"净重 14 公斤/袋"的内容，既与信用证"45A 货物描述"有关"纸袋，每包净重 2 乘 11 公斤"的记载相矛盾，又与装运清单自身有关"包装：净重 2 乘 11 公斤纸袋"相矛盾。上述情形违反了 UCP600 第 14 条 d 款"单据中内容的描述不必与信用证、信用证对该项单据的描述以及国际标准银行实务完全一致，但不得与该项单据中的内容、其他规定的单据或信用证相互矛盾"的规定，因此，本案不符点成立。一审法院判决对该问题的阐述是完全正确的。

韩国外换银行称，根据 UCP600 第 14 条 a 款的规定，开证行审核单据就"仅基于单据本身确定其是否在表面上构成相符交单"。这种说法犯了以偏概全的错误。UCP600 第 14 条"单据审核的标准"包含从 a 到 l 的 12 款内容，开证行在审核单据时，应当按照这 12 款内容的规定，对单据进行全面的审核，如果韩国外换银行的上述说法成立，UCP600 第 14 条除 a 款之外的条款将失去意义，而这显然是不可能的。

2. 本案信用证为承兑信用证，未经青岛华夏银行指定，韩国外换银行无权进行议付。根据 UCP600 第 6 条 a、b 两款"信用证必须规定可在其处兑用的银行，或是否可在任一银行兑用。规定在指定银行兑用的信用证同时也可以在开证行兑用。信用证必须规定其是以即期付款、延期付款、承兑还是议付的方式兑用"的规定，本案信用证属于承兑信用证，应由青岛华夏银行对汇票进行承兑后 90 天内方可付款。因此，在青岛华夏银行未承兑汇票，也未指定韩国外换银行作为议付行的情况下，韩国外换银行无权自行议付。韩国外换银行引用的 UCP600 第 7 条 a 款及国际商会的有关意见，其内容所指的是当存在指定银行时，如被指定银行并未提交单据，而是由第三家银行提交单证相符的单据时，开证行亦应当付款。这里所强调的是第三家银行有权提交单据，其身份仅相当于受益人的代理人，与本案韩国外换银行以议付行身份索偿是两个完全不同的概念。

综上，青岛华夏银行请求驳回上诉，维持原判。

▎二审裁判结果▎

山东省高级人民法院经审理认为，一审判决认定事实清楚，适用法律正确，判决结果并无不当，应予维持。韩国外换银行的上诉无理，应当驳回。依照《中华人民共和国民事诉讼法》第153条第1款第1项之规定,判决如下:驳回上诉,维持原判。

二审裁判理由

山东省高级人民法院经审理认为:

本案为涉外信用证纠纷案件,一审法院依据青岛华夏银行住所地在该院辖区而行使管辖权,并依据当事人的共同选择适用《UCP600》、《关于审核跟单信用证项下单据的国际标准银行实务》(ISBP)以及中华人民共和国法律是正确的。

根据上诉人的上诉与被上诉人的答辩,本案争议焦点是:第一,青岛华夏银行主张的不符点是否成立;第二,韩国外换银行可否以议付行的身份向青岛华夏银行索偿。

关于焦点一,本院认为,涉案信用证中"包装:纸袋,每包净重2乘11公斤"的记载既表明使用"纸袋"包装,又表明"每包净重2乘11公斤"。涉案信用证同时要求"标识每包数量/毛重和净重的装运清单正本1份及副本3份"。而根据已经查明的事实,装运清单中既有"每袋净重2乘11公斤纸袋包装"的记载,又有"每袋毛重和净重(毛重14.7公斤/袋,净重14公斤/袋)"的记载。依照《UCP600》第14条d款有关"单据中的数据,在与信用证、单据本身以及国际标准银行实务参照解读时,无须与该单据本身中的数据、其他要求的单据或信用证中的数据等同一致,但不得矛盾"的规定,装运清单中关于每袋净重的两种记载本身相互矛盾,且装运清单中关于每袋净重14公斤的记载也与信用证要求的"每包净重2乘11公斤"的要求相矛盾。因此,一审判决认定青岛华夏银行主张的不符点成立是正确的。本院庭审中,韩国外换银行主张,信用证中"包装:纸袋,每包净重2乘11公斤"的记载仅仅标明是纸袋包装,只要每个纸袋可以装2乘11公斤即可,并不是要求每袋必须装2乘11公斤。本院认为,这种理解不符合常识,不予采信。

关于焦点二,本院认为,根据涉案信用证"41A:信用证兑付的方式华夏银行承兑"的规定,该信用证为承兑信用证,承兑银行为华夏银行。《UCP600》第2条明确把"议付"定义为:"指指定银行在相符交单下,在其应获偿付的银行工作日当日或之前向受益人预付或同意预付款项,从而购买汇票及/或单据的行为。"在涉案信用证既未表明为自由议付信用证,也未指定韩国外换银行作为议付行的情况下,韩国外换银行不具有议付行的地位。一个银行是否属于议付行,应依据法律、惯例及当事人约定来判定,韩国外换银行以青岛华夏银行在拒付通知中未否认其议付行身份而主张自己是议付行的理由不能成立。韩国外换银行引用《UCP600》第 7 条 a 款及国际商会的有关意见，主张只要其向青岛华夏银行提交了相符单据即有权获得偿付。但是，韩国外换银行引用的《UCP600》第 7 条 a 款及国际商会的有关意见，都是指在存在指定银行时，如被指定银行并未提交单据，而是由第三家银行提交单证相符的单据时，开证行亦应当付款，因此，与本案不存在指定银行的情形明显不同，对其主张不予支持。

124. 何为不符点？

"不符点"指在对外贸易过程中，银行给卖家开出信用证，卖家没有按照信用证的要求出具的单据内容，一旦卖方的单证跟 L/C 上有不相符合的地方，即使一个字母或一个标点符号与信用证不相符合，都记为一处不符点。

125. 非实质性不符点能否作为银行拒付理由？

根据 UCP600 第 14 条 "审单标准" 的 d 条 "单据中的数据，在与信用证、单据本身以及国际标准银行实务参照解读时，无须与该单据本身中的数据、其他要求的单据或信用证中的数据等同一致，但不得矛盾" 的规定，我们可以知道，在国际银行实务及国际惯例中，并非所有的不符点均可以成为有付款责任的银行的拒付理由，只有存在实质性不符点，即可能造成误解或与信用证本身或其他单据之间存在矛盾的情况下，有付款义务的银行才有权利拒付。具体的审单标准，可以参照国际商会就审核信用证是否单证相符的问题，专门出具的《关于审核跟单信用证项下单据的国际标准银行实务》（ISBP），作为国际上信用证项下审单的国际惯例。

典型疑难案件参考

山东汇泉工业有限公司与株式会社新韩银行信用证议付纠纷案

基本案情

2003年10月24日,被告株式会社新韩银行(以下简称新韩银行)开立以原告山东汇泉工业有限公司(以下简称汇泉公司)为受益人的编号为M42V3310NS06918不可撤销跟单信用证,载明:信用证有效期和有效地为2003年11月30日和受益人国家,金额为82332美元,可由任何银行议付,付款期限为即期,可以分批装运,最晚装船期为2003年11月21日;货物为男装(NFD-JP2065)800件,单价41.29美元,女装800件,单价23.87美元,男装(NFD-JP2062)1200K件,单价25.17美元;需提交的单据包括签字发票一式三份、装箱单三份、全套已装船海运提单及申请人IVY贸易有限公司的JD AHN签发的正本检验证书,单据须在装船后21天内并在信用证有效期内提交等。

同年10月28日,汇泉公司委托中国银行威海分行通过SWIFT系统与新韩银行协商同意对上述信用证部分内容作了修改,修改后的信用证有效期为2003年12月10日,最晚装船期为2003年11月30日,其他条款和条件不变。同年11月26日,在IVY贸易有限公司的JD AHN对货物进行检验并签发检验证书后,原告将男装(NFD-JP2065)800件、男装(NFD-JP2062)1200件装船发运,货物价款总计63236美元,承运人为同达国际货运有限公司,原告取得装箱单及海运提单,该海运提单中承运人一栏的部分内容由同达国际货运有限公司作了修改,并加盖了该公司的校对章。同年12月1日,汇泉公司通过农行威海分行以DHL快递方式将信用证规定的单据寄送新韩银行,新韩银行于同年12月4日确认收到。

2003年12月14日,新韩银行向农行威海分行发出拒绝付款的通知,拒付理由为:(1)提单上的校对章没有授权人的签字;(2)发票上记载的男装(NFD-JP2062)数量为1200K件,单价25.17美元,金额30204美元,但实际上"1200000"件的金额应为30204000美元。同年12月16日,农行威海分行向新韩银行回函表示不同意新韩银行提出的不符点,理由为:(1)校对章是承运人授权认可的专门用于更改、校对的印章,此校对是承运人所为且得到认可;(2)信用证的总金额仅为82332美元,所以1200K件实际上是1200件,此系你方的疏忽导致的打印拼写错误。该信用证条款均被满足,要求新韩银行尽快付款。同年 12 月 29 日，农行威海分行再次去函要求新韩银行付款，新韩银行于同年 12 月 31 日回函称其提出的不符点正确，拒绝付款，并于 2004 年 1 月 12 日以传真的方式向原告去函称："不予付款的原因是商业发票上的金额计算错误，信用证申请的金额为 30256128 美元，我们知道你们做错了，如想议付，可以在我行对低于原金额 50% 的货款要求付款。"同年 2 月 17 日，新韩银行又向原告发送一份传真函件称："信用证总金额为 30256128 美元，但是我们在金额上出现了错误（是 82332 美元，而不是 30256128 美元），然而您和中国的银行都没有发现这个错误，你们双方均应告诉我们是总金额错了还是数量 1200K 件错了，所以你们提交的单据和信用证的要求是不符的，如果你们不同意扣除，我们将立即退回单据。"后原告先后于 2004 年 2 月 23 日、5 月 11 日、2005 年 1 月 11 日通过农行威海分行多次要求新韩银行付款，新韩银行至今未付。汇泉公司遂向法院提起诉讼，要求新韩银行履行付款义务。

诉辩情况

原告汇泉公司诉称：新韩银行于 2003 年 10 月 24 日开出以汇泉公司为受益人的不可撤销跟单信用证，金额为 82332 美元，即期，可由任何银行议付。同年 12 月 1 日，汇泉公司通过寄单行中国农业银行威海分行（下称农行威海分行）向新韩银行提交了信用证规定的单据，要求承兑付款。同年 12 月 14 日，新韩银行在超出合理审单时间的情况下发出拒付通知，拒绝支付信用证款项。后汇泉公司多次要求新韩银行付款，被拒付至今。请求判令：（1）被告支付汇泉公司信用证项下款项 63236 美元及逾期付款利息（自 2003 年 12 月 14 日至判决确定的履行之日按中国人民银行规定的同期逾期贷款利率计付）；（2）被告承担本案诉讼费。

被告新韩银行未予书面答辩，庭审中，新韩银行称汇泉公司在诉状中所列新韩银行的中文名称为韩国新韩银行，与其实际名称株式会社新韩银行不符，属诉讼主体错误；新韩银行于 2003 年 12 月 4 日收到信用证规定的单据，于同年 12 月 12 日发出拒付通知，扣除法定休息日后，其已在合理的时间即收到单据的第二日起 7 个银行工作日内予以拒付；且汇泉公司提交的单据与信用证之间存在明显的不符点，其拒绝承兑付款的理由成立；农行威海分行作为议付行已向汇泉公司支付信用证项下的款项，原告不应再向被告主张权利，故请求驳回原告的诉讼请求。

裁判结果

威海市中级人民法院经审理，依照《UCP500》第 2 条、第 10 条 b 款第 2

项、第13条b款、第14条b款、第20条d款、第45条,《中华人民共和国合同法》第60条、第107条,《中华人民共和国民事诉讼法》第235条、第241条之规定,判决如下:

一、被告株式会社新韩银行于本判决生效后10日内支付原告信用证款项63236美元;

二、被告株式会社新韩银行给付原告逾期付款利息损失(按信用证款项63236美元,自2003年12月16日起至本判决确定的履行之日止按中国人民银行规定的同期逾期贷款利率计算)。

如果被告未按本判决指定的期间履行给付金钱义务,应当依照《中华人民共和国民事诉讼法》第229条之规定,加倍支付迟延履行期间的债务利息。

裁判理由

威海市中级人民法院经审理认为:

因被告为韩国法人,故本案系涉外商事案件,应适用《中华人民共和国民事诉讼法》关于涉外民事诉讼程序的规定审理。本案系信用证受益人与开证行之间发生的信用证付款纠纷,从跟单信用证的合同成立及交单议付的操作过程看,作为信用证法律关系当事人的开证行与受益人均应按照信用证条款的规定履行义务,而受益人通过寄单行向开证行提交单据和开证行向受益人付款的行为,均属于履行信用证合同义务的行为,故受益人所在地和开证行所在地均为信用证合同的履行地,本案中,作为受益人的原告所在地系涉案信用证合同的履行地之一,因此本院作为合同履行地的中级人民法院依法对本案享有管辖权。在诉讼中,原、被告对法律适用问题达成了一致意见,双方均同意适用《跟单信用证统一惯例》1993年修订本(国际商会第500号出版物,以下简称《UCP500》)作为解决本案争议的法律依据,《UCP500》没有规定的则适用中华人民共和国法律,本院对此予以确认。

本案争议焦点之一为,原告所诉被告主体是否错误。本案原告在起诉状中所列被告名称为韩国新韩银行,被告认为其中文名称应为"株式会社新韩银行",原告将其列为"韩国新韩银行"属诉讼主体错误,对此,本院认为,被告新韩银行作为从事国际结算业务的金融机构,对外具有英文名称和本国语韩文名称,在原告所诉英文名称无误的情况下,无论将其中文名称翻译为"韩国新韩银行"还是"株式会社新韩银行",均属因两国语言习惯不同所形成翻译上的差异,并不能构成理解上的歧义,因而不属于诉讼主体错误,且在诉讼中,原告已按照被告的要求对所翻译的中文名称进行了更正,故被告提出的原告诉讼主体错误的抗辩理由不能成立。

本案争议焦点之二为，被告拒付信用证款项是否属超期拒付，即是否超出合理的审单时间。《UCP500》第13条b款规定："开证行、保兑行（如有），或代其行事的指定银行，应有各自的合理的审单时间——不得超过其收到单据的翌日起7个银行工作日，以便决定是接受或拒绝接受单据，并相应地通知寄单方。"由此，被告应当在收到单据的第二日起7个工作日内审核单据、决定接受或拒受单据并通知寄单人。本案中，被告在2003年12月4日收到单据，其合理的审单时间应为自12月5日（星期五）起经过7个银行工作日，至同年12月14日（星期日）被告发出拒付电文，经过了10日，原告认为被告同期实行一周五日半工作制，扣除两个周六下午及一个周日共计两个法定休息日，被告实际的审单时间为8日，已超出了上述7个银行工作日的规定，属于超期拒付。对此，被告抗辩称其自2002年7月起实行了一周5日工作制，扣除两个周六及一个周日三个法定休息日，其审单时间为7日，并未超出《UCP500》规定的合理的审单时间。对此，本院认为，"银行工作日"是指银行对外的营业时间，《UCP500》第45条也规定"银行在其营业时间以外，无接受单据的义务"，因此，解决本争议焦点的关键是如何确定被告的营业时间。被告提交的韩国全国金融产业劳动组合（工会）与旗下银行签署的关于每周5日工作制的合意书及补充合意书，与韩国太平洋律师事务所驻北京市代表处金钟吉律师的证言能够相互印证，可以认定韩国金融机构已于2002年7月1日起实行一周5日工作制，因此，在2003年12月4日至12月14日被告审单期间，扣除3个法定休息日后，其实际营业时间为7日，也即7个银行工作日，因此，被告于12月14日通知农行威海分行拒绝付款并未超出合理的审单时间。至于此后韩国修订其《劳动基准法》及互联网上发布的关于韩国实施每周5日工作制的信息，只能证明韩国对其国内的劳动制度进行了改革，但并不能证明被告在2003年12月份实行的是每周5日半工作制，因此，原告主张被告超期拒付证据不足，本院不予采信。

本案争议焦点之三为，被告拒付信用证款项的理由也即其提出的单证不符点是否成立。被告拒付理由有二：一是提单上的校对章没有授权人的签字；二是发票上的金额错误且与信用证的金额不符。对第一个拒付理由，本院认为，《UCP500》对单据上的校对章是否需要签字并无明确的规定，但其第20条d款规定："除非信用证另有规定，当信用证含有要求证实单据、使单据生效、使单据合法、签证单据、证明单据或对单据有类似要求的条件时，这些条件可由在单据上签字、标注、盖章或标签来满足，只要单据表面已满足上述条件即可。"从该规定可以看出，如信用证含有要求单据经证实、生效、合法化、签证、证明或相似要求的，单据上的任何签署、标记、印章或标签，只要表面上看已满足这些要求,银行就应当接收。而本案争议提单上的校对章能清楚地辨明是承运人同达国际货运有限公司的校对章,被告能够从校对章上知道是由谁作了更正,该校对章能够满足UCP500第20条d款的要求,被告新韩银行应当接收。

关于第二个拒付理由,系因涉案信用证所记载的男装(NFD-JP2062)数量为"1200K"件,而原告与开证申请人之间基础合同所记载的男装(NFD-JP2062)数量为"1200"件,原告按照合同约定将该1200件男装发运,取得了信用证要求的海运提单及产品检验证书,在开具发票时,原告为了满足单证表面相符,在发票上注明该男装数量为1200K件,被告据此认为1200K件应为1200000件,从而推算出原告出具的发票金额错误且与信用证的金额不符。对此,本院认为,涉案信用证系由被告开立,信用证总金额为82332美元,在男装(NFD-JP2062)单价确定为25.17美元的情况下,其数量不可能为1200000件,被告对此应是明知的;且"1200K"用来表示数量"1200000"并不符合英文的表达习惯,英文中的"kilo"代表"千",但其仅是构词成分,并不单独用来表示数量,必须与其他词语结合才构成完整的词义表达,如"kilometre"(千米)、"kilogram"(千克)、"kilohertz"(千赫)等,因而在国际贸易中也没有用"K"来表达数量"千"的习惯;结合原告提交的由开证申请人出具的货物检验证书中记载的男装(NFD-JP2062)数量亦为1200K件,且被告对该检验证书未提出异议的事实,可以认定该"1200K"中的"K"并未对双方引起数量上的歧义,其应系被告在开立信用证过程中因自身工作疏忽所形成的笔误,因此,本案中基于被告笔误形成的所谓单证不符点并非实质性的不符点,其并未对开证行及开证申请人的利益造成任何损害,被告在拒付理由中关于发票金额及信用证金额错误的推断有违常规与逻辑,在开证申请人已对货物检验并出具合格检验证书的情况下,仍以此种理由拒付显属不当。综上,被告新韩银行提出的单证不符点不能成立。

本案争议焦点之四为,农行威海分行是否为议付行且已对信用证项下的款项进行了议付。对此,本院认为,原告与农行威海分行没有签订关于信用证议付的书面合同,双方之间并不存在议付合同关系,农行威海分行没有议付单据的合同义务。《UCP500》第10条b款第2项规定:"议付意指受权议付的银行对汇票及/或单据付出对价。仅审核单据而未付对价者,不构成议付。"其c款规定:"除非指定银行是保兑行,否则,指定银行的开证行指定其付款、承担延期付款责任、承兑汇票或议付并不承担责任。除非指定银行已明确同意并告知受益人,否则,它收受及/或审核及/或转交单据的行为,并不意味着它对付款、承担延期付款责任、承兑汇票或议付负有责任。"本案中,农行威海分行不是涉案信用证的保兑行，虽然信用证规定了可由任何银行议付，但农行威海分行在接收原告交来的信用证及全部单据后，并未明确表示同意议付，更未支付对价，仅进行了审查单据、向开证行寄送单据等行为，因此，该银行应为寄单行，并非《UCP500》规定的议付行，其没有必须议付的法定义务。故被告抗辩称农行威海分行为议付行且已向原告支付了信用证项下款项缺乏事实依据，本院不予支持。

综上，原告作为涉案信用证的受益人，按照信用证的要求通过寄单行向被告递交了议付单据，这些单据已满足其表面与信用证条款相符的要求，被告理应在合理的期限内承兑付款；被告拒绝付款，应承担继续付款的民事责任，并赔偿因拒绝付款给原告所造成的经济损失，该损失应自被告审单期满即2003年12月16日起至本判决确定的履行之日止，按拒付金额63236美元的中国人民银行规定的同期逾期贷款利率计算。原告所诉，事实清楚，证据充分，本院予以支持；被告辩称，理由不当，本院不予支持。

126. 汇票是否属于信用证项下的单据？

汇票是否属于信用证项下的交单文件需严格按照信用证本身"单据要求"的规定，开证银行和其他有付款责任的银行的审单义务仅限于对信用证内所要求的单据的审查。对于信用证中没有要求的包括但不限于汇票在内的文件未在交单期内提交不应被认为可以构成银行的拒付理由。

典型疑难案件参考

天津华天车辆有限公司诉韩国中小企业银行信用证纠纷案

基本案情

2004年3月5日，韩国中小企业银行开出的以青岛华天车辆有限公司（以下简称华天公司）为受益人的编号为M04Z9403NU30011号不可撤销跟单信用证，载明：信用证有效期限和地点为2004年5月10日中国，金额为23900美元，可由任何一家银行议付，汇票付款期限为见票后90天，最迟装运日期为2004年4月30日，信用证要求的单据包括：商业发票一式三份；全套清洁已装船海运提单，收货人由韩国中小企业银行指定，注明运费预付和通知人；装箱单一式三份；三份原产地证书。交单期限为运输单据签发日起10

天内但不得超过信用证有效期,偿付行为韩国中小企业银行天津分行,等等。

寄单行中国农业银行胶南支行(以下简称农行胶南支行)于2004年4月14日将上述信用证中要求的商业发票、装箱单、海运提单(签发日期为2004年4月12日)、原产地证书提交韩国中小企业银行,并提交金额为23900美元的即期汇票。韩国中小企业银行于2004年4月27日拒绝付款,其拒付的理由为,汇票上的期限为见票即付,而不是见票后90天付款。2004年5月10日,农行胶南支行向韩国中小企业银行寄交付款期限为见票后90天的汇票。韩国中小企业银行于2004年5月19日再次发出拒绝承兑付款电传,拒付理由为已过交单期。

此后农行胶南支行于2004年6月至7月期间多次以电传方式发函给韩国中小企业银行,要求其承兑付款,但韩国中小企业银行均未予接受。2004年11月5日,韩国中小企业银行回函称,"尽管存在足以引起拒付的不符点,但我方愿支付一半的款项(11950美元)。如果你方同意,请通过SWIFT方式告知我方"。后双方未能就付款问题协商一致。华天公司遂诉至法院,要求韩国中小企业银行及偿付行为韩国中小企业银行天津分行(以下简称天津分行)履行付款义务。

一审诉辩情况

韩国中小企业银行对两次拒付的理由作如下解释:

1. 第一次拒付的原因,华天公司通过寄单行提交的汇票与信用证不符,是见票即付而非见票90天付款。

2. 第二次拒付的原因,汇票提交已过交单期。

一审裁判结果

青岛市人民法院依照《UCP500》第2条、第3条(B)、第19条(C)、《中华人民共和国合同法》第60条、第77条第1款、《中华人民共和国民事诉讼法》第128条之规定,判决如下:

一、韩国中小企业银行给付华天公司信用证款项23900美元;

二、韩国中小企业银行给付华天公司信用证款项23900美元的利息(自2004年7月27日按照中国银行规定的逾期美元贷款基准利率计算至判决生效之日);上述款项于判决生效后10日内付清,逾期则按《中华人民共和国民事诉讼法》第232条之规定加倍支付迟延履行期间的债务利息;

三、驳回华天公司对韩国中小企业银行有限公司天津分行的诉讼请求。

一审裁判理由

青岛市中级人民法院经审理认为：韩国中小企业银行与韩国中小企业银行有限公司天津分行分别为大韩民国法人及其分支机构，故本案系涉外商事案件，应适用涉外民事诉讼程序的规定。本案系开证行与受益人之间发生的信用证纠纷案件，从跟单信用证的合同成立及运作过程看，作为信用证法律关系当事人的开证行与受益人均应按信用证条款的规定履行义务，受益人通过寄单行向开证行提交单据和开证行向受益人付款的行为，均是履行信用证合同的行为，受益人所在地及开证行所在地均为信用证合同的履行地，即本案中华天公司所在地系涉案信用证合同的履行地之一，因此，原审法院以该合同履行地在本院辖区内为由享有对本案的管辖权。在诉讼中，各方当事人就法律适用问题达成了一致意见，均同意适用《UCP500》。《UCP500》没有规定的适用中华人民共和国实体法律作为准据法，法院对此予以确认。

本案争议的焦点之一是，韩国中小企业银行在涉案信用证业务中拒绝承兑付款的理由是否成立？作为开证行的韩国中小企业银行先后两次拒付，其第一次拒付的理由是华天公司通过寄单行提交的汇票与信用证不符，是见票即付而非见票90天付款。对此华天公司主张汇票不属于信用证要求的单据，仅为付款指示，开证行无权对其提出不符点，韩国中小企业银行主张汇票亦为信用证要求的单据之一，在其与信用证规定不符时，开证行有权拒付。法院认为，信用证是开证行有条件的付款承诺，只要受益人提交的单据符合信用证的要求，银行即应付款。其中受益人提交与信用证要求一致的单据是开证行付款的条件，而信用证规定的汇票则是关于付款方式和期限的约定。因此，汇票与信用证要求与之相符的单据是有所区别的。《UCP500》D"单据"一章中对信用证业务中的单据作了具体的规定，其中不包含汇票，因此，除非信用证条款中作出特别规定，将汇票列入其要求的单据之中，则在通常情况下汇票不应属于信用证意义上的单据之列。但本案信用证中，虽然未将汇票列入其要求单据的专项条款中，却另外设定了有关汇票的专门条款。信用证作为开证行与受益人之间的合同，双方均受该合同条款的约束。在《UCP500》未作出相应规定的情况下，双方的权利义务应受《中华人民共和国合同法》的调整。按照信用证条款的规定，华天公司应当向韩国中小企业银行提交见票90天付款的汇票，也就是说合同约定的韩国中小企业银行付款期限为见票后90天，华天公司却提交了见票即付的即期汇票，致使韩国中小企业银行无法按照约定的付款方式承兑付款。作为合同相对方的韩国中小企业银行当然有权拒绝接受与合同不符的汇票。

综上所述，华天公司第一次提交的汇票虽然不构成《UCP500》意义上的"单证不符"，但却形成了其单方对合同的变更，韩国中小企业银行有权不予接受。因此，韩国中小企业银行以汇票与信用证不符为由拒付款项理由成立。

华天公司提交了见票90天付款的汇票后，韩国中小企业银行再次拒付的理由是已过交单期限。对此法院认为，信用证第48款规定的"交单期限为运输单据签发日起十日内"约束的第46A款中列举的商业单据，既然汇票在本案中不属于信用证要求与之相符的单据，而是对付款方式、期限作出的约定，在信用证合同未作特别约定的情况下，汇票不应受到上述交单期限的限制。在信用证有效期内，应允许华天公司第二次提交与约定相符的汇票。且在本案中，华天公司第二次提交汇票的行为，并不会给开证行造成任何额外损失或增加风险，而只在客观上推迟了其履行付款义务的期限。

因此，韩国中小企业银行第二次拒绝承兑付款的理由不成立。华天公司提出韩国中小企业银行偿还信用证项下款项23900美元及利息的诉讼请求，法院予以支持。

本案争议的焦点之二是，天津分行是否应承担本案中的民事责任？天津分行在本案中的地位是开证行韩国中小企业银行委托的偿付行，根据《UCP500》第2条的规定，同一银行设在不同国家的分支机构均视为另一银行。因此，韩国中小企业银行和天津分行在本案信用证业务中应视为两家银行。二者之间是委托人和受托人的法律关系，即偿付行天津分行接受开证行韩国中小企业银行的授权向索偿行进行偿付。但根据《UCP500》第19条（C）的规定，如果索偿行未从偿付行获得偿付时，开证行并不能解除其自行偿付的任何义务。而受益人即华天公司与偿付行天津分行之间并不存在合同关系。《UCP500》第3条（B）规定，在任何情况下，受益人不得利用银行之间或申请人与开证行之间的契约关系。据此，受益人无权向偿付行而只能向与其存在信用证合同关系的开证行要求付款。

华天公司要求天津分行承担本案中的民事责任，缺乏依据，法院不予支持。

▶ 二审诉辩情况

韩国中小企业银行不服上述判决，上诉称：

1. 汇票是本案信用证要求的单据之一，在汇票的内容和提交期限与信用证的规定不符时，韩国中小企业银行作为开证行有权拒付。虽然汇票没有列入《UCP500》D"单据"一章属实，但仅凭该事实不能得出汇票不属于信用证意义上的单据这一结论。在开立远期承兑信用证时，汇票是信用证要求的必备单据之一，而在跟单信用证下，汇票属于信用证所要求的单据之列，亦应按信用证要求提示。

2. 原审判决认定"汇票不属于信用证要求与之相符的单据……不应受到上述交单期限的限制"的同时，却又认为"在信用证有效期内，应允许华天公司第二次提交与约定相符的汇票"，显然自相矛盾。

3. 华天公司第二次提交汇票是否给韩国中小企业银行造成额外损失或增加风险不应成为裁量韩国中小企业银行是否应承担责任的依据。在信用证业务下，韩国中小企业银行作为开证行，其义务是凭符合信用证要求的单据付款，并有权在单证不符时拒付。

综上，汇票应是符合信用证要求的单据之一，韩国中小企业银行在汇票不符的情况下有权拒付。请求二审法院依法撤销原判，改判驳回华天公司的诉讼请求。

华天公司答辩称：

1. 原审判决认定汇票不是涉案信用证规定的信用证意义上的独立单据，汇票仅为提示付款所用的付款提示，事实和法律依据充分。涉案信用证交单要求项即46A项规定：交单时要求提交的单据为三份商业发票、全套海运提单、三份箱单和三份原产地证书，信用证未将汇票规定为交单时必须提交的独立单据。华天公司在信用证有效期，修改汇票并提交正确的付款提示，不影响韩国中小企业银行承兑付款。

2. 2004年11月5日，韩国中小企业银行通过电传同意支付信用证项下50%款项，这实质是否定了韩国中小企业银行以前拒付意思表示，表明韩国中小企业银行也认为其拒绝承兑付款的理由牵强附会。

3. 华天公司提交汇票的行为未给韩国中小企业银行造成任何额外损失或增加风险是事实。

综上，原审判决认定事实清楚，适用法律正确，请求二审法院驳回韩国中小企业银行的上诉请求。

天津分行答辩称：天津分行对原审判决第三项没有意见。

二审裁判结果

山东省高级人民法院经审理认为，原审法院认定事实清楚，适用法律正确，应予维持。根据《中华人民共和国民事诉讼法》第153条第1款第1项的规定，判决如下：驳回上诉，维持原判。

二审裁判理由

山东省高级人民法院经审理认为：韩国中小企业银行是韩国法人，根据最高人民法院《关于贯彻执行〈中华人民共和国民法通则〉若干问题的意见（试行）》第178条的规定，本案是涉外信用证纠纷案件。一审审理期间，韩国中小企业银行、华天公司和天津分行均同意适用《UCP500》和中华人民共和国法律作为处理本案争议的准据法，根据《中华人民共和国民法通则》第145条第1款的规定，本院适用《UCP500》和中华人民共和国法律审理本案。

本案中，华天公司对韩国中小企业银行第一次以汇票不是见票后90天付款为由拒付，没有异议。韩国中小企业银行和华天公司争议的焦点问题是，汇票是否是信用证项下的单据，汇票的交付是否应符合交单日期的约定，开证行韩国中小企业银行第二次以汇票提交超过交单期为由拒付是否成立。

本案信用证46A交单条款要求的单据为商业发票、海运提单、装箱单及原产地证书，不包括汇票。《UCP500》D"单据"章所列明单据均为与货物相关的商业单据，也不包括汇票。本院认为，依据本案信用证的约定和《UCP500》的规定，汇票不是信用证项下所要求的单据，汇票为受益人向银行提示付款的单据，是受益人向付款行收取信用证款项的结算凭证。因此，本案信用证约定的交单日期不约束汇票的提交，华天公司在第一次提交汇票不符合约定的情况下，修改汇票并在信用证有效期内提交符合信用证要求汇票的行为，应是合法有效的行为。韩国中小企业银行第二次拒付的理由不成立，韩国中小企业银行应向华天公司承担支付信用证项下款项的责任。韩国中小企业银行关于信用证单据包括商业单据和金融单据汇票，上述单据的提交均应遵守信用证交单期限的约定，第二次提交的汇票超出交单期限，银行拒付成立的上诉理由，没有事实和法律依据，本院不予支持。

信用证议付纠纷办案依据集成

最高人民法院关于审理信用证纠纷案件若干问题的规定（2005年11月14日 法释〔2005〕13号）（节录）

第一条 本规定所指的信用证纠纷案件，是指在信用证开立、通知、修改、撤销、保兑、议付、偿付等环节产生的纠纷。

第二条 人民法院审理信用证纠纷案件时，当事人约定适用相关国际惯例或者其他规定的，从其约定；当事人没有约定的，适用国际商会《跟单信用证统一惯例》或者其他相关国际惯例。

第三条 开证申请人与开证行之间因申请开立信用证而产生的欠款纠纷、委托人和受托人之间因委托开立信用证产生的纠纷、担保人为申请开立信用证或者委托开立信用证提供担保所产生的纠纷以及信用证项下融资产生的纠纷，适用本规定。

第四条 因申请开立信用证而产生的欠款纠纷、委托开立信用证纠纷和因此产生的担保纠纷以及信用证项下融资产生的纠纷应当适用中华人民共和国相关法律。涉外合同当事人对法律适用另有约定的除外。

第五条 开证行在作出付款、承兑或者履行信用证项下其他义务的承诺后，只要单据与信用证条款、单据与单据之间在表面上相符，开证行应当履行在信用证规定的期限内付款的义务。当事人以开证申请人与受益人之间的基础交易提出抗辩的，人民法院不予支持。具有本规定第八条的情形除外。

第六条 人民法院在审理信用证纠纷案件中涉及单证审查的，应当根据当事人约定适用的相关国际惯例或者其他规定进行；当事人没有约定的，应当按照国际商会《跟单信用证统一惯例》以及国际商会确定的相关标准，认定单据与信用证条款、单据与单据之间是否在表面上相符。

信用证项下单据与信用证条款之间、单据与单据之间在表面上不完全一致，但并不导致相互之间产生歧义的，不应认定为不符点。

第七条 开证行有独立审查单据的权利和义务，有权自行作出单据与信用证条款、单据与单据之间是否在表面上相符的决定，并自行决定接受或者拒绝接受单据与信用证条款、单据与单据之间的不符点。

开证行发现信用证项下存在不符点后，可以自行决定是否联系开证申请人接受不符点。开证申请人决定是否接受不符点，并不影响开证行最终决定是否接受不符点。开证行和开证申请人另有约定的除外。

开证行向受益人明确表示接受不符点的，应当承担付款责任。

开证行拒绝接受不符点时，受益人以开证申请人已接受不符点为由要求开证行承担信用证项下付款责任的，人民法院不予支持。

第十一条 当事人在起诉前申请中止支付信用证项下款项符合下列条件的，人民法院

应予受理：

（一）受理申请的人民法院对该信用证纠纷案件享有管辖权；

（二）申请人提供的证据材料证明存在本规定第八条的情形；

（三）如不采取中止支付信用证项下款项的措施，将会使申请人的合法权益受到难以弥补的损害；

（四）申请人提供了可靠、充分的担保；

（五）不存在本规定第十条的情形。

当事人在诉讼中申请中止支付信用证项下款项的，应当符合前款第（二）、（三）、（四）、（五）项规定的条件。

第十二条　人民法院接受中止支付信用证项下款项申请后，必须在四十八小时内作出裁定；裁定中止支付的，应当立即开始执行。

人民法院作出中止支付信用证项下款项的裁定，应当列明申请人、被申请人和第三人。

第十三条　当事人对人民法院作出中止支付信用证项下款项的裁定有异议的，可以在裁定书送达之日起十日内向上一级人民法院申请复议。上一级人民法院应当自收到复议申请之日起十日内作出裁定。

复议期间，不停止原裁定的执行。

第十六条　保证人以开证行或者开证申请人接受不符点未征得其同意为由请求免除保证责任的，人民法院不予支持。保证合同另有约定的除外。

第十七条　开证申请人与开证行对信用证进行修改未征得保证人同意的，保证人只在原保证合同约定的或者法律规定的期间和范围内承担保证责任。保证合同另有约定的除外。

第四节　信用证欺诈纠纷

127. 应如何理解信用证欺诈例外与信用证独立性原则间的关系？

为了防止受益人恶意利用信用证的独立性实施欺诈行为，在司法实践中逐渐发展出了信用证欺诈例外规则。但应明确的是，信用证独立原则是信用证关系赖以存在和发展的基础，且过于随意的止付将使我国银行的国际信誉遭受损害，因此，只有在有充分证据证明卖方存在欺诈的恶意，且银行在合理的时间内尚未对外付款的情况下，人民法院才能根据开证申请人的请求裁定止付。

128. 应如何有效区别合同违约与信用证欺诈之间的差别？

根据最高人民法院《关于贯彻执行〈中华人民共和国民法通则〉若干问题的意见（试行）》第68条之精神，信用证欺诈的行为人在主观上需具有欺诈的故意，在客观上则需存在以欺诈来妨碍对方合同目的实现的行为。而如标的物在数量、质量方面存在不符合约定，以及在单证记载上存在的细节瑕疵，只要不从根本上影响合同目的实现，则均不足以构成"信用证欺诈例外"中的欺诈行为。

典型疑难案件参考(一)

宣联食品有限公司诉友利银行与中国银行北京市分行信用证纠纷案

基本案情

2005年8月4日，友利银行开立了编号为MD150508NS00057号不可撤销跟单信用证。该信用证载明：友利银行为该信用证的开证行；宣联公司为信用证的受益人；申请人为韩国DLFARME有限公司；信用证金额为48000美元；

到期日为2005年9月30日；开具汇票条件为即期；无须保兑。

2005年9月2日，宣联公司向中行北京分行递交《交单申请书》及信用证项下全套单据，委托中行北京分行办理审单结汇。中行北京分行于同日审核并确认条款相符后向友利银行发出寄单《面函》，并随附了信用证项下全套单据。但由于韩国DLFARME有限公司于2005年9月13日，向韩国釜山地方法院提交《止付信用证项下款项申请书》，请求法院判令韩国DLFARME有限公司不得支付MD150508NS00057信用证项下的款项，且于2005年9月14日，韩国釜山地方法院给友利银行下达了止付令，裁定债务人友利银行不得支付MD150508NS00057信用证项下的款项。因此，2005年9月14日，友利银行向中行北京分行发出《拒付通知》电函，其拒付的理由是"在海运提单表面的已装船批注旁没有显示船名"。2005年9月16日，中行北京分行又收到友利银行发出的《拒付电函》称："我方收到了当地法院签发的止付令，禁止我方付款。……我方不承担任何责任。"后虽经双方沟通，但友利银行仍然拒绝付款，并于2005年10月9日，通过中行北京分行将全部单据退回宣联公司。后宣联公司诉至法院。

另据法院审理查明，本案信用证附加条件47A中约定："由CHOI DAE JA签发的检验证书原件，上面应有此人的亲笔签名并随附护照复印件。"2005年8月25日，CHOI DAE JA在检查证明上签字确认："以下列出的货物质量良好，已由我检查，发现其状况良好。"此外，2005年9月9日，韩国联合检定株式会社应韩国DLFARME有限公司的申请，出具《检定报告书》，结论是："根据调查的内容，该进口货物与一般的正常进口货物相比，其质量极其低次，并非平时在国内市场流通的中国东北三省生产加工的干蕨菜，而是中国云南省地带生产的蕨菜，该货物在国内流通市场无法销售，除堆肥用途外没有任何价值。"

一审诉辩情况

宣联公司在一审中诉称，2005年9月2日，在我方通过中行北京分行将单交寄出后，友利银行在单证相符单单相符的情况下无理拒付该信用证项下款项，宣联公司向中行北京分行提出承兑该信用证项下款项后，也未按期收到该款项。宣联公司认为，作为信用证关系的当事人，开证行与受益人应按照信用证的国际惯例享受权利并履行义务，中行北京分行作为宣联公司的委托行也应承担民事义务。故请求判令：

1. 友利银行、中行北京分行返还宣联公司银行信用证款项48000美元；
2. 友利银行、中行北京分行赔偿因违约给宣联公司造成的经济损失包括

48000 美元利息损失以及其他损失人民币 1500 元；

3. 友利银行、中行北京分行共同承担本案诉讼费。

友利银行在一审未答辩，亦未向一审法院提交证据。

中行北京分行在一审辩称，中行北京分行在此次信用证业务中为寄单行，并非宣联公司所称的保兑行，也没有承兑信用证项下款项。作为一家寄单银行，中行北京分行在办理该信用证业务的过程中，始终严格按照国际惯例和委托人指示尽职尽责操作，不存在任何过失，且宣联公司不能获得付款的主要原因在于申请人向韩国法院申请了止付令，与中行北京分行并无关系。故请求法院判决驳回宣联公司的诉讼请求。

▶ 一审裁判结果

一审法院依据《中华人民共和国合同法》第 44 条、第 60 条、第 107 条，UCP500 第 9 条第 1 款第 1 项之规定，判决：

一、友利银行于判决生效后 10 日内支付宣联公司 MD150508NS00057 号不可撤销跟单信用证项下款项 48000 美元及相应的利息；

二、驳回宣联公司其他诉讼请求。

▶ 一审裁判理由

一审法院经审理认为：第一，关于该案的法律适用问题。友利银行未到庭参加诉讼，宣联公司与中行北京分行在开庭前均表示选择中华人民共和国法律作为处理本案争议的准据法，鉴于该案宣联公司住所地以及中行北京分行的住所地均在中华人民共和国，根据最密切联系原则，宣联公司与中行北京分行选择中华人民共和国法律作为处理本案争议的准据法并无不当，因此，应适用中华人民共和国法律作为处理该案争议的准据法。另外，鉴于该案涉诉信用证中约定适用 UCP500，故该案适用 UCP500 作为处理争议的依据。第二，关于中行北京分行民事责任的认定。首先，友利银行开立的信用证明确表明，该信用证为无保兑信用证，且中行北京分行未向宣联公司或友利银行作出对该份信用证加具保兑的意思表示，中行北京分行亦未收取保兑费用，因此，中行北京分行不是该案涉诉信用证项下的保兑行，不应承担保兑行的责任。其次，根据宣联公司出具的《交单申请书》载明，宣联公司委托中行北京分行办理审单结汇，由此可以认定，中行北京分行是该案信用证项下的寄单行。中行北京分行对信用证尽到了合理审核的义务，并按宣联公司的指示与友利银行进行了沟通，对于上述事实，宣联公司亦未表示异议。综上，中行北京分行作为寄单行在履行委托义务过程中，主观方面不存在过错，客观上没有因其行为造成宣联公司损失,宣联公司要求中行北京分行返还信用证项下款项,并赔偿经济损失的诉讼请求,没有事实和法律依据,该院不予支持。第三,对于友利银行民事责任的认定。根据UCP500第9条第1款第1项规定,开证行开立不可撤销即期付款信用证的责任,是在规定的单据被提交给指定银行或开证行并符合信用证条款的条件下,开证行须即期付款。友利银行开立了以宣联公司为受益人的不可撤销即期跟单信用证,在规定的单据符合信用证条款条件的情况下,应履行其付款义务。友利银行以"装船批注未注明船名"为由,认为信用证存在不符点,拒付信用证项下款项。经查,友利银行开立的信用证中并未要求装运于指名船只,提货单中亦未对使用的船只进行说明,在此情况下,不需要在装船批注中注明船名。友利银行指出的不符点不成立。友利银行亦未提交证据证明本案信用证项下存在信用证欺诈。友利银行在《拒付通知》中提到韩国法院签发止付令一节,由于友利银行没有应诉,亦未向法院提交符合《中华人民共和国民事诉讼法》规定的经过公证、认证的相关证据,法院对于该项事实不予认定。

综上,宣联公司提交的提单符合信用证条款条件,友利银行应当履行其付款义务。友利银行拒付信用证项下款项是造成本案纠纷的主要原因,对此其应承担相应的违约责任,赔偿由此给宣联公司造成的信用证项下的利息损失。宣联公司要求友利银行赔偿其人民币1500元的损失,没有法律依据,法院不予支持。

二审诉辩情况

友利银行不服一审法院判决,向北京市高级人民法院提起上诉,其主要上诉理由是:

1. 友利银行基于韩国法院的止付令拒绝支付信用证项下款项的行为符合信用证的国际惯例,同时也符合最高人民法院《审理信用证纠纷案件若干问题的规定》中有关信用证欺诈行为的处理规定。

2. 本案的信用证开证申请人韩国DLFARME有限公司认为宣联公司以次品干蕨菜充当正品干蕨菜,属于典型的信用证欺诈行为。在出现信用证欺诈时,友利银行可以行使拒付权。

故请求二审法院撤销一审法院判决,依法驳回宣联公司的诉讼请求,由宣联公司承担本案诉讼费用。

宣联公司服从一审法院判决,其针对上诉人友利银行的诉讼请求答辩称:本案应适用中国法律和UCP500的相关规定。友利银行在收到受益人宣联公司所提交的全套结汇单据后,在规定的期限内未提出任何不符点,友利银行应承担绝对的付款义务。虽然韩国地方法院对该信用证付款下达了止付令，但因其不具有域外效力且不能代替国际惯例，因此不能拘束中国法院，故友利银行仅以此止付令作为拒付理由，不能得到法院的支持。请求二审法院驳回友利银行的上诉，维持一审判决。

中行北京分行服从一审法院判决，其针对上诉人友利银行的诉讼请求答辩称：本案二审阶段与中行北京分行没有关系，故不予答辩。

▶ 二审裁判结果 ◀

北京市高级人民法院经审理认为，一审法院认定事实清楚，适用法律正确，应予维持。依据《中华人民共和国民事诉讼法》第153条第1款第1项的规定，判决驳回上诉，维持原判。

▶ 二审裁判理由 ◀

北京市高级人民法院经审理认为，本案二审中的争议焦点在于宣联公司所供货物是否存在质量问题、信用证项下基础买卖关系是否存在欺诈问题以及韩国地方法院的止付令能否禁止友利银行向宣联公司付款的问题。

首先，根据开证申请人韩国DLFARME有限公司代理人对宣联公司所供货物所出具的质量检验证明，应认定宣联公司所供货物的质量符合开证申请人韩国DLFARME有限公司的要求。现货物运到韩国后，韩国DLFARME有限公司又以该信用证项下的货物质量不符合要求而以未得到买卖双方认可的检验方式再次申请质量检验是不当的行为。

其次，本案不能证明有信用证项下欺诈事实的存在。信用证欺诈是指利用信用证机制中单证相符即予以付款的规定，由犯罪分子提供表面记载与信用证要求相符，但实际上并不代表真实货物的单据，从而骗取所支付的货款的商业欺诈行为。在二审法院审理期间，友利银行虽提交了符合《中华人民共和国民事诉讼法》规定的经过公证、认证的韩国联合检定株式会社出具的《检定报告书》，但该《检定报告书》并无货物腐烂变质的记载，故该证据不能证明有欺诈的事实存在。

最后，韩国地方法院的止付令不能阻止友利银行作为开证行向宣联公司付款。国际商会制定信用证业务的规则，不是为了防止欺诈，而是在银行信用强于商业信用的情况下，为了买卖双方在有"银行信用"的大前提之下，使买方会获得货物，卖方会获得货款。但对银行来讲，信用证针对的是单证文件而非货物，然而单据文件是极容易伪造的。所谓欺诈例外，是指在肯定信用证独立原则的前提下，如果有欺诈的发生，允许银行不予付款或承兑汇票，法院也可以颁发禁止支付令禁止银行付款或承兑。在这种情况下，作为信用证独立原则的例外，不再适用 UCP500，而是采用公平合理的办法处理。在审判实践中，我国是认可国际上普遍承认的信用证欺诈例外原则的，但对欺诈的审查采取的是严格标准，即必须存在实质性欺诈，法院才可以止付信用证项下的款项。本案信用证项下的货物是干蕨菜，友利银行在收到受益人宣联公司提交的全套结汇单据后，未在 UCP500 规定的期限内提出任何不符点，应认定受益人宣联公司提交的全套结汇单据完全符合信用证条款的规定，故在单证一致的情况下，作为开证行的友利银行，具有第一性的付款义务，其不能援引信用证欺诈例外原则拒付该信用证项下的款项，友利银行还应赔偿由此给宣联公司造成的利息损失。

此外，一审法院对寄单行中行北京分行已经尽到应尽的责任和义务的认定并无不当，本院亦予以维持。

典型疑难案件参考(二)

福建省五金矿产厦门进出口公司与 AMM 实业私人有限公司信用证纠纷案

基本案情

2004 年 7 月 28 日，原告福建省五金矿产厦门进出口公司（以下简称厦门五矿）与被告 AMM 实业私人有限公司（以下简称 AMM 公司）签订一份《买卖合同》。约定，原告向被告购买 480 吨椰丝，该货物用 40 英尺高柜装运，每柜 24 吨，货物单价为美元 180 元/吨，FOB 科伦坡，总货款美元 86400 元，付款方式为发票金额 100% 不可撤销即期信用证，允许短溢装为金额和数量上下 10%，发货日期为 2004 年 8 月 31 日之前，目的港为黄埔或厦门。此外，合同还对包装、质量要求等进行了约定。为履行该合同，厦门五矿向第三人招商银行厦门分行申请开立了编号为 LC0447147200239 的信用证。该信用证开证日期为 2004 年 7 月 30 日，有效期及有效期发生地为 2004 年 9 月 10 日和斯里兰卡；要求的最后装船期为 2004 年 8 月 31 日，允许分批装运；所需单据包括商业发票，装箱单，全套清洁的凭指示空白背书、通知申请人并注明已装船及海运费到付的清洁正本提单，原产地证书，检疫证书和熏蒸证书等。同年 8 月 19 日，该信用证进行了修改，将有效期更改为 2004 年 10 月 10 日，最迟装运期更改为 2004 年 9 月 30 日。

2004 年 10 月 18 日，第三人招商银行厦门分行收到 AMM 公司通过其银行提交的两套单据。其中，第一套单据包括：（1）被告出具的 2004 年 9 月 30 日装箱单一份，货柜编号为 OOLU5584985、GSTU9857520、SCZU5572422、GA-

TU8080568、OOLU5731941，净重为120000公斤，毛重121000公斤；（2）上述五柜货物的商业发票一份，单价为每公吨180美元，斯里兰卡科伦坡FOB，总金额21600美元；（3）由东方海外货柜航运有限公司的代理SRI LANKA SHIPPING COMPANY LTD签发的编号为OOLU65573289号提单。该提单载明的集装箱铅封号码与被告出具的装箱单上的编号相符，每柜毛重均为24200公斤，总净重为121000公斤，收货港科伦坡，交货地点黄埔港。"运输代理人备考"栏中注明："货主装载并计数货主加封集装箱。承运人对货物包装及集装箱内装载物不承担责任。"提单中的原收货日期和装船日期则被涂黑并在其上重新写入收货日期、装船日期，均为2004年9月30日；（4）SUREN COOK AGENCIES（PVT）LTD.公司出具的熏蒸证书。该证书载明的货柜号码均为前述五个号码，日期为2004年10月1日；（5）斯里兰卡国家商会出具的原产地证书。载明的货柜号也与前述号码一致，数量为净重120000公斤、毛重121000公斤，其首部载明的出具日期为2004年10月7日，而下部官员签署日期为2004年10月8日，被告则于2004年9月30日签名盖章声明上述事实的真实性；（6）斯里兰卡农业部出具的检疫证书。载明的货柜号码、总净重、毛重等均与前述一致。时间为2004年9月30日。第二套单据中，除了各单据的编号和集装箱号码为OOLU8215342、OOLU8094894、OOLU8011349、AMZU8394917、TRLU6716052之外，其余内容如货物数量、金额等描述均与第一套单据相同。该套单据中编号为OOLU65573280提单也存在与第一套单据中OOLU65573289号提单相同的涂改情形。

2004年10月26日，两提单载明的承运人东方海外货柜航运（中国）有限公司广州分公司出具一份证明，确认上述两提单原载明的装船日期应为2004年10月3日，上述两提单装船日期的修改并未知会该公司，同时也不是该公司科伦坡代理所改。同时附上了两提单原文副本函件一份。两副本均显示，收货日期为2004年10月1日、装船日期为2004年10月3日。

第三人招商银行厦门分行收到上述单据后，经过审查，以检疫证书中一处修改未经授权、原产地证书中"CONSIGNEE"一栏中存在与信用证要求不符的不明确之处等单证不符为由，于北京时间2004年10月27日下午16时58分向卖方银行发出拒绝收单承兑的通知。同时，在该电文提及，该行已经收到承运人的前述函件和函件的主要内容。卖方银行收到上述电文通知后，于同年11月4日向第三人招商银行发来电文，认为单证相符，要求尽快安排付款，此后未再就此提出异议。

2004年11月8日，广州市黄埔区公证处应申请对位于广州市保税区广保通码头的编号分别为OOLU5584985、GSTU9857520、SCZU5572422、GATU8080568、

OOLU5731941、OOLU8215342、OOLU8094894、OOLU8011349、AMZU8394917、TRLU6716052 的 10 个集装箱重量进行过磅证据保全。在公证员、原告代表、承运人代表等人员的见证下，对各集装箱进行过磅，扣除车重和集装箱箱重，各集装箱中货物实际重量如下：OOLU5584985 号集装箱货物重量为 3260 公斤、GSTU9857520 号集装箱货物重量为 2290 公斤、SCZU5572422 号集装箱货物重量为 1770 公斤、GATU8080568 号集装箱货物重量为 3710 公斤、OOLU5731941 号集装箱货物重量为 2560 公斤、OOLU8215342 号集装箱货物重量为 1835 公斤、OOLU8094894 号集装箱货物重量为 2150 公斤、OOLU8011349 号集装箱货物重量为 2280 公斤、AMZU8394917 号集装箱货物重量为 2420 公斤、TRLU6716052 号集装箱货物重量为 3388 公斤。广州市黄埔区公证处据此出具〔2004〕穗黄证字第 3113 号《公证书》，公证了上述事实。

2004 年 11 月 10 日，经原告申请，厦门市思明区人民法院作出〔2004〕思民保字第 28 号诉前保全《民事裁定书》，止付了第三人招商银行厦门分行开立的 LC0447147200239 号信用证项下款项美元 43200 元。随后，原告于法定期限内向本院提起诉讼，请求判令招商银行厦门分行止付信用证项下款项，并与 AMM 公司解除 JPAMM0804 号合同。

诉辩情况

原告厦门五矿诉称：

2004 年 7 月 28 日，其与被告签订了 JPAMM0804 号国际贸易销售合同，约定由原告向被告购买椰丝（COCO FIBRE）480 吨，装运日期为 2004 年 8 月 31 日当日或之前，单价为美元 180 元/吨，成交的国际贸易术语为 FOB 科伦坡，付款方式为不可撤销的即期信用证。原告依约于 2004 年 7 月 30 日申请第三人招商银行厦门分行开出号码为 LC0447147200239 的信用证，受益人为被告 AMM 公司，总金额为美元 86400 元（可分批），信用证规定的最后装船期为 2004 年 8 月 31 日，有效期为至 2004 年 9 月 10 日在斯里兰卡到期。该证于 2004 年 8 月 10 日作出修改，最后装船期改为 2004 年 9 月 30 日，失效期改为 2004 年 10 月 10 日，其余条款不变。2004 年 10 月 18 日，招商银行厦门分行向原告发来两份《承兑/付款通知书》并转来信用证项下的两票单据，要求原告"审核单据，并于 2004 年 10 月 25 日前来我行办理付款、承兑手续或提出拒付申请"。被告附随两票单据所要求开证行付款的总金额为美元 43200 元。原告经审核并经进一步了解有关事实，发现被告存在严重的信用证欺诈行为并且已经违反双方的贸易合同约定，具体表现为：第一，货物重量是虚假的，被告实际装运的货物重量仅为提单记载重量的 10% 左右。被告提交的所有跟单票据（包括提单、发票、装箱单、熏蒸证明及检疫证明）均显示两票计10个货柜的货物总重量为121000kg+121000kg=242000kg。可是根据原告申请广州保税区广通码头过磅处过磅称重，实际10个货柜的货物总重量仅为25663kg，仅为单据显示重量的10%左右，这样的重量短少令人瞠目结舌。原告认为其有理由相信货柜中所装并非所购货物或者大部分货柜为空，被告存在明显的欺诈行为；第二，船公司称提单已经经过人为篡改，将已明显超过装船期限的船期改为在装船期限内。被告提交的两份提单（号码分别为OOLU65573280、OOLU65573289）显示船期已经经过人为改动，改动上面所盖校正章与同一提单上其他地方所盖的校正章明显不同。而且，经过修改后的船期（2004年9月30日）在熏蒸证明所显示的日期（2004年10月1日）之前，这在逻辑上自相矛盾。经向出具该提单的东方海外货柜航运（中国）有限公司询问，该公司确认两提单的真实船期为2004年10月3日，已经超过信用证规定的最后装船期，并称提单上装船日期的修改并未知会该公司，也不是该公司在科伦坡的代理SRI LANKA SHIPPING COMPANY LTD所改。据此，原告认为被告存在明显信用证欺诈行为，原告有权援引欺诈例外原则拒付货款，遂向本院提起诉讼，请求判令：（1）原告申请第三人开立的、以被告为受益人的、号码为LC0447147200239信用证项下款项美元43200元不对外支付；（2）原告与被告签订的JPAMM0804号合同解除。

被告没有向本院递交答辩状，也未到庭陈述答辩意见。

第三人招商银行厦门分行对原告的诉讼请求和所依据的事实与理由均没有异议。

裁判结果

厦门市中级人民法院经审理，依照《中华人民共和国民事诉讼法》第64条第1款、第130条，《中华人民共和国民法通则》第4条、第8条，《中华人民共和国合同法》第94条的规定，判决如下：

一、由原告厦门五矿申请、第三人招商银行厦门分行开立的以被告AMM公司为受益人的号码为LC0447147200239信用证项下款项美元43200元对外不予支付；

二、解除原告与被告AMM公司签订的编号为JPMM0804号买卖合同。

裁判理由

厦门市中级人民法院经审理认为：

本案讼争欺诈行为部分发生于本院辖区即福建省厦门市，该讼争欺诈所企图引起的后果即开证行招商银行厦门分行的承兑行为也将只能在福建省厦门市发生,本院依法享有对本案的管辖权,本案应适用欺诈行为地即中华人民共和国的法律、法规。

作为信用证独立性原则的例外,欺诈例外自20世纪40年代之后已经被各国逐步接受。尽管在标准和做法上存在某些差异,但普遍得到承认的一点是,在存在信用证欺诈时,可以将信用证交易与基础交易合并考虑并在确定欺诈的存在并且不存在某些特定例外情形的条件下,拒绝信用证项下款项的支付。

信用证欺诈,是指卖方提交的信用证项下单据属伪造或者其所提出的议付请求是虚假地建立在根据真实情况其无权获得这一给付的基础上的情形。因此,这种欺诈应当包括单证欺诈和基础合同履行中的欺诈。

本案中,被告提交开证行的提单虽系由船公司签发的,但却在签发后被承运人以外的他人涂改,将装船日期由2004年10月3日涂改为2004年9月30日,并且由于这种涂改导致了提单日期与熏蒸证明日期存在明显不合逻辑的情形。这种将实际不合要求的装船日期涂改为符合信用证最后装船期要求的目的明显是为了使单据能够在表面上符合信用证要求,从而获取开证行的承兑,属于单据欺诈行为。如果说由于原告方就此所举证据只能证明这种涂改是由承运人以外的人涂改,尚不足以直接、完全确定即为被告所为的话,那么从其与这种涂改行为的利益关联程度和涂改追求的目的分析体现至少也可表明,被告具有涂改提单的最大嫌疑,有理由推断为被告所为。

至于被告基于严重短货所体现的欺诈则完全足以认定是被告恶意所为的、确实存在的实质性欺诈行为,并且这种欺诈是十分明显的:即便被告所交付的货物完全是合同约定的货物,其重量25663公斤也仅约为其所提交的提单中记载的240000公斤的1/10,这一事实可以说明:首先,提单载明:货物系由货主即被告装载并记数,由货主加封集装箱的,因而导致这种提单载明的重量与实际重量的重大差异系被告自身而非承运人或他人的行为;其次,这一明显、巨大的差异本身足以表明,导致这一差异的主观状态上不可能是由于疏忽,而只能是一种故意,并且这种故意的唯一目的明显在于获取按照其实际交货数量(约1/10)不可能获得的信用证项下货款(全额);再次,由于这种记载上的错误完全可能导致被告期望的不当利益的实现——货款的完全给付:从信用证独立性原则出发,单据和信用证要求的这种表面完全相符将直接和几乎确定地导致开证行对表面记载货物货款的承兑;最后,这种差异显然是一种极端重大的商业价值差异,相较于被告通过这一行为所追求的货款总额,交付货物的商业价值即便确乎是符合合同约定的货物,其价值也几乎微不足道。由此将可能给原告造成的损失也是显而易见的。基于上述几点分析，原告所诉被告欺诈行为符合信用证欺诈构成要件之要求，可以成立。此外，作为开证行的招商银行厦门分行在其对外作出拒付通知前即已得到原告所提交的承运人关于提单被不当涂改的函件并在其给卖方银行的拒付电文中明确提及了该函件的内容。因此，对该欺诈行为的存在，开证行和议付行最迟在获悉该函件内容后即应当能够知晓。现有议付行和开证行之间的电文往来并未体现存在开证行承兑汇票的正当持票第三人而且该第三人已经善意支付了对价或者议付行已经善意议付的情形，且第三人招商银行厦门分行在收到单据后依据UCP500要求也已在7个工作日内对外作出拒付通知。事实上，议付行在收到开证行招商银行厦门分行的拒付通知后也仅与招商银行厦门分行进行过一次交涉，认为单证相符，此后未再就此提出其他异议。因而不存在信用证欺诈止付的上述例外情形。原告要求该信用证项下与该欺诈行为相关的货款美元43200元不予支付的请求应予支持。

基于被告的这种欺诈行为，原、被告双方的买卖合同目的已经无法实现。虽然原、被告双方在买卖合同中对法律适用没有进行约定，采取的贸易术语也是FOB科伦坡，但是，实际上，买卖在这里只是成为被告进行欺诈的手段和幌子，因此，对其应当适用欺诈行为所适用的法律即中华人民共和国法律。此外，欺诈者不能因为其欺诈行为获取利益亦为国际社会所承认之共同法律原则。被告的欺诈行为已经足以明确表明其不会履行合同的主要义务、依照约定交付货物。因此，原告要求解除基础买卖合同的请求应予支持。

129. 倒签提单是否必然导致信用证欺诈例外？

倒签提单是指承运人在货物装船完毕，签发提单时，应托运人请求，将提单签发日期提前至信用证规定的装船日期。虽然此行为构成了对单据的虚假填写，但如果卖方确实将符合信用证要求的货物交到了承运人手上，且除提单外的其他单证均是真实且符合信用证要求的，那么就其性质讲，该行为并不属于信用证欺诈，而应属于违约行为，毕竟提单本身也是真实的，只是填写的装船日期不符合实际情况而已。因此，在司法实践中应谨慎处理倒签提单情况，不应无条件地将其认定为信用证欺诈行为。

典型疑难案件参考

韩国中小企业银行与连云港口福食品有限公司信用证交易纠纷案（《最高人民法院公报》2006年第1期）

基本案情

2002年4月24日，韩国中小企业银行开出不可撤销跟单信用证一份，号码M04E5204NS00484，开证日期2002年4月24日，有效日期2002年6月30日，申请人为昌技公司，受益人为口福公司，金额110500美元，议付行为任何银行，付款方式为见票即付，付款人韩国中小企业银行，最迟装船日期为2002年5月31日，所需的单据为已签署的商业发票一式3份、全套正本清洁提单、装箱单一式3份；该信用证还约定了交、议付单据期间等。口福公司收到信用证后，于2002年6月6日向中行核电站支行提交了信用证项下的全套单据，其中提单正本载明的装船日为2002年5月31日。

中行核电站支行收到单据后，对单据进行了严格核对，于当月7日通过快邮寄给了开证行。同月19日，中行核电站支行收到韩国中小企业银行2份拒付通知书，拒付理由为：（1）商品品名在发票、装箱单、提单上不一致。（2）提单上的日期是伪造的。（3）汇票上注明的付款行为"INDUSTRIAL BANK OF KOREA SEOUL（HEAD OFFICE SEOUL）"，而不是信用证上的"INDUSTRIAL BANK OF KOREA（HEAD OFFICE SEOUL）SEOUL"。（4）没有注明收货人的地址。

中行核电站支行收到开证行的拒付通知后，于同月20日回函开证行要求韩国中小企业银行接受全套单据并立即付款。同月26日，韩国中小企业银行第二次致函中行核电站支行，未再提出不符点问题，而是称"申请人告知我行他们曾通知贵行有关欺诈事宜并警告贵行不要接受受益人的单据。目前申请人正就欺诈一事起诉受益人。我行有证据证明单据系伪造，而且欺诈正在进行"。此后，虽经多次交涉但韩国中小企业银行仍拒绝付款。并于同年9月3日向中行核电站支行退单。同月9日，中行核电站支行将退单退回给口福公司。2002年9月，口福公司向原审法院提起诉讼。

另查明，口福公司收到韩国中小企业银行开具的信用证后，即组织了信用证项下的货物，并首次联系的承运人泛洋商船株式会社声称收货人拒收货物而拒载了口福公司的货物。此后，口福公司又与中远集装箱运输有限公司联系装运货物事宜，得到了其在信用证规定的装船日期前装船的承诺。根据法院向相关部门的调查，2002年6月1日开航的"凌泉河"轮货物的实际装船日期为5月31日8时至6月1日4时，该批货物的提单签发日期为2002年6月1日。

▶ 一审诉辩情况

口福公司诉称：

在口福公司作为受益人收到信用证后，按信用证规定及时将货物装船，并向中行核电站支行提交了信用证项下的全套单据，中行核电站支行经审查后，将全套单据寄给开证行韩国中小企业银行，要求支付信用证项下货款，但韩国中小企业银行无理拒付；本案所涉信用证约定议付行为任何银行，中行核电站支行收取并审查了其提供的单据，在汇票上背书、寄送开证行并收取相应费用的行为，应视为议付行的行为，在本案中应对支付信用证项下货款承担连带责任。请求法院判决口福公司与中行核电站支行承担连带支付责任，支付其信用证项下货款110500美元及相应的利息，并承担本案的一切诉讼费用。

中行核电站支行辩称：

其对口福公司提交的单据仅作了寄单处理，是寄单行而非议付行，口福公司以中行核电站支行系信用证议付行为由要求其承担连带付款责任，无任何事实及法律依据。

韩国中小企业银行辩称：

本案中，口福公司议付时提供的单据存在不符点；口福公司存在倒签提单、伪造票据的欺诈行为，且其提供的货物亦不符合合同要求，依据"欺诈例外"的国际惯例，韩国中小企业银行有权拒付信用证。

▶ 一审裁判结果

南京市中级人民法院经审理，依照《中华人民共和国民法通则》第142条第3款、《UCP500》第3条a款、第9条a款Ⅰ项、第10条b款Ⅱ项、c款、第14条b款、d款Ⅰ项、《中华人民共和国民事诉讼法》第128条、第130条、最高人民法院《关于民事诉讼证据的若干规定》第2条、第32条、第34条第1款、第2款、第43条之规定，判决如下：

一、韩国中小企业银行于判决生效后10日内支付口福公司M04E5204NS00484号信用证项下款项110500美元及其利息（利息自2002年6月13日起计至判决给付之日止，按中国银行同期美元逾期贷款利率计算）；

二、驳回口福公司对中行核电站支行的诉讼请求。

一审裁判理由

南京市中级人民法院经审理认为：

第一，口福公司系以 M04E5204NS00484 信用证为依据起诉韩国中小企业银行及中行核电站支行，故本案系信用证纠纷案件，各方当事人应当按照各自在信用证关系中的法律地位享有权利，履行义务。各方当事人在起诉及答辩过程中均以《UCP500》为法律依据，且根据《中华人民共和国民法通则》第142条之规定，涉外民事法律关系的法律适用应依照我国法律的有关规定，我国法律及我国缔结或参加的国际条约没有规定的，可以适用国际惯例。而《UCP500》规定了信用证关系中各有关当事人的权利义务，是国际上通行的信用证业务的统一惯例，故因信用证发生的纠纷应当适用该国际惯例。

第二，关于韩国中小企业银行是否负有信用证上的付款义务问题。韩国中小企业银行作为开证行开出的是见票即付的不可撤销信用证，在口福公司依照信用证的约定将单据提供给中行核电站支行并经中行核电站支行转给开证行韩国中小企业银行后，韩国中小企业银行就应当履行其作为开证行的义务，向口福公司支付信用证项下的款项。韩国中小企业银行在收到中行核电站支行转寄的单据后虽曾提出过单证不符，但在中行核电站支行回电认为不符点不能成立后，其未再提出不符点问题，最终系以诈骗及韩国汉城法院下达止付令为由退单，故其在本案诉讼中再以口福公司提供的单据存在不符点为由予以抗辩显然不符合《UCP500》的规定。关于韩国中小企业银行提出的欺诈例外问题，信用证关系独立于基础合同，且韩国中小企业银行也未在举证期限内提供任何证据以证明口福公司存在欺诈行为，故该抗辩理由不能成立。口福公司要求韩国中小企业银行履行开证行的义务、支付信用证项下的款项110500美元及相应利息的诉讼请求应予支持。

第三，关于中行核电站支行在本案中的地位问题。首先，中行核电站支行并未支付过对价，也未向受益人口福公司明确表示过同意议付，故中行核电站支行并非《UCP500》意义上的议付行，虽本案所涉信用证中约定的议付行为任何银行，中行核电站支行也做了审单、寄单处理，但由于其并非该信用证的保兑行，故其无必须议付的法定义务。其次，口福公司与中行核电站支行之间并无关于议付的书面合同，口福公司也无足够的证据证明双方之间已形成了有关议付的合同关系，故中行核电站支行也无议付单据的合同义务。综上，中行核电站支行在本案信用证法律关系中并非议付行而仅是寄单行。口福公司提出的中行核电站支行为议付行，应对开证行承担连带偿付责任的诉讼请求缺乏事实及法律依据，不能成立。

二审诉辩情况

韩国中小企业银行不服原审判决，上诉称：

1. 口福公司伪造单据，欺诈 M04E5204NS00484 号信用证项下的当事人。主要事实及理由为：（1）口福公司私刻印章，伪造不是自己名下的单据文件议付信用证项下的款项；（2）口福公司倒签提单。根据口福公司向韩国中小企业银行提交的信用证议付单据，货物的装船日期为2002年5月31日，而提单签发人中远集装箱运输公司提供的提单副本复印件和装船资料表明，本案所涉货物的装船日期为2002年6月1日。

2. 口福公司伪造单据，实施欺诈的真实动机是其所装运的货物质量低劣，违反贸易合同在先，只能通过私刻假章，伪造议付单据欺骗上诉人。

综上，口福公司违反贸易合同在先，后为了议付信用证，又伪造议付单据欺骗上诉人，依据信用证"欺诈例外"国际惯例，韩国中小企业银行有权拒付信用证项下的款项，故请求二审法院驳回口福公司的诉讼请求。

口福公司答辩称：

1. 口福公司向韩国中小企业银行提示的所有议付单据均符合 UCP500 的规定，不存在任何欺诈行为，韩国中小企业银行应承担无条件付款义务。

2. 口福公司在信用证规定的期限内装船，不存在任何倒签提单的行为。韩国中小企业银行提交给原审法院据以证明口福公司倒签提单的证据是一份残缺不全的提单副本复印件，不能作为定案依据，且根据最高人民法院相关纪要，开证行或开证申请人如认为卖方利用合同欺诈，必须提供充分的证据支持。

3. 韩国中小企业银行拒付信用证的真正原因是进口商无力付款赎单。

综上，韩国中小企业银行拒付信用证的理由前后矛盾，其所谓的欺诈无事实依据，也不符合国际贸易支付惯例和我国相关的司法解释。请求二审法院驳回上诉，维持原判。

中行核电站支行答辩认为：一审法院关于中行核电站支行的判决正确，应予维持。

二审裁判结果

江苏省高级人民法院经审理认为，原审法院认定事实清楚，适用法律正确，应予维持。依照《中华人民共和国民事诉讼法》第153条第1款第1项、《中华人民共和国民法通则》第145条、最高人民法院《关于民事诉讼证据的若干规定》第2条及最高人民法院其他相关规定，判决如下：驳回上诉，维持原判。

二审裁判理由

江苏省高级人民法院经审理认为：

1. 关于本案的法律适用问题

（1）本案系信用证交易纠纷，各方当事人虽未约定本案纠纷所适用的准据法，但各方当事人一审中的诉辩均以《UCP500》为依据，原审法院依据《中华人民共和国民法通则》第142条之规定适用《UCP500》作出判决后，各方当事人未就法律适用问题提出异议，且二审中进一步明确表示适用《UCP500》处理本案纠纷，因此，本案信用证纠纷应当以《UCP500》作为准据法确认各方当事人的权利义务。

（2）本案关于信用证欺诈及法律救济问题应适用中国法。本案二审中的争议焦点之一是口福公司是否构成信用证欺诈，而《UCP500》并未涉及信用证欺诈及法律救济问题。本院在征询各方当事人关于信用证欺诈及法律救济的法律适用时，韩国中小企业银行选择以韩国法律作为准据法，而口福公司、中行核电站支行则选择以中国法律作为准据法。本院认为，韩国中小企业银行主张口福公司伪造单据和倒签提单，而本案信用证项下有关单据和提单签发地在中国，中国是韩国中小企业银行所主张的口福公司实施欺诈行为的侵权行为地，根据《中华人民共和国民法通则》第146条第1款之规定，因侵权行为发生的争议应适用侵权行为地法律，故本案关于信用证欺诈及法律救济问题应适用中国法。

2. 关于韩国中小企业银行是否有权以倒签提单为由适用信用证诈骗例外

本院认为，韩国中小企业银行关于口福公司倒签提单，构成信用证欺诈的上诉理由无事实依据。主要理由：（1）口福公司并没有进行欺诈的主观恶意。现有的证据表明，口福公司在信用证规定的装船日期前已组织了货物，并将货物送至承运人指定的场站，海关对此批货物已经放行。韩国中小企业银行没有证据证明口福公司组织的货物无价值或货物质量低劣，也没有提供口福公司参与倒签提单并利用信用证进行欺诈的其他证据。（2）韩国中小企业银行虽然陈述由于口福公司倒签提单，致使货物迟延到港，开证申请人未收到信用证项下的单据，但并没有提供因本案部分货物迟延装船1日（实际为4小时）而给开证申请人造成实质性损害的证据，且开证申请人未接受信用证项下单据的责任也不在口福公司。

综上，韩国中小企业银行关于口福公司伪造单据、倒签提单、所供货物存在质量问题，本案应适用信用证欺诈例外原则判决其不承担信用证付款责任的上诉理由不能成立。依照《UCP500》第9条a款Ⅰ项之规定，不可撤销信用证，在规定的单据被提交给指定的银行或开证行并符合信用证条款的情况下，开证行须按期付款。在口福公司将信用证条款所规定的单据提交给开证行韩国中小企业银行的情况下，韩国中小企业银行须按期付款。

信用证欺诈纠纷办案依据集成

最高人民法院关于审理信用证纠纷案件若干问题的规定（2005年11月14日 法释〔2005〕13号）（节录）

第一条 本规定所指的信用证纠纷案件，是指在信用证开立、通知、修改、撤销、保兑、议付、偿付等环节产生的纠纷。

第二条 人民法院审理信用证纠纷案件时，当事人约定适用相关国际惯例或者其他规定的，从其约定；当事人没有约定的，适用国际商会《跟单信用证统一惯例》或者其他相关国际惯例。

第三条 开证申请人与开证行之间因申请开立信用证而产生的欠款纠纷、委托人和受托人之间因委托开立信用证产生的纠纷、担保人为申请开立信用证或者委托开立信用证提供担保而产生的纠纷以及信用证项下融资产生的纠纷，适用本规定。

第四条 因申请开立信用证而产生的欠款纠纷、委托开立信用证纠纷和因此产生的担保纠纷以及信用证项下融资产生的纠纷应当适用中华人民共和国相关法律。涉外合同当事人对法律适用另有约定的除外。

第五条 开证行在作出付款、承兑或者履行信用证项下其他义务的承诺后，只要单据与信用证条款、单据与单据之间在表面上相符，开证行应当履行在信用证规定的期限内付款的义务。当事人以开证申请人与受益人之间的基础交易提出抗辩的，人民法院不予支持。具有本规定第八条的情形除外。

第六条 人民法院在审理信用证纠纷案件中涉及单证审查的，应当根据当事人约定适用的相关国际惯例或者其他规定进行；当事人没有约定的，应当按照国际商会《跟单信用证统一惯例》以及国际商会确定的相关标准，认定单据与信用证条款、单据与单据之间是否在表面上相符。信用证项下单据与信用证条款之间、单据与单据之间在表面上不完全一致，但并不导致相互之间产生歧义的，不应认定为不符点。

第七条 开证行有独立审查单据的权利和义务，有权自行作出单据与信用证条款、单据与单据之间是否在表面上相符的决定，并自行决定接受或者拒绝接受单据与信用证条款、单据与单据之间的不符点。

开证行发现信用证项下存在不符点后，可以自行决定是否联系开证申请人接受不符点。开证申请人决定是否接受不符点，并不影响开证行最终决定是否接受不符点。开证行和开证申请人另有约定的除外。

开证行向受益人明确表示接受不符点的，应当承担付款责任。

开证行拒绝接受不符点时，受益人以开证申请人已接受不符点为由要求开证行承担信用证项下付款责任的，人民法院不予支持。

第八条 凡有下列情形之一的，应当认定存在信用证欺诈：

（一）受益人伪造单据或者提交记载内容虚假的单据；

（二）受益人恶意不交付货物或者交付的货物无价值；

（三）受益人和开证申请人或者其他第三方串通提交假单据，而没有真实的基础交易；

（四）其他进行信用证欺诈的情形。

第十条　人民法院认定存在信用证欺诈的，应当裁定中止支付或者判决终止支付信用证项下款项，但有下列情形之一的除外：

（一）开证行的指定人、授权人已按照开证行的指令善意地进行了付款；

（二）开证行或者其指定人、授权人已对信用证项下票据善意地作出了承兑；

（三）保兑行善意地履行了付款义务；

（四）议付行善意地进行了议付。

第十一条　当事人在起诉前申请中止支付信用证项下款项符合下列条件的，人民法院应予受理：

（一）受理申请的人民法院对该信用证纠纷案件享有管辖权；

（二）申请人提供的证据材料证明存在本规定第八条的情形；

（三）如不采取中止支付信用证项下款项的措施，将会使申请人的合法权益受到难以弥补的损害；

（四）申请人提供了可靠、充分的担保；

（五）不存在本规定第十条的情形。

当事人在诉讼中申请中止支付信用证项下款项的，应当符合前款第（二）、（三）、（四）、（五）项规定的条件。

第十二条　人民法院接受中止支付信用证项下款项申请后，必须在四十八小时内作出裁定；裁定中止支付的，应当立即开始执行。

人民法院作出中止支付信用证项下款项的裁定，应当列明申请人、被申请人和第三人。

第十三条　当事人对人民法院作出中止支付信用证项下款项的裁定有异议的，可以在裁定书送达之日起十日内向上一级人民法院申请复议。上一级人民法院应自收到复议申请之日起十日内作出裁定。

复议期间，不停止原裁定的执行。

第十四条　人民法院在审理信用证欺诈案件过程中，必要时可以将信用证纠纷与基础交易纠纷一并审理。

当事人以基础交易欺诈为由起诉的，可以将与案件有关的开证行、议付行或者其他信用证法律关系的利害关系人列为第三人；第三人可以申请参加诉讼，人民法院也可以通知第三人参加诉讼。

第十五条　人民法院通过实体审理，认定构成信用证欺诈并且不存在本规定第十条的情形的，应当判决终止支付信用证项下的款项。

第十六条　保证人以开证行或者开证申请人接受不符点未征得其同意为由请求免除保证责任的，人民法院不予支持。保证合同另有约定的除外。

第十七条　开证申请人与开证行对信用证进行修改未征得保证人同意的，保证人只在原保证合同约定的或者法律规定的期间和范围内承担保证责任。保证合同另有约定的除外。

第五节 信用证融资纠纷

130. 何为打包贷款？

出口打包贷款，系指银行根据借款人的要求，将境外银行开具的以借款人为受益人的正本信用证留存作保证，对借款人发放的用于生产或采购该信用证项下出口货物的贷款。

131. 打包贷款与外汇贷款的区别是什么？

外汇贷款是银行以外币为计算单位向企业发放的贷款，是银行对于企业的一种融资手段。而打包贷款虽然也涉及外币，但其宗旨是在国际贸易中卖方为了尽快得到资金将作为付款凭证的信用证卖给银行以取得融资，与单纯的贷款不同。打包贷款与外汇贷款最大的区别在于，打包贷款虽然也涉及外币融资，但不受我国外汇管理局的相关法律法规的限制。

典型疑难案件参考

中国钢铁工贸集团公司、中国冶金进出口哈尔滨公司与中国银行哈尔滨动力支行借款合同纠纷案

基本案情

1995年10月11日至1996年3月26日，中国冶金进出口哈尔滨公司（以下简称冶金公司）向中国银行哈尔滨动力支行（以下简称动力中行）先后提出了五份《出口信用证项下打包放款申请书》，动力中行据此先后为冶金公司办理了五笔出口信用证项下打包放款，总计金额172万美元。具体情况是：1995年10月11日第一次放款48万美元，月利率7‰，还款期限1995年11月20日；1995年11月8日第二次放款36万美元，月利率7‰，还款期限1995年11月20日；1996年3月12日第三次放款12万美元，月利率7‰，还款期限1996年4月5日；1996年3月20日第四次放款6万美元，月利率7‰，还款期限1996年5月25日；1996年3月26日第五次放款70万美元，月利率7‰，还款期限1996年4月26日。动力中行向冶金公司放款时，均按当日汇

率将美元分别折为人民币 3981984 元、2986776 元、996756 元、498780 元、5820430 元后,分五次划至冶金公司在该行开立的人民币账户内。

1997 年 4 月 8 日,中国钢铁工贸集团公司(以下简称中钢集团公司)向动力中行出具一份《信用保证书》,承诺:中钢集团公司为冶金公司在该行借款提供连带责任保证,该保证有效期一年,即从 1997 年 4 月 8 日至 1998 年 4 月 8 日;最高保证限额(包括外币贷款折人民币)为 2300 万元,及由此产生的利息和有关费用。同日,中钢集团公司、冶金公司又共同向动力中行出具一份确认书,确认截至 1996 年 12 月 31 日,冶金公司在动力中行共融资 2524 万元,中钢集团公司为其中 2300 万元提供担保。

1998 年 4 月 6 日,中钢集团公司、冶金公司又共同向动力中行出具一份确认书,确认截至 1997 年 12 月 31 日,冶金公司在动力中行融资外汇 190.4 万美元,利息 32 万美元。中钢集团公司保证承担连带责任。

1998 年 10 月 12 日,动力中行与冶金公司签订了两份《人民币流动资金借款合同》,借款金额共计 631 万元人民币,第一份合同借款 300 万元人民币,月利率 6.023‰,还款期限 1998 年 11 月 12 日;第二份合同借款 331 万元人民币,月利率 6.023‰,还款期限 1998 年 11 月 12 日。

上述贷款相继到期后,冶金公司仅偿还部分美元本息。动力中行向冶金公司催收,并要求该公司对尚欠的美元及人民币提供还款担保。1999 年 3 月 8 日,冶金公司和中钢集团公司又共同向动力中行出具了美元及人民币欠款《确认书》各一份,内容为,至 1999 年 3 月 8 日,冶金公司尚欠动力中行美元贷款本金 136.5 万美元、人民币 711 万元。中钢集团公司并表示为冶金公司尚欠的美元借款本金及相应利息和尚欠的人民币借款中 631 万元本金及相应利息继续承担连带责任。至 1999 年 9 月 20 日,冶金公司除已陆续偿还的本息,共欠动力中行美元借款本金 1365523 美元,利息 625731.8 美元,尚欠人民币贷款本金 631 万元,利息 1879599.5 元。1999 年 9 月 9 日,动力中行为此诉至原审法院,请求判令冶金公司偿付借款本息,中钢集团公司承担连带清偿责任。

▶ 一审裁判结果

黑龙江省高级人民法院经审理,依据《中华人民共和国民法通则》第 108 条、《中华人民共和国担保法》第 18 条之规定,判决如下:

一、中国冶金进出口哈尔滨公司在判决生效后 10 日内偿还中国银行哈尔滨动力支行美元借款本金 1365523 美元,利息 625731.8 美元;偿还人民币借款本金 631 万元,利息 1879599.5 元(计算至 1999 年 9 月 20 日,至判决生效后10日内的利息分别按外汇及人民币逾期借款利率计算）。

二、中国钢铁工贸集团公司对中国冶金进出口哈尔滨公司的上述债务承担连带清偿责任。

▶ 一审裁判理由 ◀

黑龙江省高级人民法院认为：

动力中行与冶金公司因打包放款及贷款人民币形成的债权债务关系清楚，冶金公司对此也未提出异议，故该公司应承担偿还所欠美元及人民币本息的责任。中钢集团公司在冶金公司与动力中行债权债务关系已经形成，冶金公司不能按期偿还债务的情况下出具的连带责任保证，其保证合法有效，中钢集团公司对冶金公司的债务应当承担连带保证责任。打包放款是出口贸易融资的一种方式，其与外汇贷款是金融机构两种不同的业务，因此，对打包放款不应适用外汇贷款的法律规定。动力中行根据中国人民银行《结汇、售汇及付汇管理暂行规定》的有关规定将外汇按当日汇率折合成人民币给付冶金公司应属合同有效，中钢集团公司提出动力中行上述行为违反国家外汇贷款管理中"借外汇、用外汇、还外汇"的规定应属无效的理由，不能成立。中钢集团公司出具的《信用保证书》明确承诺，对最高保证限额（包括外汇贷款折人民币）2300万元债务承担连带保证责任，其保证的意思表示清楚，故中钢集团公司提出动力中行贷美元给付人民币，事先不知道，违背了其意思表示的理由亦不能成立。

▶ 二审诉辩情况 ◀

中钢集团公司、冶金公司均不服黑龙江省高级人民法院的上述民事判决，向最高人民法院提起上诉。

中钢集团公司上诉称：

原判认定动力中行与冶金公司发生五笔打包放贷业务，证据不足，缺乏事实依据。中钢集团公司只对"押汇美元"提供担保，而原审法院却判决中钢集团公司对"打包放款"的人民币贷款承担保证责任，超出了中钢集团公司担保责任范围。动力中行向申请人提供的既不是凭证押汇，也不是外汇贷款，而是人民币贷款，加大了贷款的使用风险，也加大了担保人的风险。请求依法予以改判。

冶金公司上诉称：

冶金公司与动力中行不存在五个信用证打包贷款的合同关系，也没有借贷过外汇，只存在人民币借贷关系，原审判决认定为外汇借贷，属认定事实错误。

动力中行答辩称：

动力中行与冶金公司因打包放款及贷款人民币形成的债权债务关系清楚。打包放款是出口贸易融资的一种方式，即申请人将出口信用证交付银行抵押，由银行先支付信用证项下的款项。因其不同于外汇贷款，应按中国人民银行的规定进行结汇，交付给申请人的应是人民币。因此，中钢集团公司提出贷美元给人民币违反有关规定的理由是不能成立的。中钢集团公司为冶金公司担保实际上是一种债务担保，即冶金公司与动力中行债务已形成，冶金公司不能按约偿还债务的情况下出具的担保，而且多次承诺，对冶金公司的债务承担连带责任，因此，中钢集团公司应承担民事责任。

二审裁判结果

最高人民法院根据《中华人民共和国民事诉讼法》第153条第1款第1项之规定，判决如下：驳回上诉，维持原判。

二审裁判理由

本院认为，动力中行依据冶金公司的出口信用证项下打包放款申请，为冶金公司办理了打包放款，并根据中国人民银行《结汇、售汇及付汇管理暂行规定》的有关规定，将外汇按当日汇率折合成人民币给付了冶金公司，双方因此而形成了打包放款的民事法律关系。该民事法律关系并未违反中国人民银行有关金融管理法规，应认定为合法有效。冶金公司应依照合同约定，偿付动力中行尚欠款项及利息。中钢集团公司为冶金公司向动力中行的外汇及人民币借款出具担保，并一再予以确认，承诺对冶金公司的债务承担连带责任，其担保也应认定为合法有效。中钢集团公司对冶金公司的债务应承担连带清偿责任。本案打包放款是冶金公司利用信用证正正作为还款凭据向动力中行申请的一种出口贸易融资，不同于一般的外汇借款关系，打包放款不应适用国家有关外汇贷款的法律规定，因此，中钢集团公司、冶金公司有关动力中行未向冶金公司发放外汇贷款以及本案借款违反国家外汇贷款管理中以"借外汇、用外汇、还外汇"的规定，应认定为无效的理由均不能成立，对其主张本院不予支持。原审判决认定事实清楚，法律适用亦无不当，应予维持。

132. 何为进口押汇？

在国际贸易支付中，信用证不仅是货款结算的主要工具，还同时具有部分融资功能，进口押汇则是其中一类。所谓进口押汇，是指在信用证到期后，如果开证申请人无力支付货款，其可向开证行出具进口押汇申请书和信托收据，由银行先行对外付款，并将单据交给开证申请人，在开证申请人将货物出售后再归还所贷款项。

根据开证申请人出具的信托收据，银行对货物享有两项保障：一是当开证申请人破产时，该货物不被列入破产财产之中，银行可对其主张所有权；二是当货物出售给第三方，但第三方为支付货款时，银行可作为货物所有人直接向第三方收取货款。

典型疑难案件参考

中国天诚（集团）总公司与中国银行天津市分行信用证垫付款及担保纠纷上诉案

基本案情

1997年5月5日，天津双龙矿业发展有限公司（以下简称双龙公司）向中国银行天津市分行（以下简称天津分行）递交了一份开证申请书，并加盖了公章，该申请书中载明的申请人还包括中天诚（天津）五金矿产有限公司（以下简称中天诚公司），但中天诚公司并未在该申请书上盖章。同日，中国天诚（集团）总公司（以下简称天诚集团）向天津分行出具了一份"不可撤销还款担保函"，声明：应双龙公司的要求，如开证申请人到期无法履行根据95CT006号合同开立的信用证项下货款的还款责任或无法完全履行还款责任，其将负责偿还上述款项；该保函不因申请人的变化以及交易背景发生违约、索赔、欺诈而失去效力，直至申请人归还欠款后失效；担保金额为290万美元及相应利息。同月7日，天津分行开立了一份编号为200000038197的不可撤销跟单信用证，金额为2899798美元，载明开证申请人为中天诚公司和双龙公司，受益人为SEA-MOUND（AUSTRALIA）PTY LTD，有效期至1997年6月30日；该信用证为即期信用证，并注明了对信用证项下单据的要求等。此后，天津分行分两批收到了该信用证项下的单据。审单后，天津分行向双龙公司分别发出"信用证来单通知函"，就200000038197号信用证项下单据是否存在不符点征询开证申请人意见,如果开证行在7日内未得到任何答复,将视为开证申请人同意承兑,开证行将办理必要的银行手续。

同年6月3日和11日,双龙公司分别向天津分行递交了两份"叙做进口押汇申请书",称:根据该行《关于叙做进口押汇业务办法》,申请对200000038197号信用证项下款项叙做进口押汇,押汇金额分别为1453541.86美元和1515860.58美元,押汇期限为1年;如迟延归还押汇款项,将承担罚息。开证行天津分行在"叙做进口押汇申请书"上签署意见,表示同意。同年6月4日和12日,天津分行分别对外支付信用证项下货款1453541.86美元和1515860.58美元,共计2969402.44美元。

1998年10月5日,天诚集团与天津分行就有关信用证担保展期事宜进行会谈,并签署了一份"会谈纪要",双方同意为信用证担保展期,并称将中天诚公司的3000万元人民币的大额存单及其进口贸易项下的铁矿石、加工的生铁、钢材等抵押给天津分行。同日,天诚集团再次向天津分行出具了一份"不可撤销还款担保函",声明:应双龙公司和中天诚公司的要求,其对开证申请人所欠200000038197号信用证项下2969402.44美元承担连带还款责任;该保函不因申请人的变化以及交易背景发生违约、索赔、欺诈和违法行为而失去效力,直至1999年12月31日止。

另查明:双龙公司为中天诚公司与一香港公司共同出资成立的合资经营企业。中天诚公司为天诚集团的下属公司。案件审理过程中,天津市高级人民法院根据天诚集团的申请,追加中天诚公司为第三人参加诉讼。

一审诉辩情况

天津分行诉称:

原告于1997年5月7日对外开出编号为200000038197即期信用证,并在收到该信用证项下单证并验单后,分别于1997年6月4日和6月12日对外支付共计2969402.44美元。被告双龙公司分别于1997年6月3日和6月11日向原告提交叙做进口押汇申请,并确认该笔债务并保证按期还款。但由于该公司出现资金困难,不能按期归还上述欠款,原告要求被告天诚集团履行担保责任,但其却也始终未能还款。故恳请法院判令双龙公司偿还原告为其开立的该信用证项下垫款本金2969402.44美元及其至实际偿还欠款之日所发生的垫款利息和迟延利息。并判令天诚集团对上述欠款及利息承担连带偿还责任。

天诚集团辩称:

其不应承担该信用证项下的担保责任。理由如下:

1. 天津分行在该信用证项下的单据存在明显不符点的情况下,未履行独立的审单义务，亦未向开证申请人双龙公司指出单据中的不符点，而是接受单据，错误兑付。因此，天津分行无权要求双龙公司偿还其已经对外垫付的信用证款项，亦无权要求天诚集团承担保证责任。

2. 天津分行在收到该信用证项下两批单据后，与双龙公司达成了新的进口押汇协议，而天津分行未将这一事实通知保证人并取得保证人的书面同意，保证人天诚集团在不知双方已实质性地修改了原开证申请内容的情况下，于1998年10月5日对原担保做了展期。新担保函是天诚集团违背真实意思的情况下提供的，应届无效。

3. 天津分行凭双龙公司叙做进口押汇申请放单，说明其对该单据代表的货物所有权做了保留。至于其未按中国银行的内部强制性规定签发信托收据，是其对物保的放弃，其法律后果应由天津分行自行承担，而不应由担保人来承担。

4. 因中天诚公司另外以银行存款账户余额的600万元人民币的保证和其所有的3000万元人民币大额存单的质押，以及天津分行在与天诚集团会谈纪要中同意接受各信用证下的货物抵押等，故天诚集团在该额度范围内不再承担保证责任。

▶ 一审裁判结果

天津市高级人民法院经审理，依照《中华人民共和国民法通则》第4条、第84条、第106条第1款，《中华人民共和国担保法》第18条、第21条的规定，判决如下：

一、被告双龙公司偿付天津分行信用证项下的垫款本金2969402.44美元并支付相应的期内利息和逾期罚息（期内利息按中国人民银行同期贷款利率计算，逾期罚息按中国人民银行同期逾期还贷罚息标准计算）；

二、被告天诚集团对上述款项承担连带偿还责任；

三、上列给付事项，二被告应在本判决生效之日起10日内付清，逾期按《中华人民共和国民事诉讼法》第232条的规定加倍支付迟延履行期间的债务利息。

▶ 一审裁判理由

天津市高级人民法院经审理认为：

双龙公司和中天诚公司虽共同向天津分行申请开证，但中天诚公司无经营进出口业务的资格，且未在开证申请书上签字盖章，故只确认双龙公司与天津分行之间形成开证协议关系。天津分行依开证申请书对外开证后，在审核信用证项下单证存在不符点的情况下，未直接对外拒付，而是征询双龙公司是否接受不符点，符合《跟单信用证统一惯例》的要求。双龙公司在接受全套单据后，在规定的时间内未提出拒付，事实上是以默示方式接受了单据，双龙公司事后无权再以单据不符为由拒付货款。作为保证人的天诚集团亦不享有此抗辩权。

至于双龙公司向天津分行提交叙做进口押汇申请一节，虽然《中国银行国际结算业务基本规定》明确规定了办理叙做进口押汇应签订信托收据，但该规定属内部操作规范，并不具有法律强制性，且因其在实践中不具有可操作性，中国银行未在其系统内推广实施。因此，天津分行未办理信托收据，并无过错，其对外付款后，接受双龙公司叙做进口押汇申请的行为，实际是基于原开证申请对双龙公司做出的一种短期融资。双龙公司因持有全套单据而享有完全的物权，其与天津分行之间不存在货权质押关系。

另天诚集团与天津分行会谈纪要中将信用证项下的货物抵押给天津分行的建议，因其未实际签订抵押协议而不发生法律效力，中天诚公司授权天津分行追偿3000万元人民币存单和其在银行存款余额每天不少于300万元人民币的保证不具有物权担保的性质，故天诚集团主张的"应在物保以外的债权范围内承担保证责任"的抗辩缺乏事实依据，该院不予支持。天诚集团作为双龙公司的开办单位，在双龙公司向天津分行申请开证时，即出具了不可撤销担保函，天津分行在此前提下同意对外开证。此后，天津分行接受了双龙公司提交的叙做进口押汇的申请，天诚集团再次向天津分行出具了不可撤销担保函，保证就该笔信用证项下的欠款承担连带责任。该担保行为应认定真实、有效。天津分行向双龙公司追索信用证项下的垫款及要求天诚集团承担连带责任的请求，该院予以支持。

二审诉辩情况

天诚集团不服上述判决，向本院提起上诉称：

1. 即使开证申请人放弃信用证项下不符点的抗辩、放弃对开证行不当兑付的抗辩，根据我国担保法的有关规定，担保人仍有权向开证行主张信用证项下单据的不符点以及开证行没有履行独立审单义务而不当兑付的抗辩理由。因此，开证行在未征求担保人意见的情况下接受了存在明显不符点的单据，无权要求担保人承担担保责任。

2. 开证行在接受受益人交单并对外承兑和付款后，要求开证申请人付款赎单不得时，并没有向担保人天诚集团提出承担担保责任的要求，而是与开证申请人达成进口押汇协议。开证行和开证申请人之间已经实质性地修改了主合同的内容，而没有征得担保人的任何书面同意，亦没有通知担保人。开证申请书项下形成的债务和进口押汇项下的债务是两个不同的债务，而担保人仅仅为开证申请书项下的债务提供了担保，并没有为进口押汇项下的债务提供担保。就信用证担保展期进行会谈时，开证行亦始终没有向担保人披露有关进口押汇的事实，天诚集团1998年10月5日出具的担保函仅是为原来的担保函进行展期，而不是对进口押汇项下的债务进行担保展期。根据我国担保法的规定，担保人应该解除担保责任。

3. 开证行叙做进口押汇，目的是要保留在进口货物上的所有权或其他担保物权，以完善开证行在进口货物上的物权，并保证开证行对开证申请人的押汇融资能获得及时、足额的偿还。但开证行没有在叙做进口押汇之前按照其内部业务操作规定叙做强制性的信托收据，是开证行自愿放弃在进口货物上的物的担保，是开证行的过错，与担保人无关。根据我国担保法的规定，担保人应该在该物的担保的范围内免除担保责任，而本案中的进口押汇涉及的数额已经全部覆盖了信用证项下的担保数额，故应该全部免除担保人的担保责任。

4. 担保人1998年10月5日出具的担保函是在开证行使用欺诈手段隐瞒事实真相、使担保人在违背自己真实意思的情况下作出的民事行为，不是担保人的真实意思表示，故该担保函无效。

5. 在担保人的保函之外，开证行还接受了其他的保证和抵押担保，故担保人的担保责任应该扣除这部分保证和抵押物的数额。

6. 由于本案开证申请人，也是进口押汇申请人的法定代表人曹毅因涉嫌犯罪被南京市公安局羁押，该刑事案件正在南京市中级人民法院审理期间，刑事判决结果很可能对本案的审理结果产生重大影响。本案中受益人提交的部分单据是虚假的或伪造的，开证申请人和受益人有与开证行的工作人员串通进行信用证诈骗的重大犯罪嫌疑，故本案应中止审理。

7. 本案基础合同的实际买方是中天诚公司，开证申请人是双龙公司，但信用证上注明的开证申请人是中天诚公司和双龙公司，天诚集团1998年10月5日出具的担保函说明的也是应中天诚公司和双龙公司两人"申请人"的要求而出具的，中天诚公司还为信用证项下的债务另外提供了担保，故应将中天诚公司列为本案被告，而不是第三人。

综上，原审判决认定事实不清，适用法律错误。请求二审法院依法改判，解除上诉人的连带担保责任；撤销原判，发回原审法院重审；中止本案审理。

天津分行答辩称：

1. 本案信用证项下单证完全相符，并无单证不符问题。即使有不符点，开证申请人接受单据后在规定的时间内没有提出拒付和退单，又以押汇申请的形式对开证行垫付的金额予以确认,表明其已接受有关单证不符点。天诚集团于1998年10月5日出具的担保函中,将中天诚公司和双龙公司列为被保证人,保证偿还200000038197号信用证项下2969402.44美元的欠款,该重新确认的欠款数额与开证申请人在进口押汇申请中的数额完全一致,表明担保人明知开证申请人对信用证的修改和对不符点的接受以及确认进口押汇的金额,故其不享有抗辩权,应承担担保责任。

2. 信用证项下进口押汇业务是开证行在办理信用证业务时应开证申请人的请求而办理的一项短期融资。开证行在办理国际结算业务时基本依照中国银行制定的《国际结算业务基本规定》,按照该规定,办理进口押汇业务,开证申请人必须签具信托收据,表示将信用证项下的货物所有权转让给开证行,开证行再将货物信托给开证申请人,使其作为受托人保管和处理货物,并将收回的货款交还开证行。开证申请人与开证行之间在进口押汇业务中发生的是货物所有权转移的法律关系,并非是开证申请人将货权向开证行提供担保的法律关系,故进口押汇不构成物的担保。按照《国际结算业务基本规定》关于进口押汇审核要点的规定,客户应在开立信用证时向开证行提交进口押汇申请,经开证行审批同意后,双方签订进口押汇合约,同时必须签具信托收据。但本案开证申请人仅仅出具了进口押汇申请,开证行签署了意见,双方并没有办理信托收据,因此进口押汇实际上并未成立。开证行在收到进口押汇申请前,已将单据交出,亦根本没有可能再办理进口押汇、转移货物所有权和签署信托收据。该项进口押汇申请仅仅是双龙公司对信用证项下汇票金额和开证行对外垫款金额的确认以及对偿还信用证项下欠款时间的确认、开证行提供融资的确认。天诚集团认为双龙公司的进口押汇申请构成了另外一种法律关系、未签具信托收据构成开证行放弃物的担保,进而认为应免除其担保责任的观点,是没有根据的。

3. 开证行的有关工作人员在办理本案所涉信用证业务的过程中,遵从国际惯例和银行内部操作规范,无任何违规行为。且根据《跟单信用证统一惯例》第15条的规定,银行只对单据是否表面与信用证条款要求相符进行审查,对单据是否真实或有效没有审查的义务。上诉人称开证行恶意串通没有事实依据。

4. 中天诚公司不具有进出口经营权,不能作为本案中进口合同的买方和开证申请人,故将其列为第三人而不列为被告是正确的。请求二审法院维持原审判决、上诉费由上诉人负担。

二审裁判结果

最高人民法院经审理认为,天诚集团的上诉理由均不能成立,其上诉请求应予驳回。原审判决正确，应予维持。依据《中华人民共和国民事诉讼法》第 153 条第 1 款第 1 项之规定，判决如下：驳回上诉，维持原判决。

二审裁判理由

最高人民法院经审理认为：

本案系开证行与开证申请人、担保人之间因信用证项下垫付款和担保而产生的纠纷。本案中，天津分行开立的信用证中记载的开证申请人虽为中天诚公司和双龙公司，但中天诚公司并未在开证申请书上盖章，故本案所涉信用证的有效开证申请人应为双龙公司。天津分行收到信用证项下的有关单据后，就不符点向双龙公司征询其意见。双龙公司在规定的期限内未提出异议，又向天津分行提出叙做进口押汇申请，表明双龙公司接受了该信用证项下单证不符点，同意天津分行对外付款。本案信用证系使用 SWIFT 格式开具，故当然地适用国际商会 1993 年修订的第 500 号出版物《跟单信用证统一惯例》的有关规定。该惯例第 14 条 C 款规定："如开证行确定单据表面与信用证条款不符，它可以自行确定联系申请人对不符点予以接受。"因此，在本案信用证项下存在不符点的情况下，天津分行就不符点征询双龙公司的意见，在双龙公司未提出异议的情况下，天津分行对外付款的行为并不构成不当兑付，天津分行的做法符合国际惯例的规定。天津分行对外支付信用证项下款项后，有权向双龙公司追索，双龙公司负有偿还天津分行信用证项下垫付款的义务。原审判决双龙公司偿还天津分行信用证项下垫付款正确。

天诚集团承诺为双龙公司信用证项下的债务承担保证责任，故在双龙公司不能偿还开证行信用证项下款项时，应由天诚集团承担连带还款责任。就信用证项下不符点的问题，根据《跟单信用证统一惯例》的规定，只有开证行和开证申请人有权接受或拒绝接受不符点。除非在担保协议中明确约定开证行和开证申请人接受不符点必须经过担保人同意，否则担保人不能对不符点提出异议。本案的担保函中并未作出明确约定，因此，天诚集团无权就不符点问题要求征询其意见并经其同意，其亦无权以此进行抗辩并进而要求免除其保证责任。故本案上诉人天诚集团关于审单过程中"即使开证行和开证申请人准备放弃不符点，也需要征求担保人书面同意"的观点没有事实和法律依据，其以此作为不予承担保证责任的理由不能成立。

本案中，双龙公司就信用证项下的债务向天津分行提出"叙做进口押汇申请"，天津分行签署了意见表示同意，应视为双方达成进口押汇协议。根据 1997 年 3 月 6 日中国银行发布的《中国银行国际结算业务基本规定》，进口押汇是银行应客户的要求在进口结算业务中给予客户资金融通的一种业务活动。

根据该规定,"客户如申请办理进口押汇业务,必须签具信托收据";"信托收据实质上是客户将自己货物的所有权转移给银行的确认书,持有该收据即意味着银行对该货物享有所有权。客户仅为银行的受托人代银行处理该批货物"。这是中国银行关于进口押汇的操作规范,不具有法律强制性,所以银行与客户之间是否签具信托收据并不当然地影响进口押汇协议的效力。本案天津分行与双龙公司之间信用证项下的债权债务关系确因进口押汇协议的成立而发生变更,但主要是还款期限的变更,即将双龙公司对天津分行信用证项下的即期付款义务变更为进口押汇协议成立后一年偿还信用证项下的欠款。通常情况下,还款期限的变更将对保证人的保证责任产生影响。但本案中,天诚集团于1998年10月5日,即本案信用证项下付款期(本案信用证为即期信用证)一年多以后,亦即在双龙公司与天津分行叙做进口押汇期满以后,又同天津分行就有关信用证担保展期事宜进行会谈,并再次出具了"不可撤销还款担保函",声明其对双龙公司所欠200000038197号信用证项下2969402.44美元承担连带还款责任至1999年12月31日止。该担保函系当事人的真实意思表示,合法、有效。该担保函进一步表明,天诚集团对信用证项下债务延期偿还的事实是清楚的,并在此基础上同意继续为该延期债务提供担保。因而,天诚集团应依其再次出具的担保函的承诺向天津分行承担保证责任,即对双龙公司不能偿还的信用证项下的款项向天津分行承担连带偿还责任。天诚集团关于其于1998年10月5日出具的担保函仅是为原来的担保函进行展期的主张,没有事实依据,故不能以此为由要求解除其保证责任。

关于进口押汇的形式、性质等问题与本案天诚集团是否承担保证责任无涉,故本案对上诉人该有关方面的观点不予考虑。上诉人天诚集团关于其于1998年10月5日出具的担保函是在天津分行使用欺诈手段隐瞒事实真相、在违背自己真实意思的情况下作出的民事行为的主张,以及担保人的担保责任应该扣除开证行在其保函之外接受的其他的保证和抵押担保的数额的观点,没有事实依据,本院不予支持。天诚集团认为双龙公司和受益人与天津分行的工作人员串通进行信用证诈骗,证据不足,且本案双龙公司的法定代表人曹毅涉嫌犯罪的刑事案件与本案无涉,故其主张中止本案的审理没有事实和法律依据,本院不予支持。其提出应将中天诚公司列为本案被告,而不是第三人的观点亦没有事实和法律依据,本院不予支持。

信用证融资纠纷办案依据集成

最高人民法院关于审理信用证纠纷案件若干问题的规定（2005年11月14日　法释〔2005〕13号）（节录）

第一条　本规定所指的信用证纠纷案件，是指在信用证开立、通知、修改、撤销、保兑、议付、偿付等环节产生的纠纷。

第二条　人民法院审理信用证纠纷案件时，当事人约定适用相关国际惯例或者其他规定的，从其约定；当事人没有约定的，适用国际商会《跟单信用证统一惯例》或者其他相关国际惯例。

第三条　开证申请人与开证行之间因申请开立信用证而产生的欠款纠纷、委托人和受托人之间因委托开立信用证产生的纠纷、担保人为申请开立信用证或者委托开立信用证提供担保而产生的纠纷以及信用证项下融资产生的纠纷，适用本规定。

第四条　因申请开立信用证而产生的欠款纠纷、委托开立信用证纠纷和因此产生的担保纠纷以及信用证项下融资产生的纠纷应当适用中华人民共和国相关法律。涉外合同当事人对法律适用另有约定的除外。

第五条　开证行在作出付款、承兑或者履行信用证项下其他义务的承诺后，只要单据与信用证条款、单据与单据之间在表面上相符，开证行应当履行在信用证规定的期限内付款的义务。当事人以开证申请人与受益人之间的基础交易提出抗辩的，人民法院不予支持。具有本规定第八条的情形除外。

第六条　人民法院在审理信用证纠纷案件中涉及单证审查的，应当根据当事人约定适用的相关国际惯例或者其他规定进行；当事人没有约定的，应当按照国际商会《跟单信用证统一惯例》以及国际商会确定的相关标准，认定单据与信用证条款、单据与单据之间是否在表面上相符。

信用证项下单据与信用证条款之间、单据与单据之间在表面上不完全一致，但并不导致相互之间产生歧义的，不应认定为不符点。

第七条　开证行有独立审查单据的权利和义务，有权自行作出单据与信用证条款、单据与单据之间是否在表面上相符的决定，并自行决定接受或者拒绝接受单据与信用证条款、单据与单据之间的不符点。

开证行发现信用证项下存在不符点后，可以自行决定是否联系开证申请人接受不符点。开证申请人决定是否接受不符点，并不影响开证行最终决定是否接受不符点。开证行和开证申请人另有约定的除外。

开证行向受益人明确表示接受不符点的，应当承担付款责任。

开证行拒绝接受不符点时，受益人以开证申请人已接受不符点为由要求开证行承担信用证项下付款责任的，人民法院不予支持。

第十一条　当事人在起诉前申请中止支付信用证项下款项符合下列条件的，人民法院

应予受理：

(一) 受理申请的人民法院对该信用证纠纷案件享有管辖权；

(二) 申请人提供的证据材料证明存在本规定第八条的情形；

(三) 如不采取中止支付信用证项下款项的措施，将会使申请人的合法权益受到难以弥补的损害；

(四) 申请人提供了可靠、充分的担保；

(五) 不存在本规定第十条的情形。

当事人在诉讼中申请中止支付信用证项下款项的，应当符合前款第 (二)、(三)、(四)、(五) 项规定的条件。

第十二条 人民法院接受中止支付信用证项下款项申请后，必须在四十八小时内作出裁定；裁定中止支付的，应当立即开始执行。

人民法院作出中止支付信用证项下款项的裁定，应当列明申请人、被申请人和第三人。

第十三条 当事人对人民法院作出中止支付信用证项下款项的裁定有异议的，可以在裁定书送达之日起十日内向上一级人民法院申请复议。上一级人民法院应当自收到复议申请之日起十日内作出裁定。

复议期间，不停止原裁定的执行。

第十六条 保证人以开证行或者开证申请人接受不符点未征得其同意为由请求免除保证责任的，人民法院不予支持。保证合同另有约定的除外。

第十七条 开证申请人与开证行对信用证进行修改未征得保证人同意的，保证人只在原保证合同约定的或者法律规定的期间和范围内承担保证责任。保证合同另有约定的除外。